HANGIL
LIBRARIUM
NOVAE HUMANITATIS
한길신인문총서 14

한길사

HANGIL LIBRARIUM NOVAE HUMANITATIS 14

War and Peace in East Asia 1
Two Thousand Years of Chinese World Order and the Korean Peninsula

by Samsung Lee

Published by Hangilsa Publishing Co., Ltd., Korea, 2009

동아시아의 전쟁과 평화 1

전통시대 동아시아 2천 년과 한반도

이삼성 지음

지은이 이삼성李三星은 고려대학교 정치외교학과와 서울대 대학원 정치학과를 졸업했고, 1988년 미국 예일 대학교에서 정치학 박사학위를 받았다. 통일연구원 연구위원, 가톨릭대학교 국제학부 교수 등을 거쳐 지금은 한림대학교 정치행정학과 교수로 있다.
최근 논문으로는, 「동아시아 제국주의의 시대구분」(『국제정치논총』, 한국국제정치학회, 2008), 「日本の近代とファシズムの存在様式」(『政治思想研究』, 日本政治思想學會, 2009) 등이 있다.
저서로는 한길사에서 펴낸 『현대미국외교와 국제정치』(1993), 『미국의 대한정책과 한국민족주의』(1993), 『한반도 핵문제와 미국외교』(1994), 『20세기의 문명과 야만』(1998), 『세계와 미국』(2001)이 있다.
그밖에도 『미국외교이념과 베트남전쟁: 베트남전쟁 이후 미국 외교이념의 보수화』(법문사, 1991), 『미래의 역사에서 미국은 희망인가』(당대, 1995) 등이 있다. 『20세기의 문명과 야만』으로 제11회 단재상(1998), 제38회 백상출판문화상(저작부문, 1999)을 수상했으며, 『한반도의 전쟁과 평화』로 롯데출판문화대상 본상(저작부문, 2019)을 수상했다. 『세계와 미국』은 2002년 대한민국학술원 우수학술도서로 선정되었고, 이 책 『동아시아의 전쟁과 평화』(1·2)는 2009년 『한겨레』 올해의 책, 2010년 대한민국학술원 우수학술도서, 2014년 『한겨레』 선정 '새 고전 26선'에 선정되었다.
아울러 2010년 제1회 한림대학교 학술상을 수상했다.

동아시아의 전쟁과 평화 1

전통시대 동아시아 2천 년과 한반도

지은이 이삼성
펴낸이 김언호

펴낸곳 (주)도서출판 한길사
등록 1976년 12월 24일 제74호
주소 10881 경기도 파주시 광인사길 37
홈페이지 www.hangilsa.co.kr
전자우편 hangilsa@hangilsa.co.kr
전화 031-955-2000~3 **팩스** 031-955-2005

부사장 박관순 **총괄이사** 김서영 **관리이사** 곽명호
영업이사 이경호 **경영이사** 김관영 **편집주간** 백은숙
편집 박희진 노유연 최현경 이한민 박홍민 김영길
관리 이주환 문주상 이희문 원선아 이진아 **마케팅** 정아린
디자인 창포 031-955-2097
인쇄 예림 **제책** 경일제책사

제1판 제1쇄 2009년 4월 30일
제1판 제7쇄 2023년 2월 15일

값 35,000원
ISBN 978-89-356-5996-8 93340
978-89-356-5999-9 (세트)

태초로의 오디세이

•『동아시아의 전쟁과 평화 1』을 펴내면서

우리는 누구나 인간 존재의 원초적 기원에 대한 의문을 갖고 살아간다. 생명과 정신의 기원과 함께, 오늘날 우리 삶의 역사적 기원에 대한 궁금증도 어쩔 수 없는 것이다.

2001년 『세계와 미국: 20세기의 반성과 21세기의 전망』을 냈을 때, 한 언론사의 '인문학 데이트'에 나 스스로를 소개하는 글을 부탁받았다. 그때 써 보낸 글의 뒷부분이 다음과 같았다.

"……사람들은 의식하든 의식하지 않든 저마다의 형태로 근원에 대한 향수를 안고 살아간다. 나 역시 언젠가부터 내가 갈증하는 그 근원의 정체가 무엇일까를 생각하는 버릇이 생겼다. 내 정신의 탯줄을 생각할 때 언뜻 떠오르는 한 가지 이미지는 어린 시절, 고향의 황혼녘에 마을을 둘러싸기 시작하던 어스름, 우리의 삶의 놀이터와 우주 전체를 조용하게 감싸오던 그 절제된 빛과 무한히 부드럽던 어두움이다. 또 한밤의 고비를 넘기고 얼핏 잠에서 깨어나 문풍지 너머를 내다보면 어느 때는 청아한 달빛이, 어느 때는 낙엽을 휘젓는 바람이, 그리고 어느 때는 푸르도록 하얀 눈 천지가, 태고의 정적 같은 고요한 자태로 거기에 있었다. 그 신비스런 천지의 내음과 분위기 속에서 경험한 내 영혼의 소스라침. 나는 그것이 인생의 어느 시점 이후에 상실하기에 이르는 근원과의 밀회였다는 생각을 해본다. 나의 학업은 궁극적으로 내 빛깔의 생(生)의 의미의 고고학일 것이다. 유년(幼年)의 새벽에 가능했던 그 근원과의 밀회를 다시 꿈꾸는 부질없는 시지푸스의 노동일지 모른다……."

2002년 봄 일본 교토의 리츠메이칸(立命館) 대학에서 방문교수의 시간을 보내고 귀국했을 때, 나는 그 무엇에도 얽매이지 않은 자유인으로 야생의 들판에 서 있는 꼴이었다. 남양주의 한 산골 마을에 얼기설기 오두막을 지어 서재를 만들었다. 산 중턱에 지어진 탓으로 바로 옆에는 하늘을 향해 치솟은 잣나무와 낙엽송들이 줄지어 선 숲이 있다. 겨울의 눈보라와 여름날의 폭풍우 때뿐만 아니라 봄에도 가을에도 비바람이 몰아치는 날들은 있게 마련이다. 그때마다 서재 옆의 숲속에는 웅웅거리는 바람 소리가 가득하다. 자주 내 영혼의 밑바닥을 쓸어내릴 것 같은 울림이다. 원시(原始)를 일깨워주는 이 자연은 나와 세상 사이에 다소의 이격을 만들었다. 대신에 태초에나 지금이나 변함이 있을 리 없는 세찬 비바람 소리들을 타고 수백 년 또는 수천 년의 역사를 거슬러 과거에 이 아시아 대륙을 살았던 고인(古人)들과 대화할 기회는 늘었다고 해도 될 것이다.

나의 원래 전공영역은 미국외교와 현대 국제정치라고 할 수 있다. 그러한 나에게 2천 년이라는 허허롭게 긴 세월에 걸쳐 오르도스에서 중국 중원을 거쳐 한반도와 일본에 이르는 광막한 아시아 대륙의 시공간을 방황하는 여정은 애당초 자신의 고장을 떠나 정처 없이 낯선 세상을 떠도는 유랑과 다를 바가 없었다. 낯설고 신기한 곳들을 기웃거리며 그 고장 사람들에게 어린아이 같은 질문을 던지며 돌아다녔다고 할 수 있다.

기약도 없고 대책도 없었던 오랜 지적 유랑을 어떻든 마무리하고 이 책을 엮어내는 즈음에 나는 어린 시절 내가 살던 동네와 거기에서 더 깊은 산어귀에 자리잡고 있던 작은 마을 사이를 가로질러 흐르며 금강의 원류를 이루던 냇가를 생각한다. 인간은 고요하고 자연 또한 적막하되 눈물이 나도록 아름답게 빛나고 있을 때, 넓은 나무 잎새 하나를 꺾어 예쁘고 조그마한 돌 하나 또는 둘을 그 위에 올려놓는다. 그리고 조각배 삼아 냇물에 띄워 보낸다. 나는 잎새 위의 작은 돌이 되어 그 돌의 시야에는 광막한 바다로 보일 수밖에 없었을 냇물 한복판으로 들어서고 이어 어디인지 모를 미지의 세계로 떠나가곤 했다.

역사를 공부하는 이들에게 영원한 주제의 하나는 전쟁과 평화의 문제이다. 전쟁이 중요한 테마가 되는 이유는 무엇인가. 광범한 스케일로 인간의 자연사를 허락하지 않는다는 사실뿐만 아니라 수많은 사람들로 하여금 인간에 대한 인간의 폭력이라는 가장 치명적인 비극을 기획하고 집행하는 데 참여시킨다는 사실에 있다. 사회 전체와 그 속의 인간 집단 모두가 체계적인 살상과 파괴의 도구로 전환되는 것도 전쟁이라는 상황 속에서이다. 전쟁은 휴머니즘에 대한 가장 총체적인 폭력이 자행되는 공간이다. 인간을 진정으로 절망하게 하는 것은 인간의 선택을 넘어선 미지의 영역이나 신의 영역에 있는 것들이 아니다. 인간 자신의 머리와 가슴과 손으로 만들어내는 비극이며, 그 가장 극단적이고 광범한 방식이 전쟁이다.

21세기에 본격 들어선 지금 우리의 국제정치학이 당면한 과제 역시 동아시아 질서에서 전쟁이 초래될 수 있는 조건과 환경을 최소화하는 데 한국이 기여할 백년대계의 전략이 무엇인가에 대한 탐색이다. 흔히 얘기하듯 세계 4대 강국에 둘러싸인 한반도인들에게 국가들이 동원하는 인간에 대한 인간의 체계적인 폭력으로서의 전쟁을 어떻게 예방하고 회피할 수 있을 것인가 하는 문제의 절실함은 말할 나위가 없다.

그래서 사람들은 21세기 한국이 동아시아에서 전쟁을 피하고 평화를 확보할 백년대계의 전략적 패러다임이 무엇인가를 두고 치열한 논쟁에 개입하게 된다. 그런데 진정 논쟁이 시작될 수 있기 위해서는 현재 우리의 사고와 행동을 지배하고 있는 대전략이 무엇인가에 대한 반성에서 출발해야 한다. 언뜻 그런 대전략은 지금 없으며 따라서 이제 세워야 할 때인 것처럼 생각할 수도 있다. 그러나 우리는 이미 그러한 대전략을 갖고 있다. 그것을 선택가능한 대전략의 하나로 보기보다는 선택 이전의 대전제로 받아들이기 때문에 우리가 의식하지 않고 있을 따름이다.

그 대전제는 대체 무엇인가. 그것은 '한미동맹'이다. 미국과의 튼튼한 동맹을 통해서 한반도와 동아시아에서 전쟁을 억지하고 평화를 유지할 수 있을 것이라는 이 관념은 '용미'(用美)라는 이름하에 대부분의 한국인들이 일상적으로 의식적·무의식적으로 받아들이고 있는 가장 기본적인 전략적 전제이다.

필자의 생각은 향후 동아시아와 한반도의 전쟁과 평화에 대한 우리의 대전략에서 '한미동맹'은 하나의 요소일 뿐 그것 자체가 우리의 대전략의 전부 또는 그 중추가 될 수 있는 것은 아니라는 것이다. 미국과의 든든한 동맹이 우리의 백년대계 대전략의 중추로 될 때, 그것은 우리의 전략적 선택이 아니라 하나의 이데올로기로 되고 만다. 특정한 국가와의 동맹이 이데올로기 차원으로 승격될 때 벌어지는 현상은 두 가지이다. 첫째, 동맹 그 자체가 전략적 수단의 개념을 넘어서 본질적인 목적으로 되고 만다. 둘째, 미국이라는 특정 국가 이외의 다른 사회와 국가들을 타자화(他者化)하는 경향을 수반한다.

한미동맹이 그처럼 하나의 이데올로기로 승화된 전략 패러다임으로 고착된 사회에서는 객관화된 대전략 논쟁은 실제로는 존재하지 않는다. 한편으로는 우리 사회에 미래의 전쟁과 평화에 대한 비전을 두고 치열한 논쟁이 있는 것 같지만 사실은 그렇지 않다고 할 수 있다. 한미동맹에 대한 제한적인 비판마저도 반미로 치부되고 만다. 그래서 '용미'로 정당화되는 거의 무조건적인 친미와 그 반대쪽에 선 반미만 있을 뿐, 한미동맹을 대전략의 하나로 객관화시켜 이성적으로 논의하는 장을 만나기는 어렵다. 미국과의 동맹이 목적 그 자체로 되어버림에 따라 대전략 수준을 넘어 이데올로기로 되어버린 사회의 징표이다.

그와 뗄 수 없는 현상이 수백 년 또는 수천 년을 이웃하여 살아온 주변의 다른 사회와 민족들에 대한 타자화이다. 이러한 관념에 따르면, 중국과 일본은 수천 년 또는 수백 년간 부단히 한반도를 침략하고 괴롭힌 세력이다. 20세기 중엽 이후에는 미국이 옆에 있어주어서 다행이지만 미래의 항구적인 시간 속에서도 미국과의 동맹이 없다면 중국과 일본은 한반도인을 끊임없이 괴롭힐 세력일 수밖에 없게 된다. 언뜻 보면 쉽게 이해될 수 있는 자명하고 진실한 명제처럼 보인다.

그러나 필자가 보기엔, 많은 사람들에게 자명한 진리처럼 받아들여지는 명제에 미래의 전쟁과 평화에 대한 우리의 비전이 기초하고 있을 때, 그것은 우리의 대전략이 하나의 이데올로기에 기초하고 있다는 경고표지에 불과하다. 그것이 위험한 첫 번째 이유는 그 명제가 장차 우리가 전쟁을 피하고 평화를 담보할 전략에 대해 부단히 성찰하고 비판적으로 사유하기를 용납하지 않기 때문이다. 그 두 번째 위험성은 그 이데올로기가 음양으로 지원하고 있는 주변 이웃에 대한 타자화의 이데올로기가 우리로 하여금 그들과 자주적이고 건설적인 상호작용을 위한 비전을 가꾸는 노력을 게을리하게 만들거나 왜곡하게 된다는 데에 있다.

앞서 얘기한 바와 같이 한미관계를 포함한 미국외교와 국제정치가 전공인 필자가 기원전에서 오늘에 이르는 동아시아 질서에 대한 탐구에 눈을 돌리게 된 이유를 설명해야 할 것 같다. 한국 사회의 의식적·무의식적인 전략적 패러다임인 한미동맹의 이데올로기화로 인하여, 전통시대를 포함한 동아시아의 국제관계사는 타자화된 상태로 방치되어

온 측면이 다분했다. 그에 대해서 필자 나름의 방식으로 객관적으로 성찰할 기회를 갖고 싶었다.

나는 1998년에 출간한 『20세기의 문명과 야만』에서 '기억의 정치'라는 개념을 국내 학계에 소개한 바 있다. 정치권은 물론이고 학계와 언론계를 포함한 지식인 사회나 일반 대중을 막론하고 오늘의 우리 사회에는 한미동맹이라는 전략적 대전제를 음으로 양으로 지나치게 강조하고 옹호해왔다. 그 결과 중국과 일본과의 상호작용이 중심이 되어 있는 과거 2천 년의 동아시아 전통시대 국제관계에 대하여 잘못된 기억의 정치 현상이 우리 사회에 미만해 있다고 생각된다. 이 책은 국제정치학도의 관점에서 그 상황에 대한 비판적 논쟁을 시도해본 것이라고 말하고 싶다.

21세기 동아시아와 한반도의 전쟁과 평화에 대한 미래지향적 대전략에 관한 보다 객관적인 토론의 근거를 마련할 필요가 있다. 이를 위해서는 기원전에서 오늘에 이르는 동아시아 질서, 그리고 그 안에서 중국대륙과 한반도 사이의 전쟁과 평화의 구조의 객관적인 상을 필자 나름의 방식으로 학습하고 재구성하는 노력이 불가결하게 여겨졌다. "이미 정치화되어 있는 과거"와의 새로운 대화가 필요했던 것이다.

이러한 노력의 전제는 응당 동아시아 질서와 한중관계에 대한 국내외 역사학계의 기존 연구들에 대한 충분한 학습이어야 함은 말할 나위가 없다. 필자의 뒤늦은 노력에도 불구하고 끝이 없는 배움 앞에서 충분한 학습을 운위할 자격은 없다. 다만 위와 같은 문제의식을 가진 국제정치학도의 한 사람으로서 역사학계의 많은 훌륭한 학자들로부터 나름대로 학습하고자 했고, 그 과정에서 많은 것을 깨닫고 배웠음을 고맙게 생각하고 있다. 그 학습의 흔적은 물론 각주들을 통해서 남겨놓았으나, 그것만으로는 다할 수 없는 감사의 마음을 이 자리를 빌려서 새삼 표시해두고 싶다.

이 책 전체를 관통하는 필자의 문제의식이나 관점을 몇 가지 밝혀두는 것이 좋을 것 같다. 첫째, 과거 2천 년간 한반도인들이 상대했던 중국대륙의 실체는 단일하지 않으며 복합적이라고 하는 개념을 보다 분명히 하고자 했다. 노마드 또는 북방민족 세력들이 중국사의 정체성 형성에 개입하고 참여한 것의 중요성을 강조했다. 이로써 중국대륙의 전쟁과 평화를 결정한 것의 요체가 '중국'이라는 하나로 뭉뚱그려진 실체의 팽창과 수축의 결과가 아니라, 북방민족들과 중국 중원 사이의 역동적인 상호작용의 표출이라는 사실을 부각시키고자 했다. 이를 위해 중국과 '내륙 아시아' 사이에 전개되었던 상호작용의 역동성에 천착한 학문적 연구들을 특히 주목했다.

둘째, 흔히 중화질서로 불리는 중국적 세계질서에서 중화제국과 한반도를 포함한 주변 국가들 사이에 존재했던 국제관계를 지배와 종속의 관점에서 바라보는 일반적인 경향을 비판하고자 했다. 조공과 책봉의 체제를 근간으로 하는 전통시대 동아시아 국제관계 양식은 강대한 세력과 약소사회들 사이의 전쟁과 평화를 규율하기 위해 전통시대 동아시아가 창안해낸 국제적 규범과 제도였다는 점을 강조했다. 근대 서양은 한편으로 세력이 비슷한 유럽 국가들끼리는 법적으로 평등한 주권국가 간 국제질서를 발전시킨 것처럼 보인다. 하지만 다른 한편으로 비서양 약소사회들에 대해 그들이 개발한 것은 정치군사와 경제 모든 면에서 철저하게 착취적인 식민주의적 질서였다. 동아시아의 전통적 국제관계의 전형은 주권적 평등을 기초로 한 질서가 아닌 공식화된 위계질서를 나타냈지만, 강국과 약소국 사이에 착취적이고 침투적인 식민지 질서도 아니었다. 공식적 위계를 전제하되 약소사회의 내적 자율성을 전제한 제3의 질서를 창안한 것이었다.

근대 서양의 비교적 세력이 비슷한 국가들끼리의 국제관계의 전통을 기준으로 평가함으로써 전통시대 2천 년간 한반도의 국가들과 중국대륙 사이에 존재한 질서를 약육강식의 지배와 착취를 포함한 식민주의

질서의 한 변형 정도로 인식하는 것은 그런 의미에서 동아시아의 과거 역사에 대한 왜곡된 '기억의 정치' 현상의 하나라는 것이 이 책의 관점이다. 그러한 기억의 정치가 현재와 미래의 동아시아에서의 전쟁과 평화의 문제에 대한 대전략에 관한 모든 논의에서 중국과 일본을 지나치게 타자화하는 사상적 기초로 작용한다고 본다. 이를 경계하고자 하는 것이다.

셋째, 중국대륙이 하나가 아니라면 한반도인들의 지정학적 정체성 역시 하나가 아니었다는 점에 주목한다. 고대 한반도의 지정학적 정체성에 대한 이원적 파악이다. 고조선과 고구려 등 한반도 북부 세력의 지정학적 정체성은 '내륙 아시아'적 정체성을 지니고 있었던 것으로 이해한다. 중국 중원의 세력들이 '작은 중국'으로 간주한 요동(남만주)을 두고 중국과 쟁패한 점에서 위만조선이나 고구려는 중국과 역동적 상호작용을 하는 존재였다. 반면에 백제와 신라 등 한반도 중남부세력은 한반도 내부에서의 패권 다툼에 치중했다. 이들은 중국과는 기본적으로 경제문화적 교류에 집중하는 가운데, 가능한 한 중국과 서로 외교적 연합을 추구한 잠재적인 중화권적 세력이었다. 신라에 의한 삼국통일은 한반도 중남부세력이 중국과 연합하여 한반도 북부의 내륙 아시아적 정체성을 가진 세력을 몰아낸 것을 의미했다. 이후 1200년에 걸쳐 한반도와 중화제국의 관계는 일관되게 중화권적 평화가 지배했다.

넷째, 한반도에서 중화권적 세력이 패권을 장악한 8세기 이래 한반도인들이 전쟁의 참화를 겪게 되는 것은 중화제국이 아니라, 중국과 한반도 사이에 북방 노마드 세력이 제3의 세력을 형성한 삼각구조에서였다. 중국의 세력이 팽창하면 한반도가 위험해진다는 것의 정반대 현상이 벌어져온 것이다. 중국이 강할 때가 아니라, 중국 중원이 약해지고 혼란에 빠질 때 북중국 또는 만주에 제3의 세력이 강성해지는 것이었다. 그때마다 한반도의 국가는 삼각구조의 함정에 빠졌다. 파괴적인 전쟁이 벌어지는 것은 그 구도 속에서였던 것이다.

10~11세기의 고려시대 거란의 누차에 걸친 침략전쟁과 13세기 몽골의 30년 침략전쟁뿐만 아니라, 17세기 중엽 후금 및 청의 두 차례에 걸친 침략전쟁도 모두 중국 중원에 기존의 중화제국이 건재하는 가운데 전개되었다. 몽골도 청도 곧 스스로가 중화제국이 되지만, 그들이 한반도에 대한 침략세력으로 행동한 것은 어떤 경우든 그들이 중화제국을 확립하기 이전이었다는 얘기이다. 이것은 전통시대 2천 년간의 전쟁과 평화의 구조를 이해하는 데 반드시 유의해야 할 결정적인 사실의 하나라는 점을 특히 주목했다.

다섯째, 이 책에서 또 하나 주안점을 둔 것이 있다. 그처럼 한반도가 중화제국과 북방의 제3의 세력 사이에 끼는 삼각구조하에서는 언제나 전쟁을 피할 수 없었다는 결정론을 피하고자 한 것이다. 그러한 결정론은 한반도인들이 전쟁과 평화에 대해 어떤 전략과 외교적 노력을 벌이든 전쟁은 피할 수 없다는 논리로 흐르게 된다. 이 논리는 전통시대 동아시아에서 중국대륙과 한반도 사이의 전쟁과 평화를 모두 "외세의 침탈과 그에 대응한 민족적 항쟁"이라는 논리적 구조로 이해하게끔 몰아간다.

나는 그러한 논리가 중대한 결함을 안고 있다고 생각한다. 8세기 이래 한반도가 중화제국과 북방세력 사이에 끼어 있는 구조에서 침략이나 징벌적 전쟁에 시달린 경우들은 한반도인들의 중화주의적 대외인식과 행동 패턴이 중요한 변수로 작용했다는 것이 이 책에서 주장하고자 한 주요 논점의 하나이다. 중화주의적 세계관은 통일신라 이래 한반도인들이 중화제국과 문화적·경제적 교류를 증진하고 수백 년간에 걸친 평화적 관계를 영위하는 데 중요한 자산이었다. 그러나 중화주의에 대한 중독은 중화제국 바깥의 세력에 대한 타자화 현상을 수반했다. 중국중심의 화이관념에 따라 북방 민족이나 일본처럼 중화질서 바깥에 존재한 세력들에 대한 도덕적 차별과 무관심이 세계관과 우주론의 차원으로까지 발전했고, 그렇게 타자화된 세계의 역동성에 한반도의 국가 지배층과 지식인들은 둔감했다. 시의적절하게 그들과의 공존을 모색하는 논리나 행동양식을 정립하는 데에 유능할 수 없었다.

요컨대 전통시대 2천 년간의 동아시아 질서에서 한반도가 관련된 전쟁과 평화를 이해할 때 우리가 극복해야 할 기억의 정치 현상은 두 가지라고 할 수 있다. 하나는 그 시대 동아시아에서 전쟁과 평화를 규율한 규범과 제도에 대해 그 질서 나름의 창의를 인정하지 않고 전 근대적 야만의 질서로 보거나 서양이 비서양 사회에 대해 적용한 식민주의 질서의 동양판 정도로 간주하는 시각을 벗어나야 한다는 것이다. 다른 하나는 그 질서 속에서 한반도가 처했던 전쟁의 구도와 배경을 해석하는 데에서도 한반도인들 자신의 사유와 행동의 패턴에 대한 비판적 성찰 역시 반드시 필요하다는 것이다.

이 문제들에 대한 글쓰기에서 일단 붓을 멎었다는 것은 책이라는 형태로 중간 결산을 한 것일 뿐, 문제들이 해답을 찾았다는 것은 아니다. 이 분야에서의 끊임없는 학습과 성찰의 필요 앞에 자신을 내던진 것에 지나지 않는다. 1990년대에 이미 시작한 나 자신의 동아시아 학습 노력에도 불구하고 책을 마무리하기까지 기실 그 때문에 많은 세월이 흘러야 했다. 출판사와의 약속에도 불구하고 기약 없이 자꾸 미루지 않으면 안 되었다.

『동아시아의 전쟁과 평화』는 모두 세 권으로 구성되어 있다. 각각 전통시대 2천 년, 19세기 근대 동아시아, 그리고 20세기 동아시아 질서를 다루고 있다. 전통시대를 다룬 제1권의 전반적인 내용은 2006년 12월 12일 한국정치학회 연례학술회의에서 「동아시아 질서의 시대구분: 중화질서의 형성과 그 내적 구분을 중심으로」라는 제목으로 발표된 것에 기초한다. 당시 토론에 참여하여 좋은 조언을 해주신 장현근, 안외순,

강상규 교수께 깊은 감사의 말씀을 드린다. 정치학회에서 발표하기 전인 같은 해 가을 한림대학교 인문학연구소에서 같은 제목으로 발표의 기회를 허락해주신 덕분에 그 자리에 참석해주신 박근갑, 표교열, 오수창 교수님을 포함한 인문학자 여러분과 한림과학원 원장 김용구 선생님으로부터 귀중한 말씀을 들을 수 있었다. 행복한 기억으로 남아 있다.

한길사 편집부의 서상미 차장은 필자의 원고를 인내심을 갖고 기다려주셨다. 배경진 실장님은 거친 원고들을 세심하게 다듬어주셨다. 책을 내는 것이 결코 저자 혼자 하는 작업이 아님을 새삼 일깨워주셨다. 책을 함께 만들어주신 여러분께 깊은 감사를 드린다. 기약 없는 원고에 기대를 걸어주셨던 김언호 사장님께도 뒤늦게나마 마음의 빚을 갚을 수 있게 된 것 같아 기쁘다.

2004년 11월 20일 지병으로 세상을 떠나신 리츠메이칸 대학의 나카무라 후쿠지(中村福治) 선생께 이 책을 헌정하고 싶다. 선생은 필자가 소중하고 애틋하게 느낀 분의 하나였다. 그해 11월 초 서울의 한 병원 선생의 병상에서 작별인사를 나누면서 2005년 봄 벚꽃으로 뒤덮인 교토에서 상봉할 수 있기를 기원했다. 부질없는 약속이 되고 말았다. 1999년 5월 아카시아가 흐드러져 그 상앗빛 꽃잎이 흩날리던 성북동의 한 언덕길에서 선생과 내가 나눈 이야기는 어떤 일본 노래에 관한 것이었다. 그 가사에 "아카시아의 비가 내리면 나는 죽고 싶다"는 구절이 있었다. 세월은 속절없이 자꾸 흘렀고, 이제 그때로부터 어느덧 열 번째나 되는 아카시아의 계절이 다시 오고 있다.

2009년 3월 17일

著者 李三星

동아시아의 전쟁과 평화 1

● 태초로의 오디세이 ······ 5

제1장 동아시아 질서의 기원

1. '서북 실크로드 회랑'과 오르도스 ······ 21
2. 오웬 라티모어와 '내륙 아시아'의 재발견 ······ 25
3. 노마드 세력과 동아시아사의 이원구조 ······ 28
4. 인류 역사의 시원과 중국문명의 등장 ······ 46
5. 상삼대 중국문명의 유목적 요소들 ······ 53
6. 중국-노마드 갈등의 초기 단계 ······ 57
7. 흉노의 등장과 중국-노마드 관계의 전환 ······ 60
8. 장성과 만리장성의 역사해석 ······ 68
9. 만리장성과 민중의 고통 ······ 81
10. 맺음말 ······ 82

제2장 동아시아 세계에 관한 시각과 개념

1. 동아시아 세계의 연구전통: 두 개의 관계축, 두 개의 시각 ······ 85
2. 중국-북방 관계축과 내륙 아시아권 ······ 86
3. 니시지마 사다오의 '동아시아 세계'와 중국-동남방 관계축 ······ 92
4. 니시지마의 동아시아 세계론이 갖는 세 가지 문제 ······ 103
5. 김한규의 '역사공동체'론적 접근과 그 문제점 ······ 110
6. '요동'의 지리적 범위 ······ 116
7. '요동국가'론의 개념적 문제 ······ 122
8. '역사공동체'란 개념 ······ 127
9. 한국 사회와 학문에서 민족 개념의 해체와 그 한계 ······ 135

제3장 중국적 세계질서와 한중관계의 구조

1. 중화질서의 국제정치학적 인식을 위한 문제의식 ······ 157
2. 세계 역사 속의 국제질서 유형과 중화질서의 위치 ······ 159
3. 위계적 안보 레짐으로서의 조공·책봉체제 ······ 168
4. 중국-북방 관계축에서 조공·책봉체제의 기원과 그 성격 ······ 176
5. 중국-동방 관계축과 조공·책봉체제 ······ 185
6. 중국적 세계질서에서 '질서'의 이원적 구조 ······ 203
7. 한반도의 지정학적 정체성의 이원성 ······ 204
8. 통일신라 이후 중국-한반도 사이 '위계적 평화 레짐' 성립의 이유 ······ 209
9. '중국위협론'을 넘어서는 동아시아 인식 ······ 217
10. 중화질서의 본질과 한중관계 구조의 의미 ······ 224

제4장 고대 한반도의 지정학적 정체성의 이원성

1. 고대 한국의 언어와 문화, 그리고 지정학적 정체성 ······ 229
2. 한국사의 시원과 한중관계: 기자조선 논쟁 ······ 237
3. 위만조선과 고구려: 내륙 아시아적 정체성 ······ 263
4. 고구려의 성장과 그 지정학적 정체성 ······ 265
5. 고구려와 수의 전쟁과 동아시아 ······ 271
6. 고구려와 당 제국의 전쟁 ······ 280
7. 백제와 신라의 지정학적 정체성 ······ 292
8. 백제의 중국 요서 경략설과 그 지정학적 의미의 한계 ······ 297
9. 백제의 멸망과 동아시아 질서: 당, 한반도, 그리고 일본 ······ 301
10. 신라와 당의 긴장과 타협 ······ 307
11. 발해와 신라, 어떻게 볼 것인가 ······ 311
12. 통일신라와 일본, 그리고 8세기의 동아시아 ······ 320

제5장 고려시대 아시아 대륙과 한반도

1. 북방민족의 야만과 문명에 대한 소묘 ······ 325
2. 고려시대 동북아 질서와 마의 삼각구조 ······ 327
3. 고려 건국기 한반도와 중국대륙의 분열상 ······ 329

4. 후삼국 통일 후 고려-중원-북방 삼각구조의 성립 330
5. 거란과 고려의 전쟁을 보는 역사인식의 문제 332
6. 고려의 원교근공전략과 거란과의 전쟁 339
7. 거란과 고려의 2, 3차 전쟁의 인식 346
8. 금의 흥기 이후 동북아 삼각관계와 고려의 대외 경영 353
9. 몽고 제국의 흥기와 동북아 국제관계: 새로운 북방 삼각관계 357
10. 몽고-고려 관계의 네 국면들 360
11. 몽고-고려 관계의 제1 국면(1218~30) 363
12. 몽고-고려 관계의 제2 국면(1231~59): 침략과 항전 366
13. 제2 국면 시기 몽고 제국의 정치상황과 동아시아 경략 383
14. 몽고-고려 관계의 제3 국면(1259~1355): 조공·책봉관계의 성립 392
15. 고려-몽고 간 조공·책봉관계와 그 성격 401
16. 제4 국면 시기(1356~69)의 여몽관계 412

제6장 일본과 동아시아 그리고 전쟁

1. 동아시아 질서와 일본, 그 경계인적 성격 419
2. 경계인 일본의 존재와 중국의 한반도 인식 434
3. 중화질서의 경제중심적 이해와 일본의 위치 437
4. 고대 말기에서 중세에 걸친 일본 정치질서 파편화와 천황 441
5. 전국시대 일본의 혼란과 조선의 일본 인식 449
6. 일본의 전국 통일과 도요토미 히데요시 453
7. 히데요시 침략전쟁의 동기: 제국 건설의 야망? 460
8. 임진왜란 직전 조선의 일본 인식 468
9. 임란 직전 조선의 국방태세 474
10. 전쟁의 시작과 종결, 그리고 이순신과 조선의 국가 476
11. 임란은 어떤 전쟁이었는가: '사람사냥 전쟁' 492
12. 임란과 그 이후 조선에 대한 명의 주권 침해 496
13. 임진왜란 이후 한일관계와 한일의 역사인식 497
14. 조선 피로인의 쇄환과 그들의 운명 501
15. 임진왜란과 민중, 그리고 재조지은 이념의 정치학 506
16. 이이와 조헌의 예외적인 일본 인식과 그것을 거부한 조선 511

第7장 명청 교체의 동아시아와 한반도의 전쟁

1. 1620년대 중엽 한반도 상공의 오로라 ··· 519
2. 여진의 팽창과 후금·청의 건국, 그리고 조선침략 ··· 520
3. 후금·청과 조선의 관계, 그리고 중화주의 ··· 527
4. 1627년과 1636년의 시차와 그 의미 ··· 531
5. 광해군의 외교노선과 전쟁 회피의 가능성 문제 ··· 533
6. 인조 정권과 모문룡, 그리고 정묘호란과 명나라 ··· 541
7. 병자호란과 집권층의 외교노선 ··· 545
8. 1637년 1월 남한산성의 논쟁 ··· 558
9. 항복의 수락과 청의 요구사항 ··· 574
10. 그날의 삼전도 ··· 578
11. 전쟁과 민중의 고통, 그리고 기억의 역사 ··· 581
12. 병자호란 이후 조선 북벌론의 사상과 정치 ··· 583
13. 한국사에서 북벌론의 실체: 영토적 환상과 중화주의의 결합 ··· 590
14. 명의 멸망과 청의 중국 통일: 명청 교체와 동아시아 ··· 594

第8장 청의 융성과 200년간의 평화

1. 17세기의 만주족: 그 시작과 중국 통일 ··· 603
2. 청나라 융성의 경제적 기반: 17~18세기 세계체제 ··· 614
3. 동아시아 3국의 외교관계와 경제교류, 그리고 200년의 평화 ··· 622
4. 청의 융성기 조선의 소중화주의와 아Q식 정신승리법 ··· 635
5. 18세기 이후 동아시아 학문세계의 진화와 조선 학문의 고립 ··· 646

● 찾아보기 ··· 657

제1장 동아시아 질서의 기원

• 노마드와 동아시아 정체성의 이중주

1. '서북 실크로드 회랑'과 오르도스

중국 문명의 고향으로 일컬어지는 황하는 중국의 북부에 위치해 있다. 황하는 남만주의 요동반도와 한반도를 향해 길게 튀어나온 산동반도의 사이로 흘러들어 바다로 나아간다. 실크로드는 이 황하문명과 중앙아시아를 거쳐 페르시아와 로마까지 상인들의 낙타행렬을 이어준 문명의 연결통로였다. 실크로드는 여러 갈래가 있지만, 황하 유역에서 지금의 내몽고(內蒙古: 네이멍구) 지역을 지나 오르도스 사막(Ordos Desert) 지대를 거쳐야 한다.

오르도스는 해발 1천에서 2천 미터 사이의 고원 평야지대이며 오아시스가 많은 곳이다. 오르도스로부터 유라시아 대륙의 서쪽을 향해서는 오르도스처럼 해발 1천에서 2천 미터 사이의 사막과 고원지대가 계속되는 긴 회랑(回廊) 같은 통로가 동서로 길게 펼쳐진다. 오르도스는 중국 중원에서 그 회랑으로 들어서는 길목의 마당과 같은 곳이다. 이 회랑의 남쪽으로는 해발 2천 미터 이상의 티베트 고원지대가 전개되고, 북쪽으로는 역시 해발 2천 미터가 넘는 알타이 산맥이 동서로 병풍을 둘러치고 있는 형세이다.

이 회랑을 따라 서쪽으로 더 나아가면 해발 1천 미터 미만의 낮은 고원지대인 분지(盆地)들이 펼쳐진다. 위로는 중가리안 분지(Dzungarian Basin)가, 아래로는 타림 분지(Tarim Basin)가 있다. 그 둘 사이에 놓여 수평으로 경계를 지어주는 것이 천산산맥(天山山脈)이다. 중가리안 분지의 북쪽으로는 역시 알타이 산맥이 이어져 병풍을 이루고 있으며, 타림 분지의 남쪽에는 티베트 지역과 연결되어 있는 쿤룬 산맥이 긴 장벽을 이룬다.

이런 지형적 구조 때문에, 고대부터 중국과 인도, 중국과 서방세계를 연결하는 실크로드는 이 회랑과 그 회랑 속에 있는 분지들을 거쳐 서쪽으로 연결되어 있었다. 중가리안 분지를 지나 서쪽으로 한없이 뻗어 나가는 두 갈래의 실크로드가 있다. 남으로는 타림 분지를 사이에 두고 각각 그 위쪽과 아래쪽을 거쳐서 나아가는 두 갈래의 실크로드가 또한 이어진다. 이 두 갈래 실크로드는 분지가 끝나는 지점에서 다시 하나로 합쳐진다. 중가리안 분지를 향해 나아가는 실크로드들과 타림 분지 쪽으로 가는 실크로드들은 지금의 내몽고 지역 오르도스를 앞에 둔 지점에서 나뉜다.

중가리안 분지로 가는 길들은 오르도스 사막을 북쪽으로 돌아 나아가게 되는데 그 길의 북쪽으로는 드넓은 고비 사막(Gobi Desert)이 펼쳐진다. 타림 분지를 향하는 실크로드는 오르도스에 아직 못 미친 황하 유역에서 티베트를 향해 남서진(南西進)한다. 티베트 고원지대가 시작되는 지점 바로 밑에서부터는 티베트의 북동쪽 날개를 형성하고 있는 치롄 산맥과 앞서 말한 긴 회랑지대 사이의 경계선을 따라 서쪽으로 나아가 타림 분지에 접근하는 것이다. 이외에도 러시아 방향으로 연결되는 실크로드가 있었다. 내몽고 지역의 황하 중류 부근에서 북서쪽으로 방향을 잡고 고비 사막의 북서쪽을 가로질러 지금 외몽고의 수도 울란바토르(Ulan Bator)를 거쳐 카라코룸(Karakorum)까지 연결되는 길이

중국의 실크로드

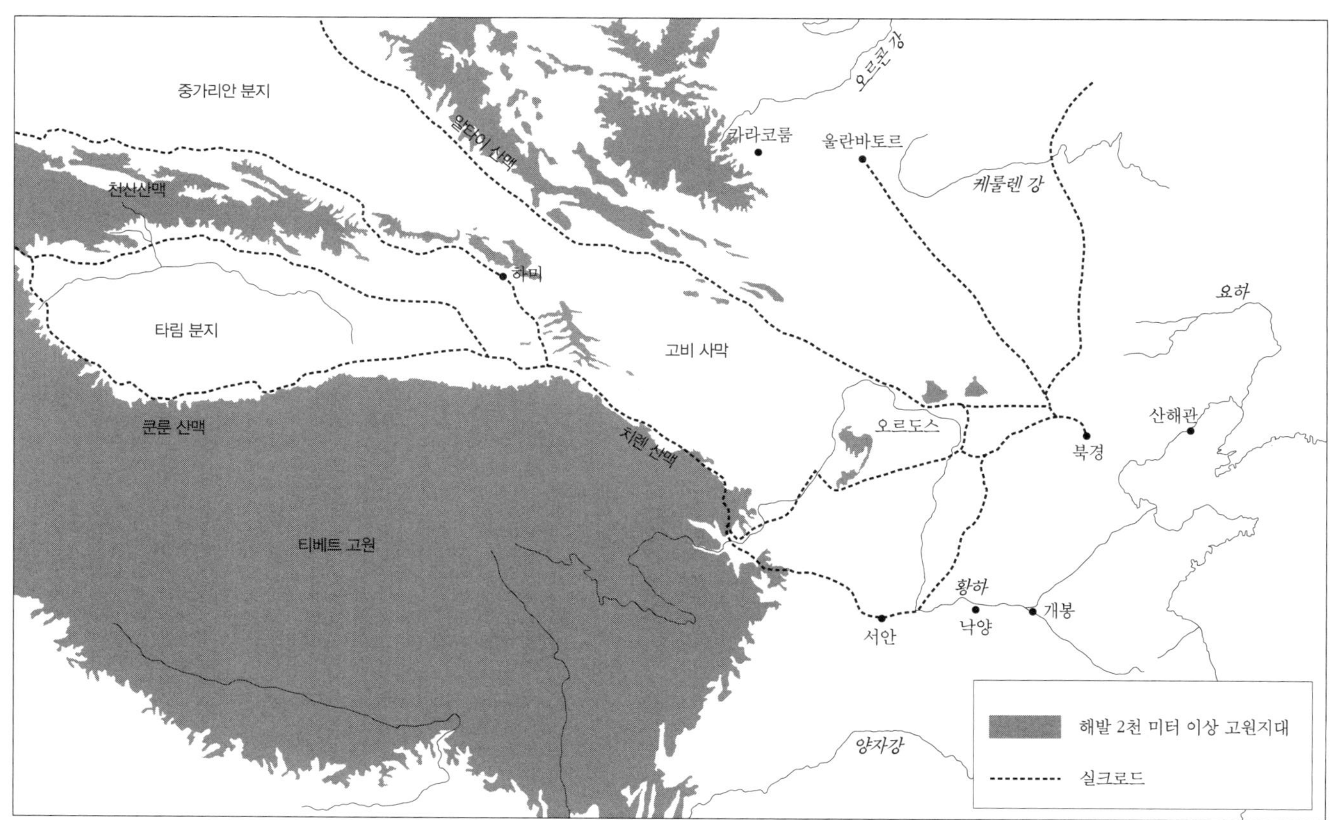

참고자료: Arthur Waldron, *The Great Wall of China: From History to Myth*, Cambrige: Cambridge University Press, 1990, pp.xiv~xv.

었다.[1)]

중국 중원으로 흘러내려가는 황하를 거꾸로 거슬러 올라가면 지금의 내몽고 자치구 인구의 대부분이 모여 사는 해발 1천 미터 이상인 허타오(河套) 평원을 만난다. 황하는 그 평원에서 다시 서쪽으로 꺾여 인산 산맥의 남쪽 회랑을 따라 펼쳐진 오르도스 사막의 평원에 이른다. 북경을 포함한 중국 중원은 황하를 따라 오르도스로 연결되어 있고, 사람들은 이곳에서 실크로드를 따라 중앙아시아, 그리고 그 너머의 유라시아 세계와 소통했다.[2)]

이 소통 네트워크의 한가운데에 위치한 것으로 볼 수 있는 타림 분지와 그 위아래로 이어진 실크로드에 특히 주목할 필요가 있다. 오늘날 타림 분지는 중국령 투르키스탄에 속해 있다. 타림 분지는 유라시아 초원지대에서 초원보다 사막이 우위를 차지하는 곳들 중 대표적인 장소이다. 이곳은 오아시스들이 사슬처럼 연결되어 있다. 그래서 초원의 유목생활에서 분리된 "도시적이고 상업적인 오아시스의 특징"을 갖고 있었다.[3)] 이 지역이 갖는 인류 문명사에서의 의의를 르네 그루세는 이렇게 적고 있다.

"이러한 오아시스들이 사슬을 이루어 이란·인도·지중해 세계 등 서방의 거대한 정주문명과 동아시아(주로 중국)의 문명을 연결하는 교통로가 되었다. 모래 속으로 사라지는 타림 강의 남쪽과 북쪽으로 두 개의 루트가 형성되었는데, 북방 루트는 돈황, 하미, 투르판, 카라샤르, 쿠

---

1) 카라코룸은 1220년경 칭기즈 칸이 궁전을 세우고 중국 정복의 전진기지로 삼은 곳이다. 약 30년간 몽골 제국의 수도였다.

2) 내륙 아시아(Inner Asia)의 이 같은 지형적 특성을 파악할 수 있도록 작성된 지도는, Arthur Waldron, *The Great Wall of China: From History to Myth*, Cambridge: Cambridge University Press, 1990, pp.xiv~xv 참조.

3) 르네 그루세(René Grousset), 김호동·유원수·정재훈 옮김, 『유라시아 유목제국사』, 사계절, 1998, 24쪽.

차, 카쉬가르, 페르가나를 거쳐 트란스옥시아나로 이어졌다. 남방 루트는 돈황, 호탄, 야르칸드, 파미르 협곡을 지나 박트리아(Bactria)로 연결되었다. 사막과 준봉을 거쳐가는 가는 실과 같은 이 두 길은 길고 구불거리는 개미떼의 행렬처럼 매우 연약해 보인다. 하지만 중국이라는 개미집과 서방이라는 개미집 사이에 필요한 최소한의 접촉을 유지해줌으로써, 우리 지구가 두 쪽으로 나뉘지 않고 하나의 세계를 이룰 수 있게 할 정도의 강인함을 갖고 있었다. 이것은 비단의 길이었고, 순례자의 길이었다. 이 길을 통해 상품과 종교가 전달되었고 알렉산더 대왕의 후계자들이 만들어낸 그리스 예술과 아프가니스탄의 불승(佛僧)들이 건너갔다. ……그리스-로마의 상인들이 바로 이 길을 거쳐서 세리카(Serica)로부터 비단고리를 얻었으며, 후한대(後漢代)의 중국의 장군들도 이 길을 통해 이란인들의 세계나 동부 로마와 접촉하려고 노력했다."[4)]

그루세가 묘사한 타림 분지의 오아시스 세계를 가운데 두고 고대 동아시아 세계에서 중국 문명의 중심과 그 문명 바깥의 세계를 서로 연결했던 이 회랑은 방위상으로 황하문명의 서북쪽이다. 그러므로 필자는 이것을 동아시아의 관점에서 '서북 실크로드 회랑'이라 부르겠다. 오르도스는 이 서북 실크로드 회랑과 중국을 연결하는 길목인 것이다.

2. 오웬 라티모어와 '내륙 아시아'의 재발견

내몽고의 수도는 허타오 평원에 위치한 후허하오터(呼和浩特: Hothot, 또는 Huhohaote)이다. 1920년대엔 이미 북경에서 이 도시를 거쳐 바오터우(包頭)까지 연결된 징바오 철도(京包鐵道)가 있었다.

---

4) 르네 그루세, 1998, 24~25쪽.

1925년 2월, 25살의 미국 청년 오웬 라티모어가 후허하호터 역에서 화물열차를 타고 몽골 쪽으로 여행을 하고 있었다. 당시 중국에 대한 영국의 주요 수출품목이던 모직물과 면직물을 다루는 영국 무역회사 아널드의 천진(天津) 지사 직원이었다. 이 여행 중에 라티모어는 낙타들에 물건을 싣고 중앙아시아의 사막과 초원을 건너온 상인들의 행렬을 목격한다. 천 수백 년을 넘게 이어왔을 낙타상인들의 행렬과 근대 문명을 표상하는 기차의 대조(對照)에 그는 깊은 인상을 받았다. 스스로 낙타상인들을 따라 실크로드를 건너리라 다짐한다. 그는 생각했다.

"전에 중국 내륙의 다른 곳에서도 가졌던 느낌이 되살아났다. 숱한 해안 항구도시들의 사무실 생활을 청산하고 아주 먼 곳, 어딘가 사람들이 헤일 수 없이 오래 전에 그랬던 것과 똑같이 살아가는 곳으로 가고 싶은 욕망이었다. 나는 우리들이 보통 '우리들의 현재의 죽은 배경'(dead background of our present)일 뿐인 것으로 아무 생각 없이 받아들이는 그 과거의 이상하지만 실제 있었던 삶을 느껴보고 싶었다. 이번엔 욕망 이상의 무언가가 내게 있었다."[5)]

라티모어는 1900년 워싱턴 D.C.에서 고등학교 교사 부부의 아들로 태어났다. 그가 태어난 이듬해 부모들은 중국에서 대학을 세우기 위해 상해로 가게 되었다. 라티모어의 중국 연구는 그런 환경이었기에 가능했다. 영국에서 고등학교를 졸업한 후 옥스퍼드 대학에 합격한다. 원했던 전액 장학금은 받지 못했다. 그는 미련없이 대학을 포기하고 아널드사에 입사해 중국에서 근무하고 있었다.

라티모어는 결혼을 하자마자 직장을 걷어치웠다. 아내 엘리너(Eleanor)와 함께 실크로드로 허니문을 떠난다. 라티모어 부부는 북경

---

5) Owen Lattimore, *The Desert Road to Turkestan*, New York: Kodansha International, 1995, p.11. 이 책의 초판은 1929년에 출간되었다.

에서 기차로 내몽고의 후허하오터까지 갔다. 그곳에서 아시아 내륙을 거쳐 카라코람(Karakoram)의 해발 5천 미터가 넘는 다섯 개의 고개들을 넘어 인도로 가고자 했다.[6] 하지만 이 여행의 첫 구간에서 이들 부부는 따로 여행한다. 당시 내륙 아시아는 무정부상태로서 내전과 혁명의 격동기였다. 여자에게는 특히 위험하다고 판단했기 때문일 것이다. 그의 아내는 시베리아를 통한 우회로를 택한다. 1926년 3월 18일, 이들 부부를 태운 기차가 북경을 출발하는 순간 공교롭게도 천안문광장에서는 시위대를 향해 경찰이 발포해 40명 이상의 학생들과 시민을 죽인 총소리가 울려퍼지고 있었다.

마침내 이들 부부는 여행을 마칠 수 있었지만, 매우 가난해져 있었다. 1927~28년 1년간 로마의 한 옥탑방에서 싸구려 스파게티로 배를 채우면서 실크로드 여행에서 보고 관찰한 것을 책으로 썼다. 그것이 『터키스탄으로의 사막 길』이었다.[7] 이들은 출판을 위해 파리를 거쳐 영국으로 갔다. 『미지의 몽골리아』(*Unknown Mongolia*)의 저자인 자연주의자 더글러스 커루서스 씨가 라티모어의 원고를 처음 접했다. 그가 적극 추천하여 '영국 왕립지리학회'와 '왕립중앙아시아학회'는 라티모어에게 연설을 요청한다. 왕립지리학회는 나중에 라티모어에게 영예의 금메달을 수여했다.

1928년 그의 책이 출간되었다. 미국 '사회과학연구위원회'(Social Science Research Council)는 이 작품이 박사학위논문에 해당한다고 간주하고 대학도 다니지 않은 라티모어에게 박사후 과정 연구비를 제

---

6) 카라코람은 파키스탄, 중국, 인도 세 나라에 걸쳐 있는 산악지대를 가리킨다. 7천 미터가 넘는 봉우리가 60여 개나 된다. 8611미터에 달하며 세계에서 두 번째로 높은 K2봉도 이곳에 있다. 몽골 초원의 카라코룸과 다르다.

7) 여기에 소개한 라티모어의 젊은 시절 여정의 스케치는 1995년 판에 그의 아들 데이비드(David Lattimore)가 덧붙인 서문에서 취했다.

공했다. 그는 하버드 대학 인류학과에서 일 년간 연구하게 되었다. 라티모어는 중국어와는 언어계열이 다른 몽고어를 본격적으로 공부했으며, 중국 북방문화에 대한 기념비적인 연구업적들을 남겼다. 1950년대에 라티모어는 미국 매카시즘의 대표적인 희생자였다. 상원의원 조셉 매카시는 라티모어를 "미국에 있는 소련의 최고위 스파이"로 규정했다. 라티모어는 매카시를 공개적으로 "비열한 거짓말쟁이"라고 비난한다.

수천 년래의 봉건질서가 무너지고 새 질서는 아직 정착되지 못한 혼란과 군벌의 시대였던 1920년대에 오웬 라티모어는 "우리들의 현재의 죽은 배경"의 하나로 치부되던 실크로드를 걸었다. 그 길을 걸으며 그가 발견 혹은 재발견한 것은 철도와 항공이라는 교통수단에 밀려 근대적 시야 밖으로 사라져가고 있던 실크로드에 대한 단순한 추억만이 아니다. 내륙 아시아가 동아시아사의 구조에서 차지하는 역사적 의미에 대한 깊은 재인식이었다. 이 길을 따라 존재했던 노마드(nomad: 유목민)적 인간의 삶과 그들의 역사에 대한 깊은 성찰이었다. 또한 중화 중심적 동아시아 역사인식의 틀 바깥에 존재해온 노마드와 중국 중원 사이의 역동적인 관계의 상을 재발견한 것이었다.

3. 노마드 세력과 동아시아사의 이원구조

북경에서 북쪽으로 그렇게 멀리 떨어지지 않은 곳에 만리장성이 펼쳐진다. 이 장성을 방문해본 사람이라면 금방 느낄 수 있다. 불과 얼마 되지 않은 거리를 두고도 장성의 남쪽과 북쪽의 지형이 매우 판이하다. 남쪽은 평원이다. 북쪽은 깊은 산악지대이다. 봄에도 눈으로 덮여 있기 십상이다. 몽골 초원지대와 장성 이남 대평원지대 사이 급작스런 지형 변화가 전개된다. 장성은 그 지형적 분계선을 따라 건설되었다는 인상을 준다. 실제 만리장성은 해발 1천 미터 이하의 중국 평원지대와 해발

1천 미터 이상의 고원 산악지대 사이의 경계선과 대체로 일치한다는 것을 알 수 있다.[8)]

라티모어도 장성을 둘러보고 마찬가지 생각을 했으리라 짐작된다. 장성 북쪽은 그 남쪽에 비해 기후가 딴판이지만 지형은 더욱 그렇다는 것을 그는 주목했다. 우선 이 지역은 관개할 수 있는 충분한 물길이 존재하지 않는다. 내몽고의 대부분 지역에서도 농경이 불가능한 것은 아니다. 가능하다. 그러나 심층농경(intensive agriculture)은 불가능하며 가축에 주로 의존하는 '혼합농경'이나 넓은 땅에 듬성듬성 농사를 지을 수 있을 정도의 '광역재배'(extensive cultivation)만 가능하다. 목축이 주가 되는 유목문화(pastoral nomadism)만 발달할 수 있었다.

중원 농경문화의 중심은 황하 하류지역이었다. 황하는 중국 평원과 티베트 고원이 만나는 지역에서 시작되어 동북으로 흘러 지금의 내몽고 지역을 휘돌아 흘러가다 다시 남으로 꺾여 흐른다. 그러다가 급하게 니은(ㄴ) 자 형국으로 동쪽으로 휘어지는 곳에서 대평원이 시작된다. 퇴적토(loess) 지대이다. 중국 농경문화는 이곳을 중심으로 꽃을 피웠는데, 가장 비옥한 지대라서가 아니었다. 원시림이 존재하지 않고 돌이 없어서 신석기시대 이래 사람들이 일하기가 편했기 때문이다. 적절한 치수와 관개만 병행되면 심층농경이 가능했다.[9)] 당시 양자강 이남은 문명이 없는 정글 지대나 야만의 황무지였다.[10)]

초원지대는 전혀 다른 경제활동과 사회조직을 낳았다. 건조하고 열악한 기후로 집중농경은 할 수 없었다. 유목민들은 식량을 제공하는 양떼와 함께 끊임없이 유랑했다. 이동에 필요한 기동력은 말이 제공해주

---

8) Waldron이 제시한 앞의 지도 참조.

9) Owen Lattimore, *Inner Asian Frontiers of China*, Boston: Beacon Press, 1962(1940 & 1951 by American Geographical Society), pp.30~31.

10) Lattimore, 1962, p.35.

었고, 말의 무리를 키울 수 있는 목초지를 찾아 여름에는 언덕으로, 겨울에는 저지대로 이동했다.

몽골 초원과 중원은 서로 다른 경제와 문화를 발전시킬 수밖에 없었다. 대평원의 농경문화는 북쪽 초원지대로 팽창하지 못했다. 남쪽으로만 팽창할 수 있었다. 초원의 유목문화 역시 대평원으로 확산될 수 없었다. 중국인들(the Chinese)과 몽고족은 서로 장성을 넘어 팽창과 후퇴를 반복했다. 그러나 장성 북쪽에는 중국인들의 농경문화가 정착되지 못했다. 몽고인들의 초원경제와 유목사회 역시 장성 이남에 영속적인 기반을 잡을 수 없었다. 광역재배나 유목경제에 길들여진 사회가 갑자기 심층농경과 광역재배를 동시에 하기는 어려웠다. 중국인들 역시 처음부터 농경문화에 헌신하고 있었으므로 유목사회에 동화되기 힘들었다.

중원의 심층 농경사회와 산발적인 농경을 포함한 유목사회가 경계를 넘어 상호통합하기 위한 시도는 반복되었다. 하지만 결코 성공하지는 못했다. 오히려 두 사회양식 사이의 적대적 관계가 영속되었다.[11] 양자강 이남은 처음에는 황무지였으나 개발을 통해 농경이 가능해졌다. 이 지역 사람들은 중국에 동화되었다. 초원지대 사회는 중국에 끝내 동화될 수 없었다.[12]

페어뱅크는 라티모어에 동의했다. 그도 동아시아 역사에서 지속적인 의미를 갖고 있는 중대한 구분선으로서, 초원지대와 농업지대(the steppe and the sown)의 차이에 주목했다. 페어뱅크는 그것을 모든 측면에서 놀라울 정도의 차이라고 말한다.[13]

---

11) Lattimore, 1962, pp.37~39, 54~55, 58~59.

12) Lattinore, 1962, pp.35~39, 481, 483.

13) John King Fairbank, *The United States and China*, Cambridge, M.A.: Harvard University Press, Fourth Edition, 1979, p.81.

유목민의 삶에 초원의 땅 자체는 신뢰할 수 있는 기반이 아니었다. 그들이 의지한 것은 쉬지 않고 움직이는 동물들이었다. 양식이 되는 양과 이동력을 제공하는 말이 그러했다. 그들의 관습은 땅에 결박되지 않는다. 그들에게는 세대를 이어가며 축적할 부동산이 없다. 농부보다 때로 더 가난하지만 농부들보다 자유롭다. 다른 한편 이들은 생활을 위해 농업지대와 일정한 무역을 필요로 했다. 따라서 유목민족들도 필연적으로 농업지대와 관련을 맺고 살았다. 그들은 생존을 위해 언제나 훈련된 수렵인이며 기마인(騎馬人)이었다. 그들은 모두 잠재적인 전사(戰士)였다.[14] 중화민족에 비해 수적으로 크게 열세였던 유목민족들이 때때로 군사적 우위를 보이며 중국을 지배했다. 그들은 집단적으로 타고난 기마병이었기 때문이다.

유목민족이 심한 수적 열세에도 불구하고 누렸던 군사적 이점이 사라지게 되는 것은 중원의 통일세력이 17세기 말 이후 서양식 대포를 대규모로 도입하여 사용하기 시작한 이후였다. 역시 변방민족 출신이지만 청국의 강희제는 친히 8만의 군사와 대포 부대를 이끌고 북방을 원정했다. 몽고족 지도자 간덴 칸과 우르가(울란바토르의 옛 지명)에서 결전을 벌인다. 대패한 간덴 칸은 음독자살했다. 이 전투는 중국 역사에서 강력한 기병부대를 가진 유목민족이 군사적 효율성에서 중국을 압도하던 종래의 역사적 패턴을 종식시키는 전환점으로 평가된다.[15] 근세에 들어서기 전까지 북방의 노마드는 중원 국가들의 안보능력을 능가하는 군사적 능력을 동원할 수 있는 자질과 자원들을 갖고 있었다는 이야기이다.

라티모어에 따르면, 초원지대 유목민족과 중국인들 사이의 정치·군

---

14) Fairbank, 1979, p.81.

15) Ray Huang, *China: A Macrohistory*, M.E. Sharpe, Inc., 1997; 레이 황, 홍광훈·홍순도 옮김, 『중국, 그 거대한 행보』, 경당, 2002, 367쪽.

사적인 긴장은 문화양식의 뿌리 깊은 차별성과 긴밀한 관계를 갖고 있었다. 그는 유방(劉邦)이 세운 중국 고대 통일제국 한(漢)나라와 몽골 초원지대에 들어선 역시 강력한 흉노족(匈奴族) 국가 사이에 있었던 에피소드를 소개한다. 한의 문제(文帝: 재위는 기원전 179~157)는 흉노족의 지배자에게 공주를 화친용으로 시집보낸다. 그녀의 시종으로 환관 한 명이 강제로 따라가야만 했다. 원하지 않는 길을 가게 된 이 환관은 스스로 장차 한나라에 재앙이 되겠다고 다짐하며 흉노족 칸의 자문관이 된다.

흉노의 칸은 중국의 비단과 음식을 탐했다. 환관은 왕에게 이렇게 직언했다. 흉노가 중국인 숫자보다 턱없이 모자람에도 중국 못지 않게 강한 이유는 의복과 음식 등 문물을 중국에 의존하지 않기 때문이다. 만일 칸이 흉노의 풍습을 바꾸어 중국에 의존하게 되면 중국 문물의 매우 적은 양으로도 흉노족 전체의 입을 것과 먹을 것을 해결할 수 있게 된다. 그러면 흉노족의 충성은 중국의 왕에게 향하게 될 것이다. 더욱이 중국의 비단으로 만든 옷은 초원지대의 가시덤불을 뚫고 말을 달릴 때 찢어지게 마련이므로 짐승가죽으로 만든 흉노의 의복에 비할 바가 못된다. 환관은 또한 중국에서 파견되어온 사절과 논쟁을 하면서 이렇게 말한다. 흉노의 '오랑캐' 풍습과 사회조직은 유목생활에 적합한 훌륭한 것으로 독자적인 가치를 갖는다. 이것을 중국의 기준으로 열등하고 야만적이라 말하는 것은 옳지 않다.

라티모어가 소개한 이 고사에서 강력한 중국 왕조의 제왕이 초원의 오랑캐 왕에게 딸을 바치는 것 자체가 당시 초원 제국의 당당한 존재를 웅변한다. 환관의 주장에서 또한 확인되는 중요한 사실은 유목사회도 중국사회와 마찬가지로 둘 사이에 완전한 분리와 자급자족을 가능케 하는 독자적인 생활양식과 문화를 구축하고 있었다는 점이다.[16)]

이처럼 중국 중원과 북방 유목세력 간의 긴장을 축으로 중국사를 체계적으로 이해한 대표적인 학자가 오웬 라티모어였다. 그는 중국 변방의 핵심을 몽골 초원지대에서 찾았다. 그에게 이 지역은 중국 변방 역사의 고전적인 중심이었다. 이 지역의 동쪽에는 초원지대와 농경지대가 혼합된 지형인 만주가 있다. 서쪽으로는 중국령 터키스탄(중앙아시아)의 사막지대와 오아시스들이 있고, 높고 추운 평원지대인 티베트도 있다. 이들 지역의 역사는 몽골 초원에서 일어나는 사태와 중국의 영향력이 교차하는 가운데 만들어졌으며, 기본적으로는 몽골 초원사(草原史)의 역사상 변형들이라고 이해한다.[17)]

오웬 라티모어 이전에 중국사의 본질적 측면의 하나로 정착민과 유목민의 구분에 주목한 것은 일찍이 14세기 아랍 역사가인 이븐할둔(1332~1406)이었다. 그는 정착민의 문명(umran)과 유목민의 문명을 구분했다. 그러나 그보다 앞서서 중국사 서술에서 이 구분을 적용하여 문명과 비문명의 구분을 처음 도입하여 보편화시킨 장본인은 한나라 시대인 기원전 100년경 『사기』를 집필한 사마천(司馬遷: 기원전 145~86)이었다. 무제(武帝)의 노여움을 사 궁형(宮刑)을 받은 바 있는 이 역사가는 이 책에서 흉노에 대한 장을 따로 두었다. 북방의 야만적인 유목민들과 중국인 사이에는 언제나 갈등이 있어왔다는 유서 깊은 역사인식의 기원을 만들었다.[18)] 중국 역사에서 중원과 북방민족 간의 정치군사적 경쟁과 전쟁에 대한 기록은 사마천의 『사기』에서 시작된다. '북방 오랑캐'를 나타내는 호(胡)와 중국 국가 간의 전쟁에 대한 기록이 기원전 5세기 중엽인 457년의 일로 『사기』에 등장한다.

---

16) Lattimore, 1962, pp.487~489.

17) Lattimore, 1962, p.53.

18) Nicola Di Cosmo, *Ancient China and Its Enemies: The Rise of Nomadic Power in East Asian History*, Cambridge: Cambridge University Press, 2002, p.2.

1) 춘추전국시대 호(胡)의 등장과 장성 쌓기

기원전 1046년 주(周)의 무왕(武王)이 상(商: 또는 殷) 왕조를 멸하고 천하를 지배했다. 그러나 기원전 770년 이후에는 주의 천자가 천하 공주(共主)의 지위를 상실한다. 그해 천도해간 낙읍(洛邑)을 중심으로 사방 600여 리에 실질적인 영향권이 한정될 정도로 몰락했다. 서주(西周)의 시대가 끝나고 동주(東周)의 시대가 시작된 것이다. 천하는 여러 군웅들이 할거하는 제후시대(諸侯時代)로 되었다. 춘추전국시대(春秋戰國時代: 기원전 770~221)로 불리는 혼란한 시대상이 약 550년에 걸쳐 전개된다.

이 시기 중 기원전 770년에서 기원전 481년에 이르는 약 300년이 춘추시대이다. 제후국 중의 하나인 노(魯)나라가 이 시대에 대한 공식 역사기록을 남겼다. 노나라가 편집한 역사서의 이름이 『춘추』이기 때문에 이 시기를 춘추시대라 부른다. 제(齊), 진(晉), 진(秦), 초(楚), 오(吳) 등 춘추오패(春秋五覇)로 불리는 다섯 나라가 중국을 분점했던 춘추시대는 공자(孔子: 기원전 551~479)가 노나라에서 태어나 영원히 남을 철학적 삶을 살다간 시대였다. 그를 포함해, 백가쟁명의 풍부한 문화적 유산이 창조되었다.

중국의 현대작가 쑤퉁(蘇童)의 장편소설 중에는 1992년에 간행된 『나, 제왕의 생애』라는 작품이 있다. 주인공은 섭나라 왕 단백이다. 그는 젊은 나이에 대섭궁의 주인이 되어 온갖 부귀영화를 누린다. 하지만 태어나면서부터 제왕 계승을 두고 경쟁했던 이복형제 단문이 반란을 일으킨다. 단백은 제왕의 자리에서 끌어내려져 폐서인되었다. 다행히 그는 제왕 시절부터 우연히 목격한 줄타기 광대의 자유로움을 부러워하고 있었다. 이제 비로소 마음껏 줄타기를 할 수 있었다. 열심히 노력했던 그는 마침내 줄 위에 학처럼 설 수 있는 유명한 광대가 되었다. 소설은 단백이 이렇게 독백하며 끝난다. "나는 낮에는 줄을 타고 밤에

기원전 10세기 서주시대의 중국

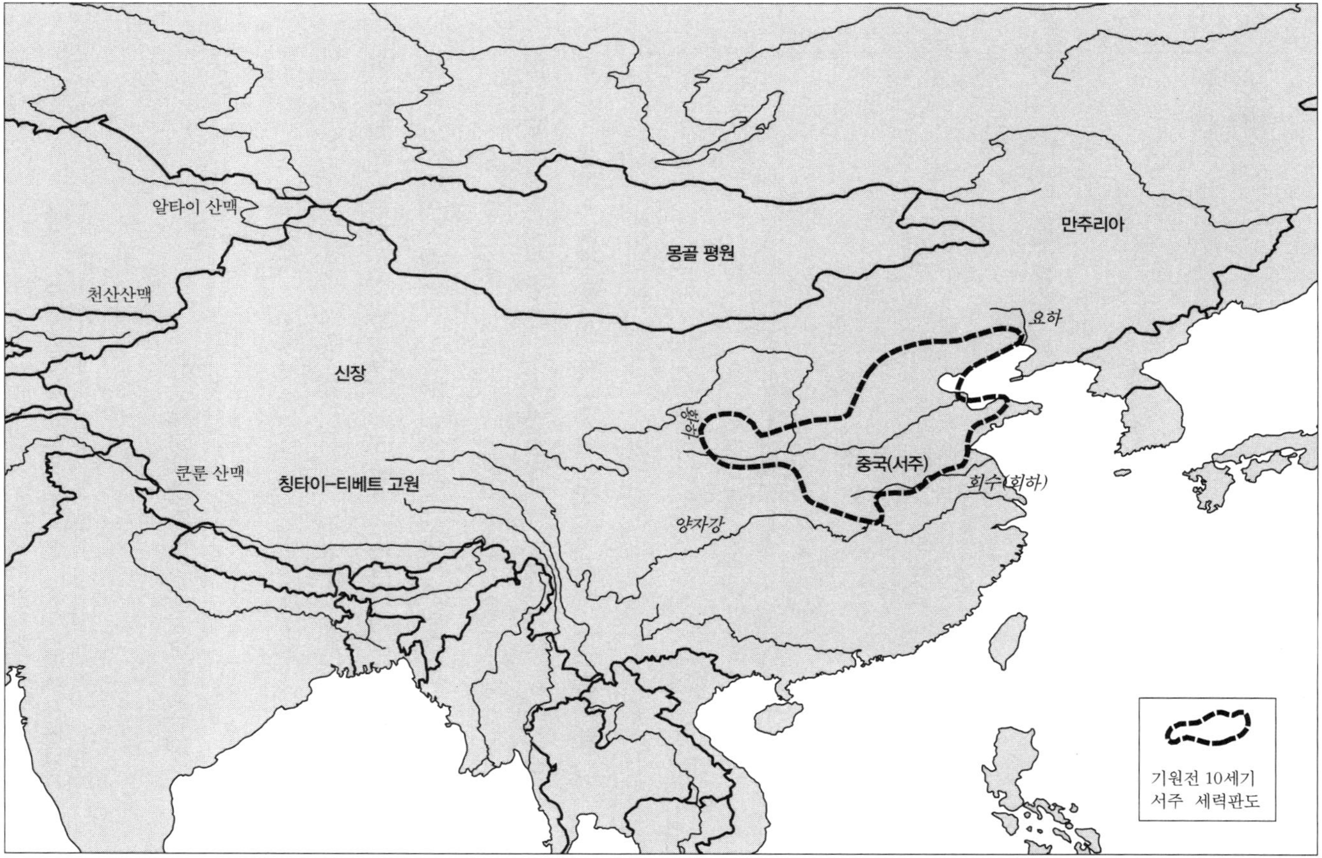

참고자료: Li Feng, *Landscape and Power in Early China: The Crisis and Fall of the Western Zhou, 1045~771 BC*, Cambridge: Cambridge University Press, 2006, p.xvi.

춘추시대 중국의 국가들

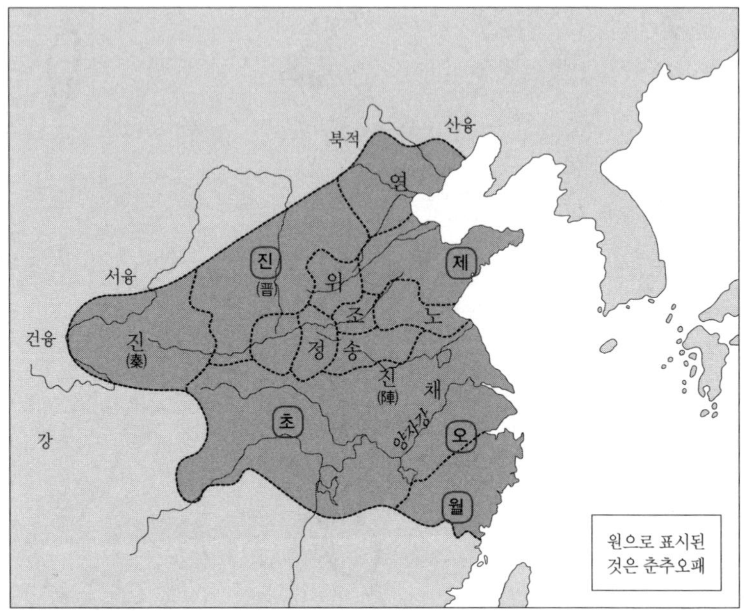

는 책을 읽었다. 『논어』를 읽고 또 읽으며 무수한 밤을 보냈다. 나는 어떤 날은 이 성현의 책이 세상 만물을 모두 끌어안고 있다고 느꼈고, 또 어떤 날은 거기에서 아무것도 얻을 수 없다고 느꼈다."[19]

중국 역사학에서 오랜 세월 동안 공자가 편수한 것으로 알려져 온 『춘추』는 기원전 722년 정월에 대한 언급과 함께 이렇게 시작한다. "원년 봄 주력(周曆) 왕정월(王正月). 3월, 공(公: 노나라 은공)이 주(邾)나라의 의보와 멸에서 동맹을 맺었다. 여름 5월, 정백(鄭伯)이 단을 언에서 이겼다. 가을 7월, 천왕이 재(宰)인 훤을 보내 혜공과 중자의 봉을 주었다."[20] 마치 암호문 같은 문장들이다.

---

19) 쑤퉁, 문현선 옮김, 『나, 제왕의 생애』, AGORA, 2007, 353쪽.
20) 좌구명, 신동준 옮김, 『춘추좌전 1』, 한길사, 2006, 36쪽.

『맹자』의 「등문공 하」에서 맹자는 노나라의 『춘추』 편찬과 공자의 관계를 설명했다. "세상이 쇠퇴하고 도가 희미해져 사설과 폭행이 일어났다. 신하로서 자신의 군주를 죽이는 자가 생기고 자식으로서 그 아비를 죽이는 자가 생기자, 공자가 이를 두려워해 『춘추』를 지었다. 『춘추』는 천자의 일을 다룬 것이다. 그래서 공자는 말하기를, '나를 알아주는 것은 오직 『춘추』를 통해서일 것이고, 나를 벌하는 것도 오직 『춘추』를 통해서일 것이다'라고 한 것이다."[21] 이후 『춘추』는 공자에 의해서 편수된 것이라는 인식이 굳어졌다. 그러나 그것이 사실인지는 내내 논란의 대상이었다. 이 역사책을 단순한 사서(史書)로 볼 것인지, 아니면 철학적 성격을 띤 고전을 의미하는 경(經)으로 볼 것인지 또한 중국사상사에서 논쟁거리가 되어왔다.

『춘추』는 좌구명(左丘明)이 주석을 붙인 『춘추좌전』(春秋左傳)을 통해 동양 지식인들에게 보다 접근 가능해졌다. 좌구명이라는 사람의 실체에 대해서도 논란이 있다. 『논어』에 좌구명이라는 인물이 등장한다. 공자의 문하에 있던 그 좌구명과 동일인이라는 설도 있었다. 그러나 오늘날에는 노나라에서 좌씨가 사관(史官)의 직책을 세습하면서 대를 이어 『좌전』을 저술한 것으로 이해되고 있다.[22]

『춘추』가 다룬 시기는 정확하게는 기원전 722년에서 기원전 468년까지 총 255년간이다. 그러나 공자가 죽기 2년 전인 기원전 481년부터 공자가 이 역사책을 편수하지 못하게 된 것으로 간주되었다. 그래서 중국 역사에서 춘추시대는 기원전 481년에 끝나는 것이다. 이 때로부터 진(秦)이 중국을 통일하기 전까지 지속된 나머지 250여 년의 혼란기가 전국시대였다.[23]

---

21) 『춘추좌전 1』, 2006, 27쪽. 신동준의 해제에서 재인용.

22) 『춘추』를 둘러싼 사상사적 논란들에 대해서는 신동준의 해제 참조. 『춘추좌전 1』, 2006, 13~34쪽.

전국시대 7웅의 위치

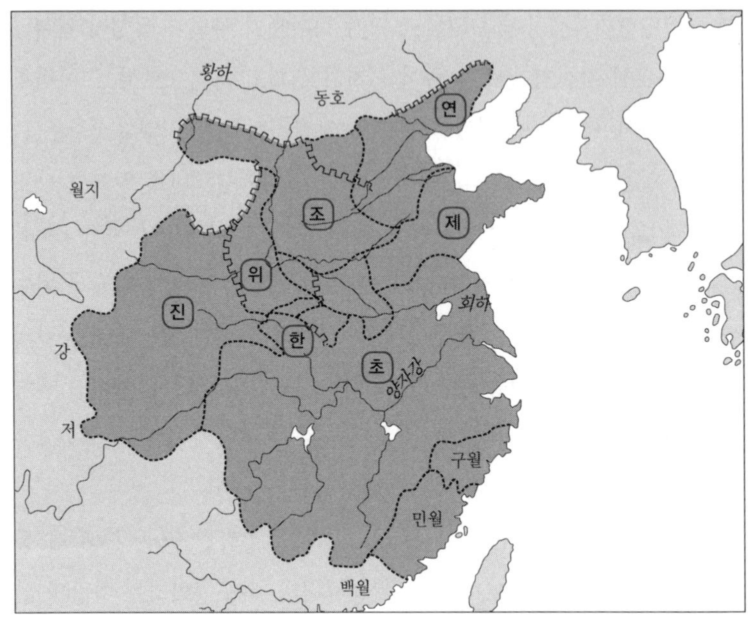

제(齊), 초(楚), 연(燕), 한(韓), 조(趙), 위(魏), 진(秦) 등의 전국칠웅(戰國七雄)이 쟁패한 전국시대는 공자와 마찬가지로 지금의 산동성 사람인 맹자(孟子: 기원전 372~289)가 살다간 시대이다. 기원전 221년까지 지속된 전국시대에 중국 중원의 국가들은 서로의 국경에 장성을 쌓았을 뿐만 아니라 북방 유목민족들과 효과적인 전쟁을 하기 위해 북쪽 변방에도 장성을 쌓기 시작한다.

전국시대 제후국의 하나였던 진(秦)은 원래는 중국 중원의 다른 나라들에 비해 변방에 가까웠다. 변방의 국가를 중국사의 중심으로 이동

---

23) 저우스펀(周時奮), 김영수 옮김, 『중국사 강의』, 돌베개, 2006, 81~83쪽. 진시황의 분서갱유(焚書坑儒)로 진나라 자신의 역사를 제외한 전국시대의 모든 역사가 훼손되었다. 그 때문에 사마천은 『사기』를 저술할 때 어려움이 많았다.

시킨 것은 상앙(商鞅)이라는 인물의 개혁정책이었다. 지방 귀족들을 중심으로 분권화된 정치사회구조를 중앙집권화했다. 왕족에게까지 예외없이 개혁적인 법을 적용했다. 그 바람에 왕도 자신의 스승을 잃게 된다. 상앙은 기원전 338년에 처형되고 만다. 하지만 상앙이 확립한 새로운 질서는 진의 국력이 확장되는 기초가 되어주었다. 상앙의 변법개혁의 본질은 전쟁을 위한 효율적 구조로 사회조직을 개편한 것이다.[24)]

진나라가 명맥만을 유지해오던 주(周)를 아예 멸망시킨 것은 기원전 256년이었다. 이어 기원전 247년 진시황이 즉위했다. 진나라는 춘추전국시대에 다른 나라들에 비해서 서북방에 위치했다. 그 덕에 야만족으로 불린 사회들과 교류가 잦고 가까웠다. 이 때문에 진나라의 기원과 문화를 야만족과 동일시하는 경향이 있었다. 특히 진이 망하고 한(漢) 제국 성립 후 한나라 지식인들에 의해서 그런 인식이 강해졌다. 진나라 사람들 자신도 진과 다른 나라들의 문화 사이에 상당한 차이를 인식하고 있었다.[25)]

영화 「영웅」은 중국 춘추전국시대의 말기가 시대 배경이다. 조나라의 무인 형가(荊軻)가 당시 가장 강력했던 진나라의 시황제를 암살하려다 실패한 사건이 모티브이다. 당시 전국칠웅의 하나인 한(韓)을 진이 멸망시킨 지 3년 후인 기원전 227년의 일이었다.[26)] 아직 조, 연, 위, 초, 그리고 제나라는 멸망당하기 전이었다. 「영웅」의 시나리오에 따르면, 형가는 진시황을 능히 암살할 수 있는 순간까지 갔으나, 전국시대를 끝내는 천하통일의 대업을 막지 않기 위해 스스로 암살을 포기한다.

진시황은 한나라에 이어 조, 연, 위, 초나라를 차례로 무너뜨리고 마

---

24) Mark Edward Lewis, *The Early Chinese Empire: Qin and Han*, Cambridge, M.A.: Harvard University Press, 2007, pp.30~37.

25) Lewis, 2007, pp.39~46.

26) 사마천, 신동준 옮김, 『사기본기』, 위즈덤하우스, 2015, 237쪽.

침내 기원전 221년 제나라마저 멸망시킨다. 중국사 최초로 통일제국을 건설한 것이었다. 진시황의 천하통일은 다른 한편으로 중원과 북방세력 사이 정치적·군사적·문화적 경계선을 확정하게 된 것을 의미했다. 진시황이 완성한 만리장성이 그 상징이다. 그는 전국시대에 여러 나라들이 세운 장성들 중에서 자신의 통일제국 안에 남겨진 것들은 해체하고 북방민족들과 대치하는 지점의 장성들은 서로 연결했는데, 이것이 만리장성이었다.

수도를 동쪽으로 옮긴 채 동주로서 명맥만 유지하고 있던 주(周) 왕조는 진시황에 의해서 명이 완전히 끊기고 만다. 명목상의 생존기간까지 합하면 거의 8백 년간 이어진 왕조였다. 춘추전국의 혼란기로 들어가기 전 270여 년간(기원전 1045~770) 번성했던 주 왕조는 중국 역사와 문명에 그 어떤 왕조보다 명백한 자취를 남겼다. 서주시대와 진·한제국 사이 500년간에 많은 왕조들이 명멸했다. 하지만 서주시대의 주나라가 남긴 문화적 전통을 대체할 만한 것을 창조한 세력은 없었다.

서주는 고대 중국의 고전들의 핵심을 유산으로 남겼다. 『시경』(詩經: *Book of Poetry*), 『서경』(書經: *Book of Documents*), 그리고 『주역』(周易: *Book of Changes*)이 그것이다. 주의 위대한 문화적 자산과 그 역사적 발전을 증거한다.[27] 리펑은 이 고전들이 유교적 전통과 결합하게 되는 것은 역사적 우연에 가까운 것이었다고 본다. 하지만 그것들이 "유교라는 유능한 역사적 대리자를 통해서 중국문명의 기초로 깊이 구축되기에 이른다"고 말한다. 이들 핵심적인 고전 텍스트들을 통해서 정치윤리, 정치적 실천, 문학적 미학, 철학, 그리고 군사전략사상에 이르기까지 주 왕조가 훗날의 중국 문화에 끼친 영향은 지대

27) Li Feng, *Landscape and Power in Early China: The Crisis and Fall of the Western Zhou, 1045~771 BC*, Cambridge: Cambridge University Press, 2006. p.279.

한 것이었다.[28)]

주시대에 마련된 문화적 기초는 훗날 한 제국 성립 이후 중화제국의 이념적 근간이 된 유교와 결합한다. 그럼으로써 중국의 '문명'과 북방 유목민 세력들의 '야만'의 구분은 보다 확고하고 완고한 바탕을 갖추게 되는 것이다.

2) 한 제국의 성립과 흉노의 도전

진시황이 병으로 급사한 것은 기원전 210년이다. 진이 완전히 망한 것은 건국되어 천하를 통일한 지 불과 15년 만인 기원전 206년이다. 진을 멸망시킨 것은 한(漢) 왕조를 세운 유방(劉邦: 漢高祖, 재위는 기원전 206~195)이었다. 이후 4년에 걸쳐 유방은 초(楚)나라의 항우(項羽)와 천하를 다툰다. 기원전 202년 항우가 패하여 죽었다. 장안(長安)을 도읍으로 삼은 통일제국 한은 중국인의 왕조였다.

하지만 한 왕조의 치세기간도 기실은 북방 유목민족과의 끊임없는 대결의 시대였다. 기원전 206년에서 기원후 8년 기간의 전한(前漢)과 기원후 25년에서 220년 기간의 후한(後漢)으로 구분되는 한 왕조 총 400여 년 역사는 장성 이북의 유목민족 흉노와의 치열한 싸움의 연속이었다. 역사학자들은 사마천의 기록에 근거하여, 흉노가 통합되어 강력한 국가를 이룬 것을 기원전 3세기 후반으로 파악한다.[29)] 한 왕조의 국력이 쇠퇴해 결국 멸망에 이르게 된 데에는 흉노 제국의 성립 이후 계속된 전쟁과 갈등이 중요한 요인일 것이다. 기원후 220년 한이 멸망하면서 또다시 중국 국가들이 서로 패권을 다투는 삼국시대가 시작된다. 하지만 이 역시 오래 지속되지 않았고 곧 유목민족과 중국의 국가

---

28) Li Feng, 2006, pp.279~280.

29) 르네 그루세, 1998, 63쪽.

들이 북중국의 패권을 다투는 시기로 진입한다.

3) 삼국시대와 5호16국 시대: 흉노와 선비의 융성

『삼국지』(三國志)의 주제로 유명한 조조(曹操: 155~220)의 위(魏), 유비(劉備: 161~222)의 촉(蜀 또는 蜀漢), 그리고 손권(孫權: 182~252)의 오(吳)가 어우러진 삼국 정립기가 시작된 것은 220년대였다. 조조의 아들 조비(曹丕)가 낙양을 도읍으로 위를 건국하여 황제를 칭한 것은 220년이다. 유비가 성도(成都)에서 촉을 세워 황제를 칭한 것은 다음해인 221년, 그리고 손권이 무창(武昌)에서 오를 세우고 황제를 칭한 것이 229년이다. 오는 나중에 지금의 강소성 남경인 건업(建業)으로 천도한다. 유비는 222년에 패전의 울분으로 죽는다. 하지만 제갈량(諸葛亮: 181~234)의 지혜로 촉의 명맥은 더 유지된다. 유비가 죽은 지 40여 년 세월이 흐른 뒤인 263년 위가 촉을 멸망시킨다. 그 전인 249년 위나라에서는 사마씨(司馬氏)가 정변을 일으켜 조정을 장악했으며, 265년 아예 국호를 진(晉)으로 바꾼다. 진은 280년 오를 멸망시켜 전국을 통일했다.[30)]

그러나 머지않아 304년에 흉노족인 유연(劉淵)이 세운 또 다른 한(漢)이 세력을 얻었다. 이른바 5호16국으로 불리는 혼란기의 시작이었다. 16국시대가 공식적으로 끝나는 것은 북위(北魏)가 16국의 하나인 북량을 멸망시켜 북중국을 통일한 439년이다. 386년부터 534년까지 북중국의 지배자였던 북위 역시 이민족 계열이었다.[31)] 북위를 세운 탁발규(拓跋珪)는 선비족(鮮卑族)의 한 갈래였다.[32)]

---

30) 이 역사를 진수(陳壽)가 『삼국지』로 편찬한 것은 그로부터 5년 뒤인 285년의 일이었다.

31) Fairbank, 1979, pp.80~82.

32) 저우스펀, 2006, 172, 201쪽.

삼국시대의 중국

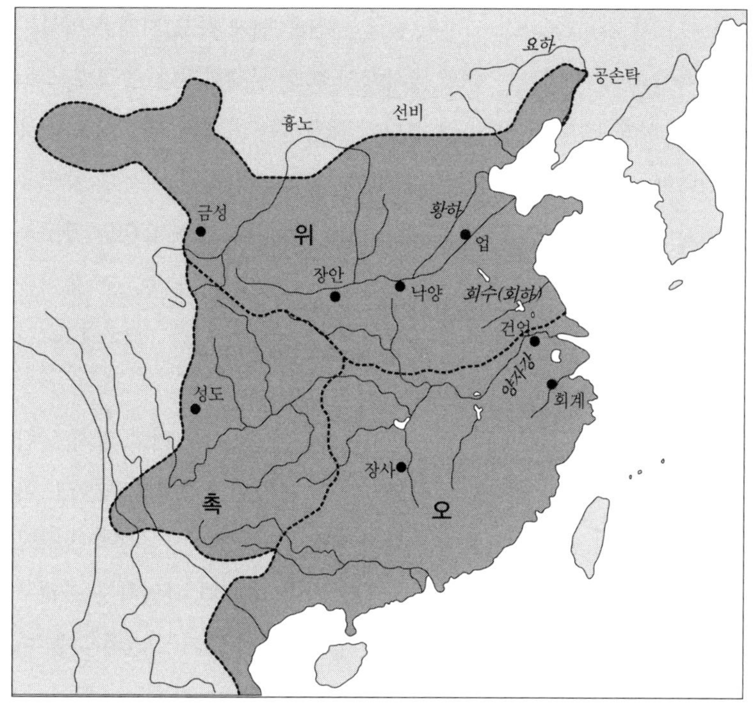

5호16국 시대 역시 북중국에서 유목민족 국가들이 합세하여 어우러진 혼란기였던 점을 주목한다면, 304년부터 534년 사이 230여 년은 또한 유목민족 국가들이 중국의 핵심지역인 북중국에서 헤게모니를 다투거나 장악한 시기였다. 북위는 534년 동서로 분열하며 붕괴하지만, 581년 양견(楊堅)이 세운 수(隋)가 진을 멸망시키고 중국을 통일한 589년 이전까지 중국은 또한 혼란기였다. 618년 이연(李淵)이 수나라 공제(恭帝)를 폐하고 스스로 황제가 되어 국호를 당(唐)으로 바꾼다. 당은 907년 망하고 5대10국의 혼란기가 다시 시작된다. 이후 960년 송이 건국되기까지 그리고 그후에도 노마드인 거란족이 중국 북부에서 세력을 떨친다.

4) 거란, 여진, 몽골, 만주족의 중국 지배

노마드적 기원을 가진 세력이 중국 중원을 떨게 하고 지배한 역사는 중세에서 근세에 이르는 중국 역사에서 더욱 본격화된다. 중국에서 송의 건국 이후 1천 년간에도 그 절반에 해당하는 기간을 장성 이북의 북방세력이 중국 전체 또는 적어도 황하 유역을 가리키는 북부 중국을 지배한다. 우선 거란 몽골족(Khitan Mongols)이 세운 요(遼) 왕조가 916~1125년 사이 북중국을 지배했다. 그런 가운데 남쪽으로 쫓겨난 송나라를 끊임없이 위협했다. 여진이 세운 금(金) 또한 1115~1234년 기간에 북부 중국의 지배자였다.

칭기즈 칸의 넷째아들인 툴루이(Tului)의 아들, 그러니까 칭기즈 칸의 손자 쿠빌라이가 남송을 멸하고 중국을 통일한 것은 1279년이고 이후 1368년까지 중국 전체를 지배한다. 하지만, 북중국을 몽골족이 장악한 것은 그보다 훨씬 전이었다. 칭기즈 칸이 1227년 사망하자 그로부터 2년 뒤에 그의 셋째아들이자 칸들의 칸으로서 칭기즈 칸의 뒤를 이어 몽골 제국 전체의 제1인자가 된 오고타이(Ogotai: 1186~1241)는 1234년 여진의 금을 멸망시키고 그들을 대신해 북중국을 차지한다.

칭기즈 칸은 생전인 1215년 이미 친히 북경을 점령한 바 있다. 바로 그해는 훗날 원(元)나라를 세워 중국에 통일제국을 건설하는 쿠빌라이가 태어난 해이기도 하다.[33] 동아시아의 근세에서 근대에 걸친 약 270년간(1644~1911) 중국을 지배한 세력도 북방민족인 만주족이었다. 기원전 수세기로 거슬러 올라간 시기에서 만주족이 중국을 지배한 20세기 초까지 중국 대륙의 역사는 유목민 세력과 한족 정치세력 사이

---

33) Morris Rossabi, *Khubilai Khan: His Life and Times*, Berkeley: University of California Press, 1988, pp.13, 15. 원나라가 마침내 고려를 복속시키는 데 성공한 것은 1258년이었다. 쿠빌라이의 원이 남송을 멸하여 중국을 통일하기 21년 전이다.

의 부단한 정치군사적 패권다툼의 역사였던 것이다.

5) 동아시아사에서 노마드 세력과 그 존재양식

페어뱅크는 라티모어의 유명한 명제를 떠올린다. 중국인들의 전진과 후퇴, 그리고 유목민들의 복속과 중원지배 교체의 역사는 두 가지 사이클에 의해서 결정되어왔다. 중국 안에서 왕조의 융성과 쇠퇴의 사이클이 그 하나이다. 다른 하나는 초원의 종족들의 통일과 분산이라는 사이클이다.

유목민의 지도자는 중국과의 경계지역에서 무역거래 필요성 때문에 그 지역에서 권력을 확장한다. 그 과정에서 정착민의 삶의 방식을 채용한다. 이렇게 함으로써 유목민족들이 장성 이남의 중국 본토(황하 유역의 북중국 대평원, 즉 중원)에 대한 지배로 나아간다. 그러나 농경사회에 정착하면서 야만의 활력(barbarian vigor)을 잃어버린다. 농경사회에 대한 지배능력이 쇠퇴하는 것이다.[34)]

멀 골드만이 증보한 최근의 역사서에서 페어뱅크는 이전의 다른 저서인 『미국과 중국』에서 라티모어의 명제를 받아들여 진술했던 내용을 재확인한다. "우리는 중국의 역사는 한족의 역사 외에도 내륙 아시아의 비한족(非漢族)의 역사를 포함하고 있음을 깨달아야 한다. 이들은 한족의 국가와 사회에 누차 침입했다. 그리하여 그 빠뜨릴 수 없는 구성요소의 하나가 되었다. 간단히 말해서 우리는 내륙 아시아인들이 중국 역사에서 결정적인 부분이었다는 넓은 시야를 가져야 한다."[35)]

중국 역사에서 유목민족이 통합되어 팽창할 때 그것은 중화세력에게

---

34) Fairbank, 1979, p.83.

35) John King Fairbank and Merle Goldman, *China: A New History*, Cambridge: Harvard University Press, 1998; 존 킹 페어뱅크·멀 골드만, 김형종·신성곤 옮김, 『신중국사』, 까치, 2005, 47쪽.

심대한 위협과 두려움을 제기했다. 진시황이 기존의 성들을 연결하고 보강하여 건설한 만리장성은 그것을 웅변하는 거대한 역사적 프로젝트였다. 중국이 근대에 이르러 서양의 도전에 직면하기 전에 유목민족은 중국에게 국제관계의 도전을 표상하는 것이었다.[36)]

한반도의 우리가 동아시아사를 바라보는 시야에서 그 사실은 매우 중요하다. 북방과 중원 사이의 전략적 중간지점에 위치했다고 볼 수 있는 요동 벌판을 두고 한반도인들이 중화 세력들과 직접 패권경쟁에 돌입해있던 시기(위만조선, 고구려)를 제외하고는, 중국 대륙과 한반도 사이의 전쟁은 중화세력과 북방민족들 사이에 한반도의 국가가 끼어있는 삼각관계 구조 속에서 발생했다. 그때마다 한반도와의 군사적 충돌의 주역은 북방의 노마드였다.

4. 인류 역사의 시원과 중국문명의 등장

오늘날 세계 학계는 인류(人類: human beings)의 기원을 직립원인(Homo erectus)의 출현에서 찾는다. 직립원인의 출현과 함께 인류의 역사가 시작되는 셈인데, 그것이 타제석기시대(打製石器時代)로도 불리는 구석기시대(舊石器時代: Palaeolithic Age)의 시작이다. 초기 구석기시대는 1백만 년 전에서 20만 년 전에 걸쳐 있다. 1백만 년 전 출현한 직립원인의 고향을 현대 인류학은 아프리카로 본다.

직립원인은 지구 전체를 광범하게 여행함으로써 북경원인(北京原

36) Fairbank, 1979, p.82. 이후 중국을 지배할 수 있는 세력은 방대한 자금력과 과학기술에 바탕을 둔 근대적인 군사력을 필요로 했다. 중국이 아시아의 내륙지방 유목세력에 대해 군사적 우월성을 획득하는 순간, 중국은 머지않아 더 발전한 경제력과 과학기술력을 가진 서양의 군사력에 무릎을 꿇게 된다. 역사의 아이러니이다.

人: Peking Man)도 나타나고 자바 원인(Java Man)도 등장하지만, 그 고향은 아프리카로 간주된다. 그 이유는 진화론적 관점에서 직립원인의 조상으로 여겨지는 오스트랄로피테쿠스[37](Australopithecus)로부터 인류(genus Homo)로 발전하는 과정을 보여주는 과도기적 화석들이 아프리카 지역에서 상대적으로 풍부하게 발견되기 때문이다. 오스트랄로피테쿠스는 아프리카 이외에서는 발견되지 않는다. 중국 학계에서는 직립원인의 고향이 아시아라는 주장도 있지만 세계학계는 이를 받아들이지 않고 있다.[38]

중국대륙에 직립원인이 출현한 것 역시 1백만 년 전 아프리카로부터 이동한 결과로 보고 있다. 따라서 중국의 초기 구석기시대의 시작도 1백만 년 전으로 추정된다. 흥미로운 사실은 북경 근처인 저우커우뎬(周口店, Zhoukoudian)이 세계에서 가장 많은 직립원인의 화석들이 발견된 곳이라는 사실이다. 이곳에서 발견된 40여 명의 직립원인들 중 40퍼센트는 14세 미만이었고, 50세를 넘은 이는 2.6퍼센트였다.[39]

20만 년 전에서 5만 년 전에 이르는 기간이 중기 구석기시대이다. 5만 년 전에서 1만 년 전에 이르는 기간은 인류 역사에서 후기 구석기시대에 해당한다. 1만 년 전에 마제석기시대(磨製石器時代)로도 불리는 신석기시대(新石器時代: Neolithic Age)가 시작된다. 저우커우뎬 발굴은 J.G. 앤더슨(Anderson)이 이끄는 발굴단에 의해 1929년에 이루어졌다. 1949년 아마추어 고고학자가 일본에서 구석기 유적을 발굴했

37) 100만~400만 년 전에 존재한 두 발 보행 원인(猿人)으로 아프리카 남부에서 발견된다.

38) Gina L. Barnes, *The Rise of Civilization in East Asia: The Archaeology of China, Korea and Japan*, New York: Thames and Hudson, 1999, p.42.

39) Barnes, 1999, p.44.

다. 한국에서 구석기 유적이 발견된 것은 1962년 미군에 의해서였다.[40)]

신석기시대에서 청동기시대로 전환한 것은 기원전 2천 년을 전후한 시기이다. 청동은 구리와 주석의 합금이다. 중국 이외의 다른 나라 학자들은 청동 제조기술이 서아시아에서 먼저 발전한 것으로 본다. 청동기 유물이 그곳에 먼저 존재한 것으로 밝혀져 있기 때문이다. 1941년 비숍의 저서와 1949년 막스 뢰어의 연구가 대표적이다.[41)] 핀란드의 저명한 고고학자인 탈그렌(A.M. Tallgren)에 따르면, 기원전 1500년경에 서부 시베리아에서 청동기시대가 시작되었다. 같은 시대 다뉴브 지역에 성립한 온예티츠(Aunjetitz) 문명이라는 거대한 청동기문명과 연결되어 있었다. 막스 뢰어는 중국에 청동기문명이 도래한 것은 기원전 1400년경으로 보았다. 시베리아의 청동기기술이 중국에 흘러들어간 것으로 이해했다. 뢰어는 또한 유목문명의 중심지였던 중부 시베리아의 미누신스크에서 청동기시대가 시작된 것은 그보다 훗날인 기원전 1200년경이라고 했다.[42)]

하지만 이러한 해석은 1930년대에 이루어진 연구에 바탕을 둔 것이었다. 시간이 가면서 동남아시아에서도 그리고 중국에서도 훨씬 더 거슬러 올라가는 과거에 청동기문명이 시작되었음이 드러난다. 1970년대와 1980년대에 걸쳐 태국의 논녹타(Non Nok Tha)에서 기원전 2500~2000년 사이에 청동 제조가 이루어지고 있었던 것이 밝혀진

---

40) Barnes, 1999, p.50.

41) C. Bishop, *Origin of the Far Eastern Civilization*, Smithsonian War Background Series, Washington, D.C. Smithsonian Institution, 1941; Max Loehr, "Weapons and tools from Anyang, and Siberian analogies," *American Journal of Archaeology 53*, 1949, pp.126~144; Barnes, 1999, p.119.

42) Max Loehr, "Beiträge zur Chronologie der alteren chinesischen Bronzen," *OZ*, I, 1936, pp.3~41; 르네 그루세, 1998, 38쪽.

다.[43] 그후 태국에서 추가 발굴이 이루어져 동남아시아에서 청동이 더 일찍부터 사용되었을 가능성이 논의된다.[44]

중국 청동기문화의 시작에 대해서는 지난 반세기에 이루어진 새로운 발견들의 결과 그 연대 추정이 자꾸 올라갔다. 중국 학자들은 중국 청동기문명이 서아시아 등 외부세계로부터 수입된 것이라는 설을 부정한다. 중국 문명 안에서 독자적으로 발전했다는 것이다. 리쉐친(李學勤)은 중국에서 본격적인 청동기가 출현한 황하지역과 그로부터 멀리 떨어진 다른 고대 문명들 사이에 청동기 제조기술 전파에 관한 어떤 연결고리도 찾을 수 없다고 주장한다. 중국 외부기원설을 부정하는 것이다. 그는 특히 오스트레일리아 학자 노엘 버나드의 설을 기초로 중국 고대 청동기 기술은 다른 고대문명의 경우와 확연히 다른 특징이 있다고 주장한다.[45]

북중국 대륙에서 신석기시대로 통하는 시기에도 청동제품이 반지나 칼의 형태로 이미 등장했던 것으로 알려져 있다.[46] 그러나 이들 청동제품이 어디에서 제조되었는지 밝혀져 있지 않은데다, 발견된 제품들의

---

43) Donn Bayard, "The Chronology of Prehistoric Metallurgy in northeast Thailand: Silabhumi or Samrddhabdhumi?" in R.B. Smith and W. Watson, eds., *Early South East Asia*, Oxford University Press, 1979; Charles Higham, *The Archaeology of Mainland Southeast Asia*, Cambridge University Press, 1989, pp.99~104; Barnes, 1999, p.271.

44) 지나 반스가 찰스 히감(Charles Higham)과 개인적 대화로 확인한 내용. Barnes, 1999, p.271.

45) Noel Bernard, *Radiocarbon Dates and Their Significance in the Chinese Archaeological Scene*, 1979; 리쉐친, 심재훈 옮김, 『중국 청동기의 신비』, 학고재, 2005, 21쪽.

46) Chengyuan Ma, "The Spender of Ancient Chinese Bronzes," in Wen Fong, ed., *The Great Bronze Age of China*, London·New York: Thames and Hudson·The Metropolitan Museum of Art, 1980, pp.1~19; Barnes, 1999, p.119.

수가 매우 적어서 신석기시대 자체의 성격을 벗어나지는 않는 것으로 간주된다. 청동제품의 대량생산이 이루어져 진정한 청동기문화가 시작된 것은 기원전 2000년 이후였다. 즉 하(夏: 기원전 2200~1750) 왕조 시대에 청동기문화가 시작되었다. 기원전 18세기경에 등장한 상(商: 기원전 1750~1040) 왕조 때에 청동기문화는 더 한층 발전했다. 이와 함께 복잡한 사회적 발전이 진행되면서 중국의 역사적인 왕조체제가 확립되어간 것으로 평가된다.[47)]

하 왕조와 상 왕조는 과거에는 전설로 치부되었다. 에드윈 라이샤워와 존 페어뱅크가 공저한 1960년의 저서에서는 주(周: 기원전 1100~256) 왕조 이전 중국 중원의 왕조들, 특히 하 왕조의 실체는 의문스럽다고 말했다. 다만 상 왕조는 갑골문자(甲骨文字) 해독으로 그 실존이 증명된 것으로 서술했다. 갑골문이 발견된 곳은 지금의 하남성 북부에 있는 북중국 평원의 안양이나 청도이다. 이곳은 상 왕조 후기의 도읍지로 알려져 있었다. 연구 결과 갑골문은 기원전 1400~1100년에 이르는 시기의 유물로 판명되었다. 반면에 이들 서양 학자들은 하 왕조의 실체에 대해서는 여전히 고고학적 증거가 없다고 말했다. 그래서 1960년의 시점에서 라이샤워와 페어뱅크는 진정한 중국사는 상 왕조와 함께 시작된다고 했다.[48)] 1979년에 편집된 페어뱅크의 『미국과 중국』 역시 아직은 중국 역사의 시초를 기원전 1850~1100년의 시기에 걸친 상 왕조로 파악하고 있었다.[49)]

그러나 중국의 역사가들은 이미 1959년에 황하의 바로 남쪽에 위치한 낙양 근처 언사현(偃師縣)의 이리두(二里頭)에서 거대한 왕궁유적

47) Barnes, 1999, p.119.

48) Edwin O. Reischauer and John King Fairbank, *East Asia: The Great Tradition*, Boston: Houghton Mifflin Company, 1958, 1960, p.39.

49) Fairbank, 1979, p.17.

을 발굴했다. 이리두 문화는 하남성 서북부와 산서성 남부에 걸쳐 널리 분포해 있다. 그것은 용산 흑도문화(黑陶文化: 기원전 3000~2500)를 계승한 것으로서 시기적으로는 상 왕조 초기보다 앞선다.[50] 기원전 2100~1800년 시기의 문화로 판명되었다. 방사성 탄소 연대측정법에 따른 것이다. 1992년 이후에 편집된 페어뱅크의 『신중국사』는 그러한 분석이 서양의 중국사 서술에 반영되기에 이르렀음을 보여준다.[51]

하, 상, 주의 이른바 상삼대(上三代)의 찬란한 농경문명이 꽃을 피운 지대가 홍수가 덜하고 더 비옥하며 더 온화한 양자강 유역의 남중국이 아니라, 황하 유역의 북중국이었다는 사실을 어떻게 설명할 것인가. 라티모어는 먼저 양자강 유역은 비옥하지만 그 이남이 정글 지대였다는 점을 주목했다. 반면에 황하 유역은 퇴적토지대로 돌과 원시림이 없었다. 그 때문에 문명의 시원기에는 황하 유역이 농경에 더 적합했다는 것이 라티모어의 해석이다.

아널드 토인비는 바로 이 주제에 대해서 매우 다른 흥미있는 해석을 내놓은 바 있다. 그는 『역사의 연구』에서 중국 문명이 양자강 유역이 아닌 황하 유역에서 탄생한 것을 가리켜, 더 도전적인 환경 속에서 인간의 창조적인 응전이 촉발되어 진정한 문명이 발전하곤 했다는 자신의 명제를 증빙하는 중요한 사례로 삼았다. 토인비는 "안락은 문명에 해롭다"는 자신의 명제의 증거를 황하의 중국 문명에서 발견했던 것이다.[52]

양자강 분지(Yangzi River Basin)는 지금의 절강(浙江)지역 북부에 해당하는 양자강 하류지역과 강 상류에 있는 사천(泗川) 분지를 가리

---

50) 이리두 문화유적에 대해서는 Li Liu and Xingcan Chen, *State Formation in Early China*, London: Duckworth, 2003, pp.57~84 참조.

51) 페어뱅크·골드만, 2005, 57~59쪽.

52) Arnold Toynbee, *A Study of History*, Abridgement of Volumes 1-VI by D.C. Somervell, Oxford: Oxford University Press, 1946, pp.88~89.

킨다. 이 양자강 분지에도 "상 왕조 중기 이후 잘 발달되고 독특한 양식을 가진 청동기 생산 문화들"이 존재했다. 이들은 황하 분지(Yellow River Basin)의 초기 왕조들과 간헐적으로 접촉한 것이 밝혀졌다. 다만 대체로 춘추시대 후반부에 이르기 전에는 비교적 정치적·문화적 고립 상태에 있었다.[53] 이 지역 왕국의 하나인 우(Wu)는 춘추시대인 기원전 584년 주(周)의 국가망(國家網: Zhou state network)에 참여한다. 또 유에(Yue) 왕국은 기원전 5세기 초에 그렇게 되었다. 기원전 473년 유에가 우나라를 삼키고 유에는 기원전 307년 초(楚)나라가 삼킨다. 우나 유에보다 더 먼 곳에 위치해 있던 양자강 분지의 정치체들은 기원전 316년 진(秦)이 흡수했다. 이 과정을 통해 양자강 분지의 독자적인 지역문화는 지방언어와 함께 자취를 감춘다.[54]

양자강 유역의 방대한 땅은 기원전 3세기 진시황이 이끄는 통일제국에 의해서 중국에 완전히 통합된다. 이 시기 남중국은 주변부로서 상대적으로 비어 있는 미개발지였다. 한(漢) 왕조의 후한(後漢)시대에 이르면 양자강 유역의 남중국은 한 제국 영토 전체면적의 절반을 훨씬 넘게 된다. 하지만 인구는 전체의 35퍼센트에 불과했다. 남중국 인구는 주로 북중국으로부터의 지속적인 이주민 유입 때문에 증가해간다. 그러나 오랫동안 여전히 북중국에 비해 인구밀도가 낮은 지역으로 남는다.[55] 양자강 유역은 크게 남경을 포함하는 동해안 지역, 한구(漢口: Hankow) 주변의 강 중류지역, 그리고 강 상류지역인 사천성(泗川省:

---

53) Lothar von Falkenhausen, *Chinese Society in the Age of Confucius (1000~250 BC)*, Los Angeles: Cotsen Institute of Archaeology, University of California, 2006, pp.262~263.

54) Falkenhausen, 2006, p.263.

55) David A. Graff, *Medieval Chinese Warfare, 300~900*, London: Routledge, 2002, p.76.

Sichuan) 지역으로 나뉜다. 이들 지역은 청나라 시대에 이르기까지도 상대적으로 인구밀도가 낮고 경작되지 않은 땅이 많았다. 이 지역 인구 증가는 여전히 다른 지역으로부터의 대규모 이주에 의존했다.[56]

5. 상삼대 중국문명의 유목적 요소들

동아시아사에서 노마드와 중국 중원의 농경문명 사이의 긴장과 갈등에 대해 얘기했다. 그 둘은 서로 만날 수 없는 관계인 것처럼 말했다. 숙명적인 대결의 관계로 그렸다. 잘못 이해하면 마치 역사의 처음부터 그런 관계가 존재한 것처럼 생각할 수 있다. 사실은 그런 것만은 아니었다.

문명과 야만의 차별성은 사마천이 시사하듯이 역사의 처음부터 존재한 것도 아니었고, 그 구분이 등장하기 시작한 후에도 항상 분명한 것은 아니었다. 중국 문명의 시초가 되는 시기에서 춘추전국시대에 중원의 국가들이 장성을 쌓기 시작하는 시기 사이에 놓여 있는 수천 년간 농경민족과 유목민족의 관계에 대해 두 가지를 추정할 수 있다. 첫째, 이 시기 농경민족과 유목민족 사이의 구분은 모호했을 것이다. 특히 문명 시초엔 농경민족의 조상도 그 뿌리는 유목민족 또는 반(半)유목민적(semi-nomadic) 성격을 갖는 경우가 많았을 것이다.

둘째, 그 시기에 관한 역사기록에 유목민의 군사적 위협을 주목한 증거가 없는 점에 비추어볼 때, 그 시기 유목민과 농경민족들 사이 군사적 긴장은 크지 않았던 것으로 보인다. 유목민 집단은 농경문화 주변에 산재한 형태로 존재했을 것이다. 농경지역의 문화와 기술이 발전하고

56) Jonathan D. Spence, *The Search for Modern China*, New York: W.W. Norton, 1990, pp.91~92.

인구가 늘어 주변으로 확장되어가면서, 주변에 산재하던 유목민족은 축출되거나 아예 농경문명에 흡수되었을 것이다.

이 점은 중국의 민족적 기원에 대한 점증하는 고고학적 지식이 뒷받침해준다. 역사 초기에는 농경도구와 치수관리능력이 발달하지 않았으므로 안정된 농경이 가능한 지역 역시 제한되어 있었다. 청동기문화와 철기문화의 발전과 함께 점차 농경문화가 발전하는 영역이 확대되어갔다. 상삼대의 중간에 있는 상 왕조는 물론 농경문화와 찬란한 청동기문명을 발전시켰다. 하지만 주인공인 상족(商族)도 원래는 물과 풀을 찾아 끊임없이 이동하는 유목민족이었다.

상족은 처음엔 '설'이라 불렸다. 그 시절에 하 왕조의 치수사업을 도와 공을 세웠다. 그 덕에 하 왕조로부터 상이라 불린 지역을 얻어서 지금의 하북성 남부 장수(漳水) 연안에 거주하게 된다. 상족의 유목적 전통은 그들이 하 왕조를 멸망시키고 상을 건국한 뒤에도 살아남았다. 다섯 차례나 도성을 옮겼으며 제20대 왕 반경(盤庚)이 은(殷)으로 천도한 다음에야 진정한 정착을 했다.[57]

훗날 산동반도로 불린 중원의 동해안지역은 나중에는 농경이 가능한 사회로 발전한다. 하지만 상 왕조 때 이 지역은 '동이족'(東夷族)으로 불린 유목민족의 활동영역이었다. 동이족은 새를 숭배하는 '새 토테미즘(totemism)'을 갖고 있었다. 상족도 그들의 시조가 현조(玄鳥)라 불린 제비의 알에서 탄생했다는 설화를 갖고 있었다. 전형적인 철새인 제비를 숭상한 것에서 그들의 유목의 역사가 담겨 있다고 해석된다.[58] 알에서 태어났다는 한반도 신라의 시조인 박혁거세(朴赫居世)의 전설도 말하자면 새 토템적 전통과 맥이 닿는 얘기이다.

---

57) 저우스펀, 2006, 45쪽.
58) 저우스펀, 2006, 46쪽.

이처럼 중원과 그 주변지역에서 활동하는 민족들 사이에 중국인과 만이(蠻夷: barbarians)의 구별은 역사적으로 유동적이었고 변화했다. 그러한 유동성은 역사의 어떤 시점에서 고정적인 것으로 변했을 것이다. 흡수를 통한 농경지역의 확장과 그에 따른 '중국'의 팽창은 농경문화지대로 흡수될 수 있는 자연지리적 조건을 가진 지역의 경계까지 확대되었을 때 마침내 한계에 도달했을 것이다.

중국과 만이의 구분이 발전하는 과정에 대해서 라티모어는 고전적인 설명을 제시했다. '초기 중국인'과 '초기 만이' 사이의 구분은 처음에는 지리적 구분에 불과했다. 그러나 점차 문자를 포함한 문화가 발전하면서 지리적 경계는 문화적 구분으로 이어졌다. 그러한 구분은 정치사회적 경계와 상승작용을 하면서 더욱 굳어져갔다. 어떤 민족까지가 중국인이 될 수 있는가는 처음부터 정해진 것은 아니었고 유동적이었다. 처음에는 두 종류의 만이가 있었을 것으로 본다. '비중국적인'(un-Chinese) 종족과 '비중국인'(non-Chinese)의 구별이다. 비중국적인 종족들 중 일부는 중국인으로 흡수되었고 나머지는 비중국인, 즉 만이로 남게 된다. 그 분화를 결정하는 요소는 역시 그들이 중국적 생활양식이나 문화양식을 선택했느냐 여부였다. 그 핵심은 관개와 치수를 위한 집단적 노력을 내포한 집중농경에 종사하느냐 아니면 그 유일한 대안인 유목사회로 남느냐 하는 것이었다.[59]

물론 각 종족들이 취할 수 있는 선택은 저마다 처한 지리적·지정학적 조건에 크게 좌우될 수밖에 없었다. 상대적으로 크게 열악한 환경에서도 집중농경을 발전시키는 노력에 바탕을 두고 중국적 문화양식을 마스터할 수도 있었겠지만, 대개의 경우는 자연지리적 조건에 따라 유목을 선택해야 했을 것이다. 중국적인 농경문화 양식이 부분적으로 가

59) Lattimore, 1962, pp.275~277.

능함에도 유목의 전통을 고수하는 경우도 없지 않았을 것이다. 그러나 전반적으로 그들의 선택은 자연조건과 긴밀한 관련이 있을 수밖에 없었다. 중국 중원의 기후는 지금의 장성을 경계로 농업구역과 목축구역으로 나뉜다. 연평균 400밀리미터 강수선(降水線)이 장성의 위치와 대체로 일치한다. 장성 이북은 연평균 강수량이 400밀리미터가 안 되는 지역으로서 농사를 지으면서 정착하기 마땅한 지역이 아니기 때문에 유목문화만이 가능했다는 얘기이다.[60]

라티모어는 "좀더 중국인적인" 집단과 "덜 중국인적인" 집단들 사이의 구분이 '중국인'과 '비중국인'의 차별화로 굳어지는 것은 점진적 과정이었을 것으로 본다.[61] '중국'의 확대는 첫째 단계에서는 황하 중상류지역인 중원의 서부가 황하 하류지역인 중원 동부의 대평원과 상호작용하면서 이루어졌다. 농경문화 가능성이 가장 높은 두 지역 사이에서 문명의 확대가 일어난 것이다. 둘째 단계에서 중국 사회의 확장과 통합의 대상은 남중국이었다. 역시 관개에 기초하여 농경문화가 발전할 수 있는 곳이 양자강 유역의 남중국이었다. 남중국은 중국적인 농경사회 발전의 두 번째 중심지가 되었다. 황하 유역의 서부와 동부 사이의 패권다툼은 이제 북중국과 남중국 사이의 투쟁으로 확대된다.[62] 그 투쟁과 분열과 통일의 과정은 중국인과 중국 문화라는 중국적 정체성의 확대와 통일의 과정이었다. 또한 범중국적 세계와 그 주변 만이 사이의 거대한 구분이 성립되어가는 과정이기도 했다.

기원후 2년 무렵의 중국 인구는 6천만 명으로 추산된다. 이때까지만 해도 한족은 주로 황하 유역의 화북(華北)지방에 집중되었다. 이후 한

60) 저우스펀, 2006, 80쪽.
61) Lattimore, 1962, p.319.
62) Lattimore, 1962, pp.319~323.

족은 양자강 유역인 강남지역으로 부단히 이동한다. 그러나 6세기에서 10세기에 걸쳐서 대다수 중국인은 쉽게 통일이 가능했던 화북평원에 주로 거주했다. 이 지역을 장악한 정치세력은 강남을 포함한 전 중국을 쉽게 정복할 수 있었다. 강남의 인구가 전체 중국 인구의 3분의 2를 차지하게 되는 것은 근대에 들어서였다.[63)]

6. 중국-노마드 갈등의 초기 단계

하 왕조 말기인 기원전 18세기에 걸왕(桀王)의 무도함에 민심이 이반한다. 황하 중·상류에 살고 있던 상족의 수령 성탕(成湯)이 그 틈을 타 하 왕조를 멸한다. 그가 세운 상 왕조가 박(亳)을 도읍으로 중원에 들어선 것이다. 상 왕조는 도읍을 여러 차례 옮겼다. 기원전 14세기 제20대 왕 반경이 수도를 은(殷)으로 옮겨 이후 8대 12왕에 걸친 253년의 세월을 더 이어가게 된다. 그래서 상 왕조를 은이라고도 한다. 하 왕조와 상 왕조는 뒤에 흥성하는 주 왕조와 함께 각기 황하 유역을 무대로 형성되었다. 주나라 무왕(武王)이 상을 멸하여 중원의 공주(共主)가 된 것은 기원전 1046년이었다.[64)]

중원에서 이들 세 왕조의 시대가 전개되고 있을 때부터 북방과 서역의 유목민족들은 황하 유역 중국인들과 교류하고 또 때로는 갈등하였다. 그러나 이 시대에 북방민족들은 중원의 산업과 인구가 발달한 농경사회에 중대한 위협으로 떠오르거나 중원을 지배하기에 이르는 일

---

63) 페어뱅크·골드만, 2005, 105쪽. 중국의 인구는 꾸준히 증가하기만 한 것은 아니다. 예컨대 당 왕조 때인 657년 중국의 인구는 약 5천만 명으로 추산된다(같은 책, 111쪽). 이것은 물론 1세기경의 6천만 명에 비해 중국 인구가 오랜 혼란기와 왕조교체기의 전란을 거치는 등의 요인으로 감소한 것을 의미한다.
64) 저우스펀, 2006, 73~74쪽.

은 없었다. 그들과 중국사회의 접촉은 부차적이거나 주변적인 것이었다. 중앙아시아의 유목문화는 아직 중국 본역(本域)과 체계적인 적대관계를 구축하지 않았다. 대체로 독자적으로 발전했다.[65] 초원의 유목민들은 아직은 중국사회와의 본격적인 접촉 없이도 서방으로 통하는 광대한 초원지대를 배경으로 독자적인 문명과 활동영역을 확보하고 있었다.

북방의 유목민들이 훗날 하나의 제국으로 결집하기 전까지는 이들과 중국 국가들의 관계에서 공세적이고 패권적인 세력은 중원의 중국인들이었다. 유목민족은 주변적·종속적 지위에 있었다. 이 사실은 중원이 상 왕조일 때의 상황에서도 확인된다. 귀방(鬼方)이라 불린 유목민 세력은 원래 서북쪽 변경인 오르도스 고원과 몽골 고원 중부에 거주하고 있었다. 이들은 상 왕조 시기에 오늘날의 섬서성 서부와 산서성 북부지역으로 이동했다. 이에 상 왕조는 3년에 걸친 정벌전쟁을 벌여 귀방을 복속시킨다. 이 귀방은 흉노의 선조로 알려져 있기도 하다.[66]

역시 상 왕조 때 지금의 감숙성과 청해성 지역에 강족(羌族)이라는 오래된 민족이 거주하는 강방(羌方)이 있었다. 목축과 농사를 함께 하는 혼합경제에 바탕을 둔 사회였다. 강족은 상 왕조 초기에 이미 중원에 복속했다. 후기에 가서 상 왕조는 늘 강족을 정벌하는 전쟁을 일으켜 강족 포로를 노예로 삼았다. 이 때문에 강족은 상 왕조에 대단한 적의를 갖고 있었다. 그러나 자력으로 상 왕조를 공격하지는 못했다. 나중에 주 무왕의 군대에 힘을 보태 상 왕조의 정벌에 가담한 것으로 알려진다.[67]

융(戎: Jung)이나 적(狄: Ti)과 같이 춘추전국시대에 중국의 국가들

65) Di Cosmo, 2002.
66) 저우스펀, 2006, 52쪽.
67) 저우스펀, 2006, 53쪽.

이 관계했던 유목 세력들도 기원전 5세기 말이 되면 독립적 국가로서는 역사에서 자취를 감춘다. 중국에 의한 정치적 흡수와 문화적 동화 때문이다. 그들은 이족(夷族)이라 해도 농경문화를 포함하는 정주민적 성격을 포함하고 있었기 때문에 중국문명에 동화될 수 없는 유목민족은 아니었다.[68] 전국시대를 평정하고 중국사 최초의 통일제국을 건설한 진(秦)도 그 형성기에는 "서쪽 변방에 위치한 이적(夷狄)의 땅으로 불리던 작은 나라"였다. 사마천은 『사기본기』(史記本紀)에서 진의 선조들은 중원에서 살기도 하고 이적 지역에서 살기도 했다고 말한다.[69] 그만큼 전국시대까지 중국에게 '이적'이란 상당 부분 농경과 유목의 혼재지대 또는 그 경계에 있는 민족들이었다. 이들은 결국 중화민족의 일부로 동화되어간다.

니시지마 사다오(西嶋定生)는 은주(殷周)시대에 훗날 그가 말하는 '동아시아 세계'의 질서를 규율하는 두 가지 요소들이 등장했다고 말한다. 화이사상(華夷思想)이 형성되었다는 것과 봉건제(封建制)가 성립했다는 것이다. 여기서 화이사상은 중화(中華: 中夏)와 이적을 구별하여 중국을 천하의 중심에 놓는 사상이다. 은대에는 인방(人方)과 귀방, 그리고 주대에는 회이(淮夷)와 서이(徐夷)라는, 중국 국가의 지배에 편입되지 않은 부족들이 있었다. 중심에 있는 중국과 그 주변에 있는 종족들을 동이(東夷), 서융(西戎), 남만(南蠻), 북적(北狄)으로 부르는 사이사상(四夷思想)이 그에 바탕을 두고 생겨났다.

그러나 이 시기에 중화와 이적을 구별하는 기준은 거주지역이 아니라, 정치적·문화적인 것이었다. 주(周)의 천자를 중심으로 하는 질서에 편입되었느냐 아니냐에 있었고, 그것은 곧 예의 유무로 통했다. 니시지

68) Di Cosmo, 2002, p.126.

69) 사마천, 김원중 옮김, 『사기본기』, 을유문화사, 2005, 153~154쪽.

마는 은주대에는 물론이고 춘추시대까지도 중화와 대립되는 이적의 사회들은 중국의 영토 바깥에 있는 것이 아니라 중국의 내부에 존재했다고 말한다.[70] 앞서 디 코스모가 지적한 것과 같은 맥락이다.

7. 흉노의 등장과 중국-노마드 관계의 전환

전국시대에 이르면 중화와 이적 사이의 구분과 대립은 더 이상 중국의 내부에 존재하지 않게 된다. 니시지마 사다오는 이때가 되면 중국 내부의 이적은 모습을 감춘다고 말한다. 모두 전국시대 국가들의 지배 밑에 놓인 소농민들 가운데로 해소되어버리기 때문이다. 이제 이적은 당시 전국칠웅으로 불린 중국의 7개 국가들의 외부에 존재하는 것으로 인식된다.[71]

전국시대 말 이래 중국인들이 맞닥뜨리게 되는 이민족의 실체는 구만이(舊蠻夷)가 아닌 신만이(新蠻夷)로 불리는 흉노족이었고 그들이 건설한 유목제국이었다. 이후 중국은 북방으로부터 새로운 도전에 직면했다. 라티모어에게 흉노세력은 춘추전국시대에 중국의 국가들에 의해 초원지대로 밀려났던 북방민족들이 더 철저한 유목세력으로 거듭난 집단이었다. 디 코스모는 북방민족들이 반정주적(半定住的: semi-sedentary)인 농경-목축 혼합경제 문화에서 완전한 목축유목(pastoral nomadism) 문화로 이행해가는 데는 오랜 시일이 걸린다고 판단한다. 이를 근거로 그는 한 제국 시대에 중국이 맞닥뜨린 흉노족의 실체는 그 이전의 융과 같은 이족들과 종족적 기원이 다르다고 보았다.[72] 토머스

70) 西嶋定生, 『中國古代國家と東アジア世界』, 東京: 東京大學出版會, 1983, 403~404쪽.

71) 西嶋定生, 1983, 404쪽.

72) Di Cosmo, 2002, p.130.

바필드는 같은 뿌리를 가진 종족들이지만 철저하게 다른 문화를 가진 종족들로 파악했다.[73] 라티모어와 디 코스모 사이 중간적인 해석인 셈이다.

중국 고대사에서 전국시대 말기에 구만이와 신만이의 교체를 표징하는 준거점은 기마문화(騎馬文化: horse-riding culture) 여부이다. 기마형 유목민이 중국사에 모습을 드러낸 것은 기원전 4세기 초 이후이다. 그 이전에 쓰인 공자의 역사서가 언급하는 야만족은 융과 적으로서 느슨하게 조직된 보병부대들이었다. 기원전 4세기 중엽에 저술된 손자(孫子)의 『병법』(*The Art of War*)도 전차(戰車: chariots)에 대해서는 자주 언급하고 있으나 기마병은 단 한 번도 거론하지 않았다. 이후 융이나 적과 같은 구만이는 역사에서 사라지고 기마 유목민 집단을 가리키는 호(胡: Hu)가 등장한다. 중국 국가들의 병략(兵略)이 보병과 전차 중심에서 기마대로 전환된 것은 그에 대한 대응이었다. 조(趙)나라의 무령왕(武靈王: 재위는 기원전 325~299)이 자신의 군대에게 북방의 기마병처럼 호복(胡服)을 입고 말을 타고 활을 쏘게 했다. 이로부터 중국과 초원지대의 관계는 새로운 시대에 접어든다.[74]

신만이의 기원은 유라시아 대륙의 광활한 무대에 있다. 몽골 초원은 내륙 아시아의 알타이, 카자흐 초원과 연결되어 있다. 그 영역 안에서는 정보와 문화의 전달이 빨랐다. 이동생활을 할 뿐만 아니라 주변의 여러 민족들과의 교류를 통해 필요한 물자를 조달했던 몽골 유목민들은 상업민족으로서의 성격도 띠고 있었다. 그래서 사와다 이사오(澤田勳)에게는 내륙 아시아를 횡단하는 광대한 초원을 통해 유목민들이 중국문

---

73) Thomas J. Barfield, *The Perilous Frontier: Nomadic Empires and China, 221 BC to AD 1757*, Cambridge, M.A.: Blackwell, 1989, p.29.

74) Barfield, 1989, p.30.

명보다도 서방의 문명을 먼저 도입할 수 있었던 것은 결코 놀라운 일이 아니다.[75)]

유럽권 러시아의 남서부에 위치한 카프카스에서 몽골 초원에 이르는 광대한 중앙아시아 초원에 금속문화가 발달했다. 이 금속문화는 그 문화권의 엄청난 지리적 광대함에도 불구하고 그 내용에서 놀라울 정도로 동일했다. 이 같은 문화의 공통성과 보편성은 그들 사이에서 문화가 얼마나 신속하게 전파되었는가를 말해준다. 이에 주목한 사와다는 외몽골 지역의 유목민족이 스키타이의 기마전법을 습득하고 남하하여 내몽골 지역의 반농반유목민을 정복하거나 연합하여 흉노라 불리는 하나의 정치세력을 결집했던 것으로 추정한다.[76)]

사마천은 전국시대 주나라에서 분파되어나간 중국 국가들이 북방 초원지대의 유목세력과 처음 접촉한 기록을 남겼다. 『사기』 제110장에 "초나라의 상자(祥子)가 정(Jung)을 병합하고 태(Tai: 지금의 하북성 서부지방)를 정복하여 여러 호(胡: 오랑캐)들을 몰아냈다"는 언급이 있다. 기원전 457년의 일로 기록되어 있다. 여기서 호는 같은 언어를 쓰는 어떤 종족을 가리키는 것이 아니라 중국 북방의 유목민족을 통칭하는 개념이었다. 중국의 한(漢) 왕조에 이르기까지 호는 곧 몽골족에 속하는 흉노를 의미했다.[77)]

이것이 사마천의 역사서술을 통해 중국인들의 역사적 지평에 등장한 흉노의 정체성이다. 세계 역사학계에서 흉노는 어떠한 기원을 가진 존재인가. 우선 흉노족은 훗날 투르크(돌궐)와 몽골족으로 불리는 집단의 공동 조상으로 파악된다.[78)] 언어적 특성에서 흉노가 몽골족에 가깝

---

75) 사와다 이사오, 김숙경 옮김, 『흉노』, 아이필드, 2007, 22쪽.
76) 사와다 이사오, 2007, 22~23쪽.
77) Di Cosmo, 2002, pp.128~129.
78) 르네 그루세, 1998, 64쪽.

다는 학설도 있고, 투르크 계열에 속한다는 설도 있다. 그만큼 투르크와 몽골족이 다같이 흉노와 통하는 특징이 강하다. 흉노의 언어를 몽골족과 동일하다고 보는 시라토리 구라키치(白鳥庫吉)도 흉노가 다른 점들에서는 투르크적인 특성들을 갖고 있다고 보았다.[79]

르네 그루세에 따르면, 기원전 9세기에서 8세기 무렵 유라시아 초원지대의 서부, 즉 러시아 남부와 서부 시베리아 지역을 지배한 것은 스키타이와 사르마트라 불리는 이란계 유목민이었다. 이들을 인도-유럽계 유목민이라고도 한다. 한편 유라시아 초원지대의 동부를 지배한 것은 투르크-몽골계 종족이었다. 이들 중에서도 지배적인 종족이 훗날 중국에 흉노로 알려지게 된다. 로마와 이란에서는 야만인을 가리켜 훈(Hun), 훈니(Hunni), 또는 후나(Huna)라고 했는데, 흉노와 동일한 종족을 가리키는 것으로 파악되고 있다.[80]

역사의 여명기에 중국인들이 호라고 부른 종족은 당시 중국의 변경이었던 산서 북부와 하북 북부, 즉 오르도스에 살고 있는 사람들을 지칭했다. 중국의 국가가 오르도스를 호로 불리는 세력으로부터 빼앗은 것은 전국시대였던 기원전 300년경의 일이다. 조나라의 무령왕이 한 일이었다. 르네 그루세에 따르면, 흉노세력의 원래 본거지는 몽골 초원에 위치한 오르콘 강 상류의 산지이며, 이곳은 훗날 칭기즈 칸이 몽골제국의 수도로 삼는 카라코룸과 동일한 장소이다.[81]

흉노의 경제양식과 풍습은 인도-유럽계 유목민인 스키타이와 비슷했다. 양, 말, 소, 낙타와 생활 리듬을 함께하며 물과 풀을 찾아 가축들과 함께 이동했다. 오직 고기만을 먹었기 때문에 당시 곡식만을 먹었던 중국인들이 놀랍게 생각했다. 가죽옷을 입고 펠트로 만든 천막에서

79) 르네 그루세, 1998, 67쪽.

80) 르네 그루세, 1998, 62쪽.

81) 르네 그루세, 1998, 62~63쪽.

살았다. 종교는 '막연한 샤머니즘'으로 하늘(天, 神)을 뜻하는 '탱그리'(tengri)에 대한 경배의식과 성산(聖山)에 대한 숭배가 그 기본이었다. 전투양식에서도 흉노와 스키타이는 서로 닮았다. 모두 기동성과 뛰어난 궁술(弓術)을 갖춘 기마궁사(騎馬弓士)의 부족들이었다.[82)]

흉노와 스키타이가 공통점을 보인 대표적인 관습은 순장(殉葬) 방식이었다. 스키타이는 부족 수령의 처첩(妻妾)과 하인들을 그의 무덤 앞에서 목을 베었다. 그 숫자는 특히 흉노의 경우 수백 또는 수천에 달했다. 스키타이는 적의 두개골을 잘라 금박을 입혀 컵으로 사용했다고 헤로도투스가 말했다. 흉노의 왕은 월지(月氏) 왕의 두개골로 술을 마셨다는 기록이 있다. 스키타이는 처음 죽인 적의 피를 한 잔 가득 마셨다. 흉노인들은 동맹을 맺을 때 스키타이와 마찬가지로 사람의 두개골로 만든 잔에다 피를 따라 마셨다고 한다. 흉노와 스키타이가 서로 떨어져 있으면서도 긴밀한 문화적 소통관계에 있었음을 보여주는 또 하나의 관습이 있다. 죽은 이를 애도할 때 자신들의 얼굴을 칼로 자해하여 "눈물과 피가 같이 흘러내리게" 하는 것이었다.[83)]

스키타이는 우랄 강 지역과 투르가이 지역에서 남부 러시아로 이동한다. 그곳에 웅거하던 키메르인들을 헝가리 방면으로 쫓아냈다. 기원전 750년에서 700년 사이의 일이며,[84)] 중국은 춘추시대의 혼란기로 접어들 때이다. 이 시기 스키타이 군대는 소아시아 지역에까지 진출하여 아시리아와 동맹을 구축했다. 아시리아에 골칫거리였던 키메르인들을 스키타이가 공략하여 그들을 공포의 도가니에 몰아넣었다. 인도-유럽계의 유목민족인 스키타이는 코카서스와 시리아를 무대로 약탈활동에 나서곤 했다. 이들의 활동은 이스라엘 예언자들의 기록에서도 엿보인

---

82) 르네 그루세, 1998, 65, 67쪽.

83) 르네 그루세, 1998, 65쪽.

84) 르네 그루세, 1998, 45쪽.

다. 이 시기 스키타이의 활동은 소아시아 등 남쪽에 있던 오랜 문명세계에 북방 초원 유목민들이 난입하여 남긴 최초의 역사적 흔적이었다. 당시 서아시아를 지배하던 아시리아, 바빌로니아, 메디아를 대체하여 페르시아가 이 지역 패자로 나서게 되었을 때, 페르시아가 이란을 지키기 위해 부심했던 것도 스키타이의 위협 때문이었다. 페르시아는 스키타이에 대한 대대적인 원정을 벌이곤 했다.[85]

르네 그루세는 스키타이가 철기문명을 갖게 된 것을 기원전 7세기의 일로 본다. 코카서스와 소아시아를 공략하면서 스키타이는 아시리아 세계와 한 세기 이상 밀접한 접촉을 갖는다. 이 기간에 스키타이인들은 청동기로부터 철기로 완전히 바뀌었으며, 이를 바탕으로 초원의 예술을 발전시킨다.[86] 그루세는 유라시아 동북지역에서 흉노가 청동기문명과 철기문명을 발전시키게 되는 것은 이들 스키타이 문명의 영향이라고 파악한다. 하지만 흉노가 위협적 세력으로 성장하는 시기에 철기문명을 직접 전파해주는 역할을 담당한 것은 '사르마트'라 불리는 또 다른 유목민 세력이었다.

흉노가 동부에서 중국을 위협하는 세력으로 등장한 것과 거의 같은 시기에 유라시아 서부의 유목세계에서는 사르마트가 스키타이를 대체하고 있었다. 사르마트인들은 스키타이와 마찬가지로 이란계 유목민 또는 인도-유럽계 유목민으로 분류된다. 원래 아랄 해의 북방에 살고 있었다. 기원전 3세기 후반 무렵 이들은 볼가 강을 건너서 러시아 초원에 침입하여 스키타이인들을 크리미아 쪽으로 몰아냈다. 폴리비오스의 기록에 따르면, 사르마트가 유라시아 서부에서 강력한 세력이 된 것은 기원전 179년경이었다.[87]

---

85) 르네 그루세, 1998, 45~47쪽.
86) 르네 그루세, 1998, 49쪽.

사르마트 문명은 중부 시베리아의 예니세이 강 상류에 있는 미누신스크와 깊은 관련이 있다. 미누신스크는 고대 야금술의 중심지였다. 미누신스크의 안드로노보 종족은 기원전 2천 년기 후반에 이미 청동제품을 대량 생산했다. 광산을 널리 개척했고, 주석 청동으로 고유한 형태의 도구와 무기를 제작했다.[88] 그러나 미누신스크가 전성기 청동기시대 문명을 보여준 것은 대략 기원전 5세기 초부터였다. 기원전 500~300년 사이에 미누신스크를 중심으로 하여 만들어진 청동제의 단검과 비수, 그리고 동복(銅鍑: cup cauldrons)은 같은 시기 흉노가 지배한 오르도스와 몽골리아 전역에 전파된다.[89] 미누신스크에서 청동기보다 철기가 우세하게 되는 것은 기원전 330년에서 200년 사이이다.[90] 이 시기에 철기문명이 흉노에게도 전파되었을 것으로 추정된다. 바로 그 무렵 흉노가 중국 북방에서 중원을 위협하는 세력으로 떠오르게 되는 것은 결코 우연한 일이 아닐 것이다.

기원전 3세기 말은 진시황(재위는 기원전 247~210)이 중국을 통일했을 때였다. 그러나 이때 또한 흉노가 중국에 충격을 던질 수 있는 큰 세력으로 역사무대에 처음 등장했다. 진시황이 장군 몽염(蒙恬)으로 하여금 만리장성을 완성토록 한 것은 그것을 웅변해주는 것이었다. 만리장성을 기반으로 몽염은 기원전 214년경 오르도스 지역에서 흉노를 몰아내는 데 성공한다. 하지만 흉노의 세력은 두만(頭曼)이 왕을 뜻하는 선우(單于)의 자리에 있던 시기(기원전 210~209년)에 지금의 감숙성 서부지역에 웅거하던 월지를 공격하며 팽창하기 시작한다. 두만의 아들 모돈(冒頓: 재위는 기원전 209~174)이 만주와의 경계지역에 웅

87) 르네 그루세, 1998, 55~56쪽.

88) 정석배, 『북방 유라시아 대륙의 청동기 문화』, 학연문화사, 2004, 188쪽.

89) 르네 그루세, 1998, 58~59쪽.

90) 르네 그루세, 1998, 59쪽.

거하던 동호(東胡)를 정벌한다.

기원전 206년 진이 멸망하고 이어 202년 통일제국 한이 성립한다. 이처럼 중국이 혼란한 시기를 틈타 흉노는 기원전 201년 산서지역을 공격했고, 그 중심지 태원을 포위한다. 이에 대응하기 위해 한의 고조 유방이 직접 달려왔다. 하지만 그는 평성(平城) 근처 백등산(白登山)에서 오히려 흉노에게 포위된다. 유방은 자신의 공주와 궁녀들을 보내어 흉노의 선우와 혼인을 시켜주기로 약속한다. 이 굴욕적인 협상에 힘입어 비로소 위기에서 벗어날 수 있었다.[91] 한의 제국도 융성하지만 이에 맞서 북방에 흉노의 제국이 성립했던 것이다. 중국과 북방민족 사이에 끝없이 전개될 밀고 밀림의 역사를 예고하는 신호탄이었다. 이후 중국의 역사인식에서 문명과 야만 사이의 구분은 더욱 날카로워져 갔을 것이다.

동아시아사에서 중국과 북방 간의 본격적인 대결의 역사를 열어낸 흉노에 대해서는 그 군사적 위상뿐만 아니라 다른 측면에서도 오늘날에 유의미한 화두를 던진다. 흉노가 건설한 제국은 단지 농경민족들이 중국에서 건설한 국가형태에 이르기 전 단계의 미성숙한 통치조직이라는 것이 기존의 지배적인 이미지이다.

가토 겐이치는 여기에 이의를 제기한다. 농경세계와는 발전유형을 달리하는 유목세계 특유의 그리고 그 자체로 하나의 완성된 것으로 존재하는 정치조직이었다고 그는 주장한다. 오늘날 국민국가 또는 민족국가의 존재의의에 대해 의문이 제기되고 있는 만큼, 흉노와 같은 유목세계의 정치조직은 인류사에 적지 않은 시사점을 던지고 있다는 지적이다.[92]

---

91) 르네 그루세, 1998, 71~72쪽.

92) 加藤謙一, 『匈奴「帝國」』, 東京: 第一書房, 1998, iii~iv쪽.

8. 장성과 만리장성의 역사해석

진시황이 전국시대를 평정하면서 구축한 만리장성은 중국 역사에서 중국과 비중국 사이의 문명적 경계가 비교적 분명한 정치적 경계선으로 등장한 것을 표상한다. 일련의 장성(長城: long walls)들이 건설된 것은 기원전 481~221년 기간의 전국시대였다. 이 시기 중국의 국가들인 제와 조가 장성 구축에 선두주자들이었고, 이어 위가 따라했다. 중국의 북부에서는 연, 초, 진 등의 나라들이 기원전 4세기 말과 3세기 전반 사이에 장성을 건설했다. 전국시대는 기원전 221년 진시황이 여섯 개 나라들을 통일해 중국사 최초의 통일제국을 건설함으로써 종막을 고한다.[93)]

진시황은 통일제국 내부에 남아 있는 장성들을 해체하고 북방민족들과의 사이에 있는 장성들을 하나로 연결하여 만리장성(Great Wall of Ten Thousand Li)을 구축한다. 그것이 기원전 214년경이었다. 진시황이 구축한 만리장성은 감숙성(甘肅省)의 남서부에서 내몽고의 남쪽 경계를 거쳐 남만주에 이르는 총장 2700킬로미터에 이르는 거대한 건축물이었다. 유목민족들의 기마군단을 차단하는 데 효과적인 방어벽이었다.[94)]

그래서 전국시대 이래 중국 국가들이 장성을 구축한 것은 북방의 유목민족에 대한 방어적 목적이었다는 것이 기존의 표준적인 해석이다. 노마드의 야만으로부터 문명을 지키는 방벽이었다는 관념이다. 이러한 관념은 일찍이 사마천의 『사기』에 의해서 정립되었다. 흉노는 기원전 209년경부터 통일된 유목민 제국을 건설했다. 이후 흉노는 한 왕조

93) Di Cosmo, 2002, pp.139~140.

94) Reischauer and Fairbank, 1958, 1960, pp.89~90.

중국 전국시대의 장성

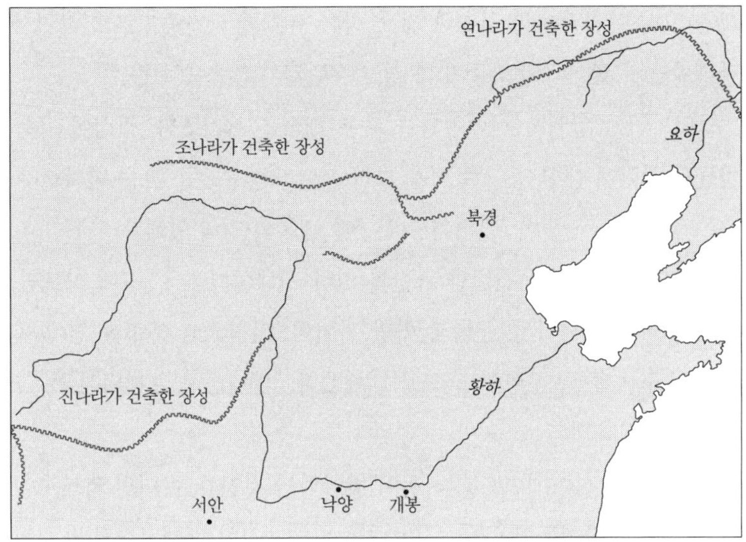

참고자료: Arthur Waldron, *The Great Wall of China*, 1990, p.20.

에 진정한 정치군사적 위기로 다가왔다. 한나라가 흉노의 위협을 극복하는 과정은 험난했다. 사마천은 자신이 가까이 있었던 시대에 전개된 중국과 유목민족 사이의 치열한 대치를 그 이전의 시대까지 투사시켰다. 유목민족은 중국의 문명에 언제나 지속적이고 중대한 위협을 제기했다는 인식의 틀을 정립한 것이다.[95)] 그렇다면 사마천보다 수백 년 전에 건설된 장성들은 유목민족들의 위협으로부터 중국문명을 지키기 위한 방어적 노력의 산물일 수밖에 없는 것이었다.

중국의 역사에서 유가사상을 국가적 신념체계로 채용한 것은 바로 한나라 때였다. 기원전 136년 한 무제가 동중서(董仲舒)의 건의를 받아들인 것이었다. 이로써 문명과 야만의 구분은 더욱 체계적인 것으로 되었을 것이다. 사마천이 『사기』를 집필한 것은 그로부터 30여 년 후인

95) Di Cosmo, 2002, p.142.

기원전 104~100년경이었다.[96] 사마천이 중국과 북방 이민족들의 관계를 그러한 관점에서 서술한 것은 한이 유교를 국가종교로 취하면서 강화되었을 '한(漢) 문화주의'와 결코 무관하지 않을 것이다.

라티모어는 일찍이 사마천과는 다른 해석을 제시했다. 장성이 유목민들의 침략에 대한 방어 목적을 가진 것이라는 통설을 그는 회의했다. 그는 중국의 장성들이 "변경지방 인구를 중국의 영역 안에 묶어두기 위한 변경 경영전략"과 긴밀한 관련이 있다고 해석했다.[97] 그에 따르면, 중국과 이민족 사이의, 문명과 야만 사이의 "안정되고 분명한 경계"에 대한 요구는 중국 문명의 구조에 내재했다. "만리장성 프런티어"는 그것을 표상했다.[98]

만리장성은 사마천이 단정하듯이 방어적인 것인가, 아니면 라티모어가 일찍이 시사했듯이 중국 문명 내부의 내재적인 경계의식의 표현인가. 이 논의는 그후에도 여전히 끊이지 않았다. 존 페어뱅크는 진시황이 기존의 지역적 장벽들을 연결해 만리장성을 쌓은 것은 "유목민들의 침입을 막기 위한 방어적 노력들"이었다고 서술했다.[99]

디 코스모는 사마천에서 시작되는 장성 건축의 배경에 대한 그러한 해석이 다분히 이데올로기적이고 정치적인 편견, 즉 중화주의적 관념을 내포한 것으로 보았다. 라티모어의 편에 서 있는 셈이다. 많은 학자들은 중국의 장성들이 유목민족의 침입에 대응하여 건설되었다는 사마천의 가정을 받아들인다. 반면에 디 코스모는 사마천이 서술하고 있는 중국 국가들의 전쟁과 팽창주의 정책들을 비판적으로 고찰했다. 중국 국가들이 북방으로 영토를 넓혀 나가서 유목민족들이 거주하고 있던

---

96) 저우스펀, 2006, 157쪽.
97) Lattimore, 1962, p.480.
98) Lattimore, 1962, pp.482~483.
99) Fairbank, 1979, p.82.

지역들을 자신들의 영토로 만들어내는 과정과 장성 건축은 긴밀히 연관되어 있었음을 주목했다. 물론 공격해서 땅을 넓히고 새로운 행정단위들을 설치한 후 그곳에 방어벽을 세우면 그것 역시 방어의 한 형태이기는 하다. 그러나 전체적인 맥락에서 보면 그것은 공세적인 팽창주의 정책이었다.[100)]

디 코스모는 최근에 이루어진 고고학적 발견들이 자신의 해석을 뒷받침하는 것으로 본다. 북방의 장성들이 건설된 지역에서 발견되는 문화적 유물들은 중국 쪽 군인들이 사용했던 것으로 보이는 동전 등속의 일부를 제외하고는 대부분 비중국적인 유목민족의 흔적이다. 중국과 유목지대의 경계선에 세워진 것이 아니라 이민족들이 이미 살고 있던 지역에 구축된 것임을 말해준다. 장성이 구축되면서 이민족들의 일부는 중국에 통합되었겠지만 상당수는 장성 밖으로 추방되었을 것이다.[101)] 결국 디 코스모의 관점에서는, 장성의 건축은 공격적인 유목민족에 대한 방어라기보다는 중국의 팽창과 그 공고화의 교두보였던 것이다.[102)]

'말 탄 노마드'의 출현은 곧 중국 국가들의 장성 구축과 함께 그들 자신의 기병대 양성으로 이어졌다. 전국시대 말 장성 구축은 북쪽의 중국 국가들이 기병대를 채용하기 시작한 것과 시기적으로 일치한다.[103)] 중국이 기병대를 채택한 것도, 초나라의 조정에서 기원전 307년에 벌어진 논쟁에서 보듯이 반드시 방어적인 것만은 아니었다. 방어적인 목적 못지않게 공격적인 군사력 구축을 의도한 것이었다. 장성의 구축 역시 그러한 의미를 갖는 것으로 추정할 수 있다.[104)]

---

100) Di Cosmo, 2002, p.143.

101) Di Cosmo, 2002, pp.150~152.

102) Di Cosmo, 2002, pp.155~156.

103) Di Cosmo, 2002, p.128.

그렇다면 중국 한(漢) 왕조와 같은 시기에 흉노가 강성한 제국을 형성하게 된 것은 어떻게 설명할 것인가. 디 코스모에 따르면, 전국시대에 중국의 국가들, 특히 진, 초, 연나라는 이민족들의 영역으로 팽창해나간다. 이들 지역을 군사적으로 통제하고 식민화를 촉진하는 요새로서 장성을 건축한 것이었다. 이에 따라 북방은 갈수록 군사화되었다. 흉노족 사회의 군사화는 그에 뒤따른다. 장성들이 구축된 중국에 가까운 북방 민족 사회에서 정치적 권위의 중앙집권화가 가속된다. 이들 사회에서 귀족전사계급(aristocratic warrior class)이 발달해간 것이다.[105] 이것이 흉노제국이 등장하게 된 역사적 조건이었다.

중국의 장성 건축이 북방민족으로부터 중국을 방어하기 위한 것이었는가, 아니면 중국 팽창주의를 나타내는가라는 질문은 더 근본적인 문제와 닿아 있다. 북방 노마드 문명의 자급자족성 여부가 그것이다. 장성이 중국 측에서 방어하려는 성격이 강했다는 점을 강조하면 노마드의 공격적 성격을 강조하는 것이 된다. 그것은 노마드의 생활양식이 약탈적 성격이 강했다는 주장과 통한다. 또 노마드가 농경문명에 대해 약탈자적 위치에 있었다는 것을 부각시키기 위해서는 노마드의 경제와 문화가 자급자족적이지 않았다는 것을 강조하게 된다. 그들의 필요와 욕망을 채우기 위해서는 농경사회에 대한 끊임없는 침노가 불가피했다는 얘기로 연결되기 때문이다.

이 문제에 대해 라티모어는 노마드의 생활양식을 그것 자체로서 독자적일 뿐 아니라 자족적인 것으로 해석하는 경향이 다분했다. 노마드가 농경민족과 갈등하고 긴장관계에 있기는 하지만, 농경문명 속에 동화될 수도 섞일 수도 없다는 측면을 강조하기 때문이다. 아서 월드론이

---

104) Di Cosmo, 2002, pp.134, 139.

105) Di Cosmo, 2002, pp.157~158.

지적하듯이, 라티모어의 관점에서는 노마드적 생산양식에 기초한 정권이 심층농경에 적합한 영토를 통제하려 시도하는 것은 "상호배타적인 발전형태를 동시에 시도하는 반역사적 역설(anti-historical paradox)"에 부딪치게 된다.[106)]

아서 월드론은 라티모어와 달리 노마드가 삶의 양식에서나 그들의 욕망에서나 결코 자족적이지는 않았다고 본다. 또 중국인들로 하여금 장성을 구축하게 압박한 노마드는 그 이전의 만이들과는 다른 종류의 노마드라는 점을 주목해야 한다고 주장한다. 과거 중국인들에게 결정적으로 위협적이지 않았던 만이들은 다소 고정된 지역에서 목축하는 집단이었고 대개의 경우 중국인들과 섞여 있다시피 했다. 그러나 춘추전국시대 후반에 나타난 노마드는 '기마 유목민'이었다. 이들은 광활한 초원지대를 무대로 비상한 기동성을 갖고 유동하는 집단이었다.[107)]

A.M. 카자노프의 연구도 노마드적 삶이 자급자족적이지 않았음을 밝힌다.[108)] 노마드도 곡식이 필요했다. 그것은 무역을 통해서만 얻을 수 있었다. 금속제품과 세공품, 그리고 의약품과 사치품도 필요했다. 노마드 사회 내부의 인구학적 균형은 때로는 그들 중 일부가 정주민화(定住民化)함으로써 유지될 수 있었다. 이러한 다양한 욕구 때문에 노마드는 농경사회를 침노했다. 주변에서 부유한 농업국가가 발전함에 따라 이들 사회와 관계하여 부를 획득하려 노력하는 과정에서 유목사회에서도 국가가 발전하는 경우가 많았다. 노마드 사회 자체 안에서는 해결할 수 없는 욕구를 농경사회와의 관계를 통해서 충족시켰지만, 선진

106) Waldron, 1990, p.30.

107) Waldron, 1990, p.32.

108) A.M. Khazanov, *Nomads and the Outside World*, tr. Julia Crookenden, with a Foreword by Ernest Gellner, Cambridge: Cambridge University Press, 1984, p.81; Waldron, 1990, p.36.

적인 농업사회의 발전은 그것 자체가 노마드에게 약탈의 기회를 창조했던 것이다.[109)]

농업국가들의 장성 건축을 촉진한 새로운 노마드, 즉 말 탄 노마드는 과거의 만이들이 갖지 않은 강력한 군사적 이점을 보유했다. 노마드의 군사적 강점은 그들 삶의 양식 그 자체에서 비롯되는 것이었다. 중앙아시아인들이나 몽고인들의 언어에는 군인을 따로 가리키는 토착단어가 없다. 전쟁과 평화를 가리키는 포괄적인 개념도 없다.[110)] 그만큼 전투나 그와 연관된 활동들은 내륙 아시아적 존재에 자연스럽게 배어 있었다. 월드론은 사마천이 기원전 200년경의 흉노에 대해서 이렇게 말한 것을 인용한다. "조그만 아이들도 양을 타고 새와 쥐를 활과 화살로 쏘는 것을 배우며 자란다. 노마드 사회의 말인 셰발스키(Przhevalski)는 비교적 작은 나귀 타입의 동물이다. 튼튼하고 많이 먹지 않는다. 비교적 좋은 속력에 탁월한 인내력이 있어서 내륙 아시아인들이 보유한 군사력의 가장 강력한 요소였다."[111)]

노마드의 군사적 기강과 조직 또한 이들의 군사적 탁월성의 중요한 요소로 평가받는다. 흉노 지배자의 아들인 마오툰은 군사들에게 자신이 가리킨 목표물은 무엇이든 쏠 수 있게끔 훈련시켰다. 데니스 시노르는 사마천이 『사기』에서 언급한 에피소드를 인용한다. "마오툰은 자신이 가장 총애하는 말, 자신의 아내, 그리고 아버지가 가장 사랑하는 말을 겨누어 쏘았다. 연습이 끝나자 그는 자신의 시범을 따라 하지 못한 자들을 처형했다. 최후로 그는 아버지를 겨누어 쏘았다. 그의 군사들

109) Waldron, 1990, p.36.

110) Denis Sinor, "The Inner Asian Warriors," *Journal of the American Oriental Society*, 101:2, 1981, p.135; Waldron, 1990, p.34.

111) Sinor, 1981, p.137; Sinor, "Horse and Pasture in Inner Asian History," *Oriens Extremus 19*, 1972, pp.171~183; Waldron, 1990, p.34.

도 따라서 했다. 그렇게 해서 그는 지배자를 죽이고 자신이 왕관을 썼다."[112]

말 탄 노마드의 침공에 직면한 이후 중국 국가들의 안보정책은 근본적인 딜레마를 안게 된다. 중국에 조직화된 국가가 등장하면 이 사회로부터 이득을 취하려는 노마드 국가도 곧 등장하게 된다는 사실이었다. 이 노마드 세력을 다루는 방법으로서 지속적인 전쟁만이 해답은 아니었다. 월드론에 따르면, 중국 국가들에게 주어진 선택은 두 가지였다. 하나는 근년에 이루어진 고고학적 연구들에 기초하여 토머스 바필드가 '변방정책'(nomadic outer frontier policy)이라고 이름 붙인 것이다.[113] 동양 역사학계에서는 이것을 오래전부터 '기미정책'(羈縻政策)이라고 불렀다. 무력 위협을 바탕으로 노마드와 협정을 맺어서 적대관계를 해소한다. 대신 노마드에게는 보조금을 제공한다. 이렇게 해서 농경 국가는 노마드의 욕구를 충족시킴으로써 전쟁의 위험을 피하거나 전쟁의 스케일을 통제할 수 있었다.

그러나 이 같은 변방정책은 피할 수 없는 한계가 있었다. 중국의 문화적 규범과 충돌하는 것이다. 지속적인 해결책이 될 수 없었다. 대안으로 중국 국가들이 선택한 것이 장성 구축이었다. 중국의 장성 구축은 일련의 주기적 패턴을 보였다. 노마드는 처음에는 화친의 조건으로 기본적으로 필요한 요구사항만을 제기한다. 중국이 이 요구에 응하면, 노마드는 점차 타협 불가능한 요구를 제시한다. 곧 적대관계가 발전한다. 중국의 선택은 노마드에 대해 정복을 하러 나서거나 아니면 방어에 집

112) Shih chi(『史記』, 中華書局 編), 40.2885; Burton Watson, trans., *Records of the Grand Historian of China*, New York: Columbia University Press, 1961, II, p.161; Cited by Sinor, 1981, p.135; Waldron, 1990, p.35에서 재인용.

113) Waldron, 1990, pp.36~37.

중하며 관계를 단절하는 것이었다. 그런데 공격적인 전쟁은 대개의 경우 지극히 위험부담이 컸다. 때문에 중국은 궁극적으로는 장성 구축에 의존하곤 했다.

장성 구축도 최종적인 해답이 되지는 못했다. 일단 노마드를 막아내는 데 장성은 성공적일 수 있었다. 그러나 때로는 문제를 더욱 키우는 결과를 낳기도 했다. 노마드를 더욱 자극해서 그들이 더 크고 더 강력한 세력을 통합해 중국을 더 큰 힘으로 공격하곤 했던 것이다. 중국이 어떤 선택을 하느냐는 그 시대의 문화규범과 함께 중국 국가 내부 정치가 결정했다. 강력한 힘을 가진 황제나 예외적으로 정치력이 강한 재상(宰相)이 있을 경우 일관성 있는 변방정책이 가능했다.[114] 강력한 장성 구축 전략을 편 대표적인 왕조는 진 제국(秦: 기원전 221~206), 한(漢: 기원전 206~기원후 220), 북제(北齊: 550~574),[115] 수(隋: 589~618), 명(明: 1368~1644) 등이었다.[116]

오늘날 우리가 보는 만리장성은 명나라의 것이다. 그중 수도를 방어하는 거용관(居庸關)에서 산서성에 이르는 장성은 남북 이중으로 구축되었다. 그 이전의 장성들은 기본적으로 흙을 단단히 다져 올린 것들이었다. 명나라 장성은 벽돌을 쌓아올린 것이다. 이를 위해 명나라가 투입한 정성은 참으로 대단했다. 장성 구축을 통한 국방을 국책으로 삼은 명 왕조는 중국에서 마지막으로 장성을 쌓은 왕조였다. 18차에 걸쳐 무

---

114) Waldron, 1990, p.37.

115) 386년 선비족의 탁발규가 북위를 건국한 이후, 439년에는 태무제(太武帝)로 불리는 탁발도(拓拔燾)가 북량을 멸망시키고 북부 중국을 통일했다. 이로써 16국시대가 끝나고 북조(北朝)시대가 시작되었다. 534년 북위는 동위와 서위로 갈라진다. 동위는 업(鄴)에, 그리고 서위는 장안(長安)에 도읍을 두었다. 550년 동위의 효정제(孝靜帝)가 고양(高洋)이란 자에 의해서 폐위되고 고양 자신이 황제를 칭하니 이것이 북제이다. 저우스펀, 2006, 201~202쪽.

116) Waldron, 1990, pp.7, 33.

려 200년 동안 장성 구축에 힘을 들였다. 이처럼 명대에 이르러 완성된 만리장성의 총 길이는 6350킬로미터였다.[117] 이러한 명 왕조지만, 청을 세운 만주족이 북경을 점령하기 전에 먼저 명을 멸망시킨 장본인은 장성 이북이 아니라 명 내부의 반란세력이었다.

만리장성은 중국과 북방세계 사이의 정치군사적·문화적·경제적, 그리고 심리적인 경계선을 의미했다. 하지만 만리장성이 중국의 세계인식에서 '중화제국'의 북쪽 경계선 그 자체였다고 할 수는 없다. 중화제국에게 만리장성은 두 가지 의미가 있었다. 하나는 최후의 방어선이라는 의미이다. 또 다른 의미는 그 최후의 방어선 안에 자신의 영역을 공고히 한 상태에서 지배영역을 만리장성 너머의 북방으로 확장하는 전진기지라는 점이었다. 중국과 북방세력들이 정치군사적으로 패권을 다투는 전략적 요충은 만리장성 이북에 위치했다. 근대 일본이 채용한 지정학적 구분선을 빌려온다면, 만리장성은 중국의 주권선(主權線)이었다. 만리장성에 친 방어선이 무너지면 중국 지배권 자체가 위기에 직면하는 것이었다. 그 주권선을 외곽에서 엄호하며 중국의 이익을 확장하는데 긴요한 중국의 이익선(利益線)이 있었다. 북방세력과 중국 사이 정치군사적 패권경쟁의 요충지들이 그 이익선을 형성하곤 했다고 할 수 있다. 그 대표적인 곳들이 오르도스와 요동이었다. 이 두 지역이 전통시대 동아시아 세계에서 가진 지정학적 의의는 유럽 세력과 오스만제국을 포함한 이슬람 세력, 그리고 슬라브족을 포함한 유라시아 세력 사이의 패권다툼의 무대였던 발칸 지역에 비유될 수 있다.

오르도스는 중국 황하문명과 서북 실크로드 회랑을 연결하는 길목이다. 또한 중국과 몽골 초원지대가 만나는 지점이었다. 오르도스는 지금의 내몽고 자치주의 허타오 평원과 중국의 하남지역을 포함한다. 만리

117) 저우스펀, 2006, 382쪽.

장성 서쪽 부분의 이북이며, 황하의 중상류지역에 속한다. 황하 하류는 산동의 북쪽을 흘러 내려가므로 만리장성 훨씬 이남이다. 중류 부근에서 황하는 급하게 정북향으로 방향을 틀어서 치솟아 올라가 오르도스를 휘감으면서 다시 서쪽으로 휘어진다. 황하의 상류는 거기서 또한 급하게 티베트 방면을 향해 남서향으로 틀어진다. 그래서 오르도스는 몽골 초원지역이면서도 황하의 이남이라는 지리적 성격을 갖는다.

적어도 10세기까지의 중국 정치사에서 오르도스 지역이 갖는 지정학적 의미를 김한규는 다음과 같이 지적한다. "오르도스는 황하의 이남, 장성의 이북이라는 특수한 지리적 조건으로 인해 농경과 유목이 모두 가능한 특수한 공간으로 인식되었고, 이로 인해 장성 이남의 농경민과 황하 이북의 유목민이 서로 치열하게 쟁탈전을 벌인 전략적 요충지가 되었던" 것이다.[118] "흉노 이후 장성 이북의 초원 유목 공동체를 지배한 세력은 언제나 중국의 서북방 막북(漠北)에서 일어났으며, 중국의 정치 군사적 중심은 관중(關中: 지금의 섬서성 지방)이었기 때문에, 중국과 초원 유목 공동체의 대항은 관중과 그 서북방 막북의 대결이었고, 그 사이에 위치한 오르도스는 언제나 양자가 다투는 쟁점이 되었다."[119]

우선 한과 흉노의 쟁패도 오르도스 쟁탈전을 중심으로 진행되었다. 이러한 상황은 당대(唐代)에 이르기까지 지속된다. 다만 김한규는 오르도스 지역에서의 패권쟁탈전의 의미는 다소 제한적이었다고 해석했다. "전국시대 이래 당대까지, 고대의 중국과 북방 초원 공동체는 장성을 기점으로 하여 그 생활공간을 자연스럽게 분점하고 있었으며, 양자 사이의 전쟁이란 오로지 약탈과 방어의 의미를 갖고 있었지, 장성 너머 상대의 땅을 점거하려는 목적으로 진행되지는 않았다."[120]

---

118) 김한규, 『천하국가: 전통시대 동아시아 세계질서』, 소나무, 2005, 229쪽.
119) 김한규, 2005, 226~227쪽.
120) 김한규, 2005, 227~229쪽.

그러나 점차 중국과 북방세력의 패권쟁탈전의 전략적 요충이 서에서 동으로 이동했다. 요인은 두 가지였다. 첫째는, 김한규의 지적대로 중국 자체의 경제와 문화의 중심이 산동지방으로 이동하면서 인구 역시 산동으로 집중되기에 이른다. 기원후 9세기까지는 경제문화의 중심지는 산동으로 완전히 이동한다. 하지만 정치군사 중심지는 서북지방인 관중에 여전히 남아 있었다. 이원적인 과도기였다. 주와 진, 전한(前漢), 그리고 수와 당의 수도가 모두 관중지역인 장안이었다. 그러나 일찍이 후한(後漢)도 산동지방인 낙양에 도읍을 정한 바 있었고, 북위도 산동지방에 수도를 둔 일이 있었다. 당 멸망 후 5대10국시대와 뒤이은 송대에 산동의 변경(汴京), 즉 개봉(開封)이 수도가 되면서 산동지방은 경제문화뿐 아니라 정치군사 중심으로 확립된다.[121]

하지만 유의할 점이 있다. '요동'이 중국과 북방세력들에게 갖는 지정학적 중요성은 김한규의 주장처럼 10세기 이후에야 비로소 뚜렷해지는 것은 아니다.[122] 이미 7세기 초 수와 고구려, 그리고 7세기 중엽 당과 고구려 사이의 사활을 건 연속적인 패권다툼에서 드러나듯이 이미 본격화하고 있었다. 사실 중국이 산동을 거쳐 요동에까지 정치 지배력과 중국 문화를 확산시키는 것은 기원전으로 거슬러 올라간다. 리펑의 고고학적 분석에 따르면, 산동지방으로의 중국의 확장은 서주시대 초기부터 전개되었다. 이 시기 주나라의 군사적 팽창활동은 산동에 초점을 맞추고 있었다.[123] 이 활동을 통해서 이 시기에 산동의 동이(東夷) 모두를 정복했다고 단언할 수는 없으나, 이 시기에 상당부분의 동이 커뮤니티들이 복속된다. 일부는 주나라의 동맹세력이 되었다.

---

121) 김한규, 2005, 229~230쪽.

122) '요동'의 지리적 범위와 그 지정학적 의미에 대해 필자의 개념은 김한규의 것과 중요한 차이가 있다. 이 점은 제2장에서 상술한다.

123) Li Feng, 2006, p.313.

서주 초기가 끝날 무렵엔 주나라는 산동 동부에 상당한 영토를 확보한다. 산동의 교래평야(膠萊平野)를 사실상 차지하게 되었다는 것이 리펑의 평가이다. 서주 중기가 시작될 무렵에는 주나라 군대가 산동 동부의 산악지대에도 진출한다. 북쪽 해안선을 따라 산동반도의 북쪽 끝까지 가서 황현(黃縣)지역까지 점령한 것으로 추정된다.[124)]

기원전 10세기경부터 중국의 정치력과 문화는 산동지방, 그리고 35쪽의 지도에서 보이듯 요서지방에까지 확산되고 있었다. 이 추세는 춘추전국시대를 거치며 더욱 활발해진다. 마침내 전국시대 연나라 때 중국인들은 요동까지 효과적으로 점거한다. 고조선을 한반도로까지 밀어낸다. 한반도에서는 곧 위만조선이 요동까지 세력을 떨치지만 중국을 통일한 한 제국에 의해 위만조선이 정복당한다. 요동은 물론이고 한반도 북부에 이르기까지 중국의 군현체제(郡縣體制)에 수백 년간 편입된다. 한반도의 정치사회는 니시지마의 지적처럼 이러한 중국의 정치와 문화의 깊숙한 침투라는 역사적 배경 속에서 성숙해간다.

중국 동부의 발전과 동으로의 점차적인 권력이동은 농경문화가 더욱 심층화하고 해상교역이 발전함에 따라 서역과 통하는 실크로드의 중요성이 상대적으로 감소한 것과 관련이 있을 것이다. 인구와 산업, 문화, 그리고 정치군사 중심이 동부로 이동한다는 것은 중국의 발달하는 선진농업기술과 경제활동 그리고 문화가 만리장성의 동쪽 경계를 넘어 만주지방으로 확산될 가능성을 높이는 것이었다. 한반도 북부를 포함하여 만주지방에서 발전하고 있던 정치체들의 성장과 농업문명의 발전, 그리고 문화적 성장은 그러한 중국에서의 권력이동과 깊이 맞물리면서 진행되었을 것이다.

124) Li Feng, 2006, pp.313~314.

9. 만리장성과 민중의 고통

중국 현대작가 쑤퉁이 2006년에 지은 『눈물』이라는 작품이 있다. 오르한 파묵, 주제 사라마구, 토니 모리슨 등과 함께 『세계신화총서』에 중국을 대표하는 작가로 선정되어 집필한 것이다. 가난한 북산 아래 동네 "도촌에서 태어난 꽃처럼 어여쁘고 맑고 단아한 처녀" 비누(碧奴)는 "눈동자가 칠흙처럼 새까맣고 커다래서 눈물을 달고 살 팔자를 타고난 듯한" 여인이다. 길고 숱이 많은 머리를 가진 그녀는 울 때 머리카락으로 울었다. 그녀의 머리카락은 하루종일 젖어 있었다. 잘생기고 선량한 사람이었지만 홀아비 싼두오가 뽕나무 아래서 데려다 키운 고아였던 완치량(万豈梁)에게 시집간다.

꿈 같은 세월도 잠시 어느 날 점심 무렵 비누는 같은 동네 여인들 치니앙과 진이와 함께 길에 서서 북쪽을 바라보며 이를 꼭 깨문 채 주먹을 쥐고 있었다. 치량을 포함한 그녀들의 남자들이 갑자기 나타난 군사들에게 붙잡혀갔기 때문이다. 그들은 만리장성을 쌓는 북방으로 모두 끌려갔다. 그날 이후 비누는 머리카락뿐만 아니라 손바닥과 발가락으로도 울었다. 어느 날 비누는 추위로 고생할 치량을 위해 겨울옷을 만든다. 그것을 넣은 괴나리를 지고 북쪽으로 떠난다. 우여곡절 끝에 비누는 마침내 장성 앞에 도달한다. 그녀는 온몸으로 운다. 그 바람에 장성은 무너져 내린다. 성이 무너져 내린 폐허에서 완치량이 튀어오른다.[125)]

코믹하고 통쾌한 결말이지만, 거대한 전제권력이 밀고 가는 역사의 수레바퀴에 짓밟히는 민초들의 사랑과 비극에 관한 얘기이다. 아릿한 슬픔이 담겨 있다. 눈물로 만리장성을 무너뜨렸다는 맹강녀(孟姜女)에

125) Su Tong, *Binu: The Myth of Meng Jiang Nu*, Canongate Books, 2006; 쑤퉁, 김은신 옮김, 『눈물 1, 2』, 문학동네, 2007.

관한, 중국에서 2천 년 동안 구전되어온 신화가 작품의 모티브였다고 한다.[126)]

15세기 후반에 살았던 조선 사람 최부(崔溥: 1454~1504)는 제주에서 추쇄경차관이라는 벼슬을 하고 있었다. 1488년 1월 부친상을 당해 육지로 가던 중 풍랑을 만난다. 14일 동안의 표류 끝에 중국 명나라의 양자강 하류보다 한참 아래인 태주부 임해현이라는 곳에 표착(漂着)한다. 우여곡절 끝에 관가에 도움을 청한 결과 북경으로 호송되었다가 귀국길에 오를 수 있었다. 같은 해 5월 6일, 북경에서 요동으로 가는 관문이자 만리장성이 서해의 발해만(渤海灣)과 만나는 지점에 있는 산해관(山海關)에 당도한다. 그곳을 지키는 산해위성(山海衛城)의 서문 밖을 지나면서 최부는 이렇게 적었다.

"성 동남쪽에는 고산(孤山)이 있는데 해안에 연해 있었고, 북쪽에는 각산(角山)이 우뚝 솟아 있었다. 산해관은 그 가운데 있는데, 북으로 각산을 등지고 남으로는 바다를 두르고 있었다. 산해관 주위 10여 리는 오랑캐를 방비하는 요충지였다. 진(秦)의 장수 몽염이 쌓았던 장성이 여러 산의 능선을 타고 넘어서 산해위의 동쪽 성을 이루고 바다에까지 뻗어 있었다. ……산해관 밖에는 망향대(望鄕臺)와 망부대(望夫臺)가 있는데, 세상에 전해지기를 '진나라가 장성을 쌓을 때 맹강녀가 남편을 찾았던 곳이다'라고 했다."[127)]

10. 맺음말

글의 서두에서 오웬 라티모어의 내륙 아시아 연구를 동아시아 질서

---

126) 쑤퉁, 「작가의 말」, 『눈물 2』, 문학동네, 2007, 285쪽.

127) 최부, 서인범·주성지 옮김, 『표해록』(漂海錄), 한길사, 2004, 471~ 473쪽.

변천사 인식의 출발점으로 삼았다. 두 가지 이유가 있다. 첫째, 기원전 이래 전통시대 중국 대륙의 역사적 동학의 패턴을 이해하려는 노력은 대개의 경우 수많은 왕조들의 흥망의 내레이션 속에 묻혀버리기 쉽다. 중국과 북방민족들의 관계가 갖는 역사적 역동성은 그 같은 현미경적 내레이션들을 넘어서 동아시아 수천 년 역사의 동학을 이해하는 데 가장 중요한 측면의 하나이다.

둘째, 청대(淸代) 이래 전후 공산중국에 이르기까지 우리의 뇌리에는 '통일된 하나의 중국'이라는 개념이 박혀 있다. 이 관념은 우리 한국인들이 중국사 전체에서 '중국'이라는 대상을 이해하는 데 확장 적용되는 경향이 심하다. 중국과의 선린이든, 중국과의 군사정치적인 긴장이든, 한반도 국가가 상대할 대륙의 국가는 기본적으로 하나로 통일된 무엇이라는 사고가 지배하고 있는 것이다.

이 책이 동아시아 질서의 태동기로부터 내륙 아시아에 먼저 주목한 것은 중국의 경계를 넘는 동아시아 세계의 전체상에 대한 거시적인 탐색을 통해서 중국적 세계질서 내면의 복합성을 부각시키려는 것이었다. 이 복합성을 제대로 이해할 때만이 동아시아 질서 안에서 한반도의 전쟁과 평화가 결정된 구조에 대한 더 진실한 인식에 다가갈 수 있는 것이다.

내륙 아시아 개념도

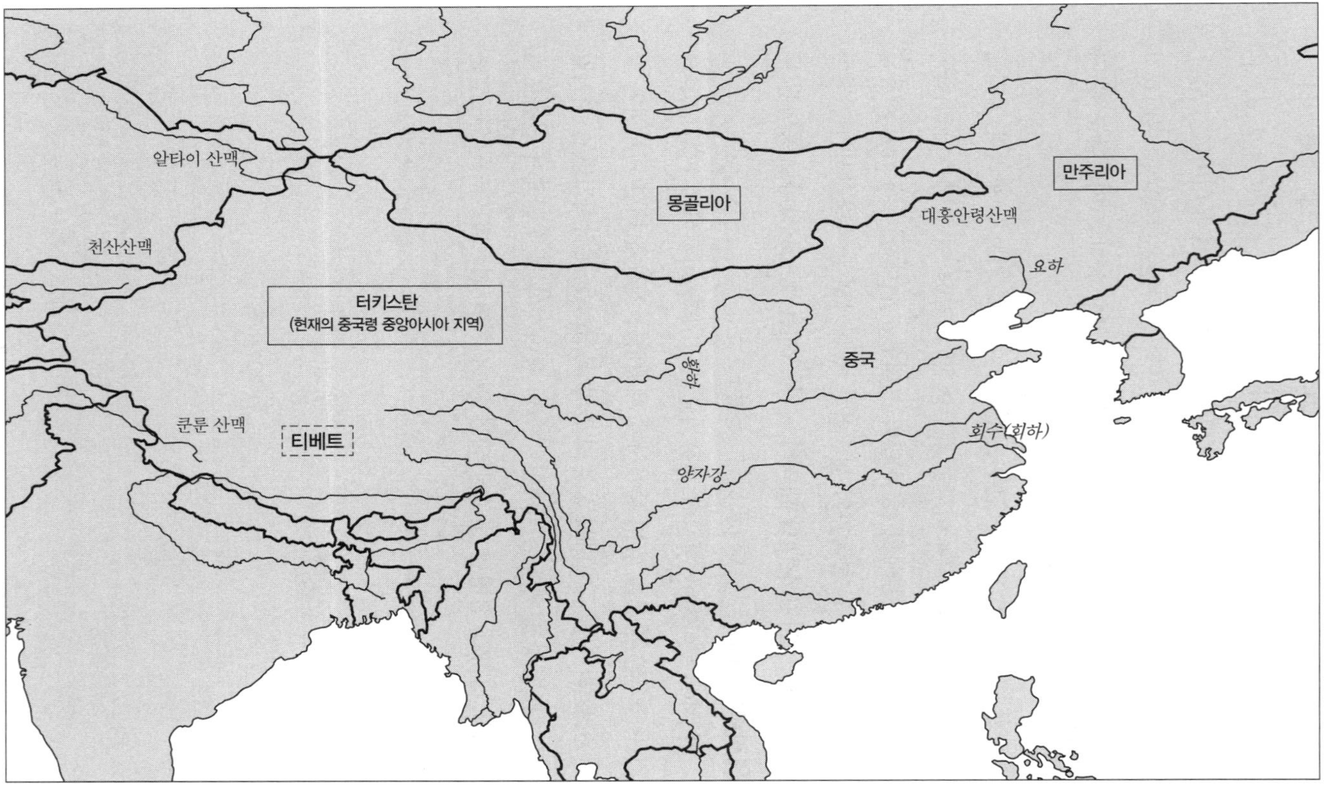

• 내륙 아시아는 몽골리아, 만주리아, 터키스탄(현재의 중국령 중앙아시아 지역) 등이다. 티베트는 학자에 따라 포함시키기도 하고 빼기도 한다. 티베트를 점선으로 처리한 것은 그 때문이다. 티베트를 내륙 아시아권에서 빼는 경우는, 몽골리아와 만주리아와 같은 내륙 아시아의 중심지역들이 중국과 역동적인 상호작용을 하는 지정학적 정체성을 가진 데 비해서 티베트는 그렇지 않은 점이 있기 때문으로 이해할 수 있다.

제2장 동아시아 세계에 관한 시각과 개념

• 내륙 아시아론, 동아시아 세계론, 역사공동체론, 그리고 민족

1. 동아시아 세계의 연구전통: 두 개의 관계축, 두 개의 시각

전통시대 2천 년에 걸쳐 동아시아 세계에서 전쟁과 평화를 규율한 질서를 총체적이고 포괄적으로 이해할 수 있는 개념적 틀은 존재하는가? 이 문제에 대한 동아시아와 세계학계의 인식은 어떠한가? 김한규에 따르면, 전통시대 동아시아 질서의 성격에 대한 이론적 탐구는 일본학계를 중심으로 이루어졌다. 중국학계는 전통시대 동아시아 국제관계를 중화(中華)와 제 민족들 간의 관계로 보는 데 머물러 '고대 동아시아 세계' 자체에 대한 이론적 규명은 처음부터 관심 밖이었다. 한국학계는 그간 "학문적 영세성을 극복하면서 한중관계나 한일관계 등 개별적 국제관계사나 교류사에 대한 연구성과"는 적지 않게 축적했지만, "이론화의 논의를 기피하는 성향으로 인해 역시 '고대 동아시아 세계질서'에 관한 이론적 논쟁은 거의 이루어지지 못했다"고 평가된다.[1)]

필자가 이해하기에 동서양학계에서 전통시대 동아시아 세계를 거시적으로 이해하기 위한 시도로는 크게 두 가지 흐름이 있었다고 생각된

1) 김한규, 『천하국가: 전통시대 동아시아 세계질서』, 소나무, 2005, 24쪽.

다. 하나는 제1장에서 소개한 오웬 라티모어의 전통을 따라 중국과 북방 유목민족 세력 사이의 문명적·정치적 상호작용의 구조를 연구해온 전통이다. 다른 하나는 일본학계에서 니시지마 사다오가 제기한 '동아시아 세계'의 개념과 같이 중국과 그 동방의 사회들 사이의 정치적·문화적 관계를 중심에 둔 연구전통이다.

2. 중국-북방 관계축과 내륙 아시아권

기원전의 세계로부터 약 2천 년에 걸쳐 존재한 중국 중심적 동아시아 질서는 크게 두 방향의 '관계축'으로 구성되어 있었다. 하나는 중국 농경문화와 북방 초원지대에 근거를 둔 유목민족들 사이의 긴장과 갈등이다. 다른 하나는 중국과 한반도, 일본, 베트남 등 중국의 동방 또는 남방에 있는 사회들과의 관계축이다. 기본적으로 같은 농경문화권 사이에 발전해간 국제질서이다. 전자를 중국-북방축이라 하고, 후자를 중국-동남방축이라고 부르기로 한다.

오웬 라티모어와 토머스 바필드, 그리고 르네 그루세 등은 중국의 내륙 아시아권(Inner Asian Frontiers of China)이 동아시아 세계의 문명과 역사의 전개에 갖는 의미를 환기시켜준 대표적인 서양 학자들이다.[2] 이들의 연구가 보여주듯이, 동아시아 세계를 이해함에서 중국-북방 관계축은 결코 간과될 수 없다. 전통시대 2천 년에 걸쳐서 북방에 근거를 둔 이민족 세력들이 중국을 지배한 기간이 거의 그 절반에 해당하

---

2) Owen Lattimore, *Inner Asian Frontiers of China*, Boston: Beacon Press, 1962(1940 & 1951 by American Geographical Society); Thomas J. Barfield, *The Perilous Frontier: Nomadic Empires and China, 221 BC to AD 1757*, Cambridge, M.A.: Blackwell, 1989; 르네 그루세(René Grousset), 김호동·유원수·정재훈 옮김, 『유라시아 유목제국사』, 사계절, 1998.

는 1천 년에 걸친다. 중국의 역사적 정체성 그 자체의 형성에 북방민족들이 직접적인 참여자였다는 것을 말한다. 그만큼 동적(動的)인 상호작용의 관계였다. 하지만 문명적 차이 때문에 결코 둘이 완전히 섞이지는 않는 상호작용이었다. 중국과 주변의 정치체들 사이에 맺어져 전통시대 동아시아 국제질서의 정치군사적 차원을 규율하게 되는 조공·책봉이라는 정치외교적 규범도 중국과 북방세력 간의 관계축에서 먼저 구상되고 규범화되었다. 기원전 2세기경에 중국의 한(漢) 제국과 흉노제국 사이에 형성된 관계에서 중국-북방축은 틀이 지어졌다.

동아시아 질서를 구성하는 또 다른 관계축인 중국-동남방축을 보면, 기원후 3세기에서 7세기에 이르는 시기 중국의 통일제국들과 한반도 북부의 고구려가 요동지방을 두고 패권을 다투었던 시기를 제외하면 대체로 중국과 이들 동남방의 세력들 사이에는 동적인 상호작용보다는 정적(靜的)인 위계적 관계가 일관되게 지배한다. 니시지마 사다오(西嶋定生)가 '동아시아 세계'라고 부르는 실체의 핵심은 바로 이 중국과 동방 및 남방의 국가들 사이의 관계를 가리키고 있다.[3] 이 지역은 또한 존 페어뱅크가 중화권(Sinic Zone)이라 부르는 영역이기도 하다. 오웬 라티모어 등과 달리 니시지마는 동아시아 세계의 핵심을 이 관계축에 두고 있다. 그가 '동아시아 세계의 정치체제'라고 부른 책봉체제(冊封體制)가 이 관계축에서 성숙한 단계에 이르러서야 비로소 '동아시아 세계'가 틀을 잡게 된 것으로 니시지마는 이해한다.

이렇게 본다면, 전통시대 '동아시아 세계'와 그 세계의 국제관계를 규율한 책봉체제의 본질적인 의미에 대해 두 개의 다른 시각이 제기되어 왔다고 말할 수 있게 된다. 한쪽에는 동아시아 세계의 핵심축을 중국

---

3) 西嶋定生, 『中國古代國家と東アジア世界』, 東京: 東京大學出版會, 1983, 397~418쪽.

과 북방민족들 사이의 상호작용에 두고 있으며, 그 관계는 동적인 것임에 주목한다. 다른 한쪽에서는 동아시아 세계의 형성은 중국과 동방 및 남방 사회들 사이의 관계축이 성숙함으로써 비로소 '동아시아 세계'가 형성되고 완성에 이르는 것으로 본다. 동아시아 국제관계를 규율한 조공·책봉체제의 의미도 이 두 시각 사이에 날카롭게 대립할 수 있다. 중국-북방 관계축에 주목할수록 조공책봉체제의 동적인 성격과 다양성에 주목한다. 반면에 니시지마가 말하는 동아시아 세계와 그 책봉체제는 다분히 정적이고 고정된 위계적 틀이다.

먼저 제1장에서 소개한 '내륙 아시아권'과 중국의 관계축이 동아시아 질서에서 갖는 역사적 의의에 대한 대표적인 서양학자들의 인식을 확인하기로 한다. 오웬 라티모어는 초원지대의 유목민족과 중국인들 사이의 정치·군사적인 긴장이 문화양식의 뿌리 깊은 차별성과 긴밀한 관계를 갖고 있었다는 점을 일찍이 주목했다.[4] 그는 중국의 내륙 아시아 변경지역들을 크게 넷으로 나누었다. 동쪽으로부터 만주, 몽골리아, 중국 쪽 투르키스탄(Chinese Turkestan: 신장지역 등을 포함한 중앙아시아의 중국 쪽 지역), 그리고 티베트이다.[5] 라티모어는 내륙 아시아권 전체의 역사적 동학의 중심지는 몽골리아라고 파악했다. 내륙 아시아의 다양한 사회들은 몽골 지역의 동학과 중국으로부터 큰 영향을 받으며 구성되었다는 것이다.[6]

토머스 바필드는 내륙 아시아권의 핵심지역들을 크게 만주, 몽골리아, 그리고 투르키스탄 등 셋으로 분류한다. 티베트를 생략한 것이다. 하지만 그 역시 중국과 내륙 아시아권 관계의 핵심을 몽골의 동학과 중국의 상황에서 찾았다. 만주와 투르키스탄의 상황은 몽골과 중국의 역

---

4) Lattimore, 1962, pp.487~489.

5) Lattimore, 1962, pp.3, 53.

6) Lattimore, 1962, p.53.

학에 의하여 결정된 것으로 보았다. 중국과 몽골에 다같이 강력한 제국이 성립되어 있을 때 만주와 투르키스탄은 중국과 몽골이 분할통치했다. 반면에 중국과 몽골 초원지대가 정기적으로 무정부상태에 떨어질 때 만주와 투르키스탄, 그리고 몽골과 중국 사이에는 중국문화와 유목문화의 혼합적 요소를 가진 국가들이 등장하곤 했다. 중국과 몽골은 각각 분명하게 농경문명과 유목문명으로 갈라지는 반면, 만주와 투르키스탄 지역은 유목문화와 농경문화가 혼융되어 있었던 것과 무관하지 않았다.[7)]

바필드는 이들 내륙 아시아권과 중국 사이의 전통적인 관계에 대해서 중요한 명제 두 가지를 제시했다.[8)] 하나는 그 관계가 갖는 주기적 성격이었다. 중국에도 통일제국이 있고, 몽골 초원에도 통일된 유목제국이 건재하는 양극질서일 때, 제3의 정치구조는 등장할 수 없었다. 그러나 중국에서도 초원에서도 질서가 붕괴했을 때, 전 지역에 걸쳐 고도로 불안정한 환경이 조성되면서 수많은 왕조들이 등장한다. 이들 왕조는 대개 조직력이 약하고 불안정하며 단명했다. 점차 조직력이 더 강한 왕조들이 등장하여 질서를 회복하고 영토를 확장한다. 남부에서는 중국 왕조들이, 그리고 동북지역과 서북지역에서는 이민족 왕조들이 등장하여 중국의 영토를 나눠 갖는다. 곧 중국인들이 이민족 왕조를 몰아내며 통일전쟁을 전개한다. 마침내 중국 왕조에 의해 통일이 달성된다. 그와 동시에 초원지대 역시 재통합이 이루어진다. 그럼으로써 중국과

---

7) Barfield, 1989, p.16. 전적으로 유목적인 몽골 지역과 전적으로 농경적인 중국에 각각 강성한 제국이 존재할 때, 만주와 투르키스탄을 포함한 모든 곳은 중국이나 몽골에 통합되었다. 농경과 유목이 혼합된 독립적인 정치사회는 존재하지 않았던 것이다. 중국과 몽골이 정치적으로 해체되었을 때만이 만주와 투르키스탄을 포함하여 농경과 유목을 혼합한 국가들이 존재할 수 있었다는 것이다. Barfield, 1989, p.12.

8) Barfield, 1989, pp.10~11.

몽골 초원에 다같이 통일제국이 들어선다.

바필드가 특기하고 있는 점 하나는 그 주기 속에서 주요 한족 왕조가 붕괴되고 이민족 통치하에 중국이 안정된 질서를 재확립하게 되기까지 걸리는 시간이 갈수록 짧아졌다는 점이다. 한(漢) 제국이 붕괴된 후 불안정상태는 수세기 동안 지속되었다. 당(唐)의 멸망 후 혼란기는 수십 년 동안이었다. 반면에 명(明)이 망한 후에는 거의 즉각적으로 이민족 정권이 중국에 통일왕조를 구축했다. 거꾸로 이민족에 의한 중국 지배 왕조의 수명은 처음엔 가장 짧았고, 마지막 세 번째에서 가장 길었다.

두 번째 주요 명제는 그 주기 안에서 몽골 지역의 동학과 만주지역의 동학이 보이는 차이였다. 몽골의 유목부족들은 (칭기즈 칸의 경우를 제외하고) 중국에 대한 정복자가 되지 않은 상태에서 중국의 변방정치에서 핵심적 역할을 했다. 이에 비해 만주지역은 중국 왕조들이 내부반란으로 붕괴할 때 중국을 정복하는 이민족 왕조의 배양기지가 되곤 했다.

페어뱅크가 '중국적 세계질서'로 부른 것을 바필드는 '중국 중심적 동아시아 세계질서'(sinocentric East Asian world order)라고 이름한다.[9)] 페어뱅크는 그 중국적 세계질서가 2천 년간 지속되었다고 보았다. 바필드 역시 마찬가지로 파악했다. 진(秦) 왕조가 유목민의 세계로부터 중국을 물리적으로 구분하고 분리시키기 위해서 만리장성을 완성한 기원전 3세기부터 내륙 아시아권과 중국 관계의 전통적 패턴이 분명해진 것으로 해석했다. 19세기 서양이 근대적인 무기와 수송체계를 동원하여 새로운 형태의 국제정치관계를 중국에 부과하게 되기까지 그 질서는 계속된 것으로 본다.[10)] 라티모어에 따르면, 19세기의 그 같은 변동은 만리장성을 경계로 한 육상권력(land power) 경쟁에서 서양이

9) Barfield, 1989, p.16.
10) Barfield, 1989, p.16.

주도하는 해상권력(sea power)의 도전으로 전환한 것을 의미했다.[11] 페어뱅크 또한 서양 세력의 도래 이전까지 중국 대외관계사의 요체는 만리장성을 사이에 두고 초원지대 유목세력과의 사이에 존재한 갈등이었다고 보았다.[12]

내륙 아시아권과 중국 사이의 부단한 군사정치적 긴장은 중국이 다른 사회들에 부과하고자 했던 위계적 질서의 이데올로기적 근간인 문화적 우월성의 관념에 유목민족 사회들이 근본적으로 동의하지 않았다는 사실과도 관련이 있다. 농경문화에서 강조되는 사회정치적·문화적 이상과 정통성의 관념은 유목사회에서의 가치의 우선순위들의 체계와 달랐다. 추세이 스즈키도 한과 흉노와의 부단한 군사적 긴장과 갈등의 한 원인을 흉노가 한의 문화적 우월성을 인정하지 않은 것에서 찾았다.[13] 유교를 중심으로 한 중화주의적 세계관의 우월성을 유목사회들이 인정하지 않는 태도는 단지 한 시대에 그치지 않았다. 그 이래 2천년 동안 유목사회들의 대중국 인식의 저변에 지속되었다. 중화주의가 유목사회에서 지배 이데올로기로 정착하는 일은 결코 벌어지지 않았다. 그들에게 중국과의 관계는 기본적으로 힘의 관계였다.

내륙 아시아의 중심인 몽고와 만주를 지배한 세력이 중화제국의 문화적 우월성을 혹 인정하더라도 중국과의 문화적 동질성을 추구하지는 않았다. 유목민들은 부단히 정주사회들과 경제적으로 접촉하며 '경제

---

11) Lattimore, 1962, p.7.

12) John King Fairbank, *The United States and China*, Cambridge: Harvard University Press, 1979(초판은 1948), p.82.

13) Chusei Suzuki, "China's Relations with Inner Asia: The Hsiung-Nu, Tibet," John K. Fairbank, "A Preliminary Framework," in John King Fairbank, ed., *The Chinese World Order: Traditional China's Foreign Relations*, Cambridge, M.A.: Harvard University Press, 1968, pp.180~197.

적 공생'(economic symbiosis) 관계에 있었지만, 농업적 삶에 비해 자신들의 유목적 삶을 더 자유롭고 그래서 더 우월한 문화양식으로 생각하고 있었다.[14] 이러한 문화적 독립성은 유목민족이 중원의 세력들과 부단히 정치군사적 대등성을 추구한 정신적 토대로 작용했을 것이다. 문화적으로도 군사정치적으로도 중화세력이 주장하는 중국적 세계질서에 안주하지 않았다. 그들은 언제라도 기존 국제질서의 수정주의 세력이 될 준비가 되어 있었던 것이다.

3. 니시지마 사다오의 '동아시아 세계'와 중국-동남방 관계축

라티모어나 바필드, 그리고 페어뱅크의 관점과 달리 니시지마 사다오의 동아시아 세계에서는 중국-북방 관계축은 포함되지 않는다. 성숙한 유교 문화권만을 포함시킨다. 니시지마에게 동아시아 세계는 중국-동남방 관계축에서 성립되고 그 관계축이 성숙할 때 비로소 완성된다.

니시지마에게 동아시아 세계란 "중국을 중심으로 하고, 그 주변에 있는 한국, 일본, 베트남, 그리고 몽골 고원과 티베트 고원의 중간에 있는 서북 회랑지대 동부의 제 지역을 포함"한다.[15] 그는 이 영역이 고정적인 것이 아니라 유동적인 것이라는 단서를 붙인다. 하지만 오웬 라티모어와 존 페어뱅크 등이 동아시아사뿐 아니라 중국사 자체의 전개에서도 불가결한 요소들로 간주한 중국-북방 관계축의 한쪽인 내륙 아시아권은 그 동아시아 세계에서 분명히 제외된다. 니시지마는 중국의 주변지역이라 하더라도 "북방의 몽골 고원과 서방의 티베트 고원, 그리고 서북 회랑지대를 넘어선 중앙아시아의 제 지역, 또는 베트남 너머의 동

---

14) Svat Soucek, *A History of Inner Asia*, Cambridge: Cambridge University Press, 2000, pp.43~44.

15) 西嶋定生, 1983, 398쪽.

남아시아 등의 제 지역"은 통상 여기에 포함되지 않는다고 했다. 라티모어와 바필드, 페어뱅크 등이 공히 '내륙 아시아'권으로 정의하는 지역의 주요 부분을 니시지마는 그의 '동아시아 세계' 개념에서 명시적으로 제외시키고 있는 것이다.

결국 니시지마가 말하는 동아시아 세계는 본질적으로 그가 사용하고 있는 표현 그대로 '역사적 문화권'이다. 존 페어뱅크가 '중국적 세계질서'를 구성하는 세 개의 권역들 중 '중화권'이라 부른 지역과 동일하고 거기에 한정된다. 니시지마에게 이 세계를 구성하는 지표는 네 가지이다. 한자문화, 유교, 율령제, 불교 등이다.[16] 한자는 중국에서 만들어졌지만 언어를 달리하며 이제까지 문자를 알지 못했던 주변민족들에게 전파되어 이 세계 안에서 상호 의사전달이 가능하게 했고 중국의 사상과 학술의 전파를 가능하게 만들었다는 의미에서이다. 유교, 율령제, 불교는 그렇게 전파된 한자를 통해서 비로소 이 세계가 공유할 수 있게 된다.

유교는 춘추시대 공자의 가르침에서 시작된 것이지만 한대(漢代)에 국교화(國敎化)되었다. 이후 중국 왕조의 정치사상이 됨과 동시에 주변민족들, 특히 한국과 일본에 전파되어 이 나라들의 정치사상과 사회윤리로서 심대한 영향을 미친다. 율령제는 황제를 정점으로 지배체제를 완비한 법체계를 말한다. 율령제 역시 중국에서 출현한 정치체제지만 한국, 일본, 베트남에서 채용하게 되어 동아시아 세계에 공통된 정치제도로 된다. 인도로부터 중앙아시아를 경유하여 중국에 전파된 불교는 중국화된다. 한국, 일본, 베트남에 전파되어 '동아시아 불교권'이라 말할 수 있는 문화권을 형성한다. 종교로서 뿐만 아니라 건축, 조각, 회화 등 불교미술의 세계를 이 문화권 전체가 공유하게 된다.[17]

---

16) 西嶋定生, 1983, 399쪽.

이러한 관점에서 '동아시아 세계'를 보면, 한반도와 일본, 그리고 베트남에 한자문화를 바탕으로 유교와 불교 등 중국과 공유한 정신문명과 함께 율령체제를 갖춘 성숙한 국가들이 등장하기 전에는 동아시아 세계는 성립하지 않는 것으로 된다. 춘추전국시대 중국의 주변민족들은 동아시아 세계의 공통성을 나타내는 지표들의 어느 하나도 갖추지 않았다. 따라서 그 세계는 아직 형성된 것이 아니라고 니시지마는 말한다.

전국시대의 혼란을 끝내고 중국을 통일한 진 왕조는 중국 역사상 처음으로 군주에 대해 '황제'(皇帝)라는 칭호를 채택한다. '황황(煌煌)한 상제(上帝)'를 의미하는 황제라는 칭호를 택했다는 것은 지상의 군주를 우주만물의 주재자인 상제의 위치로 끌어올렸다는 것을 의미했다. 이 칭호의 채택과 함께 그전까지의 정치질서인 봉건제는 폐지된다. 황제의 지배영역은 모두 황제가 직접 규율하는 군현(郡縣)으로 되었고, 인민들도 모두 황제의 직접적인 지배하에 놓이게 된 것이다. 황제의 출현은 곧 동아시아 역사에 중앙집권적 군주국가가 형성된 것을 의미했다. 그럼에도 니시지마는 진 왕조 때에도 '동아시아 세계'가 등장할 단서가 마련되지 못한 것으로 보았다. 황제가 직접 지배하는 군현들의 외부에 있는 세계에 대해 중국이 직접적인 정치관계를 실현할 논리를 아직도 결여했기 때문이라고 말한다.

니시지마에게 동아시아 세계 형성의 단서는 한(漢) 왕조가 들어서면서 나타난다. 황제를 칭하는 군주의 지배영역의 정치체제가 군현제와 봉건제의 결합을 보이기 때문이다. 황제가 직접 관할하는 군현과는 별도로, 다른 한편에서 "주변 제 민족의 수장에게 '왕'(王) 또는 '후'(侯)의 작위를 주어서 이들을 중국 왕조 정치체제의 일환으로 끌어들인 것"

17) 西嶋定生, 1983, 399~400쪽.

이었다. 니시지마는 이것을 '군국제'(君國制)라 부른다. 이렇게 해서 남월왕(南越王: 베트남), 민월왕(閩越王), 동구왕(東甌王), 그리고 조선왕(朝鮮王: 위만조선)이 탄생했다는 것이다. 니시지마는 이 무렵 북방에서 흉노가 한 제국과 대등한 국가를 형성한 것을 인정한다. 이 흉노를 제외하고, 왕이라는 칭호를 중국으로부터 부여받은 남월, 민월, 동구, 조선 민족 사회들이 다른 지역들에 비해서는 정치적 사회로서 더 성숙했던 것이라고 파악한다.

하지만 니시지마에게 한 왕조 시기에서도 동아시아 세계의 등장은 완성된 것이 아니었다. 한 왕조에게서 왕의 작호를 받은 주변 국가들의 복속이 영속적이지 않았다. 한 무제는 곧 남월과 민월, 그리고 조선을 정복해야만 했다. 그 결과 남월과 조선은 군현으로 되어 중국 왕조의 직접지배를 받는다. 이들 외에 한 왕조로부터 왕이나 후의 작호를 받는 국가들이 나타났다. 서남이(西南夷)에 속하는 여러 나라들, 서역의 여러 나라들, 그리고 동이(東夷)에 속하는 고구려와 부여 등이 그러했다. 흉노는 전한(前漢) 초기에는 한과 대등한 국가였는데, 선제(宣帝) 때에는 남흉노의 호한사선우(呼韓邪單于)가 한 왕조에 복속해옴으로써 그 외신(外臣)이 된다.[18)]

결국 한 왕조 시기에 동아시아 세계 형성의 단서는 나타났지만, 완성된 것은 아니었다. 한대가 보여주는 이 같은 혼선과 미완성의 원인을 니시지마는 다음 네 가지로 보았다.

첫째, 베트남과 조선 등 지역의 민족적 자립이 중국 왕조의 군현화를 거부할 정도로까지 발전하지 않았다. 둘째, 한 왕조 자신의 내면적 이유이다. 전한시대 전반기까지는 황제지배의 논리가 아직 정비되지 않아서, 외민족에 대한 지배전략에 일관성이 없었다. 한 왕조가 황제지배의

18) 西嶋定生, 1983, 406쪽.

논리구조를 정비하고 외민족에 대한 자세도 사상적으로 정비한 것은 유교를 국교로 정립한 이후가 된다. 셋째, 한 왕조가 유교에 바탕을 둔 황제지배와 외민족지배의 사상체계를 정비할 무렵 정변(政變)이 일어나 중국이 혼란에 빠진다. 곧 왕망(王莽)이 전한 왕조를 찬탈하여 황제권을 관념적으로 강화하며 만이(蠻夷)에 대해서도 그런 관점에서 대처하게 된다. 이에 만이들은 중국 왕조로부터 이반(離反)한다. 넷째, 왕망의 정변을 극복하고 후한 왕조가 들어서면서 예교주의적(禮敎主義的) 정책을 바탕으로 외민족과의 관계를 조정한다. 그러나 후한 왕조 시기 동방과 남방에서는 동북 산중의 고구려와 부여를 제외하고는 조선, 남월, 민월 모두 멸망하여 중국의 군현으로 남아 있었다. 그래서 동아시아 세계는 아직 형성된 것이 아니었다.

니시지마에 따르면, 후한 광무제(光武帝) 때 왜(倭)의 여러 소국들 중의 하나인 노국(奴國)이 중국에 사자를 보내 금인(金印)을 받는다. 그때까지 조선의 낙랑군을 통해 간접적으로 중국 왕조의 영향을 받고 있던 일본이 중국 왕조와 비로소 직접적인 접촉을 시작한 것을 의미했다. 그만큼 일본 지역의 정치사회도 충분히 성숙하지 않은 단계에 놓여 있었음을 니시지마가 지적한 것이다. 요컨대 이때까지도 중국의 동방과 남방의 지역들은 정치적으로 충분히 성숙하지 않은 단계에 있었다. 그만큼 이 지역 제 민족의 자립성을 인정함을 전제로 중국 왕조의 정치체제에 참여하는 국제질서로 동아시아 세계를 정의하는 니시지마의 관점에서 그 세계는 한 왕조 시기에도 아직 등장하지 않은 것이었다. 후한대 중국의 외민족에 대한 관심은 주로 북방과 서방의 민족들에 치중해 있었다고 니시지마는 이해한다.

그럼에도 니시지마의 동아시아 세계론에서 한대(漢代)는 두 가지 측면에서 '동아시아 세계'의 형성에 매우 중요한 계기를 제공한다.[19] 첫째는 니시지마가 "동아시아 세계의 정치적 구조양식"이라고 정의한 '책봉체제'의 기초가 마련되었다는 점이다. 그 기초의 하나는 전한 시기에 덕치주의(德治主義)를 표방한 유교적 군주관이 황제제도와 결합한 것에 있었다. 이와 동시에 화이사상과 봉건사상이 결합함으로써 중국 왕조와 외민족의 관계양식이 이론적으로 정식화되기에 이른다. 이러한 정식화는 한대에는 외신이라는 형태로 출현했다. 이것이 곧 책봉체제의 출현으로 이어지게 된다는 것이다.

한 왕조가 후일 동아시아 세계 등장에 기여한 두 번째 측면은 선진적 통일제국이 군현화라는 직접지배의 형태로 남방과 동방에 진출한 사실에서 비롯된다. 그 진출이 지역 원주민 사회를 자극하여 이들 지역에서 정치적 사회의 성숙을 촉진했다는 것이다. 동시에 이민족 지배에 대한 원주민 사회의 저항을 야기했다. 그것은 원주민들 자신에 의한 정치적 사회의 발전을 촉진했다고 본다. 한반도에서 한사군이 원주민 사회의 반발에 밀려 폐지되거나 위치를 이동시켜간 것은 그 증거라고 니시지마는 해석한다. 일본에서도 기원후 2세기에 이르면 왜의 여러 국가들이 성장하고 그 후반기에는 '왜국대란'이라는 상황이 전개된다. 이 역시 주변지역 민족들에 대한 한 제국의 지배에 자극받아 그 지역사회들과 그 너머의 주변지역들에서까지 정치적 사회들이 형성된 것을 말했다. 이러한 상황에서 동아시아 세계의 형성이 촉진되었다는 것이다.

결국 한 왕조는 직접적으로는 '동아시아 세계'를 완성시키는 데에는 이르지 않았지만, 이때에 동아시아 세계는 정치적 세계로서 형성될 단서를 열었으며, 곧 그 완성을 위한 준비를 완료한다는 것이 한 왕조 시기에 대한 니시지마의 평가이다. 니시지마에게 동아시아 세계가 온전히 형성된 시점은 기원후 3세기에 들어 한 왕조가 멸망한 후 중국에서 장기간 전개된 다핵적 시대이다. 3세기의 위(魏), 오(吳), 촉(蜀)이 다

19) 西嶋定生, 1983, 408쪽.

투는 삼국시대, 이어서 5호16국(五胡十六國)과 동진(東晋)시대, 그리고 남북조시대가 이어진다. 이 다핵시대는 6세기 말 수(隋) 왕조가 중국을 통일하기 전까지 계속된다. 왜 이때 동아시아 세계가 완성된 것인가. 니시지마는 두 가지 이유를 든다.[20]

첫째, 한반도와 일본에 자립적인 국가들이 성숙하고 이들이 중국의 국가들과 자발적으로 조공관계를 원하는 상황이 전개된다. 4세기 초인 313년 고구려가 낙랑군(樂浪郡)을 정복함으로써 한반도에 대한 중국 왕조의 직접지배는 종언을 고했다. 한반도는 남부에 백제와 신라가 성립함으로써 고구려와 함께 삼국이 분립한다. 일본에서도 야마토 정권(大和政權)이 왜국을 거의 통일했다. 이들 동방의 나라들은 상호경쟁하면서 각자의 세력확대를 위해 중국 왕조에 사신을 파견한다. 조공관계를 맺음으로써 중국 왕조의 비호(庇護)를 구한 것이다.

둘째, 중국 자체가 여러 왕조들로 분열되어 있었다. 저마다 정통성 있는 중국 황제임을 주장하였다. 정통성을 확보하기 위해 동방의 나라들로부터 기꺼이 조공을 받아들이고, 이들 나라를 책봉해주었다. 니시지마는 "책봉이라는 것은 이들 나라들의 군주에게 중국 왕조의 관호(官號)와 작위를 주어서 그 외신으로 하는 것"으로 정의한다.

니시지마의 관점에서는 중국 왕조와 주변 국가들 사이의 책봉체제는 애당초 중국이 다핵적인 상황에서 성립한 것이었다. 이 시기 책봉체제의 양상은 '복잡하게 착종된 다핵적 상태'를 반영하고 있었다. 남북조시대에 고구려는 주로 북조의 책봉을 받았다. 백제와 신라는 남조에 조공을 하고 책봉을 받았다. 그러나 고구려는 남조에 조공한 일도 있었다. 니시지마는 이 대목에서 백제와 신라가 왜에 대해서도 조공관계를 맺었다는 주장도 덧붙인다. 이 시기 동아시아 세계의 책봉체제가 복잡

---

20) 西嶋定生, 1983, 409쪽.

하게 착종된 다핵적 구도였음을 보여주는 또 다른 증거로 보는 것이다. 고대국가 시기 한반도와 일본의 관계에 대해 한국사학계의 입장과 날카롭게 대립하는 주장이다.

흔히 우리가 생각하는 전형적인 중화질서, 즉 조공·책봉관계를 매개로 한 중국과 주변국들 사이의 관계양식은 통일된 중화제국과 약한 주변국들 사이의 관계에서 성립한다. 하지만 니시지마는 중국의 분열적 다핵적 상황이야말로 조공·책봉관계가 성립한 조건이었다고 본다. 중국으로부터 자립성을 인정받으면서 그것을 전제로 중국 왕조와 조공과 책봉의 관계를 맺을 수 있는 동방과 남방의 정치적 사회들이 성숙할 수 있었기 때문이라는 것이다. 바로 그것이 동아시아 세계의 성립을 완성시킨 조건이었다는 인식이다. 따라서 동아시아 세계의 성립기에 전개된 조공책봉관계는 흔히 전형적인 형태로 간주되는 명청시대의 중국과 주변국들 간의 조공·책봉체제와는 오히려 차이가 있다. 그는 이렇게 말한다. "일견 지극히 분열적인 현상이지만 실은 이것 때문에 동아시아 세계가 정치적 세계로서 완성된 것이었으며, 이후 한반도의 삼국과 왜국은 고립해서 역사를 전개시키는 것은 불가능하게 된다."[21]

니시지마의 해석체계에서, 이후 동아시아 세계와 그 안에서 책봉체제의 역사는 부단히 변화한다. 먼저 6세기 말 수의 중국 통일은 그 이전 시대에 복잡하게 착종되었던 책봉체제를 일원화하는 계기가 된다. 하지만 일원화된 책봉체제의 논리에 따라 그것을 고구려에 부과하기 위한 전쟁을 벌이다 수 자신이 멸망한다. 일본은 중국의 제도와 문물에 대한 숭상을 심화시키면서도 중국 왕조의 번국(藩國)의 지위에서 이탈하여 중국과 대등한 국교를 시도하려는 의욕을 드러낸다.[22]

21) 西嶋定生, 1983, 410쪽.
22) 西嶋定生, 1983, 410쪽.

당대(唐代)에 중국 중심의 책봉체제에서 이탈한 고구려와 백제가 당나라 대군의 침공을 받아 멸망한다. 신라만이 중국의 번국으로 존속한다. 당 왕조 중기에 성립한 발해국도 신라와 함께 당에 그 말년까지 조공을 계속한다. 일본도 율령체제를 완비하고 중국에 계속 사신을 파견하게 된다. 니시지마는 동아시아 세계가 정치적으로나 문화적으로나 일체가 되어 움직인 것은 수당시대에 가장 현저한 특징이었다고 파악한다. 그만큼 이 시기에 동아시아 세계는 "자기완결적인 역사적 세계로서 자율적으로 기능했다"는 것이다.[23)]

니시지마에 따르면, 10세기 초엽 당 왕조가 멸망하면서 동아시아 세계의 구조는 크게 변모한다. 당과 함께 발해가 망하고 이어 신라가 무너진다. 이제까지 중국 왕조의 직접적인 지배를 받던 베트남이 중국의 지배에서 벗어나 독립한 것도 이때였다. 일본에서는 율령제가 이완되어 사회변동이 온다. 발해가 사라진 자리를 거란의 요(遼)가 채우고, 한반도에서는 신라의 뒤를 이어 고려가 들어섰다. 서북 회랑지대에는 서하(西夏) 왕조가 들어선다. 중국이 5대10국의 분열기에 들어간 것과 때를 같이하여 주변 세계에 일어난 변화였다. 중국과 만이(蠻夷)의 정치적 관계에도 중대한 변화가 있었다. 중국의 후진(後晋) 왕조가 요 왕조에 대해 신(臣)을 칭함으로써 중국과 만이의 관계가 역전된다. 중국의 분열상과 정치적인 중국-만이 관계 역전은 깊은 관련을 가진다.

이 시기엔 주변 세계에서 문화적 다양성도 만발했다. 요 왕조가 거란문자를 창안하고 요 왕조의 뒤를 이은 여진의 금(金)도 여진문자를 만들었다. 서하 왕조도 서하문자를 만들었다. 일본은 '가타카나'(片假名)를 고안해서 국풍문화(國風文化)의 시대를 연다. 이전에 동아시아 세계를 특징 짓던 '정일성'(整一性)은 정치면에서도 문화면에서도 상실

---

23) 西嶋定生, 1983, 410~411쪽.

되고 만 것이라고 니시지마는 평가한다.

5대10국의 혼란기를 수습하고 송 왕조가 다시 중국을 통일하기에 이른다. 송대의 중국과 주변국가들의 관계는 수당시대의 일원적 구조는 더 이상 아니었다. "동아시아 세계의 책봉체제를 주재하는 종주국"이라는 위상을 송 왕조는 확보하지 못한다. 북방의 요 왕조와 나중에 요를 대신하여 북방을 차지한 금에 대해 이들을 책봉체제에 끌어들여 번국으로 만들거나 군신관계를 맺는 것은 불가능했다. 서로 다같이 황제를 칭했다. 송나라가 오히려 이들 이적(夷狄)의 왕조들에 대해 형제관계나 부자관계를 맺어 동생 아니면 아들 노릇을 하면서 세공(歲貢)을 바쳤다. 이적 왕조의 우월성을 중화제국이 인정해준 것이었다. 송 왕조는 이처럼 정치관계에서는 5대10국의 혼란기에 이미 역전되어 있던 중국-만이의 관계를 유지한 꼴이었다.[24)]

다만 송 왕조는 경제와 문화의 면에서는 동아시아 세계 중심의 위상을 견지했다. 니시지마는 송 왕조가 "동아시아 세계의 원리를 전환"시켜 그 세계를 지속시켰다고 말한다. 정치적으로 열등한 지위로 떨어졌음에도 경제와 문화에서 중국이 의연하게 동아시아 세계의 기둥 역할을 했다는 뜻이다. 당나라 말기와 5대에 경제력이 현저하게 발전한 덕분이었다. 송 왕조는 이러한 경제적 발전 위에서 성립했고 그러한 발전을 더욱 증진시켰다는 것이다.

몽골 제국이 송 왕조를 멸망시킨 상황을 니시지마는 "동아시아 세계의 자기완결성의 일시적인 동요"라고 정의한다. 그가 말하는 동아시아 세계의 자기완결성은 명 왕조의 성립과 함께 부활된다. 중국 왕조를 중심으로 하는 책봉체제가 다시 강화된 것이다. 한반도에서는 고려 왕조를 대신한 이씨조선이 명 왕조의 책봉을 받는다. 한반도에서 조선이 건

---

24) 西嶋定生, 1983, 411쪽.

국한 시기와 거의 일치하는 1391년 일본 통일을 이룬 무로마치 막부(室町幕府)의 장군 아시카가 요시미쓰(足利義滿)는 1402년 명 왕조로부터 '일본 왕'에 책봉된다. 일명무역(日明貿易)의 이권을 차지하기 위해 무로마치 막부 측이 적극적으로 노력한 결과였다.

도요토미 히데요시가 16세기 말 조선을 침략했을 때, 명 왕조가 출병하여 조선을 구하고 일본군을 패주시킨 것은 명과 조선 사이의 책봉관계를 떠나서는 설명할 수 없다고 니시지마는 주장한다. 전쟁을 수습하는 강화의 조건으로 명 왕조가 조선에 도요토미를 '일본왕'으로 책봉하려 했던 것 또한 책봉체제를 지상으로 하는 명 왕조의 태도를 표현한 것이라고 니시지마는 해석한다.[25)]

동아시아 세계의 역사에서도 그리고 중국 역사 전체에서도 17세기 중엽에 중국을 통일한 청(淸)은 "최대 최강의 왕조"였다. 한반도의 이씨조선은 명나라에 이어 이번엔 청나라의 책봉국이 된다. 일본의 경우는 조선 및 명과의 전쟁 이래 중국과 쇄국상태를 유지한다. 그러면서도 나가사키(長崎)를 문호로 청조의 문화를 수입한다. 도쿠가와 시대 일본에서 발달한 견직물업의 최우수 원료는 그렇게 수입된 중국산 생사(生絲)였다. 따라서 동아시아 세계는 정치적으로는 일본을 제외했지만 문화적 세계로서나 경제적 세계로서는 일본을 포함한 채 건재했다고 니시지마는 말한다. 19세기에 이르러 유럽 자본주의의 물결이 동아시아를 포함한 세계로 파급되면서 동아시아 세계는 정치적으로도 경제적으로도 그리고 문화적으로도 붕괴한다. 그가 "자율적인 완결적 역사적 세계였던 동아시아 세계"로 정의한 실체가 마침내 소멸한 것이다.

니시지마는 그처럼 문화적 동질성과 책봉체제라는 정치외교적 측면을 강조하여 중국적 세계질서를 파악했다. 그의 책봉체제론은 "중국 사

25) 西嶋定生, 1983, 413쪽.

료에 의거하여 중국 왕조의 입장에서 동아시아를 봄으로써, 각 국가 상호 간의 현실적 실력 관계를 무시하고 중국 주변의 민족이나 국가들이 언제나 중국을 중심으로, 중국을 매개로 하여 일원적으로 결합해 있었다는 중국 중심 사관을 노정"했다는 비판을 한국사 및 일본사 연구자들로부터 받아왔다고 김한규는 지적한다.[26] 어떻든 니시지마 사다오의 "동아시아 세계"와 그 세계의 정치적 규범으로서의 책봉체제는 중국-북방 관계축을 배제한 유교적 문화권으로서의 중국-동방 관계축을 중심에 둔 것에 그 본질적인 특징이 있다.

4. 니시지마의 동아시아 세계론이 갖는 세 가지 문제

니시지마 사다오의 '동아시아 세계'론은 우리가 전통시대 중국적 세계질서의 전체상을 이해하는 데 세 가지 한계가 있다. 첫째, 그는 동아시아 세계를 '중화권'과 등치시킨다. 그 결과 오웬 라티모어와 토머스 바필드 등이 주목한 중국-북방 관계축이 중국적 세계질서 전체를 이해하는 데 갖는 중요성을 니시지마의 동아시아 세계론은 사실상 배제한다.

둘째, 니시지마의 '동아시아 세계'는 한반도와 함께 일본, 그리고 인도차이나를 포함하며, 그중에서도 한반도와 중국의 관계는 그의 동아시아론에서 핵심적 위치를 차지한다. 그런데 그는 고대 동아시아 세계에서 고구려와 중국의 관계를 '중화권'의 관점과 논리에서 바라보고 해석한다. 그 결과 고구려의 지정학적 성격이 갖는 동적인 성격을 포착하고 해명하기 어렵다. 필자의 견해로는, 고구려의 지정학적 성격은 중화권보다는 내륙 아시아권적 성격을 함유한다는 점을 고려할 때만 충분

---

26) 김한규, 2005, 28~29쪽.

히 해명될 수 있다. 한반도의 지정학적 정체성을 일차원적으로 '중화권'의 틀로 고정시켜 보는 니시지마의 관점은 고구려-중국의 관계를 이해하는 데 중요한 한계를 내포한다고 생각된다.

셋째, 니시지마의 동아시아 세계론에 따르면, 일본은 한반도의 국가들과 베트남과 같은 전형적인 중화권 국가들과 동일한 세계 속에 있는 것이 된다. 그러나 일본의 지정학적 정체성은 통일신라 이래 한반도 및 베트남과 달랐다. 중국적 세계질서의 핵심적인 특징으로 꼽히는 조공·책봉체제에 의해 전쟁과 평화가 규율되는 관계가 아니었다. 일본은 그 바깥에 있었다. 니시지마는 자신이 동아시아 세계의 문화적·정치적 공통분모로 설정한 한자를 포함한 네 가지 요소를 일본이 다른 중화권 나라들과 공유하고 있는 점을 들어 일본을 그 세계 속에 포함시켰다. 그러나 전쟁과 평화의 규율체계라는 관점에서 대륙과 일본의 관계는 한반도의 국가들과 중국의 관계와는 판이하게 달랐다. 니시지마의 '동아시아 세계' 범주는 그 차이를 부차화시키고 있다. 따라서 한반도와 중국대륙의 관계에 비해서 일본이 아시아대륙과 갖고 있던 관계의 구조나 그 지정학적 정체성의 차이를 개념적으로 포착하기 어렵게 된다.

이 점은 존 페어뱅크의 '외부권' 개념이 일본을 '중화권'에서 분리해 바라보고 있는 것과 다르다. 그러나 동시에 페어뱅크의 '외부권' 개념이 갖고 있는 문제를 공유하고 있다. 니시지마가 일본과 중화권 사이의 국제관계적 차별성을 개념적으로 배제했다면, 페어뱅크는 일본을 유럽과 같은 동아시아질서 바깥의 세계와 등치시키는 개념적 무리를 안고 있다.

1) 동아시아 질서: 내륙 아시아권과 중화권의 이원구조

오웬 라티모어의 동아시아 질서 인식과 니시지마 사다오의 동아시아 세계 인식은 중국적 세계질서를 구성하는 관계축들 중에서 각자에 초점을 맞추어 조명한 것이라고 할 수 있다. 그러나 동아시아 질서를 그 어느 한쪽만을 중심으로 보는 것은 온전하지 않다. 그 둘을 종합하여 동아시아 세계를 구성하지 않으면 안 된다. 특히 동아시아 질서에서 전쟁과 평화는 중국-북방과 중국-동방이라는 두 관계축 모두와 긴밀하게 얽혀 있다.

동아시아 세계 인식은 성격이 다른 두 관계축이 함께 공존했다는 사실을 인정하는 것에서 출발해야 한다. 페어뱅크가 '중국적 세계질서'를 세 권역으로 나눈 것을 이 맥락에서 주목할 필요가 있다.[27] 그의 첫 번째 범주는 '내륙 아시아권'이었다. 내륙 아시아의 유목민 또는 반(半)유목민 부족들이나 그들이 세운 국가들로 구성된다. 이들은 때로 만리장성을 넘어 중국사회를 압박하는 위치에 있었다. 인종적 및 문화적으로 비중국인들이었고 또한 중국 문화지대의 외부나 그 변방에 위치해 있었다.

두 번째 권역은 '중화권'이다. 지리적으로도 가장 근접하고 문화적으로도 동질적인 조공국가들을 포함한다. 한국, 베트남, 류큐(琉球: 오키나와에 있던 옛 왕국)가 여기에 속했다. 일본은 몇 차례 일시적으로 이 범주에 속할 때가 있었다.[28] 페어뱅크는 세 번째 범주로 '외부권'을 들었다. 지리적으로 땅이나 바다로 분리되어 멀리 떨어진 지역들이 이에 해당한다. 동남아시아와 남아시아의 국가들, 그리고 유럽과 함께 일본도 궁극적으로는 이 외부권에 속한 것으로 보았다.

---

27) Fairbank, 1968, p.2.

28) 페어뱅크도 이 중화권과 '중화제국'(Chinese Empire)을 구별한다. 한국과 베트남은 중화제국 자체가 아닌 중화권일 뿐이었지만, 이들 나라의 영토 일부가 고대에는 한때 중화제국에 의해 직접적인 지배를 받기도 했다는 점을 지적한다.

페어뱅크가 말하는 '중화권'과 니시지마의 '동아시아 세계'는 "중국-동남방 관계축"이라는 점에서 일치한다. 다만 그 의미에서 미묘한 차이가 있다. 그 차이는 일본의 정체성에 관한 인식에서 나타난다. 페어뱅크는 일본을 기본적으로 중화권에서 제외하여 외부권에 포함시켰다. 니시지마가 일본을 '동아시아 세계'로 표현한 범주에 포함시킨 것과는 다르다. 니시지마는 일본이 중국으로부터 책봉을 받는 중국 중심의 정치체제에 참여하지 않은 시기에도 경제와 문화의 차원에서는 중국 중심의 동아시아 세계에 적극 참여했음을 강조했다. 동아시아 질서를 엄격하게 책봉체제를 본질로 하는 정치체제로 규정할 경우 일본의 위치는 매우 모호하거나 경계인적인 위치에 서게 되지만, 경제나 문화의 면에서는 그 세계의 불가분한 일원이었다는 점에서 니시지마가 말하는 '동아시아 세계,' 즉 '중국-동방 관계축'은 일본을 포함하게 된다.

니시지마의 '동아시아 세계'는 조공책봉체제라는 정치적 세계인 동시에 문화지리적인 세계이다. 그래서 일본이 중국 중심의 책봉체제에 참여하지 않았더라도 동아시아 세계의 일원으로 간주된다. 반면에 페어뱅크가 말하는 중화권은 문화적인 차원과 정치적 책봉체제 모두에서 중국과 긴밀한 네트워크를 구성하는 세계이다. 일본은 문화적으로는 중화권이지만 정치적으로는 책봉체제와 일정한 거리를 두고 있었기 때문에 페어뱅크의 분류에서 일본은 대체로 외부권에 머물렀던 것으로 해석되는 것이다. 이 점에 유의하여 외부권이라는 제3의 영역을 인정해두는 전제 아래, 동아시아 질서를 크게 내륙 아시아권과 중화권으로 이분한 페어뱅크의 분류는 동아시아 질서의 전체상을 포괄적으로 이해하는 데 적절한 큰 인식틀을 제공한다.

그러나 페어뱅크의 '외부권' 개념은 동아시아 질서 안에 있는 일본을 그 질서 바깥 멀리에 있는 유럽과 동급으로 범주화함으로써, 동아시아 질서 안에서 일본이 갖는 역사적 정체성을 개념적으로 파악하기 어렵다. 일본은 중국과의 관계에서 조공과 책봉의 규범으로 전쟁과 평화의 문제를 규율당하지 않았다. 그런 만큼 일본을 한반도나 베트남과 같은 중화권 국가들과 구분하는 것은 타당하다. 그러나 일본은 유럽과는 달리 동아시아 질서 안에 있는 사회였다. 유럽은 19세기 중엽이 되어서야 동아시아 질서에 관여하기 시작하지만 전통시대 동아시아의 전쟁과 평화의 질서에서 일본은 그 바깥이 아니라 그 안에 있었다. 니시지마가 일본을 중화권의 일부로 처리하는 잘못을 범했다면, 페어뱅크의 개념은 일본을 동아시아 질서 바깥의 존재들과 동급으로 처리하는 문제를 안고 있다. 그런 의미에서 동아시아 질서에서 일본이 그 바깥에 있으면서 동시에 안에 존재하는 지정학적 특성을 개념화하는 데 니시지마도 페어뱅크도 다같이 실패했다고 말하지 않을 수 없다.

그렇다면 동아시아 질서는 보다 엄밀하게 말하면 중국-북방 관계축과 중화권적인 중국-동남방 관계축(한반도, 베트남, 류큐), 그리고 중국-일본이라는 삼중 구조로 이루어진 것으로 파악되어야 할 것이다. 니시지마의 동아시아 세계론은 그 삼중 구조 안에서 '중국-동남방 관계축'에 집중하였으며, 그 결과 전쟁과 평화의 규율체계라는 차원에서 중화권과 일본 사이에 존재하는 지정학적 차이를 구분하지 않는 문제를 낳았다. 한편 페어뱅크의 개념적 범주들은 일본을 아예 동아시아 질서 바깥에 놓는 결과를 초래한다. 페어뱅크에게는 중국적 세계질서(Chinese world order)와 '세계질서'의 중간에 있는 지역적 범주로서의 동아시아 질서를 상정하지 않기 때문인지도 모른다.

그러나 전통시대 2천 년의 동아시아 질서가 고유한 역사적 정체성을 갖는다는 것을 받아들이는 한, 일본이 세계의 일부이기 이전에 동아시아 질서의 일부였다는 사실 또한 간과해서는 안 된다. 그런 만큼 일본이 중화권의 외부에 있었지만 동시에 동아시아 질서의 안에 있었다는 일종의 경계인적인 지정학적 특성을 개념적으로 포착할 수 있도록 해야만 한다.

전통시대 동아시아 세계를 독자적으로 이해하려는 국내 학계의 시도로는 김한규의 연구가 있다. 김한규는 니시지마의 시각을 중국 중심적으로 단순화된 '책봉체제론'이라고 비판하면서, 중국적 세계질서가 보이는 시공간적 다양성과 다원성에 초점을 맞춘다.[29] 필자가 이해하기로는 김한규가 『천하국가』라는 방대한 저서에서 수행한 작업의 성격은 기본적으로 서양 학자들이 주목해온 '내륙 아시아권'을 더 작은 단위들로 쪼개어본 것이다. 이를 위해 그가 이끌어들인 개념이 '역사공동체'이다. 서양 학자들이 '내륙 아시아'로 통칭한 세계에 대해 시공간적으로 보다 다원화된 이해를 추구했다는 점에서 성과라고 생각된다. 그러나 중국-북방 관계축 전반이 동아시아 세계의 형성과 전개에서 갖는 포괄적이고 전체적인 인식을 하는 데는 기본적으로 서양 학자들이 제기해온 내륙 아시아권이라는 포괄적인 개념틀이 여전히 유효하다고 필자는 판단한다. 김한규의 역사공동체론의 문제는 다시 상론하기로 한다.

2) 중국적 세계질서의 이원성과 한반도의 지정학적 정체성

니시지마는 고구려가 중국의 국가들과 조공·책봉관계를 맺을 때 중국이 분열되어 있는 다핵적 상황이었음을 주목했다. 고구려가 누렸던 자율성을 주로 그러한 맥락에서 설명한 것이다. 또한 수가 고구려에 책봉체제를 강제로 부과하려다 오히려 자신이 멸망하고 당나라도 고구려에 대한 책봉체제를 강요하기 위해 숱한 전쟁을 치른 사실을 염두에 두고 있다. 그럼에도 중국-고구려의 관계에 대한 니시지마의 인식틀은 충분히 복합적이고 동적이지 못하다. 그의 동아시아 세계론이 '중국-동

29) 김한규, 2005, 33~34, 41~42쪽.

남방 관계축'에 집중하는 중화권 중심의 서술인 데서 비롯되는 한계라고 필자는 판단한다.

적어도 두 가지 점에서 그러하다. 첫째, 고구려가 중국을 중심으로 한 수직적 체계에 쉽게 동화하지 않았던, 그래서 중국의 통일제국들과도 수없이 다투었던 이유를 중국적 세계질서의 전체적인 구조적 성격과 연관지어 설명하지 못한다. 고구려와 중국의 관계는 중화권적 개념틀에서 벗어나 내륙 아시아권의 지정학적 정체성의 관점에서 해석할 때 더 잘 이해될 수 있다. 니시지마의 분석틀로는 그 점을 포착하기 어렵다.

둘째, 통일신라 이후 한반도의 국가들이 정치군사적으로 대결하고 경영해야 하는 중국대륙의 세력을 개념적으로 이원화해서 설명하는 데 한계가 있다. 그의 동아시아 세계는 중국을 지배하는 세력과 그로부터 수직적이고 정적으로 조공과 책봉을 교환하는 관계에 놓인 한반도를 포함한 동남방 관계축이 중심이다. 그 관계축을 넘어선 곳에 있는 북방 세력들과 한반도의 관계를 적절히 개념화하기 어렵다. 그의 동아시아 세계에서 한반도의 국가들이 상대해야 하는 것은 '중국'이라는 하나의 개념으로 환원되기 쉽다. 분열된 다핵적 상태이든 통일된 일원적 구조이든, 어떻든 '중국'이라는 하나의 개념을 중심으로 하게 된다.

이와 달리 중국적 세계질서를 중국-중화권의 관계축과 함께 중국-내륙 아시아권 관계축이 복합적으로 존재한다는 개념을 받아들이면, 고대 이래 한반도의 국가들이 상대해야 하는 중국적 세계질서는 중국과 함께 북방민족 세력들로 구성된 내륙 아시아권이라는 의미를 더 잘 이해할 수 있다. 고려 이래 한반도의 국가들에게 전쟁과 평화의 치명적인 대결의 대상이 중국이라는 일원화된 존재가 아니라 내륙 아시아권 세력들이었다는 것에 대한 이해가 훨씬 쉬워지는 것이다.

김한규는 이 문제를 '요동 역사공동체,' 그리고 '요동국가'론을 통해 해결하려 했다. 필자는 그의 설명이 동아시아 세계의 동학과 그 다원성을 설명함에서 니시지마의 동아시아론에 비해 한 걸음 진전된 것이라고 본다. 그러나 고구려의 지정학적 정체성을 해명하는 데서나 고려시대 이래 한반도의 국가들이 상대해야 했던 북방세력의 정체성을 '요동'의 개념을 중심으로 하기보다는 보다 포괄적인 '내륙 아시아권'이라는 개념을 채용하는 것이 더 합당하다는 것이 필자의 생각이다.

5. 김한규의 '역사공동체'론적 접근과 그 문제점

니시지마 사다오의 동아시아 세계론은 중화권에 집중함으로써 중국과 내륙 아시아권의 관계, 즉 중국-북방 관계축의 차원을 부차화시킨다. 그는 중국을 다핵적이기도 하고 일원적인 통일국가체제를 이루기도 하는 것으로 보지만 역시 '중국'이라는 하나의 개념으로 일체화한다. 중국의 정체성을 사실상 일원화하는 효과를 갖는 것이다. 반면에 오웬 라티모어 등은 중국의 역사와 동아시아 세계에서 내륙 아시아권이 갖는 문명적·역사적 의의에 주목했다. 몇 가지 의의를 들 수 있다. 먼저 중국의 정체성을 중국과 북방민족들 사이의 동적인 상호관계를 중심으로 파악함으로써 이원적으로 이해한다. 다른 한편으로 북방세력을 '내륙 아시아권'이라는 포괄적인 틀로 종합적으로 파악한다는 의미도 있다. 또한 중국이 내륙 아시아권 사회들을 가리킬 때 전통적으로 사용한 '변강'(邊疆)이라는 표현은 중국 중심적인 개념이지만, 내륙 아시아 또는 내륙 아시아권이라는 개념은 지리적·지정학적으로 중국 중심적 뉘앙스를 탈피한 중립적 의미를 담고 있다.

국내 학계에서 김한규는 중국을 일원적으로 파악할 것이 아니라 다원적으로 파악해야 한다는 문제의식을 제기하였다. 이러한 문제의식은 사실상 오웬 라티모어와 페어뱅크 등이 주목한 중국-내륙 아시아권 관계축에 대한 주목과 일맥상통한다. 그러나 두 가지 점에서 접근방식과 문제의식에 차이가 있다. 첫째는 라티모어와 페어뱅크 등이 '내륙 아시아권'이라는 포괄적 개념을 채용한 데 비해서 김한규는 중국을 다원적으로 파악한다는 목적을 내세우며 그 내륙 아시아권을 최소한 다섯 개의 '역사공동체'로 해체하였다.

김한규의 문제의식, 그리고 그 문제 해결을 위한 방법론은 다음과 같은 그의 지적에 잘 요약되어 있다. "현재의 동아시아는 중국과 한국, 일본, 베트남, 몽고 등 5개의 역사공동체만으로 구성되어 있는 것처럼 보이지만, 실제로는 이보다 훨씬 더 많은 역사공동체가 '중국의 변강'이라는 이름으로 숨겨져 있는 것이다. 따라서 중국인들이 '변강'이라 부르는 것의 역사적 실체가 복수의 독립적 역사공동체였음을 통찰하고, 현재의 '중국'이 역사상의 여러 역사공동체 위에 구축된 역사적 허상임을 간파하여, 하나의 '중국'을 여러 역사공동체로 해체 분석하지 않는 한, 전통시대 동아시아 세계의 구조적 본질을 정확하게 이해하는 것은 불가능하다 할 것이다."[30] 이런 시각을 바탕으로 김한규는 티베트, 요동, 서역, 강저(羌氐), 만월, 대만, 초원 유목공동체 등을 독립된 역사공동체들로 지목하고 있다.

이러한 그의 인식에서 뚜렷해지는 것은 두 가지이다. 하나는 그가 '중국의 변강'이라고 한 지역을 포괄적으로 지칭할 수 있는 개념, 즉, 라티모어와 페어뱅크 등이 채용한 '내륙 아시아'라는 개념을 배제한다는 것이다. 또 하나는 '역사공동체'라는 개념을 사실상 니시지마의 동아시아 세계론과 라티모어 등의 내륙 아시아론에 대한 대안적인 개념틀로 동원하고 있다는 점이다.

김한규의 지적대로 중국의 변강은 하나가 아니라 다원적인 단위들을

---

30) 김한규, 2005, 15쪽.

담고 있다. 그래서 분리되어 연구되고 서술되어야 한다. 하지만 좀더 본질적인 것은 변강을 여럿으로 해체해보는 것이 중요한 것이 아니라, 그들과 중국의 역사적 상호작용을 어떻게 인식할 것인가 하는 것이다. 중국 역사가들이 중국의 변강을 역사서술하는 방식에서 가장 문제가 되는 것은 그들이 변강을 하나로 보았다는 데 있는 것이 아니다. 그 변강들이 중국의 문명과 역사에 어떤 의의를 갖느냐에 대한 인식의 문제이다. 라티모어나 페어뱅크 등의 내륙 아시아론 역시 전통적인 중국의 변강 인식에 대한 내재적 비판을 담은 것이었다. 변강을 여러 개로 쪼개어 보는 데 핵심이 있는 것이 아니라, 중국과 변강의 관계를 다원적이되 그 본질적 특징을 제대로 파악하는 데 열쇠가 있다 할 것이다.

이런 맥락에서 볼 때, 김한규의 '다원적 역사공동체론'은 변강을 해체하여 그 다원성을 이해한다는 측면에서 중요한 문제의식이고 기여이지만, 그러한 해체가 어떤 논리적 결과를 낳는지에 대해서는 평가가 상이할 수 있다. 중국적 세계질서의 구조와 그 본질적 성격을 포괄적이고 전체적으로 파악한다는 관점에서 보면 김한규의 역사공동체론은 라티모어와 페어뱅크 등의 내륙 아시아론에 비해 다음과 같은 약점을 피하기 어렵다.

첫째, 김한규가 '역사공동체'라는 개념을 사용하는 취지는 단순히 '역사를 공유한 인간집단과 사회들'이라는 느슨한 편의의 목적으로 도입한 것이 아니라, '중국의 변강'이라는 개념을 대체하기 위해서, 그리고 라티모어와 페어뱅크를 포함해 세계 학계의 연구자들이 공통으로 사용해온 '내륙 아시아'라는 개념을 배제하면서 채택한 것이다. 그만큼 학문적 대체용어로서의 설득력과 일관성을 가져야 한다. 그러나 김한규가 그 개념을 정의하고 사용하는 방식이 그러한 학문적 기준을 충족하고 있는지는 의문이다.

둘째, 김한규가 역사공동체라는 개념을 사용하는 방식을 보면, 또 하나의 개념적 목표가 담겨 있음을 알 수 있다. '민족'이라는 개념의 사용을 피하기 위해 그 대체용어로서 역사공동체라는 용어를 활용하고 있다고 이해된다. 사실 '민족'이란 개념을 회피하는 경향은 김한규만의 얘기가 아니고 1990년대 이래, 특히 2000년대 들어 한국 지식인 사회에 크게 영향력을 갖고 있는 경향이다. 문제는 과연 민족이라는 용어가 폐기되고 그것을 역사공동체라는 용어로 대체하는 것이 얼마나 더 학문적인가 하는 것이다.

셋째, 내륙 아시아권을 여러 개의 '역사공동체'들로 분할해놓되 그것들을 통합하여 그들이 중국과 갖는 관계의 전체상을 본질적으로 파악하는 이론적 논의가 힘들어진다. 각 역사공동체와 중국이 어떤 관계였느냐를 설명할 수는 있어도, 그들과 중국의 관계의 전체상을 제시하는데 적합하지 않다.

넷째, 페어뱅크의 '중화권,' 니시지마의 '동아시아 세계,' 그리고 필자가 이 책에서 지적한 '중국-동남방 관계축'은 일정한 동질적 정체성을 갖고 있어 이 권역에 대한 전체적 조망이 가능하다. 한반도와 일본, 그리고 베트남 등이 대체로 이에 속한다. 김한규의 역사공동체론은 내륙 아시아권이라는 개념과 함께 중화권이라는 개념도 배제하고 있다. 예를 들어 베트남과 대만을 독자적인 역사공동체로 분리하여 보고 있다. 분리해 봄으로써 각자의 독자성을 살피는 데에는 유리하다. 그러나 한 권역으로 분류할 수 있는 지정학적·문화적 정체성을 가진 지역들에 대한 전체적인 조망이나 이론화는 상대적으로 어렵게 된다.

다섯째, 또 하나의 구체적이고 현실적인 문제는 김한규가 제시한 '역사공동체'들의 지리적 구분과 경계짓기가 과연 설득력이 있어서 세계학계에서의 보편적인 통용이 가능한가 하는 점이다. 세계학계는 일반적으로 "내륙 아시아권"이라는 통칭적 개념을 사용하는 동시에, 이를 크게 넷 또는 셋으로 나눈다. 오웬 라티모어의 경우 만주, 몽골리아, 중앙아시아(투르키스탄), 그리고 티베트로 나누었다. 토머스 바필드는 만주, 몽골리아, 중앙아시아(투르키스탄) 등 셋으로 나누었다. 김한규는 내륙 아시아권이라든가, 중국적 개념인 변강이라는 용어를 배제하는 대신에, 이 지역들을 적어도 다섯 개의 역사공동체, 즉 초원 유목 역사공동체, 요동 역사공동체, 서역 역사공동체, 티베트 역사공동체, 강저 역사공동체 등으로 쪼개어놓았다. 문제는 이렇게 하는 것이 어떤 개념적 이점과 소용이 있느냐 하는 것이다.

김한규의 역사공동체 개념이 가진 또 다른 근본문제는 두 가지 차원이 서로 얽혀 있다는 데 있다. 내륙 아시아권이라는 통합적 개념을 버리면서, 동시에 다른 학자들이 그 내륙 아시아의 주요 구분선으로 파악한 몽골과 만주를 하나의 개념, 즉 '요동 역사공동체'라는 단위로 묶어버렸다. 그 결과 몽골과 만주를 전체적으로 조망할 수 있는 통합적 용어로서 '내륙 아시아'라는 개념을 상실한다. 그런가 하면 몽골과 만주를 하나로 묶어 요동 역사공동체라는 개념으로 통합해버린 결과로, 몽골과 만주가 지정학적 정체성에서 갖는 차이를 무시해버리는 결과를 낳는다. 이 과정에서 김한규의 경계짓기는 '요동'의 지리적 범위를 무리하게 확장하는 나머지 기존의 세계 및 국내 학계의 '요동' 개념과 양립하기 힘든 개념적 혼란에 빠지고 만다.

'요동'의 지리적 범주에 관해 김한규의 용법이 초래한 혼란으로 인해 한반도의 전쟁과 평화, 그리고 한반도의 지정학적 정체성을 개념 정의함에서 적어도 두 가지 문제를 낳고 있다. 첫째, 필자가 채용하는 내륙 아시아 및 내륙 아시아권이라는 개념에 기초하면, 고려시대 이래 한반도의 국가와 전쟁을 벌인 세력은 '내륙 아시아권 세력'이다. 그러나 김한규의 관점에서 그것은 '요동국가들'이 된다. 내륙 아시아권이 맞는가, 요동국가들이 맞는가. 필자는 김한규의 요동국가론은 잘못이라고 생각한다. 김한규는 내륙 아시아권을 다섯 개의 역사공동체로 해체하고 그것들을 하나로 통합해서 지칭할 개념적 용어를 채택하지 않기 때문에, 고려시대 이래 한반도에 침략한 국가들은 모두 요동국가로 지칭해버리고 만다. 김한규는 몽골과 만주를 통칭하는 내륙 아시아라는 개념을 버린 가운데 그 둘을 포괄할 수 있는 대체용어를 개발하지 못했다. 라티모어와 바필드는 '내륙 아시아'라는 통합적 개념을 사용하면서도 몽골의 지정학적 정체성과 만주의 지정학적 정체성을 구분하고 있는 데 비해서, 김한규는 몽골과 만주를 구분하려는 개념적 시도가 없다. 아예 하나로 묶어버렸다. 그 결과 세계학계의 입장에서는 만주가 아닌 몽골 초원지대에 속하는 북방민족 세력들의 지정학적 정체성을 일반적으로 학계에서 만주 중에서도 남만주지역에 한정해 사용하는 '요동'이라는 개념으로 한데 몰아서 처리해버리고 만다.

몽골은 엄연히 요동국가 이전에 중국 북부 초원지대에 근거지를 둔 세력이며, 그 근원이 요동에 있지는 않았다. 김한규는 요동을 만주지역 전체를 가리키는 의미로 사용하므로 요동의 의미를 그렇게 확대하여본다 하더라도 몽골은 대흥안령산맥 이동(以東)의 만주지역이 본거지는 아니었기 때문에 이들을 요동국가라 칭하는 것은 문제가 있다. 청을 세운 만주족 역시 나중에 남만주마저 점령하여 그곳을 근거지로 조선을 침략하고 중국을 정복하게 되지만, 그들의 원래 근거지는 북만주와 동만주지역으로 분류된다. 특히 '요동'의 지리적 범위를 김한규의 사용법과 달리 세계학계의 일반적 기준으로 볼 때, 여진의 후금과 그 후신인 청을 세운 만주족의 나라를 요동국가라 하는 것은 가리키는 대상의 개념을 명확히 해주기보다 혼선을 초래하게 마련이다.

요컨대, 김한규의 역사공동체론은 세계학계에서 대체로 정립되어 있는 '내륙 아시아' 개념을 회피하고, 그 대신 그것을 여러 단위들로 쪼개기 위해 역사공동체라는 개념을 끌어들였다. 그런데 이것이 설명력과 설득력에서 이점보다 결점이 많다. 두 가지 문제를 동시에 안고 있다.

한편으로 동아시아 세계를 전체적으로 조망하는 데 필요한 통합적 개념을 배제함으로써 초래되는 파편화(fragmentation)라는 개념적 결함이다. 못지않게 중요한 것은 그 반대의 문제도 동시에 갖고 있다는 사실이다. 구분해야 할 것을 오히려 구분하지 않고 무리하게 하나의 용어로 묶어버렸다. 무리한 개념적 과잉확장의 잘못을 범하고 있는 것이다. 김한규가 사용하는 요동 및 요동 역사공동체의 개념은 그 두 가지 문제를 집약해 보여준다.

6. '요동'의 지리적 범위

김한규의 '요동' 개념은 지나치게 광역적이다. 세계학계가 '요동'을 이해하는 방식과 큰 차이가 난다. 그 결과 요동의 지리적 범주와 그 지정학적 의미를 거론할 때마다 많은 혼란이 따른다. 요동의 지리적 범주에 대한 김한규의 개념이 유발하고 있는 혼란은 두 가지이다.

첫째, 일반적으로 세계 및 국내학계에서 요동이라 함은 만주 중에서도 남만주(South Manchuria) 지역을 가리킨다. 김한규의 요동 개념은 우선 이 점을 무시해버리고 동만주와 북만주까지도 포함하여 만주지역 전체를 가리키는 의미로 사용한다. 여기서 우선 요동의 지리적 범주를 둘러싼 혼란을 초래하고 있다.

둘째, 김한규의 '요동 역사공동체'의 범주가 만주 전체와 함께 몽골 초원지대를 무대로 성장하여 장차 원(元)을 건설한 몽골 세력까지도 포함하는 광범위한 것이다. 그는 거란, 여진, 만주족, 그리고 몽골족까지 모두 '요동세력'이라고 규정한다. 몽골 초원지대와 동만주 그리고 북만주에다 만리장성 동부 이북의 광활한 지역 전체를 모두 요동이라는 하나의 지리적 개념으로 포괄한다. "지정학적 요충으로서의 요동"과 "요동을 차지하기에 이른 세력들의 성장 배후지로서의 만주"를 혼동하게 만든다. 거란, 여진, 몽고, 만주는 다같이 한동안 요동을 차지하고 지배한 세력이라고 할 수 있지만, 그들 자신이 요동에서 발생한 요동세력이라고 규정하는 것은 정확한 설명이 아니다.

김한규는 자신의 요동 개념이 일반적 용법이 아님을 의식하고 있다. 과잉확장시킨 요동 개념을 채택하고 있는 이유를 그는 이렇게 정당화하고 있다. "산해관(山海關) 이동, 한반도 북부 이서(以西)의 광역을 가리키기 때문에 '관동'(關東)이라고도 하는데, 이 지역의 범위는 일본인이나 한국인이 흔히 말하는 '만주'(滿洲)와 현재 중국인이 일컫는 '동북'(東北)의 범위와 대체로 일치한다. 그러나 만주와 동북은 일본인과 중국인이 정치적 의도로 고의적으로 사용한 말로서, 그 사용의 유래도 일천하지만, '요동'은 선진시대부터 광범하게 사용되어온 역사적 용어이기 때문에, 이 글에서는 '요동'이란 말을 사용한다."[31]

즉 김한규의 주장은 지금 만주지역이라 부르는 것은 일본인이 정치적으로 사용하는 표현이고, '동북'이란 중국인들의 표현은 중국 중심적인 방위 표현이므로 중립적인 학문적 용어로 적절하지 않다는 말이다. 대신 요동은 그 지역 전체를 가리키는 용어로 중국에서 고대로부터 사용해오던 개념이므로 '요동'을 그렇게 광역적인 의미로 사용하겠다는 설명이다. 문제는 과연 그런 이유로 세계학계에서 일반적으로 통용되고 있는 만주 개념을 버리고 '요동'에 관해서 중국인들이 주로 고대에 사용하던 개념을 지금에 끌어들여 학문적 용어로서의 개념적 혼란을 초래할 필요가 있는가 하는 것이다.

먼저 김한규는 '만주'라는 용어는 일본인과 한국인이 쓰는 용어이고, 특히 일본인과 중국인이 정치적 의도로 고의적으로 사용한 말이기 때문에 부적합하다고 말했다. 과연 그렇게 보아야 하는가. 만주라는 개념

---

31) 김한규, 2005, 428쪽.

은 여진족이 17세기 초 청을 건국하면서 자신들의 정체성을 '만주족'이라는 새로운 이름으로 정하면서 비롯된 것이다. 따라서 만주라는 말은 일본인과 한국인들이 일방적으로 사용하는 개념이라는 말은 설득력이 없다. 또한 '요동'의 개념이 과거 고대에서부터 중국인들이 오늘날 만주로 불리는 전 지역을 총칭하는 뜻으로 사용했기 때문에 만주 전체를 가리키는 광역적인 개념으로 사용하는 것이 옳다는 주장도 과연 적절한가. 요동은 중국의 역사적 서술에서 훗날 요서(遼西)와 구분되는 의미에서의 요동으로도 널리 쓰이게 된다는 점을 지적하지 않을 수 없다. 이때 중국 역사가들이 쓰는 요동의 개념은 만주 전체를 가리키는 광역적 용법이 아니고 남만주지역을 가리키는 특정한 지리적·지정학적 개념이라고 해야 할 것이다. 따라서 만주는 일본인과 한국인들이 주로 사용하는 개념에 불과하고 중국 역사에서 말하는 요동은 만주 전체를 가리키는 광역적 개념으로 사용해야 한다는 주장은 하나의 의견은 될 수 있으나 배타적인 타당성을 인정받기는 어렵다.

필자는 세 가지 이유에서 '만주'를 광역적인 지리적 범주로 사용하고, '요동'은 만주의 일부분인 남만주의 지리적·지정학적 정체성을 가리키는 용어로 인정해야 한다고 본다. 첫째, 후술하겠지만 전통시대 한국 역사 서술에서 요동은 중국인들이 말하는 동북 전체, 또는 만주 전체와는 달리 요동반도 지역에 해당하는 남만주지역을 가리키는 경우가 많았다.[32] 둘째, 중국인들의 중국사 서술에서 '요동'이 '동북'과 같이 만주 전체를 가리킨다고 하더라도 그것은 중국 중원을 지리적 및 지정학적, 그리고 문명적 중심에 둘 때 성립할 수 있는 용법이다. 중국인들이 말하는 동북을 만주로 인식하고, 요동은 요하(遼河: 랴오허)의 동쪽이라

32) 김부식의 『삼국사기』에 등장하는 '요동' 개념 역시 남만주지역을 가리키는 경우가 많다는 점을 유의해야 한다.

는 의미 그대로 남만주에 한정한 지리적 개념으로 보는 것이 오히려 더 객관적인 용어 사용이라고 해야 한다.

셋째, 세계학계는 만주지역의 지리적 및 지정학적 정체성을 몇 가지로 나누어서 보고 있으며, 요동은 그중의 하나로 간주된다.

광역으로서의 만주와 그 안의 특정한 지정학적 범위로서의 요동을 구분하는 것은 서양학계에서는 일반적인 경향이다. 이 점은 일찍이 토머스 바필드가 논의한 바 있다. 바필드는 만주가 대체로 비옥한 토양이지만 겨울철의 추위가 심한 탓으로 상대적으로 적은 지역 안에 커다란 문화적 다양성을 품고 있었다고 보았다. 그래서 이 만주 전체를 생태적·지정학적 차원에서 크게 네 지역으로 구분했다.[33] 그 첫 번째가 바로 요하 하류지역의 대평원 지역과 요동반도이다. 만주평원(Manchurian Plain)이라면 요하의 대평원을 가리킨다. 두 번째 구역은 요서의 서쪽 초원지대와 제홀 산맥(Jehol Mountains) 지역으로 유목민들의 고향이다. 이 지역은 몽고 본 지역과 분리되어 있어 가능할 때에는 정치적 독립성을 유지했다. 만주평원의 농업사회와 가까웠기 때문에 다른 변경지역들에 비해서 풍부한 정착사회적인 경제적 기초를 갖고 있었다.

세 번째 지역은 한국과 시베리아와 접경하는 무성한 삼림지역으로서 만주에서 최대의 생태지역이다. 이 지역은 목축과 농경을 함께 하는 혼합경제 사회였다. 서부의 초원지대와 달리 돼지와 같이 유목민 사회에서는 볼 수 없는 가축들을 길렀다. 마지막 네 번째 생태지역이 태평양과 연한 북쪽의 해안지대이다. 만주의 중심으로부터 고립되어 수렵과 어로에 종사하는 집단이 살았다. 이 지역은 역사적 관점에서는 중요성이 거의 없는 것으로 간주된다.

바필드에 따르면 만주에서 가장 중요한 곳인 첫 번째의 요하 하류 평

33) Barfield, 1989, p.19.

원과 요동반도 지역은 농경에 적합한 지역이었다. 따라서 적어도 전국시대 이래 문화적으로 중국에 속했다. 이 지역을 중국 중원의 북쪽(즉 북중국)과 연결시키는 지점인 산해관은 산악지대와 바다 사이에 놓여 있는 작은 회랑이다. 요동반도는 작은 바다를 사이에 두고 마주보고 있는 산동반도와 닮아 있다. 이처럼 요하와 요동반도는 문화와 지정학에서 북중국에 연결되어 있다. 그러나 동시에 만주평원(요하 하류지역의 평원)과 요동은 물리적으로 중국 본토로부터 고립되어 있는 것도 사실이었다. 그래서 유목민이나 삼림지대 민족들의 세력이 팽창할 때 그들의 공격에 취약했다. 그래서 중국이 분열되어 있을 때 만주평원과 요동지역은 유목민족에 의해 장악되곤 했다.[34]

디 코스모도 요동과 만주를 엄밀히 구분하고 있다. 요동은 요동반도를 포함해 요하 주변의 농경 가능한 평원을 말한다. 그리고 이 요동은 만주를 구성하는 몇 가지 상이한 자연환경지대의 하나에 속한다.[35] 그는 우선 만주를 크게 두 구역으로 나눈다. 하나는 전체의 절반에 해당하는 북반부 고원지대 또는 산악지대이다. 이를 일반적으로 '만주 산악지역'(Manchurian Uplands)이라고 부른다. 다른 하나가 '만주 평원지대'(Manchurian Plains)이다. 만주평원은 다시 두 구역으로 구분된다. 하나는 서부의 초원지대(Grassland in the West)이다. 만주 초원지대의 맨 서쪽에는 대흥안령산맥(Great Khingan Range)이 있다. 그 너머에 몽골 평원(Mongolian Plateau)이 있다. 즉 남북으로 뻗은 대흥안령산맥을 경계로 하여 만주와 몽골 초원이 구분지어진다.

이 산맥에 다소 낮아지는 초원지대가 있어 이를 통로로 몽골 초원과

---

34) Barfield, 1989, p.19.

35) Nicola Di Cosmo, *Ancient China and Its Enemies: The Rise of Nomadic Power in East Asian History*, Cambridge: Cambridge University Press, 2002, p.16.

만주평원은 서로 소통한다. 만주평원에 속하는 또 다른 범주의 자연지대가 농경 가능한 평원지대이다. 이 농경 가능 지대는 강들을 끼고 있는 광활한 평원이다. 이 지역의 농경을 가능하게 하는 강들의 하나가 요하이며, 다른 하나가 송화강(松花江)이다. 디 코스모에게 요동은 요하와 연결되어 바다와 산맥들 사이에 해안을 따라 펼쳐져 있는 남만주의 해안 평원지대(Coastal Lowland)를 가리킨다.[36)]

페어뱅크도 같은 맥락에서 만주지역에 관해 농경지리적 및 지정학적 차원에서 하나의 결정적인 구분이 필요하다고 보았다. 숲으로 점철된 동북만주(Eastern and Northern Manchuria), 그리고 그 동북만주와 만리장성 사이에 있는 남만주(Southern Manchuria)의 구분이다. 남만주는 요하의 서쪽인 요서와 그 동쪽인 요동을 함께 포괄하는 지리적 개념이다. 따라서 요동은 요서를 제외한 남만주지역을 가리킨다. 라티모어에 따르면, 이 지역은 중국인들에게 그 지정학적 및 경제적 중요성 때문에 "작은 중국"(Little China)이라는 의미를 갖고 있었다.[37)] 페어뱅크 역시 만주에서 농경과 유목이 공존할 수 있는 지역으로 남만주지역을 한정해보았다.[38)]

전통시대 한국인들이 요동을 말할 때에도, 그 요동은 김한규가 뜻하는 광역의 만주 전체가 아니었다. 대표적인 예로 『열하일기』에서 박지원이 펼치는 '요동벌'의 철학을 들 수 있다. 그는 말했다. "천하를 두고 마음을 놓고 못 놓는 것은 오로지 요동벌에 달려 있으니 요동벌이 한번 조용하면 나라 안에 난리가 일어날 턱이 없을 것이요, 요동벌이 한번 소란하면 천하의 병마들이 쇠북 소리를 한꺼번에 요란하게 울릴 것이다. 어째서 그럴 것인가? 이 벌은 일망천리 평원 광야라 지켜 내기는 참

---

36) Di Cosmo, 2002, pp.16~18.
37) Lattimore, 1962, p.255.
38) Fairbank, 1976, p.14.

으로 힘든 일이요, 그렇다고 내버려 둔다면 오랑캐들이 꼬리를 물고 쳐들어와 담 없는 마당이나 다름없었다. 이것이 바로 중국으로 하여금 여기를 언제나 마음 못 놓는 땅으로 여기게 한 이유가 될 것이매 천하의 힘을 끌어 모아서라도 이곳을 지킨 후에야 나라가 평안했다."[39]

중국 역사에서 중화세력에게 만주의 요동벌이 갖는 지정학적 의미를 적절히 평한 내용이라 생각된다. 그런 의미에서 요동은 어떤 특정 세력의 본거지나 고향이 아니었다. 그 지리적 범주에서 남만주를 가리키는 것이었고, 또한 여러 세력들의 패권다툼이 전개되는, 특히 중국 국가들과 북방세력들 사이에 끊임없이 패권 쟁탈전이 벌어지는 무대라는 것이 이곳의 진정한 지정학적인 정체성이었다.

이 책에서 '요동'은 세계학계에서 사용하는 의미로 요서를 제외한 남만주지역을 가리키는 용어이다. 요동 개념의 과잉확장이 초래하는 혼란을 피하기 위해서이며, 또한 '요동'이 기원전의 동아시아 역사에서 최근세사에 이르기까지 갖고 있는 고유하고 중대한 지정학적 정체성을 논의하기 위해서도 그 사용의 엄밀성이 요구된다.

7. '요동국가'론의 개념적 문제

'요동'의 지리적 범주와 그 지정학적 의미를 위와 같이 이해한다면 우리가 일반적으로 북방세력, 즉 내륙 아시아를 본거지로 성장하여 북중국을 장악하거나 심지어 중국에 통일왕조를 이룩한 국가들을 '요동국가'로 부르는 것은 적절하지 않다. 김한규는 요동을 지극히 광역적인 개념으로 사용함에 따라, 거란, 여진, 만주족, 그리고 몽골까지도 '요동국가' 세력으로 분류한다.

---

39) 박지원, 리상호 옮김, 『열하일기 상』, 보리, 2004, 131~132쪽.

김한규의 '요동국가'론은 "10세기 이후의 동아시아 세계에서 중심 역할을 수행한 것은 중국이 아니라 요동의 국가였다"는 주장에서 출발한다.[40] 장성 이북의 북방세계에서도 강력히 통합된 정치세력 등장의 중심지가 서쪽에서 동쪽으로 이동한다. 당 전기에 장성 이북 최강의 세력은 오르도스 방면의 돌궐(突厥)이었고, 당 후기에도 같은 방면에서 흥기한 회흘(回紇)이었다. 하지만 회흘은 당의 쇠망과 함께 같이 쇠퇴한다. 이후 서북 초원지역에서는 장성 이남의 중국을 위협할 만한 강력한 세력이 등장하지 않았다. 이후 중국을 위협한 세력은 "요동에서 출현하여 요동을 통일한 요동세력이라는 공통점"을 갖고 있다고 김한규는 지적한다. 거란, 여진, 몽고, 만주가 바로 그러하다는 것이다.[41]

김한규가 '요동세력' 또는 '요동국가'라고 한 묶음으로 분류한 세력들은 그에 따르면 경제생활양식에서 특징이 있었다. 흉노와 돌궐 같은 세력들이 초원에서 유목적 경제생활만을 영위하던 것과 달리, 초원의 유목과 산악지대의 수렵뿐만 아니라 평원에서의 농경생활도 함께 병행하는 "다원적 경제생활의 영위자였다." 바로 그 때문에 요동세력이 장성을 넘어가는 목적은 약탈이었던 고대 초원 유목민들과 달랐다고 하였다. 장성을 넘어가서 정착해 스스로 농경을 영위하며 농경민을 지배하는 데 목적을 두는 "정복국가, 통합국가"를 지향했다는 것이다.[42] 장성을 사이에 둔 그 이남과 이북의 관계양상의 이 같은 변화를 두고 김한규는 "획기적·본질적"인 것이라고 평가했다. 문제는 이 10세기 이후 내륙 아시아권 국가들 또는 북방세력들을 모두 '요동국가'라는 이름으로 통칭하는 김한규의 '요동' 개념의 용법이다.

40) 김한규, 2005, 231쪽.
41) 김한규, 2005, 230쪽.
42) 김한규, 2005, 230쪽.

위의 김한규의 서술은 거란, 여진, 만주족뿐 아니라 13세기에 중국을 지배한 몽골도 요동국가라는 주장을 담고 있다. 일반적으로 동북만주가 본래 근거지였던 여진과 만주족, 그리고 요동 쪽이라기보다는 요하의 상류지역에서 기원한 거란, 그리고 아예 칭기즈 칸이 흥기한 이래 북중국을 장악하고 이어 중국 전체를 지배하기에 이르는 몽골까지 통틀어 과감하게 '요동국가'로 지칭한 것이다. 그러나 '요동'의 지리적 및 지정학적 의미를 세계 학계와 소통 가능한 방식으로 사용하자면, 이 같은 김한규의 요동국가론은 성립할 수 없다.

대표적인 예로 몽골의 경우를 보자. 몽골이 일반적인 의미에서 그리고 필자가 사용하는 의미에서의 '요동'까지도 점령하여 그것을 추가적인 전진기지로 삼아 중국을 지배하는 발판으로 삼았던 것은 물론이다. 그러나 몽고세력의 고향이나 본거지가 요동이라고 보는 것은 명백히 무리한 주장이다. 칭기즈 칸의 제국건설의 기본은 오르도스와 고비 사막의 너머 북쪽에 있는 지금의 울란바토르보다 더 서쪽에 있는 카라코룸(Qaraqorum)이라는 곳이었다. 칭기즈 칸이 중국을 향해 나아가는 군사적 거점으로 삼은 곳 역시 오르도스를 포함한 중국의 서북쪽이었다. 그가 몽고 제국을 건설하고 뒤이어 중국 정복과 경영의 기초를 닦은 것은 먼저 중국 서북쪽 지역에서 탕구트족(Tanguts)이라는 노마드 세력이 세운 서하(Hsi Hsia) 왕조를 정복하는 것으로부터 시작했다. 이를 바탕으로 칭기즈 칸은 당시 북중국을 지배하고 있던 여진의 금을 노리게 된다.[43)]

르네 그루세는 기원전의 흉노에서부터 13세기 칭기즈 칸의 몽골족에 이르기까지 유목민 세계에서 제국을 건설한 세력들의 본거지는 한결같

43) Morris Rossabi, *Khubilai Khan: His Life and Times*, Berkeley: University of California Press, 1988, pp.3, 6.

이 카라코룸이었음을 다음과 같이 적고 있다. "다른 집단들을 지배하려고 했던 유목씨족들은 모두 제국의 중심지라 부를 수 있는 오르콘 강 상류에 위치한 카라발가순(Qarabalghasun)과 카라코룸에 자리를 잡았다. 투르크 계통의 흉노, 3세기경 몽골 계통의 선비(鮮卑), 5세기 역시 몽골 계통의 유연(柔然), 6세기 투르크 계통의 돌궐, 8세기 투르크계의 위구르, 9세기 투르크계의 키르기즈(Qirghiz), 10세기 몽골계의 거란, 12세기 투르크계인 것으로 추정되는 케레이트(Kereyit)나 나이만(Naiman), 그리고 마지막으로 13세기 칭기스 칸의 몽골 등이 모두 그러하였다."[44]

한편 1234년 몽골에게 망하기까지 금나라를 세워 한동안 북중국을 지배했던 여진 역시 일반적인 의미에서 요동을 본거지로 하는 세력이라기보다는 넓은 의미의 만주를 기반으로 성장한 세력이다. 여진은 훗날 청을 건국한 홍타이지(Hong Taiji: 皇太極)에 의해서 만주족으로 개명되지만, 이 만주족의 고향을 페어뱅크는 만주 동북부지역으로 보았다.[45] 그곳을 근거지로 세력을 키워 요동을 차지하고 그것을 기반으로 중국을 지배하기에 이른다. 요동을 차지한다는 것은 요동을 둘러싼 패권경쟁에서 승리한 것을 의미한다. 그렇다고 해서 만주족이 곧 요동세력이라 말하는 것은 정확하다고 할 수 없다. 거란족의 고향 역시 엄밀하게 요동이라 하기 어렵다. 거란도 서양학계에서 거란 몽골(Khitan Mongols)로 말하듯이 요하 상류지역에서부터 몽골 초원과 관계하며 성장했다. 그러므로 남만주로서의 요동이라는 제한적인 지정학적 범주와 거란의 영역을 동일시하는 것은 적절하지 않다.

현재의 만리장성이 동쪽 끝에서 황해와 만나는 지점은 북경에서 그

---

44) 르네 그루세, 1998, 26~27쪽.
45) Fairbank, 1979, p.92.

렇게 멀다고 할 수 없는 산해관이다. 그런데 이것은 명대에 개축된 것이다. 기원전 5~3세기에 걸친 전국시대 때의 연(燕)나라와 기원전 3세기 경인 진시황의 진(秦)나라 때와 뒤이어 세워진 한 왕조 때 중국이 동호족과 고조선 세력을 밀어내고 장성과 초소를 쌓았다. 그때의 장성은 요서지역과 요동 천산산맥 일대에까지 이르렀다는 분석도 있다.[46] 실제 당시 중국 만리장성의 영역이 요동벌까지를 포함하고 있었던 것은 아니라 하더라도, 그들의 지정학에서 요동이 '작은 중국'의 일부였다는 것은 부인하기 어렵다.

요컨대 요동을 중국이나 만주와 같이 어떤 광역의 독자적인 정체성을 가진 세력권을 나타내는 지리적 범주로 취급하는 것은 적절하지 않다. 기원전 수세기 전부터 요동을 '작은 중국'으로 여기며 자신들의 영역으로 간주한 중국 세력과 북방민족들 사이 패권다툼의 무대로서 이해되어야 한다. 요동은 남만주의 일부이며 남만주는 만주 전체의 일부분이다. 요동을 차지하는 세력들은 요동을 요람으로 성장한 세력이라기보다는 대개 요동의 주변이나 그보다 멀리 떨어진 곳에서 힘을 키우면서 광역의 통합적인 정치체를 구성한 후, 이미 요동을 차지하고 있던 중국의 국가 혹은 다른 북방세력으로부터 그 지역을 빼앗음으로써 더욱 큰 세력으로 성장한다. 이후 요동을 발판 삼아 마침내 중국으로의 진출을 노리곤 했다.

전국시대 이래 남만주와 그 일부인 요동은 선비족이나 고구려에 의해 점거된 시기를 제외하고는 중국의 국가들에게 점유되어 있었다. 즉 요동은 중국만의 땅도 아니요, 북방세력만의 땅도 아니었다. 중국의 국가들과 넓은 의미의 만주에서 성장한 북방세력들에 의해서 지배세력이 자주 교체되었다. 또한 그곳은 만리장성 너머의 북방이지만 경제적 조

---

46) 송호정, 『단군, 만들어진 신화』, 산처럼, 2002, 80쪽.

건과 문화에서 페어뱅크의 표현대로 '작은 중국'으로 불리고 또 중국인들이 그렇게 간주한 지정학적 영역이었다. 따라서 그곳은 중국에 속하기도 했고 만주세력들에게 속하기도 했다.

만일에 거란이나 여진 그리고 심지어 몽고세력까지도 그들이 요동을 정벌하여 차지한 후 중국을 지배했다고 해서 이들을 '요동국가'로 보아야 한다면, 요동지역을 차지한 후 만주 전체를 경영한 중국의 국가들도 '요동국가'라고 부를 수 있다는 개념적 자가당착에 빠질 수도 있다. 김한규가 몽고를 요동국가로 간주하는 것은 몽고도 '요동 역사공동체'에 속했다고 말할 때처럼 '요동'의 의미를 심지어 몽골까지도 포함하는 광역적 개념으로 사용하는 것과 깊은 관련이 있을 것이다. 그만큼 요동 개념의 과잉확장에서 비롯된 잘못된 용법이라고 생각된다.

8. '역사공동체'란 개념

김한규의 '역사공동체' 개념은 '중국의 변강'을 여러 개의 하위 단위로 해체하기 위해서, 그러면서도 세계학계에서 일반적으로 채택하고 있는 '내륙 아시아'라는 통합적 개념의 사용을 배제하는 방식으로 채용되고 있음을 앞서 보았다. 그런데 그 개념은 또한 전통적으로 '민족'으로 지칭되어온 역사적 개념을 대체하는 용어로도 사용되고 있다. 그로 인해 실제 김한규가 사용하는 '역사공동체' 개념은 더 복잡하고 다중적인 의미를 갖게 된다. 그만큼 학술적인 정의가 모호해지는 것이다.

세계학계에서 고대 세계의 행위주체들을 가리킬 때 일반적으로 사용하는 개념이나 범주는 여러 가지이다. 우선 정치적 단위들로는 국가(state), 왕국(kingdom), 정치체(polity), 또는 도시국가(city-state) 등이 있다. 더 크게는 제국(empire)이 있다. 고대 사회들에 대해서는 씨족(clans), 부족(tribe), 종족집단(ethnic groups), 또는 인종(race)이라는 개념이 사용된다. 이어 혈연, 언어, 문화적 동질성을 기반으로 한 공동체를 가리키는 단위들이 있다. 중국인, 흉노, 거란, 몽골, 여진, 만주, 돌궐, 회흘, 선비 등의 용어들이 그러하다. 전자의 국가, 왕국, 정치체, 씨족, 부족 등의 용어는 보편적인 내용을 가리키는 보통명사이다. 반면에 후자의 민족적 단위를 가리키는 이름들은 특정한 혈연, 언어, 문화적 공동체를 나타내는 고유명사라 할 수 있다.

보편적 단위의 경우 학술서들이 주로 쓰는 용어는 국가 아니면 정치체라는 표현이다. 왕국은 국가나 정치체들 중에서도 특정한 형태의 정치조직을 얘기하는 것이기 때문에 그 표현이 확실하게 적절한 경우들을 제외하고는 덜 사용된다. '국가'라는 표현은 왕국보다는 좀더 보편적이다. 국가 정도의 고도한 정치조직체에 도달한 정치적 단위인지가 불확실하거나, 적어도 그런 수준은 아닌 것은 분명한데 그래도 일정한 정치적 단위인 것은 인정할 수 있는 행위 주체들이 있을 수 있다. 그 경우 '정치체'라는 개념이 많이 쓰인다. 예를 들면, 독일의 고고학자 로타르 팔켄하우젠은 전국시대에 황하 유역에서 발전한 정치체들은 국가로 부르고, 같은 시기 양자강 유역에서 덜 발전된 정치단위들은 '정치체'로 부르고 있다.[47)]

종족집단이라는 범주와 함께 민족(nation)이라는 개념은 근래에 잘 사용되지 않는 경향이다. 종족집단이라는 용어가 흔히 '민족집단'으로 번역되기도 하고 실제 같은 의미로 간주되고 있다. 특히 근대 이후 자주 사용되어온 민족이라는 좀더 정치화된 개념에 대한 기피경향이 심해졌다. 역사학자들이 근대 이전의 세계에서의 행위자 단위로서 족속이라든가 민족이라든가 하는 '족'(族) 개념이 들어가는 용어들을 피하

---

47) Lothar von Falkenhausen, *Chinese Society in the Age of Confucius (1000~250 BC)*, Los Angeles: Cotsen Institute of Archaeology, University of California, 2006, p.263.

게 되었다. 민족을 근대화(modernization)의 산물로 바라보는 시각이 발전한 것과 깊은 관련이 있다.[48)]

그래서 국가나 정치체와 같은 정치조직단위가 아니면서 느슨한 의미의 민족이라는 내용을 담은 새로운 용어를 개발하려는 움직임들이 있었다고 생각된다. 김한규가 많이 사용하고 있는 '역사공동체'라는 개념이 그 대표적인 예가 될 것 같다. 민족이라는 단위는 에쓰니시티(ethnicity)라는 의미이든, 네이션(nations)이라는 의미이든 혈연공동체적 의미가 지나치게 강하다는 거부의식이 작용한 것일 터이다. 전쟁과 약탈과 정치조직 단위의 숱한 흥망성쇠 속에서 도대체 단일한 혈연공동체를 상정할 수 있는가라는 의식이 생길 수밖에 없다. 이러한 고충 앞에서 민족이나 종족이나 국가라는 단위 이외에 국가도 아니고 민족도 아니지만 일정한 역사를 공유했기에 하나의 고유한 단위들로 지칭할 수 있는 개념이 무엇인가 찾아내고자 하는 욕구는 자연스럽다.

그러나 과연 '역사공동체'라는 용어가 대안이 될 수 있는지는 의문이다. 이 문제는 역사 속에서 민족이나 종족집단과 같은 용어를 역사학 또는 정치학적 서술에서 배제할 수 있는가라는 질문과도 연관되는데,

---

48) '민족'의 등장을 근대화의 산물로 보는 대표적인 저작들은 다음과 같다. Kark W. Deutsch, *Nationalism and Social Communication*, Cambridge, 1953; John Breuilly, *Nationalism and the State*, Chicago, 1982; Ernest Gellner, *Nations and Nationalism*, Ithaca, 1983; Benedict Anderson, *Imagined Communities: Reflections on the Origin and Spread of Nationalism*, London: Verso, London, 1983, 1991(Revised Edition); Liah Greenfeld, *Nationalism: Five Roads to Modernity*, Cambridge: Cambridge University Press, 1992. 에릭 홉스봄 역시 민족을 전적으로 근대성의 산물을 본다. '민족'이 곧 사라질 것이라고 했다. E.J. Hobsbawm, *Nations and Nationalism since 1780: Programme, Myth, Reality*, Cambridge: Cambridge University Press, 1990. 이상의 인용은, Steven Grosby, *Nationalism*, Oxford: Oxford University Press, 2005, p.131 참조.

우리에게도 숙고가 필요하다. 더구나 '역사공동체'라는 표현은 세계학계에서 역사학에서도 정치학에서도 사용되는 예를 찾을 수 없다. 얼핏 무난한 것처럼 보이는 느낌과는 달리 명확하게 정의되기 어렵다는 것을 알 수 있다.

우선 한국 역사학계가 '역사공동체'라는 개념을 도입하기에 이른 동기와 의의를 정확하게 살펴보는 것이 필요하다. 그 필요성은 오늘날 동아시아에서 중국, 한국, 일본, 그리고 중국의 주변 소수민족들과의 사이에 벌어지고 있는 이른바 '역사전쟁'에 대한 사학자 나름의 고민의 소산이라고 이해된다.

예컨대 고구려사가 중국사의 일부인가 한국사의 일부인가를 둘러싸고 벌어지는 논쟁에 대해, 김한규는 그 두 주장 모두 "국가와 역사공동체를 구별하지 못함으로써 논쟁이 무의미한 혼돈에 빠졌다"고 비판한다. 아울러 "한중 간의 고구려사 논쟁은 처음부터 국가 개념과 역사공동체 개념을 구별하지 못함으로써 문제의 핵심에 접근하지 못한 채 외곽에서 맴돌고 있었다"고 하였다.[49] 그가 '역사공동체'라는 개념을 제시한 것이 동아시아사의 이해에 갖는 의의를 강조하면서, 티베트, 요동, 서역, 강저, 만월, 대만, 초원 유목공동체 등을 독립된 역사공동체들로 지목했음은 앞서 인용한 바와 같다. 그런데 그는 '역사공동체'의 의미를 이중적으로 쓰고 있다. 한편으로 요동 또는 티베트와 같이 광범한 지역을 하나의 역사공동체로 지목한다. 다른 한편으로는 그가 역사공동체라고 부르는 특정지역에 살았던 수많은 역사공동체들을 또한 얘기하고 있다. 예컨대 고구려인들은 '요동 역사공동체'에 속하는 수많은 역사공동체들 중의 하나라는 식이다.

역사공동체라는 개념이 나라들 간의 역사논쟁에 대한 이성적인 대안

49) 김한규, 2005, 6, 9, 10쪽.

이기 위해서는 먼저 그 개념이 혼란스럽지 않고 쉽게 이해될 수 있어야 한다. 그리고 세계학계가 일정하게 인정할 수 있는 설득력 있는 개념적 정의가 있어야 한다. 역사공동체라는 개념이 과연 그처럼 쉽게 이해될 수 있는 적실한 설명력을 갖고 있는지가 문제이다.

첫째, 역사공동체라는 용어가 두 가지 의미로 함께 사용되고 있는 데서 오는 혼란에 먼저 부딪치게 된다. 고구려가 하나의 역사공동체라고 할 때 그 의미와 '요동 역사공동체'라고 할 때의 그 의미는 전혀 다르기 때문이다. 요동은 지역적 정체성(location)을 기반으로 하는 역사공동체로서 요동인들을 가리키는 것과는 다른 것인 데 비해서, 고구려를 역사공동체라고 할 때 그것은 '고구려인들'을 가리키는 것이다. 일정한 민족집단들을 지칭하는 의미를 포함하는 동시에 고구려라는 이름의 정치체에 속하거나 속했다는 사실에 기초한 정치조직단위로서의 정체성을 가리킨다. 따라서 '요동'과 같은 광역의 지역적 정체성과는 구별된다. 요동 역사공동체라고 할 때는, 요동에서 활동하면서 역사를 공유하게 된 작은 단위의 역사공동체들을 총칭하는 의미가 된다. 일단 이러한 이중적 의미를 동시에 적용함에 따라 개념상 혼란을 피할 수 없다.

둘째, 고구려인들을 '고구려인들'이라고 하지 않고 고구려 역사공동체라고 하는 것이 어떤 점에서 더 필요한 것인지가 분명하지 않다. 우리는 고구려인과 함께 신라인, 백제인을 얘기할 수 있으며, 그들을 하나로 묶어 '한반도인'이라고 말할 수 있을 것이다. 물론 고구려인들의 경우 만주인 또는 요동인적 성격과 한반도인의 성격을 함께 갖고 있다고 말할 수도 있겠다. 여기서 신라인, 백제인, 고구려인은 정치체적 정체성을 내포한다.

그렇게 얘기하면 될 것을 굳이 역사공동체라는 용어를 도입해 얻는 개념상 이점은 무엇일까. 역사공동체라는 단어는 '역사를 공유한 집단'이라는 뜻일 것이다. 그런데 과연 하나의 역사적 행위단위로서 역사공동체로 간주되는 데 필요한 '공유되어야 할 역사'의 구체적인 내용과 수준이 무엇이며 어디까지인가. 예를 들면 고구려, 신라, 백제는 하나의 역사공동체로 간주되어야 하는가 아닌가. 앞서 얘기한 것처럼 그들은 '한반도인'이라는 단어로 묶을 수 있다. 그러나 그들을 하나의 역사공동체라고 부를 수 있겠는가. 부를 수 없다면 왜 그러하며, 부를 수 있다면 그 '공유된 역사'란 무엇을 뜻하는가. 그것을 정의하지 않은 채 역사공동체라는 용어를 역사학이나 정치학에서 거리낌없이 사용할 수 있을 것인가. 또한 통일신라 이후와 그 이전에 백제인, 고구려인, 신라인들이 공유하는 역사의 수준과 그 이후에 그들이 공유하는 역사의 성격이나 수준은 매우 다를 수밖에 없다. 이런 문제는 어떻게 해소해야 하는가.

셋째, '역사'가 무엇이고 어디까지가 '공유되는 역사'인지에 대해서 매우 추상적이고 끝없는 논의가 가능하다. 때문에 광역의 역사공동체 개념, 즉 '요동 역사공동체'라는 용어 역시 의문에 부딪친다. 김한규는 요동지역을 중국과 분리된 역사공동체로 분류했다. 그러나 '역사'를 어떻게 생각하느냐에 따라서, 이 지역에 사는 사람들의 역사적 정체성은 중국적이기도 하고 만주적이기도 하며 요동적이기도 할 수 있다. 중국 서북쪽의 오르도스에 사는 사람들의 역사적 정체성 역시 '공유되는 역사'의 의미를 어떻게 정의하느냐에 따라서, 초원 유목인적 성격의 연장일 수도 있지만 중국적인 것일 수도 있고, 초원 유목공동체적 정체성의 연장이나 중국적 정체성의 연장과도 다른 고유한 '오르도스 역사공동체'가 될 수도 있다. 즉 중국적인 것과 유목적인 것의 혼합으로 전혀 다른 역사적 정체성을 가진 것으로 될 수 있다.

김한규의 과잉확장된 의미에서가 아닌, 일반적으로 요서를 제외한 남만주를 가리키는 개념인 요동은 중국인들과 내륙 아시아권 지역 사람들이 밀고 밀리는 패권다툼을 포함한 전쟁과 평화와 공존의 역사를 통해 "역사를 공유한 땅"이다. 중국인과 구별되는 요동사람들이 살던 별도의 '역사공동체'라고 할 수 없다. 그런 의미에서 역사공동체라는 말을 쓰려면 그것을 중국과 구별되는 의미에서 사용되어서는 안 될 것이다. 김한규는 거란, 여진, 몽고, 만주족에 대해 '초원 유목역사공동체'와 구별되는 별도의 역사공동체로 '요동 역사공동체'라는 범주를 쓰고 있다. 특히 몽고는 요동과는 거리가 있는 몽골 초원 및 중국 서북지대와 깊은 지정학적·역사적 정체성을 공유하는 세력이다. 따라서 아무리 느슨하게 사용한다 하더라도 그들의 정체성을 명확히 해주기보다는 오히려 사실을 잘못 정의하는 결과를 낳는다.

넷째, 역사공동체라는 용어를 끌어들이게 된 중요한 동기를 김한규의 다음과 같은 지적에서 짐작할 수 있다. 그는 "역사상의 동아시아 세계는 일반적으로 한 국가가 한 역사공동체를 지배하거나 한 역사공동체가 한 국가를 건립하지 않고, 복수의 국가가 한 역사공동체를 분점(分點)하거나 복수의 역사공동체를 한 국가가 통합지배하는 양상으로 전개되어왔다"고 전제하고, "복수의 국가가 한 역사공동체를 지배하거나 한 국가가 복수의 역사공동체를 지배할 경우에는 국가의 지배를 받는 역사공동체의 성격을 그 국가적 특성만으로 규정할 수는 없는 것"이라고 지적한다.[50] 당연한 말이다. 그런데 문제는 여기서 '국가적 특성'으로 얘기할 수 없는 부분을 '역사공동체'라는 개념으로 설명하는 것이 적절한가 하는 것이다.

김한규는 한 국가는 흔히 많은 역사공동체를 내포한다고 했는데, 이 사실은 다양한 문화적·혈연적·언어적 배경과 상이한 역사적 경험들을 가진 집단들로 국가는 구성될 수 있고, 대개 그렇다는 기본적인 사실을 달리 표현한 것이다. 국가라는 고도한 정치조직은 특히 전쟁과 평화의 조건에 따라 쉬지 않고 형성 변화하고 명멸하는 것임에, 다양한 집

50) 김한규, 2005, 10쪽.

단과 사회들로 구성되는 것임은 너무나 기본적인 사실이다. 따라서 국가는 많은 '역사공동체'로 구성되어 있다는 말은 말하자면 하나의 사족(蛇足)에 불과하다. 어떤 시점에 존재했던 국가는 그 이전에 존재했던 다른 여러 정치체에 속했던 사회들이나 공동체들 또는 그것들의 파편들을 정치적으로 결집시켜 구성될 수 있으며, 그 국가는 다시 파편화할 수 있다.

이런 맥락에서 볼 때 역사공동체라는 용어가 이른바 한중 간의 치기 어린 역사전쟁을 합리적으로 해소할 대안이 되는가? 중국은 고구려라는 과거의 정치체를 요동이라는 지정학적 정체성을 가진 장소에 결부시키고, 그 요동은 한대(漢代) 이래 중국의 일부였으며, 단지 북방세력들이 차지한 시기가 있었다고 말할 수 있다. 아울러 만주족은 청대(淸代) 이래 중국 및 중국인과 통합되어 오늘에 이르고 있으므로 만주족의 영역이었던 요동에 존재한 과거 정치체들의 역사는 중국의 역사영역의 자연스런 일부라고 주장할 수 있다. 이러한 논리에 대해서 고구려를 '역사공동체'로 지칭하고 또한 요동 역사공동체를 거론하는 것이 과연 어떤 개념적 해결책을 가져다주는지는 매우 의문스럽다.

한중 간 역사전쟁의 문제점은 국가와 역사공동체를 혼동해서가 아니라고 생각된다. 중국의 동북공정 학자들이 고구려를 중국의 책봉을 받은 지방정권이었다고 주장하는 데 대해서는, 조공책봉관계의 본질이 오늘날 국제관계나 국가체제에서의 중앙정부와 지방정부의 관계가 아닌, 독립된 국가들 간의, 또는 적어도 제국과 그밖의 실질적 자율성을 가진 국가 사이에 형성된 외교적 규범이라는 것을 얼마나 효과적이고 의미 있게 논증할 수 있느냐 하는 문제이다. 중국의 현재 영토적 범위가 옛날 고구려의 강역을 포함하고 있으니, 고구려사는 중국사일 뿐이라고 하는 주장에 대한 논리적 대응 역시 고구려를 역사공동체라고 표현해서 해결될 수 있는 것이 아니다. 그것과는 별 관련이 없는 얘기이다. 고구려의 민중과 통치집단의 구성과 그 문화적 독자성 또는 그것과 한반도인들과의 문화적·역사적 연관성에 대한 논증의 문제라고 할 수 있다.

김한규의 경우 고구려의 지정학적 정체성을 요동으로 보고, 요동을 중국적 정체성으로부터 분리하는 방법으로 요동의 중국과의 분리를 강조하고 있다. 그러나 그 결과로 중국과 요동의 분리가 과연 가능한지에 대한 의문은 여전히 남을 수밖에 없다. 요서를 제외한 남만주를 가리키는 요동지역의 역사적·문화적 정체성은 기원전의 오랜 시기부터 북방민족들 못지 않게 '작은 중국'으로 여겨질 만큼 중국의 일부라는 인식이 있어왔다고 할 때, 그 지역의 정체성을 '요동 역사공동체'라는 용어로 중국으로부터 쉽게 떼어놓을 수 있는 것이 아니다.

우리는 여기에서 과거 한반도인들의 역사와 오늘의 한반도인들의 역사적 정체성에서의 연관을 어떤 개념으로 풀어나가야 할 것인가 하는 문제를 외면할 수 없게 된다. 그 점을 사유함에서 불가피하게 '민족'이라는 것을 어떻게 정의하고 우리의 역사서술에 어떻게 위치지을 것인가라는 고민과 부단히 만나게 된다. 대부분 이 문제를 피해감으로써 해소하려 한다. 하지만, 그것은 문제의 해소가 아니라 단지 회피에 불과할 수 있다. '역사공동체'라는 개념의 도입이 이 문제를 해결한 것이 아니었다. 다만 임기응변으로 편리하게 우회하는 수단이었는지 모른다. 동아시아 세계에서 역사적 존재단위로서 오랫동안 사유되어온 '민족'이라는 개념을 어떻게 '처분'할 것인지에 대해 의문과 문제는 남아 있다. 그만큼 여전히 열려 있는 주제이다.

9. 한국 사회와 학문에서 민족 개념의 해체와 그 한계

우리는 과거에 대하여 흔히 두 가지의 착각에 빠진다. 오늘의 개념으로 과거의 현실을 해석하는 것이 그 첫 번째이다. 근대 이후 사용된 '민족' 개념이 동질적인 방식으로 과거에도 사람들의 인식에 거의 같은 수준의 영향력을 갖고 있었을 것으로 판단하는 경우가 그런 유에 속할 것이다. 예를 들어 삼국시대 고구려, 백제, 신라인들이 오늘날 한반도인들이 공유하는 것과 거의 같은 수준의 언어 및 문화적 정체성을 공유하고 있었다고 본다면 큰 착각이 아닐 수 없다. 그런가 하면 우리는 또한 정 반대의 착각에도 빠질 수 있다. 과거 어떤 시대 어떤 지역에 언어와 사회문화적 정체성에서 일정한 동질성을 공유한 집단이 있을 경우 그 구성원들 사이에 오늘날 우리가 민족이라는 개념에 부여하는 '동류적 의식'이 전혀 존재하지 않았을 것이라고 주장한다면, 그 역시 다른 극단의 착각이 될 수 있다.

오늘날 '민족' 개념은 지나치게 정치화되고 갖가지 이념으로 덧칠되었다. 그래서 세련된 지식인이라면 사용해서는 곤란한 용어로 치부된다. 해방 후 한국은 우파와 좌파 모두 민족주의를 자처하며 정치적 정통성을 내세우는 데 열심이었다. 1946년 10월 이범석이 당시 시민단체로서는 유일하게 미군정의 지원을 받으며 조직하여 후일 이승만을 위한 자유당 창당의 기반이 되기도 한 '조선민족청년단'(약칭 족청)이 내세운 이념이 '국가지상, 민족지상'이었다.[51]

"잘 자거라 나의 아기야/ 산새도 잠든 이 깊은 겨울밤/ 눈보라 몰아쳐도 우리 아긴 빵긋 웃지." 해방 정국에 서울에서 활동하다가 1948년 여름에 월북한 천재작곡가 김순남(1917~83)이 북한에서 만든 「자장가」의 일부이다. 그는 해방과 함께 일제 잔재 청산과 "진보적 민족음악" 건설을 주창한 사람으로,[52] 이를테면 친북 좌파 음악가였다. 정도와 내

51) 서중석, 『한국현대사』, 웅진지식하우스, 2005, 69쪽.
52) 서중석, 2005, 71쪽.

용은 다르지만 우파의 이범석과 좌파인 김순남에게 '민족'은 하나로 통합되어 있는 정의적(情誼的)인 공동체이다. 특히 이범석의 '민족지상' 슬로건은 거의 파시즘적 초민족주의에 해당하는 수준의 정신적 권위를 민족에 부여한 것이라 할 수 있다.

비록 단편적이지만 이 같은 예들은 '민족'이 여러 가지 방식으로 정치 이데올로기적 함의를 내포한 개념으로 덧칠된 역사를 갖고 있음을 말해준다. 그 결과 '민족'이란 단어는 1990년대 이후 탈민족주의와 함께 등장한 '식민지근대화론'이라는 역사관을 내세우는 일단의 지식인들에게 철저하게 해체하지 않으면 안 될 개념으로 부상한다. 한국사회에서 식민지근대화론을 대표하는 지식인의 한 사람인 이영훈은 이렇게 말한다. "민족이란 무엇인가? 민족은 서로 다른 이해관계의 인간집단을 국가라는 정치적 질서체로 통합시킴에 요구되는 여러 가지로 고안된 이데올로기 중의 한 자락일 뿐이다." 그에게 민족은 "낮은 수준의 통합으로서 야만이라 이야기될 수 있는 씨족이 웅크리고 있"는 그런 것이며, 그래서 "민족주의는 남에게 거칠다."[53]

여기서 우리는 '민족'이란 단어를 곧 민족주의와 등치시키는 논리와 마주친다. 상상이든 객관이든 '민족'이라는 어떤 존재단위에 정신적 권위를 부여하는 이데올로기로서의 '민족주의'와 무관하게 존재하는 어떤 사물을 가리키는 단어로서의 '민족'은 존재할 수 없는 것으로, 그리고 그 단어를 사용하는 것 자체가 민족주의를 담은 것으로 간주된다. 이렇게 해서 민족이라는 용어는 한국 지식인 사회에서 학술적 용어로서나 일상적 용어로서나 사용이 배척된다. 그 결과 민족을 '정의적인 공동체' 또는 '정신적 권위의 소재'로서 간주하는 민족주의, 그리고 민

---

53) 이영훈, 「왜 다시 해방전후사인가」, 박지향·김철·김일영·이영훈 엮음, 『해방전후사의 재인식』, 책세상, 2006, 56쪽.

족의 철저한 개념적 해체를 주장하는 탈민족주의, 이 둘 모두로부터 독립적으로 존재하는 '민족' 개념은 사유되기 힘든 것으로 된다.

민족이라는 개념이 처한 상황은 '국가'라는 개념이 처한 상황과 매우 다르다. 국가도 여기에 정신적 권위를 부여하는 정치 이데올로기들이 있다. 우리가 흔히 국가주의(statism)라고 부르는 게 그것이다. 스탈린주의 같은 좌파 국가주의도 있고 파시즘과 같은 우파 국가주의도 있다. 국가란 이들 국가주의 이데올로기들에 의해서 궁극적인 정신적 권위가 부여되면서 민족과 마찬가지로 정치이념으로 덧칠된 역사를 갖고 있다. 하지만 국가는 그러한 이념적 남용들에도 불구하고 무언가 중립적 사물을 가리키는 개념으로 건재한다. 누구도 '국가'의 실체나 존재를 부정하지 않는다. 무정부주의가 국가의 필요성을 전적으로 부정하는 이념을 내세우는 것을 제외하고는 그렇다.

국가는 국가주의와 무관하게 실체를 인정받는데, 민족은 왜 민족주의와 무관하게 중립적인 존재를 인정받기 어려운 상황으로 되었는가. 적어도 세 가지의 이유가 있다. 첫째, 국가의 경계는 현재적이며 명확하다. 영토적 경계, 시민권의 경계, 그리고 존재하는 역사적 시점의 경계, 모두 명확하다. 반면에 민족의 경계는 불명확하다. 민족이란 영토로 경계지을 수 없으며, 시민권의 존재 유무를 또한 뛰어넘는 개념인데다가, 역사적 시점의 경계는 더더욱 불명확하다. 너무 불명확해서 '민족'이란 아예 없다고 말할 수 있는 근거도 얼마든지 가능하다.

둘째, 국가는 그 권력의 정통성을 위해 민족을 활용할 때가 있지만, 반드시 민족의 존재에 의존하지 않는다. 때로는 국가가 정치적 필요에 따라 민족의 의미와 내용과 범위를 '조작'하고 과장하고 아예 창조할 수도 있다. 반면에 '민족' 개념은 국가 권력이나 사회 지배층의 정치적·이데올로기적 필요에 의해서 얼마든지 배제될 수 있다.

셋째, 근현대 한국 지성사적 맥락 깊숙한 곳에 뿌리를 두고 있다. 식민지 시대 일본의 국가권력은 천황을 정점으로 한 가족국가 일본으로부터 독립된 정체성을 갖는 한국인들의 '민족' 담론을 억압했다. '강제적 동화'의 예라고 할 수 있는 창씨개명 시도는 국가가 없어도 그와 상관없이 무언가 존재하는 것으로 여겨진 정체성으로서의 한국 '민족' 담론 억압을 제도화하는 기도였다.

해방 후 한반도에 남북 두 개의 국가들이 지배하면서, 민족은 한편으로 두 국가가 저마다의 정치적 필요로 독점하고자 경쟁하는 개념이었다. 하지만 동시에, 현재하는 남북의 두 분단국가들보다 미래의 통일국가, 특히 평화적으로 통일된 국가와 그 기초로서의 민족에 도덕적 권위를 부여하는 개념과 민족 이데올로기에 대해서 국가권력은 억압의 칼날을 들이대곤 하였다. 하지만 또 다른 한편에서는 국가권력이 국가초월적 민족 개념, 또는 반국가주의적 민족 개념을 억압하면 할수록, 한국의 저항적 지식인 사회에서 민족 개념의 도덕적 권위는 높아갔다. 민족이 국가권력에 대항하는 저항의 언어가 될수록, 그 저항의 주체인 시민사회에서 민족은 궁극적인 정신적 권위를 갖게 되었다. 그것은 국가권력과 또 다른 차원에서 역사와 사회 그리고 인간의 문제들에 대한 인식에서 전제적인 권위를 가질 수 있었다.

1980년대 한국에서 '민족'은 국가권력의 민주화를 이룩하는 원동력의 하나였다. 하지만 '민족'은 바로 그 성공으로 인해서 억압적 국가권력 밑에서 누렸던 저항의 언어로서의 정신적 권위를 상실한다. 남한의 국가권력이 지배하는 '민족'의 또 다른 반쪽 북한이 정치와 경제 그리고 사회문화의 모든 차원에서 처참한 실상을 드러내면서 민족이라는 개념의 정신적 의미는 또 한 차원 추락을 겪는다. 북한의 문제는 민족의 문제이기보다 식량난과 인권문제와 같은 인도적 위기와 인도적 차원의 문제들로 전환된다. 남북한의 민중이 하나의 민족이며, 북한 민중 또한 한국 민족의 한덩어리라는 개념은 탈북자의 비극에서 표상되는 북한에 거주하는 '한민족'의 이미지에 치명적 상처를 입힌다. 1990년대 초 이래 미국과 남한의 국가권력이 북한과 시소게임을 벌인 북한의 핵무기 개발 또는 그 의혹문제는 또 다른 차원에서 현재적인 긴장감을 한국 사회에 던져주었다. 북한의 다양한 문제들을 '민족'의 시각에서 보기보다는 안보와 인권 모두의 차원에서 지워버리고 싶은 존재로 바라보게 만들었다. 남북한 양 사회에 존재했던 정치적 억압과 분단의 상처를 함께 넘어서는 데 '민족'은 강력한 지적 원동력이었지만, 남한은 민주화되었고, 북한의 억압상황과 사회적 내파(內破)의 이미지는 한국 지식인들에게 강력한 미래지향적 이상향의 이념적 토대를 제공했던 '민족'의 해체를 촉진하였다.

이런 정치사회적 및 지적 전환의 배경이 된 민주화와 탈냉전, 그리고 세계화시대의 한국에서 국가권력과 민족 개념 사이의 관계도 큰 변화를 겪었다. 민족 개념 배제의 주된 추동력이 국가권력에서 민간과 국제사회로 이동했다는 것이 그 변화의 중요한 부분이다. 다만 국가와 민족 사이의 권력관계의 우열은 근본적으로 동일하다. 민주화된 '국가'는 이제 과거 국가권력의 유산들을 해체하는 힘으로써 '국민'의 새로운 기대와 희망의 구심점이 되었다. 반면에 민족은 과거 국가권력에 대한 저항의 언어로서의 정신적 권위를 상실했다. 그 상실의 틈을 1980년대 이래 세계 지식인 사회를 풍미하기 시작한 '민족' 해체 담론이 날카롭게 파고들었다.

과거 공산권 사회들까지 모두 서방이 주도하는 시장 사회로 편입되면서 보편화되어간 세계화 속에서 세계의 정치경제 및 문화를 포함한 모든 영역에서의 권력구조가 '제국'의 시대로 불릴 때, 개별 국가는 개별 '민족'과 함께 그 존재 의의가 위협을 받는 것이었다. 그러나 여기서도 국가와 '민족'의 운명은 서로 달랐다. 국가는 제국의 지방정권들의 역할을 맡아야 했다. 자치가 강조되는 시대에 제국의 통치에서 개별국가인 지방정권들의 의미는 결코 줄어드는 것이 아니었다. 지방적 국가들의 존재는 오히려 제국을 떠받치는 단위들로 남아야 했다. 20세기 말에서 21세기 초의 시점에서 자본주의 발전은 국경을 넘는 자본과 노동의 기동성을 촉진하고 요구했지만, 세계화의 여파로 불안정하고 빈곤한 사회들에서 부유하고 안정된 국가들로 몰려드는 이질적 인간집단들에 대한 통제를 위해서도, 2000년대 미국의 경우처럼, 국경을 더 높이 쌓고 그것을 관리할 국가의 존재는 필수적이었다.

반면에 민족의 개념적 해체는 더욱 촉진되었다. 국가에 의해 통제되는 범위 안에서였지만 세계화가 촉진한 초국적인 자본과 노동력의 이동은 많은 사회들을 다문화 사회로 만들어가게 되었다. 다문화적(multi-cultural), 다민족적(multi-ethnic) 공존을 모색해야 할 필요성은 곧 단일성을 전제한 것으로 보였던 민족 개념과 그에 기초한 민족주의에 대한 내재적 비판의 필요를 증대시켰다. 특히 동남아시아 약소 사회들로부터 수많은 이주노동자들이 짧은 기간에 유입되어 축적되기 시작한 한국 사회에서, 과거 권위주의 체제하에서 저항적 언어로서 민족담론을 주도했던 비판적 지식인들에게 이주노동자들이 한국 천민자본주의하에서 겪어온 착취와 인권유린 문제는 간과할 수 없는 현실적인 지적 충격이었다. 다문화주의적 조화와 공존을 위해 이들 비판적 지식인들이 수용하거나 또는 적극 개발해야 하는 논리는 과거 그들이 담지한 민족담론과 잘 어울리지 않았다. 그래서 과거의 민족 개념을 완전히 버리지도 않았지만 그렇다고 그것을 학술적 또는 일상적 언어의 일부로 유지해야 할 것인지에 대해 난감한 처지에 빠져버린 것이다.

요컨대 1990년대 이후 크게 세 가지 방면의 사태가 한국 사회에서 학술적 용어로서나 일상적 언어로서나 민족 개념의 해체를 촉진했다. 먼저 한국 국가권력의 민주화로 인해서 국가권력에 저항하는 비판적 지식인과 민중의 언어로서의 '민족'의 권위가 토대를 잃었다. 둘째, 기존 두 분단국가들의 경계를 넘는 '국가의 초월'을 내포하는 역사관과 세계관으로서의 민족담론을 가능하게 한 현실의 한 축은 북한이었다. 그 북한이 정치적·경제적·인간적인 실패를 적나라하게 드러냈다. 이에 따라 남한의 국가를 포함한 분단국가 권력을 초월하는 정체성 개념인 동시에 저항의 언어였던 민족담론의 토대가 붕괴했다. 셋째, 탈냉전 후 세계화 속에서 한국 사회의 이주노동자의 유입현상은 다문화주의의 정립을 요청했다. 그것은 민족주의뿐 아니라 민족 개념 자체의 폐기를 요구하는 것처럼 보였다.

시대의 변화에도 불구하고 국가는 살아남았지만 민족의 개념은 생존의 위기에 직면하게 된 것이다. 국가는 언제나 스스로의 존재를 증명하고 주장하지 않아도 존재가 느껴지고 실재가 스스로 드러나는 현재적인 힘이다. 이에 반해서, 민족은 그 자신의 존재가 스스로 증명되는 것이 아닌 그런 존재이다. 또한 국가권력, 세계화 또는 '제국'의 힘, 그리고 사회의 지적 상황이나 지식인들의 세계관 변화에 의해 언제라도 배제될 수 있는 개념이다. 1980년대 이래 세계학계에서 유력해진 민족 해체의 담론들은 크게 두 가지 경로를 통해 한국 지식인 사회에 깊은 영향을 미쳤다. 한편으로 서양학계로부터의 직수입을 통해서였다. 다른 한편으로는 1990년대 일본학계에서 근대를 상대화함으로써 그 극복을 시도하는 '국민국가론'이 내포한 '민족 해체' 담론이 수입되었다.[54] 한국의 사회상황은 이미 민족 개념 해체의 과정을 밟고 있었지만 서양과 일본의 학문적 경향이 그 이론적 토대를 제공해준 것이었다.

---

54) 일본에서 '근대를 상대화'하기 위한 국민국가론을 제기한 초기의 대표적인 연구서는 歷史學硏究會 編, 『國民國家を問う』, 東京: 青木書店, 1994. 일본의 국민국가론에 관한 지적은, 박양신, 「근대 일본에서의 '국민' '민족' 개념의 형성과 전개: nation 개념의 수용사」, 『동양사학연구』 제104집(2008년 9월), 235~236쪽.

우선 서양학계의 민족 해체 담론이 직접적으로 한국 지식인 사회에 영향을 미친 것은 크게 두 가지 점에서였다. 첫째, 어니스트 겔너, 에릭 홉스봄, 리아 그린펠드 등 많은 서양 학자들이 '민족'(또는 민족성: nationality)을 전적으로 근대의 산물로 간주하여 일본과 한국을 포함한 세계학계의 민족 또는 민족주의 담론에 지대한 영향을 미쳐왔다.[55] 둘째, 그와 긴밀히 관련된 것으로, 베네딕트 앤더슨이 '민족'을 '상상된 공동체'라고 규정한 것이었다. 이 두 논리를 합하면 민족이란 근대에 들어 상상된 것에 불과한 존재단위인 것이었다. 앤더슨이 민족이란 "상상된" 것일 뿐이라고 한 뜻은 크게 두 가지를 의미했다. 첫째, 가장 작은 민족의 구성원들도 대부분 서로 모르면서 공동체라고 생각한다는 점이다. 둘째, 실제적인 불평등과 착취적인 관계가 존재하는 가운데서도 깊고 수평적인 동료관계(a deep, horizontal comradeship)로서 간주된다는 것이다.[56]

한국의 식민지근대화론이 민족 개념을 해체할 때 동원하는 주된 논리는 앤더슨이 제시한 개념을 크게 빌려온 것이었다. 특히 이영훈의 식민지근대화론이 제기하는 민족주의 비판은 무엇보다도 "조선의 한국인들에게 민족공동체는 존재하지 않았다"는 것이 중요한 근거였다. 민족주의의 일차적 근거는 민족의식인데 민족공동체라 할 만한 사회통합이 이루어지지 않은 철저한 신분사회에서 민족공동체도, 민족의식도 존재할 수 없었다는 논리인 것이다. "양반이 노비를 지배하는 것은 세상의 풍속을 바로잡도록 한 성현의 뜻"이라는 논리가 신분사회로서의 조선의 질서를 정당화하는 근거였다고 이영훈은 전제하면서, "서로 다른 신분의 인간들이 우리는 하나의 혈연으로서 운명공동체라는 의식을 나누

---

55) Gellner, 1983; Greenfeld, 1992; Hobsbawm, 1990.

56) Anderson, 1983, 1991(Revised Edition), pp.6~7.

어가졌을까요. 저는 천만의 말씀이라고 생각합니다"라고 말한다.[57)]

한 사회에서 신분이 다른 집단들이 그럼에도 서로에 대해 '동류애'(comradeship)를 갖거나 또는 적어도 서로를 '동류'라고 착각한다는 데에서 앤더슨은 민족을 상상된 것이라고 했던 것이라면, 이영훈의 한국 민족주의 비판은 바로 그 논지에 기초하고 있다. 계급적 불평등과 착취관계가 존재하는데도 동료관계라고 믿는 점에서 민족은 허구이고 상상된 이데올로기에 불과하다는 것이 식민지 근대화론의 민족 개념 해체의 주요 포인트인 것이다.

이러한 논리들에 바탕을 둔 민족 개념 해체 노력의 학문적 의미는 분명 한계가 있다. 적어도 다음 몇 가지는 이 지점에서 짚어둘 필요가 있다. 먼저 '민족'은 동류의식이라는 정의적 요소가 본질적 요건이라고 보는 주장에 대해 단서를 달지 않으면 안 된다. 우리가 학술적으로 지칭하는 '민족'은 몇 가지 객관적인 유형 무형의 실재적 요소들을 공유한 커뮤니티 또는 인간집단을 가리키는 말이다. 우리가 '일본 민족'이라고 할 때, 일본 민족이 성립하는 요건으로 일본인들 전체가 계층적 차이를 넘어 얼마나 동류의식을 공유하고 있는지는 일반적으로 고려하지 않는다. 그들 내부 동류의식의 강약을 떠나 그들이 일정한 동질적 요소를 공유한다는 점에 초점을 맞추어 쓰는 용어이다. '민족지상'을 외친 이범석과 족청 단원들의 용법과 같은 정치 이데올로기화된 용법이 아닌 한, 필자가 이해하는 한에서, '민족'은 다음 네 가지의 요소를 담은 객체를 지칭하는 것이다.

첫째, 언어를 핵심으로 하는 문화적 정체성. 둘째, 시대에 따라 유동성이 있지만 대체로 일정한 위치를 중심으로 한 영토라는 자연지리적 경계. 셋째, 국가의 형태와 명칭은 달라지면서도 대체로 같은 정치적 단

---

57) 이영훈, 「왜 다시 해방전후사인가」, 39쪽.

위로서 존재한 데에서 비롯한 전쟁과 평화 등에 대한 역사적 기억의 공유. 넷째, 이 세 가지 요소들로 말미암은 정체성을 공유함으로써 일정한 영토 안에서 장기간 공존하며 상호작용한 데에서 형성되고 유지되는 일정한 수준의 혈연적 유대에 대한 공동의 관념이 그것이다.

여기서 '혈연적 유대' 또는 그 관념이라는 것은 온전히 실재한다거나 온전히 상징에 불과한 것이라거나 그 어느 하나로 환원할 수 없는 요소라는 점을 지적해둘 필요가 있다. 혈연적 유대의 실재를 전제한 개념이 '종족'(tribe)이라면, 민족은 실재보다는 앤더슨이 말하는 상상된 공동체에서 인정하는 수준의 상징적 유대에 더 가까운 것이라고 해야 할 것이다. 다만 그것이 다른 문화권이나 다른 대륙권의 다른 인간집단들과 구분된다고 믿어지는 일정한 생물학적 특징의 공유로 뒷받침되고 설득력을 얻는다고 할 수 있다.

식민지 근대화론은 민중에 대한 지배층의 억압이라는 계급질서를 궁극적인 근거로 하여 과거 조선이라는 사회에서 민족국가 또는 '민족' 자체의 형성 가능성을 부정한다. 우선 필자가 생각하는 의미에서 민족 개념은 사회 구성원들 사이에 계급적 차이를 초월한 동류의식이라는 정의적 요소를 반드시 포함하지 않는다. 그러나 다른 한편 계급적 차이의 존재가 곧 동류의식의 부재를 의미하지는 않는다는 점 또한 유의할 필요가 있다. 19세기 조선에서 동학농민들이 부패하고 억압적인 국가와 탐학적 관료집단 그리고 양반층에 반기를 들었으면서도 '척왜양이'(斥倭攘夷)의 가치관을 갖고 있었다는 사실이 시사하는 것은 무엇일까. 사회 구성원들이 계층적 차이와 상관없이 불가피하게 공유하고 있는 자연지리적·문화적 환경과 역사적 기억의 재료들을 근거로 일정한 공동의 정체성을 때로는 치열하게 가지는 경우가 현실역사에는 존재할 수 있음을 말해주는 예일 것이다.

이영훈은 민족이란 "낮은 수준의 통합으로서 야만이라 이야기될 수 있는 씨족이 웅크리고 있"는 개념으로 이해한 데에서 보이듯, 그가 파악하는 개념으로서의 '민족'은 '종족' 개념의 연장이다. 민족 개념의 근본을 '혈연적' 요소에서 찾고 있는 것이다. 그러나 완전한 혈연적 정체성 단위를 가리키는 '종족'이나 '씨족' 등의 개념들과 달리 '민족'은 더 광범위한 정치사회의 전개와 결부된 정체성이다. 그러면서도 국가처럼 시간적이고 영토적으로 특정하게 고정된 단위에 비해 유동적이며 탈국가적인 정체성의 범주를 가리킨다. 인위적인 정치사회적 요소와 자연적 존재로서의 요소가 결합된 역사적 존재단위이다. 따라서 '국가'와도 '종족'과도 다른 독자적인 개념적 소용(所用)을 우리는 '민족'이라는 용어에 부여해온 것이다.

이를테면 20세기 초 한국 언론인 『대한매일신보』에서 사용된 '민족'이라는 용어는 권보드래의 연구에 의하면 1906년에서 1909년에 걸쳐 총 338회였다. 권보드래는 그 용법을 네 가지 종류로 구분했다. ① 단순히 인간집단을 가리키는 개념. ② 부족을 가리키는 개념. ③ 현존 국가체제의 구성원을 가리키는 개념. ④ 국가체제 부재의 상황에서도 존재할 수 있는 국가의 원형적 집단 등이 그것이다.[58] 처음에는 주로 ①의 의미로 사용되다가 나중에는 국권 상실의 위기감이 더욱 절박해지면서 ④의 개념으로 이동해간 것으로 분석되었다.[59] 즉 처음엔 비교적 동포애 같은 주관적이고 정의적인 요소가 별로 없는 중립적 개념으로 사용하다가, 점차 근대적인 형태의 국민국가의 주체로서의 민족 개념으로 이동해간 것이라고 해석해볼 수 있다. 사실 이 두 경우 모두에서 '민족'

58) 권보드래, 「근대 초기 '민족' 개념의 변화: 1905~10년 『대한매일신보』를 중심으로」, 이화여대 한국문화연구원 편, 『근대 계몽기 지식의 굴절과 현실적 심화』, 소명출판, 2007, 67~68쪽.

59) 권보드래는 ①의 의미에서 ②, ③, ④의 순서로 사용되는 의미의 비중이 옮아간 것으로 파악했다. 권보드래, 2007, 68쪽.

의 구성 요건으로서 '혈연적 공유'가 개념적으로 두드러진 전제조건은 아니라고 하겠다.

스티븐 그로스비가 지적했듯이, 민족이란 종족집단과는 달리 단순히 혈연적 유대를 포함한 독특한 과거를 공유하는 집단을 가리키지 않는다. "공간적으로 위치지어진 과거"(a spatially situated past)를 공유하는 전통을 기반으로 형성되는 집단적 정체성을 주목하는 개념이다. 여기서 장소(location)는 단순한 공간지역에 그치는 것이 아니라 "의미를 지닌 공간"이다. 곧 "영토"(territory)를 말한다. 그래서 그로스비에 따르면, '민족'이란 오랜 세월 존재해온 것으로 기억되는 "영토적으로 형성된 인민"(a territorially formed people)이다. 그래서 민족은 "시간적 깊이"와 "경계지어진 영토"라는 두 축 위에 구성된 사회적 관계망을 가리킨다.[60]

우리는 이 지점에서 민족 개념에서 혈연과 영토가 관계되는 방식에 주목할 필요가 있다. 민족 개념에 대한 부정적 선입견은 무엇보다도 이 개념이 족(族)이라는 글자로 말미암아 갖게 되는 혈연주의적 요소의 이미지에서 출발하는 측면이 분명히 있는 만큼, 이에 대한 정직한 인식이 중요하다. 우선 '민족'으로부터 '씨족주의'를 도출하는 의견까지 등장하는 이유는 '민'과 '족'이 결합한 이 개념으로부터 '민'(民)을 구성하는 집단 내부의 수평적인 혈연적 관계를 연상하기 때문이다. 하지만 그렇게 해석해야 할 당위성은 없다. '족'이라는 것은 반드시 '혈연적 연대'를 가리키지 않는다. "일정한 특징을 공유한 사람들의 집단"이라는 의미도 일반적이다.

귀족이라는 것은 A라는 귀족 가문 사람과 B라는 귀족 가문 사람 사

60) Grosby, 2005, pp.10~11; Steven Grosby, *Bilbical Ideas of Nationality: Ancient and Modern*, Winoa Lake, IN: Eisenbrauns, 2002.

이의 혈연적 유대를 가리키지 않는다. 그 사회의 특권층이라는 사회적 특성을 공유한 사람들을 일컫는 말이다. 다만 그 특권이 가문이라는 혈연적 토대에 기초하고 있다는 것이 전제되어 있다. 민족이라는 것도 민을 구성하는 모든 구성원들 사이의 수평적인 혈연적 유대를 전제하는 개념이라고 가정할 필요가 없다. 민족이라는 것이 전제하고 있는 특정한 사회지리적 공간, 즉 그로스비가 지적한 역사적 의미를 지닌 공간으로서의 '영토'에 혈연적 뿌리를 두고 살아왔다는 점에서 공동체를 구성하는 그런 사람들의 집단이라는 의미로 이해하면 된다. 민족이라는 것이 '혈연적 유대'의 요소를 내포하는 개념이라면 그러한 의미에서이다.

민의 구성원들 저마다 제각기의 혈연적 뿌리를 그 사회지리적 공간 속에 두고 있지만, 서로 다른 구성원들 사이에 수평적인 혈연적 유대는 전제할 필요가 없다는 뜻이기도 하다. 같은 사회지리적 공간에 혈연적 뿌리를 두고 오랜 세월 살아온 만큼 그 민의 구성원들 상호 간에도 혈연적 유대를 상상하는 것은 가능하다. 그러나 넓은 의미의 생물학적인 인종적 공통분모의 의미는 있을망정 민 전부를 혈연공동체로 생각하는 것은 당연히 무리한 상상이다. 그럼에도 '민족'이 내포하고 있는 혈연적 연대의 의미는 전적으로 상상만은 아닌 근거를 갖게 된다. 왜냐하면 특정한 사회지리적 공간 속에 혈연적 뿌리를 두고 있는 사람들이라는 점에서 그 민의 구성원들은 간과할 수 없는 공통분모를 갖기 때문이다.

요컨대, 민의 구성원들 사이에서 수평적인 혈연적 유대는 상상에 불과하며, 실재하는 것이 아니다. 반면에 예를 들어 한반도라는 특정한 사회지리적 공간에 각자의 혈연적 뿌리를 두고 이 땅에서 살아온 사람들의 집단이라는 의미에서 한반도에 살아온 인간집단들 내부에 넓은 의미의 혈연적 유대의 요소들이 있다고 할 것이다. 말하자면 역사적으로 일정한 일관성을 가져온 '영토'를 기반으로 형성된 '민족' 개념의 경우에, 민은 '영토'라는 사회지리적 공간의 공유를 매개로 하여 하나의 공동체를 구성한다고 말할 수 있게 되는 것이다. 이를테면 공장에서 대량으로 찍어낸 인조인간들로 인류사회 공동체들이 대체되지 않는 한, 인간의 실존은 저마다의 고유한 사회지리적 공간과 그 안에서 저마다 형성된 혈연적 유대로부터 분리되어 사유될 수 없다.

특히 고대사회에서 사회 구성원들의 정체성 형성 요소들에 대한 최근의 연구들은 '혈연적 유대'에 대한 기억이라는 요인이 중요했으며, 인간의 정체성에서 혈연이라는 자연적 요소를 완전히 무시할 수는 없다는 점을 상기시켜준다. 스바트 수체크는 내륙 아시아 지역에 대한 연구에서 고대 유목인 사회들에서 구성원들 사이의 '공동체성'을 구성하는 중요한 요소가 무엇인지를 연구했다. 그는 "부족적 유대와 가족계보의 기억"이 그들의 정체성 구성에서 얼마나 중요한 요소로 오늘날까지 남아 있는지를 강조한다. 그에 따르면, 과거의 유목민인 모든 카자크인과 키르기즈인 또는 투르크멘인(Turkmen)은 저마다 자신의 조상에 대한 기억을 7대까지 꿰고 있다고 한다.[61] 인간은 누구나 특정한 민족집단(ethnic group)의 일원으로 태어난다. 이 '자연적 관계'가 그와 긴밀히 연관된 언어, 종교 등과 같은 문화적 전통과 결합하면서 인간의 사회적 관계망의 범위와 경계를 구성하는 것이다. 이것이 커뮤니티, 또는 공동체 구성의 기본이다.[62] 이것은 고대사회일수록 인간과 집단의 정체성을 구성하는 데 더욱 중요한 역할을 했을 터이다.

식민지 근대화론은 민족이든, 종족이든, 씨족이든 '족'의 요소가 포함되어 혈연적 함의를 담은 그 어떤 개념을 인간 정체성의 재료로 인식하는 것도 "원초적 야만"의 표현으로 간주한다. 하지만 역사 속에서 인

---

61) Soucek, 2000, pp.44~45.

62) Grosby, 2005, p.14.

간의 존재조건이 그가 말한 '원초적 야만'으로부터 완전히 자유로울 수 있는지에 대해서도 따져보아야 한다. 왕조와 국가는 변해도 일정하게 유동하는 범위의 영토적 환경 속에서 정치사회는 지속되고, 그 사회구성원들은 시공간적 존재 조건을 어느 정도 지속적으로 공유하게 된다. 이로 인해서 민족 개념 해체론이 그토록 부인하려 드는 혈연적 요소도 인간의 실존적 존재조건의 일부를 구성하게 되는 것 또한 전적으로 부정할 수는 없다. 물론 그러한 커뮤니티의 경계선은 자주 모호할 수밖에 없으며 역사 속에서 부단히 유동(流動)하는 것임을 전제한다. 이런 요소들은 우리가 좋든 싫든 특히 다른 사회들과의 상호작용의 조건 속에서 '정체성의 관념'과 '정체성의 정치'(politics of identity)의 일정한 객관적·물리적 기초를 구성한다.

흔히 '에쓰니시티'(ethnicity)로 지칭되는, 개별 인간들의 존재 조건인 집단과 사회의 정체성 단위는 신화와 상징의 공유만이 아니라 그 집단의 자연적·지리적·역사적·문화적 요소라는 일정한 시공간 속의 유형 무형의 실재들을 담고 있다. 이것을 부정할 때, 인간이 마치 그러한 원초적 조건들을 초월할 수 있는 초역사적이며 초자연적 존재인 것으로 가정하는 결과를 낳을 수 있다. '민족 상징성'(ethnosymbolism)의 연구자들이 주목하고 있듯이,[63] 근대적인 민족적 정체성은 근대에 갑자기 창출된 것이 아니다. 근대 이전의 시간 속에 뿌리박고 있는 "손에 잡히는" 정체성(tangible national identities)의 재료들로부터 구성된 것이다. 거기에는 신화의 공유뿐만 아니라 역사적 기억의 공유가 있고 언어적·문화적 전통의 공유라는 요소들이 있다.[64] 그로스비가 지적한

63) Athena S. Leoussi and Steven Grosby, eds., *Nationalism and Ethnosymbolism: History, Culture and Ethnicity in the Formation of Nations*, Edinburgh, UK: Edinburgh University Press, 2007.

64) Anthony Smith, "Ethno-Symbolism and the Study of Nationalism,"

영토성이라는 자연지리적 환경도 그 정체성의 물리적 토대로 기능한다. 신화적인 요소들까지 어떤 실재로 간주하는 것은 당연히 타당성이 없지만, 그 모든 것들을 단순히 '상징'의 차원으로 돌리는 것 역시 설득력이 없다. 사실 신화와 상징들의 공유라는 것 자체가 역사적 기억 공유의 한 측면이며, 그들 안에 공유되는 문화적·정신적 정체성의 한 요소인 것 또한 부인할 수 없는 것이기도 하다.

민족을 근대의 산물로 간주하는 시각은 민족에 대한 '근대주의'(modernism)적 개념으로 불린다. 엘리트 집단이 민족과 민족주의를 도구화하여 인위적으로 구성했다고 보는 관점이기 때문에 도구주의(instrumentalism)로 불리기도 한다. 이에 반대되는 개념들이 원시주의(primordialism) 또는 영속주의(perennialism)이다. 스티븐 그로스비와 앤서니 스미스(Anthony Smith)를 포함한 민족 상징성 연구자들은 근대주의와 영속주의 모두를 극복하여 종합하는 인식을 추구한다고 말한다.[65] 이들은 사회들에 따라서는 '민족'이라는 개념의 구성 소재들이 역사 속에 깊이 내재해 있었다는 사실을 주목한다. 그래서 이 시각은 민족에 관한 '역사주의'적 관점으로 불리기도 한다.

이 관점을 정립한 대표적 학자인 스미스도 민족주의를 근대의 소산으로 보는 데에는 동의한다. "민족주의는 이념과 운동 모두에서 전적으로 근대적 현상이다."[66] 그러나 그에게 민족 개념과 관련된 '근대국가'는 전 근대사회에 이미 존재해온 '에쓰니'(ethnie: 원형적 민족집단)의

Philip Spencer and Howard Wollman, *Nations and Nationalism*, New Brunswick: Rutgers University Press, 2005, pp.30~31.

65) Daniele Conversi, "Mapping The Field: Theories of Nationalism and The Ethnosymbolic Approach," in Leoussi and Grosby, eds., 2007, p.26.

66) Anthony D. Smith, *The Ethnic Origins of Nations*, Oxford, UK: Blackwell, 1988(paperback), p.18.

여러 특징들을 통합함으로써 성립하는 경우가 많았다. 특히 유럽과 아시아의 경우에서는 전 근대시기(premodern eras)에 역사적 '에쓰니' 현상이 광범하고 지속적인 형태로 존재했으며, 그것이 근대국가와 민족주의의 형태와 내용에 큰 영향을 미칠 수밖에 없었음을 스미스는 일찍이 지적했다.[67]

그렇다면 19세기 조선에 민족과 민족주의가 형성되어 존재했느냐 여부는 어떤 역사적 시점을 잘라 말하기는 어렵다고 할 수 있다. 근대에 본격적으로 정립되는 '민족' 또는 에쓰니시티의 영토적·문화적 경계가 근대 이전의 재료들과 크게 보아 일치하는 곳이 있고 그렇지 않은 곳이 있다.[68] 한국은 큰 틀에서 일치하는 쪽에 가깝다. 그럴수록 민족의 형성과 그 전사(前史) 사이의 시대적·개념적 구분은 복잡해진다.

이영훈의 민족 개념 비판의 두 번째 중요한 요소는 민족이 신분 차별과 계급 불평등이 없는 사회에서나 성립 가능한 범주인 것처럼 생각한다는 점이다. 하지만 우리는 이 문제를 위에서 그로스비가 말하는 사회적 관계망과 연관해 생각해볼 수 있다. 그 관계망으로서의 민족이라는 커뮤니티는 앤더슨이 상상된 공동체의 조건으로 상정한 '공유된 동포의식' 즉 그가 동지애라고 표현한 것을 포함시킬 수도 있고, 아닐 수도 있다.

그 커뮤니티 안에서 사람들이 대부분 서로 모르든 알든, 또는 서로 정의적인 동지애가 있고 없고를 떠나서, 일정한 문화적 공유가 결합된 영토성이라는 객관적 요소에 의해서 그들은 서로 연결된 사회적 관계망 속에 존재하는 것이 된다. 이들 사이에 계급적 차별과 착취의 부재와 같은, 사실 근대에도 선진 자본주의 사회에서조차 완벽하게 실현된

---

67) Smith, 1988, p.18.

68) Smith, "Ethno-Symbolism and the Study of Nationalism," p.30.

적이 없는 조건을 부과해야 할 필요는 없다. 인간이 자신이 어디에 속한다고 하는 정체성의 의식이 반드시 동지애일 필요는 없다.

이영훈의 민족 개념 비판의 또 한 가지 문제는 그의 논리가 '민족'과 '문명'을 대치시킨다는 점이다. 그는 국가와 민족의 경계를 넘어 '문명사'의 관점으로 대체할 것을 주장한다.[69] 이 과정에서 민족의 개념적 의의나 실재를 전제하는 모든 논의를 결국 반문명사적인 것으로 취급하게 된다. 민족과 국가의 경계를 넘어 연대의 공동체를 형성하자는 것은 1990년대부터 필자가 일본을 포함한 동아시아와 관련해 적극 주창해온 가치이다. 문제는 형이상학적인 이데올로기 수준으로 치닫는 무차별적인 민족담론 부정에 있다.

이영훈의 민족 개념 비판은 '민족'이란 개념 자체를 떠올리는 것조차 '원초적 야만'의 이데올로기에 갇힌 결과라고 인식하는 것에 가깝다. 하지만 민족을 하나의 정체성 단위의 개념으로서 학술논의에서 받아들이는 것과, 민족에 정신적 혹은 도덕적 권위를 부여하는 다양한 수준의 이데올로기들은 본질적인 차이가 있다. 민족담론은 극단적으로는 '초민족주의'(ultra-nationalism)적인 민족 개념으로부터 민족에 대한 중립적 논의에 이르기까지 다양한 수준, 다양한 형태가 가능하다.[70] 이영훈의 민족 비판 담론은 그런 다양성 인식에 필요한 최소한의 구분 논의를 배제한다. '민족' 개념 인정은 곧 민족주의 또는 그것을 '태극'으로 하는 논리, 즉 다른 말로 하면 초민족주의적인 것처럼 간주해버리는 논

---

69) 이영훈은 "민족을 태극으로 하는 선악사관과 근본주의의 함정을 대체할 역사학"을 거론하며 "대안으로서의 문명사"를 제안한다(이영훈, 「왜 다시 해방전후사인가」, 55쪽).

70) 민족과 국가라는 세속적 단위들에 궁극적인 정신적 권위를 부여하는 것으로서의 초민족주의에 대한 논의는, 李三星(イ・サムソン), 「日本の近代とファミズムの存在樣式」, 『政治思想研究』(日本政治思想學會), 第9號(2009年 5月), 147~177쪽.

법은 지나친 것이 아닐 수 없다.

일본과 한국에서 '민족'이라는 개념이 보편화되기 시작한 것은 대체로 20세기 초로서 거의 비슷한 시기였다. 일본에서 'nation'의 초기 번역어는 민종(民種) 또는 족민(族民) 등이었다. 20세기 초 '민족'으로 일반화되어 굳어진다.[71] 조선에서는 1905~10년 사이에 일본의 영향을 받아 민족이라는 용어가 쓰이기 시작한다. 일본에서도 한국에서도 처음에 민족이 갖는 의미는 앤더슨이 상상된 공동체의 요건으로 간주한 '동지애' 또는 '민족의식'을 전제한 것은 아니었다. 그 같은 정신적 또는 정의적 요소를 깊이 각인시키는 민족 개념은 일본에서는 제국 국민의 형성을 위한 국가권력과 지식인들의 노력에 의해서 주조된다. 한국에서도 곧 민족은 단순한 객관적 실재를 호명하는 수준을 넘어서 정신적 성격을 부여받게 된다.

그러나 민족 개념이 두 나라에서 겪게 되는 운명은 판이하게 달랐다. 일본에서 민족은 제국주의와 국가주의를 뒷받침하는 '제국과 국가권력의 언어'였다. 다카다 사나에(高田早苗)의 국가론이 그 흐름을 이끌게 된다.[72] 반면에 한일병합 전후를 기점으로 한국에서 '민족'은 국가를 상실하여 정치적 주체로서의 자격을 상실한, 그러면서도 식민지배세력과 역사와 언어 그리고 문화적 정체성을 달리하는 한반도라는 영토에 뿌리를 둔 어떤 실재를 지칭하는 '저항의 언어'로 된다. 이후 거의 한 세기에 걸쳐서 민족 개념이 한국인들에게 가져온 의미와 근현대 일본에서 민족이 갖는 의미는 매우 다른 것이 아닐 수 없었다.

1990년대에 들어 일본 역사학계는 근대 일본의 '민족'과 민족주의 해

71) 박양신, 2008, 244~251쪽.

72) 高田早苗, 『國家學原理』, 東京: 早稲田大學校出版部, 1905, 70쪽; 박양신, 2008, 259~262쪽.

체에 본격 나선다. 1980년대에 세계학계에서 제기된 민족 해체 담론의 영향을 일본학계가 먼저 받은 것이다. 근대 일본의 국가주의와 제국주의가 천황을 정점에 둔 가족국가론의 형태를 띤 민족담론을 바탕에 깔고 있었던 것을 고려하면, 일본에서의 국민국가론이 시작한 민족 해체 담론은 세계학계의 경향에 자극받아 뒤늦게 나타난 현대 일본지성의 자기성찰이라고 하지 않을 수 없다. 훨씬 일찍 더 철저하게 이루어졌어야 할 작업이었던 것이다. 한국의 지식인 사회의 일각에서는 서양학계의 영향과 함께 뒤늦게 시작된 일본학계의 동향에 자극받아 민족주의 해체를 넘어 '민족' 개념에 대한 무차별적 공격으로 나아갔다. 어떤 의미에서 우리 지식 풍토의 부박(浮薄)함을 느끼게 하는 부분은 없었던 것일까 생각해보게 된다.

주로 살아온 사회지리적 공간과 언어를 포함한 문화적 정체성 등에서 출신배경이 다른 사람들, 말하자면 민족적 정체성이 서로 달랐던 사람들이 함께 만나 더 큰 공동체를 이루기 위해 노력하는 것이 곧 다문화주의라고 할 수 있다. 다문화주의의 전제는 사람마다 갖고 있는 민족적 정체성을 억지로 부정하거나 지워내려는 데 있는 것이 아니다. 지우고 부정하려는 태도가 동화주의(assimilationism)의 본질이다. 진정한 다문화주의의 출발점은 사람들이 저마다 갖고 있는 정체성의 차이를 인식하고 받아들이는 것이다. 그럼으로써 그 차이가 수반하는 크고 작은 정서적이며 사회적인 필요의 차이들에 주목하고 배려하는 데 있는 것이다.

이주노동자와 다문화가정이 증가하고 있는 오늘날의 한국 사회에서도 우리에게 필요한 태도는, 차이를 부정하고 동일하게 취급하는 것이 다른 사회에서 온 이들을 잘 대접해주는 것이라는 오해가 아니다. 그러한 사고는 기존 주류사회의 '우월주의적인 집단적 정체성'이 바탕에 깔려 있는 어처구니없는 오만이 아닐 수 없다. 우리에게 진정 필요한 것은 차이에 대한 섬세한 주의와 배려를 통해서 '다름을 인정'하는 가치와 '함께함'의 가치를 동시에 추구하는 사유와 노력이다. 처음에는 다르고 이질적이었던 문화적 정체성이 세월이 흐르면서 주류사회의 정체성과 하나로 동화되어 민족적 정체성이 동일화되는 과정이 진행될 수도 있을 것이다. 그러나 그 여부는 전적으로 인간 개개인의 선호와 선택에 맡겨져야 한다.

파시즘과 식민주의의 역사는 양 극단을 모두 보여준다. 한편으로는 정체성이 서로 다른 민족적 집단들 사이의 차이를 제도화함으로써 배제와 차별적 억압의 메커니즘을 구축하곤 했다. 그런가 하면, 다른 한편에서는 정체성의 차이를 억지로 부정하고 그 차이의 의식을 폭력으로 지우려 한 강제적 동화주의가 공존했다. 민족적 정체성에 대한 학문적 논의는 그 둘 모두에 대한 비판적 성찰에 기여하는 방향으로 이루어져야 한다.

제3장 중국적 세계질서와 한중관계의 구조

• 중화질서의 국제정치학과 한반도

1. 중화질서의 국제정치학적 인식을 위한 문제의식

우리가 흔히 '중화질서'라고 부르는 중국적 세계질서(Chinese World Order)의 본질과 그것의 제도적 표현인 조공·책봉체제를 어떻게 이해할 것인가. 그것은 전통시대 동아시아 세계에서의 전쟁과 평화의 질서와 규범으로서 어떤 의미를 갖는가. 이 글은 이 문제에 대한 필자 나름의 답을 찾으려는 것이다. 이를 위해 이 글에서 제기하는 문제의식과 해답의 방향은 다음과 같다.

첫째, 국제정치학의 관점에서 중화질서를 이해하는 문제이다. 필자는 이 질서를 동아시아적인 특수성의 표현으로서만 이해하기보다는 전쟁과 평화를 관할하는 국제 안보질서의 한 양식으로 이해할 것이다. 이를 위해 먼저 국제질서의 일반적인 개념적 지도에서 중화질서가 속하는 지점에 대한 자리매김을 시도해본다. 조공과 책봉의 제도로 집약되는 중국적 질서의 본질적인 특징은 '위계성'(hierarchy)과 함께 그 안에 편입된 비중국 사회들의 실질적인 내적 자율성이다. 인류 역사에 현실적으로 존재한 국제질서의 형태들 중에서 중화질서는 어떤 위상을 갖는가를 평가함으로써, 중화질서에 대한 보다 객관적인 개념적 지도를 그려보려 한다.

둘째, 페어뱅크를 포함한 서양학자들은 중화질서에서의 중국과 주변 국가들의 관계가 가진 위계성을 지나치게 강조하는 나머지, 그 질서를 국가 간의 관계, 즉 국제질서라고 할 수 없다는 입장을 취한다. 이와 달리, 이 글에서 필자는 중화질서를 위계적이되, 국가들 간의 안보 딜레마를 해결하는 한 양식으로서의 '안보 레짐'으로 인식한다. 많은 학자들이 중화질서를 비중국 사회들에 대한 중국의 지배양식(a system of domination)이라는 관점에서 주로 이해하는 경향이 있다. 이 글은 그러한 인식을 넘어서서 중국과 비중국 국가들 사이의 비대칭적인 안보 레짐(asymmetric security regime) 또는 '위계적 안보 레짐'(hierarchic security regime)이라는 관점에서 중화질서를 해석할 것이다.

셋째, 명청대(明淸代)를 포함하여 2천 년에 걸친 동아시아 국제질서를 온전히 중국 중심적인 질서로 보는 것을 피하면서도 동시에 그 전체를 관통하는 특성을 압축적으로 파악하려는 노력은 불가피하다. 페어뱅크가 오웬 라티모어 등의 내륙 아시아권에 대한 주목을 이어받아 제시하고 있는 "내륙 아시아권"과 "중화권"의 구분을 이 맥락에서 주목하고 그 의미를 보다 적극적으로 해석할 필요가 있다. 아울러 2천 년간의 중국-비중국의 관계, 중화질서에 존재하는 동적인 요소와 정적인 요소의 혼재 또는 공존에 주목하고, 그 이질성의 병존을 이해하는 것이 이 글에서 제시하려는 전통시대 동아시아 질서 인식의 핵심이다.

넷째, '위계적 평화 레짐'으로서의 중화질서적 관계를 정립하기 전과 후에서 한반도의 지정학적 정체성이라는 문제를 기존의 인식과 다른 각도에서 제기하려고 한다. 한반도의 지정학적 정체성은 크게 두 시기로 구분할 수 있다. 신라가 한반도에서 삼국을 통일한 7세기 말이 그 분기점이다. 그 이전 한반도의 지정학적 정체성은 위만조선과 고구려의 내륙 아시아적 전통과 백제·신라의 잠재적인 중화권적 전통이 공존했다. 통일신라 이후 한반도의 국가들은 중화권적 정체성으로 정착하며 그렇게 고착된다.

끝으로, 이상의 분석을 바탕으로 1990년대 이후 한국학계와 사회적 담론에서 자주 등장하는 '중국위협론'의 문제를 비판적으로 평가하려고 한다. 전통시대 2천 년간의 중국적 세계질서에서 한반도의 전쟁과 평화가 결정된 구조를 포괄적으로 인식할 때 우리는 "중국이 부강하면 한반도가 위험해진다"는 논리의 단순성에서 벗어나 대안적 인식을 모색할 필요를 느끼게 될 것이다.

2. 세계 역사 속의 국제질서 유형과 중화질서의 위치

페어뱅크를 비롯한 역사학자들이 중화질서를 정의할 때 핵심적인 것은 중국과 비중국 국가들의 외교관계를 규율하는 일정한 형식과 의례, 즉 "조공체제"(tribute system)를 구성하는 일련의 관행들이다.[1] 조공과 책봉은 학자들에 따라 동전의 양면으로 보기도 하고, 각각 분리되어 성립할 수 있는 것으로 보기도 한다. 중국과의 관계에서 조공은 했으나, 대체로 책봉관계는 맺지 않았던 나라로 일본을 들 수 있다. 일본 역사서들은 일본이 중국과 정치적 주종관계를 확실히 하는 책봉관계는 맺지 않으면서 무역의 필요성이라는 경제적 실리의 차원에서 조공은 행했던 것으로 보는 것이 일반적이다.

그러나 김한규는 책봉과 조공은 서로 분리된 사상(事象)이 아니라고 주장한다. 책봉이 전제되어 있지 않은 조공이란 "진정한 조공"이 아니기 때문이라 한다. "책봉이 없이 일방적으로 행해진 조공은 비제도적인

---

1) John K. Fairbank, "A Preliminary Framework," in John K. Fairbank, ed., *The Chinese World Order: Traditional China's Foreign Relations*, Cambridge, M.A.: Harvard University Press, 1968, pp.10~11.

내왕이나 선물증정에 지나지 않은 것"으로 된다. 또한 "조공을 수반하지 않는 책봉은 일회성 행사로 그치고 세계질서를 구축하는 제도로서는 기능하지 못했다"는 것이 김한규의 지적이다.[2)]

한편, 정용화는 "문화이념적인 개념인 '중화'와 정치군사적 상황의 산물인 '사대,' 그리고 때로는 경제적 필요의 산물인 '조공'을 구분하지 않고 일원적으로 파악하면 동아시아 역사형성의 다양한 요소를 간과할 우려가 있다"고 주장한다. 이는 정치군사적 관계의 표현으로서의 책봉체제와 경제적 교류양식으로서의 조공관계를 구분한 것으로 읽힌다.[3)]

대부분의 서양학자들은 '조공체제'라는 개념으로 정치외교적 주종관계를 정식화하는 책봉과 그것을 전제한 조공과 무역의 관계를 통합적으로 표현하는 것이 보통이다. 존 페어뱅크와 마크 맨콜 등의 학자들이 이에 해당한다.[4)]

이 같은 논란은 한편으로는 전통시대 '중국적 세계질서'를 정치적 차원의 책봉체제를 중심으로 볼 것인가, 아니면 경제적 상호작용을 중심에 두고 이해할 것인가라는 문제와 깊이 연관되어 있다. 니시지마 사다오의 경우 기본적으로는 중국과 주변국 간의 정치적 관계구조로서 책봉체제의 의미를 파악했다. 니시지마는 이러한 중국적 세계질서의 정치체제적 성격을 위주로 보고 또한 그것을 주로 페어뱅크가 '중화권'이라고 부른 중국-동방 관계축을 중심으로 봄으로써 다분히 정적이고 고정된 위계적 종속관계라는 차원에서 이해했다.

최근 일본학계에서는 책봉이라는 정치적 관계 중심의 이해를 비판하

---

2) 김한규, 『천하국가: 전통시대 동아시아 세계질서』, 소나무, 2005, 32쪽.

3) 정용화, 「주변에서 본 조공체제: 조선의 조공체제 인식과 활용」, 백영서 외, 『동아시아의 지역질서: 제국을 넘어 공동체로』, 창비, 2005, 79~80쪽.

4) Mark Mancall, "The Ch'ing Tribute System: An Interpretive Essay," in Fairbank, ed., 1968.

고 '조공무역체제'라는 개념을 통해 전통시대 동아시아 질서를 이해하는 인식이 등장했다. 하마시타 다케시(濱下武志)의 '조공무역체제론'은 니시지마 등의 책봉체제론이 정치와 문화를 중심으로 본 것과 달리 조공을 매개로 구성된 아시아 지역 네트워크의 경제적 측면에 주목했다. 그에게 조공권(朝貢圈)이란 중국의 권력이 미치는 국제판도라기보다는 물류와 교역이라는 경제적 행위가 이루어지는 네트워크였다. 주변국이 조공권에 참가하는 유인은 '강력한 중국'이 아니라 '부유한 중국'이었다. 그런 의미에서 하마시타는 16~19세기까지 작동한 조공무역체제를 고대의 조공질서와는 구별했다.[5] 어떻든 이 관점에서 보면 일본은 동아시아 세계의 외부나 경계지점에 있는 것이 아니다. 그 한 중심에 서게 된다.

하마시타의 조공무역체제론은 전통시대 동아시아 질서가 갖고 있던 동적이고 횡적인 경제적 상호작용의 동학을 조명한 점에서 의미가 있다. 그러나 전통시대 동아시아 질서에 대한 경제중심주의적일 뿐 아니라 일본중심적인 이해라는 비판을 받는 것 또한 자연스럽다.[6] 필자의 의견으로는, 하마시타의 조공무역체제론은 특히 책봉을 내포한 조공체제가 동아시아 질서에서 전쟁과 평화를 규율하는 정치군사적 및 외교적 장치나 제도로서 갖고 있던 의미와 역할을 간과하거나 경시하는 결과를 낳는다는 점에서 한계가 분명하다. 이 글에서 집중하는 것은 전통시대 동아시아 세계의 전쟁과 평화를 규율했던 질서와 그 메커니즘이다. 따라서 하마시타류의 조공무역체제론은 부차적인 것으로 간주할 것이다.

조공책봉체제는 중국의 통치자와 비중국 사회의 통치자 사이 위계질

---

5) 강진아, 「16~19세기 동아시아무역권의 세계사적 변용: 따라잡기형 발전모델의 모색」, 백영서 외, 2005, 39쪽.
6) 정용화, 2005, 81쪽.

서가 공식적으로 제도화된 양상이다. 이 공식 위계질서는 중국과 비중국 사회에 자동적으로 그리고 고정적인 방식으로 성립되는 것은 아니다. 중국과 비중국 사회의 역학관계의 변동, 그리고 때로 중국 자체의 내적 혼란과 분열에 따라, 그 관계양식과 형식은 형해화(形骸化)하기도 하고 때로 역전되기도 했다. 그러나 중국과 비중국 간에 권력의 위계가 회복되면 그 제도 역시 어김없이 재생산되곤 했다. 전통시대 중국적 세계질서에서 전쟁과 평화를 규율하는 데 그 제도가 지속적인 기능과 역할을 담당할 수 있었음을 말한다.

이러한 질서는 현대에 이르기까지 세계사에 존재한 국제질서의 양태들 중에서 어디에 위치하는가. 우선 동서고금의 현실 역사 속에 존재했던 국제질서의 유형들에 대한 개념지도를 그려보아야 한다. 현대 이전의 현실 역사에서 국제질서는 크게 두 가지의 형태로 존재했다. 하나는 국가들 사이의 세력균형(balance of power)이 지배하는 질서이다. 다른 것은 위계적 질서이다.[7)]

먼저 국가들 사이의 세력균형은 역사적으로 보면 일시적인 현상들에 불과하기 쉽다. 국가들 간의 '불균등성장'(uneven growth)은 마르크스주의자인 레닌이나 신현실주의 국제정치학자인 로버트 길핀의 이

---

7) 국제관계에서 위계질서의 개념과 그 다양한 형태에 대해서는, David A. Lake, "Escape from the State of Nature: Authority and Hierarchy in World Politics," *International Security*, Vol.32, No.1(Summer 2007), pp.47~79; David Lake, "Anarchy, Hierarchy, and the Varierty of International Relations," *International Organization 50*, 1(Winter 1996), pp.1~33; Alexander Wendt and Daniel Friedheim, "Hierarchy under anarchy: informal empire and the East German State," *International Organization 49, 4*(Autumn 1995), pp.689~721; Edward Keene, "A Case Study of the Construction of International Hierarchy: British Treaty-Making Against the Slave Trade in the Early Nineteenth Century," *International Organization 61*(Spring 2007), pp.311~339 참조.

론에서 다같이 중요한 개념이다. 국가들 간의 역학은 불균등성장 때문에 끊임없이 변화한다. 그래서 특정 국가들 간의 세력균형은 장기적으로는 신뢰하기 힘든 일시적인 시공간적 제한성을 갖는다. 어떤 지역질서가 변동하고 부침하는 역학관계 속에서도 한 나라가 압도적인 우위를 갖지 않고 상대적으로 약한 나라들이 동맹을 통해 강자를 견제할 때도 위태롭게나마 균형이 유지될 수 있다. 세력균형의 질서는 근대 유럽의 국제질서라는 역사적으로나 지역적으로 제한적인 시공간에서 작동할 수 있었다. 그 같은 시기에도 유럽과 비유럽 세계 사이의 국제질서는 식민주의와 제국건설과 같이 전혀 다른 성격의 것이었다.

세력균형의 질서가 아닌 경우 국제질서는 위계적인 성격을 피할 수 없다. 오늘날 자유주의 국제정치이론의 총아로 등장한 민주평화론은 매우 다른 국제질서를 상상한다. 세력의 크고 작음을 떠나 시장적 가치와 민주주의라는 정치문화적 가치관을 공유하는 국가들이 평화롭게 공존하는 질서를 상상하는 것이다. 오늘날 유럽 연합과 같이 크고 작은 나라들이 동등한 권리와 의무를 가지며 주권적 경계를 허물고 하나의 정치경제적 공동체로 통합을 추구하는 질서도 현실 역사에서는 예외적이다. 아직은 그 역사적 지속성이나 타당성을 평가하기 어렵다.

19세기 중엽 이전 수천 년 동안 동아시아를 지배했던 국제질서가 세력균형의 질서가 아니었던 것은 분명하다. 유교적 가치관의 공유로 인해 동등한 자격으로 교류하고 협력했던 질서도 아니었다. 또한 정치경제적 공동체를 이루기 위해 동등한 권리와 의무로 주권을 넘어 통합했던 질서도 물론 아니었다. 위계적 질서의 한 형태였다.

문제는 어떤 종류의 위계적 국제질서였는가이다. 학자들은 위계적 국제질서를 상대적인 약소국가들의 정치적 독립성 여부에 따라 흔히 공식 제국(formal empire)과 비공식 제국(informal empire)으로 구분한다.[8] 필자는 이러한 구분을 피하고자 한다. '제국'을 공식적인 것과 비공식적인 것을 모두 포괄하는 개념으로 확장할 경우 '제국'은 '패권'이라는 개념과 차별성을 상실한다. 또한 제국이 위계질서 그 자체와 동의어로 됨으로써 그 두 개념들이 갖고 있는 학문적 개념으로서의 차별성을 활용하기 어렵게 된다. 제국이라는 개념을 무분별하게 남용하는 효과를 낳는다. 학술적인 엄밀성뿐 아니라 개념의 이념적 남용으로 연결될 우려도 없지 않다.[9] '제국'은 공식적인 위계적 국제질서에 한정해서 사용하게 될 것이다. 공식적이든 비공식적이든 모든 위계적 국제질서를 제국으로 묘사하는 용법을 여기에서는 피하고자 한다.

데이비드 강은 위계적 국제질서를 공식 제국과 비공식 제국으로 나눈다.[10] 필자는 그것을 수정하여 위계적 국제질서를 "공식적 위계질서(formal hierarchy)와 비공식적 위계질서(informal hierarchy)"로 구

---

8) 중상주의적인 직접적 식민지배체제를 '공식적 제국'이라 하고, 직접지배는 없는 '자유무역 제국주의'는 '비공식적 제국'으로 부른 대표적인 예는, John Gallagher and Ronald Robinson, "The Imperialism of Free Trade," *The Economic History Review*, Vol.6, 1953. 위계적 국제질서를 공식 제국과 비공식 제국으로 구분하여 자신의 논지를 전개하는 최근의 대표적인 예로는, David C. Kang, "Hierarchy and Stability in Asian International Relations," in G. John Ikenberry and Michael Mastanduno, eds., *International Relations Theory and the Asia-Pacific*, New York: Columbia University Press, 2003, pp.165~166 참조.

9) '비공식 제국'의 개념을 무비판적으로 받아들여 오늘날 미국과 그 패권질서하의 세계를 미 제국이라 한다면, 현재 공식국가들이 모두 미국의 실질적인 지배하에 있을 뿐만 아니라, 현재 공식국가들의 독립성은 허구이며 억지라는 함의를 갖게 된다. 민주적 정치체제를 이룩한 나라들의 경우에도 이들이 갖고 있는 정치적 독립성이나 사회문화적 자율성은 '가공의 실재'에 불과하다는 자기부정(自己否定)을 동반한다. 이때 '제국'은 세계질서에 대한 내재적 비판의 개념적 도구가 되기보다는 이 질서에 대한 숙명적 긍정의 논리로 변질될 위험성을 갖게 된다.

10) David C. Kang, "Getting Asia Wrong: The Need for New Analytical Frameworks," *International Security*, Vol.27, No.4(Spring 2003).

분하고자 한다. 그 질서 안에서 상대적으로 약한 국가나 민족들이 형식적으로라도 독립적인 정치단위를 유지하는 경우는 비공식적인 위계질서이다. 정치외교적인 형식에서도 속방, 속국, 번국, 보호령, 식민지 따위로 주도국과 주변국 사이에 공식적인 위계가 설정되어 있는 국제질서는 공식적인 위계질서이다.

공식적 위계질서와 비공식적 위계질서는 다시 각각 두 가지 형태로 나누어볼 수 있다.

먼저 비공식적 위계질서를 둘로 나눌 때의 기준은, 공식적인 동등성에도 불구하고 국가들 간에 존재하는 비공식적인 위계가 거의 완전한 자율성 부재, 즉 '지배권'(dominion, 또는 protectorate)의 수준인가, 아니면, 상당한 주권적 제약에 해당하는 '영향권'(sphere of influence) 정도인가 하는 것이다. 베스트팔렌적인 주권적 동등의 외양에도 불구하고 그 질서 안의 상대적 약자들이 강자에 대해서 보호령의 위치에 있는 경우를 우리는 20세기 카리브 해 연안의 중미국가들과 미국의 관계에서 찾아볼 수 있다. 이들은 흔히 '바나나 공화국'(banana republic)이라고 불린다. 한편 주권적 외양을 갖추되 지배권적 수준은 아니지만 그 질서의 상대적 약자들이 강자로부터 상당한 군사정치적·외교적 자율성에 제약을 받고 있는 경우, 즉 '영향권'의 관계에 있는 경우를 우리는 '패권'(hegemony)의 질서라고 볼 수 있다.[11)]

공식적 위계질서도 둘로 나눌 수 있다. 한편에서는 그 질서 안에서 상대적 약소국가나 약소민족들이 형식뿐 아니라 내정(內政)을 포함한

11) 전후 동아시아에서 미국의 패권적 영향력(및 그 제한적 성격까지를 포함하여)의 성격에 대한 적절한 분석으로는, Michael Mastanduno, "Incomplete Hegemony: The United States and Security Order in Asia," in Muthiah Alagappa, ed., *Asian Security Order: Instrumental and Normative Features*, Stanford: Stanford University Press, 2003, esp., pp.143~146 참조.

실질적 자율성도 극히 제한되어 있는 경우가 있다. 다른 한편에서는 형식에서는 속방관계에 놓여 있지만 내정을 포함한 실질적 자율성은 확보하고 있는 경우가 있을 수 있다. 전자와 같이 형식적 독립성과 내용적 자율성 모두 없는 경우의 국제질서는 말 그대로 제국이다. 제국의 질서는 과거 로마나 근대 유럽 열강들이 수립한 제국들처럼 주변이나 멀리 떨어진 외부세계에 자신들이 직간접으로 통치하는 식민지체제를 구축한 경우들이다.

반면에 후자의 경우처럼, 형식적인 독립성을 상실하여 속방으로 취급되어 그에 따른 굴종적인 외교적 의례를 갖추지만, 내정에서 거의 완전한 자치를 누리고 외교에서도 일정한 자율성을 확보하는 경우는 형식적 위계와 비공식적 자율성의 질서(international order of formal hierarchy and informal autonomy)라고 할 수 있다.[12] 전통시대 동아시아의 중화질서가 바로 이 범주에 고유하게 속해 있었다고 할 수 있다.

현실 역사 속에서 존재했고 가능했던 국제질서 범주의 지도에서 중화질서의 위치는 그처럼 공식적 위계질서와 비공식적 자율성이 결합된 체제였다. 중화질서의 개념적 지도를 그려봄으로써 확인되는 것은 상대적 약자들인 주변 국가들이 중원의 제국과 맺고 있는 관계는 다음 세 가지 면에서 다른 형태의 국제관계와 구별된다는 사실이다.

첫째, 중국과 조공관계를 맺었다는 것이 곧 중화제국 자체에 편입된

---

12) 데이비드 강이 전통적 동아시아 질서를 "공식적인 위계질서"(formal hierarchy)와 "비공식적인 평등"(informal equality)으로 파악한 것은 같은 맥락이다. 그는 서양적 국제관계의 전통이 한편으로 국가들 간의 "공식적인 평등"을 내세우면서도 다른 한편으로 "비공식적 위계질서"와 함께 거의 끊일 새 없는 국가 간 분쟁으로 점철되었던 것과 크게 대비되는 것으로 이해한다(Kang, 2003, p.67).

역사 속에 존재한 국제질서 유형과 그 안에서 중화질서의 위치

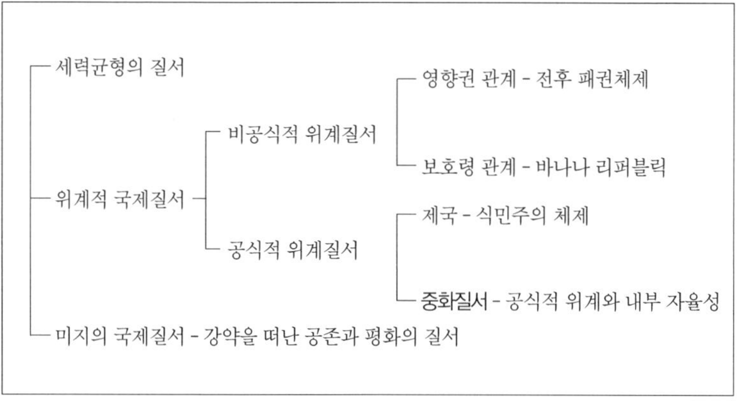

것을 의미하지 않았다. 이것은 페어뱅크도 구분짓고 있다. 즉 중화제국의 일부로 되어버리는 것과는 달랐다. 중화제국의 주변이되, 그 일부는 아니었다. 중화질서의 일부이되, 중화제국에 속한 것은 아니었다. 한마디로 제국과 그 체제의 일부인 식민지국가와 달랐다.

둘째, 외양은 독립적이면서 실질은 자율성이 없는 20세기 중미국가들의 대미종속체제와도 중화질서는 구분된다. 그 반대였다. 외양은 속방이면서 실질은 자율성을 갖고 있었다.

셋째, 전후 미국의 패권체제하에서 미국과 그 영향권에 속하는 국가들 간의 관계와도 중화질서는 구분된다. 미국의 패권체제에서는 베스트팔렌적인 동등한 주권적 국가들 간의 외양을 띠고 있지만 실질적으로는 약소국가들의 자율성이 제약을 받는다. 반면에 중화질서 속에서 중국과 한반도 국가의 관계는 미국의 패권체제에서와 같이 '영향권'의 개념으로 설명할 수 있되, 주권국가적인 베스트팔렌 국제질서 개념과 달리 공식적인 주종의 외양을 갖추고 있었다.

패권체제와 중화질서의 또 다른 점은 주고 받는 영향의 성격 차이이다. 미국의 패권체제에서는 약소국가들의 주권적 외양은 존중되지만,

그 나라의 군사전략적 및 경제적 자원과 정책에 대한 실질적 영향력 행사에 미국 패권의 존재 의의가 있다. 따라서 미국은 종종 약소국가들의 정치질서와 경제정책에 직간접으로 실질적인 개입을 해왔다. 반면에 중화질서에서는 약소국가들의 경제정책이나 정치권력 승계 등의 내정 문제에 대한 직간접적인 중국의 개입은 더 제한적이었으며, 주로 군사외교적인 차원에서 자율성이 크게 구속받았다.

3. 위계적 안보 레짐으로서의 조공·책봉체제

책봉체제의 주재자인 중국과 그로부터 책봉을 받는 주변국, 즉 피봉국(被封國)의 관계는 어떤 것인가. 이에 대해 서양 학자들은 그 위계적이고 주종적인 성격을 주로 주목하고 강조하는 경향을 띤다. 반면에 역사적으로 전형적인 위계적 피봉국의 위치에 있던 한국이나 적어도 때때로 중국과 책봉관계에 있었던 일본의 학자들은 한국이 그 안에서 실질적으로 누렸던 내적 자율성에 주목하는 경향을 띤다.

앞서 김한규가 언급한 대로 니시지마 사다오는 "중국 주변의 민족이나 국가들이 언제나 중국을 중심으로, 중국을 매개로 하여 일원적으로 결합해 있었다는 중국 중심 사관을 노정"했다는 비판을 받아왔다. 하지만 니시지마는 책봉체제가 실질적으로 성립한 시점을 3~5세기 무렵 중국이 분열되어 다핵적 상태를 이루고 있는 상황에서 한반도와 일본의 국가들이 상호 호혜적 동기에서 조공과 책봉을 교환한 데에서 찾았음을 주목할 필요가 있다. 애당초 그처럼 다원적이고 상호적인 교린적 성격의 기원을 가진 동아시아 세계의 책봉체제가 중국의 강력한 통일제국들이 들어서면서 중국 중심의 일원적 체계로 변화되어간 것으로 니시지마는 파악했던 것이다. 하마시타 다케시의 조공무역체제론 역시 동아시아 세계의 조공체제를 종적인 지배와 피지배의 문제로 보기보다는 횡적인 상호작용의 차원에서 파악하는 또 다른 예라고 할 수 있다.

한편 국내 학계에서, 정용화는 "한중관계를 포함하여 전 근대 동아시아 국제관계사의 전체적이고 포괄적인 이해는 중국 중심적이고 문화론적이며 관념적인 조공제도의 틀에서 벗어나야만 가능하다"고 주장한다. 그런 맥락에서 "조공제도의 불평등한 관계를 굴욕적인 것으로 보는 현재적 관점의 서구중심주의에서도 벗어나야 한다"고 강조하고, 대신에 '주변'의 관점에서 당시대의 조건·인식·태도를 세밀하게 추적하여 '이념형'이 아니라 '현실형'을 복원할 것을 촉구했다.[13] 이러한 문제의식에서 정용화는 "조선은 조공을 통해 중국으로부터 국가안보와 내치외교의 자주를 보장받았다"는 점을 강조했다.[14] 조공체제에의 참여가 조선이라는 한반도 국가에게 전략적인 합리적 선택이었다는 점을 부각시키고자 한 것으로 이해된다.

반면에 많은 서양 학자들은 조공책봉체제를 공식적이고 실질적인 위계의 차원으로 해석하는 경향이 강하다. 최근까지 서양의 중국사 연구자들을 대표해온 인물이라고 할 수 있는 존 페어뱅크가 그 좋은 예이다. 중국을 중심에 두고 형성된 중국과 외부세계와의 관계를 페어뱅크는 "등급화되고 동심원적인 위계질서"(graded and concentric hierarchy)라고 정의했다. 엄밀한 의미에서 국제적 또는 국가 간(international or interstate)이라는 개념이 어울리지 않는 그런 질서였다고 보았다. 국가(nation)라든가, 주권이라든가, 또는 동등한 주권을 갖는 국가들 간의 평등성과 같은 서양적 개념들을 사용하지 않았기 때문에 전통적인 중국적 세계질서는 '국제적 관계'로 부를 수 없다는 것이다.[15]

---

13) 정용화, 2005, 82쪽.
14) 정용화, 2005, 96쪽.

페어뱅크가 중화질서를 대비시키는 대상은 기독교문화지대로 되어간 유럽 지역에서 형성된 국제질서였다. 근대 유럽의 국제질서는 기독교문화 안에서 적어도 이념적으로는 동등한 주권을 가진 독립적인 많은 국가들이 정밀한 영토분할과 정통성 개념을 기초로 세력균형을 이룬 것이었다. 페어뱅크에게 중화질서가 유럽 질서와 다른 근본적 차이는 사상과 이념에서 중국의 보편적 우월성을 전제로 중국의 천자를 중심으로 하여 위계화된 중앙집중적 질서라는 점이었다.[16)]

니시지마는 책봉체제를 서술함에서 중국이 다핵적 상태에 놓였던 3~5세기 중국과 동방 국가들의 관계에서 출발했다. 반면에 많은 서양학자들은 조공책봉체제 또는 중화질서의 원형을 명청대의 중국과 주변국 관계에서 찾는다. 이들은 중국적 세계질서가 고전적인 형태를 이룩하게 된 것은 중화질서가 강력한 일원적 체계를 이룩했던 명청 시기라는 관점을 취하고 있는 것이다. 서양학자로서 중화질서에 대한 체계적 이해를 시도한 대표적인 학자인 존 페어뱅크는 청대의 중화질서를 그 전형으로 파악하고 그 특징을 분석해 보였다.[17)] 마크 맨콜도 "동아시아적 세계질서"가 고전적인 형태를 이룩하게 되는 것은 명과 청대의 일로 말했다.[18)] 이것은 그들이 조공책봉체제가 가진 종적이고 실질적인 위계적 성격을 강조하는 것과 결코 무관하지 않다.

필자는 조공책봉체제를 중국의 속방으로 불리면서도 실질적인 내적 자율성을 가진 국가들과 중국 사이에 전쟁과 평화를 규율하는 일종의 '안보 레짐'의 성격을 가진 외교제도였다고 정의하고자 한다. 필자는 앞

---

15) Fairbank, 1968, pp.2, 5.

16) Fairbank, 1968, p.9.

17) Fairbank, 1968, "A Preliminary Framework," esp., pp.4~14.

18) Mancall, 1968, "The Ch'ing Tribute System: An Interpretive Essay," p.66.

서 위계적 국제질서를 크게 두 가지로 분류했다. 공식적 위계와 비공식적 위계가 그것이다. 이 둘 중에서 비공식적 위계는 안보질서이고, 공식적 위계는 지배의 체제인가? 필자는 그렇지 않다고 본다. 공식적 위계질서 안에서도 제국은 지배의 체제이다. 그러나 중화질서에서는 종속적 지위에 있는 국가도 내치(內治)에서 실질적 자율성을 가지고 있었다. 외교에서도 일정한 자율성을 갖고 있었다. 그런 점에서 지배의 양식이라기보다는 안보 레짐의 성격이 강했다.

국제 레짐(international regimes)의 개념은 주로 자유주의적 제도주의자들에 의해 개발되고 활용되어온 개념이다.[19] 그러나 오늘날 국제정치학 이론에서 현실주의자들도 그러한 레짐 형성의 주체가 근본적으로 힘의 관계의 소산이라고 주장할 따름이지, 그 레짐의 존재나 효용을 부정하지는 않는다. 국제 레짐은 사실상 "국제적 제도"(international institutions)라는 개념으로도 통할 수 있다. 이 또한 제도주의자들과 함께 신현실주의자들 역시 다같이 동의하는 개념정의이다. 로버트 코헤인에게 제도는 "(행위자들의) 행태적 역할을 처방하고, 활동을 통제하며, 기대치를 틀짓는 지속성 있고 상호 연관된 공식적 또는 비공식적인 일련의 규칙들"을 의미한다.[20] 이러한 정의는 존 미어셰이머와 같은 현실주의자들에게도 공통된다.[21]

---

19) Stephen D. Krasner, ed., *International Regimes*, Ithaca, N.Y.: Cornell University Press, 1983; Robert O. Keohane, *International Institutions and State Power: Essays in International Relations Theory*, Boulder: Westview Press, 1989.

20) Robert O. Keohane, 1989, p.163.

21) John J. Mearsheimer, "The False Promise of International Institutions," *International Security*, Vol.19, No.3(Winter 1994·1995), p.8; David A. Lake, "Beyond Anarchy: The Importance of Security Institutions," *International Security*, Vol.26, No.1(Summer 2001), p.131에서 재인용.

필자는 오늘날 국제정치학 이론에서 그와 같이 정의되고 있는 국제 레짐 또는 국제제도의 개념에 비추어서, 전통시대 중화질서는 그 시대 나름의 국제 레짐 또는 국제제도였다고 생각한다. 물론 근대 서양의 베스트팔렌 체제에서 상호 주권이 인정된 국가들의 관계와는 다르다. 당시 동아시아의 국가들은 법적으로 독립적인 행위자들(de jure independent actors)은 아니었다. 그러나 내면적으로는 사실상의 독립적 행위자들(de facto independent actors)이었다. 중화질서에서 중국과 주변 약소사회들의 관계는 국가와 비국가(非國家)의 관계가 아니라 큰 사회-큰 국가와 작은 사회-작은 국가의 관계였다. 조공책봉체제는 그들 사이의 행태적 역할을 처방하고 활동을 통제하며 기대치를 틀 짓는 일련의 지속적이고 상호 연관된 제도로서 이해될 수 있다. 그러한 제도는 중국과 다른 나라들 간의 관계에 매번 협상의 결과로서 형성되거나 소멸되는 일회성이나 간헐적인 관행이 아니었다. 중국과 비중국 사회들이 상호 조공과 책봉의 관계를 부여(허용)하거나 수용할 때, 그로 인해 치러야 할 정치적 비용과 안보적 및 경제(무역) 효과에 대한 일정한 기대들에 대한 일반화된 개념이 존재했다. 그리고 그러한 기대와 그에 기초한 행위양식은 큰 틀에서 통시적인 지속성이 있었다.

중국은 비중국 정부의 신속(臣屬)을 획득함으로써 그 세력으로부터의 안보위협을 제거하는 효과를 얻었다. 그 대신 신속하는 정부의 통치영역과 내치에 대한 자율성을 인정해주어야 했다. 비중국 정부는 중국 조정에 대한 신속과 그에 따르는 위계적 외교의례를 치러야 했다. 근대 주권국가들 간의 관계에서는 이해하기 힘든 굴욕적 요구까지도 때로 포함하는 조공을 바쳐야 했다. 그러나 그 대신 상대적으로 우월한 권력을 가진 중국으로부터 안전을 보장받고 경제와 문화가 발달한 중국과 평화적인 경제문화관계를 향유할 권리를 획득했다. 또한 비중국 정부의 통치자는 자신의 영토 안에서 통치자로서의 정치적 정통성을 인정받는 효과도 누렸다. 대외적인 안보이익과 함께 내적 통치의 정통성의 기반을 확립하는 내부적인 이데올로기 효과도 누린 것이다.

전후 미국의 패권질서에서 미국과 그 영향권에 속하는 국가들 사이의 관계를 미국에 의한 지배(domination)의 양식으로만 보는 경우는 드물다. 그보다는 안보질서의 한 양식으로 파악하는 것이 일반적이다. 미국이 전후 한국 및 일본을 비롯한 많은 나라들과 맺은 안보관계는 주권국가들 간의 조약이라는 외양을 갖추고 있지만 실질에서는 다양한 형태의 비대칭적인 권력관계를 노정하는 불평등조약의 성격도 있었다. 변형된 형태의 치외법권적 권리와 동맹국들의 영토를 언제든 자신의 군사기지로 활용할 수 있는 권한들이 그에 포함된다. 어떤 의미에서 그러한 안보조약에 담긴 내용적 비대칭성(asymmetry)은 미국과 그 동맹국들 사이의 비공식적인 위계를 공식화한 측면이라 할 수 있었다. 그럼에도 미국과 한국의 관계, 미국과 필리핀의 관계를 지배와 종속의 억압적이고 착취적인 관계로 보는 경우는 드물다. 상호긍정에 의한 안보 레짐의 한 양식으로 파악해왔다. 그렇다면, 공식적 위계의 외양을 갖고 있었다고 하더라도, 중국과의 관계에서 비중국 통치자들이 누렸던 실질적인 자율성을 고려할 때, 중화질서적인 책봉과 조공의 관계를 비억압적이고 비착취적인 상호적 안보 레짐의 한 형태로 보지 말아야 할 이유는 없다.

근대 유럽 질서에서 베스트팔렌적인 주권개념과 주권국가들 간의 외교양식이 발전했듯이, 중국적 세계질서에서는 위계적인 형태로였지만 중국과 비중국 사회들 간에 외교적 위계화를 대가로 속방의 내적 자율성을 인정하고 평화교린관계를 맺는 외교양식이 개발된 것이었다. 근대 유럽 국가들은 유럽의 다른 주권국가들과는 동등한 외교양식을 개발했지만, 그들은 동시에 그들에게 미개인(未開人: uncivilized peoples)이었던 비유럽 세계의 사회들을 철저하게 식민지화하는 질서를 발전시켰다. 반면에 중국적 세계질서가 중국 자신과 그 주변 만이(蠻夷)의 사회들과 발전시킨 관계양식은 조공체제라는 위계적인 평화교린의 질서였던 것이다. 이것은 유럽 국가들이 개발한 국제질서 양식의 이중성에 비해 제3의 양식으로서 시사하는 바가 적지 않다. 유럽에서는 유럽 국가들 내부의 세력균형에 기초한 주권적(베스트팔렌적) 관계이거나, 그렇지 않으면, 비서구(非西歐) 국가들과의 사이에 정치군사적 직접지배와 경제적 수탈을 동반하는 식민주의·제국주의적 관계이거나, 이 두 극단의 경험만이 존재했다. 이 같은 유럽적 경험에서는 동아시아의 제3의 양식이 내포한 고유성이나 독자성을 이해하기 어려울 수밖에 없었다.

힘의 중심과 주변부 간의 관계양식으로서 중국적 세계질서가 창의(創意)한 조공책봉체제라는 관계양식은 유럽이 개발한 두 개의 극단, 즉 한편으로 주권국가들 사이의 권력균형에 기초한 대등한 외교양식과 다른 한편으로 이른바 미개한 족속과 사회들에 대한 착취적인 식민질서 사이의 중간이라고 할 제3의 관계양식이었다. 그것은 중심과 주변부 사회들 간의 하나의 위계적인 안보 레짐의 양식이었다고 해도 무방하다.

페어뱅크가 중화질서를 국가들 간의 관계가 아닌 '비국제적(非國際的)' 질서라고 했을 때, 그가 진정한 '국제'질서의 기준으로 삼은 것은 물론 유럽 국제관계에서의 베스트팔렌적 주권일 것이다. 그러나 '베스트팔렌적 주권'의 개념이 사실은 19세기 유럽에서 국가 자율성이 일시적으로 전성기를 누렸던 시기에 하나의 이데올로기로 발전한 신화(Westphalian Myth)에 불과하다는 분석이 제기된다.[22] 스티븐 크레이스너가 유럽의 국제관계에서도 주권은 '위선'의 요소들을 안고 있었다고 지적한 것과도 일맥상통한다.

---

22) Andreas Osiander, "Sovereignty, International Relations, and the Westphalian Myth," *International Organization* 55, 2, Spring 2001, pp.251~287. esp., p.282.

베스트팔렌적 주권 이념은 '규범적 논리'(logic of appropriateness)에서는 힘의 우열을 넘어선 보편적 자율성을 내세웠다. 그러나 유럽 국가들 안에서도 특히 19세기 오토만 제국의 해체와 함께 등장한 국가들이나 제1차 세계대전 이후에 창설되거나 재건된 국가들에 대해서는 국가들 간의 힘의 비대칭성을 반영하는 강제와 부과(coercion and imposition)가 횡행하여 결과의 논리(logic of consequences)가 지배하곤 하였다. 그래서 근대 유럽 국제질서의 개념적 기초로서의 주권 역시 '조직적인 위선'(organized hypocrisy)의 수준을 넘어서지 못했다고 크레이스너는 주장한다.[23] 그렇다면 전통시대 동아시아 질서에서 중국과 주변 국가들의 공식적 위계는 근대 유럽 국가들 간의 비공식적 위계에 비해 정도가 더 심한 것일 수는 있겠지만, 덜 위선적인 것이었다고 할 수도 있다.

조공책봉관계를 가리켜, 노태돈이 "조공국은 상하 형식의 전례(典禮)를 승복하고 책봉국 중심의 국제질서를 인정하는 반면, 책봉국은 조공국의 '자치와 자주'를 인정하는 선에서 균형을 찾는 절충"이라고 표현한 것처럼, 두 국가 사이에 객관적인 힘의 우열에 따라 자동적으로 성립되는 질서는 물론 아니었다. 흔히 유동하는 힘의 역학관계를 반영하면서 일련의 무력 충돌을 겪고 난 다음에 분명해진 우열에 따라 서로 주와 종의 서열을 확인하면서 화평의 틀로서 비로소 선택되는 경우가 많았다. 노태돈이 통일 이후 신라와 당나라의 관계가 "격렬한 변화와 진통의 과정을 겪은 뒤" 조공책봉관계로 기본 윤곽이 정리되기까지의 과정을 주목하듯이, "피책봉국이 책봉국의 자의적인 무력침탈을 저지할 수 있을 때 비로소 양자 간의 관계가 안정적일 수" 있었고, 그만큼

23) Stephen D. Krasner, *Sovereignty: Organized Hypocrisy*, Princeton: Princeton University Press, 1999, esp., pp.40~42, 237.

"지속성을 지닌 조공책봉관계는 일방적인 관계가 아니고 쌍방적인 관계이며, 양자 간의 힘의 절충을 기본으로 하는" 것이었다.[24)]

또한 그 관계 안에서 주와 종의 권한과 의무의 내용도 일정한 것은 아니었다. 책봉국이 조공국의 의무와 관련해 무리한 요구를 하는 경우도 있고 조공국이 책봉국의 요구에 응하는 수준에도 시기와 상황에 따라 차이가 있을 수 있었다. 그러나 필자가 이와 관련해 동아시아 질서에서 특히 주목하고 중요하게 생각하는 것은, 조공책봉관계가 현실에서의 객관적인 힘의 역학을 반영한 것이되, 어떤 일정한 시점, 일정한 수준에서 책봉국의 외교적 중심성과 조공국의 실질적 자율성 사이에 절충을 취해 평화적 관계를 제도화하는 규범과 전례가 파괴적인 전쟁이나 식민주의에 대한 대안과 선택으로서 전통적 동아시아 국제관계에 열려 있었다는 사실 자체인 것이다.

4. 중국-북방 관계축에서 조공·책봉체제의 기원과 그 성격

학자들은 중화질서는 "어떤 특정한 시점에 성립된 것"이 아니라, 중화제국의 확장과정 속에서, 그리고 중화제국과 초원지대 유목사회들의 상호작용의 역사 속에서 비교적 긴 세월에 걸쳐 "형성되어간 것"으로 본다. 이것은 많은 학자들이 중화질서의 형성을 굳이 어떤 특정한 시점에 정립된 것으로 보기보다는 장기간에 걸친 "진화"(evolution)의 결과로 보고 있는 것과 상통한다.[25)]

중화질서는 명청대에 이르러 고전적이고 전형적인 틀을 보여주는 것

---

24) 노태돈, 「나·당전쟁과 나·일관계」, 역사학회 엮음, 『전쟁과 동북아의 국제질서』, 일조각, 2006, 128쪽.

25) Wang Gungwu, "Early Ming Relations with Southeast Asia: A Background Essay," in Fairbank, ed., 1968, p.62.

이지만, 그 질서는 대체로 중국에 제국체제가 정착된 한(漢) 제국 이래 2천 년간 동아시아 질서를 구성한 것으로 이해된다. 페어뱅크는 중국의 내적 사회질서의 전형을 전능자로서의 천자의 위상의 확립에서 찾고, 중국적 세계질서의 위계적 질서는 그 내적 질서가 중국과 다른 모든 것과의 관계양식에 투영되어 나타난 것으로 본다. 그런데 중국 천자와 다른 것들과의 관계양식은 이미 상(商)나라 시대에 확립되었다고 지적한다.[26] 그만큼 중화질서의 시원을 멀리 찾을 수 있음을 시사한다. 그러나 페어뱅크 역시 중국적 세계질서가 존속한 기간을 2천 년 정도로 봄으로써 한 제국 시기에서 중화질서의 시작을 찾는 것으로 볼 수 있다.[27]

많은 학자들은 한대(漢代)에 중화제국이 초원의 유목제국과 만나면서 조공책봉체제의 유용성을 발견하고 이를 제도화시키려 했다는 데에 대체로 의견을 같이한다. 유잉시는 한 제국이 북방 초원지대의 유목세력인 흉노족에 대한 유화책으로 조공책봉제도를 도입했다고 말한다.[28]

---

26) Fairbank, 1968, p.6. 천자가 전제군주적 통치권을 행사한 것은 그처럼 오래된 일이지만, 역사학계에서 일반적으로 파악하는 중국의 황제지배체제 성립 시기는 훨씬 이후의 일이다. 기원전 3세기 진(秦) 제국의 성립과 함께 황제지배체제는 시작되지만, 현실에서 이 체제가 정착된 것은 전한(前漢) 중엽을 기다려야 했다는 것이다. 정하현은 진한(秦漢) 시기 황제지배를 뒷받침한 이념적 지주는 신비주의와 가부장적 군주관이었으며, 이 안에서 황제는 신적(神的) 세계와 현실세계를 연결하는 매개자인 동시에, 가부장 관념으로 상징적으로 표현되는 공동체적 기능의 계수자로 존재하였다고 이해한다. 정하현, 「황제지배체제의 성립과 전개」, 서울대학교 동양사학연구실 편, 『강좌 중국사 I: 고대문명과 제국의 성립』, 지식산업사, 1989, 206, 245쪽.

27) Fairbank, 1968, p.4.

28) Ying-shih Yu, *Trade and Expansion in Han China: a study in the structure of sino-barbarian economic relations*, University of California Press, 1967, p.38; Gina L. Barnes, *The Rise of Civilization in East Asia: The Archaeology of China, Korea and Japan*, New York: Thames and Hudson, 1999, p.198.

호전적인 변방의 지도자들로부터 천하에 대한 중화제국의 주권을 인정받는 대가로 그들에게 귀중한 비단제품을 선물로 주었다. 전략적 지역에서 상비군을 유지하는 것보다 비용이 적게 든다는 전략적 판단 때문이었다. 이 조공체제는 기원전 1세기 중엽에 더욱 보강되었다. 한 제국의 전략적 변방 경영에 효과적인 것으로 판단되었기 때문이다. 그 결과로 한 제국의 조정에 큰 재정적 부담으로 작용하기도 했다. 지나 반스는 이 시점에 조공체제가 형성되었다는 증거를 한 제국의 중심에서 생산되는 진귀한 물건들이 변방사회의 엘리트 집단으로 다량 흘러들어갔음을 보여주는 고고학적 증거들을 통해 뒷받침한다.[29)]

중국의 국가들과 만이로 통하는 세력들 간의 상호작용은 물론 훨씬 이전부터 시작되었다. 그러나 그것이 곧 나중에 성립된 조공체제는 아니었다. 만이의 국가들과 중국의 국가들이 체계적인 국가 간 관계를 구성하기 시작한 것은 춘추전국시대(春秋戰國時代: 기원전 770~221)의 초기에 해당하는 기원전 8세기였다. 명목상 주(周)에 소속된 중국의 국가들은 상황적 필요에 따라 비중국 국가들, 즉 융(戎: Jung)이나 적(狄: Ti)과 같은 이족(夷族)들과 대등한 평화협정을 맺곤 했다. 적대행위 중지, 교린관계 수립, 상호원조, 공동의 적에 대한 동맹 등이 그 내용을 이루었다. 중국의 국가들이 이족 국가들과 평화협정을 맺은 이유는 중국 국가들 간의 경쟁에서 이족과의 전쟁은 국력 손실을 초래하는 부담이 있었을 뿐 아니라, 중국 안에서의 경쟁을 위해서도 이족들의 자원을 동원할 필요가 있었기 때문이다. 진(秦)의 위창(Wei Chiang)이 융과 화친을 해야 하는 근거로 제시한 5가지 항목은 정치·경제·군사적 실용주의에 기초한 평화주의적 정치전략을 담고 있었다.[30)]

---

29) Barnes, 1999, p.198.

30) Nicola Di Cosmo, *Ancient China and Its Enemies: The Rise of Nomadic*

북방에 기마군단을 거느린 흉노가 등장하면서 진시황이 중국 통일과 동시에 만리장성을 완성했지만, 만리장성의 효용은 그렇게 오래 가지 못했다. 중원에 한 제국이 등장하자 북방 흉노도 제국을 건설했으며, 한은 흉노의 군사적 위협에 시달린다. 이 시기에 흉노의 통치자는 '선우'(單于: Shan Yu)로 불렸는데, 그것은 중국의 황제와 마찬가지로 천자(son of Heaven)의 뜻을 가진 것이었다. 흉노제국의 기마병들은 30만에 달했으며, 초원에서 먹을거리가 떨어진 겨울에는 자주 북중국을 침탈하곤 했다.[31] 한 고조(漢高祖)가 평성(平城: P'ing-ch'eng)에서 흉노족의 함정에 빠졌다가 가까스로 도주한 기원전 200년에 한과 흉노 사이에 공식적인 외교관계가 성립했다. 고조는 흉노의 황제에게 사절단을 보내 화친을 청했다. 이 화친정책은 네 가지 조항을 담고 있었다. 첫째, 한은 흉노에게 매년 일정한 양의 비단, 술, 곡식, 및 기타 식료품을 보낸다. 둘째, 한은 자신의 공주를 흉노의 황제에게 보내 혼인시킨다. 셋째, 흉노와 한은 동등한 등급의 국가로 간주한다. 넷째, 두 나라 사이의 공식 경계를 만리장성으로 한다. 흉노는 이 제안을 받아들여 평화를 택했다.[32]

이 시대 중국적 세계질서는 중국에 의한 일원적 패권질서가 아니었고 따라서 조공체제 또한 중국 중심의 일방적인 것이 아니었다. 그 질서는 이중적 구조를 띠었다. 디 코스모에 따르면, 한은 다시 문제(文帝) 때인 기원전 162년 흉노제국과 평화조약을 맺는다. 만리장성 북부

Power in East Asian History, Cambridge: Cambridge University Press, 2002, pp.116~118.

31) Edwin O. Reischauer and John King Fairbank, *East Asia: The Great Tradition*, Boston: Houghton Mifflin Company, 1958, 1960, p.95.

32) Thomas J. Barfield, *The Perilous Frontier: Nomadic Empires and China, 221 BC to AD 1757*, Cambridge, M.A.: Blackwell, 1989, pp.45~46.

는 흉노제국의 영역이고 그 이남은 한(漢)의 영역이라는 것이 그 골자였다. 대등한 강대국 간 영향권 협정이었다. 대신 두 제국 사이에 낀 중앙아시아의 약소국가들과 오아시스 국가들은 두 강대국의 영향권 경쟁의 대상이었고, 그들은 어느 한 제국과 조공관계를 맺었다. 기원전 1세기 중엽 흉노제국은 몰락한다. 그러나 그 이전까지 한 제국과 흉노제국은 동등한 위상을 상호인정하는 강대국 관계를 구성했다. 그 이외의 약소국들과 두 제국이 각기 맺은 조공체제는 한편으로 외교에서는 종속적이었으나, 내정에서는 "사실상 완전한 자율성"(virtually complete autonomy)이 보장되는 관계였다.[33]

한 제국 시대에 한반도 북부와 남중국 아래의 베트남은 한 제국이 팽창하는 영역이었다. 베트남은 자발적으로 한에 대한 신속과 조공관계를 선택함으로써 정벌을 면했다.[34] 반면에 한반도 북부의 위만조선은 한 제국에 순순히 신속하지 않았다. 그 결과 군사적 정복과 직접통치의 대상으로 되었다.

요컨대 중국 중심의 세계질서는 한 제국 시대에 북방의 새로운 도전세력인 유목민족과 세계를 반분한 가운데 한이 자신의 영향권 영역으로 여긴 남만주와 남중국 그리고 중앙아시아에서 확립한 위계적 국제질서로서 조공체제가 형성되어간 것으로 볼 수 있다. 그 체제에 순응을 거부하고 한반도 북부와 남만주 일부지역을 중심으로 스스로 정복국가를 추구한 위만조선은 정벌당했다. 거기에 순응한 중앙아시아의 약소

33) Di Cosmo, 2002, pp.196~199.

34) 기원전 179년 즉위한 한 문제는 베트남의 왕에게 편지를 보냈다. 베트남과 한 사이에 근래에 발생한 국경문제에 언급하면서, 한나라는 베트남을 점령할 의사는 없지만 베트남 왕이 최근 왕이라는 명칭 대신에 칭제(稱帝)한 사실을 문제삼았다. 이에 베트남 왕은 즉시 한 문제에게 답신을 보내, 자신은 중국 황제에 복속하는 "조공신하"(a tributary subject)임을 자임하고 이후 적절한 방식으로 조공을 바치겠다고 맹세했다. Mancall, 1968, p.66.

국가들과 베트남은 중국과 위계적 평화를 유지했다.

중국이라는 중심국가의 정치군사적 패권능력과 문화적 헤게모니 능력은 중화질서의 중요한 기초였다. 중화질서에 빠뜨릴 수 없는 세 번째의 요건도 있었다. 중국이 주변국과 자신 사이에 공식적 위계에 기초한 외교관계를 맺도록 하되, 실질적인 자율성을 부여함으로써, 경제적 착취를 내포하지 않는 주종관계를 정치외교적 대전략으로 채택하는 사유의 등장이 그것이었다. 즉 중국과 주변국들 사이에 정치군사적 직접 지배와 경제적 약탈·착취를 동반하지 않는 종속적 외교관계 규범의 성립이었다. 이것은 중국이 정치군사적 패권능력과 문화적 헤게모니를 바탕으로 주변 국가들과 구체적인 외교행태를 통해서 주변국 지배세력들과 규범을 만들어나가고 그 규범이 일상화되는 국면을 의미한다. 물론 이 조건은 군사적 능력과 문화적 영향력이라는 다른 조건들이 갖추어진 후에 성립할 수 있는 결과이다. 그러나 그 두 조건들은 필요조건들일 뿐이며 반드시 충분조건인 것은 아니라는 점에 유의해야 한다.

정치군사적 주도력과 압도적인 문화적 영향력은 과거 식민주의나 제국주의 질서와도 통하는 부분이 있으며 전후 미국의 패권질서를 구성하는 기본요소들이기도 하다. 그러나 중화질서의 특징은 그것이 과거 공식 제국주의체제와도 다르며 그렇다고 전후 미국의 패권질서와도 다르다는 사실에 있다. 과거 제국주의질서는 직접적인 군사정치적 지배와 함께 경제적 수탈이 수반되는 제국질서였다. 반면에 중화질서는 군사정치적 지배가 곧 공식적인 직접지배를 뜻하는 것이 아니었다. 조공과 책봉이라는 제도화된 외교적 규범을 통해 공식적인 위계질서를 갖는 것이었지만 직접적인 정치적 지배는 아니었다는 점이 특별하다. 중화질서는 또한 직접적인 지배뿐만 아니라 경제적 수탈도 강요하지 않되, 상하 위계질서를 제도화한 공식적 외교규범을 중요한 특징으로 한다. 그런 점에서 중화질서는 패권질서와도 다르다.

주변국의 사신을 입조(入朝)케 하여 조공을 바치게 하고 그들이 중화질서에 소속되게 함으로써 그들을 느슨한 고삐로 통제한다는 개념이 중국의 통치자들에 의해서 중화제국에 직접 속하지 않지만 중화질서에는 참여하는 주변국들에 대한 외교전략의 기본 이념으로 정립된 시점은 언제인가? 그 이념의 성립을 보여주는 대표적인 역사적 문헌은 한 제국의 것이었다.

전한(前漢) 무제(武帝) 때, 무제의 명에 따라 서역을 사행(使行)하기 위해 장건(張騫)이 부하 백여 명을 거느리고 장안을 출발한 것은 기원전 139년 봄이었다.[35] 장건은 파란곡절을 겪으며 파미르 고원 서쪽의 나라들, 즉 대월지(大月氏: 우즈베키스탄), 대하(大夏: 아프가니스탄), 안식(安息: 페르시아), 대완(大宛), 강거(康居: 키르기스스탄) 등을 거친다. 돌아온 장건이 이들 변방 세력들을 다루는 현명한 방책에 대해 무제에게 진언한다. (군사를 개입시키지 않고) 시리(施利: 이익을 베풂)하여 입조케 하고, 정성으로 의(義)로써 속하게 하면 (중국 천자의) 권위와 덕이 사해에 두루 미칠 것이며, 덕과 예로써 그들을 '기미'(羈縻)할 것을 주신(奏申)하니 무제가 전적으로 찬동했다고 한다.[36] 이로부터 기미의 전략은 중국의 대외관계 경영전략의 핵심적인 개념으로 떠오르게 된 것이다.

여기에서 '기미'를 "고삐를 잡는 것보다 더욱 가벼운 제어방식으로 외국을 견제한다는 것"이 그 본지라고 하는 김재만의 해석은 매우 적절하다. 이 해석은 『전한서』의 「교사지」(郊祀志)에서 안사고(顔師古)가 "羈縻, 繫聯之意, 馬絡頭曰羈也, 牛靷曰縻"라고 설명한 데서 비롯한다.[37] 우리가 흔히 중화질서라고 하는 것에는 여기서 안사고가 설명하는 것에

35) 사와다 이사오(澤田勲), 김숙경 옮김, 『흉노』, 아이필드, 2007, 51쪽.

36) 김재만, 『거란·고려관계사연구』, 국학자료원, 1999, 1~2쪽.

37) 김재만, 1999, 1쪽.

비해서는 덕과 예로 표상되는 문화적 헤게모니의 요소와 주변국의 자발성이라는 요소가 좀더 의미있게 가미되는 것으로 볼 수 있으나, 근본적으로는 안사고의 설명이 그 핵심을 꿰뚫은 것이라 할 수 있다.

흔히 우리 학계에서 중화질서를 설명할 때, 사대자소(事大慈小)와 기미지의(羈縻之義)의 관계로 구분하는 것을 볼 수 있다. 이 구분에서 사대자소는 "작은 나라는 큰 나라를 섬기고 큰 나라는 작은 나라를 자애로서 대한다"는 뜻으로서, 중화질서에 편입된 속방들과의 관계를 말한다. 기미지의는 그렇지 아니한 변방 국가들에 대한 중국의 접근방식으로 이해하는 것이다. 그러나 기미지의 자체가 중국의 관점에서 중화질서 안에 있는 속방들에게 직접적 정치군사적 지배와 경제적 수탈을 부과하지 않는 형태의 간접적인 정치적 지배와 예속의 관계를 정립하고 유지하는 전략적 접근을 가리킨다고 보면 무방할 것이다. 그렇다면 사대자소와 기미지의의 구분은 사실 별 의미가 없다. 중화주의의 이데올로기를 떠나 국제질서의 내용을 볼 때 그렇다는 말이다.

기미지의라는 중국의 전략적 사고는 오늘날 존 아이켄베리가 미국 패권질서의 장기적 지속성의 기초의 하나로 거론하는 미국의 '전략적 절제'(strategic restraint)라는 개념과 일맥상통한다.[38] 아이켄베리는 미국의 패권적 질서가 과거의 헤게모니 체제와 달리 정통성(legitimacy)과 지속성(durability)을 부여하는 미국적 질서의 예외적인 포섭능력에 기초한 것으로 본다. 그 능력의 원천을 아이켄베리는 미국이 그들을 '지배'(domination)하려는 유혹과 또한 동맹국들의 안보를 포함한 세계문제로부터 손을 떼는 '방기'(abandonment)의 유혹 사이에서 두 극단을 모두 자제할 줄 아는 능력에서 찾았다. 그것을 "전략

38) G. John Ikenberry, "Institutions, Strategic Restraint, and the Persistence of American Postwar Order," *International Security*, Vol.23, No.3(Winter 1998·99); 이삼성, 『세계와 미국』, 한길사, 2001, 60~65쪽 참조.

적 절제"라는 개념으로 설명했다. 중화질서에서 중국에 대해 그 안에 포섭된 주변국가들이 기대한 것 역시 그와 크게 다르지 않았다고 할 것이다. 아이켄베리에 따르면, 미국의 전략적 절제에 대한 다른 나라들의 믿음은 미국의 투명하고 개방적인 민주적 정치제도에 의거한다. 반면에 중화질서에서 다른 주변국가들이 중국의 절제력에 대해 가진 믿음의 기초는 유교적인 도덕주의적 정치이념과 문화의 공유였다고 말할 수 있을 것이다.

어떻든 군사적 패권과 문화적 헤게모니라는 요소에 정복체제와 경제수탈을 수반하지 않는 '기미지의'적인 정치적 예속관계라는 특징을 합한 세 가지 조건이 존재할 때 동아시아에 중화질서가 등장했다고 말할 수 있다. 중국의 입장에서 안사고는 조공체제와 기미책을 '덕'(德: te)이라는 도덕적 관념으로 정당화했다. 하지만 그것을 반드시 화이관념이라는 문화적 이데올로기에 바탕을 둔 위계적 세계관의 직접적 소산이라고만 볼 수는 없다. 북방의 유목민족과의 대결이라는 상황 속에서 약소국가들과 중화제국 사이에 비용을 적정화하는 가운데 최선의 안보이익을 확보하려는 전략적 선택의 측면을 강하게 띠고 있었다는 점에 유의하고 싶다.[39)]

요컨대 직접적인 정치군사적 지배를 회피한다는 점에서 과거 공식제국주의질서와 다르고 오늘날의 미국 패권질서에 가깝지만, 주권국가 규범이 아니라는 점에서 또한 미국 패권질서와 다르다. 그러므로 직접적인 정치군사적 지배와 경제적 수탈의 관계가 아닌 형태의 정치적 예속이라는 것이 중화질서를 다른 종류의 패권적 질서들과 구분짓는 핵

39) 한 제국이 흉노족의 위협에 대처한 방책을 둘러싸고 중국의 역사인식에서 평화주의와 군사주의 사이의 지적 균형의 변천에 대한 논의는, Lien-sheng Yang, "Historical Notes on the Chinese World Order," in Fairbank, ed., 1968, pp.20~33 참조.

심적 요소가 된다. 한 제국 때 장건이 건의하고 한 무제가 적극 찬동한 '기미지의'라는 개념은 정확하게 그 시대 한 제국의 대외관계 사유에 그 같은 전략적 질서관념이 등장해 있었음을 보여준 구체적 사료라고 할 수 있다.

이처럼 중화질서와 그 제도적 장치로서의 조공책봉체제를 통한 이민족 경영의 대전략이 중국인들의 대외정치사상에 등장하고 정립된 것은 한 제국 때였다. 그러한 사상 탄생의 계기와 대상은 이미 니시지마 사다오가 지적한 대로 한반도와 일본 또는 베트남과 같은 동방의 사회들이 아니라 북방과 서역의 유목세력들이었다. 그리고 이 유목세력과의 관계에서 중국적 세계질서란 중국의 세력들과 북방민족들 사이에 고정되고 정적인 일방적 위계질서가 아니었다. 그 주종관계가 동적으로 변화하면서, 한 제국 이래 동아시아 2천 년 역사에서 약 절반의 시기를 북방의 민족들이 중국의 전체 또는 중국 문명의 요람인 북중국을 지배하였다. 중국-북방 관계축은 중국의 정치적·문화적 정체성 자체의 형성과 전개에 직접적으로 참여하였던 것이다.

5. 중국-동방 관계축과 조공·책봉체제

1) 한중 간 조공책봉체제에서 속방 자율성의 스펙트럼

중국과 주변국 간의 조공·책봉관계에서 위계의 정도와 피봉국 자율성의 수준은 시대와 경우에 따라 어떤 편차가 있었는가? 필자는 그 편차의 역사적 스펙트럼을 크게 네 개의 범주로 요약할 수 있다고 생각한다. 유형 분류의 일차적 기준은 중국에 중화민족(한족)에 의한 강력한 통일제국이 존재하여 그 중국 왕조를 중심으로 주변국들이 일원적인 조공·책봉체제를 이루었는가이다. 이 점을 기준으로 하면 크게 네 개의 유형 분류가 가능하다. 첫째는 중국적 세계질서의 가장 전형적인 시대의 하나로 일컬어지는 명대의 경우이다. 두 번째 유형은 니시지마 사다오가 동아시아 세계 책봉체제의 형성기로 지목한 3~5세기 중국의 상황이다. 삼국시대와 5호16국시대에 이어 남북조시대로 이어지는 중국의 다핵적 상황에서 복수의 중국 국가들이 한반도의 고구려, 백제 등과 맺었던 조공책봉관계이다. 세 번째 유형은 명대의 반대편에 위치하는 경우이다. 중국에 국가가 존재하지만 북중국에 강력한 북방민족이 들어서서 중국의 국가가 오히려 그 북방민족국가에게 형제관계나 부자관계로 열등한 지위를 수락한 가운데, 중국의 국가와 한반도를 포함한 주변 국가들이 맺는 조공책봉관계이다. 대표적으로 남송시대 한반도의 고려와 중국의 관계가 이에 해당한다. 네 번째는 북방민족이 중국을 점령하여 강력한 중국왕조를 건설한 경우이다. 몽골에 의한 원 제국과 만주족에 의한 청 제국의 경우가 그러하다. 이 네 가지 경우들은 저마다 중국과 주변국이 맺는 조공책봉체제의 정치군사적 차원과 문화경제적 차원에서 의미 있는 차이를 발생시켰다.

① 중화민족 통일제국형 조공책봉체제

수, 당, 그리고 명 왕조의 중국이 이에 해당한다. 이중에서도 가장 전형적인 시대는 명대이다. 정치군사적 패권과 문화적 헤게모니에서 중국과 주변 세계 사이에 일원적인 위계적 질서가 형성된다. 그러나 한반도 국가와의 관련에서 볼 때, 임진왜란과 같은 위기상황을 제외하고 피봉국가의 내적 자율성은 보장되었다. 중국왕조와 중화권의 핵심인 한반도 국가의 지배층은 강한 중화주의를 공유함으로써 이들 사이의 조공책봉체제는 매우 안정적이었다. 또한 원명교체기 한반도 지배층 내부의 친원파와 친명파의 갈등시기, 그리고 임진왜란과 같은 위기 상황에서 명이 군사적으로 개입하는 비상한 시기들을 제외하고는 한반도의 국가는 내적 자율성을 누린다. 중국과 한반도 국가 사이의 이 같은 안정적 관계와는 달리 중화권의 경계지점 또는 외부에 위치한 일본은 중국 정벌을 앞세우며 조선을 침략함으로써 일본 무신집단의 소제국주의적 지향을 드러낸다. 뒤이어 만주의 여진족은 후금 그리고 청을 세워 명 왕조에 도전함으로써 내륙 아시아권 북방세력과 중국 간의 권력정치적 경쟁의 역동성을 입증하게 된다.

수와 당 왕조와 한반도 고구려 사이의 대립은 내륙 아시아권 지역에 속하는 요동을 고구려가 차지하고 있던 상황에서 중국-북방 관계축의 대립이라는 성격을 내포했다. 이 갈등 속에서 수 왕조는 고구려 정벌 노력이 실패로 돌아가면서 먼저 멸망한다. 중국과 고구려 사이의 내륙 아시아적인 갈등은 당 왕조에서도 이어진다. 당은 고구려와 부단히 요동을 다투는 한편, 한반도의 중남부 세력인 신라와 연합하여 신라의 적이었던 백제를 멸망시킨다. 뒤이어 내륙 아시아권적인 지정학적 성격을 지니고 있던 고구려를 멸망시키는 데 마침내 성공한다. 이후 한반도와 중국 간의 중화권적 관계양식이 정립되기에 이른다.

통일신라의 경우, 한편으로는 당의 군사패권적 위치를 완전히 무시할 수 없는 중화질서에 속하게 된 것이지만, 다른 한편으로 당으로부터 실질적인 내적 자율성을 견지할 수 있었다. 통일신라와 당의 관계가 전적으로 군사패권에 의한 것이기보다는 오히려 두 나라의 지정학적 이해관계가 일치하는 동맹형 중화질서의 관계라는 측면도 내포했기 때문이다. 당은 신라와 연합하여 백제와 고구려를 멸망시켰지만, 당은 곧 신라군의 저항으로 백제와 고구려 고토(古土)의 대동강 이남으로부터 밀려난다. 그로부터 20년 후에는 요동을 포함한 고구려의 고토 전체에 발해의 건국을 수용하지 않으면 안 되었다. 당은 융성한 제국이었지만 적어도 요동과 한반도에 대해서까지 군사패권을 확립했다고 할 수 없는 상황이었다. 발해의 건국 이후 한반도의 통일신라와 당의 관계는 절대적인 차원에서는 당이 군사패권을 갖고 있는 전형적인 중화질서에 가까운 듯하다. 그러나 아시아 대륙의 동북부에서 상대적으로 당과 신라의 관계는 발해를 견제한다는 공동의 목표에 서로 필요한 동맹형 중화질서의 관계라는 성격도 함께 갖고 있었던 것이다.

② 중국의 다핵적 분열기의 조공책봉체제

고구려는 수 이전의 중국의 국가들과 조공과 책봉의 관계를 맺어 조공체제에 참여했다. 그러나 요동을 지배하려는 중화제국이 성립하기 이전의 분열된 중국의 국가들과 그렇게 한 것이었다. 또한 고구려가 받아들인 조공체제의 성격도 중국의 패권에 대한 복속이라기보다는 상호 영토적 존중을 바탕으로 한 대등한 평화적 교린관계 제도로서의 조공과 책봉관계라는 성격이 강했다. 남북조시대 중국의 국가들과 고구려·백제가 맺은 조공·책봉관계는 외교형식상 다른 시대 다른 중화제국들과 한반도 국가들이 맺고 있던 조공관계와 동일한 보편성을 갖는다.

그러나 그 구체적인 내용에서는 차이가 있었다. 즉 임기환이 지적한 대로, "피책봉국인 고구려·백제의 자립성과 독자성에 대한 중국 남북조 왕조의 용인"이었다. "고구려의 경우 남북조 양국과 모두 조공·책봉관계를 맺었지만, 그 내용에는 상당한 차이가 있었다. 특히 고구려는 북위에 대해 당시 유례를 찾기 어려울 정도로 지속적인 조공관계를 유지했지만, 조공을 국가 간 신속(臣屬)관계로 인정하지는 않았다. 북위도 이러한 고구려의 태도를 받아들일 수밖에 없었다. 북위는 동북방에서 고구려에게만 책봉호를 주었는데, 이는 곧 고구려의 세력권을 보장하는 의미를 갖는 것이었다."[40)]

---

40) 임기환, 「7세기 동북아시아 국제질서의 변동과 전쟁」, 역사학회 엮음, 『전쟁과 동북아의 국제질서』, 일조각, 2006, 57~58쪽.

③ 송 왕조형 조공책봉체제

송 왕조 시기에 중화제국과 북방민족 국가들 사이 힘의 관계는 중국에 불리하게 역전된 시기가 많았다. 거란의 요, 그리고 여진의 금에게 송은 정치군사적으로 열등한 지위를 인정하고 북방국가들에게 세공(歲貢)을 바쳐야만 했다. 마침내 송 왕조는 몽골 제국에게 멸망당하고 만다. 중국-북방 관계축의 역동성을 여실히 증명하는 것이었다.

이러한 송과 고려의 관계는 송이 고려에 대해 정치군사적 패권을 행사하는 관계가 아니었다. 차라리 북방민족국가들의 위협에 대해 공동으로 대응하는 동맹형 책봉체제의 성격이 강했다. 고려가 거란의 요에게, 그리고 이어서 여진의 금에게 정치적으로 굴복하고 신속관계를 맺은 상황에서도 고려는 송과 때로는 공식적으로 때로는 비공식적으로 외교관계를 맺는다. 이 역시 정치군사적인 종속관계가 아닌 경제 문화적인 교린의 성격이 중심이었다. 송 왕조의 문화적 헤게모니에 대한 고려 지식인 사회의 자발적 동의(同意: consent)가 발전했으며, 마침내 고려를 내부로부터 무너뜨리기에 이르는 한반도 사대부층의 성장은 송대의 문화와 학문, 특히 주자학적 세계관의 정신적 영향력에 근거한 것이었다. 요컨대 송대의 중국과 한반도 국가의 관계는 정치적 종속이 아닌 문화적 헤게모니와 경제적 관계에 바탕을 둔 고려 쪽의 자발적 동의의 차원이 강한 것이었다.

남송시대 중화권에 대한 중국 왕조의 정치적 지배력의 한계는 한반도뿐만 아니라 남방의 국가들에게도 똑같이 적용된다. 1127년 '정강(靖康)의 변'으로 휘종(徽宗)과 흠종(欽宗)이 여진이 세운 금의 포로로 잡히면서 북송은 멸망한다. 흠종의 동생 조구(趙構: 高宗)가 지금의 항주인 임안(臨安)에 도읍을 정한 남송이 시작된다. 남송의 고종은 크메르 제국과 자바, 안남, 참파 등의 동남아시아의 국가들과 관계를 재정립하기 위해 노력했다. 이에 응한 것은 안남과 참파였다. 안남에게 고종은 책봉과 조공의 대가로 완전한 독립을 약속했다. 참파는 그나마 얼마 후 조공을 그만두었다. 안남을 포함한 동남아시아에 대해서도 송의 영향력은 미미했다. 참파와 크메르 간의 전쟁에 송은 어떤 역할도 하지 않았다. 동남아의 국가들 역시 중국의 중재를 구하기는커녕 통보조차도 하지 않았다.[41)]

송대 중원을 장악한 국가(宋, 遼, 金 등)와 고려를 포함한 동아시아 국가들 사이에 명목적 조공관계는 있었다. 그러나 사실상 대등한 입장에서 국경분쟁을 둘러싼 외교협상이나 국제적 세력균형을 모색하는 국가 간 협상사례들이 가장 많이 발생했다.[42)] 다만 고려와 북베트남, 특히 고려의 경우 주로 문화적 헤게모니의 관계로서 송과의 외교관계에서 신속을 자임했다. 그만큼 한편으로 중국으로부터 속방의 자율성은 구조적으로 증대했다. 그럼에도 조병한의 지적처럼 중화주의의 차별적 세계관이 극복될 계기는 아직 나타나지 않은 것을 뜻했다.[43)]

④ 북방민족이 건설한 중화제국과의 조공책봉체제

몽골 민족이 건설한 원과 만주족이 건설한 청 제국의 경우들이다. 원과 청은 모두 내륙 아시아의 북방민족들이 세운 국가들이지만 이들이 중화제국을 건설한 이후에는 한반도의 국가와 전통적인 중국적 제도로서의 조공책봉체제를 채택했다. 특히 청나라는 한족(漢族)이 세운 중화제국인 명 왕조와 함께 전형적인 중국적 세계질서의 건설자로 통한다. 그 전통에 맞게, 청 제국과 조선이 맺은 조공책봉관계에서 조선은 내적 자율성을 누렸다. 조선이 만주족의 침공을 받은 것은 청이 중국을

41) Gungwu, 1968, p.47.

42) 조병한, 「동북아 국제질서 속의 한국사」, 역사학회 엮음, 2006, 36쪽.

43) 조병한, 2006, 36쪽.

정복하여 중화제국을 세운 1644년 이전 중국에 명 왕조가 건재한 시기에 벌어진 일이었다. 조선이 중국과 북방세력 사이의 중간에 끼인 시기였던 1627년과 1636년의 일이었던 것이다.

이에 비하면 몽골의 원나라가 고려에 부과한 조공책봉체제는 이례적으로 침투적이고 지배적인 종속체제였다. 중국 왕조들이 전통적으로 중국 중심의 정치체제의 경계지점 또는 외부에 내버려두었던 일본에 대해서까지 몽골은 고려의 인적·물적 자원을 동원하면서 직접적인 군사적 정벌을 추진했다. 니시지마 사다오는 만주족의 청과 달리 원 제국의 시대를 그가 말하는 동아시아 세계의 연속으로 보기보다는 단절의 시기로 파악했다.[44] 몽골 제국 지배양식의 침투적 성격이 그 중요한 근거일 것이다.

그러나 원 제국이 강성할 당시 고려 지배층 사회가 원 제국을 인식하는 방식은 니시지마의 시각과는 달랐다. '원 간섭기'로 불리는 몽골 제국하의 고려의 대표적인 성리학적 지식인들인 이제현(李齊賢)과 이곡(李穀)은 "화이론적 천하관에 바탕을 두고 원에 대한 사대를 정당화"했다.[45] 청 제국이 조선에 대해 전통적인 중국적 조공책봉체제의 취지, 즉 사대자소의 논리에 따라 원 제국 때와 비교할 수 없이 실질적인 자율성을 조선 국가에게 허용했음에도 조선 지식인들이 청을 중화제국으로 인정하지 않고 '존명사대'(尊明事大)를 내건 소중화주의를 견지했던 것과 매우 대조되는 것이었다. 몽골 제국은 고려에 대한 부분적 직접통제의 일환으로 고려 왕실과의 혼인관계를 맺었다. 그 결과 고려 지배층은 원 제국의 지배층과 적어도 부분적인 일체의식을 가졌다. 반면에 청대(淸代)의 조선 지배층은 고려 때보다 훨씬 체질화된 중화주의

---

44) 西嶋定生, 『中國古代國家と東アジア世界』, 東京: 東京大學出版會, 1983, 413쪽.
45) 이익주, 「14세기 후반 원·명 교체와 한반도」, 역사학회 엮음, 2006, 175쪽.

사상으로 무장하고 있었다. 청의 지배는 또한 조선 국왕에게 치욕적 신속을 강요한 가운데 청과 조선의 종속관계가 성립했다. 이러한 역사적 상황과 그 유산도 영향을 미쳤을 것이다.

2) 피봉국의 자율성의 실제: 한반도의 경우

중화질서에서 중국에 대한 한반도 국가의 정치적 예속성의 바로미터는 책봉제도가 얼마만한 구속력을 가졌는가 하는 문제로 집약된다. 이 문제는 19세기 동아시아 질서와 그 변동을 이해하는 데 중요하다. 청일전쟁을 포함하여 19세기 말 동아시아 질서가 변동하는 과정에서 중국과 일본, 중국과 세계 사이의 관계는 허구적이든 실질적이든 조선에 대한 지배권이 그 바로미터가 된다. 그것은 구체적으로 조선에 대한 청나라의 종주권을 둘러싼 것으로 압축되는 것이었기 때문이다.[46]

김한규는 『삼국사기』에 나타난 기록을 근거로 하여 조공과 책봉을 동시에 교환하는 것이 신라와 당의 국제관계의 성격을 어떻게 규정하는가를 적절히 지적했다. 서기 735년 당은 대동강 이남에 대한 신라의 영토적 권리를 부여한다. 『삼국사기』 권8, 「성덕왕기」(聖德王記)는 "(唐 玄宗이) 패강(浿江) 이남의 땅을 칙사(勅賜)하였다"고 쓰고 있다. 이에 신라는 사신을 당에 파견해 표문(表文)을 보내서 말하기를 "패강 이남의 지경(地境)을 사여(賜與)한다는 은칙(恩勅)을 받았다. 폐하(陛下)는 우로(雨露)와 같은 은혜를 베풀고 일월(日月) 같은 조서(詔書)를 내어, 신(臣)에게 토경(土境)을 주어 신의 읍거(邑居)를 넓혀주었다"고 했다.

이를 균형 있게 해석하는 문제에 대해 김한규는 두 가지를 지적한

---

46) 18세기 조선과 청의 관계에서 조선의 자율성에 대한 연구로, 남궁곤, 「동아시아 전통적 국제질서의 구성주의적 이해」, 『국제정치논총』 제43집 4호, 2003.

다.[47] 먼저 신라가 대동강 이남의 땅을 차지하게 된 것은 당이 그러한 칙사를 함으로써 비로소 된 것은 아니라는 것이다. 신라가 이미 점유하고 있던 영토를 당이 외교적으로 공인했음을 뜻할 뿐이다. 그런데 그러한 외교적 승인이 형식적인 추인에 불과한 것이었다 하더라도, 당과 신라 사이에 교환된 조공과 책봉의 행사가 무의미한 것은 아니다. 조공책봉체제는 "동아시아의 여러 국가들에 서로 다른 차등적 위상을 부여함으로써 국제관계에 일정한 질서를 발생시키는 독특한 외교체제"였다. 그러므로 "만약 당과 신라가 책봉과 조공을 교환하지 않으면, 양자 관계는 전쟁관계와 같은 무질서의 상태로 전환된다. 따라서 책봉과 조공은 양국의 관계를 평화적 관계로 안정시킴과 동시에, 양국을 포함한 동아시아 세계에 지속적이며 안정된 질서를 제공해준다."

그런 의미에서 김한규는 책봉의 행위로서 당의 군주가 신라의 군주에게 부여하는 관작(官爵)은 단순한 형식을 넘어선 것으로 본다. 어느 정도의 실질적 의미를 갖는다는 것이다. 그 대표적인 사례로 당은 신라에게 734년 발해를 공격하도록 요청하면서 신라의 성덕왕을 영해군사(寧海軍使)라는 직책을 가수(加授)한다. 이 역시 『삼국사기』에 기록된 일이다. 또 중국 측 사서인 『신당서』(新唐書) 권220, 「신라전」(新羅傳)에는 "처음 발해말갈이 등주(登州)를 약탈하자 제(帝)가 (신라왕) 흥광(興光)에게 영해군대사(寧海軍大使)를 진수(進授)하여 그로 하여금 말갈을 공격케 했다"고 적고 있다. 이것은 당나라 내부에서처럼 황제와 신하 사이의 직접적인 군사지휘체계의 문제는 아니지만, 신라에게 발해를 공격할 의무를 지우는 공식적인 요청의 제도적 표현이라는 것이다.[48]

---

47) 김한규, 『한중관계사 I』, 아르케, 1999, 300~301쪽.
48) 김한규, 1999, 301~302쪽.

조선의 경우를 보자. 조선의 최고지도자에 대한 중국의 승인권 또는 거부권이라고 할 수 있는 책봉제도는 얼마나 실질적인 것이었는가. 조선 조정이 왕세자나 왕으로 제시한 인물에 대해 중국이 승인을 거부했을 때, 조선은 이를 받아들여야만 했는가? 이 점에서 중국의 책봉권이란 대체로 정치적 상징성에 불과했던 것으로 평가되는 것이 보통이다. 그러나 경우에 따라 책봉의 관계는 매우 심각한 외교적 긴장의 요인이 되기도 했다. 조선시대 명과의 관계에서 그 대표적인 사례들은 역시 임진왜란이라는 위기 상황에서 벌어진다.

일본의 침략으로 유린된 조선에 군대를 보내 이른바 "재조지은"(再造之恩: 망해가는 나라를 다시 세워준 은혜)을 베풀고 있던 명나라는 조선의 내정에도 깊은 관심과 정보를 갖고 간섭했다. 책봉문제에도 간섭한 것은 물론이었다.

명나라 황제는 우선 조선의 왕이나 왕세자에게 "칙서"를 내려 정치에 간섭했다. 일본군이 조선을 침략한 지 두 달이 지난 1592년 6월 조선 왕 선조는 광해군에게 분조(分朝)를 구성해 지방으로 내려가 조정을 대신해 군사업무를 관할하게 한 일이 있었다. 광해군은 여러 차례에 걸쳐 함경도와 전라도, 충청도를 포함한 조선 팔도의 남과 북을 주유했다. 광해군이 서울에 돌아온 후 명나라 조정은 광해군이 계속 경상도와 전라도의 군무를 주관하라고 요구했다. 당시 선조는 미적거렸다. 1595년 3월 명나라 황제 명의의 칙서가 사신 윤근수의 편으로 도착했다. "황제는 조선국 광해군 혼에게 칙서를 내려 유시하노라. ……이제 그대에게 전라도와 경상도 지방의 군사관계 업무를 책임지도록 명령하노라. 군량미를 비축하고 병사들을 불러 모으며 진지를 구축하여 병기를 배치하고 병사를 훈련시켜 요새를 지키는 일들을 맡도록 허락하니 권율 등을 거느리고 마음을 다하여 다스릴지어다. 그대는 마땅히 분발하여 부왕의 실패를 만회하여 국가가 보존되도록 도모하고 안으로는 전쟁 때문에 생긴 상처를 치유하고 밖으로는 전비를 가다듬어 만전의 계책을 세움으로써 영원한 방책을 강구토록 하라."[49] 명의 황제가 조선의 왕세자에게 전라도와 충청도에 대한 군사지휘권을 직접 위임한 것이었다.

그러나 명 황제가 광해군에게 인사권을 직접 행사한 것이 조선 조정에 미치는 영향은 상징적인 것에 불과했다. 실제 광해군은 선조의 지시에 따라 분조를 이끌던 때와 마찬가지로 인사권과 상벌권을 선조에 보고하지 않고 행사한 일은 없었다.[50] 더 심각한 문제는 1592년 조선 조정이 광해군을 왕세자로 결정한 이후 명나라에서 왕세자 인정을 회피한 일이었다. 1592년에서 1604년까지 13년 동안 조선은 다섯 번에 걸쳐 왕세자 책봉 주청사를 북경에 보냈다. 명나라는 계속 거절했다. 광해군이 선조의 둘째아들이자 첩의 자식이라는 것이 그 이유였다. 더 큰 이유는 명나라 황제가 아직 황태자를 세우지 않은 상황이었기 때문에 조선의 왕세자 책봉을 먼저 할 수는 없었기 때문이라고 한다.[51]

그러나 조선에서 왕세자로서의 광해군의 지위는 크게 위협받지 않았다. 또한 선조가 죽은 1608년 2월 광해군은 왕으로 즉위한다. 중국이 가진 "책봉"의 권한이 조선 조정에서 왕세자 및 왕의 즉위를 둘러싸고 권력관계의 한 변수로 작용할 여지는 있었다. 그러나, 그것이 조선에서의 왕세자나 왕의 즉위 여부에 결정적인 것은 아니었다. 그렇다면 중국이 조선에 대해 가진 권한은 중국이 조선을 통제하는 상징적 수단의 하나일 수는 있었지만, 조선의 내정에 대한 직접적이고 실질적인 통제체제는 아니었다. 중국이 그러한 직접적 통제를 목표로 삼고 추구했다고 보기도 어렵다. 중국에 의한 책봉이라는 제도는 어떤 의미에서 오히려 조선 안에서 왕권의 정통성을 확립하려는 상징적 요소들 중의 하나였

---

49) 한명기, 『광해군』, 역사비평사, 2000, 69~70쪽.

50) 한명기, 2000, 71쪽.

51) 한명기, 2000, 72~73쪽.

다. 중화주의적 세계관에 지배되는 조선의 지배계층 전반에서 집권세력에 의해 활용된 이데올로기적 장치였던 것이다.

실질적 위계질서는 정치군사적 지배와 함께 경제적인 착취를 수반한다. 18세기에서 20세기 전반에 이르기까지 서양 제국주의와 식민지들의 관계가 그러했다. 서양 제국주의는 자본주의와 산업문명에 근거한 근대적인 현상이었다. 본성적으로 대외 팽창적 성격을 띠었다. 시장 확보와 값싼 노동력 착취를 통한 경제적 착취체제, 그리고 그것을 확립하고 유지하기 위한 치열한 군사적 지배를 동반했다. 반면에 중화질서는 농업문명에 기반을 둔 전 근대적 현상이었다. 그 결과 중화주의에 따른 중국의 지배는 일종의 도덕적·문화적 지배로서 주변국가의 내면에 대한 정치적 지배나 경제적 착취를 필연적으로 수반하지는 않았다.[52)]

중국은 조선의 종주국이고 조선은 중국의 속방(屬邦)이라고 하는 "청한(淸韓) 종속체제"는 말하자면 "자발적 사대와 비착취적인 보호"라는 내용을 담고 있었기 때문에, 중국이 조선의 내외정에 실질적으로는 간섭하지 않는다는 원칙을 상호이해하고 있었다. 중화질서에서 종주국과 속방 간의 관계를 정의하는 "사대이례 자소이덕"이라는 명분에 따라, 속방의 실질적인 내외정에는 종주국도 간섭하지 않는다는 것, 즉 이른바 "정교금령"(政敎禁令)이 기본적 원칙이며 관행이었다.[53)]

청나라 시대 조선과 청 간의 책봉체제의 성격에 대해 일본의 도쿠가와 막부(德川幕府)의 유관(儒官)으로서 일본을 방문하는 조선통신사의 응접에 관계했던 무로 규소(室鳩巢)는 『겸산비책』(兼山祕策)에서 다음과 같이 적었다. "조선은 당의 책력을 받들고 있기 때문에 청의 황제에게 삼가해 조선 국왕으로 칭한다. 하지만 조선은 형정(刑政)을 자

52) 강정인, 『서구중심주의를 넘어서』, 아카넷, 2004, 138쪽.

53) 김기혁, 「이홍장과 청일전쟁: 외교적 배경의 고찰」, 유영익 외, 『청일전쟁의 재조명』, 한림대학교 아시아문화연구소, 1996, 21쪽.

국이 주관함으로써 청에 구애되지 않는다. 일본의 무가(武家)도 교토의 황제에게 삼가해 일본 국왕이라고 칭한다. 이 역시 다만 책력을 받들고 있을 뿐 형정은 모두 에도에서 나온다. 조선의 격식과 마찬가지이다."[54]

1870년대에 프랑스, 미국, 일본 및 러시아 등이 조선과 수교할 수 있도록 주선해줄 것을 중국에 요청한다. 그때마다 중국은 "조선은 청조(淸朝)의 속방이지만 그 내외정에 간섭할 수 없다"는 명분을 내세워 거절한다. 속방의 관계지만 속방의 내외정에 중국이 간섭할 처지는 아니라는 중화질서에서의 종속관계의 성격은 서양 제국주의 국가들의 국제질서 인식에서는 납득이 되지 않는 것이었다. 중국과 서양의 인식 차이는 1882년 3월 미국 측의 지속적인 요청으로 청조의 이홍장(李鴻章)이 조선과 미국의 수호통상조약을 주선하기 위해 미국의 해군제독 로버트 슈펠트(Robert W. Shufeldt)와 중국 천진에서 회담을 갖게 된 시점에서 드러나기도 했다.

이 회담엔 정작 조선의 대표는 빠져 있었다. 중국 쪽은 이 점을 당혹스럽게 생각했다. 반면에 미국은 이를 당연한 것으로 생각했다. 이홍장은 조선이 서양 제국과 조약을 맺는 것〔立約〕은 조선이 자주적으로 할 일이라고 했다. 또 조약 벽두에도 "조선이 청조의 속방이나 내외정은 자주적으로 한다는 것을 분명히 선언해야 한다"고 주장했다. 미국 쪽의 슈펠트는 "미국 같은 대국이 어찌 남의 속방과 평등한 조약을 맺을 수 있겠느냐"면서 반대하였다.[55]

조선이 서양열강과 조약을 맺는 문제에 관해 중국 이홍장의 태도도 전략적인 인식에 따라 변화한다. 1880년대에 들어 조선에 대한 일본의 영향력이 강화되어가는 사태를 저지하기 위해서 이홍장은 조선이 서양

---

54) 요시노 마코토, 한철호 옮김, 『동아시아 속의 한일 2천년사』, 책과함께, 2005, 225쪽.

55) 김기혁, 1996, 16~18쪽.

열강들과 통상조약을 맺는 것을 적극 권했다. 그 이전의 소극적인 자세와 달리 조선의 대외정책에 적극 나선 것이었다. 그러나 중화질서에서 중국의 속방에 대한 전통적인 관행이 속방의 내외정에 대한 불간섭의 전통이었다는 점은 이홍장의 행동에 영향을 미쳤다. 그는 조선과 서양 열강의 조약체결과정에 개입하면서도, 공식적인 절차를 피하고 이홍장 자신의 사신(私信)의 형식으로 권고하는 형태를 취했다. 전통과 조선의 입장을 고려했기 때문인 것으로 풀이된다.[56] 19세기 말 중국과 조선의 운명이 풍전등화처럼 급박해지면서 중국의 대조선 간섭정책은 변화를 겪는다. 그러나 이홍장의 초기인식과 행동은 수백 년간 지속되어 온 조공책봉관계의 형식과 내용의 본질에서 크게 벗어난 것은 아니었다. 1876년 일본의 강압에 의해 맺어진 강화도조약 이후 조선의 국제관계에서 핵심문제가 된 것은 조선에 대한 중국의 공식적인 종주권이 아니었다. 일본과의 무역관계가 동반한 경제적 혼란과 조선의 실질적인 대일본 경제 종속의 문제였다.[57]

조선이 청나라에 보낸 조공사절은 1637년 이후 그것이 중단된 1881년에 이르는 동안 435회에 달했다. 이 기간 중국과 조선의 외교 관행에 대해 브루스 커밍스에게 깊은 인상을 준 것은 대체로 이런 것이었다. 중국과 조선의 외교관들은 서로 상대방의 내정뿐 아니라 각자의 외교 문제에 대해서도 거의 언급하지 않았다. 조선의 왕이 중국 황제로부터 승인을 받는 절차는 순전한 형식일 뿐이었고, 조선에서 누가 왕이 되느냐 하는 정치적인 선택은 중국이 아닌 조선 자신이 결정했다. 또한 드물게 조선을 방문한 중국 사신들은 조선이 정한 엄격한 지침과 의전을 따라야 했다. 국경에서 조선의 수도에 이르는 단 하나의 지정된 노

56) 김기혁, 1996, 15쪽.
57) 김주영의 장편소설 『객주』는 이 점을 생생하게 형상화하고 있다. 김주영, 『객주』, 문이당, 개정판, 2003.

선만을 따라갈 수 있었고 그 외의 조선 내부는 여행할 수 없었다. 명나라가 망한 이후 청나라에서 온 중국 사신들은 서울의 한 궁궐에만 머무를 수 있었고 외출이 허용되지 않았다.[58)]

커밍스는 그런 맥락에서 윌리엄 엘리엇 그리피스의 설명을 인용한다. "북경에 간 조선의 관리와 하인과 상인과 짐꾼들은 모든 거리를 나다니고 사람들과 섞일 수 있었다. 하지만, 서울에 온 중국 사신들은 수행원들 대부분을 국경에 남긴 채 불과 몇 명의 하인들만을 데리고 서울로 갔다. 서울에 도착해서는 고립된 생활을 했다." 커밍스는 조선이 중국에 대해 부과할 수 있었던 이 같은 외교적 의전을 1981년 그가 북한 평양을 방문했을 때 그곳에 주재하는 소련 외교관에게서 들은 얘기에 비유한다. "여기서 우리의 생활은 마치 잠수함 속에서 생활하는 것과 같다. 우리는 외출하지 않는다. 지방에 가려면 일일이 허가를 받아야 한다. 일요일엔 우리는 외교관들하고만 축구를 한다. 알바니아인들만 예외이다."[59)]

북경대학 '한국학연구센터'의 장페이페이(蔣非非)는 청조의 책봉을 받아야 하는 조선의 직책은 국왕, 왕비, 세자, 그리고 세자빈이었는데, 청 정부는 조선왕실에서 제출한 인선을 반대한 적이 없다고 밝힌다. 책봉문제로 이견이 있었던 사례는 단 한 번이라고 했다. 1696년(청 강희제 35) 숙종이 이윤을 세자로 책봉해달라고 요청했을 때였다. "왕과 비가 50이 되어도 적자 자식이 없을 때만 서자 장자를 왕세자로 세울 수 있다"는 『대청회전』(大淸會典)의 규정을 근거로 청나라 예부가 조선의 요청을 거절한다. 그러나 이 경우에도 조선의 주장이 관철된다. 조선의 사정은 외국과 다르며, 세자가 비록 서자이긴 하지만 그의 출생을 즉시

58) Bruce Cumings, *Korea's Place in the Sun: A Modern History*, New York: W.W. Norton, 1997, p.90.

59) Cumings, 1997, p.90.

청 조정에 통보했고, 종묘에 정식으로 통고하여 (서자를) 적자(嫡子) 장자로 정하면 문제없다고 조선 사신이 설명한다. 청은 이 해명을 존중한다. 1697년 강희제는 이를 비준한다. 장페이페이는 "책봉을 둘러싼 양국의 의견차이는 극히 드문 사례였고, 궁극적으로는 양측이 서로 만족하는 선에서 해결되었다"고 평가한다.[60] 그래서 장페이페이는 조선과 중국 사이의 책봉체제의 의의로서 조선의 왕권을 조선 국내에서 유지하고 보장해주는 정치적 상징이었다는 사실에 더 큰 무게를 두었다.[61]

조선이 일본과 강화도조약을 맺은 후 한반도에 대한 일본의 영향력은 급격히 높아진다. 이를 견제하기 위해서 청은 조선에 대한 전통적인 종주권을 주장하기 시작한다. 특히 1880년대에 임오군란과 갑신정변 등의 내부 정변들이 일어나자 이를 기화로 청국은 조선을 자신의 전통적인 봉신국(封臣國)이라고 주장하면서 조선에 대한 주권을 주장한 것이었다. 이에 대해 서양 국제법에 조예가 있는 조선 주재 서양 외교관의 한 명이었던 오웬 데니(Owen N. Denny)는 국제법과 그 관행에 근거하여 조선이 중국의 조공국임에도 조선은 내정에서뿐 아니라 외교에서도 자율성을 지닌 국가라고 주장했다. 그 근거로서 조선이 청나라도 인정하는 가운데 일본 및 미국과 통상협정을 맺는 등 독립적인 외교권을 행사했다는 사실을 지적했다.

"국제 문제에 조예가 있는 사람에게는 조선이 종속국가로 보일 수가 없다. 왜냐하면 법률적으로 보나 현실적으로 보나 조선은 주권을 가진 독립국가의 대열에 끼어 있었으며, 앞으로도 강대국이 힘을 통해 조선을 그 대열에서 끌어내지 않는 한, 그러한 독립성은 지속될 것이다. 조선은 다른 나라와 외교를 교섭할 수 있는 권리를 가지고 있는데, 만약

60) 장페이페이, 김승일 옮김, 『한중관계사』, 범우, 2005, 488~489쪽.
61) 장페이페이, 2005, 489쪽.

조선이 봉신국이었다면 그러한 권리를 갖지 못했을 것이다. 조선은 중국의 도움을 받지 않고서도 다른 주권 독립국가들과 우호·통상·항해 조약을 체결했는데, 만약 조선이 봉신국가였더라면 이러한 권리를 갖지 못했을 것이다."[62]

그는 또 말하기를, "만약 조선이 중국의 봉신국이었다면 조선은 이제까지 보유해왔고, 또 자신의 수준에 맞을 만큼 수준을 향상시킬 수도 있었던 수십만 명의 군대를 양성하는 것은 물론 군수품을 장만하여 어려운 처지에 빠진 중국을 돕는 것이 중국에 대한 조공국으로서의 조선의 의무였을 것이지만, 군대나 무기는 물론 단돈 몇 푼도 그러한 목적으로 조선에서 중국으로 넘어간 것처럼 보이지 않는다."[63]

데니는 또한 1882년 5월 조선 국왕이 미국 대통령 체스터 아서(Chester A. Arthur)에게 보낸 친필 서한을 제시하면서 조선이 청국과의 관계에서 명백한 주권국가임을 지적하기도 했다.

"조선의 국왕은 이에 국서(國書)를 보냅니다. 예로부터 조선은 중국에게 조공을 바친 국가였습니다. 그러나 오늘날 조선의 국왕은 국내외의 모든 문제에 있어서 완전한 주권을 행사하고 있습니다. 조선과 미국은 이제 상호 동의에 따라 조약을 맺으면서 평등을 기초로 하여 상대국

---

62) Owen N. Denny, "China and Korea"; O.N. 데니, 신복룡·최수근 역주, 『청한론』(淸韓論), 집문당, 1999, 33쪽. 데니는 1877년 청나라 천진 주재 미국영사로 부임했고, 1880년 4월 이후 상해 주재 미국총영사로 있었다. 1886년(고종 23)에 청나라 이홍장이 조선 내정간섭을 위해 원세개(袁世凱)를 조선 주재관으로 보낼 때, 당시 조선 국왕의 외교고문을 담당하고 있던 묄렌도르프의 후임으로 데니를 보내 조선의 외아문당상(外衙門堂上)을 맡게 하였다. 이렇듯 이홍장의 주선으로 조선 국왕의 외교고문이 된 셈이지만, 데니는 고종의 외교고문으로 부임한 뒤에는 조선에 대한 청국의 내정간섭에 반대했고, 원세개의 횡포를 비판했다. 조선정부로 하여금 자주독립정신을 갖도록 권고했다(신복룡·최수근의 '역주자 머리말'에서, 5쪽).

63) 데니, 1999, 32쪽.

을 대우하고 있습니다. 조선의 국왕은 분명히 공언하건대, 과인(寡人)은 국제법에 따라 본 조약을 체결함에 있어서 신의로써 자신의 주권을 완전히 수행할 것입니다. 청국에 대한 조공국가로서의 조선에 부과된 의무에 관해서 미국은 아무런 관련이 없습니다. 뿐만 아니라 조약을 교섭하게 하기 위해 사신을 임명한 지금으로서 이와 같은 예비선언을 해두는 것도 짐의 의무로 여겨지는 바입니다. 1882년 5월 15일 미국 대통령 각하."[64]

아마 사람들은 조선이 이러한 태도를 취할 수 있게 된 것은 강화도조약과 뒤이은 조미통상조약 체결 이후 서양이 주도하는 국제사회에 조선이 참여함으로써 청국에 대한 조선의 국제법적 지위에 변화가 왔기 때문이라고 생각할 수 있다. 그 이전 청나라에 대한 관계에서 조선은 주권국가가 아니었다고 주장할 수 있다. 이에 대해서는 데니의 다음과 같은 반론을 주목할 필요가 있다.

"국제법에 의해 인정된 봉신관계나 종속관계는 단지 정복이나 국제협약 또는 모종의 협정의 결과로 이루어질 뿐이다. ……조선은 청국의 조공국일 뿐이다. 조공관계라 함은 지난날 두 나라 사이에 최고의 신뢰가 있을 때만 지속되어왔다. 바꿔 말해서 조선은 청국의 처사가 관대하고 우호적이며 공정한 한(限), 진심으로 조공관계를 지속시키고자 했다. 그러나……조공관계란 주권이나 독립권에 영향을 미칠 정도가 아니며 영향을 미칠 수도 없다. ……조선이 해마다 청국에 조공을 바친 것으로 인해 조선의 주권이나 독립권이 손상된 정도라는 것은 과거에 영국이 버마 문제로 인해 청국에게 조공을 바쳤다고 해서 영국의 주권이나 독립권이 손상된 정도를 더 넘지 않는다. 또 그것은 지난날 유럽의 해양 강국들이 북아프리카의 회교국가들에게 조공을 바침으로써 유럽 국가

64) 데니, 1999, 30쪽.

들의 주권이나 독립권에 영향을 미친 정도를 넘어서지 않는다."[65]

데니의 논리는 다소 과장된 원칙론이라고 할 수도 있다. 그러나 두 가지를 얘기하고 있다. 조선이 청국에 조공을 해왔다고 해서 조선이 다른 제3의 국가들과 독립적인 외교협정을 맺은 19세기 말의 시점에서도 청나라에 주권적으로 종속된 국가인 것은 아니라는 주장이 그 하나이다. 그 이전에도 조선의 주권은 조공관계와 별개로 실재했다는 주장이 다른 하나이다. 아울러 그의 주장을 통해서 우리가 확인할 수 있는 또 하나의 중요한 포인트가 있다. 근대 국제법적 개념에서의 주권이나 독립권의 개념은 전통적 동아시아 질서에서 조공책봉관계를 주권인가 아닌가를 판단할 분명한 기준을 제공하지는 못한다는 사실이다. 중국적 세계질서에서의 조공책봉관계는 근대 국제법적 관점에서의 주권이나 독립성 개념을 잣대로 재단할 수 없는 국가 간 정치외교적 규범으로서 존재한 것이었다. 그만큼 전통시대 동아시아 세계의 고유한 '창안'(創案)이라는 것을 말해주는 것이기도 하다.

6. 중국적 세계질서에서 '질서'의 이원적 구조

조공책봉관계라는 중국의 대전략적 사유와 그 제도는 한편으로는 중국과 북방의 유목민 세력들과의 관계에서 그 기원을 이룬다. 다른 한편으로 니시지마가 압축적으로 서술한 중화권, 즉 중국-동남방 관계축에서 조공책봉체제는 정적인 위계적 평화 레짐으로서의 기능을 갖고 있었다. 그렇다면 우리는 두 관계축을 모두 포괄하는 중국적 세계질서의 내면적 구조의 이중성을 다음과 같이 포착할 수 있다.

먼저 중화질서의 '질서'는 두 가지의 다른 차원의 질서들을 함께 안고

65) 데니, 1999, 19~20쪽.

있다는 점을 주목해야 한다. 광의의 질서 개념과 협의의 질서 개념이 혼재하고 있다. 광의의 질서는 '위계적 질서'와 '권력정치적 경쟁'을 동시에 내포하는 개념(hierarchic order+power political competition)이다. 내륙 아시아권과 중국의 관계가 그러했다. 위계적 질서양식 자체와 그 지속적인 재생산뿐 아니라, 그 위계적 질서의 구성단위들 사이의 부단한 역학관계 변동도 그 질서의 핵심적인 내용을 이룬다. 위계질서 양식 자체의 부단한 재생산과 함께 단위들 사이의 상대적 위치변동의 동학이 같이 포함되어 있는 동적인 질서개념이다.

이에 비해 협의의 질서는 '위계적 평화 레짐'(hierarchic peace regime)이라고 부를 만한 개념이다. 위계적 관계의 양식 자체가 재생산될 뿐 아니라, 그 질서 안에서 단위들 각자의 위치가 고정되어 있다. 다분히 정적인 질서이다. 통일신라 이후 한반도의 국가와 중국의 관계가 이를 대표한다. 여기서는 단위들 사이에 권력경쟁과 역할교체는 벌어지지 않는다. 그 대신 장기적인 평화적 관계가 성립된다. 그 관계는 1200년간 중화제국과 한반도 국가 사이의 평화를 의미했다.

7. 한반도의 지정학적 정체성의 이원성

몽골 초원과 만주를 포함한 내륙 아시아권 세력들과 중국의 전통적 관계는 부단한 정치군사적 긴장 속에 있었다. 한반도 국가들과 중국 사이의 전통적 관계는 달랐다. 그것은 크게 두 시기로 구분해보아야 한다. 위만조선의 고조선시대와 뒤이은 고구려시대가 첫 번째 국면이다. 이 시기에 한반도 북부의 국가는 정도의 차이는 있으나 중국과 요동을 두고 세력다툼을 벌였다. 중국은 한반도의 국가들을 침략했고 끝내 위만조선과 고구려 모두 중국의 왕조에게 멸망당했다. 정치군사적 긴장의 관계였고, 지배와 정복의 관계였다.

두 번째 국면인 통일신라 이후 1200년에 걸친 오랜 세월 동안 한반도의 국가들은 중국을 통일한 중화제국과의 군사적 갈등으로부터 대체로 자유로웠다. 한반도를 침략한 세력은 중화제국이 아니었으며, 중화제국과 한반도 국가의 중간에 위치한 만주를 장악한 세력들로서 내륙아시아권에 속한 북방민족들이었다.

이 두 국면의 차이를 이해함에 유의할 점이 있다. 첫 번째 국면에서는 한반도가 모두 내륙 아시아적 전통에 속해 있었던 반면에 두 번째 국면에서는 한반도 전체가 중화권적 전통을 수립하게 되었다는 식으로 보아서는 안 된다는 점이다. 고구려는 내륙 아시아권적인 지정학적 정체성을 갖고 있었지만, 한반도 중남부의 백제와 신라는 오히려 중화권적 성격을 상대적으로 처음부터 잠재적으로 갖고 있었다는 것이 필자의 생각이다.

내륙 아시아권적 정체성을 가진 고구려는 한편으로 요동에서 중국 또는 다른 내륙 아시아권 세력들과 패권다툼을 벌이는 한편, 한반도 자체 안에서도 중남부세력들과 패권 다툼에 참여했다. 반면에 중화권적 대중국(對中國) 관계에 만족하는 한반도 중남부세력은 한반도 자체 안에서의 생존과 안정을 확보하기 위해 한반도의 다른 세력들과 각축했다. 중국과 한반도 안에서 중화권적 대중국 관계에 만족하는 세력이 연합하여 내륙 아시아적 세력인 고구려를 멸망시켰다. 발해는 중국과 패권 경쟁을 통해 국가를 세웠다. 그러나 역시 다른 내륙 아시아권적 세력이었던 거란과의 쟁패에서 패배하여 사라진다. 백제의 경우는 내륙 아시아권적 세력이기보다는 신라와 같이 중화권적 대중국 관계에 만족하면서 한반도 안에서 패권을 지향하는 세력이었다. 다만 한반도 안에서의 다른 잠재적 중화권 세력인 신라와 당의 연합에 의하여 멸망한다.

결국 신라의 삼국통일은 중화권적 지향을 가진 한반도 중남부 국가인 신라가 중국과 연합하여 한반도 중남부의 경쟁세력인 백제와 한반도 북부의 내륙 아시아권적 세력인 고구려를 협공해 멸망시킨 사건이다. 이로써 한반도에서는 잠재적인 중화권적 지향의 세력이 패권을 장악하게 되었다. 이후 한반도의 대중국 관계의 패턴은 중화권적 전통으로 굳어진다.

위만조선, 그리고 특히 고구려가 중국의 제국들과 누차에 걸친 대규모 전쟁을 포함한 깊은 군사정치적 갈등관계에 놓이게 된 것은 무엇 때문인가. 크게 두 가지의 상호 연관된 원인을 들 수 있다. 하나는 만주·요동을 둘러싼 지정학적 경쟁이고, 다른 하나는 위만조선이나 고구려가 중화제국의 권위를 받아들이지 않았다는 것이다. 물론 이 둘은 동전의 양면이다.

위만조선은 한 무제에게 복속을 거부하고 요동을 두고 중국과 쟁패하다 기원전 2세기 말에 중국에 정복당한다. 고구려도 기원후 6세기 중국의 새로운 통일제국이었던 수의 권위를 인정하지 않았다.[66] 입조(入朝)를 거부하며 조공체제를 받아들이지 않았다. 요동을 포함한 남만주를 중국에 양보해야 한다는 개념을 부정한 것이었다. 이 점에 관한 한 중국의 제국들이 물러서지 않았던 것은 전국칠웅의 하나인 연(燕)의 시대 이래 남만주를 중화제국의 영역으로 간주해온 중국의 지정학적 인식과도 깊은 관계가 있다.

수의 중국 통일 후 고구려는 수와도 관계정립을 시도한다. 그래서 백제 및 신라와 함께 수로부터 책봉을 받는다. 그러나 이 책봉관계를 통해 수가 고구려 등에게 요구한 질서는 과거 남북조시대 중국 국가들의 요구와는 달랐다. 다핵적 분열기의 중국 국가들이 고구려의 요동지배

66) David A. Graff, *Medieval Chinese Warfare, 300~900*, London: Routledge, 2002, p.145.

등 변방 국가들의 기존 영역을 상호 인정하던 조공책봉관계와는 내용이 달라진 것이었다. 임기환은 수가 새로이 중국 중심의 일원적 국제질서 수립을 원했던 것이라고 보았다. 고구려는 이를 받아들이지 않았다. 신라는 수나 당이 요구하는 중국 중심의 일원적 조공책봉관계나 국제질서를 순순히 받아들였다.[67]

존 페어뱅크는 청대 중화권의 핵심지역으로 한반도, 베트남, 그리고 류큐 셋을 꼽았다. 이 중에서 중국과 조공관계를 제일 먼저 받아들인 것은 베트남이었다. 앞서 설명한 대로 베트남은 기원전 2세기 초반에 이미 중국의 한 제국과 조공관계를 맺었다. 그러나 베트남과 중국 사이의 조공체제는 그렇게 안정적인 것은 아니었다. 10세기에 이르기까지 중국의 제국들에게 베트남은 군사적 정벌과 직접적인 행정적 통합의 대상이었다. 그후 조공체제로 옮아갔다. 그러나 명 제국은 1406~28년 기간에 북베트남을 정벌하여 통치했다. 그후 다시 조공체제로 전환한다. 이후 1789년 청나라가 일시적으로 베트남을 침공한 것 이외에는 1885년까지 중국과 베트남의 관계는 평화적 조공체제를 유지했다.[68]

통일신라 이후 한반도의 국가는 베트남보다 일관되게 중원을 장악한 중화제국과 평화를 유지했다. 통일신라와 당 사이에 전쟁은 없었다. 한반도가 후삼국시대일 때 중국 역시 당 제국 말기와 몰락 이후의 혼란기였던 탓으로 중국의 개입이 없었다. 고려시대에 한반도를 침략하거나 위협한 세력은 거란이 세운 요이거나 여진의 금이었다. 더 심각하게

---

67) 여호규와 임기환에 따르면, 남북조시대의 중국의 고구려 및 백제에 대한 책봉호(冊封號)는 훈관뿐 아니라 군사권의 위상과 범위를 나타내는 명칭을 부여했는데, 수의 경우는 훈관만을 부여했다. 여호규, 「6세기말 7세기초 동아시아의 국제질서와 고구려 대외정책의 변화—대수관계를 중심으로」, 『역사와 현실 46』, 2002; 임기환, 2006, 58쪽.

68) Fairbank, 1968, p.14.

고려를 침략하고 직접지배까지 시도한 세력은 몽골이었다. 이들의 한반도 침략은 역시 중국에 남송이라는 중화제국이 명맥을 유지하고 있을 때 이루어졌다. 고려가 몽고의 침략을 피해 강화도로 천도한 것은 1232년이었다. 이후 약 30년간 몽고의 고려 침략이 이어졌다. 고려는 마침내 1260년 몽고에 복속된다. 쿠빌라이의 원(元)은 끝내 남송을 멸망시키고 중화제국을 수립한다. 고려 복속 후 약 20년이 지난 1279년의 일이다. 몽골족의 원은 기존의 중화제국들과 달리 기존 중화권 너머의 외부권에까지 세계제국의 팽창을 추구했다. 이에 따라 고려를 동원하여 일본정벌까지도 추진했다. 1274년과 1281년의 일이었다.

어떻든 유의할 점은 고려시대의 숱한 외침(外侵)은 중화제국과 고려 사이에 만주를 장악한 제3의 세력들, 즉 내륙 아시아권 세력들에 의하여 전개되었다는 점이다. 즉 중국과 한반도와 만주라는 3각의 구도 속에서 만주를 장악한 세력에 의해서 이루어진 것이었다. 이후 한반도에 대한 다른 침략세력들 역시 마찬가지였다. 1627년 정묘호란과 1636년 병자호란은 중국에 명이 중화제국의 명맥을 이으며 엄존하고 있는 상황에서 만주를 장악한 내륙 아시아권 세력인 만주족에 의한 것이었다.

한반도는 신라에 의한 삼국통일을 기점으로 요동에 대한 패권다툼에 참여했던 시기와 그것을 포기하는 시기로 나뉘는 것처럼 오해될 수 있다. 필자가 뜻하는 것은 그것과 다르다. 한반도를 무대로 활동한 정치세력들은 그 지정학적 정체성에서 의미 있는 차이를 가진 두 부류로 나뉜다. 하나는 한반도의 중남부를 무대로 활동한 세력이다. 삼국시대 정립 이전은 마한, 진한, 변한의 삼한(三韓) 세력이고, 삼국시대 정립 이후는 신라와 백제가 이에 해당한다. 다른 하나는 민족적 기원이 한반도 북부와 요동 또는 그 일부지역을 무대로 그 안에서 수축과 팽창, 흥망성쇠를 겪으며 또한 한반도 중남부의 세력들과 끊임없이 한강을 두고 쟁패(爭覇)한 세력들이다. 여기에는 역사문헌으로서는 춘추시대에 속하는 기원전 7세기 무렵 제나라 정치가 관중(管仲)이 지은 것으로 알려진 『관자』라는 문헌에서 처음 발견되는 '조선'이라는 맥인(貊人) 세력에서부터,[69] 기원전 2세기에 이들이 중국으로부터의 유망민과 결합하여 세워진 위만조선, 뒤이어 부여와 고구려 세력이 이에 포함된다. 이들을 각각 '한반도 중남부세력'과 '한반도 북부세력'으로 구별하기로 한다.

8. 통일신라 이후 중국-한반도 사이 '위계적 평화 레짐' 성립의 이유

8세기 이래 한반도 국가와 중국 사이에 위계적 평화 레짐이 형성되고 장기 지속한 이유는 무엇인가. 첫째, 문화적·이데올로기적 요인이다. 한반도에서 특히 통일신라 이후의 국가들은 중국과 같은 농경문명에 바탕을 둔 사회였다. 한반도에서 중국과 중화질서적 관계가 정착된 것이 통일신라 이후인 것은 고구려의 문화가 농경·유목-수렵의 혼합형 문화였던 것과 달리, 통일신라는 반도 깊숙한 곳의 농경문화에 뿌리를 둔 진정한 의미의 한반도적 국가였던 것과 관련이 있다.

둘째, 피봉국(被封國)의 국내정치적 필요를 들 수 있다. 정치적·사회적·이데올로기적 통치질서 확보에 중국의 문화와 제도, 이데올로기는 선진적 제도와 문화를 구성하는 것이었다. 이것은 한반도 국가의 왕실과 집권세력이 국내정치적 권력 정통성을 확보하고 유지하는 데 유익하게 봉사할 수 있었다.

중화질서의 '외부권'에 속한 일본의 경우에도 쇼군(將軍)이 중국황제의 책봉을 구한 경우는 일본 역사에서 상대적으로 약체였던 막부에 한정된다는 사실은 그 점과 관련해 시사하는 바가 있다. 1392년 무로마치 막부를 세운 아시카가 요시미쓰(足利義滿)는 명과 책봉관계를 맺었다.

---

69) 김한규, 2005, 433~434쪽.

이를 바탕으로 1573년 무로마치 막부 최후의 쇼군이 오다 노부나가에 의해 추방되기까지 이 막부는 중국과 교린관계를 유지한다. 무로마치 막부는 상대적으로 약체였다. 이는 1467년 오닌의 난 이후 전국시대로 접어들어 막부가 유명무실해진 것과 연결해서도 시사하는 점이 있다.

셋째, 지정학적 요인을 들 수 있다. 지정학적 요인으로서는 세 가지를 생각해볼 수 있다.

① 만리장성과 요동의 지정학이다. 만리장성은 중국 왕조들의 중화의 핵심영역에 대한 심리적 경계선을 의미했다. 요동은 중국에게 '리틀 차이나'(little China)로서 중화영역 자체와 분리된 동시에 연결된 지역이다. 요동에 대한 영토적 야심이 없는 한반도 국가와 중화제국 사이에 요동은 지정학적 완충지대인 동시에 정치적·문화적 연결점이다.

② 한반도는 중화제국 자체와 일본이라는 '외부권' 사이의 지정학적 중간지대라는 점이다. 말 그대로의 '세계 제국'을 추구한 몽골의 원을 제외하면, 중화제국은 일본을 외부권으로 내버려두었다. 한반도는 삼면이 중국과 바다로 절연되어 있어 일본과 중국의 중간지점에 해당한다. 일본처럼 아주 멀지도 않은 동시에 중국과 일정하게 지리적인 간격을 두고 있는 나라들로서 중국과 문화적 동질성을 가진 나라들이 중화권을 형성했다. 한반도는 삼면의 바다로, 그리고 베트남은 남중국의 정글로 일정하게 중국과 지리적 이격(離隔)을 두고 있었다.

③ 중국과 한반도 국가 모두 만주에 제3의 세력을 견제하기 위한 공동의 지정학적 필요에 자주 직면했다. 중국과 한반도는 전략적 동반자로서의 성격을 띠고 있었다. 통일신라의 경우는 한반도 이북의 만주 동부에 발해를 두고 있었고, 고려시대에는 거란의 요, 여진의 금, 이어서 몽골족의 만주 장악 등의 사태가 전개되었다. 조선은 명과 함께 만주 여진족을 경영해야 하는 공동의 필요가 있었으며, 후기에는 일본에 대한 공동경계를 해야 했다.

이처럼, 문화·이데올로기적 요소, 국내정치적 요인, 그리고 지정학적 요인이 결합하면서 통일신라 이후 한반도와 중화제국 사이에 위계적인 평화 레짐으로서의 중화권의 질서가 성립하고 또 장기간 지속했다고 생각된다.

여기에서 통일신라 이후 중국과 한반도 국가 사이의 문화적 이데올로기적 친화성이 발전해가는 모습을 일별하기로 한다. 삼국시대 고구려, 백제, 신라는 모두 중국으로부터 유학(儒學)을 받아들였다. 유학을 가장 먼저 받아들인 것은 중국과 지리적으로 가장 가까운 고구려였다. 소수림왕 2년 때인 372년 고구려는 태학이라는 고등교육기관을 세웠다. 유학은 불교와 함께 들어왔다. 『삼국사기』의 「고구려본기」는 이렇게 기록해두었다. "여름 6월에 진(秦) 왕 부견(苻堅)이 사신과 승려 순도(順道)를 파견해 불상과 경문을 보내왔다. 왕이 사신을 보내 답례로 방물을 바쳤다. 태학(太學)을 세워서 자제들을 교육했다."[70] 고구려는 이듬해에 율령을 반포했다. 율령은 고대 중국에서 발달한 국가통합의 기본법인 율(律: 형법)과 영(令: 행정법)을 가리킨다. 율령을 실시하기 위해서는 유교적 교양을 지닌 인재가 필요했다. 고구려가 세운 태학은 중국 한나라의 무제가 유교를 국교화하고 태학을 세웠던 것을 본떠 만든 유교의 최고학부를 말했다.[71]

강재언은 삼국시대 한반도에 유교가 처음 전래된 것은 태학 설립보다 한참 이전의 일일 것으로 보고 있다. 유교의 최고학부가 설치되기 위해서는 저변에 광범위한 한문의 보급이 전제된다.[72] 김부식의 『삼국사기』는 백제의 유교에 대해서는 언급하지 않고 있지만, 중국과 일본 역사서는 백제도 고구려에 뒤지지 않을 정도로 일찍부터 유교가 침투

---

70) 김부식(金富軾), 이강래 옮김, 『삼국사기 I』, 한길사, 1998, 374쪽.
71) 강재언, 하우봉 옮김, 『선비의 나라 한국유학 2천년』, 한길사, 2003, 67쪽.
72) 강재언, 2003, 68쪽.

해 있었음을 기록하고 있다.[73)] 『일본서기』에 따르면, 백제 무령왕(武寧王: 재위 501~523)이 일본 게이타이 천황(繼體天皇) 7년 때인 513년, 단양이(段楊爾)라는 오경박사(五經博士)를 일본에 파견한다. 일본 역사에서 본격적인 유교 수용의 출발로 간주되는 사건이다. 오경박사는 한나라 무제가 유교를 국교화하면서 제정한 것인데, 이때의 오경은 송대에 가서 정주학(程朱學)이 성립하기 이전 유교의 다섯 고전으로 통했던 텍스트들을 말한다. 『주역』, 『상서』, 『모시』(詩經), 『예기』, 『춘추』가 그것이다.[74)]

강재언은 백제에 유학이 성립하게 된 시대의 지정학적 조건에 대해 이렇게 설명한다. 무령왕 때의 백제는 북방에서 남하하는 고구려의 압력에 밀려 백제의 발상지인 한강 유역을 버리고 금강 유역의 공주로 수도를 옮긴 때였다. 장수왕이 427년 수도를 평양으로 옮기며 남하정책을 편 이래 고구려의 압박에 시달리던 백제는 무령왕 때에 일본에 접근하는 동시에 중국 남조의 양(梁)나라에 접근했다. 당시 남조에서 양 무제는 최고의 명군(名君)으로 꼽히는 군주였다. 그가 505년에 오경박사 제도를 만든 장본인이다. 백제는 그것을 본받았다. 660년 백제가 망했을 때, 유교적 교양이 풍부했던 백제의 관료들은 일본에 망명했다. 일본의 덴지 천황(天智天皇)은 그들이 백제에서 누리던 관위(官位)를 그대로 인정해주고, 율령, 오경, 병법 등의 전문가로서 기용했다.[75)]

지정학적으로 대륙문화와 접촉이 늦었던 신라가 율령을 반포한 것은 법흥왕 7년인 520년이었다. 고구려가 율령을 반포한 지 140여 년이 흐른 뒷날의 일이다. 더구나 삼국시대 신라의 정치에서는 왕권이 귀족연합에 좌우될 정도로 미약했다. 중앙집권적 율령체제 완성이 늦어진 또

---

73) 강재언, 2003, 71쪽.

74) 강재언, 2003, 71쪽.

75) 강재언, 2003, 71~72쪽.

다른 이유이기도 했다.[76]

당 태종은 수도 장안(長安: 현재의 섬서성 서안)에 유교대학인 국자감(國子監)을 세웠다. 신라는 그것을 모델로 하여 한때는 대학감(大學監)이라고도 불린 국학(國學)을 설치한다. 삼국통일 후인 682년의 일이다. 이후 통일신라의 유교는 당 현종 치세기(712~756)를 일컫는 성당(盛唐)시대의 문풍(文風)을 수용하여 면모를 일신한다. 그래서 후기 신라의 유교문화에 대해 강재언은 이렇게 말한다. "성당문화를 동경하는 귀족들 사이에 상문(尙文)의 풍조가 침투함에 따라 '군자의 나라'라고 불릴 정도가 되었다." 737년 당 현종은 신라에 파견하는 사신을 위해 쓴 송별의 시에서 이렇게 읊었다. "신라는 (스스로) 군자의 나라라고 칭하고 있다. ……(신라의 문자와 학문은) 거의 중국과 같은 수준이다."[77]

통일신라와 고려시대에 중국과 한반도의 국가 사이의 문화적 친화성의 기반은 유교 못지않게 불교문화였다. 한반도에 불교가 본격 수입된 것은 삼국시대 고구려 때로, 소수림왕이 유교를 받아들여 태학을 세운 것과 같은 해인 372년이었다. 이 시기 중국은 5호16국시대(304~439)였다. 그해에 전진(前秦)의 왕 부견이 고구려에 순도라는 승려를 파견하여 불상과 경문을 보낸 데 이어 374년에는 아도(阿道)라는 승려를 추가로 보냈다. 이어 이듬해인 375년 소수림왕의 불교 관련 행적을 『삼국사기』는 이렇게 적고 있다. "봄 2월에 비로소 초문사(肖門寺)를 세워 순도를 있게 하고, 또 이불란사(伊弗蘭寺)를 세워 아도를 있게 했으니, 이것이 해동 불법(佛法)의 시초이다."[78] 『삼국사기』의 이 기록에 바로

76) 강재언, 2003, 74~75쪽.
77) 강재언, 2003, 91~92쪽.
78) 『삼국사기 I』, 1998, 374쪽.

이어 "7월에 백제의 수곡성(水谷城)을 쳤다"라는 내용이 있는 것으로 보아, 고구려 소수림왕의 불교 진흥은 국운 팽창을 기원하는 행위라는 의미도 다분했을 것으로 추측할 수 있다. 어떻든 강재언이 지적하듯이, 372년은 태학의 건립으로 유교가 세워지고 불교 또한 전래된 해로서 한국 문화사상의 획기적인 해였다.79)

유학과 불교가 도입될 때 삼국시대 한반도 국가들에서는 유교와 불교 둘 사이에 갈등은 없었다. 소수림왕이 유교 대학인 태학을 세움과 동시에 불교를 받아들인 것은 그것을 상징적으로 보여준다. 유학이 불교를 배척하지 않았고 불교 또한 유학의 덕목을 존중했다. 둘 사이에 갈등과 배척이 일게 되는 것은 고려 말기 송나라의 정주학이 전래되면서부터였다. 신라가 불교를 공인한 것은 535년의 일이었다. 삼국통일의 정신적 기초라고 말해지는 화랑도(花郎道)의 지침이 된 세속오계(世俗五戒)는 원광(圓光)의 작품이다. 그는 581년 유교를 배우기 위해 중국 남조의 진나라의 금릉(金陵: 지금의 남경)에 갔지만, 불법에 심취하여 고승이 된다. 600년 신라로 돌아와 국왕의 자문에 응했다.

임금을 섬김에 충성으로써 하라(事君以忠), 부모를 섬김에 효도로써 하라(事親以孝), 벗을 사귐에 신의로써 하라(交友以信), 싸움에 임해 물러서지 말라(臨戰無退), 생명을 죽임에는 가림이 있어야 한다(殺生有擇)라는 세속오계는 원광이 세속인이 실천하기 어려운 불교 보살계의 열 가지 항목 대신으로 제시한 것이었다. 이 오계 중에서 충, 효, 신 세 가지는 유교적 덕목에 해당한다. 임전무퇴와 살생유택 역시 불교적 교훈이라기보다는 무사도(武士道)의 원칙에 해당하는 것이었다.80) 이처럼 신라의 불교는 유교적 덕목들과 공존했다.

---

79) 강재언, 2003, 67쪽.

80) 강재언, 2003, 75~76쪽.

삼국통일 이후 신라와 중국과의 문화적 친화성을 구성하는 요소에서도 불교는 유교와 함께 매우 중요한 요소였다. 오히려 더 지배적인 요소였다고도 할 수 있다. 경주의 석굴암과 불국사, 그리고 원효(元曉: 617~686)와 의상(義湘: 625~702)과 같은 고승들의 존재가 그것을 상징한다고 강재언은 말한다. 의상은 661년 중국에 유학하여 화엄종 제2대 조사(祖師)인 지엄(智儼)에게 사사했다. 귀국하여 부석사를 창건하고 신라 화엄종(華嚴宗)을 보급한다. 화엄종은 귀족불교였다. 원효는 그와 달리 불경을 읽을 수 없는 무식한 민중들에게 서방정토(西方淨土)에 왕생할 수 있는 길을 열고자 했다. '나무아미타불'을 외치기만 하면 극락왕생할 수 있다고 가르친 정토교(淨土敎)를 보급했다.[81]

당나라가 이민족 유학생을 위해 실시한 과거시험인 빈공과(賓貢科)에 합격한 신라인들은 신라와 당 사이의 유교적 문화교류의 증인들이다. 그 대표적인 이가 최치원(崔致遠)이었다. 그는 857년에 태어나 12세 때인 868년 중국에 유학했다. 874년 빈공과에 합격해 진사(進士)가 된다. '황소(黃巢)의 난'(875~884)이 일어나자 879년 병마도통(兵馬都統) 고병(高駢)의 종사관(從事官)이 된 최치원은 「격황소서」(檄黃巢書)를 써서 문명을 날렸다. 황제로부터 자금어대(紫金魚袋)를 하사받았으며, 시어사내공봉(侍御史內供奉)으로 임명된다. 그는 29세의 나이인 885년 귀국하여 한림학사에 임명된다. 그러나 때는 나라가 어지러워 망해가는 형국이었다. 나라의 운명을 구하고자 진성왕에게 시무책 10여 조를 제출해보았으나 아무것도 시행되지 않았다. 신라에서 그의 역할의 한계는 신분사회였던 신라에서 그의 신분인 6두품 가문의 한계이기도 했다고 강재언은 말한다.[82]

---

81) 강재언, 2003, 89쪽.

82) 강재언, 2003, 96쪽.

최치원의 생애가 통일신라시대 중국과 한반도 사이에 맺어진 유교를 매개로 한 문화적 교류와 연대감을 상징하는 것이라면, 불교를 매개로 한 통일신라인들과 중국의 문화교류와 친화성을 상징하는 인물이 있다. 김교각(金喬覺)이다. 그는 696년 신라 제33대 성덕왕(聖德王: 재위 702~737)의 큰아들로 태어난 김수충(金守忠)으로 추정되고 있다. 그는 중국 역사상 4대 불교 성지(聖地)의 한 군데로 일컬어지는 안휘성 구화산(九華山)에 세워진 화성사(化城寺)의 창건자가 되었고, 이 화성사에만 있는 등신불(等身佛) 아홉 존 중의 시초가 된다. 그는 99세의 나이로 가부좌한 채 열반했다. 죽기 전에 그는 제자들에게 "내가 죽거든 화장하지 말고 돌항아리에 넣었다가 3년이 지나 꺼내보거라. 그때까지 썩지 않았거든 내 몸에 금칠을 하여라"는 유언을 남긴다. 제자들이 3년 후에 꺼내보니 정말 썩지 않았기에 그를 보살의 현신(現身)으로 여겼다. 그의 몸에 금칠을 하여 모시고 그 위에 탑을 세웠다. 이렇게 김교각이 중국 불교사상 처음으로 등신불이 된 이후 유독 이 구화산의 화성사에서만 등신불이 이어지게 된다.[83]

김교각은 "지옥미공(地獄未空), 서불성불(誓不成佛)"(지옥이 텅 비기 전까지 맹세코 성불하지 않으리라)을 내세우고, 추위에 떠는 중생을 위해 자신의 옷을 벗어주고 자신은 땅을 파고 들어가 흙으로 옷을 대신했다는 지장보살(地藏菩薩)의 현신으로 중국인들로부터 추앙받은 고승이었다. 그는 750년대에 당 황제로부터 4.5킬로그램에 달하는 금인(金印)을 하사받았기에 '지장왕 보살'로 불려왔다. 김교각은 불교인이면서도 효를 중시했다. 이것은 중국인들의 전통적인 정서와 잘 융합하여 불교 대중화에 크게 기여했다고 한다.[84] 신라의 불교가 유교적인 덕

83) 김교각에 관한 여기서의 기술은 한국방송공사, 「한국사전」, '등신불이 된 신라왕자 김교각'(2008년 5월 24일)을 참고한 것이다.

목인 충과 효를 배척하지 않고 불교적인 덕목으로 수용했던 것과 상통하는 것이었다.

9. '중국위협론'을 넘어서는 동아시아 인식

지난 1천여 년간 동아시아 역사에서 중국대륙과 한반도의 관계는 우리에게 어떤 이미지로 요약되고 있는가. 이 문제는 중국대륙의 정치세력은 어떤 조건에서 한반도의 평화를 유린할 수 있는 군사적 위협이 되었는가라는 질문으로 수렴된다. 이에 대한 인식은 한국 지식인의 사유와 언론과 위정자들의 사고를 지배하면서 하나의 지배적 속설을 구성한다. 그 속설은 과거 1천여 년의 동아시아 질서의 상에 대한 우리의 현재의 이미지를 구성하고 현재와 미래 동아시아 질서에 대한 우리의 상상력의 범위를 결정한다.

탈냉전으로 소련의 위협이 사라지고 그 대신 중국이 이질적 세계의 실체로 떠오르기 시작했다. 그것은 마침 1989년 6월 4일 천안문사태의 전개와 때를 같이했으므로 더욱 인상적으로 이 지상에 남은 적대적인 이질성의 상징으로 각인되었다. 천안문의 인상은 시간이 가면서 우리를 포함한 자본주의 진영 전체와 중국 사이의 경제적 교류가 폭발적으로 증가함에 따라, 또 다른 측면에서는 무디어지고 퇴색했다. 이후 중국이 세계에 던지는 가장 인상적인 이미지는 '부강해지는 중국'이다.

부강해지는 중국으로 인해 동아시아 질서의 미래는 어떻게 될 것인가. 전문가들과 언론만이 아니라 많은 일반인들이 이 질문을 던지며 그에 대한 답을 찾는다. 2000년 미국 대선에서 세계 유일 초강국의 대권을 장악한 조지 부시 행정부의 핵심 브레인들을 구성한 것은 네오콘으

84) 위의 한국방송공사 다큐멘터리.

로 불리는 집단으로 잘 알려져 있었다. 이들이 1990년대 후반부터 부각시킨 핵심 테마의 하나는 '부강해지는 중국'은 장차 미국과 세계질서에 어떤 충격을 던질 것인가, 그리고 이에 대해 미국은 어떻게 대응해야 하는가라는 질문을 던지고 그 해답을 제시하는 것이었다. 이들의 답은 분명했다. 부강해지는 중국은 팽창주의를 의미했다.[85] 이것이 1990년대 후반 미국에서 힘을 갖기 시작한 중국위협론의 핵심명제였다.

새뮤얼 헌팅턴과 같이 세계적인 범위에서 대중적 영향력을 행사하는 미국의 정치적 지식인들은 문명충돌론을 내세웠다. 이들은 21세기 세계질서에서 미국과 중국의 패권적 충돌은 거의 피할 수 없다고 1990년대 중엽에 일찍이 못을 박았다.[86] 이러한 미국 보수파들의 동아시아 인식은 부시 행정부가 정권을 장악하게 되는 2000년 그해 여름 일단의 네오콘 지식인들이 편집한 그들의 포지션 페이퍼라 할 만한 저서에서 명확하게 명제화되어 나타난다.[87] 부강한 중국은 팽창주의를 추구할 것이며 따라서 세계평화에 대한 명백한 위협이 된다는 것이었다.

1990년대는 한편으로 천안문사태에도 불구하고 중국의 개혁·개방으로 중국과 서방 세계 사이의 경제적 상호의존이 발전한 시기이다. 그러나 다른 한편으로 한반도에서 북한 핵문제를 미국이 힘으로 압박하여

---

85) Richard Bernstein and Ross Munro, "Coming Conflict with America," *Foreign Affairs*, Vol.76, No.2(March·April 1997). 이 논지는 책으로도 발표되었다. Richard Bernstein and Ross Munro, *The Coming Conflict with China*, New York: Alfred A. Knopf, 1997.

86) Samuel P. Huntington, *The Clash of Civilizations and the Remaking of World Order*, New York: Simon & Schuster, 1996. 특히 p.232 참조. 문명충돌론에 입각한 헌팅턴의 중국론에 대한 필자의 비판은 이삼성, 『세계와 미국』, 한길사, 2001, 789~798쪽 참조.

87) Robert Kagan and William Kristol, eds., *Present Dangers: Crisis and Opportunity in American Foreign and Defense Policy*, San Francisco, CA.: Encounter Books, 2000.

해결하는 데 중국이 가장 커다란 걸림돌이라는 것이 분명해졌다. 또한 1995~96년 대만해협에서 발생한 미사일 위기는 미래 두 강대국 간의 피할 수 없는 패권 경쟁을 예고해주었다. 중국이 부강해지면 팽창주의가 된다는 미국발 중국위협론은 1990년대 후반 이후 한국에서도 거의 무비판적으로 수용되기 시작했다. 한반도의 미래 선택은 미국과의 동맹 강화인가 아니면 미국을 버리고 중국을 우방으로 삼기인가 사이의 양자택일의 문제라는 단순한 논리적 비약이 풍미하였다.

2000년대 들어서 한중 간 무역규모는 미국이나 일본과의 무역고를 추월했다. 정치군사 차원의 한미동맹체제의 내면적 붕괴에 대한 우려가 은연중에 증가하고 있었다. 중국을 포함한 동아시아 질서의 현재와 미래의 본질에 대한 한국인들의 이해와 인식에 커다란 혼란이 우려되고 있었다. 한국의 기업인들은 한편으로 중국을 이미 한국의 번영에 불가결한 축으로 간주하기 시작했다. 그래서 2004년 12월 한 신문의 중국특집 기사 제목은 「중국은 더 이상 외국시장이 아니다」라는 것이었다.[88] 그러나 다른 한편으로는 미국과 일본이 중국을 안보위협으로 더욱 강조하면서 중국위협론은 한국의 언론과 지식인 사회의 주요 메뉴가 되었다.[89] 미국의 새로운 동아시아 군사전략의 일환인 전략적 유연성(strategic flexibility) 논의가 본격화되면서 한국에서 '중국위협론'을 정당화하려는 보수층의 욕구는 더욱 증대했다. 더욱이 한미자유무역협정(FTA) 체결에 광범한 기득권을 가진 한국의 기업가층과 정치권 그리고 정부 권력이 미국과의 더 긴밀한 경제적·정치군사적 일체화의 필요

---

88) 한국의 석유화학업체인 삼성토탈의 고홍식 사장은 "충남대산공장에서 중국까지 거리는 서울-부산보다 가까운 400킬로미터"라면서 "중국은 외국시장이 아니라 한국의 또 다른 내수시장"이라고 말했다. 『조선일보』, 2004년 12월 10일자.

89) 일본은 2004년 12월 방위계획대강을 9년 만에 개정하면서 북한과 함께 중국을 "안보위협 요인"으로 처음 명시했다. 『조선일보』, 2004년 12월 11일자.

성을 강조하기 위해서 '중국위협론'을 조장하는 경향도 없지 않았다.

경제적 친화성과 정치군사적 위협론의 모순 속에서 한국인들의 동아시아 인식은 혼란스러워졌다. 많은 언론과 지식인들이 '중국의 위협', 특히 '부강한 중국의 위험성'을 과거 수천 년간 동아시아 질서에서의 역사적 사실로 규정했다. 그렇다면 미래 한중관계에 대한 한국인들의 인식의 혼란은 거의 해소할 수 없는 한반도의 존재론적 모순이 될 수밖에 없는 상황이었다.

중국이 부강해지면 팽창주의가 되어 한반도의 미래에 위협이 된다는 주장은 사실 한국의 운명에 가장 치명적이었던 19세기에 펼쳐진 역사적 사실과 명백히 모순되는 것이었다. 한반도가 다른 세력의 영토적 팽창주의의 희생물이 된 것은 19세기 후반 중국이 몰락하기 시작하면서 중국대륙이 열강의 거대한 각축장이 되면서였다. 그럼에도 그 논리는 과거 1천여 년의 동아시아 질서뿐 아니라 미래의 동아시아에서 중국과 한반도의 관계의 상(像)까지도 지배하기 시작했다.

이런 현상은 대중적인 읽기의 대상인 저서들을 통해 광범한 영향력을 갖고 있음을 본다. 주요 언론매체를 통한 학자들의 언술을 통해서는 물론이고, 본격적인 학술 저서들을 통해서도 거의 무차별적인 '중국위협론'이 개진되어왔다. 김경민은 주한미군이 가깝게는 북한 위협으로부터, 멀게는 중국과 일본이 세력 다툼을 하지 못하게 하는 전쟁 억지력의 기능을 한다는 점을 강조하면서, 그 역사적인 근거를 이렇게 주장했다. "고려는 417년 동안 1.09년에 한 번꼴로 침략을 받았고, 조선왕조 519년 동안엔 1.44년에 한 번꼴로 침략을 당했다고 한다. 이 피침은 거의 대부분 중국과 일본에 의한 것이었다."[90] 어떻게 계산된 것인지 가

90) 김경민, 「(전문가 기고) 주한미군, 중·일 견제역할도」, 『조선일보』, 2004년 5월 19일자.

늠하기 어려운 거침없는 과장법이 아닐 수 없었다.

2006년에 펴낸 서진영의 『21세기 중국외교정책』도 한국학계의 중국 위협론을 압축적으로 보여준다. 서 교수는 중화제국 시대 전체를 관통하는 '중국의 대전략'의 요체는 무엇인가를 얘기하면서 이렇게 결론짓고 있다. "중국의 역사적 경험을 바탕으로 중국의 대전략을 살펴보면, 강력한 국가가 등장하는 경우는 외교적 방식보다 힘을 바탕으로 한 팽창주의적 대외정책을 추진하는 경향이 나타났고, 중앙정부가 약화될 경우는 다양한 외교적 방식을 통해 핵심적 영토주권에 대한 위협을 감소시키기 위한 방어적 전략을 추진했다." 그래서 중국의 대전략은 "중앙정부의 강약에 따라" 팽창주의와 방어적·수동적인 대외정책 사이의 사이클이 반복되었다고 결론짓는다.[91)]

이 결론은 물론 중국은 이제 부강해졌으므로 팽창주의를 추구할 것이라는 주장으로 직결되지는 않는다. 왜냐하면 오늘날 "중국의 국력이 충분히 축적되었는가"에 대한 논란은 별개의 문제로 수많은 논란과 검토의 대상이기 때문이다. 그러나 "중국이 부강해지면 중국의 영향력을 극대화하려는 팽창주의적 정책을 추구할 것"이라는 점은 여전히 그의 분석의 전후의 연결고리가 되는 핵심명제이다.[92)]

부강한 중국은 팽창주의를 의미한다는 명제에 기초한 중국위협론은 논리성과 역사적 사실에서 정확성을 결여하고 있다. 부강한 중국의 대외정책은 팽창주의를 피할 수 없다고 할 때, 그 팽창주의가 정확하게 무엇을 말하는지도 잘 정의되어 있지 않다. 하지만 두가지 중 하나일 것이다. 한반도를 포함하는 주변 국가들에 대한 침략적 주권침해를 포함하는 팽창주의를 의미하거나, 그러한 침략을 포함하지 않는 단순한

91) 서진영, 『21세기 중국외교정책』, 폴리테이아, 2006, 140쪽.
92) 서진영, 2006, 140쪽.

적극적 대외정책만을 의미할 수도 있다. 먼저 적극적이되 비침략적인 팽창주의라고 한다면, 그 말은 동어반복(tautology)에 불과하다. 그것이 중국의 '대전략'이라 할 만큼 무언가를 설명해주는 명제가 될 수 없다. 왜냐하면 중국의 중앙정부가 부강해진다는 것 자체가 그 힘과 영향력이 증대한다는 것을 의미하기 때문이다.

만일 중국의 부강은 팽창주의 외교정책을 뜻한다는 서진영 등의 명제가 한반도를 포함한 주변국가들에 대한 침략과 호전적 외교정책을 가리키는 경우에는 우선 역사적 사실과 부합하지 않는다. 가까운 과거의 역사에서부터 '부강 곧 팽창주의'라는 명제가 사실과 일치하지 않는다면 그것은 틀린 명제이다. 그러므로 17세기 초의 명청 교체기와 19세기 말 이후 20세기 초의 동아시아 질서의 두 경우를 간략하게 돌이켜봄으로써 '중국의 부강 곧 침략적 팽창주의'라는 명제를 간략하게 테스트해보는 것이 좋겠다.

17세기 초반 두 차례에 걸쳐서 한반도가 중국대륙의 침략을 당한 것은 당시 중국의 '중앙정부'인 명나라가 부강했기 때문이 아니라 약화되었기 때문이다. 중앙정부의 약화를 틈타 만주에서 성장한 변방의 새로운 국가가 명과 조선으로부터의 충성을 다투는 과정에서 만주족의 조선침략이 일어났다. 만주족의 조선침략은 이들이 세운 나라(후금·청)가 중국 중원을 통일하여 새로운 중앙정부를 구축하기 전에 전개된 사태였다.

중국의 중앙정부가 부강해지면 팽창주의가 된다는 명제의 단순함은 19세기 말 동아시아 질서에서도 다시금 드러난다. 이때 한반도를 둘러싸고 열강의 각축이 시작되며 조선에 대한 열강, 특히 일본에 의한 주권침해와 침탈이 강화되는 것은 중국이 약해진 틈을 타 진행된 불행이었다. 이 무렵 중국 역시 조선에 대한 영향력 강화를 꾀한다. 하지만 그것은 중국이 약화된 틈을 타 자신의 전통적인 영향권인 조선에 대해 외세의 지배력이 강화되고 있는 전혀 새로운 현실에 대한 대응이었다. 하지만 결국은 중국의 약화는 더욱 결정적으로 되고 이어 일본에 의한 한국의 주권침탈이 완료된다. 중화세력이 약화되면서 변방 민족들이 발호하며 한반도가 패권 다툼의 장으로 변했던 17세기 전반기 동아시아의 상황이 재연된 것이었다고 할 수도 있었다. 다만 그 주역이 만주족 대신 과거 중화질서에서 기미지의의 대상이던 일본과 서양세력들로 바뀌었다는 점만 다를 뿐이었다.

중화의 통일제국은 수와 당의 경우처럼 만주 요동벌에 대한 패권을 두고 한국사의 일부로 우리가 간주하는 고구려 제국과 전쟁과 침략을 주고 받았던 역사가 있는 것이 사실이다. 중화세력의 통일정권이 부강할 때는 북방 이민족들의 팽창주의를 견제했다. 나아가 한반도에 대한 일본의 발호를 견제하며 때로는 본격적인 일본의 침략을 격퇴하기도 했다. 이 같은 역사를 함께 평가해야 한다는 점을 중국위협론은 잊거나 간과하고 있다.

중국의 부강은 곧 공세적 팽창주의를 의미하게 된다는 오늘날 중국위협론의 논리는 한 가지 중대한 개념적 오류로부터 출발하고 있다. 무엇보다도 중국의 실체가 무엇인가에 대한 분석적 개념에 기초하고 있지 않은 데서 오류는 시작된다. 중국대륙의 실체는 하나의 중앙정부의 팽창과 수축의 문제가 아니다. 중국대륙의 역사, 그리고 그 대륙과 한반도의 관계의 역사는 중화세력과 북방 민족들 사이의 역동적인 상호작용의 함수였다. 한반도가 침탈의 대상이 된 역사적 조건은 중국 중원의 중앙정부의 힘의 함수가 아니라 중화세력과 내륙 아시아권의 북방 민족들이라는 다행위자들의 역학의 함수였다. 그 안에서 중화세력이 약화되는 상황은 한반도인들에게는 더 치명적인 안보위협이 되곤 했다. 중국대륙의 전쟁과 평화의 역사를 중원의 세력과 유목민 또는 반(半) 유목민들 사이의 끊임없는 갈등적 상호작용으로 파악한 유서 깊은 논의들이 있다. 한반도와 중국 사이 전쟁과 평화의 문제는 바로 그러한 중국대륙 내부의 다행위자 간의 역동적 상호작용 속에서 파악되어야 한다. 하나로 뭉뚱그려진 '중국'이라는 행위자의 힘의 강약으로 중국과 한반도의 관계를 환원시키는 개념은 설명력을 가질 수 없다.

과거를 단순화하여 그릇된 결론을 이끌어낼 뿐 아니라 그럼으로써 우리가 진정으로 경계하고 우려해야 할 동아시아적 조건이 무엇인가에 대해서도 오도하게 된다. 우리는 막연하게 '중국'이 강해지는 것을 끊임없이 경계해야만 하는 것으로 되고 만다. 중국대륙과 한반도 사이의 운명에 대한 매우 비극적으로 단순화된 세계관이다. 한국의 미래에 관해 한국 주요 언론들은 흔히 친미인가 친중국인가라는 이분법으로 몰고 가려는 경향을 보인다. 한국인에게 이미 무역 1순위의 실체로 다가선 중국은 냉전시대의 공백을 넘어 한국인의 일상의 중요한 일부가 되었다. 그럼에도 중국을 바라보는 우리의 지적 시야와 상상력은 여전히 냉전시대의 단순성을 탈피하지 못한 것은 아닌지 돌이켜 볼 일이다.

10. 중화질서의 본질과 한중관계 구조의 의미

이상의 논의를 통해서 중국 중심의 전통적 동아시아 질서 2천 년의 역사 속에서 중국과 한반도의 전쟁과 평화에 관해 두 가지의 함의를 이끌어낼 수 있다고 생각된다. 첫째, 중화체제 속에서 한반도가 전쟁의 상황에 돌입한 것은 중국 중원을 장악한 중화제국과 한반도 국가 사이에 제3의 세력이 만주를 장악하고 있는 3각구도가 형성되었을 때, 즉 중국과 한반도의 사이에 제3의 세력이 등장했을 때이다. 이 점이 갖는 역사적 함의는 탈냉전 이후 미국의 신보수주의자들에 의해서 제기된 이후 일본과 한국 사회에서도 점차 일반화되고 있는 '중국위협론'을 다른 시각에서 비판적으로 검토할 근거를 제공한다.

부강해지는 중국은 한반도에 대한 위협이라는 논리는 중국과 한반도의 관계에서 전쟁과 평화의 조건을 "한덩어리로 일원화되어 사유되는 중국"을 상정하고 그것과 한반도 사이 힘의 우열의 크기로 이해하는 시각이다. 이에 비해 여기서 논의한 내용에 기초한다면 우리는 그 문제를 동아시아에서 '중국과 우리'라는 이분법보다는, 제3의 세력이 개입된 상태에서 동아시아의 지정학적 3각구도라는 관점에서 이해할 필요가 있음을 말해준다.

중화제국이 강성하여 남만주를 통제하고 있을 때는 조공체제라는 위계적 평화 레짐에 적응한 한반도의 국가와의 사이에 전쟁이라는 극단적인 폭력은 없었다. 통일신라시대가 그러했고, 조선 건국 후 명과 한반도 국가의 관계 230년의 평화가 그러했다. 청이 중원을 장악해 중화제국으로 정립된 이후 230여 년의 평화가 또한 그러하였다.

그렇다면 강성한 중화제국과 약체화된 중화제국 사이에 한반도의 안보와 평화에 더 위협적인 지정학적 구도는 어떤 것인가에 대해 단순한 중국위협론의 시각으로부터 벗어날 필요가 있다. 약체화된 중화제국은 전통시대에는 만주와 중원 사이에 제3의 세력을 성장시킴으로써 내륙아시아권적 관계의 권력정치적 경쟁이 전개되고 그것은 한반도의 평화에 치명적인 결과를 초래하곤 했다. 16세기 말 일본의 침략 역시 중화제국과 한반도 이외의 제3의 세력, 즉 중화질서 외부의 세력에 의한 폭력이었다. 근대 이후 전개된 제국주의시대의 동아시아 역사 또한 중국의 힘의 파편화와 약체화로 형성된 권력공백의 공간을 제3의 세력이 지배와 폭력으로 메꿀 수 있다는 것을 보여주었다.

둘째, 중화질서 안에서 제3의 세력에 대한 한반도 국가의 인식과 대응의 자세에 내포된 문제의 본질은 무엇인가라는 질문이다. 이 문제는 중화질서에 대한 부적응의 문제와는 반대로 "과잉적응"의 문제를 일깨워준다. 한반도 지배층의 문화적·이념적 중국화는 중화제국과 한반도 사이에 평화적 관계의 장기지속을 가능하게 했던 기반의 하나였다. 그러나 중화주의는 다른 한편으로 제3세력의 등장이라는 지정학적 구조의 변동 상황에서 건전한 지정학적 현실주의의 인식과 대응을 어렵게 하는 경향을 보여주었다. 피할 수도 있었던 전쟁의 참화, 그리고 결국 겪게 된 치욕적인 방식의 종속 이전에 현명한 지정학적 인식과 유연한 외교를 통해 더 나은 조건에서 평화의 조건을 구할 수 있었을 외교적 역량을 뒷받침해줄 사유와 행동의 폭을 크게 제한했다. 요컨대 중화주의는 실용주의적인 외교적 사유와 정책결정을 제약한 측면이 분명 있었던 것이다.

동아시아의 다른 세력들에겐 중화질서에 대한 이데올로기적 헌신은 존재하지 않았다. 공격적 현실주의든 방어적 현실주의든 모두 지정학적 현실주의가 그들의 대외관계 인식과 전략을 지배했다. 반면에 중화질서 정립 이후 한반도 국가들의 경우 그 질서에 적응하는 가운데 이룩된 장기적 평화 속에서 중화질서에 대한 이념적 헌신이 체질화되었다. 기존 질서에 대한 이념적 헌신은 그 사회 지배체제의 정치 문화적 구조의 일부로 되었다. 그 결과 지정학적 위기에 처했을 때에도 기존의 이념화되고 체질화된 대외관은 소수파가 제기하는 지정학적 현실주의의 전략적 인식과 대응의 논리를 가로막는 힘으로 작용했다.

이러한 지적 상황은 한반도 국가가 대외관계를 경영하는 데 중요한 약점으로 작용했다. 그 약점의 요체는 중화제국과 한반도의 관계를 규정하는 중화질서의 외부로부터, 즉 중국과 한반도 국가 관계 바깥의 제3세력이 제기하는 도전에 지극히 취약했다는 사실이다. 적절하고 유연한 지정학적이고 현실주의적인 균형감각을 학습하지 못했고 체화하기는 더욱 어려웠다. 특히 그러한 질서내적 체질화된 문화적 정향도 사회 지배세력의 물질적·정치적 지배력(기득권)과 긴밀한 관계를 구성함으로써 문제를 악화시키는 경향이 있었다.

내륙 아시아권 세력들은 중화질서적 관계양식을 하나의 안보 레짐으로 받아들였을 뿐, 그 질서와 그 안에서의 자신들의 위치와 행위양식을 이데올로기적으로 합리화하지는 않았다. 반면에 한반도인들은 그 질서와 그 안에서 자신의 위치를 우주론적인 차원에서 미화하는 중화주의 또는 소중화주의 이데올로기를 체화하는 경향이 강했다. 중화질서에 대한 이념적 헌신은 제3세력 및 제3세계에 대한 과도한 무관심과 함께 그 세력들에 대한 뿌리 깊은 타자화(他者化)를 동반하였다. 그것은 건실한 현실주의 또는 실용주의적 외교의 실종과 민중의 비참한 피해로 귀결되기 쉬웠다.

오늘의 국제질서에서 한국은 미국과 사실상의 위계적 안보 레짐의 관계를 맺고 있다. 한국에서 지배적인 대외인식과 외교기조는 그 질서에 대한 헌신을 이데올로기적인 차원으로 끌어올리는 경향이 있다. 과거 전통시대 중화주의가 대상만 바뀐 채 우리의 사유와 행동을 지배하고 있는 모습이다. 질서 바깥에서 역동하는 제3세력들에 대한 건실한 지정학적 인식과 장기적인 경영전략을 개발하는 데 지금 지배적인 질서에 대한 이데올로기적인 헌신은 시대를 불문하고 중요한 장애가 될 수 있다. 충분한 학문적 탐색을 거치지 않은 중국위협론의 명제들을 쉽게 전제하고 기존의 안보질서에 대한 헌신을 이념화할 때, 그로 인한 안전과 동시에 그 과잉이 초래할 수 있는 위험성에 대해 돌이켜보는 것은 그래서 지극히 중요하다. 이제부터 중국적 세계질서에 편입되기 전과 그리고 그후에 있어 중화질서와 중화주의의 빛과 그늘에 대해 살펴보고자 한다.

제4장 고대 한반도의 지정학적 정체성의 이원성

• 내륙 아시아적 정체성과 잠재적 중화권의 공존

1. 고대 한국의 언어와 문화, 그리고 지정학적 정체성

신라가 통일하기 전까지 한반도를 근거로 활동한 고대 한국인들은 크게 두 부류로 나뉜다. 고조선 때부터 대동강 이북에서 압록강 유역을 중심으로 활동한 세력이 그 하나이다. 이들은 삼국시대 고구려 세력으로 수렴된다. 다른 하나는 한강 유역 이남의 마한, 변한, 진한을 이르는 삼한(三韓) 세력이다. 이들은 삼국시대에 백제와 신라로 수렴된다. 앞 장에서 고구려로 수렴되는 세력을 한반도 북부세력, 백제와 신라로 수렴되는 세력을 한반도 중남부세력으로 하여 그 지정학적 구분을 해둔 바 있다.

이들의 지정학적 정체성을 파악하기 전에 삼국시대 이들 세력 간 언어를 포함한 문화적 정체성의 차이 여부를 우선 거론하지 않을 수 없다. 북한을 포함하여 한국학계에서는 삼국 간의 문화적·언어적 이질성 문제에 대해 이견이 있어왔다. 이질성을 강조하는 쪽과 동질성을 강조하는 경향이 함께 있다. 김한규는 문화와 언어에서 이질적이었다는 견해를 대표한다.[1] 그는 한반도 북부세력과 중남부세력 사이의 문화적

1) 김한규, 『천하국가: 전통시대 동아시아 세계질서』, 소나무, 2005, 438~439쪽.

이질성이 비교적 뚜렷하다고 보았다. 청동기문화와 무덤양식에서 차이가 있고 언어권역이 또한 다르다는 것이다.

그는 먼저 청동기문화에서 한반도 북부세력은 요동지역 문화와 깊은 관련이 있는 가운데 한반도 중남부세력과 구별되는 것으로 보았다. 흔히 비파형(琵琶形) 청동단검으로 불리는 '요동식 청동단검'이 한반도 북부에까지 걸쳐 있는 데 반해서, 반도 중남부지역의 청동기문화 표지 문물은 세형동검(細形銅劍)이다. 세형동검은 비파형동검이 훗날 퇴화한 양식으로 통한다. 상당한 시간적 간격을 두고 한반도 북방지역 청동기문화가 중남부로 전파되면서 쓰인 것으로 파악된다.

무덤양식에서도 한반도는 북부와 중남부 사이에 상이한 두 가지 양식을 보인다. "크고 넓은 돌 하나를 네 개의 넓은 석벽이 지탱하는 모양의 북방식 고인돌"은 요동식 청동단검 분포지역과 대체로 일치한다. 반면에 한반도 중남부에서 발견되는 것은 "하나의 두텁고 큰 돌을 짧고 작은 돌 몇 개가 지탱하는 모양의 남방식 고인돌"이다. 이 남방식 고인돌 역시 북방식 고인돌이 세월이 흐르면서 퇴화된 무덤양식이라 하는데, 북방식을 요동식 고인돌, 남방식을 한국식 고인돌로 분류하기도 한다. 마지막으로, 사용한 언어에서도 한반도 북부세력은 한반도 중남부세력과 구분된다는 것이 김한규의 설명이다. 전한(前漢) 시대 후기에 양웅(揚雄)이 편찬한 『방언』(方言)이라는 문헌은 연나라 동북지방, 즉 요동지역에서 대동강까지의 권역을 언어에서 동일한 권역으로 분류하고 있다.

요컨대 김한규는 고구려와 백제·신라를 서로 다른 문화적 정체성을 가진 것으로 보았고, 그 근거의 하나로 그들이 동일한 언어권역이 아니었다는 데에서 찾았다. 청동기문화와 무덤양식을 두고는 학계의 의견은 대체로 일치하는 것으로 보인다. 그러나 언어 이질성 문제에 대해서는 학계에서 상당한 이견이 있다.

1980년대에 이르기까지 한국 국어학계의 지배적인 견해는 삼국의 언어가 동질적이 아니었다는 쪽이었다. 북한학계는 일찍부터 삼국 언어의 동질성을 부각시켰다. 이런 사정은 1989년 북한에서 출간된 고대 한국어 관련 연구서의 다음과 같은 언급에서 엿보인다.

"민족을 이루는 가장 중요한 징표의 하나인 우리말의 력사를 옳게 밝혀내는 것은 겨레의 민족적 자부심과 긍지를 북돋아주고 그들을 앞날의 새로운 전진에로 고무하는 데서 커다란 의의를 가진다. 우리말의 발달에서 봉건국가들이 출현한 고구려, 백제, 신라의 세 나라 시기는 당시의 언어의 성격에 있어서나 문자생활의 특성에 있어서나 고려 통일국가 형성 이전의 나라의 분립상태를 반영하여 비교적 복잡한 양상을 띠고 있었다. 따라서 이 시기 세 나라의 언어관계를 옳게 정립하고 정확히 서술하는 것은 우리 민족어의 발달과정을 재구(再構)하는 데서 중요한 자리를 차지한다. 그런데 최근 시기 이남의 언어학계에서는 세 나라 시기 고구려, 백제, 신라에서 쓰인 우리말의 관계가 복잡한 사실에 편승하여 마치 당시 우리말이 단일한 언어가 아니었으며, 세 나라 말이 서로 달랐던 듯이 묘사하는 괴이한 리론이 떠돌아가고 있다. 이러한 '리론'의 주장자들을 살펴보면 그 선두에는 이남의 이름 있는 언어학자 리기문(李基文) 교수가 서 있는 것으로 보인다. 그러므로 우리는 앞으로 그러한 주장에 대해 비판을 하는 데서 자연히 리기문 교수의 발언에 많이 언급하게 될 것이다."[2)]

김수경이 인용한 이기문의 『국어사개설』은 이렇게 적고 있다. "오늘의 국어가 단일 언어이므로 고대에 있어서도 고구려, 백제, 신라의 언어가 단일했으리라는 선입견에 지배되어온 듯하다. 그러나 이런 태도는

---

2) 김수경, 『세나라시기 언어력사에 관한 남조선학계의 견해에 대한 비판적 고찰』, 평양: 평양출판사, 1989, 11~12쪽.

비판되지 않으면 안 된다."[3] 이기문은 1967년 출간된 『한국문화사대계 V』에서 "우리나라에 있어서의 언어의 단일성은 통일신라 이후에 성취되기 시작했던 것이다"라고 했다.[4] 김수경은 이기문의 이러한 결론이 중국 사서의 기록들을 보지 않고 무시한 결과라고 주장한다. 이기문은 중국 역사서도 한국 역사서인 『삼국사기』도 삼국 언어의 동질성 여부에 대해 언급하지 않았다고 주장한다. 하지만 김수경은 중국 역사서인 『양서』(梁書)가 백제에 관해서 쓴 다음의 기록을 간과했다고 주장한다. 그 기록인즉, "百濟—馬韓有五十四國……百濟卽其一也……今言語服章略與高驪同"(백제-마한에는 쉰네 나라가 있다. ……백제는 그중의 하나이다. ……지금 언어라든지 옷차림이라든지 대략 고구려와 같다)이라고 했다.[5]

『양서』는 신라어에 대해서도 이렇게 언급했다. "新羅-語言待百濟而後通焉"(신라-말은 중간에 백제를 넣고서야 통한다). 이 말을 이숭녕은 "신라와 고구려 사이에 백제를 중개로 해서 언어가 통할 수 있다고 한 것"으로 해석했다. 이를 근거로 이숭녕은 신라어와 고구려어 사이에 상당한 거리가 있음을 말한다고 보았다. 김수경은 이것을 거꾸로 해석한다. "중국 사람이 신라 사람과 말을 통하려면 백제 사람에게 통역을 하게 해야만 된다는 뜻이며, 따라서 이 기록은 백제말과 신라말이 서로 같았다는 것을 증명하는 좋은 자료라고 보아야 할 것이다."[6]

김수경의 해석을 떠나서도 중국 사서 『양서』는 최소한 두 가지를 말해준다. 첫째, 고구려와 백제는 복식문화와 함께 언어가 동일하다. 둘

---

3) 이기문, 『국어사개설』, 1961년 초판, 1972년 개정판, 32쪽; 김수경, 1989, 12쪽에서 재인용.

4) 김수경, 1989, 12쪽에서 재인용.

5) 김수경, 1989, 17쪽.

6) 김수경, 1989, 24쪽.

째, 백제와 신라는 언어가 서로 통한다. 만일 이숭녕의 해석이 옳다면 중국 사서는 고구려와 신라가 말이 통하지 않는다고 지적한 것이다. 그러나 김수경의 해석이 옳다면 고구려와 신라가 말이 통하지 않는다는 얘기가 아니고, 중국인이 신라와 통하려면 백제인의 통역이 필요하다는 얘기이다. 어떤 경우든 이 사서에 따르면, 고구려와 백제, 그리고 백제와 신라는 언어가 동질적이었으며, 평범한 삼단논법에 의해 고구려와 신라 역시 언어가 소통했다는 말이 가능해진다.

국내 국어학자 김무림은 중국 사서들에 남아 있는 몇 가지 기록들을 제시한다. 이에 근거하면 삼국시대 언어적 상호소통 가능성에 대해 여러 가지 추정이 가능해진다. 그는 백제의 지배층 언어는 고구려어와 같고, 피지배층 언어는 신라어와 같았다는 해석도 그 하나라고 보여준다. 하지만 김무림은 이 같은 견해는 예맥어(濊貊語)와 한어(韓語)의 이동(異同) 여부에 대한 선입관이 작용했을 가능성이 높다고 보면서 뚜렷한 결론을 내기 어려운 문제로 이해한다.[7] 김무림은 "지금까지 삼국의 구체적인 언어 자료에 대한 역사적인 연구는 손꼽을 수 있는 몇몇 어휘에 한정되어 있으며, 문장 차원에서 삼국의 언어 차이를 논할 만한 자료는 없는 실정"이라고 고백한다.[8]

하지만 고구려와 백제·신라 사이의 문화와 언어의 소통 문제는 그들의 지정학적 정체성을 이해하는 데 참고적인 자료일 뿐 핵심은 아니다. 필자가 고구려와 백제·신라의 지정학적 정체성을 각각 내륙 아시아권과 잠재적 중화권적 지향으로 구분한 것은 그들 사이의 언어적 이질성 여부와는 근본적으로 무관하다. 언어를 포함해 같은 문화권에 속하더라도 정치조직이 다르고 그 조직이 처한 지정학적 환경이 다르면 지정

7) 김무림, 『국어의 역사』, 한국문화사, 2004, 24쪽.
8) 김무림, 2004, 25쪽.

학적 정체성은 당연히 차이가 날 수밖에 없다.

한반도의 이들 북부세력과 중남부세력 사이에는 뚜렷하게 상이한 지정학적 정체성이 있었다. 그들 상호관계는 최후까지 끊이지 않는 배타적 투쟁이 지배했다. 두 세력들은 경제생활 양식에서도 상당한 차이가 있었을 것으로 추정된다. 이 두 그룹 사이의 지정학적 정체성의 차이는 다음과 같이 정리해볼 수 있다.

첫째, 한반도 북부세력은 정치적 군사적 힘이 성장했을 때는 요동에서 중국을 비롯한 다른 세력들과 패권을 다투었다. 반면에 한반도 중남부세력이 중국과 맺은 관계는 해로(海路)를 통한 무역과 외교 및 문화적 교류활동에 집중되었다.[9)]

둘째, 한반도 북부세력과 한반도 중남부세력은 고구려 전기(前期)까지는 이렇다 할 군사적 충돌이 없었다. 그러나 그후에는 한반도 중심부를 놓고 사활을 건 패권다툼을 벌인다. 이 과정에서 중남부세력은 중국 또는 경우에 따라서는 왜와의 외교적·군사적 연합을 통해 서로 견제하고 공격하는 치열한 투쟁에서 벗어나지 못했다. 이 투쟁은 신라가 중국과 연합해 다른 두 나라를 멸함으로써만이 종지부를 찍게 된다.

셋째, 한반도 중남부는 중국 중원과 기후조건이 비슷하며 심층농경사회가 빠르게 발전하는 데 유리했다. 반면에 한반도 북부는 상당부분 유목과 수렵, 그리고 농경을 병행하는 혼합경제적 성격이 강했을 것이다. 이 점 역시 두 세력 각자의 지정학적 정체성과 문화가 다르게 발전할 수 있는 물적 토대가 될 수 있었을 것이다.

넷째, 한반도 북부 국가들의 부족적 기원은 중남부 국가들에 비해 분명 내륙 아시아적 성격을 띠고 있었다고 볼 수 있다. 데이비드 그라프

---

9) 백제와 신라의 대중국(對中國) 및 대왜(對倭) 관계에 대해서는, 신형식, 『백제의 대외관계』, 주류성, 2005 참조.

는 고구려와 백제 모두 "만주로부터 이동해 내려온 호전적 부족집단"에 의해 건립된 국가들이라고 말한다. 특히 고구려는 동부 만주에 기반을 둔 퉁구스족 계열인 말갈(Malgal)과 결합한 세력이라는 점에서 만주적 정체성을 가진 것으로 이해된다.[10] 고구려는 지배층과 피지배층 모두 만주적 정체성을 가졌다고 할 수 있다. 백제는 지배층의 일부가 만주에서 이동해 내려와 토착 지배세력과 연합한 것으로 볼 수 있으나, 백제인들 대부분은 토착 한인(韓人)으로 이해되고 있다.

고구려 이전 위만조선의 지배층에 요동을 포함한 남만주의 정체성을 가진 중국 유망민들이 깊이 포진하고 있었다는 점도 한반도 북부 국가를 지배한 세력들의 만주적 또는 요동적 정체성과 관련해 유의할 필요가 있다. 그런 점에서도 고조선 이래 고구려에 이르기까지 한반도 북부 국가들은 중국과의 관계에서 내륙 아시아권적인 지정학적 정체성을 띠고 있었다고 말할 수 있다.

내륙 아시아적 정체성을 가진 세력과 중화권적 지향을 가진 세력은 모두 다 중국과 조공책봉관계를 가질 수 있다. 다만 내륙 아시아권적 정치세력은 중국과 위계적 질서(hierarchic order)에 편입된다 하더라도 그 관계는 일시적이다. 상황에 따라 중국 세력들과 권력정치적 경쟁(power political competition)과 패권다툼에 적극 간여한다. 따라서 중국과 조공책봉관계를 맺었다고 해도 곧바로 중화권적 관계에 포섭된 것이 아니다. 내륙 아시아권과 중화권의 구분은 존 페어뱅크가 오웬 라티모어의 내륙 아시아권 연구에 바탕을 두고 제시한 것이다. 내륙 아시아권과 중화권 모두 중국적 세계질서 안에 존재하는 두 경향이다.

한반도에는 이 상이한 두 종류의 세력들이 공존했다. 위만조선이나

---

10) David A. Graff, *Medieval Chinese Warfare, 300~900*, London: Routledge, 2002, p.145.

고구려는 중국 중원세력과 조공책봉관계를 맺으면서도 여건이 허락하는 한, 중국과 요동에 대한 패권을 다툴 준비가 되어 있었다. 그 점에서 권력정치적 경쟁의 차원이 함께 있는 지정학적 성향이었다. 반면에 신라·백제와 같은 경우 중국과 조공책봉관계를 맺는 것은 적어도 요동에서의 패권경쟁의 의미는 없었다. 주로 한반도 북부의 내륙 아시아적 세력과 한반도 안에서 패권을 다투거나 중남부 국가들 자신끼리의 경쟁에 몰두했다. 이들의 대중국 관계는 주로 해로를 통한 경제교역과 선진문화 흡수를 위한 문화교류 활동에 중점이 두어졌다. 삼국통일 이후 신라는 한반도 자체에 대한 지배권을 두고 당과 무력투쟁 양상도 보인다. 하지만 그것은 어디까지나 한반도 자체에 대한 통제권을 위협하는 외세에 대한 저항의 의미를 벗어나지 않았다. 통일신라가 당과 평화를 전제로 조공책봉체제를 재정립한 후 한반도의 통일국가들은 한결같이 고대국가시절 한반도 중남부세력들이 잠재적으로 지녔던 중화권적인 지정학적 정체성을 유지하고 더욱 고착시키게 된다.

신라에 의한 이른바 삼국통일은 한반도에서 중남부세력이 중국세력과의 연합을 통해 북부세력을 붕괴시킨 데 있는 것으로 이해할 수 있다. 이후 한반도를 지배하는 세력은 요동패권을 다투는 내륙 아시아적인 지정학적 전통과 단절하게 되었다. 중국 중심의 국제질서를 수용하고 그 안에서 정치적 자율성과 경제적 번영 그리고 문화적 성숙을 추구하는 데 집중하였다.

고조선 이래 고대로부터 한반도를 무대로 활동한 정치세력들의 지정학적 정체성은 처음부터 단일한 것이 아니라 이원적 구조를 안고 있었다. 한반도의 북부에서 활동하던 내륙 아시아적 정체성을 가진 세력은 고구려의 멸망과 함께 일부는 중남부세력에 통합되고, 그 대부분은 만주라는 더 뚜렷하게 내륙 아시아적인 지정학적 정체성을 가진 세력으로 흡수된다. 한반도 정치세력과는 관련성이 더욱 희미해지는 역사적 존재가 된다. 이들은 머지 않아 고구려의 질서와 일정한 관련을 맺고 있던 세력과 민족이 중심이 되어 건국한 발해로 다시 결집한다. 하지만 발해가 한반도 지배세력과 가진 정치경제적 및 문화적 연관성은 매우 모호하거나 거의 단절된 상황이 되었다. 발해는 10세기 전반에 멸망한다.

그로써 흩어진 세력과 민족들은 이후 한반도에 대해 지정학적 위협을 제기하는 북방세력의 기반 또는 그 배후세력으로 된다. 대체로 여진 또는 만주인으로 통칭되는 이 민족들은 훗날 청나라를 세우는 기반의 일부로 된다. 결국 7세기에 한반도 북부에서 본거지를 잃어버린 세력은 정확하게 1천 년의 역사가 흐른 뒤인 17세기 전반에 한반도 국가를 조공국으로 만들고 이어 중국의 지배자로 등장한다.

이 장에서는 한반도 정치사의 시원에서부터 7세기 말에 이르는 시기까지 한반도 국가들의 지정학을 보다 구체적으로 살펴본다. 7세기 말은 한반도 중남부세력이 중국과 연합하여 북부세력을 한반도에서 축출함으로써 내륙 아시아적 정체성을 완전히 털어내는 시점이다. 중화권적 정체성을 일원적으로 확립한다. 그때까지 한반도에 존재했던 이원적 정체성의 역사가 이 장의 주제이다.

2. 한국사의 시원과 한중관계: 기자조선 논쟁

기원전 시기에 한반도 북부에 존재했던 정치세력의 정체성에 대해서는 한국학계가 제시하는 몇 가지 기본적인 명제들이 있다. 첫째, 위만조선의 실재(實在), 그리고 그 정치세력의 중국 기원을 인정한다는 점이다. 둘째, 위만조선 이전부터 '조선'이라는 나라가 존재했다는 것은 인정한다. 하지만, 그 조선이 기원전 11세기경에 주 무왕에게 멸망한 은나라의 정치적 망명귀족인 기자(箕子)가 동쪽으로 가서 세운 것이라는

'기자조선'설은 부정한다. 한국학계가 일반적으로 기자조선을 하나의 전설로 취급하고 있는 점은 김한규가 "소위 기자조선의 설화"라는 표현을 쓰고 있는 데에서도 확인된다.[11)]

고조선의 원초적 모습과 그 정체성에 대한 인식은 중국 사학계와 한국학계가 뚜렷한 차이를 보인다. 중국의 이른바 '동북공정'(東北工程)으로 촉발된 한중 간의 '역사전쟁'은 한반도 북부에 등장한 최초의 정치세력인 '조선'의 시원이 무엇인가라는 문제로까지 거슬러 올라간다.

1) 중국의 역사인식

국제관계는 국가 간의 전쟁과 평화의 문제이다. 따라서 한국사의 국제관계적 기원을 물을 때 우리는 한국사에서 최초의 고대국가가 언제 어떻게 건설되었고, 그 과정에서 중국대륙에 성립된 고대국가들과의 관계는 어떤 것이었나에 대한 물음에서 시작해야 한다. 한반도의 고대국가들이 동아시아 대륙과 어떤 관계 속에서 구성되고 어떤 상호작용을 하였는가는 이후 수천 년에 걸친 한반도의 국제관계를 이해하는 데 그 시원적 자료를 제공한다.

하지만 한반도 최초의 고대국가는 무엇이며 그것은 중국대륙과 어떤 관계에 있었는가에 대한 해답 찾기는 처음부터 난관에 봉착한다. 그 어떤 주제 못지 않게 가장 정치화되고 이데올로기화된 논쟁의 대상이기 때문이기도 하다. 그 충돌의 핵심 포인트는 한반도 최초의 고대국가로 인정되는 고조선(古朝鮮)의 건국 주도세력이 누구냐 하는 것이다. 중국 학자들은 기원전 2세기 한대(漢代) 사람 복생(伏生)이 집필한 『상서대전』(尙書大傳)과 사마천이 기원전 1세기 초에 완성한 『사기』 등, 중국의 권위 있는 역사서들의 기록을 근거로 삼는다. 이에 따르면 중국

---

11) 김한규, 2005, 439쪽.

중원에서 기원전 11~10세기경에 한반도 서북부로 건너간 기자와 그가 이끌고 간 기족(箕族)이 고조선의 건국과 깊은 관계를 갖고 있다. 기자가 세운 조선이라는 뜻을 갖는 '기자조선'은 심지어 중국 상삼대(上三代) 마지막 왕조인 주(周)나라의 제후국의 하나였다고까지 주장된다. 한반도 최초의 고대국가는 건국시기부터 중국 왕조 중심의 질서에 종속적으로 편입되어 있었다는 것이 된다.[12)]

중국 학자들이 역사서들의 기록을 근거로 이해한 고대 중국과 한반도의 관계의 핵심적 요소는 세 가지로 요약할 수 있다. 첫째, 중국 중원의 정치 변동들과 연관되어 한반도 서북부로 옮겨간 중국인들이 한반도의 국가건설에 깊이 간여했다. 우선 기원전 1046년에 주의 무왕이 은 왕조를 멸함에 따라 은의 귀족이던 기자가 그의 부족과 함께 한반도 서북부로 옮겨와 나라를 세운 것이 조선이었다. 고조선이 요동에까지 세력을 확장하는 융성기에도 중국인들이 결정적인 역할을 하였다. 기원전 2세기 초 요동에서 연나라 사람 위만(衛滿)이 많은 중국 유망민을 이끌고 동쪽으로 가서 고조선 사람들이 된다. 그들은 심지어 고조선의 지배자로 된다. 이렇게 성립된 위만조선은 이후 고조선의 통치지역을 수천 리나 더 확장시켜 강대한 세력을 구축한다.

둘째, 이런 관점에서 보면 당연히 한반도 평양과 대동강 유역을 중심으로 존재한 고조선이라는 한국사 최초의 고대국가는 그 시초에서 융성·확장기에 이르기까지 중국 중원과 요동에서 유입된 중국인들의 활동이 핵심적인 역할을 한 정치체였다. 뿐만 아니라, 고조선의 민중들 역시 한반도 서북부지역에서 원래 생활하고 있던 원주민과 중국 중원의 유망민들이 융합하여 구성된 것으로 보지 않을 수 없게 된다. 그래

---

12) 蔣非非 外, 『中韓關係史』, 北京: 社會科學文獻出版社, 1998; 장페이페이 외, 김승일 옮김, 『한중관계사』, 범우, 2005(1998), 13~41쪽.

서 장페이페이 등 중국 학자들은 고조선 민중의 구성 성분을 이렇게 분석했다. “한나라 초기에 위만이 건립한 이른바 ‘위만조선’이 통치한 민중은 두 부분으로 나누어진다. 한 부분은 진말 한초(秦末 漢初) 시기에 중원 지역에서 피난간 주민들이고, 다른 한 부분은 기자(와 그 부족세력)가 한반도에 진입한 (후) 현지의 원주민과 융합하여 형성된 기자조선의 부족민들이다. 이 두 부분의 주민들은 서서히 융합되어 중원 주민의 혈연과 문화는 다시 한번 한반도 북부에 확대 전파되게 되었다.”[13)] 요컨대 한국사의 민중적 주체에는 중국에서 온 민중이 핵심적인 일부를 구성함으로써 한국사는 원래부터 중국인과 그 이전 한반도인들이 결합한 다민족 국가였다는 말이다.

농경지역인 중국 중원에 살던 기자와 그의 부족이 고조선지역으로 오게 된 이유를 이곳이 같은 농경문화 지역이었기 때문이라고 장페이페이 등은 해석했다. 은인(殷人)은 원래 산동반도 지역을 무대로 살았던 동이족(東夷族)의 한 갈래였다. 상나라 말기에 기자의 부족인 기족은 요서지역에 거주하고 있었다. 위치로 볼 때 기족은 장기적인 인적, 물적 교류를 통해서 한반도 서북부의 고조선지역의 지리와 물산을 알았다. 자연기후가 농경, 어업, 목축에 적합하여 농업의 생산성이 높다는 사실을 알고 있었던 것이다. 기자가 당시 유목을 위주로 하는 북방 소수민족들의 거주지로 이동하지 않고 고조선지역을 선택한 것은 그런 이유에서였다는 것이다.[14)]

셋째, 고조선은 중국 왕조와의 관계에서 책봉관계와 자주독립 사이에서 부단히 유동했다. 고조선은 대체로 실질적인 독립적 국가였다. 그러나 때에 따라서는 중국 왕조와 책봉관계를 맺기도 했다. 말하자면 고

13) 장페이페이 외, 2005(1998), 51쪽.
14) 장페이페이 외, 2005(1998), 26쪽.

조선 때부터 한반도는 중국과 중국 중심적 질서에 들어 있었다고 중국 학자들은 인식하고 있는 것이다. 고조선은 다만 거리가 먼 외진 곳에 있어 실질적으로는 독립해 있었다고 이해한다.

『상서대전』과 『사기』의 기록을 종합하면, 기자는 은의 마지막 왕인 주(紂)가 주색에 빠진 것을 지적하여 간언을 하다 감옥에 갇혔다. 주의 무왕이 은을 멸망시킨 후 기자를 석방시켰다. 무왕은 기자에게 국가경영의 도리에 관해 의견을 구했다. 기자는 자문에 응했으나, 그간의 굴욕과 망국민의 처지를 돌아보며 중국을 떠나 한반도 북부에 조선을 세웠다. 주의 무왕이 이 소식을 듣고 기자에게 조선이라는 국호를 내리고 그를 제후에 봉했다. 그리하여 주 무왕 13년에 기자는 주 왕조에 인사를 하러 간다.[15] 『사기』의 「송세가」는 "무왕이 기자를 조선의 후로 봉하였지만 신하는 아니었다"고 기록하고 있다.

장페이페이 등 중국의 학자들은 기자조선과 주 왕조의 관계를 형식적으로는 기자조선이 주의 제후국으로서 주 천자의 신하이지만, 실질적으로는 "(주가) 기자의 고조선지역 통치권을 승인했을 뿐이지, 기자가 다른 제후들과 같이 (주의) 도성에 와 알현하고 공물을 바쳐야 하는 그런 직책을 요구하지는 않은" 관계로 정의한다. 그래서 "기씨국은 비록 주나라의 신하국이지만 외딴 곳에 위치하고 있었을 뿐만 아니라, 본부족은 망국 후에 중원 왕조의 통치체제를 서서히 벗어나 더욱 더 거리를 멀리하게 되었다"고 말한다. 기씨 부족은 해당지역의 고조선 원주민과 융합되었다. 기자조선은 결국 중원의 주나라 체제로부터 완전히 이탈하여 한반도 일대에서 자기 세력을 가진 국가로 발전하게 되었다는 것이다.[16]

---

15) 장페이페이 외, 2005(1998), 21~24쪽.
16) 장페이페이 외, 2005(1998), 29쪽.

중국 학자들은 한국의 역사서들도 기자조선의 실재를 인정해왔다는 사실에 주목한다. 『삼국사기』와 『삼국유사』가 기자가 조선으로 이동해 온 사실을 기록한 가운데, 『삼국사기』는 기자조선을 (한국사) 최초의 왕조라 했고, 『삼국유사』는 "주호(周虎), 무왕이 즉위한 다음 기묘년(己卯年)에 기자를 조선의 후에 봉했다"라고 기록하고 있는 점을 주목한다. 고려 때 이승휴는 『제왕운기』를 통해 "고조선의 시조는 기자이다. 주호(무)왕 원년 기묘년 봄에 기자가 이곳에 와서 나라를 건립했다"고 한 것을 들어 고려 왕조부터 기자를 시조로 받들었다고 장페이페이 등은 말한다. 조선시대에 쓰인 『조선사략』은 "주 무왕이 상을 멸망시킨 다음 기자가 중국인 5천 명을 거느리고 조선에 들어왔다"고 했고, 『해동역사』는 "기자가 5천 명을 거느리고 조선에 왔으며, 시·서예·예의와 음악, 그리고 의약과 점술 등도 함께 전해주었다. 시와 서예를 가르쳐 줌으로써 중국의 예의와 음악제도를 알게 되었으며, 관청의 관제 의복도 중국에 따랐다"고 한 것을 상기시킨다.[17]

기자조선이 실재했음을 주장하는 근거로 장페이페이 등 중국학자들이 제기하는 아마도 가장 주목할 만한 것으로는 과거 조선 학자들의 증언이다. 특히 조선시대에 『동국지리지』를 저술한 한백겸(韓百謙)의 『기전고』(箕田考)를 들고 있다. 이것은 평양에 잔류한 '기전' 유적지에 대한 고증을 한 것이다. 이 유적지는 평양성 남쪽에 위치해 있으며, 함담문과 평양문 사이에 가장 잘 보존되어 있다고 했다. 땅을 밭 전 자 형태로 구획하고 매 한 전(田)은 다시 네 개로 구획했는데, 이것은 토지를 평균적으로 분배하는 방법으로서 상나라의 토지제도를 모방하여 제정한 것이며, 기자가 책임지고 실시했기 때문에 '기전'이라 불렀다는 것이다.[18]

---

17) 장페이페이 외, 2005(1998), 24쪽.

장페이페이 등은 『산해경』이 "고조선은 열양(列陽)의 동쪽, 바다의 북쪽과 산의 남쪽에 위치했는데, 열양은 연(燕)나라에 속한다"고 한 것을 근거로, "역사서에서 가장 먼저 고조선이라는 지명이 나타나는 시기"에는 고조선의 영역이 "압록강 이남 지역의 한반도 북부"였다고 해석한다. 『산해경』이 언급한 '바다'는 '황해'를 말하고 '산'은 장백산(長白山: 백두산)을 가리킨다는 주장이다.[19]

한편 일제시대 일본의 관방학자(官方學者)들은 기자 관련 기록들을 "일고의 가치도 없는 전설"로 치부했다. 일본의 역사학은 단군신화도 부정한다. 기자조선설을 인정하면 한반도의 역사가 중국 역사의 일부임을 받아들여야 하기 때문이고,[20] 단군신화를 인정해주는 것은 한국 역사의 깊이와 독자성을 인정하는 것이기 때문이라고 짐작된다. 하지만 현대 한국 역사학이 일반적으로 기자조선설과 단군신화를 모두 인정하지 않고 있다고 할 수 있으므로, 일본 역사학이 기자조선과 단군신화를 인정하지 않는 것도 하등 이상한 일이 아니다.

2) 한국인의 역사인식

고조선과 중국대륙의 관계에 대한 한국인들의 역사인식은 매우 착잡하다. 중국 역사서에 기록된 '기자조선'설에 대한 수용과 부정을 둘러싼 논쟁이 그 한 축이다. 다른 한편으로는 고려시대 일연이 쓴 『삼국유사』에 처음 실린 단군신화를 어떻게 이해하느냐 하는 문제가 고조선 인식의 문제와 겹치면서 더욱 복잡한 양상을 띤다.

정작 『삼국유사』는 단군설화와 기자조선설을 모두 받아들여 종합해 놓고 있다. 먼저 『삼국유사』는 "『위서』(魏書)에 이렇게 말하였다"고 하

18) 장페이페이 외, 2005(1998), 24~25쪽.
19) 장페이페이 외, 2005(1998), 23쪽.
20) 김한규, 『한중관계사 I』, 아르케, 1999, 89쪽.

면서 고조선(왕검조선)의 건국과정을 설명한다.[21] "지금부터 2000년 전에 단군왕검(壇君王儉)이 있어 아사달(阿斯達: 개성 동쪽)에 도읍을 정하고 나라를 열어 조선이라고 불렀으니, 바로 요(堯)임금과 같은 시기이다."[22]

『삼국유사』는 바로 이어서 『고기』(古記)에는 이렇게 말했다고 하면서 단군설화를 소개한다.[23] "옛날 환인(桓因: 천상에서 통치권을 행사하는 하느님)의 서자 환웅(桓雄)이 자주 천하에 뜻을 두고 인간 세상을 탐내어 구했다. 아버지가 아들의 뜻을 알고는 삼위태백(三危太伯)을 내려다보니 인간을 널리 이롭게 할 만하여 즉시 천부인(天符印) 세 개를 주어 내려보내 인간 세상을 다스리게 했다. 환웅이 무리 3000명을 거느리고 태백산(太白山: 지금의 묘향산) 꼭대기 신단수(神壇樹) 아래로 내려왔다. 이곳을 신시(神市)라 하고 이분을 환웅천왕이라 한다. 풍백(風伯), 우사(雨師), 운사(雲師)를 거느리고 곡식, 생명, 질병, 형벌, 선악 등 인간세상의 360여 가지 일을 주관하여 세상을 다스려 교화

---

21) 『위서』는 중국의 북제(北齊) 때 위수(魏收)가 찬술한 것이다. 『후위서』라고도 한다. 지금 전하는 『위서』에는 송나라 때 29편이 없어져 단군에 관한 이야기는 찾아볼 수 없다. 일연(一然), 김원중 옮김, 『삼국유사』, 을유문화사, 2002, 36쪽에 있는 옮긴이의 각주 참조.

22) 송나라 때 학자 소강절(邵康節)은 요임금의 개국시기를 기원전 2357년으로 추정한 적이 있다. 신빙성 없는 이 추정을 사마광이 『자치통감』(資治通鑑)에서 인용한 바 있다. 그러나 고려시대 조정의 서거정 등이 주도해서 저술한 『동국통감』(東國通鑑)은 소강절의 추정을 받아들이고 기원전 2357년보다 25년 뒤진 시기에 단군이 나라를 세웠다고 추정하여 단군의 건국시기를 기원전 2333년으로 보았다. 물론 근거 없는 추정일 뿐이다. 송호정, 『단군, 만들어진 신화』, 산처럼, 2004, 48~49쪽.

23) 옮긴이 김원중에 의하면, 여기서 말하는 『고기』는 『단군고기』를 말하는데, 이것은 단군의 사적에 관한 가장 오래된 기록으로 이승휴의 『제왕운기』에서는 『단군본기』로 되어 있다. 그러나 『고기』는 특정한 책을 가리키는 것이 아니라 옛 기록을 총칭한 것이라는 설도 있다고 한다. 일연, 2002, 36쪽 각주 참조.

했다."

여기에 이어 『삼국유사』는 환웅이 곰에서 사람이 된 웅녀(熊女)와 혼인하여 단군왕검이란 아들을 낳은 이야기를 소개한다. 그리고 "단군왕검은 당요(唐堯)가 즉위한 지 50년이 되는 경인년에 평양성(平壤城: 지금의 서경)에 도읍을 정하고 비로소 조선이라고 불렀다"고 쓰고 있다.

이어서 중국 주나라 무왕이 즉위하면서 기자를 조선의 왕에 봉했고 이에 단군왕검이 쫓기게 된 사연을 말한다. "다시 도읍을 백악산 아사달로 옮기니 그곳을 궁홀산 또는 금미달이라고 부르기도 한다. 그는 1,500년 동안 이곳에서 나라를 다스렸다. 주(周)나라 무왕이 즉위하던 기묘년에 기자를 조선에 봉하였다. 이에 단군은 장당경(藏唐京: 황해도 구월산 기슭)으로 옮겼다가, 그후 아사달로 돌아와 숨어 살면서 산신이 되었는데, 이때 나이는 1908세였다."[24)]

요컨대 『삼국유사』에 의하면, 지체가 높은 어떤 현인(賢人)이 문명이 발달한 곳에서 많은 무리를 이끌고 한반도 서북부에 들어와 조선이라는 국가를 세우며 오랜 세월 통치했는데, 중국에서 주의 무왕 치세 때 중국 중원의 세력이 밀려와 기자가 왕이 되고 단군왕검은 쫓겨나 숨어 살게 되었다는 얘기로도 될 수 있다. 심지어는 단군신화 자체가 주의 무왕 때 기자가 이끌고 온 중국세력이 한반도 서북부의 원주민 사회를 지배하게 되면서 국가권력을 정비해나간 과정을 신화화한 것으로 볼 수 있고, 일연의 설명은 그 두 가지를 뒤섞어놓은 것이라는 해석도 가능하다.

『삼국유사』가 단군신화와 기자조선을 동시에 수용했다면, 후대 한국인들은 일연처럼 그 두 가지를 모두 받아들이는 입장도 있고, 그 두 가지를 모두 부정하는 경향도 있다. 기자조선설은 부정하되 단군신화는

---

24) 일연, 2002, 35~38쪽.

수용하는 경향도 있는 등 다양하게 갈린다.

조선 지식인들의 고조선 인식은 착잡했던 것으로 보인다. 한편으로 기자조선을 부정하고 단군의 실재를 강조하는 조선 권력층의 인식이 드러난다. 태종 때 문신 변계량(卞季良)의 다음과 같은 주장이 『태조실록』에 담겨 있다. "우리 동방의 시조 단군은 하늘에서 내려와 나라를 세운 것이지, 중국의 천자가 분봉(分封)한 것이 아니다." 이는 물론 한국이 예전부터 중국과 대등한 독립국가였음을 강조한 것이다. 세종 때 평양에 단군사당을 마련하고 하늘에 제사를 지낸 것은 그런 인식과 연관되어 있었다.[25)]

다른 한편 조선 권력자들은 중국 사서들의 기록을 정면 부정하는 것은 조심스러워했다. 김한규의 지적처럼 한국의 역대 왕조는 기자조선의 정통성을 잇는 것을 자임하기까지 하였다. 고조선의 일부 유민들이 참여한 고구려에서는 '기자신'(箕子神)을 제사했다. 고려인들 또한 고구려를 계승한다는 역사의식을 갖고 있었기 때문에 기자를 문화적 영웅으로 존숭하여 사당을 짓고 제사했다. 조선 왕조도 그로부터 완전히 자유롭지 못했다. 국호를 정하기 위해 '조선'과 '화령'(和寧) 둘 중에서 점지해줄 것을 명나라에 요청한 뒤, 명이 조선을 선택해 보내오자, 정도전(鄭道傳)은 명에 올린 표문(表文)에서 "(주) 무왕이 기자에게 명한 이름을 (명 황제께서) (조선의) 전하에게 다시 명하였으니……" 운운하면서 "기자가 고조선 때 베풀었던 선정(善政)을 이어가야 할 것"이라고 했다.[26)]

1897년 10월 12일 조선이 국호를 '대한'(大韓)으로 변경하여 대한제국을 선포할 때 고종이 반포한 선언문은 단군과 기자의 얘기를 모두 긍

---

25) 송호정, 2004, 43쪽.

26) 김한규, 1999, 97~99쪽.

정했다. "대한은 조선의 부정이나 혁명이 아니라 도리어 단군과 기자 이래의 분립, 자웅을 다투던 여러 나라를 통합하고 나아가 마한·진한·변한까지 병탄한 고려를 이은 조선의 유업을 계승, 독립의 기초를 창건하여 자주의 권리를 행하는 뜻에서 국호를 정하였다."[27)]

조선 후기 실학파 학자들도 기자조선의 실재를 인정했다. 이익과 안정복은 평양 일대를 도읍으로 하여 단군조선과 기자조선이 있었고, 그 강역(疆域)은 요동지역까지 포함하였으며, 연(燕)나라 세력의 침략으로 세력이 위축된 뒤에는 대동강이 경계로 되었다고 말했다. 18세기 말 이후 조선 실학자들이 한국 고대사의 중심무대를 한반도에 비정하려고 했던 것은 한국사를 축소하기 위해서가 아니라 오히려 청나라에 대해 주체성을 견지하고자 하는 민족주의의 표현이었다. 한백겸, 정약용 등이 고조선과 중국의 경계였던 패수가 청천강인가 압록강인가를 놓고 논의를 벌인 것도 같은 맥락이었다. 상고(上古) 이래 한반도는 원래 우리의 영토였다는 영토의식을 표현한 것이다.[28)]

조선 실학자들은 한반도를 상고 이래 한민족의 고유한 영토로 주장하는 것과 중국 역사서의 기자조선 기록을 역사적 사실로 받아들이는 것 사이에 모순을 느끼지 않았다. 민족 구성인자의 하나로서 조선에 동래(東來)하여 합류한 다른 이민족의 존재에 대해 특별한 거부감을 느끼지 않았던 것이기도 했다. 한반도를 삶의 터로 하는 한, 정치공동체의 정체성은 하나여도 그 민족적 구성(ethnicity)은 다양할 수 있다는 것을 자연스럽게 받아들인 것이었다. 그것을 굳이 실학자들 역시 중국과의 일체감에 거부감을 느끼지 않는 중화주의의 영향 때문이라고 치부할 필요는 없을 것이다.

---

27) 『고종실록』 권35, 광무 원년 10월 11일; 송호정, 2004, 43~44쪽에서 재인용.
28) 송호정, 2004, 143~145쪽.

3) 북한 역사학에서 단군조선과 기자조선

오늘날 북한의 역사학은 단군조선과 기자조선에 대해 각각 극단적인 긍정과 부정의 관점을 보이고 있다. 북한의 강석준과 홍희유는 「소위 기자동래설에 대한 비판」이라는 글에서 "기자란 주와 연이 은의 유민을 집결하여 국가를 세워주고 조선을 침략하여 그곳에서 통치자로 잘 살라고 한 정책에서 나온 괴뢰집단"에 불과한 것이었으리라고 추정했다.[29] 북한 사회과학원 역사연구소가 1977년에 발간한 『조선통사』는 "기자는 은상(殷商)의 귀족이다. 그는 망국민이 된 다음 주나라에서 벼슬을 했다. 그는 주나라의 책봉을 받았으며 후에 중국에서 사망했다. 그와 고조선은 아무런 연관이 없다"고 서술했다.[30]

북한 역사학계는 단군신화에 대해서는 1990년대 들어서부터 그것을 실제 역사적 존재로 끌어올리려 노력했다. 단군릉의 '발견'과 실존에 관한 주장이 그 신호탄이었다. 북한 사회과학원은 1993년 10월 평양시 강동군 강동읍 대박산(大朴山)에서 단군릉 발굴 보고문을 발표한다. "단군은 오늘의 평양에서 나라를 세운 후 주변의 소국들을 통합하여 점차 영토를 넓혀나갔으며 이후 단군이 세운 고조선은 근 3천 년 동안 존속하면서 멀리 중국의 만리장성 경계선까지 영역을 확장하여 아시아의 강대한 고대국가로 발전했다. 단군이 죽어 묻힌 곳도 역시 평양 일대였다."

북한이 단군릉이라고 밝힌 무덤에서는 남녀 한 쌍의 인골 두 개가 발견되었다. '전자상자성 공명법'으로 유골 연대측정을 한 결과 단군조선의 개국 연대로 언급되어온 기원전 2333년과 비슷하게 나왔다고 주장했다. 또 기원전 3000년 당시에 금동관을 쓸 정도의 인물이라면 단

29) 김한규, 1999, 91쪽.

30) 『조선통사』, 북한 사회과학원 역사연구소, 1977; 장페이페이 외, 2005(1998), 26쪽.

군 외에는 다른 인물이 없다는 것이 그것을 단군릉으로 단정한 근거였다.[31] 문외한이 언뜻 듣기에도 꽤 허술한 논리였다.

남한학계는 이 무덤이 고구려 귀족의 무덤에 불과한 것으로 판단하고 있다. 동서로 2미터 73센티미터, 남북으로 2미터 76센티미터에 불과한 작은 무덤이다. 네 벽에는 벽화가 그려져 있고 모줄임 천장을 하고 있다. 이것은 4세기 이후 고구려의 특징적인 무덤양식이다. 금동관, 금동허리띠 장식과 고구려 토기편 등이 출토된 것도 그런 판단을 뒷받침한다. 북한이 인골 연대측정에 사용했다는 전자상자성 공명법은 1백만년 이상 되는 시료들에 적용하는 방법이다. 더욱이 북한학계가 실험한 측정방법은 너무 간략하여 신뢰하기 어렵다고 보고 있다. 1990년대 들어 사회주의권 붕괴와 함께 고립과 경제난이 심화된 북한 정치권력의 민족주의적 요구에 역사학이 정치적으로 복무하는 극단적인 사례로 인식되고 있다.[32]

4) 단군조선과 기자조선, 그리고 남한의 역사학

일제하 한국의 민족주의 역사학은 중국 고문헌에 기록된, 중국의 주왕조가 기자를 제후로 책봉했다는 기자피봉설(箕子被封說)은 물론이고 기자가 동쪽으로 와 한반도의 원주민들과 합류했다는 기자동래설(箕子東來說)까지 모두 부정했다. 오늘날 한국학계에는 기자동래설은 수용하되 기자피봉설은 부정하는 학자도 있고, 둘 모두를 수용하는 학자도 있으나 소수이다. 그 경우에도 중국 고문헌의 기록들을 문자 그대로 인정하지는 않는다는 것이 그간 한국학계의 동향에 대한 김한규의 요약이다.[33] 서양학계의 한국사 연구자들은 한국 사학계의 영향을 반

31) 송호정, 2004, 56~57쪽.

32) 송호정, 2004, 55~56, 254쪽.

33) 김한규, 1999, 89~93쪽. 본문과 각주 참조.

영하여 기자와 고조선의 건국은 무관한 것으로 판단하는 경향을 보인다. 가디너, 헨더슨, 맥쿤, 그리고 최근엔 지나 반스 등 학자들의 견해가 그렇다.[34)]

『한국사신론』에서 이기백은 고조선이 고대국가로 성장하기 이전단계인 성읍국가(城邑國家)로서 출발한 것으로 이해한다. 한반도 성읍국가들은 청동기 사용과 함께 성립한다. 이기백은 고조선이 북쪽 송화강 유역의 부여(扶餘), 압록강 중류지역의 예맥(濊貊), 동해안 함흥평야의 임둔(臨屯), 황해도 지방의 진번(眞番), 한강 이남의 진국(辰國)과 함께 한반도지역에 존재한 성읍국가의 하나였다고 본다. 요하(遼河)와 대동강 유역을 고조선의 영역으로 파악했다.[35)]

『삼국유사』에 서술된 단군조선에 관한 기록과 관련해 이기백이 인정하는 부분은 도읍지가 '아사달'이라는 것, 그리고 "이 고조선 성읍국가는 아사달 일대의 평야를 지배하는 조그마한 정치적 사회였을 것"이라는 점이다. 그리고 그 정치적 지배자가 '단군왕검'이라는 명칭으로 불렸을 것이라는 점도 받아들인다. 단군왕검이 태양신으로 여겨지는 환인의 손자였다는 전설은 "그가 정치적 지배자로서 위엄과 권력을 가지고 있음을 상징코자 했던 것" 정도로 처리한다. 이기백은 물론 단군조선이 기원전 2333년에 세워졌다는 얘기는 아예 언급을 회피한다. 그는 고조선의 존재 자체가 중국에 알려지게 된 것을 기원전 4세기경의 일로 간주했다.

---

34) G. Henderson, "Korea through the Fall of the Lolang Colony," *Koreana Quarterly 1.1*, 1959, pp.147~68; E. McCune, *The Arts of Korea: An Illustrated History*, Tokyo: Tuttle, 1962; K.H.J. Gardiner, *The Early History of Korea*, University of Hawaii Press, 1969; Gina Barnes, *State Formation in Korea: Historical and Archaeological Perspectives*, Richmond: Curzon Press, 2001, pp.10~11.

35) 이기백, 『한국사신론』, 일조각, 1999, 30쪽.

기자조선설에 대해 이기백은 중국 역사서들이 발음문제 때문에 착각하여 지어낸 "설화"에 불과한 것으로 일축했다. "이 고조선 성읍국가는 이어 대동강과 요하 유역 일대에 흩어져 있는 여러 성읍국가들과 연합해서 하나의 커다란 연맹체를 형성하게 되었는데, 이러한 성장과정에서 그 통치자를 일컫는 왕의 칭호는 '기자'라고 부르게 되었던 것으로 생각된다. 중국의 은이 망했을 때 기자가 한국으로 왔다는 설화는 이 양자의 발음이 동일한 데에서 말미암은 잘못된 전승이다. 이 단계의 고조선은 연맹왕국이라고 부르는 것이 적합할 것이다."[36)]

이기백은 고조선의 실재가 중국인들에게 인식된 시점을 기원전 4세기경에나 가능했던 것으로 봄으로써 기원전 11세기에 중국에서 일어난 상(은) 왕조와 주 왕조의 교체기에 기자가 그의 부족을 이끌고 동쪽으로 와 고조선의 건국자 또는 지배자가 되었다는 중국 역사서들의 기록을 일절 무시했다. 그럼으로써 고조선의 실제 확인 가능한 역사를 기원전 4세기경부터 시작한다.

이기백도 기원전 2세기 중국 정권교체기에 중국 유망민세력이 중원과 요동에서 고조선으로 밀고 들어와 지배자가 된 것, 즉 위만조선에 관해서는 중국 역사서들의 기록을 인정한다. 그러나 기원전 11~10세기경에 중국 중원에서의 정권교체기에 중국의 유망민집단이 역시 고조선지역으로 옮겨가 정치적 실권을 장악하거나 연맹에 합류했을 가능성을 보여주는 중국의 역사서들에 대해서는 전적으로 일축해버린 셈이다. 이것은 과연 타당한 것일까? 고전적 역사서들을 중요한 자원으로 삼을 수밖에 없는 실증사학의 요구와 민족주의적 역사학의 요청 사이에서 한국의 많은 학자들은 끊임없이 고민해온 것으로 보인다. 그들의 결론은 역시 기자조선의 실재를 부정하는 것으로 귀결된다. 그러나 상

36) 이기백, 1999, 31쪽.

당수 학자들이 그 주제를 두고 진지하게 고민할 필요를 느끼고 거론하기를 멈추지 않는다는 사실은 유의할 만하다.

1998년에 출간된 장페이페이 등의 『중한관계사』에 이어, 한국에서 연구된 가장 포괄적인 한중관계 연구서는 1999년 출간된 김한규의 『한중관계사』이다. 김한규는 이 저서에서 고조선의 역사적 기점을 기자조선에 두지 않고 위만조선을 역사서술의 출발선으로 삼고 있다. 이 점에서 김한규도 큰 테두리에서는 이기백의 전통을 이어가고 있는 셈이다. 다만 그는 이기백과 달리 이 시기에 대한 역사서술의 끝부분에 일종의 중간 후기(後記) 형식으로 기자조선의 실체에 대한 자세한 논평을 덧붙여놓았다.[37)]

복잡하게 정치화된 논쟁 대상이 되어온 이 문제에 대해 김한규가 제시하는 해결책은 기자조선을 정치사의 영역에서 제외하되, 문화사적인 차원에서 일부 인정해주는 것이다. 그는 기자조선의 "역사적 실재성"은 "입증되지 않은 것"으로 취급한다. 그래서 정치사적 고려 대상에서 제외한다. 다만 기자동래설의 일부, 즉 기자가 중국문화를 가지고 동쪽으로 와서 살며 한반도인들과 교류했다는 사실을 인정하고, 기자동래가 한반도에 중국문화를 전승함으로써 문화적 기여를 했다고 본 것이다. 그는 한국인들에게 백의 숭상의 전통이 생긴 것을 기자 전승에 의한 한중 문화교류의 중요한 한 페이지로 이해한다.[38)]

김한규가 기자조선에 대해 '사실'이라고 인정하는 부분은 다음 세 가지이다. 첫째, 적어도 기원전 8~7세기에 요동(遼東)에 조선이라는 국가가 있었다는 사실이다. 다만 그 조선의 국가적 기원은 확인할 수 없다는 것이다. 이어 김한규는 "기원전 8~7세기 이후 요동의 문화적 특성

37) 김한규, 1999, 55~103쪽 참조.

38) 김한규, 1999, 101~103쪽.

이 적어도 기원전 13~12세기부터 나타나고 있기 때문에, 고조선문화의 기원은 13~12세기까지 소급시킬 수 있다"고 주장한다.

둘째, 기자라는 인물 자체는 역사상 실재했다고 본다. 또 은주(殷周) 교체기에 기자가 대표하는 일단의 중국인 집단이 중국으로부터 조선 방면으로 이동했다는 사실도 인정한다.

김한규가 세 번째 사실로 제시하는 것은 '사실'이라기보다는 그 자신의 해석이다. 즉 기자 집단이 중국을 떠나 조선·요동 방면으로 이동했다는 기자동래설을 부정해야 할 이유는 찾기 어렵지만, 기자가 왕이 되었고 또 주 무왕이 기자를 조선의 왕으로 책봉했다는 기록은 "신뢰하기 어렵다"고 말한다.

이러한 해석의 근거로서 그가 제시하는 논지는 두 가지이다. 첫째, 기원전 13세기 이래 요동문화가 중국과 매우 뚜렷하게 구별된다는 것이다. 만일 기자동래설과 기자가 조선의 왕, 즉 조선의 지배세력이 되었다는 문헌기록이 사실이려면 "기자조선이 존재하였다는 기원전 12세기부터 기원전 2세기까지 1천여 년간의 요동문화가 중국과 일치되어야 할 것"이나, 지금까지 남아 있는 자료로서는 그것을 입증할 수 없을 뿐만 아니라, 오히려 당시 요동문화가 중국과 뚜렷하게 구별됨을 보여 줄 뿐이라는 것이다.

둘째, 기자피봉설에 대한 문제제기이다. 김한규는 당시 주(周) 왕실의 정치력이 미치는 공간적 범위는 동북 방면으로는 연(燕)과 고죽(孤竹), 영지(令支) 등의 고국(古國)이 존재한 요서(遼西)지역이 한계선이었다고 본다. 이런 상황에서 중국인이 요동이나 한반도 북부까지 가는 것이 불가능한 것은 아니지만, 중국의 정치력이 요동이나 한반도 북부까지 미치는 일은 당시로서는 불가능했다고 주장한다.

김한규는 중국학자들이 문헌기록에 근거해 맹신하는 두 가지 논리, 즉 기자동래설과 기자피봉설은 상호모순된다고 주장했다. 기자조선의 중심은 평양이다. 기자가 평양으로 간 것이 사실이라면 주 왕조가 그를 평양지방의 왕으로 책봉하는 것은 불가능하다. 은말주초(殷末周初)의 중국의 정치적 영향력은 요서에 국한되기 때문에 기자가 어떤 곳의 왕으로 책봉되었다면 기자의 통치지역은 요서지역이라야 한다. 그래서 기자가 평양까지 갔다는 기자동래설을 주장하려면 그가 평양에서 왕으로 책봉되었다는 기자피봉설은 포기해야 한다는 것이 김한규의 논리이다.[39] 거꾸로 말하면 기자가 어떤 곳의 왕으로 책봉되었다는 기자피봉설이 맞다면 그것이 평양의 조선이라는 기자동래설과 함께 기자조선설은 믿을 수 없다는 얘기인 것이다.

먼저 김한규를 비롯한 한국학계가 기자조선설을 부정하는 사실상의 가장 중요한 논거인 문화적 차이라는 문제를 보자. 기자가 동래했다는 기원전 11~10세기 중국 청동기문화와 요동 청동기문화의 차이는 동검의 양식 차이로 압축된다. 요동식 청동단검은 칼날이 비파형으로 굴곡지어져 있고 칼몸과 칼자루, 칼자루 머리장식 등 세 부분이 따로 주조되는 특징을 가진 비파형동검이었다. 이에 반해 같은 시기에 중국에서 사용되었던 중국식 청동검은 칼날이 곧고 칼몸과 칼자루(손잡이) 그리고 칼자루의 머리장식이 일괄주조되는 특성이 있었다. 한편 기원전 5~4세기에 비로소 청동기문화가 도입된 한반도에서 발달한 한국식 동검은 요동식 비파형동검에 비해 칼날의 굴곡이 적어져 보다 곧은 형태를 취하지만 칼몸에 요동식 동검의 특징적 흔적이 있다. 또 칼몸, 칼자루, 칼자루 머리장식이 요동식처럼 따로 주조된 것이었다. 그래서 세형동검으로 불리는 한국식 동검은 요동식 동검에서 유래한 것으로 평가된다.

요동식 동검의 분포지역은 요동의 중심부와 요서의 하가점상층문화

39) 김한규, 1999, 93~96쪽.

권(夏家店上層文化圈)과 길림·장춘지방의 서단산문화권(西團山文化圈), 그리고 한반도 서북부이다. 요동식 동검은 석총(石塚: 돌무지무덤)과 석관묘(石棺墓), 미송리토기(美松里土器), 그리고 세문경(細紋鏡: 잔무늬거울) 등과 함께 고조선과 깊은 관련이 있는 유물로 통한다.[40]

요컨대 만일 기자가 이끄는 중국인들이 한반도 서북부 또는 요동의 지배세력의 일부가 되었다면, 청동문화에서든 장묘문화에서든 또는 토기문화에서든 중국 중원문화의 유입 또는 혼융의 흔적이 요동과 한반도에 남아 있어야 하는데, 그 물적 증거가 없다는 주장이다. 김한규는 비파형 청동단검의 분포범위가 곧 고조선의 통치영역이라는 거대 고조선론을 받아들인다. 그와 달리 송호정은 고조선의 실제 통치범위를 중국 학자들에 가깝게 보면서 실증을 촉구한다. 그러한 송호정도 중국과 고조선의 문화적 이질성 부분에서는 같은 입장을 취한다. "고고학적으로도 고조선 등 동북아시아의 청동기문화는 계통상 황하 유역의 그것과 뚜렷한 차이를 보인다. 만약 기자집단이 어떤 경로를 통해서든 조선에 와서 왕조를 세웠다면 두 지역의 청동기문화에 긴밀한 상관성이 보여야 한다. 그러나 사정은 그 정반대이다. 한반도지역에서 출토되는 청동기시대 고고학 자료 가운데 기자의 이동을 입증할 만한 은주(殷周)시대 청동기 자료는 전혀 나오지 않고 있다"고 하면서,[41] "한(漢)의 역사가들이 중국의 군현설치를 합리화하고, 토착세력의 반발을 무마하기 위해 기자가 유교 문명을 가지고 조선에 왔다는 전설을 만들어냈을 가능성이 크다"고 주장한다. 김한규는 "(요동식 청동단검의) 고식(古式)은 기원전 11~9세기에 제작·사용되었고, 그 전형은 기원전 8~7세기, 변형은 6~5세기에 제작·사용된 것으로 추정되고 있다"고 전제하고, 따

40) 김한규, 1999, 107~111쪽.

41) 송호정, 2004, 158~159쪽.

라서 요동식 동검은 고조선이 요동의 중심부에서 한반도 서북부로 퇴각할 때까지 고조선의 영역과 그 세력권 안에서 사용된 청동기물로 이해될 수 있다"고 말한다.[42)]

오웬 라티모어가 연구하고 있던 20세기 전반기에서는 중국 청동기 문명이 상 왕조 때인 기원전 14세기에 시작된 것으로 추정하고 있었다. 지금도 독해 가능한 한자(漢字)의 고대적 형태와 함께 중국 청동기문화가 발전했다고 보았다.[43)] 최근의 교과서인 페어뱅크와 골드만의 『신중국사』는 중국의 청동기시대를 기원전 2200년 무렵에서 기원전 500년까지로 잡고 있다. 철기시대는 기원전 600년~500년경에 시작된 것으로 보고 있다.[44)] 송호정에 따르면, 제7차 교육과정 고등학교 국사 교과서에 "한반도에서는 기원전 10세기경에, 만주지역에서는 이보다 앞서는 기원전 15~13세기경에 청동기시대가 전개되었다"고 기술한다. 그러나 중국 동북지방 청동기시대의 전형적인 유물인 비파형동검과 반달칼, 그리고 미송리형 토기 등이 사용되던 시기는 기원전 10세기부터 시작하여 춘추시대 즉 기원전 8~7세기경에 발전했다고 보는 것이 중국학계의 일반적 견해라고 한다.[45)]

만일, 요동식 청동기문명이 기원전 15~13세기경에 시작되었다고 주

---

42) 김한규, 1999, 108쪽. 김한규에 따르면, 대동강 이남의 한국에서 청동단검이 본격적으로 생산되기 시작한 것, 즉 한국에 청동기문화가 발전하여 한국식 청동검(細形銅劍)이 제작되는 것은 기원전 5~4세기의 일로 요동 및 한반도 서북부와는 수세기의 차이가 있는 것으로 파악되고 있다(김한규, 1999, 109쪽).

43) Owen Lattimore, *Inner Asian Frontiers of China*, Boston: Beacon Press, 1962(1940 & 1951 by American Geographical Society), p.263.

44) John King Fairbank and Merle Goldlman, *China: A New History*, Cambridge: Harvard University Press, 1998(1992); 존 페어뱅크·멀 골드만, 김형종·신성곤 옮김, 『신중국사』, 까치, 2005, 53쪽.

45) 송호정, 2004, 208쪽.

장하는 한국 교과서의 내용과 달리 중국 역사학계의 주장대로, 그리고 김한규의 인식대로 그보다 여러 세기 뒤인 기원전 10세기 또는 빨라도 기원전 11세기 이후의 일이라면, 요동식 청동기문화가 기원전 11~10세기경 중국에서 이동한 세력들의 자극에 의해서 발전하기 시작한 새로운 형태의 청동기문화라고 이해하는 것도 가능해진다. 그렇다면 중국의 청동기문화와 요동·한반도 지역 청동기문화가 서로 다르다고 하는 것이 곧바로 중국의 정치세력과 고조선 간의 상관성을 부정하는 결정적인 증거로 삼기는 힘들어진다.

여기서 유의할 점이 하나 있다. 김한규는 중국식 동검은 중원에서만 발견되는 데 비해, 요동식 비파형동검은 요동에서 발견됨과 동시에 요서 일부 문화권에서도 발견된다고 지적했다. 또한 요동의 서부 일부에서는 요동식과 중국식의 절충형이 발견된다고 했다.[46] 이처럼 요동식 동검이 요동뿐 아니라 중국에 더 가까운 요서지역에서도 분포되어 있다는 사실, 그리고 요동 서부지역에서 요동식과 중국식의 절충형 동검이 분포한다는 것은 중국과 요동 사이의 문화적 상호작용 양상에 대해 다음과 같은 시나리오도 추정할 수 있게 한다. 즉 수세기 앞서 발전한 중국 청동기문화가 중국 정치력이 요하로 뻗어가면서 요하 근처의 요서와 요동지방에 변형된 청동기문화의 발전을 자극한다. 이 문화가 만주지역에 더 확산되면서, 동검의 경우 더욱 다른 특징을 가진 요동식 청동기문화가 자리잡는다.

김한규와 송호정을 비롯한 한국 역사학계의 주장과 청동기문화가 중국과 요동, 만주에서 발전한 시기에 대한 객관적 사실들을 연결해보면, 그같은 시나리오를 상정해서는 안 될 이유를 찾기 어렵다. 김한규의 논지를 포함한 한국학계의 정설에 대해서는 또 다른 측면에서도 비평이

---

46) 김한규, 1999, 107~111쪽.

필요해 보인다. 김한규 등은 기원전 10세기경의 한반도 및 요동이 중국의 정치영역과 밀접한 교류나 외교적 관계가 거의 없었던 것으로 가정한다. 그러나 머지않아 고조선은 한반도 서북부와 요동 일부지역에서 활동하게 된다는 것이 한국 역사학계의 주장이다. 그렇다면 고조선은 주 왕조의 제후국들과 지근거리에 있게 된다. 그 대표적인 나라가 연(燕)이다. 연은 앞서 언급했듯이 주 무왕이 상을 멸한 후 상 왕조의 마지막 왕인 주왕(紂王)의 아들 녹보(祿父)를 왕으로 책봉해 세운 제후국이다. 연나라의 도읍지는 지금의 북경(北京)을 말하는 소성(蘇城)이었고, 그 영역은 지금의 하북성 북부와 요령과 내몽골의 남부지역에 걸쳐 있었다.[47)]

장페이페이 등 중국 학자들은 중국의 연나라가 적어도 기원전 3세기부터 요동과 한반도 북부까지 효과적으로 통제하고 있었으며 요령성의 전 지역이 연나라의 장성 경계 안에 있었고, 심지어 북한 평안남도 용강까지도 그 통제권역에 포함된 적이 있음을 지적한다. 위만조선이 등장하기 전 연나라가 장수 진개(秦開)를 앞세워 조선을 공격함에 따라 조선이 2천여 리를 물러나 양국은 만번한(滿番汗)을 국경으로 삼게 되었다는 것,[48)] 그리고 마침내 연나라 사람인 위만이 고조선의 지배자로 떠오르게 되는 과정은 한국의 역사학계도 받아들이고 있다.

---

47) 장페이페이 외, 2005(1998), 35쪽.

48) 만번한이 어디인가에 대해 압록강설, 평안북도 청천강설, 평안북도 박천강(博川江) 부근의 박천군이라는 설 등이 있는데, 장페이페이 등은 청천강, 즉 고대의 패수(浿水)의 북쪽 기슭일 것이라는 견해를 내놓고 있다. 연나라가 동쪽으로 2천 리의 영토를 확장한 다음 장악한 영역은 오늘날의 북중 접경지대인 압록강보다 훨씬 넓었다는 것을 증명해준다고 주장한다. 장페이페이 외, 2005(1998), 37~38쪽. 송호정 교수는 연나라 때 장성의 영역에 대해 중국학자들의 해석을 대체로 받아들이는 것으로 보인다. 한대(漢代)에 연나라와 고조선의 경계가 되었던 패수가 청천강을 의미한다는 점에 대해서도 마찬가지이다. 송호정, 2004, 241~248쪽.

그렇다면 연나라가 위만조선 이전의 고조선을 침노하여 그 세력을 떨치기 이전에도 상당히 오래전부터 고조선이 중국의 세력범위가 되는 지역들과 부단한 상호작용 속에서 존재했다고 추정하는 것은 무리가 아니다. 이 점을 수긍한다면, 그로부터 몇 세기를 거슬러 올라간 기원전 10세기라는 더 먼 과거에서도, 고조선과 중국의 영역 사이에 건널 수 없는 지정학적 거리가 있었다고 단정할 수 있을 것인가 하는 의문을 가질 수 있다.

맹자(孟子: 기원전 372~289)가 살았던 전국시대의 문헌이라고 할 『맹자』의 「고자편」(告子篇)은 기자조선 주변의 한반도에 살았던 것으로 추정되는 동이족인 맥족(貊族)의 경제와 사회생활에 대해서 맹자가 소상하게 알고 있었음을 시사하는 내용을 담고 있다. 백규(白圭)와의 대화에서 맹자는 맥국(貊國)에서의 세율(稅率)이 소출의 20분의 1이라는 것을 알고 있었음을 보여준다. 아울러 맹자는 이렇게 말한다. "맥국은 오곡이 모두 자라지 않는다. 다만 자라는 것이 수수이고, 성곽이나 궁실, 그리고 종묘제사도 없다. 또한 제후들이 바치는 예물이나 향연도 없고, 관리나 관아도 없다. 그렇기 때문에 20분의 1이라는 세율로도 충분한 것이다."[49]

장페이페이 등 중국 학자들은 이 기록을 근거로 맹자가 "맥족의 기후환경, 농작물 품종, 사회조직 등의 상황에 대하여 명확하게 이해하고 있었다"고 추측한다. 그렇다면 그보다 더 전인 춘추시대에도 이미 중국 중원 사람들과 맥족 등 동이부족들 사이에 일상적인 왕래가 있었다는 추정을 할 수 있다고 주장한다.

관중(管仲)은 춘추시대 제(齊)나라를 환공(桓公: 재위 기원전 685~643)이 다스릴 때 그 재상으로 활동한 사람이다. 기원전 7세기 인물

49) 장페이페이 외, 2005(1998), 34~35쪽.

인 것이다. 사마천은 『사기』에서 관자와 함께 안자(晏子)를 묶어서 「관안열전」(管晏列傳)을 적었다.[50] 관중이 저술한 『관자』(管子)에는 관중 자신이 환공과 나눈 대화가 들어 있다. 환공이 "내가 듣기에 해내(海內)에 일곱 가지 옥폐(玉幣)가 있다던데, 들은 적이 있는가" 하고 묻는다. 관자는 양산(陽山)의 연민(瓀瑉), 연나라 자산(紫山)의 백금 등과 함께 조선의 문피(文皮)를 들었다. 문피는 범과 표범 가죽을 말하는 것이었다. 장페이페이 등에 따르면, 전국시대에 한반도에서 나는 고급 털가죽 복장은 다른 지역들에서 나는 보물들과 마찬가지로 중국의 귀족과 부자들이 갖고 싶어하는 사치품이었다. 관자의 기록은 기원전 7세기 무렵에 이미 당시 한반도와 중국 내륙 간에 일정한 규모를 갖춘 정기적인 무역 왕래가 있었을 뿐만 아니라, 고조선에서 수출한 털가죽이 중국 시장에서 높은 가치를 갖고 있었다는 것을 말해주는 증거라고 장페이페이 등은 주장한다.[51]

위에 인용한 관중과 환공의 대화는 정치외교적인 주제로도 이어지고 있다. 환공이 "네 오랑캐들〔四夷〕이 복종을 안 하니 그들이 정치를 거역할까 두렵다"고 말한다. 관자는 "오월(吳越)은 조선과 같지 않고, 주상(珠象)이 어찌 화폐와 같겠습니까?"라고 답한다.[52] 조선의 외교적 행태에 대해 당시 중국 위정자들이 인식하고 있었음을 말하는 것으로 해석할 수 있는 대목이다. 또는 적어도 기원전 7세기에 이미 조선의 존재가 변강 이민족들의 동향의 한 측면으로서 중국 위정자들 사이에 거론되는 일이 있었다고 해석할 수 있게 하는 기록이다.

북경을 포함한 중국 중원에 본거지를 둔 중국의 국가들과 고조선이 긴밀한 상호작용 속에 있었다는 것은 그만큼 양자 사이에 요동이라는

---

50) 사마천, 김원중 옮김, 『사기열전』, 을유문화사, 2002, 개정판, 39~46쪽.
51) 장페이페이 외, 2005(1998), 39~40쪽.
52) 장페이페이 외, 2005(1998), 39~40쪽.

지리적 경계를 넘어서 긴밀한 인적·물적 교류가 존재했을 것을 의미한다. 조선의 실체와 그 역사에 대해 춘추전국시대 이후 진한(秦漢)시대 중국인들이 비교적 정확한 지식을 가졌을 가능성도 무조건 부인하기 어렵게 된다. 기자조선에 대한 중국 역사서들의 기록을 전적으로 근거 없는 것으로 치부하려면 더 많은 논증이 필요해 보인다.

김한규는 한편으로 당시 고조선은 중국 중원의 세력이 와서 지배하면서 주 왕조와 책봉관계를 맺기에는 고조선은 중국 중원에서 너무 멀리 떨어져 있었다고 지적한다. 그래서 중국 중원세력의 정치적 영향력이 미치지 않았다는 것이다. 그런가 하면 고조선은 청동기시대 내내 요동지역 전체를 자신의 정치적 영역으로 삼았다는 것이 김한규의 설명이다. 두 주장은 일면 상호 모순된 것처럼 보인다. 보기 나름이겠지만 요동은 중국 중원에서 그렇게 멀리 떨어진 곳이라 할 수 없다. 더욱이 고조선이 요동세력이었다면 중국 중원의 세력과 일정하게 어떤 국제관계를 가졌을 가능성이 높다.

이기백의 서술처럼 기원전 4세기경에야 고조선의 존재가 중국에 알려졌을 것으로 본다면, 성읍국가 수준의 고조선이 기원전 그 훨씬 이전부터 요동을 점유하고 있었다고 보는 것이 의심스럽게 된다. 요동을 점유하고서도 요동과 그렇게 멀리 떨어져 있지 않은 중국의 지식인들이 고조선의 존재를 모르고 있었다는 추정이 오히려 납득하기 어려워진다. 그렇다면 상 왕조와 주 왕조라는 고대국가 문명의 일부였던 기자가 이끄는 중국 유망민 세력이 동진하여 성읍국가나 그 이전 수준의 정치조직 단계에 있었을 한반도 서북부에서 정복과 융화를 통해 국가건설의 주도세력이나 연맹세력으로 참여했을 가능성을 완전히 배제하기 어렵다.

기원전 1046년 상 왕조를 멸하고 중원을 장악했던 주 왕조는 기원전 8세기경 위기에 처한다. 서융(西戎)과 연합한 신후(申侯)가 주의 수도 호경(鎬京)을 공격하여 유왕(幽王)을 살해한다. 이로써 주 왕조에 의한 실질적인 중국 통치기인 서주(西周)시대가 끝난다. 기원전 771년이었다. 이때부터 바야흐로 춘추시대였다. 쫓겨간 주 왕실은 평왕(平王)을 세우고 낙읍(洛邑)을 수도로 하여 동주(東周)로서 명맥을 이어간다. 약 300년에 걸친 서주 시기에 중국사에 등장한 주요한 정치제도는 '봉건'(封建)체제였다. 여기서 봉건은 '분봉건국'(分封建國)의 줄임말이다. 땅을 나누어주어 국가를 세운다는 뜻이다. 주 무왕이 상을 멸한 후 곧 1차 분봉을 하여 세워진 제후국들이 노(魯), 연(燕), 제(齊)나라 등이었다. 무왕의 사후 그의 아들 성왕(成王)을 도와 실권을 장악한 주공(周公) 단(旦)이 은 세력의 반란을 물리치고 제, 노, 연, 진(晉)에 이어 형(邢)과 오(吳)의 제후국들을 추가로 세웠다. 이로써 주의 강토는 더욱 확대된다.[53)]

이것은 두 가지를 생각하게 만든다. 기자와 그의 부족은 상 왕조의 유망민 세력으로서 주 왕조의 정치적 영향력이 미치지 않는 곳으로 멀리 이동하여 독립적인 정치권력을 구축하고자 했다. 중국 사서들이 그렇게 말하고 있다. 그렇다면 이들이 한반도 서북부까지는 아니라도 요동지역에까지 동진했을 가능성은 추정하기 어렵지 않다. 이들이 요동의 일부를 점하며 세력을 넓혀가던 중에 고조선 사회와 만났을 수도 있으며, 주 왕조가 분봉한 제후국들에 의하여 밀려나면서 점차로 한반도 서북부까지 이동하여 마침내 그 지역과 요동 일부에 존재하고 있던 고조선 사회를 정치적으로 통합했을 수도 있다.

기자피봉설도 일축해버리기 전에 더 생각할 여지가 있어 보인다. 기자는 상 왕조의 귀족이었으나, 그 왕조 말기에 수인(囚人)의 신세로 전락해 있던 것을 주 무왕이 구해주었다. 그러므로 기자는 주의 영역을 떠나고 싶어했으되, 주 무왕과는 각별한 인연을 가진 사람이었다. 그가

53) 저우스펀(周時奮), 김영수 옮김, 『중국사 강의』, 돌베개, 2006, 63~64쪽.

조선의 지배자가 된 후 주 무왕과 접촉이 있었고 주 무왕은 자신의 분봉건국의 개념으로 그에게 형식적이나마 책봉을 했을 수 있다. 기자의 입장에서도 주 왕조 및 그에 의해서 분봉건국된 중국 세력들과 불필요한 갈등을 피하기 위해 주 왕조와 일정한 외교관계를 맺는 것에 관심을 가질 수 있었을 것이다. 반드시 정치군사적인 이유 때문이 아니라 중국 선진문명과 접촉을 유지하기 위해서도 그럴 필요를 느꼈을 수 있다. 고조선이 한반도 서북부에 제한된 영역에서만 존재한 것이 아니라, 김한규뿐 아니라 이기백을 포함한 한국 역사학계가 가정하는 것처럼 고조선의 영역이 요동에까지 뻗쳐 있었다고 주장할수록 고조선이 갈등이든 공존이든 중국과 나름대로 의미 있는 정치외교적 관계 속에 존재했을 역사적 개연성은 커진다. 바로 이 지점에서 '기자'와 '조선'의 관계에 대한 논의는 아직 끝난 것이 아니라고 생각된다.

3. 위만조선과 고구려: 내륙 아시아적 정체성

한국 역사학계는 기원전 2세기에 성립된 위만조선은 그 실체를 인정하고 있다. 중국 전국시대(기원전 481~221)에 남만주에까지 세력을 뻗친 중국의 국가는 연이었다. 기원전 4세기 말 연은 요동을 침입해 고조선을 밀어내고 요동군(遼東郡)을 설치했다. 진시황이 중국을 통일하면서 요동지역은 진의 땅이 되었다. 그러나 진 제국은 불과 10여 년 만에 무너지고 한(漢) 제국이 들어선다. 한은 옛 전국시대 연의 땅에 노관(盧綰)을 연왕으로 봉했다. 노관은 한나라를 배반하고 북쪽 흉노에게 망명한다. 정치적 혼란에 처한 요동에서 많은 중국인들이 고조선으로 망명한다. 그중 위만이라는 자가 고조선 준왕(準王)에게 관리로 발탁되었다. 그러나 위만은 중국 유망민의 세력을 바탕으로 준왕을 몰아내고 왕이 된다. 기원전 194~180년의 일이었다. 이렇게 성립된 위만조선은 한반도 북부를 포함하여 사방 수천 리에 이르는 지역을 지배했다. 아울러 한강 이남의 진(辰)을 포함한 주변 국가들이 한과 직접 교역하는 것을 금하며 중간무역 이익을 독점했다. 중국은 위만조선이 북방의 흉노와 연합할 가능성을 우려하기에 이른다.[54)]

김한규는 위만조선의 위상을 더 적극적으로 평가한다. "조선은 건국 당시부터 멸망 직전까지 계속 한의 유망민을 유인하여 세력을 증대하고, 진번 등 주변 속국들이 한과 직접 교통하는 것을 차단하였을 뿐만 아니라, 전대(前代) 조선이 진(秦)에 대해 그러했듯이, 한에 입견(入見)하는 것을 끝까지 거부함으로써, 한과 독립된 요동의 웅자(雄者)로 자존자처(自尊自處)하였다."[55)]

한 무제는 마침내 기원전 109년 위만조선을 침략했다. 1년을 버티던 위만조선은 기원전 108년 멸망한다. 위만조선의 영역이던 곳에 한은 낙랑, 진번, 임둔의 세 군을 설치한다. 이듬해 위만조선의 북쪽인 압록강 중류와 동가강(佟佳江) 유역 일대에 위치해 있던 예(濊)의 땅에 현도군을 두어 한사군(漢四郡)의 시대가 시작되었다.[56)]

한사군은 설치되자마자 곧 축소되고 후퇴하기도 했다. 그러나 낙랑군을 중심으로 한반도에 한의 군현(郡縣)이 존재한 기간은 총 420년에 걸친 장구한 세월이었다. 한사군 모두가 장수한 것은 아니었다. 사군 설치 후 20여 년 만인 기원전 82년 한은 진번과 임둔의 2군을 폐하고 낙랑과 현도만을 남기었다. 얼마 후인 기원전 75년에는 현도군의 위치를 예의 땅에서 물러난 만주 흥경(興京) 방면으로 이동시킨다. 고구려 신흥세력의 도전 때문으로 해석되고 있다. 반면 낙랑군은 오래 명맥을 유지했다. 후한 말 요동지방에서 독립된 세력을 키우던 공손씨(公孫

---

54) 이기백, 1999, 34쪽.
55) 김한규, 1999, 84쪽.
56) 이기백, 1999, 33~36쪽.

氏)가 낙랑군의 남부인 옛 진번군의 땅에 대방군(帶方郡)을 설치했다. 그것이 기원후 204년경이었다. 고구려가 낙랑군을 멸한 것은 그로부터 1세기가 넘은 후인 313년이었고, 이어 백제가 대방군을 멸한다. 비로소 한반도에서 중국이 세력을 완전히 상실하게 된다.[57)]

4. 고구려의 성장과 그 지정학적 정체성

위만조선을 멸망시킨 한사군이 한반도에서 밀려난 것은 고구려와 백제, 신라 등 고대국가들이 한반도에서 발전하기 시작하면서부터이다. 한반도에서 삼국이 형성된 시기에 대해 김부식(1075~1151)의 『삼국사기』는 기원전 1세기의 일로 기록하고 있다. 신라, 고구려, 백제의 순으로 각각, 기원전 57년, 37년, 18년이라는 것이다. 가디너와 로저스 등 외국학자들은 김부식이 그가 살던 시대의 필요에 따라 역사서술을 왜곡한 것으로 본다.[58)] 서양 역사학계는 한반도에 세 고대국가가 건설된 시기를 한국 역사학계가 추정하는 시기보다 몇 세기 뒤인 4세기경으로 본다.[59)] 여기에서는 한국학계의 일반적인 설명을 채택하기로 한다. 김한규가 『삼국지』「고구려전」과 『삼국사기』「고구려본기」의 기록을 종

---

57) 이기백, 1999, 36쪽.

58) M.C. Rogers, "National Consciousness in Medieval Korea," *Papers of the 5th International Conference on Korean Studies*, Songnam: Academy of Korean Studies, 994~1005(in French), 1988; K.H.J. Gardiner, "The Beginnings of Korean History," *Journal of the Oriental Society of Australia 4.1*, 1966, pp.77~90; Barnes, 2001, pp.3~7에서 재인용.

59) Gina L. Barnes, *The Rise of Civilization in East Asia: The Archaeology of China, Korea and Japan*, London: Thames and Hudson, 1999, p.222; Gari Ledyard, "Galloping Along with the Horseriders: Looking for the Founders of Japan," *Journal of Japanese Studies*, 1.2(Spring 1975), pp.217~254; Graff, 2002, p.145.

합해 판단한 바에 따르면, 한사군의 하나인 현도군(玄菟郡)에 소속된 세력이었던 고구려가 전한(前漢)시대 말, 그러니까 기원전 1세기 말쯤에는 한으로부터 왕호(王號)를 인정받는 왕국이 되어 있었다.

고구려는 처음에는 한나라에 내속(內屬)되어 있으면서 중국과의 문화적 교류와 경제적 교역을 제도적으로 보장받고 있었다. 그러던 고구려가 중화제국으로부터 정치적으로 독립한 것은 한나라 말기인 기원후 189년 공손탁(公孫度)이 한의 요동태수(遼東太守)가 된 후였다. 220년 한 제국이 몰락한 후에도 238년까지 공손탁과 그 아들들이 요동 중서부를 장악하고 있었다.

한이 멸망하고 중국에 삼국시대가 전개된다. 조조가 세웠던 위(魏)나라의 사마의(司馬懿)가 238년 공손씨를 멸한다. 이후 위나라, 그리고 위나라에서 이름만 바뀐 진(晋)이 요동을 군현체제에 편입해 지배한다. 곧 중국에 5호16국 시대가 전개된다. 이때 요동의 중서부를 장악한 것은 북방에서 남하한 선비족(鮮卑族)의 모용씨(慕容氏)였다. 선비족은 원래 대흥안령(Taihang Mountains)의 중부와 북부에서 유목과 수렵 생활을 했다. 중국 북방에서 흉노의 힘이 쇠퇴하자 그 공백 속에서 번성하기 시작한 세력이었다.[60] 선비족에 속하는 탁발규(拓跋珪)가 북위를 세워 황제를 칭하고 북부 중국을 지배하게 된다. 386년의 일이었으며 이른바 남북조시대였다. 탁발씨의 선비족은 중국에 들어가 한인(漢人) 사대부를 중용하고 한인과 섞여 살면서 통혼(通婚)했다. 그럼으로써 한족 사회와 융합된다.[61] 이른바 호한체제(胡漢體制)가 형성된 것

---

60) 김한규, 2005, 446~447, 451, 458쪽. 김한규는 선비족의 습속에 대해 이렇게 밝힌다. "선비의 혼인 제도는 대체로 오환세력(烏桓勢力: 선비족보다 먼저 중국의 북변으로 내려와 활동한 북방세력)과 비슷했는데, 여자 약취(掠取), 소나 양에 의한 빙례, 처가 복역, 부형이 죽으면 후모 또는 형수와 결혼하는 전방제, 결혼 전 여자의 성생활 자유 등이 그것이다."

이었다.

중국 북부에서 왕조교체가 빈번하던 혼란기에 고구려는 그 틈을 이용해 성장하고 있었다. 요동의 패권을 두고 여러 세력과 쉼 없는 투쟁 속에 놓였다. 고구려는 이미 2세기에 후한과 조공책봉관계를 맺기도 하고 침공과 반격을 교환하기도 했다. 이어 후한의 계승자를 자처한 삼국시대의 위나라가 244년 관구검(毌丘儉)을 보내 고구려를 침공했고 246년에는 환도성(丸都城)을 함락했다.

고구려가 한의 군현인 낙랑과 대방을 멸망시킨 것은 미천왕(美川王: 재위 300~331) 때였다. 『삼국사기』는 313년(미천왕 14) "겨울 10월에 낙랑군을 침공해 남녀 2천여 명을 사로잡아 왔다"고 했고, 이듬해인 314년 "가을 9월에 남쪽으로 대방군을 침공하였다" 했다. 또 다음해인 315년엔 "봄 2월에 현도성을 쳐부수었는데 죽이고 사로잡은 이가 매우 많았다"고 기록했다.[62] 한의 군현들이 밀려난 자리에서 이제 고구려는 요동에서 선비족인 모용씨의 세력과 더욱 치열하게 맞부딪히게 된다. 사실 요동에서 낙랑과 대방을 완전히 몰아내기 전인 봉상왕(烽上王) 때에도 모용씨와 고구려의 쟁투는 자못 격렬했다. 봉상왕은 미천왕의 큰아버지(삼촌)였다. 293년(봉상왕 2) 『삼국사기』는 "가을 8월에 모용외(慕容廆)가 침공해왔다. 왕이 신성(新城)으로 가서 적을 피하고자 하였다. 일행이 곡림(鵠林)에 이르렀을 때 모용외가 왕이 달아난 것을 알고 군사를 이끌고 추격해 와서 거의 잡힐 듯하자 왕이 두려워하였다" 고 했다. 다행히 소형(小兄) 고노자(高奴子)가 5백 명의 기병을 이끌고 나타나 왕을 맞아들이고 적을 쳐부수어 모용외의 군사가 패해 물러갔다고 기록했다.[63]

---

61) 김한규, 2005, 467~469쪽.

62) 김부식(金富軾), 이강래 옮김, 『삼국사기 I』, 한길사, 1998, 367쪽.

미천왕이 낙랑과 대방, 현도를 밀어내고 난 4세기 초『삼국사기』의 기록은 요동을 두고 고구려가 모용씨의 세력과 수없이 다투는 모습을 기록하고 있다. 당시 모용외가 아들 모용황(慕容皝: 297~348)과 모용인(慕容仁)을 거느리고 요동의 패자로 군림하고 있었다. 미천왕 20년 때인 319년 "왕은 자주 군사를 보내 요동을 침공하였다"고 했고, 또한 "모용외가 모용한과 모용인을 보내 요동을 쳐들어왔는데, 왕이 동맹을 요구하자 그들은 곧 돌아갔다"고 했다. 이듬해인 320년에는 미천왕이 군사를 요동에 보내 모용인과 싸웠으나 패했다고 기록했다.[64)]

331년 미천왕은 죽고 그의 아들 고국원왕(故國原王)이 즉위한 이후 고구려와 모용황의 싸움은 더욱 치열했다. 337년 이후 모용황은 연(燕) 왕을 자칭했다. 전연(前燕)의 제1대 왕이었다. 그 무렵인 336년 고구려는 "사신을 진(晉)에 보내 방물을 바쳤다"고 했다. 339년 모용황이 고구려를 침략하여 그 군사가 신성까지 다다른다. 이에 고국원왕이 맹약을 요청하고서야 돌아갔다고 했다. 결국 고국원왕은 340년 세자를 보내 "연 왕 모용황에게 조알하게 하였다"고『삼국사기』는 기록하고 있다.[65)]

하지만 342년 11월 모용황은 "스스로 강병 4만을 거느리고" 모용한(慕容翰)과 모용패(慕容覇)를 선봉으로 삼아 고구려를 침공한다. 고구려군은 크게 패한다. 모용황의 군대는 환도성을 점령한다. 이후 전개된 참혹한 사태를『삼국사기』는 이렇게 적었다. "왕이 홀로 말을 타고 달아나 단웅곡으로 들어가자, 연의 장군 모여니(慕與埿)가 추격해 왕모 주씨(周氏)와 왕비를 잡아 돌아갔다." 모용황이 돌아가려 할 때 이 전쟁에서 큰 공을 세운 장수 한수(韓壽)가 고구려 왕의 시신을 싣고 갈 것을 주청한

63)『삼국사기 I』, 1998, 363쪽.
64)『삼국사기 I』, 1998, 368쪽.
65)『삼국사기 I』, 1998, 370~371쪽.

다. "모용황이 그 말을 따라 미천왕의 무덤을 파헤쳐서 그 시신을 싣고, 창고에 있는 누대의 보물을 거두었으며, 남녀 5만여 명을 사로잡고 궁실을 불사른데다 환도성을 허물어뜨리고 돌아갔다." 이듬해 "봄 2월에 왕이 아우를 연에 보내 자신을 신하로 일컬으면서 들어가 조알하게 하고, 진기한 물품 1천여 가지를 바쳤다. 연 왕 모용황이 그제서야 왕부의 시신(父尸)을 돌려주었으나, 왕모는 여전히 억류해 볼모로 삼았다."[66]

고국원왕이 그의 어머니를 연으로부터 돌려받아온 것은 그녀가 잡혀간 지 13년 후인 355년(고국원왕 25)이었다. 그것도 연에게 조공을 열심히 한 덕이었다. 『삼국사기』는 그 정황을 이렇게 적고 있다. "겨울 12월에 왕이 사신을 연에 보내 볼모를 들이고 조공을 닦으면서 왕모를 돌려보내줄 것을 요청하였다. 연 왕 모용준(慕容儁)이 이를 허락해 전중장군(殿中將軍) 도감(刀龕)을 보내 왕모 주씨를 호송해서 귀국시키고, 왕을 정동대장군영주자사(征東大將軍營州刺史)로 삼았다."[67] 고국원왕의 시련은 모용씨와의 싸움에서 그치지 않았다. 371년(고국원왕 41) 겨울 백제 왕이 군사 3만을 거느리고 평양성에 쳐들어간다. 고국원왕은 군사를 이끌고 이를 막다가 날아온 화살에 맞아 죽었다.[68]

요동에서 모용씨에 눌려 있던 고구려가 착실히 세력을 확장하는 일은 훗날을 기약해야 했다. 먼저 고국원왕의 아들 소수림왕(小獸林王: 재위 371~384)은 국가 백년대계를 위한 문화적 초석을 닦았다. 소수림왕은 진(秦)과 교통하여 재위 2년째에 중국으로부터 불교와 유교를 받아들인다. 태학을 세워 교육을 시작한 것도 그해였다.[69] 소수림왕을 이어 그의 아우로서 왕위에 오른 고국양왕(故國壤王: 재위 384~391)은

66) 『삼국사기 I』, 1998, 372쪽.
67) 『삼국사기 I』, 1998, 373쪽.
68) 『삼국사기 I』, 1998, 373쪽.
69) 『삼국사기 I』, 1998, 374쪽.

모용씨의 연과 요동을 두고 다시 치열하게 다투기 시작했다. 연 왕 모용수(慕容垂)가 요동을 호령하고 있던 385년 고국양왕은 군사 4만 명을 내서 요동을 습격한다. "요동과 현도를 함락시키고 남녀 1만여 명을 사로잡아 돌아왔다"고 했다. 하지만 겨울에 연의 모용농(慕容農)이 침공해와 요동과 현도의 두 군(郡)을 다시 빼앗아간다.[70]

고구려가 요동의 패자로 우뚝 선 것은 고국양왕의 아들 광개토왕(廣開土王: 재위 391~413) 대에 와서였다. 『삼국사기』는 그를 두고 "나면서부터 허우대가 컸으며 뛰어나고 활달한 뜻이 있었다"고 했다. 그는 즉위한 지 첫해부터 남으로는 백제에 대해, 북으로는 거란에 대해, 그리고 머지않아 요동의 주인이면서 여전히 세력을 떨치던 모용씨의 연을 상대로 세력을 뻗쳐나간다. 먼저 즉위 첫해 광개토왕은 "가을 7월에 남쪽으로 백제에 쳐들어가 10개의 성을 함락시켰다. 9월에 북쪽으로 거란을 쳐서 남녀 5백 명을 사로잡고, 또 본국에서 잡혀갔던 백성 1만 명을 불러내 타일러 데리고 돌아왔다."[71]

연에 대해서 광개토왕은 처음엔 조공을 했다. 399년(광개토왕 9) "봄 정월에 왕이 사신을 연에 보내 조공했다." 하지만 그때 이미 광개토왕의 고구려는 자신감이 있었던 것으로 보인다. 오연(傲然)함이 조공하는 고구려의 태도에 은연중 드러나 연의 모용씨에겐 시건방지게 보였던 것 같다. 바로 그해 "2월 연의 왕 모용성(慕容盛)이 우리 왕의 예의가 오만하다 하여 스스로 군사 3만 명을 거느리고 습격해 왔다"는 『삼국사기』의 기록이 그것을 짐작하게 한다. 이때 연은 7백여 리의 땅을 넓힌다.[72] 광개토왕이 수세적인 태도나 조공하는 자세를 아예 떨쳐버리고 요동을 차지하러 적극 나선 것은 401년의 일이었다. 그해 광개토

---

70) 『삼국사기 I』, 1998, 375쪽.
71) 『삼국사기 I』, 1998, 376쪽.
72) 『삼국사기 I』, 1998, 377쪽.

왕은 군사를 보내 숙군성(宿軍城)을 친다. 이에 연의 평주자사(平州刺史) 모용귀(慕容歸)는 성을 버리고 달아난다. 다시 2년 뒤인 403년 광개토왕은 "11월에 군사를 출동시켜 연을 침공했다." 이후 요동은 고구려의 차지가 된 것으로 보인다. 『삼국사기』는 다음해인 404년 "연 왕 모용희(慕容熙)가 요동에 쳐들어왔다"가 허탕치고 돌아간 이야기를 기록하고 있기 때문이다.[73)]

낙랑과 대방을 밀어낸 후 고구려가 주로 선비족 모용씨 세력과 요동을 다투다 마침내 요동의 주인이 된 것은 중국이 5호16국 시대라는 혼란기에 처해 있을 때였다. 중국에서 혼란기가 수습된 것은 581년 양견(楊堅: 隋 文帝)이 수나라를 세우면서였다. 수가 남중국의 진(陳)을 멸망시키고 중국을 통일하여 중화제국을 새로이 건설한 것은 589년이었다.[74)] 하지만 이때 이미 고구려는 요동을 경영하고 있었다. 광개토왕은 만주 집안(集安)의 국내성(國內城)을 서울로 하여 고조선 이래 중국민족과의 투쟁의 영역이었던 요동을 차지했다. 또 만주 동북부의 숙신(肅愼)을 복속시킴으로써 만주의 주인공이 되었다. 고구려의 만주지배와 대국화는 광개토왕을 이은 장수왕(長壽王: 재위 413~491)의 시대로 이어진다.[75)]

5. 고구려와 수의 전쟁과 동아시아

수와 당은 호한체제의 국가들로 통한다. 호족(胡族)의 혈통을 가진 군사귀족 출신이면서 한족과의 통혼을 통해 중국화된 지배집단이 다스린 왕조들이기 때문이다. 수의 창업자 양견은 호족의 혈통을 일부 지

---

73) 『삼국사기 I』, 1998, 377쪽.

74) 저우스펀, 2006, 262쪽.

75) 이기백, 1999, 56쪽.

닌 자였고, 당나라 황실 역시 돌궐계 무장 출신의 귀족 이씨의 후손이었다. 하지만 누대에 걸친 통혼과 언어, 복식, 정치제도에서의 한화(漢化)로 말미암아 완전한 중국 왕조로 통하게 된 것이다.[76] 중국의 역사와 문명 자체의 형성과 전개에 내륙 아시아권과의 상호작용, 즉 중국-북방 관계축이 지니는 의미를 재확인해주는 것이기도 하다.

문제가 589년 남중국을 마저 평정하여 중국을 통일한 후 당면한 첫 과제는 돌궐(Turks) 문제였다. 돌궐은 552년부터 유연(劉淵)을 몰아내고 북방 초원지대를 지배하고 있었다. 돌궐은 동서로는 만주 서쪽지방에서 아랄 해(Aral Sea)에 이르기까지, 그리고 남북으로는 바이칼 호(Lake Baikal)에서 중국과의 접경지역까지를 신속하게 장악했다. 하지만 돌궐의 도전은 의외로 쉽게 해결되었다. 돌궐 지배층이 왕위계승 문제로 내분을 일으켰기 때문이다. 7세기 초 수는 북방에 대한 우려를 덜고 다른 방면에서 제국의 팽창을 추구할 수 있게 된다. 남으로는 베트남 북부, 그리고 동북쪽에서 고구려를 복속시키는 문제였다. 베트남에 대한 야망은 그곳이 엄청난 재화로 가득한 땅이라는 수 문제의 환상이 크게 작용했다. 한반도에 대해서는 과거 한 왕조가 이룩했던 영광을 회복하고자 하는 야심이 중요했다.[77]

남방과 동북방에서 정복전쟁을 시작할 때, 둘 모두 결국은 수포로 돌아가고 오히려 자신이 멸망하는 화근이 되리라는 것을 수 왕조는 알지 못했다. 먼저 한반도 침략이 이루어졌다. 한반도 평양에 도읍이 있는 고구려가 요하에 이르는 남만주까지 장악하고 있다는 사실은 요동을 '작은 중국'으로 간주해온 중국의 새 통일국가에게는 용인할 수 없는 일이었다. 니시지마 사다오는 '책봉체제'의 논리에 따라 수가 고구려 정복을

76) 페어뱅크·골드만, 2005, 106쪽.

77) Graff, 2002, pp.142~145.

강행했다고 해석한다.[78] 더욱이 고구려는 수의 권위를 인정하지 않았다. 고구려의 이 같은 태도는 고구려가 598년 초 만주 동쪽에서 온 퉁구스족 계통인 말갈과 연합하여 요하 서쪽의 수의 영토를 침공한 사실에서 잘 나타난다.

수 문제는 그에 격분하여 30만 대군으로 고구려정벌군을 편성한다. 그해 8월 4일 지상군은 지금의 하북성 진황도(秦皇島)에 있는 린유관에서 출진한다. 남만주는 한반도의 기후와 같아서 7~8월은 장마철이다. 흙길은 진창으로 변한다. 폭우가 내려 수송과 보급이 엉망이 되었다. 아무것도 이루지 못하고 수많은 군사를 잃은 채 10월 말 철수하고 만다. 산동반도에서 출진한 수의 해군 역시 황해에서 폭풍을 만났다. 많은 전선이 파괴된다. 침략군의 괴멸에도 불구하고 고구려는 사절을 보내 사과하는 외교적 제스처를 취한다. 수 문제는 그의 남은 치세기간에는 고구려를 더 이상 공격하지 않았다.[79]

수 문제는 한반도 침략에 이어서 지금의 베트남 다낭에 수도를 두고 있던 참파 왕국을 공격한다. 602년이었다. 류팡이 사령관이었다. 둘리강을 건너간 수의 군대는 처음에는 참파 군대가 동원한 전투용 코끼리들로 고전했다. 류팡은 수많은 함정을 파고 그것들을 나무와 풀로 가린 후 코끼리부대를 유인했다. 코끼리들은 활에 맞자 오히려 뒤돌아서서 참파 군대를 짓밟았다. 수의 군대는 참파의 수도를 점령하고 약탈했다. 그러나 돌아오는 길에 류팡의 군대는 풍토성 전염병으로 대부분이 죽고 만다. 류팡 자신도 죽었다. 온대성기후에서 열대성기후로 이동하다 익숙지 않은 세균에 감염되어 전염병으로 무너질 위험성은 최근까지만 해도 매우 높았다. 수의 베트남 정벌 역시 그 위험에 처한 전형적인 사

78) 西嶋定生,『中國古代國家と東アジア世界』, 東京: 東京大學出版會, 1983, 410쪽.
79) Graff, 2002, pp.145~146.

수 제국이 건설한 운하체제

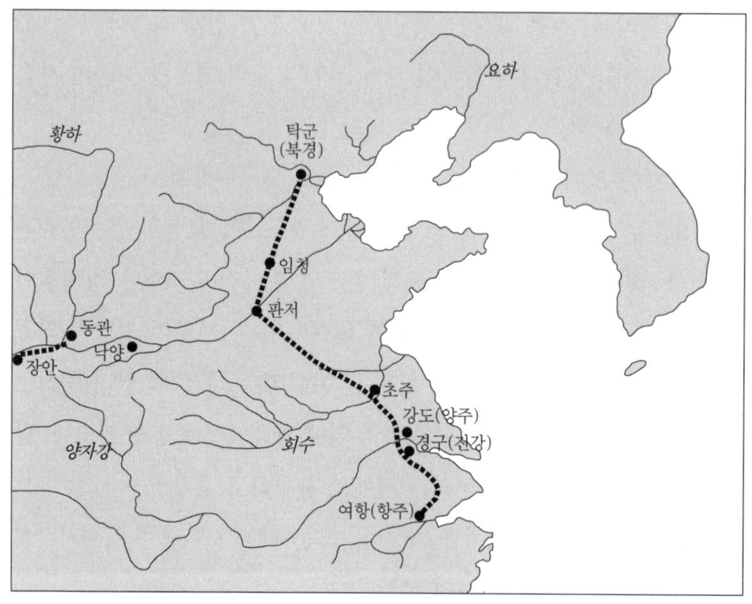

참고자료: 신성곤·윤혜영, 『중국사』, 서해문집, 2004, 156쪽.

례로 꼽힌다.[80)]

고구려정벌을 다시 계획한 인물은 훗날 양제(煬帝)라는 시호를 얻게 되는 문제의 아들 양광(楊廣)이었다. 양광은 병석에 있던 아버지 문제를 죽이고 황위를 찬탈한 혐의를 받아왔는데, 그때가 605년이었다. 양제는 아버지 문제와 함께 북경에서 항주에 이르는 중국 대운하의 건설자였다. 양제가 고구려에 대해 행동에 나선 이유도 수의 권위에 대한 고구려의 여전한 불복이었다. 그해 수 양제는 고구려가 동돌궐과 비밀협상을 해왔다는 것을 알게 된다. 중국에 와서 알현하라는 수 조정의 요구를 고구려 왕은 거듭 거절한다. 양제는 거대한 정벌계획을 세우고 실천에 옮긴다. 그 계획은 610년 절정에 달했다. 수 제국의 모든 부유층

80) Graff, 2002, p.145.

에게 새로운 세금을 부과하여 수많은 말을 구입하게 했다. 산동반도에서는 300척의 전선을 만들었다. 611년 4월 양제는 고구려 응징을 내세우며 전쟁을 선언한다.[81)]

『삼국사기』는 고구려 영양왕(嬰陽王: 재위 590~618) 23년째인 612년 봄 정월 임오에 수 양제가 내린 조서, 이른바 「동정조」(東征詔)의 내용을 옮겨놓았다.

"고구려의 보잘것없는 무리가 사리에 어둡고 공순하지 못해 발해와 갈석(碣石) 사이에 모여들어 요동과 예맥의 지경을 자주 침식해왔도다. 비록 한(漢)과 위(魏)가 그 죄를 토벌하여 소굴이 한때 무너졌으나, 병란이 그친 지가 오래되자 족속과 마을이 다시 모여들었다. 지난 시대에는 물고기와 새떼처럼 시냇물과 덤불숲에 모이더니, 지금에 와서는 퍼져나가 실로 번창하여 저 중화의 땅을 흘깃거리며 일부를 잘라내서 오랑캐의 부류로 만드는도다. 해가 지나 세월이 흐를수록 죄악은 쌓이고 넘쳤으며, 하늘의 이치는 사악한 이에게 앙화를 내리는 것이니, 패망할 징조는 이미 그 기미를 드러냈다. 윤리를 어지럽히고 도덕을 패멸시킨 일은 이루 다 헤아릴 수 없으며, 사특한 행실을 숨기고 간사한 마음을 품어온 것은 오직 날이 부족할 지경이다. 사신을 보내 이른 엄명을 한번도 직접 받은 적이 없고, 입조해 알현하는 예의를 몸소 치르는 것을 달가워하지 않았다. 도망한 반역자들을 꾀어 받아들이기에 끝을 알지 못하고, 변방에 그득하게 쳐들어와 자주 봉수군과 척후를 괴롭혔도다. 이 때문에 관문과 야경의 치안이 안정되지 않고, 이로 말미암아 백성들은 생업을 폐지하였다. 지난날 가벼이 토벌한 탓에 금세 하늘의 그물을 빠져나갔으며, 이미 앞서 사로잡았을 때 죽이지 않고 너그럽게 놓아주었고 뒷날 항복하였을 때도 곧바로 처단하지 않았건만, 일찍이 은

81) Graff, 2002, p.146.

혜를 생각하지는 않고 도리어 죄악만을 기르더니, 급기야 거란의 도당들과 합세해 바다의 수비병들을 죽이고 말갈의 버릇을 익혀 요서를 침범하였다."[82]

7세기에 쓰인 『수서』(隋書)에 따르면, 수 양제의 612년 1차 고구려원정군 규모는 113만 3800명에 달했다. 이들을 지원하기 위한 보급부대는 그 두 배에 달했다. 그러나 데이비드 그라프는 당시 수 왕조의 인구구성에 대한 기록들을 근거로 하여 원정군 규모를 67만 명으로 추산한다. 『수서』에 기록된 숫자는 실제 고구려원정에 참여한 숫자가 아니라 611년경 수 조정이 징집한 중국군 총병력 숫자를 가리키는 것으로 본다.[83]

수 양제의 명에 따라 선봉군이 지금의 북경 근처에 있던 출정기지를 출발한 것은 612년 2월 8일이었다. 598년 문제가 실패한 원인이 여름 장마철에 나섰기 때문이라고 분석한 양제는 이른 봄을 선택한 것이었다. 앞서 인용한 「동정조」에서 양제는 "좌군 12군단은 누방·장잠·명해·개마·건안·남소·요동(遼東)·현도·부여(扶餘)·조선(朝鮮)·옥저(沃沮)·낙랑(樂浪) 등 방면으로 나가고, 우군 12군단은 점제·함자·혼미·임둔(臨屯)·후성·제해·답돈·숙신(肅愼)·갈석(碣石)·동이·대방(帶方)·양평(襄平) 등 방면으로 나가되, 경유하는 곳을 연락하고 노정을 이끌어 전부 평양으로 집결하라"고 명했다.[84]

주력부대가 요하에 도착한 것은 4월 19일이었다. 여기서 요하 동쪽에 진을 치고 있던 고구려군과 마주친다. 양제가 친히 이끈 수나라 군

82) 『삼국사기 I』, 1998, 400~401쪽. 이 「동정조」의 내용은 김부식이 『수서』 권4 제기(帝紀) 양제 하 대업(大業) 8년 정월조, 그리고 『자치통감』 권181 수기(隋紀)에서 초출(抄出)해 인용한 것이다. 『삼국사기 I』, 1998, 402쪽.

83) Graff, 2002, pp.148~149.

84) 『삼국사기 I』, 1998, 402쪽.

대는 요하를 건너 요동성을 포위하는 데는 성공했다. 그러나 요동성과 여타의 고구려 성들은 난공불락이었다. 황해를 건넌 수의 해군이 먼저 대동강을 따라 평양에 당도했다. 해군은 압록강을 건너올 육군과 함께 평양을 공격할 계획이었다. 육군의 진군이 늦어졌다. 그러자 해군이 먼저 공격을 시도했다. 그러다 그만 고구려군의 유인책에 말려들고 만다. 해군은 수많은 군사를 잃은 채 평양의 남동쪽 해안에 진을 치고 기다려야 했다.

양제는 요동성 공략이 어렵게 되자, 30개 군단 중에서 9개 군단으로 하여금 성을 그냥 지나쳐서 직접 평양으로 진군할 것을 명한다. 병사들에게는 100일간의 식량이 주어졌다. 이들이 압록강에 다다랐을 때는 이미 식량이 바닥났다. 사령관 우중문(于仲文)은 보급 문제 때문에 철수해야 한다는 한 장수의 건의를 묵살하고 계속 진군한다. 고구려군은 의도적으로 작은 패전들을 반복하여 수의 군대를 평양 근처까지 끌어들였다. 그들은 성을 지킬 뿐 나와 싸우지 않았다. 수의 군대는 배고파서 지칠 대로 지쳤다. 고구려인들은 성을 굳건히 지켰다. 농촌에서는 식량도 구할 수 없었다. 평양 남동쪽에 진치고 있던 수의 해군은 육군에게 공급할 수많은 식량을 배에 가득 싣고 있었다. 하지만 서로 접촉하지 못했다.[85)]

이 상황에서 양제의 침략이 결국 실패로 돌아가게 된 원인을 『삼국사기』는 고구려의 정보전과 그에 기초한 전략으로 서술하고 있다. 고구려 영양왕은 "대신(大臣) 을지문덕(乙支文德)을 수의 진영에 보내 거짓으로 항복하게 하고 기실 그들의 허실을 살피고자 하였다." 이때 수나라 우익위대장군 우중문은 양제로부터 고구려 왕이나 을지문덕이 찾아오거든 반드시 붙잡아두라는 은밀한 지시를 받은 터였다. 하지만 그의 진

---

85) Graff, 2002, pp.150~151.

영에 위무사(慰撫使)로 와 있던 유사룡의 만류로 을지문덕을 풀어준다. 금방 후회하고 을지문덕을 속여 돌아오게 하려 했으나 을지문덕은 "뒤도 돌아보지 않고 압록수를 건너와버렸다." 수의 진영을 방문함으로써 을지문덕은 수나라 군대가 굶주린 기색이 있음을 파악했다. 좌익위대장군 우문술(宇文述)은 을지문덕을 추격한다. 그의 작전은 수나라 군대와 직접 싸우지 않고 굶주린 그들을 더욱 피로하게 만드는 것이었다. "일부러 그들을 피로하게 하고자 매번 싸울 때마다 번번이 달아났다."[86]

을지문덕은 다시 사신을 보내 거짓 항복하고 "만약 군사를 거두어 돌린다면 마땅히 왕을 받들고 황제가 계신 곳으로 가서 조알하겠다"고 약속한다. 우문술은 군사들이 이제 너무 피로해져서 더 싸울 수가 없다고 판단하고 그 제의를 받아들여 돌아가려 한다. 그의 군대가 철군하여 살수(薩水)를 절반쯤 건넜을 때, 을지문덕의 군대가 후방에서 수의 군대를 공격한다. 수나라 우둔위장군 신세웅이 싸우다 죽는다. "그러자 여러 부대가 한꺼번에 무너져내려 걷잡을 수 없었다. 장수와 사졸들이 뛰어 달아나서 하루 낮 하룻밤 만에 압록수까지 450리를 갔다"고 했다. 양제는 크게 노해 "우문술 등을 쇠사슬로 묶어 계묘일에 군사를 이끌고 돌아갔다"고 『삼국사기』는 적고 있다.[87]

양제는 다음해인 613년 다시 고구려정벌에 나섰다. 이번에는 만주에서의 보급품 수송체계 개선에 더 많은 노력을 경주했다. 요하 서쪽에 새로운 전진 보급기지를 건설했다. 그러나 이번엔 말을 보충하기 힘들어서 짐말 대신에 당나귀를 이용해야 했다. 양제가 군사를 이끌고 요하에 도착한 것은 3월 30일, 마침내 요하를 건너 요동에 들어선 것은 5월 21일이었다. 이번에도 요동성은 난공불락이었다. 성 밑으로 터널을 파

86) 『삼국사기 I』, 1998, 406~407쪽.
87) 『삼국사기 I』, 1998, 407~408쪽.

기도 하고 성에 필적하는 높이의 산을 쌓기도 했지만 헛수고였다.

이 무렵 양제에게 결정적인 문제가 생겼다. 후방에서 고구려원정군에게 보급품 수송을 담당하고 있던 양현감(楊玄感)이 6월 25일 반란을 일으킨 것이다. 요동성 밖에 진치고 있던 양제가 이 소식을 들은 것은 7월 20일이었다. 고구려와의 전쟁에 지친 민중과 양제 정치의 난맥상에 반발하는 고관 자제들이 모두 양현감 편에 섰다는 소식을 듣고 양제는 더욱 두려워했다.[88] 양제는 무사히 요하를 건너 후퇴하기 위해 모든 것을 그대로 두고 야밤에 철수했다. 고구려인들은 함정이 있을까 두려워 이틀을 기다리다 추격했다. 그러나 수의 주력부대를 공격하지는 않았다. 다만 낙오병들이 요하를 건너고 있을 때 수천 명을 죽였다.[89] 수 양제의 두 번째 고구려정벌은 그렇게 허무하고 참담한 실패작이었다.

수 양제는 두 달 만에 반란을 진압하고 양현감을 죽였다. 양제의 고구려정벌은 그다음 해 또 추진되었다. 614년 4월 4일 수 양제는 제3차 고구려원정을 위한 군대동원을 명한다. 그러나 요동성을 공략하기에는 너무 늦어버린 8월 27일에야 수 양제는 요하에 당도했다. 다만 발해만을 건넌 수의 해군은 한국 해안을 공격해 고구려 육군을 밀어붙이며 평양을 위협하기에 이른다. 이에 놀란 고구려왕이 화친을 제의했다. 그 제스처로 중국에서 반란 실패 후 고구려로 도망쳐온 양현감의 장수를 수에 넘겨주었다. 고구려의 시간벌기 작전이었다. 이를 뻔히 알면서도 양제는 겨울이 오기 전에 요하 전선을 정리해야만 했다. 그는 승전을 선포하고 철수해버린다.[90]

양제는 615년 제4차 고구려원정을 위한 군대동원을 명령했다. 수의 조정에 알현하라는 명령을 고구려왕이 거부한 것이 이유였다. 그러나

88) 『삼국사기 I』, 1998, 410쪽 및 각주 17) 참조.

89) Graff, 2002, pp.152~154.

90) Graff, 2002, p.154.

이제 수 왕조가 고구려를 복속시키기에는 이미 너무 쇠잔해 있었다. 그 해 여름 양제는 북방전선에서 동돌궐에게 큰 패배를 당했다. 북방의 안문(雁門)이라는 고장에서 한 달 동안 동돌궐 군대에게 포위당해 있었던 것이다. 뒤이어 북중국 전체가 무질서 상태로 된다. 양제는 616년 양자강 유역의 강도(江都: 楊州)로 피신했다. 618년 봄 양제는 그곳에서 자신의 경호병들 손에 살해당하는 운명을 맞는다.[91] 그해 양제를 이어 그의 손자인 공제(恭帝)가 태원유수 이연(李淵)에 의해 형식적으로 왕으로 추대된다. 하지만 이연은 곧 공제를 폐위시키고 스스로 황제가 된다. 그가 국호도 당(唐)으로 바꾸니 수는 멸망했고 당 제국이 중국을 지배하게 되었다.

6. 고구려와 당 제국의 전쟁

통일왕조 수의 제국건설은 북방에서 돌궐을 평정하는 데에서 출발했다. 당의 제국건설도 돌궐을 복속시키기 위한 북방 정벌로부터 시작했다. 당 태종은 630년대 내내 돌궐을 시작으로 북방과 서역의 이민족들에게 연전연승을 거둔다. 당이 641년 고구려 정벌을 구상할 수 있었던 것은 내륙 아시아 경영에 일단 성공을 거두었기 때문이다.[92] 고구려정벌은 그 연장선에서 내륙 아시아 평정의 완성을 위한 것이었다고 할 수 있다.

629년 12월 태종의 명을 받은 이정이 이끄는 당군은 630년 3월 말 철산(鐵山)전투에서 대승을 거둔다. 만여 명의 유목민이 살해되었다. 10여만 명의 남녀 돌궐인들이 당군에 투항했다. 이정은 그의 군대가 돌

91) Graff, 2002, p.155.
92) Graff, 2002, pp.186~195.

궐 진영을 약탈하도록 허용했다. 그는 나중에 이 문제로 비판을 받았다. 하지만 태종은 그를 처벌하지 않았다. 그는 결과에 만족했던 것이다. 어떻든 이 전투로 동돌궐은 종막을 고했다. 중국이 몽골 초원을 향후 반세기에 걸쳐 지배하게 된다. 당시 티베트 고원의 동북지역을 장악한 세력은 선비족과 티베트족이 결합한 유목집단인 토욕혼(吐谷渾)이었다. 이징이 이끈 당나라 군대가 635년 토욕혼을 정벌한다.[93]

641년 당 태종이 고구려정벌을 구상하며 내세운 명분은 고구려가 옛 한(漢) 제국의 땅이라는 것이었다. 642년 연개소문(淵蓋蘇文: ?~666)이 영양왕의 배다른 아우였던 영류왕(榮留王: 재위 618~642)을 살해하고 영류왕의 아우의 아들 장(臧)을 왕으로 만들었다. 그가 고구려의 마지막 왕이 된 보장왕(寶臧王)이었다. 당 태종은 좋은 구실이 하나 더 생겼음을 기뻐했다. 『삼국사기』는 642년의 일을 이렇게 기록했다.

"봄 정월에 사신을 당에 들여보내 조공하였다. 왕이 서부의 대인(大人) 개소문(蓋蘇文)에게 명해 장성 쌓는 공사를 감독하게 하였다. 겨울 10월에 개소문이 왕을 시해하였다. 11월에 당 태종이 왕이 죽었다는 소식을 듣고 조정의 동산에서 애도 의식을 거행하고, 조칙으로 부의 물품 3백 단(段)을 보내게 했으며, 사신에게 신절을 지니고 와 조문하는 제사를 지내게 하였다."[94] 당 태종이 영류왕의 죽음에 애도의 예를 표한 것은 고구려정벌의 명분 쌓기와 무관하지 않을 것이다.

『삼국사기』에 따르면, 644년 당 태종은 "친필 조서"를 내려 천하에 이렇게 고했다. "고구려의 개소문은 임금을 시해하고 백성을 학대하니 그 정상을 어찌 참을 수 있으랴? 이제 유(幽)·계(薊) 등지를 돌아 요동과 갈석에서 문죄하려 하니, 내가 지나가는 군영과 숙소에서는 사람과

93) Graff, 2002, pp.188, 195.

94) 『삼국사기 I』, 1998, 415쪽.

재물을 수고롭히거나 허비하지 말 일이다."[95] 당 태종은 또한 645년 봄 정월 정주(定州)에서, 시종하는 신하들에게 고구려정벌의 명분을 이렇게 밝혔다. "요동은 본래 중국의 땅이다. 수는 네 번이나 군사를 출동시켰으나, 이곳을 찾아오지 못하였다. 내가 지금 동방을 정벌하는 것은, 중국을 위해서는 전몰한 자제들의 원수를 갚고자 하는 것이고, 고구려에 대해서는 시해당한 임금의 치욕을 씻어주려는 것일 뿐이다. 게다가 사방의 구석까지 크게 평정하였는데 오직 이 고구려만이 평정되지 않았기 때문에, 내가 더 늙기 전에 사대부들의 남은 힘을 가지고 이 땅을 되찾으려는 것이다."[96]

대규모 원정계획이 본격적으로 시작된 것은 644년이었다. 당 태종의 직접 참여하에 제1차 고구려정벌전쟁이 시작된 것은 645년 4월이었다. 1차 원정을 포함해 당나라가 고구려정벌을 시도한 것은 크게 세 국면으로 나눌 수 있다. 그만큼 쉽지 않았다. 실제 네 번에 걸친 수 양제의 고구려 원정이 모두 실패한 전철을 되풀이할 가능성도 있었다. 그러나 세 번째 국면에 속하는 667년 당은 마침내 고구려정벌에 성공한다. 그 성공은 궁극적으로 당 태종의 원정의 군사적 효율성 때문이 아니었다. 첫째는 당이 한반도 국가인 신라와 동맹하여 고구려 서쪽과 남쪽에서 협공할 수 있었기 때문이었다. 이 협공의 노력은 신라가 한반도를 침략한 당나라 군대에게 식량보급 등 전략적 물자를 지원한 것을 포함한다. 둘째는 고구려 지도층의 내분(內分)이었다. 고구려 일부 세력은 당나라 침략군에 대항하는 싸움을 처음부터 포기하고 항복하거나 아예 고구려를 배신하고 당을 돕고 나섰다. 고구려는 한반도 내부의 극단적인 이중적 분열의 결과 멸망한 것이었다.

---

95) 『삼국사기 I』, 1998, 420쪽.

96) 『삼국사기 I』, 1998, 421쪽.

645년 1차 원정에 나선 당의 고구려원정군 규모는 수나라 때보다 크게 적었다. 당 태종이 직접 이끄는 1만 명의 기병대를 포함해 11만 3천 명에 불과했다. 당은 수 왕조의 고구려 정복 실패의 이유를, 충분히 먹일 수 없는 너무 많은 군대를 동원하여 재앙을 자초한 것으로 분석했다. 그런 실수를 되풀이하지 않겠다는 각오였던 것이다.[97)]

당 초기에는 대규모 군대를 동원하는 것이 인구학적으로 불가능했을 것이라는 분석도 있다. 수나라 양제 때인 609년 중국의 등록된 가구수는 총 890만여 호였고, 등록된 인구는 총 4600만여 명이었다. 그러나 당나라 초기인 634년에서 643년 사이의 어느 한 해에 당나라 전체의 등록된 가구수는 287만여 호에 등록된 총인구는 1200만여 명이었다.[98)] 30년 만에 3분의 1 이하로 인구가 감소한 것이다. 이는 물론 공식적으로 등록된 인구(officially registered population)이므로 실제 인구감소를 정확히 나타내는 것은 아니었다. 새 왕조 초기 국가행정 능력과 사회침투력은 한계가 있게 마련이다. 수나라 말기 반란과 수당 교체기의 연이은 전란 속에서 수많은 백성들이 유민화(流民化)한 결과이기도 했다. 어떻든 그러한 상황이 국가가 행정력을 동원해 정식으로 동원할 수 있는 군사력을 크게 제약했을 것은 분명하였다.

고구려의 성들은 30여 년 전 수 양제가 침공할 때에 비해 새롭게 보강되어 있었다. 그럼에도 안시성을 제외하고는 요동성을 포함해 성들이 쉽게 당군의 수중에 떨어진다. 연개소문의 정변으로 왕이 살해된 사태로 말미암아 고구려 장수들과 군대의 사기가 과거와 같지 않았음을

---

97) Graff, 2002, pp.196~197.

98) 당 초기 인구기록에 대해서는, E. G. Pulleyblank, "Registration of Population in China in the Sui and T'ang Periods," *Journal of the Economic and Social History of the Orient*, 4, 1961, pp.290, 293; Graff, 2002, p.183 참조.

645년의 요동지역

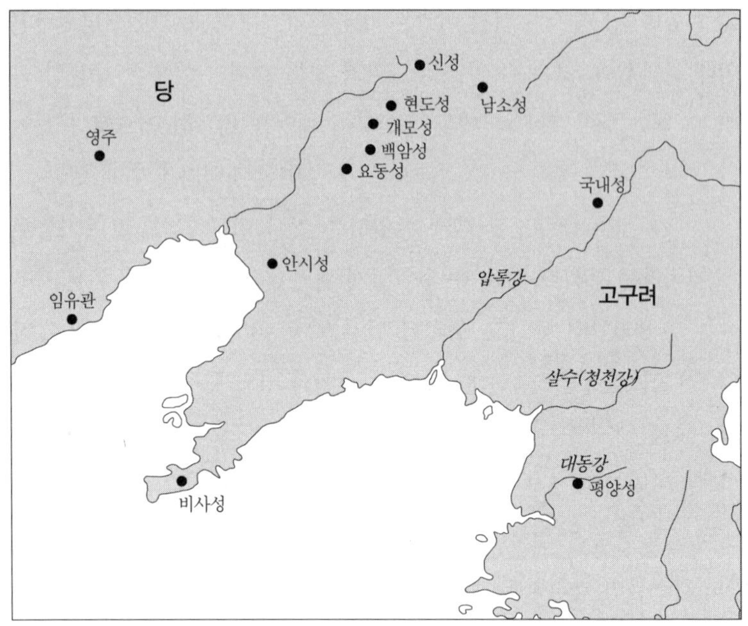

참고자료: 박한제·김형종·김병준·이근명·이준갑, 『아틀라스 중국사』, 사계절, 2007, 73쪽.

짐작하게 한다.

당군이 가장 먼저 장악한 것은 개모성(蓋牟城)이었다. 고구려 측의 예상보다 빠른 5월 1일 요하를 건넌 당군은 불과 11일간의 포위 끝에 개모성을 함락했다. 2만 명의 인구와 6백만 리터의 곡식이 당군의 수중에 들어간다.[99] 5월에 또한 비사성(卑沙城)이 함락되면서 남녀 8천 명이 죽는다.[100] 당의 다음 목표는 요동성이었다. 4만 명의 지원부대가 요동성을 구하기 위해 달려갔지만, 당군은 이들을 쉽게 물리친다. 황제가 이끄는 기병대와 합세해 공격한 결과 요동성도 쉽게 함락된다.

99) Graff, 2002, p.197. 『삼국사기』는 개모성 함락으로 당군이 1만 명을 사로잡고 군량 10만 석을 확보했다고 했다. 『삼국사기 I』, 1998, 422쪽.

100) 『삼국사기 I』, 1998, 422쪽.

『삼국사기』는 요동성의 최후를 이렇게 적었다. "우리 군사가 힘껏 싸웠으나 이기지 못해 죽은 이가 1만여 명이었고, 정예병 1만여 명과 남녀 4만 명과 양곡 50만 석을 빼앗겼으며, 요동성은 당의 요주(遼州)가 되고 말았다."[101)]

요동성 동쪽에 있는 백암성은 지금의 요령성 등탑현에 소재한다. 백암성 성주 손대음(孫代音)은 처음부터 항복해버렸다. 그전까지 당의 군대는 함락한 성을 약탈하고 백성들은 노예로 삼았다. 그런데 백암성의 경우는 약탈과 노예화를 허락하지 않았다. 장수들이 그동안의 관행과 다른 점을 항의하자 당 태종은 자신의 지갑을 풀어 공을 세운 군인들을 포상했다.[102)] 7월 18일 안시성(安市城) 바깥에 당군이 당도했다. 다음날 고구려군과 말갈족이 합세한 대규모 원군이 안시성에 접근한다. 유인책과 매복책을 동원해 당군은 그 원군을 무찔렀다. 근처 산언덕으로 도망친 고구려군은 그다음 날 항복했다. 3만 6800명이 항복했고 5만 필의 말, 5만 두의 가축, 그리고 1만 개의 철갑옷을 획득했다. 포로들 중에서 3500명의 장교와 말갈족 추장들은 중국으로 보냈다. 3300명의 말갈족 남자들은 처형했다. 나머지 고구려 군인들은 방면하여 고향으로 돌아가게 했다고 한다.[103)]

『삼국사기』에 이런 내용이 있다. 당 태종이 "다른 성의 군사들로서 백암성에 있던 이들에게는 모두 위로하고 타일러 양식과 군장을 주어 그들 마음대로 가게 하였다."[104)] 고구려의 내분을 틈타 당 태종이 세운 고구려정복 전략의 한 요소에는 자신의 덕치(德治)를 보임으로써 고구

---

101) 『삼국사기 I』, 1998, 424쪽.

102) Graff, 2002, p.197. 당 태종에게 백암성의 항복을 수용하여 약탈하지 않은 것에 항의한 장수란 이세적(李世勣)을 말한다. 『삼국사기 I』, 1998, 424쪽.

103) Graff, 2002, p.197.

104) 『삼국사기 I』, 1998, 425쪽.

려인들의 복속을 이끌어낸다는 구상도 있었음을 엿보게 한다.

그러나 당 태종의 1차 원정은 결국 안시성에서 좌절하게 된다. 안시성은 난공불락이었다. 여러 차례 안시성을 그냥 지나쳐서 진군을 계속할 것을 검토했지만 결국은 그렇게 하지 못했다. 당군의 후미가 공격받을 가능성이 있었다. 이미 함락시킨 요동성에 쌓아둔 식량과 보급선이 안시성에 웅거한 고구려군에 의해 위협받을 수 있었다. 그동안은 수 양제와 달리 규모를 적게 한 원정군의 기동성이 장점이었다. 이제 그것은 단점이 되어 있었다. 보급선 방어와 진격을 병행하기엔 규모가 너무 적었던 것이다. 수 양제 때에 비해 더 불리했던 또 한 가지는 수군이 효력을 발휘하지 못한 것이었다. 안시성 밖에 발이 묶여 있던 당군은 최후로 안시성만큼 높은 흙산을 쌓는 데 모든 것을 걸었다. 흙산이 완성되던 날 안시성 안의 고구려군이 기습작전을 벌인다. 고구려 군대가 그 흙산을 점령해버렸다. 당군은 3일간 미친 듯이 탈환전투를 벌였지만 실패한다. 요동성의 식량은 이미 바닥났다. 10월 13일 마침내 당 태종은 철수를 명령한다. 만주의 10월 말은 눈이 오고 추운 계절이었다. 요하 주변의 습지는 진창이 되어 길을 막았다. 많은 군사들이 배고픔과 추위로 죽어나갔다.[105)]

당의 고구려 원정의 두 번째 국면은 그로부터 645년 1차 원정에서 돌아온 이후 660년 이전까지 약 15년에 걸쳐 전개된 양상이다. 첫 원정에서 실패한 당 태종의 새 전략은 비정규전이었다. 소규모의 기동군으로 고구려 국경지역을 부단히 습격하여 항상 긴장하게 만들어 적의 힘을 마모시키는 저강도전쟁(低强度戰爭: low intensity conflict) 전략이었다. 647년 봄과 여름에 1만 명의 해군을 편성해 요하를 도강하는 동시에 고구려 해안지역을 위협한 것이 그 대표적인 예이다. 당 태종은

105) Graff, 2002, p.198.

648년 다시 대규모 정규군을 동원한 고구려원정 준비를 명한다. 하지만 649년 그 자신이 죽고 만다. 제2차 정규군 원정계획은 실행되지 않았다. 그해 『삼국사기』는 이렇게 적었다. "여름 4월에 당 태종이 죽었다. 유조(遺詔)를 내려 요동의 전쟁을 그만두게 하였다."[106)]

당 태종 사망 후에도 저강도전쟁 국면은 650년대 말까지 계속된다. 654년 겨울 고구려와 말갈의 연합군이 당시 당나라와 동맹을 맺고 있던 남만주의 거란을 공격한다. 이에 대한 응징으로 당군은 다음해 봄 요하를 건너 신성 근처에서 고구려군을 격파한다. 요하 근처에서 당과 고구려의 싸움은 658년과 659년에도 벌어졌다.[107)]

당의 고구려 침략의 세 번째 국면은 660년에 시작된다. 수나라 때나 당 태종 때와 전혀 다른 요소가 등장했기 때문에 가능했다. 한반도의 신라, 백제, 고구려 사이에 과거에 볼 수 없던 수준의 갈등과 경쟁 속에서 당나라를 한반도의 전쟁에 적극 끌어들인 신라의 대당(對唐) 동맹 전략이 그것이었다.

신라와 당 사이에 맺어진 나당동맹(羅唐同盟)의 기원은 나제동맹(羅濟同盟) 때로 거슬러 올라간다. 나제동맹은 신라와 백제가 함께 고구려의 남진정책을 저지하고자 결성되었다. 나제동맹은 큰 성과가 있었다. 고구려의 압박을 물리치고 한강 이북으로까지 고구려 세력을 밀어냈다. 그러나 나제동맹은 곧 깨어지고 만다. 신라가 맹약을 깨고 백제 영토로 된 한강 유역을 빼앗은 것이다. 신라 진흥왕(眞興王: 534~576)이 북한산에 순수비를 세운 것은 그것을 기념한 것이었다. 이후 백제는 신라에 깊은 원한을 갖게 된다.

고구려가 수와 당 태종의 공격으로 혈투를 벌이고 있는 동안, 백제

---

106) 『삼국사기 I』, 1998, 437쪽.
107) Graff, 2002, p.198.

의자왕은 신라를 공격하는 데 총력을 기울인다. 신라의 백제 공격기지였던 지금의 합천인 대야성(大耶城)을 포함한 40여 성이 백제에 함락되기도 했다. 이때 신라의 방어전선은 낙동강까지 후퇴했다. 고구려가 수와 당 태종의 중국세력에 의해 누란의 위기에 처해 있는 동안 한반도 중남부의 두 나라 신라와 백제는 또한 그들끼리 사생결단의 혈투를 벌이고 있었던 것이다. 백제의 공격으로 위기에 처한 신라는 후일 무열왕(武烈王)이 되는 김춘추(金春秋)를 그전까지 적국이었던 고구려에 보내 구원을 요청한다. 그러나 연개소문은 신라를 돕는 대가로 한강 유역 반환을 요구했다. 이에 응할 생각이 없었던 신라는 당나라에 김춘추를 파견해 동맹을 요청한다. 당은 크게 환영했다. 먼저 함께 백제를 정복한 후 고구려를 남북에서 협공하는 전략을 세운다.[108)]

나당 연합군은 마침내 660년 백제를 멸망시킬 수 있었다. 이와 함께 당의 고구려정벌의 세 번째 국면이 시작된다. 하지만 당이 백제를 멸한 데 이어 곧바로 고구려를 멸망시킬 수 있었던 것은 아니다. 백제멸망의 주인공이었던 소정방(蘇定方)이 이끈 당나라 해군이 661년 음력 7월 대동강을 따라 올라가 평양을 포위하려 했다. 당 육군도 요하를 건너 압록강까지 진격했다. 압록강에서 음력 9월 고구려군을 격파했다. 소정방의 평양 포위는 다음해인 662년 봄까지 계속된다. 하지만 당 육군이 고구려군에 패배하자 소정방 역시 평양 포위를 풀고 철수해야 했다.[109)]

이때 당의 고구려정벌이 실패한 것은 백제 멸망 후에도 백제의 옛 땅에서 부흥운동세력이 강하여 당과 신라의 군사적 대응을 여전히 요구하고 있었기 때문이다. 당과 신라의 군사력이 고구려 압박에 집중할 수 없었던 것이다. 그러나 백제 부흥군의 주력이 웅거하던 주류성이 663년

---

108) 이기백, 1999, 83쪽.

109) Graff, 2002, p.199.

함락된다. 이어 부흥군 저항의 마지막 거점이었던 임존성마저 665년 무너졌다. 이에 따라 666년부터는 당이 다시 본격적으로 고구려정벌에 나설 수 있었다.

한반도의 상황은 이제 당나라의 고구려정복전쟁에 크게 유리해졌다. 첫째, 백제와 그 부흥운동마저 완전히 괴멸하여 신라와 당이 고구려를 북과 남에서 동시에 효과적으로 압박할 수 있게 되었다. 둘째, 666년 여름 연개소문이 사망한다. 이후 그의 아들들 사이에 권력투쟁이 벌어지면서, 고구려 지배층의 내분이 심화된다. 『삼국사기』는 연개소문 사후 그의 아들들 남생(男生), 남건(男建), 남산(男産) 사이에 벌어진 싸움을 이렇게 적었다.

"연개소문이 죽고 그의 맏아들 남생이 그를 대신해 막리지가 되었다. 그가 처음 국정을 맡아서 지방에 나가 여러 성들을 돌아다닐 때, 자기 아우 남건과 남산에게 조정에 머물러 뒷일을 처리하게 하였다. 어떤 이가 남생의 두 아우에게 이르기를, '남생은 두 아우분들이 자기 자리에 바짝 근접해오는 것을 싫어해 당신들을 없애려 생각하고 있으니 이쪽에서 먼저 계책을 세우는 것이 나을 것입니다'라고 하였다. 두 아우가 처음에는 그 말을 믿지 않았다. 그런데 또 어떤 이가 남생에게 말하기를 '두 분 아우는 형이 돌아와 자기들의 권세를 빼앗을까 염려해 형을 막아 받아들이지 않으려 합니다'라고 하였다. 남생이 몰래 자기 심복을 평양으로 보내 동정을 엿보게 했는데, 남생의 두 아우들이 숨어 있던 그를 체포해 두고는 왕명으로 남생을 소환하니, 남생이 감히 수도에 돌아오지 못하였다. 남건이 스스로 막리지가 되어 군사를 발동해 남생을 토벌하였다. 남생은 국내성으로 달아나 웅거하면서 자기 아들 헌성(獻誠)을 당에 보내 동정을 구걸하였다. 6월에 당 고종이 좌효위대장군 계필하력에게 명해 군사를 거느리고 가서 응접해오게 하니, 남생이 몸을 빼내 당으로 달아났다."[110]

강력한 통합적 권력의 주인이 갑자기 사라졌을 때, 다양한 세력들이 사라진 권력자의 자손들을 매개로 권력경쟁을 하면서 국가 전체에 내분이 발전하게 되는 시나리오의 한 전형이 연출되고 있었다. 당에게 이보다 더 이상적인 상황은 있을 수 없었다. 고구려 장수들이 고구려를 지키고자 하는 전의를 크게 상실하여 쉽게 항복하거나 아예 고구려 진영에서 당과 내통했다. 고구려의 멸망은 시간 문제였다.

당은 666년 여름과 가을에 요하전선에서 고구려에 대한 공격을 시작했다. 본격적인 공세는 다음해인 667년 초에 전개되었다. 그해 10월 6일 요동 신성의 고구려군은 진격해온 당군에게 성을 내어주며 항복했다. 이어 16개의 다른 고구려 성들이 신속하게 당군에게 항복했다. 요동을 접수하고 진격하는 당군은 그해 겨울을 충분히 먹으며 보낼 수 있었다. 과거에 요동을 공략하고자 한 수와 당의 군대가 누릴 수 없었던 새로운 상황이었다.

당 육군은 그해 겨울을 만주의 남동쪽에서 그렇게 기반을 다지며 지냈다. 이듬해인 668년 봄 당군은 고구려의 심장부로 진격했다. 음력 2월 요충지인 부여성이 함락되었다. 『삼국사기』는 이렇게 적었다.

"2월에 이적(李勣) 등이 우리 부여성을 함락시켰다. 설인귀(薛仁貴)가 금산(金山)에서 우리 군사를 깨뜨린 다음…… 우리 군사들을 죽이고 잡아 마침내 부여성을 함락시켰다. 부여주(扶餘州) 일대 40여 성이 모두 자청해 항복하였다."[111)]

평양성은 포위 한 달 만인 10월 22일 당군의 손에 떨어졌다. 고구려는 여러 개의 지역사령부로 쪼개진 채 당 제국에 합병되었다. 요동으로부터 시작해 북쪽으로부터 당군이 순조롭고 여유 있게 고구려의 심

110) 『삼국사기 I』, 1998, 442~443쪽.
111) 『삼국사기 I』, 1998, 445쪽.

장부를 향해 진격해온 것인데, 그것이 가능했던 것은 과거와 달리 남쪽 전선에서 신라가 고구려를 압박하면서 동시에 당군에게 식량과 인적 자원을 보급해주는 보급기지 역할을 충실히 수행해 주었기 때문이다.[112)]

『삼국사기』는 평양성의 최후이자 고구려 왕조의 최후를 이렇게 적었다. "계필하력이 먼저 군사를 이끌고 평양성 아래에 이르고, 이적의 군사가 그 뒤를 이어서 한 달이 넘도록 평양을 에워쌌다. 왕 장(臧)이 천남산(泉男産)을 보내 수령(首領) 98명을 통솔해 흰 기를 가지고 이적에게 가서 항복하게 하니, 이적이 예를 갖추어 이들을 응접하였다. 천남건은 여전히 성문을 닫아 걸고 막아 지키면서 자주 군사를 내보내 싸웠으나 번번이 패하였다. 남건이 군사 업무를 승려 신성(信誠)에게 맡겼는데, 신성은 소장(小將) 오사와 오묘 등과 함께 몰래 사람을 이적에게 보내 내응하겠다고 자청하였다. 그 5일 뒤에 신성이 성문을 열자, 이적이 군사를 풀어 성 위에 올라 북을 두드리고 함성을 지르면서 성에 불을 지르게 하였다. 남건은 제 손으로 목을 찔렀으나 죽지 않았다. 왕과 남건 등을 사로잡았다. ……12월에 황제가 함원전(含元殿)에서 포로들을 받는 의례가 있었다. 고구려 왕의 경우는 정치가 그 자신에게서 나온 것이 아니기 때문에 용서해 사평대상백원외동정(司平大常伯員外同正)으로 삼고, 천남산을 사재소경(司宰少卿)으로 삼았으며, 승려 신성을 은청광록대부로, 천남생을 우위대장군(右衛大將軍)으로 삼았다. ……천남건은 검주(黔州)로 유배하였다."[113)]

112) Graff, 2002, p.200.

113) 『삼국사기 I』, 1998, 446~447쪽.

7. 백제와 신라의 지정학적 정체성

한반도 중남부 국가들인 백제와 신라는 서해를 통해서만 중국과 관계를 가질 수 있었다. 육로를 통한 중국과의 교류는 고구려 때문에 불가능했다. 서해는 백제와 신라가 중국대륙과 문화를 교류하는 통로였다. 신형식은 "한국 고대사에서 서해의 의미는 동아시아 제국의 해양력(sea power)의 시험장이라기보다는 문화교류의 장으로서의 성격이 더 컸다"고 말한다.[114)]

서해는 백제와 신라에게는 지리적인 고립을 벗어나 중국과 교류함으로써 국력을 키울 수 있는 유일한 통로였다. 서해에 대한 제해권(制海權)을 두고 치열한 경쟁이 백제와 신라 사이에 전개될 수밖에 없었다. 한강 유역을 둘러싸고 삼국 간에 필사적인 싸움이 전개되곤 했던 것은 한강 유역이 한반도의 중심이라는 가치뿐 아니라, 서해에 대한 전략적 접근의 요충이기도 했기 때문이었다.

4세기 초 고구려와 백제에 의해 낙랑과 대방이 한반도에서 밀려남에 따라 그 옛 땅에서 고구려와 백제는 국경을 접한다. 한반도에서 고구려와 백제 사이의 군사적 충돌이 가능하게 된 것이었다. 고구려가 369년(고국원왕 39) 가을 백제를 공격한다. 그해 9월 "왕이 군사 2만 명을 보내 남쪽으로 백제를 쳤는데 치양성(雉壤城)에서 싸우다 패배하였다"고 『삼국사기』는 기록했다.[115)] 백제 근초고왕(近肖古王: 재위 346~ 375)의 반격으로 패하에서 전개된 전투에서 백제가 승리하고 그 여세를 몰아 평양성을 진공한다. 마침내 고국원왕을 패사(敗死)시킨다. 371년(근초고왕 26)의 일이다. 『삼국사기』는 "겨울에 왕이 태자와 함께 정예

114) 신형식, 2005, 21쪽.

115) 『삼국사기 I』, 1998, 373쪽.

병 3만을 거느리고 고구려에 침입해 평양성을 공격하였다. 고구려 왕 사유(고국원왕)가 힘껏 싸워 막다가 날아온 화살에 맞아 죽자, 왕(근초고왕)이 군사를 이끌어 물러났다. 도읍을 한산(漢山)으로 옮겼다"고 했다.[116] 이후 백제가 평양성 원정을 계기로 한강 유역을 확실하게 장악한 것을 말해준다.

이후 광개토왕이 등장하기 전까지 백제는 고구려에 대해 유리한 위치를 점했다.[117] 그럼으로써 고구려의 서쪽 지방 부근에서 백제가 중국의 전연(前燕)과 갈등이 발생할 지정학적 위치에 놓였다. 그러나 백제와 중국 사이에 본격적인 영토분쟁은 벌어지지 않았다. 그 지역은 오히려 고구려와 백제 사이 힘의 완충지대 역할을 했다.[118] 물론 광개토왕대에 이르러 백제와 중국의 육로연결은 중단된다. 이후 백제가 중국과 갈등을 벌일 여지 자체가 없어진다.

백제는 위치상 서해에 면하여 있었기 때문에 대중국 교류에서 신라에 비해 유리한 위치에 있었다. 백제가 고대국가를 먼저 완성할 수 있었던 것은 놀라운 일이 아니었다. 그러나 6세기 중엽 이후 백제는 신라에게 서해에 대한 제해권을 빼앗긴다. 국가 몰락의 중요한 원인이 된다.[119]

고구려가 중국과 관계한 방식은 주로 육지를 통해서였다. 고구려가 서해를 전략적으로 이용한 것은 광개토왕이 396년(영락 6) 백제를 공격할 때 수군(水軍)을 이용한 것이 거의 유일하다. 반면에 백제와 신라에게 서해는 중요했다. 특히 신라는 서해에 대한 전략적 접근을 위해 집요한 국가적 노력을 기울인다. 신라는 백제와 고구려로부터 군사 위

116) 김부식, 이강래 옮김, 『삼국사기 II』, 한길사, 1998, 508쪽.

117) 이강래, 「삼국의 성립과 영역확장」, 강만길 외 편, 『한국사 3: 고대사회에서 중세사회로 1』, 한길사, 1994, 209~210쪽.

118) 이강래, 1994, 209~210쪽.

119) 신형식, 2005, 21~22쪽.

협에 대처할 방법으로 중국과의 연합을 특히 중시했다. 이에 필수적인 서해 진출을 위해 신라는 한강 유역에 강하게 집착하고 우선순위를 둔다.[120)]

기원전 18년에서 기원후 660년에 이르는 백제의 역사는 수도가 어디였는가에 따라 크게 세 시기로 구분된다. 백제사 전체의 70퍼센트는 국가성립 이후 475년까지의 한성시대(漢城時代)가 차지한다. 그 뒤 약 60년에 이르는 웅진시대(熊津時代: 475~538)가 있다. 마지막 사비시대(泗沘時代: 538~660)는 약 120년간 이어진다. 백제 초기 대외관계의 핵심은 한반도 중부의 핵심지역인 한강 유역 확보를 위해 낙랑, 말갈, 마한, 그리고 신라와 벌인 끊임없는 전쟁이었다. 대중국관계가 중심이 아니었다.[121)] 백제가 처음으로 중국과 교섭한 것은 372년(근초고왕 27) 동진(東晋)과의 교류였다. 근초고왕은 동진에 조공을 했고, 동진의 간문제(簡文帝)는 근초고왕을 낙랑태수로 책봉한다.[122)]

신형식이 지적하고 있듯이, 근초고왕 27년 이전 백제와 중국의 관계는 낙랑과 대방이라는 중국세력이 남하하는 것을 저지하여 한강 유역을 차지하고 지키는 데에 있었다. 백제는 한반도 중남부에서의 패권 다툼에 집중했던 것이다. 요동과 같은 중국대륙에 관련된 것은 없었다. 당시 한반도 북부에까지 뻗쳐 있던 중국세력과 다투는 과정에서 다른 중국세력을 이용하기 위해 동진과 접촉한 것이다. 이를 위해 백제는 서해 직항로를 확보하여 서해에 대한 제해권을 장악했다. 한성시대 말기 백제의 위기는 고구려의 남하정책에서 비롯된다. 475년 9월 장수왕이 침공하여 백제 개로왕이 재위 21년 만에 패사한다. 이어 즉위한 문주왕

120) 신형식, 2005, 22쪽.

121) 신형식, 2005, 97~98쪽.

122) 『晋書』 卷9, 帝紀9 簡文帝 咸安 2年條; 신형식, 2005, 98쪽.

(文周王: 재위 475~477)은 서울을 지금의 공주인 웅진으로 옮긴다. 웅진시대의 시작이다. 이후 백제는 한강 하류 유역에 대한 독점적인 지배권을 잃었지만 이 지역에 대한 영향력을 완전히 상실한 것은 아니었다. 웅진시대 백제는 대중국 교섭을 위해 주로 영산강 하구에 있는 회진(會津)을 이용한다.[123]

웅진시대 백제 대외관계에서 또 한 가지 특징은 신라와의 동맹, 즉 나제동맹(羅濟同盟: 433~554)이었다. 고구려에 빼앗긴 한강 유역을 되찾기 위해서, 그리고 계속되는 고구려의 군사 위협에 공동대처하기 위해서였다. 하지만 고구려의 위협은 엄중했고 신라와의 관계는 불안정했다. 이에 백제가 추구한 것이 왜(倭)와의 관계를 돈독히 하는 것이었다. 웅진시대 후반기는 백제가 부흥의 역량을 보인 시기이다. 무령왕(武寧王: 재위 501~523)은 백가(苩加)의 난을 진압하여 왕권을 강화한다. 이를 바탕으로 고구려에 대한 선제공격을 감행하여 이전의 군사적 열세를 만회한다. 이어 즉위한 성왕(聖王: 재위 523~554)은 538년 사비로 천도한다. 국가재건을 위한 야심의 표현이었다. 하지만 신라의 진흥왕이 553년(진흥왕 14) 한강 하류지역을 독차지한다. 이듬해인 554년에는 오늘날의 옥천(沃川)인 관산성(管山城)의 고리산〔環山〕 전투에서 백제의 성왕을 살해한다.[124] 『삼국사기』는 그때의 일을 이렇게 적고 있다. "가을 7월에 왕(성왕)이 신라를 습격하고자 하여 친히 보병과 기병 50명을 거느리고 밤에 구천(狗川)에 이르렀는데, 신라의 복병이 튀어나와 더불어 싸우다가 혼전 중에 병사들에게 살해되어 죽었다."[125] 그 한 해 전 진흥왕이 나제동맹을 깨뜨리는 행동을 하고 나서

123) 신형식, 2005, 99~101, 103~105쪽.
124) 신형식, 2005, 106~107쪽.
125) 『삼국사기 II』, 1998, 541쪽.

도 백제와 신라는 한편으로 화해를 모색하기도 했던 것으로 보인다. "가을 7월에 신라가 동북쪽 변경을 탈취해 신주(新州)를 설치하였다. 겨울 10월에 왕(성왕)의 딸이 신라로 시집갔다"고 한 『삼국사기』의 위와 같은 페이지의 기록이 그것을 말해준다. 하지만 바로 다음해 고리산 싸움과 성왕의 죽음으로 나제동맹은 그렇게 끝이 난다.

이로써 6세기 말 이래 서해를 통해 중국으로 직항하는 항로였던 적산항로(赤山航路)를 신라가 장악한다. 서해에 대한 제해권을 신라가 장악한 것이다. 이후 중국에 대한 사절단 파견에서도 신라가 백제를 능가한다. 신라의 대중국 교류는 521년(법흥왕 8) 중국 양(梁)과 통교한 것이 처음이었다. 그후 당분간은 신라가 중국과 교섭한 기록은 없다. 신라의 대중국 교섭이 본격화된 것은 진흥왕 14년 때인 553년 한강 하류 지역을 차지하여 신주를 설치하고 당항성(黨項城)을 확보한 이후이다. 564년(진흥왕 25) 신라는 북제(北齊)와 교섭하면서 서해를 통한 대중국 외교를 본격화한다.[126)]

중국에 당이 건국된 6세기 말 이래 한반도의 삼국 간 지정학적 경쟁에서 결정적인 요소는 서해를 통한 신라와 당의 연합이었다. 이것은 신라가 그 이전인 6세기 중엽 한강 유역을 차지해 장악할 수 있었던 서해 제해권을 떠나서는 불가능한 일이었다. 고구려가 당과 요동을 다투는 사이, 백제와 신라는 서로 당과 군사외교적 연합을 추구한다. 결국 대당관계에서 백제는 신라에게 밀려난다. 한반도와 중국 모두에서 고립된 백제는 왜와의 연합에 의존한다. 『일본서기』에는 554년인 긴메이 천황(欽明天皇) 15년 이래 백제가 매년 사절이나 구병사(求兵使)를 보냈다는 기록이 나온다. 왜의 기록에는 이에 응해 왜가 군사를 자주 파병한 것으로 나와 있다. 그래서 5~7세기 백제와 왜의 관계는 백제의 대

126) 신형식, 2005, 22~23, 112~113쪽.

왜(對倭) 선진문화 전래와 왜의 대백제 군사적 지원이 서로 교환된 것이 그 핵심이었다. 백제와 왜의 연합은 군사정치적 차원에서는 백제 멸망 후 벌어진 백촌강전투에서의 참담한 실패로 귀결된다. 다만 두 나라의 문화교류 전통 덕분에 백제문화가 일본 고대문화 속으로 들어가 영생의 길을 찾게 된다.[127]

8. 백제의 중국 요서 경략설과 그 지정학적 의미의 한계

중국 사서인 『송서』(宋書), 『양서』(梁書), 『남제서』(南齊書)의 「백제전」(百濟傳)에는 백제가 중국 요하의 서쪽을 가리키는 요서지역을 영유하고 군을 설치하여 고구려에 대항하거나 후위(後魏)와 교전한 일이 있음을 나타내는 기록을 담고 있다. 또한 역시 중국 역사서인 『자치통감』은 340년 이전 시기에 부여에 대한 백제의 군사활동을 언급하고 있다. 요서지방에 백제가 세력을 갖고 있었음을 방증하는 자료이다. 이러한 기록들 때문에 백제의 요서경략(遼西經略) 또는 백제의 화북진출(華北進出)을 주장하는 역사해석이 등장했다.[128]

백제의 요서진출을 본격적으로 처음 주장한 이는 단재(丹齋) 신채호(申采浩: 1880~1936)였다. 근초고왕의 아들인 근구수왕(近仇首王: 재위 375~384)이 태자일 때부터 시작하여 그의 재위 때에 백제가 대륙진출을 했다고 신채호는 해석했다. 그는 이렇게 말했다. "근구수가 375년에 즉위하여 재위 10년 동안에 고구려에 대하여는 겨우 1차 평양의 침입만 있었으나, 바다를 건너 지나 대륙을 경영하여 선비 모용씨의 연(燕)과 부씨(符氏)의 진(秦)을 정벌, 즉 요서, 산동, 강소(江蘇), 절강

127) 신형식, 2005, 165~167, 175쪽.
128) 이강래, 1994, 212쪽.

(浙江) 등지를 점령하여 광대한 토지를 장만했다. ……근구수가 근초고왕의 태자로서 군국대권을 대리하여 침입하는 고구려를 격퇴하고 나아가 대동강 이남을 병탄하고는 이에 해로를 확장하여 바다를 건너 지나 대륙을 침입하여 모용씨를 쳐서 요서와 북경을 빼앗아 요서·진평 2군(郡)을 설치하고 여산(麗山: 하얼빈)까지 들어가 부여의 서울을 점령하였다."[129)]

정인보(鄭寅普)는 근초고왕 때보다 더 이른 기루왕(己婁王: 재위 77~128) 때 백제가 고구려 태조왕(太祖王)을 도와 요해(遼海)로 출병했으며, 이로써 훗날 요서경략의 기반을 마련했다고 주장했다.[130)] 1960년대 후반 남북한 모두에서 민족 주체성이 강조되면서 백제의 요서진출을 부각시키는 연구들이 잇따른다.[131)] 남한에서는 김상기, 방선주, 그리고 북한에서는 김세익의 연구가 그러했고, 2000년대에 들어서 강종훈의 연구가 그러했다.[132)] 한편 일본의 역사학자들과 한국 내 실증주의 사학 전통에서는 대체로 회의적인 해석을 내놓았다.[133)]

일반적으로 한국의 역사학자들은 이에 대해 매우 신중한 태도를 보인다. 이강래는 『자치통감』에서 언급되고 있는 백제는 "고구려의 착오

---

129) 신채호, 『조선상고사』(『단재 신채호전집 상』), 1972, 194~195쪽; 신형식, 2005, 138쪽에서 재인용.

130) 정인보, 『조선사연구 하』, 1947, 62~63쪽; 신형식, 2005, 135쪽.

131) 신형식, 2005, 141쪽.

132) 김상기, 「백제의 요서경략에 대하여」, 『백산학보 3』(1967); 방선주, 「백제군의 화북진출과 그 배경」, 『백산학보 11』(1971); 김세익, 「중국 료서지방에 있었던 백제의 군에 대하여」, 『력사과학』(1967-1, 3); 강종훈, 「4세기 백제의 요서지역 진출과 그 배경」, 『한국 고대사연구 30』(2003); 신형식, 2005, 215쪽 참조.

133) 和田博德, 「百濟の遼西領有說について」, 『史學 25-1』(1951); 池內宏, 『日本上代史の一硏究』, 1947; 여호규, 「백제의 요서진출설 재검토」, 『진단학보 91』(2001); 신형식, 2005, 15쪽 참조.

일 가능성이 전혀 배제될 수는 없다"고 말하고, 아울러 "『송서』 등의 내용도 그대로 믿기에는 여러 난점들이 있으므로 현 단계에서 당장 그 진위를 단정하기보다는 다양한 심층분석이 요구된다"고 말한다.[134] 다만 이 역사서들이 백제 요서진출 시기로 지적하고 있는 백제 근초고왕 시기는 영토확장의 전성기 때이므로 사실일 가능성을 배제할 수 없다고 보면서 대체로 4세기 중엽부터 약 200년에 걸친 백제의 해외진출의 한 양상으로서 해석하는 김상기의 주장에 주목하고 있다.[135]

한국 사학계의 의견을 대표하는 교과서의 하나로 볼 수 있는 『한국사강좌』는 백제의 요서경략을 하나의 "설"로 취급한다. 4~6세기에 요서지방에는 낙랑군이 존재했기 때문에 백제의 요서경략을 정설로 내세우기에는 아직 사실 정립이 미흡하다고 했다.[136] 한국 역사학계가 내놓은 2000년대의 대표적인 한국사 교과서로는 한국사연구회가 편집한 『새로운 한국사 길잡이』가 있다. 이 책은 백제 대외관계를 다루는 부분에서 요서경략은 일절 언급하지 않고 있다.[137]

신형식은 한국 역사학에서 백제의 요서진출 문제는 "아직도 뚜렷한 결론이 나지 않고 있다"고 요약한다. 다만 백제가 산동반도와 화북연안에 상업기지를 확보하고 있었다는 김철준의 주장은 적절하다고 평했다.[138] 이명규는 요서에 설치되었다는 '백제군'의 존재를 일종의 무역기지 또는 거류지(居留地)를 근거로 한 무역활동과 그것을 보호하

134) 이강래, 1994, 212쪽.

135) 이강래, 1994, 212~213쪽.

136) 이기백·이기동, 『한국사강좌 1』(고대편), 일조각, 1982, 196~197쪽; 신형식, 2005, 145쪽.

137) 임기환, 「국제관계」, 한국사연구회 편, 『새로운 한국사 길잡이』(제3판 한국사연구입문), 지식산업사, 2008, 154~167쪽 참조.

138) 김철준, 「백제사회와 그 문화」, 『한국 고대사연구』, 지식산업사, 1975, 52~55쪽; 신형식, 2005, 145쪽.

는 수준에서의 군사활동이라는 관점에서 해석한다. "백제가 동북아의 해상무역을 주도하게 됨에 따라, 대륙-백제-가야-왜로 연결되는 하나의 해양세력권을 형성하였고, 그 결과 대륙에 무역기지나 거류민지역이 성립되어 유지되어 오다가 5호16국의 혼란기를 맞아 이들 무역기지를 보호하려는 목적에서 군사적 활동이 병행되어 요서의 백제군과 같은 것이 성립될 수 있었다."[139]

김상기는 백제의 군사적인 요서 진출을 긍정하는 쪽이다. 하지만, 그도 그 목적이나 범위에서 다분히 제한적인 것이었다고 해석한다. 백제의 요서진출의 목적은 요동을 차지한 고구려의 세력팽창에 대한 대응조치였으며, 남하하는 고구려 세력을 배후에서 견제하려는 목적이었다고 본 것이다. 또한 그나마도 고구려세력에 한성을 빼앗기고 웅진으로 수도를 옮긴 이후에는 요서지방을 상실했다고 하였다.[140]

요컨대 백제가 중국 요서지방에서 무역활동을 넘어 군사정치적 지배권을 행사했다는 것은 한국 역사학이 아직 충분히 검증되지 않은 명제로 받아들이고 있다고 말할 수 있다. 그렇다면 백제는 그 영토확장의 전성시기에 서해를 무대로 한 왕성한 해상활동과 중국과의 교류에도 불구하고 중국과 영토적 경쟁을 벌인 것으로는 볼 수 없게 된다. 백제의 영토적 패권다툼은 기본적으로는 한반도 안에서 다른 한반도 국가들과의 경쟁과 갈등에 한정되었던 것이다. 그런 의미에서 백제는 신라와 마찬가지로 한반도 중남부 국가로서 중국과는 문화적 교류와 함께 필요하고 가능할 때에는 군사외교적 연합을 추구했지만, 중국 영토의 일부를 둘러싸고 중국 세력과 경쟁하는 것과는 거리가 멀었다고 할 수 있다. 그 지정학적 전통이 내륙 아시아적 전통과 달랐으며, 잠재적으

139) 이명규, 「백제의 대외관계에 관한 일 시론」, 『사학연구 37』(1983), 96~98쪽; 신형식, 143~144쪽에서 재인용.

140) 김상기, 1967, 136~139쪽; 신형식, 2005, 142쪽.

로 중화권적인 지정학적 전통을 백제와 신라가 공유하고 있었다고 할 수 있는 것이다.

9. 백제의 멸망과 동아시아 질서: 당, 한반도, 그리고 일본

당이 신라와 연합하여 백제를 멸망시키는 과정은 당 제국이 동아시아에 중화질서를 구축하기 직전의 한반도 주변 국제질서의 양상을 적나라하고 극적으로 드러내준다. 그것은 한반도 3국과 당의 관계만이 아니라 당시 왜로 통했던 일본의 위치와 역할을 보여주었기 때문이다.

백제의 멸망은 의자왕(義慈王: 재위 641~660)이 20년째 재위에 있었던 660년 음력 8월에 왔다. 『삼국유사』는 신라의 태종무열왕(太宗武烈王) 김춘추(金春秋: 604~661)가 "백제에 괴변(怪變)이 많다는 소문을 듣고 그해에 당나라에 사신을 보내 군사를 청했다"고 적고 있다.[141] 『삼국유사』가 말하는 소문들은 『삼국사기』에도 기록되어 있는 것들인데, 예를 들면 이러했다. 660년 2월 백제 서울의 우물물이 핏빛으로 변했다거나, 서해 바닷가에 작은 고기들이 나와서 죽었는데, 백성들이 아무리 먹어도 없어지지 않았다는 것이다. 또 귀신 하나가 궁중에 들어와 "백제가 망한다"고 외친다. 귀신이 들어간 땅을 파보니 거북이 한 마리가 나왔다. 거북이 등에 "백제는 보름달, 신라는 초승달"이라 쓰여 있었다. 의자왕이 무당에게 물으니, 둥근 달은 이지러질 것이요, 초승달은 차게 될 것이라 답한다. 노한 의자왕이 무당을 죽이니, 옆에 있던 간신 하나가 "둥근 달은 성하고, 초승달 같다는 것은 미미하다는 뜻"이라고 풀이한다. 의자왕이 듣고 기뻐했다고 했다.[142]

---

141) 일연, 이가원·허경진 옮김, 『삼국유사』, 한길사, 2006, 126쪽.
142) 『삼국사기 II』, 1998, 557쪽.

신라의 부추김을 받은 당 고종은 소정방(蘇定方)으로 하여금 13만 명을 통솔해 백제를 치게 한다. 그는 또한 신라왕 김춘추로 하여금 '우이도 행군총관'(嵎夷道 行軍摠管)을 삼아 신라군을 거느리고 소정방과 합세하게 했다. 이에 김춘추는 김유신(金庾信)에게 정예병 5만을 거느리고 달려가게 했다.[143] 신라는 당군에 호응하여 지금의 대전 동쪽인 탄현(炭峴)을 넘어 백제로 진격했다. 백제의 주력군은 당나라 군대를 막는 데에 집중하고 있었다. 이 상황에서 지금의 연산(連山)인 황산(黃山)에서 계백이 이끈 결사대가 김유신이 이끈 신라 군대를 막기에는 중과부적이었다.[144] 소정방은 금강 하구인 백강(白江)에서 백제군을 격파하고 강을 거슬러 올라가 지금의 부여인 수도 사비를 점령했다. 지금의 공주인 웅진으로 피신했던 의자왕도 항복하여 백제는 망하고 말았다. 당은 당시 76만 호(가구: households)를 이루고 있던 백제를 5개 도독부(都督府)로 나누어 당 제국에 합병했다.[145]

항복하여 포로가 된 의자왕의 운명은 어떻게 되었는가. 그는 태자 융(隆)과 둘째 아들 태(泰), 왕자 연(演), 그리고 대신(大臣) 정복(貞福) 등과 함께 여러 성을 거느리고 항복한다. 소정방은 이들을 백성 1만 2807명과 함께 당나라 서울로 보낸다. 『삼국사기』는 또한 "소정방이 잡아온 이들을 황제에게 바쳐 뵈었더니 황제가 그들을 꾸짖고 용서해주었다"고 적었다. 의자왕이 병으로 죽자 당 황제는 '금자광록대부위위경'(金紫光祿大夫衛尉卿)이라는 작위를 의자왕에게 추증하고, 옛 신하들이 그에게 조문(弔問)하는 것을 허락했다.[146]

---

143) 『삼국사기 II』, 1998, 557쪽.

144) 이기백, 1999, 83쪽.

145) Graff, 2002, p.199. 『삼국사기』는 "백제는 본래 5부, 37군, 2백 성에 76만 호가 있었다"고 했다. 『삼국사기 II』, 1998, 560쪽.

146) 『삼국사기 II』, 1998, 560쪽.

『삼국유사』에 따르면 의자왕은 초년에는 효성이 지극하다 하여 '해동증자'(海東曾子)라는 칭송을 받았지만 왕위에 오르자 주색에 빠지고 정치가 거칠어 나라를 위태롭게 한 장본인으로 묘사했다.[147] 하지만 『삼국사기』는 의자왕이 즉위 다음해인 642년 가을 7월(음력)에 "친히 군사를 거느리고 신라를 침공해 미후(獼猴) 등 40여 성을 함락시켰다"고 적고 있는 등[148] 그의 재위 기간에 백제의 국력이 팽창했음을 알려준다. 의자왕 15년 때인 655년 8월에는 "왕이 고구려, 말갈과 함께 신라를 침공해 30여 성을 깨뜨렸다"고 했다.[149] 이 일을 당하여 신라가 당에 크게 의지하는 외교에 박차를 가했음을 알 수 있다. 『삼국사기』는 그해 "신라 왕 김춘추는 사신을 보내 당에 조알하고 표문을 올려서 '백제가 고구려·말갈과 함께 우리의 북쪽 경계를 쳐서 30여 성을 함몰시켰습니다'라고 하였다"고 기록했다.[150]

이 때문에 의자왕이 주색에 탐닉하고 향략에 빠졌다는 기록들을 승자의 역사왜곡으로 보는 시각도 있다. 그러나 의자왕이 자신의 계속된 성공에 자만하여 거친 정치와 향락에 탐닉했을 가능성은 배제할 수 없는 일이다. 『삼국사기』는 의자왕이 고구려와 함께 신라의 30여 성을 함락시키는 업적을 올리고 신라가 당에 이를 알리며 도움을 청하던 다음해인 656년 3월에 일어난 일을 이렇게 적었다. "왕이 궁녀들과 절제없이 음란하고 쾌락에 탐닉해 술 마시는 것을 그치지 않자 좌평 성충(成忠)이 극력 간했다. 왕은 노하여 그를 옥에 가두었다. 이로 말미암아 감히 더 이상 말하는 이가 없었다."[151] 성충의 일이 사실이라면 의자왕의

---

147) 『삼국유사』, 2006, 124쪽.
148) 『삼국사기 II』, 1998, 552쪽.
149) 『삼국사기 II』, 1998, 555쪽.
150) 『삼국사기 II』, 1998, 555쪽.
151) 『삼국사기 II』, 1998, 555~556쪽.

자만과 향락에의 탐닉은 능히 짐작이 가는 바라고 해야 할 것이다.

앞서 소개한 바 있는 쑤퉁의 장편소설 『나, 제왕의 생애』에서 주인공인 섭나라 왕 단백이 자신이 태자 시절 스승이던 각공에 대해 술회하는 장면이 있다. "이방루의 아름다운 풍경이 야경을 알리는 물시계 소리를 지나 텅 빈 고요함 속으로 빠져들었다. 모든 것이 종이로 만들어진 풍경 같았다. 나는 바람 소리를 들었다. 궁궐의 담장에서 푸른 풀이 바람에 부대끼며 떠는 소리를 들었다. 불현듯 아주 오래 전에 승려 각공이 했던 말이 떠올랐다. 그는 내게 대섭궁이 언제까지나 견고하게 서 있을 것이라고는 절대 생각하지 말라고 했다. '사방에서 불어오는 바람이 순식간에 그것을 산산조각 내서 저 하늘 멀리 날려버릴 수도 있습니다. 만약 어느 날 그대가 왕이 된다면, 왕궁 안에 가득한 미인들과 수많은 금은보화를 갖게 된다면, 그대는 그대 자신이 텅 비어, 한 조각 나뭇잎처럼 바람 속에 떠돌고 있다는 것을 알게 될 것입니다'."[152)]

단백을 의자왕에 비유할 수 있다면 승려 각공은 성충에 비유할 수 있을 것이다. 다만 성충이 각공과 달리 불행했던 것은, 의자왕은 제왕이 되기 전의 단백과 달리 이미 수많은 미인들과 금은보화의 숲속에서 그리고 무엇보다도 국력 팽창이라는 업적으로 이미 자만에 빠져 있는 재위 16년째의 제왕으로서 충신의 간언을 죽음의 형벌로 응답했다는 점이다. 알 수 없는 것은 의자왕이 미인들과 권력의 한가운데에 있으면서 그래도 가끔은 "자신이 텅 비어 한 조각 나뭇잎처럼 바람 속에 떠돌고 있다는 것"을 느끼기는 했을까 하는 것이다.

백제를 멸망시킨 다음해인 661년 당나라는 그다음 목표를 고구려 정복으로 정하고 군사행동을 벌인다. 하지만 성공하지 못했을 뿐만 아니라 백제의 고토에서 백제 멸망 직후부터 수년 동안 백제 부흥운동세력

---

152) 쑤퉁, 문현선 옮김, 『나, 제왕의 생애』, AGORA, 2007, 180쪽.

과 싸워야 했다. 백제에서는 660년 말과 661년 초의 겨울에 당의 점령군을 몰아내기 위한 대규모 봉기가 있었다. 왕족 복신(福信)과 승려 도침(道琛)이 이끄는 백제부흥세력이 지금의 한산(韓山)인 주류성(周留城)에 웅거하며 군사를 일으킨 것이었다. 부흥군의 기세는 한때 크게 높아져 200여 성을 회복할 정도였다. 이들은 일본에 있던 왕자 풍(豊)을 맞아 국왕으로 삼고 사비성과 웅진성을 포위하여 당의 군대를 괴롭혔으며, 여러 차례 당과 신라 군대를 격파했다.[153]

이 시기에 당의 백제 주둔군 사령관이었던 유인원(劉仁遠: 劉伯英)은 한때 사비성에 갇힌 꼴이 되었다. 동료 장수 유인궤(劉仁軌)가 이끈 당군과 신라군이 합세하여 백제부흥군이 금강 하구에 구축했던 방책들을 공격하고서야 사비성의 포위가 풀렸다. 데이비드 그라프는 만일 신라의 물적·인적인 측면지원이 없었다면 당군은 660년 말에서 661년 초에 이르는 시기에 백제 지역에서 완전히 추방되고 말았을 것이라고 평가한다.[154]

이후 661년 봄부터 663년 가을까지 백제지역의 성들을 당군과 백제부흥군이 나눠 갖고 대치하는 교착국면이 계속되었다. 이 시기에 양 진영은 각기 원군을 요청하게 된다. 당군은 산동반도로부터 지원군을 보충받는 동시에 신라로부터 더 많은 지원군을 공급받을 수 있었다. 한편 백제부흥군은 왜에 사절을 보내 원군을 요청한다.[155] 결전은 당과 신라가 주류성을 함락시키기 위한 대대적인 공격을 시작한 663년 가을에 벌어졌다. 신라 국왕이 직접 참여한 주력군은 주류성으로 진격하는 동안 당의 유인궤는 해군 함대와 보급선들을 금강 하구에 배치하고 왜의 수군을 맞았다. 여기서 당군은 왜의 전선 400척 이상을 격침시켰다. 이

153) 이기백, 1999, 85쪽.

154) Graff, 2002, pp.199~200.

155) Graff, 2002, p.199.

어서 주류성은 663년 10월 14일 나당연합군에 함락되었다.[156)]

백제부흥군의 몰락은 고구려의 몰락과 마찬가지로 내부분열도 큰 원인이었다. 복신이 도침을 죽였으며, 그들에 의해 국왕으로 추대되었던 풍은 또한 복신을 죽였다. 나당연합군이 주류성을 함락한 것은 그 와중에서였다. 이후 부흥군 세력은 대부분 항복했으나 지수신(遲受信)은 끝까지 항거했다. 그러나 그의 거점이던 지금의 대흥(大興)인 임존성(任存城)도 665년에 함락되고 만다. 4년에 걸친 부흥운동이 종말을 고하게 된 것이었다.[157)]

그러나 백제부흥군은 나당연합군에 의한 고구려정벌을 상당 기간 지체시키는 효과를 가져왔다. 부흥군 때문에 당군은 백제 땅에 묶여 있어야 했다. 그 사이 고구려는 신라를 공격하기도 했다. 나아가 부흥군은 당군의 고구려정벌에 호응하는 신라군의 진군로를 중도에서 차단하곤 했다. 이로써 나당연합군의 고구려 공격을 교란시키곤 했던 것이다.[158)] 왕자 풍은 당에 끌려간 의자왕 대신 국왕으로 추대되어 부흥군 지도체제 강화와 백제 유민 결집의 구심점 역할이 기대되었다. 그러나 그가 복신과 불화함으로써 지도체제 붕괴의 원인이 되고 말았다.[159)]

『삼국사기』는 멸망 후 백제 땅의 음산한 풍경을 나당연합군이라는 승자의 시각에서 다음과 같이 기록해두었다. "당에서는 유인궤를 남겨 군사를 통솔하고 진압해 지키게 하였다. 전쟁의 여파로 집집마다 스산하고 쓰러진 시체가 풀더미 같았는데, 유인궤가 비로소 해골을 파묻게 하고 호구를 등록해 촌락들을 추스렸다. 관리를 임명하고 도로를 개통하며 교량을 세웠고, 제방을 보수하고 저수지를 복구하였다. 또 농사와

156) Graff, 2002, p.199.
157) 이기백, 1999, 85쪽.
158) 김영관, 「백제부흥군의 전략과 전술」, 『진단학보 102』(2006.12), 59~85쪽.
159) 김영관, 2006.

양잠을 권장하고 빈핍한 이들을 구휼하며 고아와 늙은이를 보살피고 당의 사직을 세워 정삭(正朔)과 황제의 묘휘(廟諱)를 반포하자, 백성들이 모두 기뻐하고 각기 제자리를 찾아 안착하게 되었다. 황제가 부여융을 웅진도독(熊津都督)으로 삼고, 그에게 귀국해 신라와의 묵은 감정을 풀고 살아남은 백성들을 불러 돌아오게 하였다."[160]

20세기 초 조선의 멸망과 일본에 의한 식민지화 이래 한반도 사람들의 삶의 질의 변화를 둘러싸고 역사학자를 비롯한 지식인들 사이에 '식민지근대화' 논쟁이 벌어지고 있는 것을 생각하게 하는 구절들이다. 나당동맹의 침략과 지배로 쑥대밭이 되었을 것이 명백해보이는 백제 땅 민중들의 삶이 그처럼 수습되어 낙토(樂土)가 되었다면 불행 중 다행한 일이겠지만 정말 그러했는지는 알 수 없는 일이다.

10. 신라와 당의 긴장과 타협

백제와 고구려 멸망의 관건은 그 내부의 분열로 자멸한 것에 가까웠다. 하지만 국제적인 조건은 무엇보다도 당과 신라의 동맹에 의한 양면협공에 있었다. 당의 목표는 신라의 지원을 받아 백제와 고구려에 과거 한(漢) 왕조가 설치했던 것과 같은 직접적인 정치군사적 지배체제를 확립하는 것이었다. 신라의 목표는 달랐다. 신라는 나제동맹을 깬 것에 대한 백제의 치열한 반격과 고구려의 남진정책의 압박 속에서 생존의 위기를 맞고 있었다. 당과의 동맹을 통해 생존을 지키고 나아가 한반도 전체를 통일하는 데 궁극적인 목표를 두었다.

당과 신라의 긴장은 멸망한 고구려의 고토(古土)에서 잔존하는 저항세력에 대한 태도에서 드러나기 시작했다. 평양성이 함락되어 고구려

---

160) 『삼국사기 II』, 1998, 564쪽.

가 망한 이듬해인 669년부터 고구려의 옛 땅에서는 소요사태와 반란이 시작되고 있었다. 고구려 유민들의 대당(對唐) 항쟁은 우선 수만 명의 고구려 유민들을 중국으로 강제이주시키려 하는 당의 정책에 대한 반발에서 불이 당겨졌다. 670년대 초 고구려의 저항세력 토벌을 담당한 당의 장수는 고간(高侃)이었다. 그는 연달아 승리한다. 그러나 문제는 저항군 지도자들이 신라로 피했다가 다시 나타나 싸우곤 한다는 점이었다. 신라군이 직접 나서서 고구려지역 저항세력을 도우며 전투에 나서기 시작한 것은 672년 말 이전부터였다. 신라는 674년 초가 되면 과거 백제에 속했던 땅 모두를 점령한다.[161)]

671년(문무왕 11)에 고구려의 옛 땅 평양지역에서 벌어진 당과 신라의 전투를 『삼국사기』는 이렇게 적었다. "9월에 당나라 장군 고간 등이 번병(蕃兵) 4만 명을 거느리고 평양에 도착해, 도랑을 깊이 파고 보루를 높이 쌓아 대방(帶方)을 침공하였다. 겨울 10월 6일에 당의 운송선 70여 척을 공격해 낭장 겸이대후와 사졸 1백여 명을 사로잡았으며, 물에 빠져 죽은 이는 이루 헤아릴 수가 없었다."[162)] 다음해인 672년 백제와 고구려의 옛 땅에서 신라가 당과 싸우는 풍경은 다음과 같았다. "봄 정월에 왕(문무왕)이 장수를 보내 백제의 고성성(古省城)을 쳐서 이겼다. 2월에 백제의 가림성(加林城)을 쳤으나 이기지 못하였다. 가을 7월에 당나라 장수 고간이 군사 1만 명을 거느리고, 또 이근행(李謹行)은 군사 3만 명을 거느리고, 일시에 평양에 이르러서 여덟 개의 군영을 짓고 머물러 주둔하였다. 8월에는 한시성(韓始城)과 마읍성(馬邑城)을 쳐서 이기고, 병력을 백수성(白水城)에서 5백 보쯤 떨어진 곳에 진주시켜 진영을 만들었다. 우리 군사가 고구려 군사와 함께 이들을 맞받아

161) Graff, 2002, pp.200~201.
162) 『삼국사기 I』, 1998, 197쪽.

싸워서 수천 명의 목을 베었다. 고간 등이 퇴각하매 추격해 석문(石門)에 이르러 싸웠으나 우리 군사가 패배했으며……."[163]

당과 신라 간에 본격적인 전쟁은 불가피해지고 있었다. 674년과 675년에 유인궤가 이끄는 당군이 신라 본토를 공격했다. 사마광의 『자치통감』은 유인궤가 승리하여 신라 왕이 화친을 호소했다고 기록했다.[164] 반면에 『삼국사기』는 당군이 패배했다고 적었다.[165] 데이비드 그라프는 당 정부가 676년 초 한반도 담당 사령부를 요하 근처로 철수하기로 결정한 것에 주목한다. 이를 근거로 그라프는 '한국 쪽 기록'(Korean version)이 진실에 가깝다고 판정한다.[166]

결국 당은 많은 국력을 쏟아서 신라의 한반도 통일을 지원한 후에 쫓겨나는 꼴이 되었다. 그라프에 따르면, 당이 한반도에 대한 지배권을 두고 신라와 더 이상의 군사적 충돌을 회피한 것은 당 제국의 다른 변방에서 군사적 긴장이 높아졌기 때문이었다. 지금의 중국 행정구역에서는 가장 북서쪽 구석 청해성(青海省) 지역에 있는 다페이 강(Dafei River) 유역에서, 670년 당과 티베트 간에 큰 전쟁이 벌어졌다. 당의 대군이 크게 패했다. 679년에는 동돌궐이 반란을 일으키고 이어 몽골 초원지대에 그들의 옛 제국을 재건하기 시작한다. 이후 당은 제국건설에서 공세적인 국면을 접고 방어적인 자세로 전환했다. 이러한 상황이 당의 군사제도와 제국 전략에 중요한 전기를 가져오게 된다.[167]

---

163) 『삼국사기 I』, 1998, 197~198쪽.

164) Sima Guang, *Zizhi tongjian*(Comprehensive mirror for aid in government), Beijing: Guji chubanshe, 1956, ch.202, pp.6372, 6375; Graff, 2002, p.201.

165) John Charles Jamieson, "The Samguk Saki and the Unification Wars," Ph.D. dissertation, University of California, Berkeley, 1969, pp.68~70, 74, 158, and 162; Graff, 2002, p.201.

166) Graff, 2002, p.201.

한반도에서 당의 후퇴라고 할 수 있는 것의 핵심은 대동강 이남의 신라가 장악한 땅을 신라의 영토로 인정해준 것이었다. 하지만 당으로서도 완전한 실패라고 보기는 어렵다. 당의 제국적 경영은 일정한 목적을 이미 달성한 것으로 볼 수도 있었다. 첫째, 기원전 수세기 전의 고조선시대부터 위만조선을 거쳐 고구려에 이르기까지 한반도에는 중국과 요동의 패권을 두고 다투는 세력이 존재했다. 당은 한반도 국가인 신라의 지원을 활용하여 고구려를 멸망시켰다. 요동에 대한 패권을 장악하였다. 둘째, 당의 세력권에 포섭되기를 거부하는 일본(왜)과 통하고 있던 세력인 백제를 한반도에서 완전히 멸망시켰다. 적어도 아시아 대륙에 중화질서에의 편입에 저항하는 세력은 괴멸되었다. 셋째, 신라는 당과의 조공책봉관계를 맺어 당을 중심으로 하는 중화질서에 기꺼이 참여했다. 한반도의 대동강 이남을 제외한 고구려 옛 땅의 대부분에 대해 신라의 영토적 야심은 더 이상 확대되지 않았다. 한반도의 정치세력이 더 이상 요동에 대한 중국의 지배권을 부정하거나 그것에 도전하지 않게 되는, 향후 오랜 세월에 걸친 한중관계 전통이 자리잡게 됨을 시사하는 것이었다.

신라가 당나라의 지원을 받아 고구려와 백제를 멸망시킨 뒤 당나라와 신라의 관계는 조공책봉체제로 제도화된다. 당의 군주는 신라의 군주를 '신라왕 계림주도독' 등으로 책봉했다. 요동지방에서 고구려를 계승한 측면이 있는 발해와 당나라 사이에 전쟁이 벌어졌을 때는 신라는 당을 도와 발해의 남경(南京)을 공격했다. 당은 그에 대한 보답으로 대동강을 경계로 그 이남을 신라의 영토로 인정한다.[168] 중국 통일왕조와 한반도 통일국가 간에 일종의 상호적인 전략적 절제(strategic

---

167) Graff, 2002, p.201.

168) 김한규, 1999, 298~299쪽.

restraint)의 규범이 성립한 것을 뜻한다. 중국과 한반도 사이에 중화권적 관계의 전통이 자리잡기 시작한 것이다. 그 대가는 그후 200여 년간 중국과 한반도 사이의 평화였다.

하지만 여기에 하나의 단서를 달아야 한다. 당 제국과 신라 사이에 오랜 평화가 지속된 데에는 7세기 말 이후 요동을 포함한 만주지역에 대한 당의 통제력이 한계를 갖고 있었던 것과 관련이 깊다. 당은 690년 정변이 있어 무측천(武則天)이 황제를 칭하고 국호를 주(周)로 바꾼다. 무주(武周)라 칭해지는 이 시기는 705년 무측천이 퇴위하고 당의 중종(中宗) 이현(李顯)이 복위되면서 끝난다. 무주 시기에 속하는 698년 고구려 고토에 발해(渤海)가 건국된다. 고구려가 망한 지 꼭 30년 만의 일이었다.

당 지배층이 내부 혼란을 겪는 사이에 요동의 동쪽 만주지역에 대한 당의 통제력이 다시 약화되었음을 발해의 건국은 증거해준다. 발해는 또한 당나라보다 수명이 길었다. 당은 907년에 망하지만 발해가 거란이 세운 요에게 망하게 되는 것은 그 19년 뒤인 926년이다. 그만큼 당 제국은 요동 이동(以東)의 강역에 대해 늘 경계해야 했다. 이를 위해 발해 이남의 신라와 평화적 관계를 유지하는 것은 매우 중요했을 것이다.

11. 발해와 신라, 어떻게 볼 것인가

발해를 한국사의 체계에서 어떻게 취급할 것인가는 18세기 말 북학파에 속하는 유득공(柳得恭)이 저술한 『발해고』(渤海考) 이후 한국사학의 중요한 문제로 되었다. 발해를 한국사의 일부로 인식할 것인가. 만일 그렇다면 발해 이후 만주지역의 역사적 전개를 한국사의 체계 속에서 어떻게 인식할 것인가라는 더 커다란 한국사상(韓國史上)의 그리고 동아시아사 인식의 근본적인 문제제기로 연결된다. 일단 이 책에서는 발해의 역사를 한국사의 체계 속에서 인식하는 것은 하나의 매듭짓기 어려운, 그래서 한편으로 열려 있는 문제로 인식한다. 분명히 할 점은 한국사상의 본류가 통일신라의 영역인 한반도 중남부 이하로 한정되게 되었다는 사실이다. 발해의 영역은 그것이 나중에 거란에 망하고 여진의 차지로 되기까지 한국사상의 경계지점 비슷한 것이었다. 발해가 망하고 나서 발해 옛터는 거란과 여진의 세력권으로 정착된다. 이후 요동을 포함한 만주의 영역은 한국사에서 이탈한다. 현실에서도 한반도인들의 역사인식에서도 그러했다.

발해사를 한국사의 체계 속에 포함할 것을 처음 주장한 것은 유득공의 『발해고』였다. 하지만 그것은 고려 이래 한국 역사인식이 발해를 수용하는 데 실패했다는 현실에 대한 한탄의 형태로서 제출되었음을 유의해야 한다. 유득공의 『발해고』 「서문」은 고려시대 한반도인들이 발해의 역사에 관한 사서 편찬을 시도하지 않았다는 사실을 지적하며 시작한다. 그는 "고려가 발해사를 짓지 않았으니, 고려의 국력이 떨치지 못하였음을 알 수 있다"고 했다.

이어 유득공은 고려가 통일신라 이전의 한국사에는 부여씨의 백제, 그리고 김씨의 신라와 함께 고씨의 고구려를 포함하는 삼국사를 저술했으면서도, 백제와 고구려가 망한 후에 고구려 사람인 대씨가 옛 고구려 땅에 세운 발해와 남방의 김씨가 지배하는 통일신라를 각각 북국과 남국으로 하여 "남북국사"(南北國史)를 지었어야 마땅하나, 고려는 그렇게 하지 않았다는 사실을 지적하고 이를 한탄했다.[169)]

국내학계는 발해를 적극적으로 한국사상의 당연한 일부로 간주하는 시각과 함께, 유득공이 통탄해 마지않는 고려시대 이래 한국 역사인식의 제한성으로 발해를 현실역사 전개상에서 한국사의 본격적인 일환으

---

169) 유득공, 송기호 옮김, 『발해고』, 홍익출판사, 개정판, 2001, 40쪽.

로 정립하는 것은 사실상 불가능하다는 관점이 공존하고 있다. 30여 가지의 이유를 들어 발해가 한국역사의 일부임을 강조하는 서병국의 의견은 전자에 해당한다.[170] 김한규의 인식은 후자에 속한다.

발해가 고구려의 계승자라는 것을 사실상 부인하는 역사인식의 근거는 크게 두 가지로 요약할 수 있다. 첫째, 발해의 지배층과 피지배층의 민족적 구성에서 고구려와 연관성이 적다. 둘째, 신라와 발해 사이에 공동체 의식이 빈약하고 실질적인 양자 관계가 적대적이었다. 김한규는 고구려 옛 강토에 세워진 발해의 건국 주체세력을 다음과 같이 정리한다. 『구당서』(舊唐書)의 「발해전」이 "발해말갈 대조영(大祚榮)은 본래 고려의 별종(別種)이다"라고 한 것, 그리고 『신당서』(新唐書)의 「발해전」이 "발해는 본래 속말말갈(粟末靺鞨)로 고(구)려에 귀부(歸附)한 자로서, 성은 대(大)씨이다"라고 한 것을 근거로 하여, 대조영은 "말갈족 출신의 고구려 유민(遺民)으로 이해하는 것이 적절하다"고 말한다. 그는 이어 발해의 정체성 판단에 더 중요한 것은 "발해를 구성한 국민의 족속문제"라고 본다. 그는 "그 대부분이 말갈족이었고 고구려의 유민이 다수 포함되어 있었음은 아무도 의심할 수 없다"고 말하고, 따라서 "발해는 말갈을 중심으로 고구려 유민의 도움을 받아 건국된 국가"였다고 정의한다.[171]

김한규는 또한 신라와 발해 사이에 군사적 긴장이 항존했으며, 상호간에 공동체 의식은커녕 그에 반대되는 현상이 있었음을 주목한다. 그에 따르면, 발해와 신라는 서로 천여 리의 긴 국경선을 접하고 있으면서도 200여 년의 긴 세월 동안 단 두 차례만 사절을 교환하였다. 그것도 신라가 두 차례 모두 일방적으로 발해에 사절을 파견한 것에 불과했

170) 서병국, 『발해제국사: 발해가 고구려의 계승국인 34가지 이유』, 서해문집, 2005.

171) 김한규, 1999, 269~270쪽.

다. 두 국가의 관계는 정상적인 인접국가의 사이가 아니라, 군사적 긴장으로 점철된 것이었다. 발해와 신라의 군사적 갈등은 양자의 관계가 끝날 때까지 계속되었는데, 이것은 신라가 발해를 멸망시키기에 이르는 거란의 군사적 활동에 참여한 것에서도 새삼 확인된다는 것이 김한규의 관점이다.[172)]

발해를 고구려의 계승자로 보는 관점에서도 신라가 거란의 발해 멸망을 지원했다는 점은 적어도 부분적으로는 인정하고 있다. 송기호는 소규모일지라도 신라가 거란의 발해 공격에 가담했다는 견해를 내놓았다.[173)] 한규철은 신라가 발해 멸망을 추구한 거란을 지원한 것이 사실이라는 데에 학계 의견이 일치하고 있다고 지적한다.[174)]

김한규는 또한 일본의 중국 유학승 원인(圓仁)이 쓴 『입당구법순례행기』(入唐求法巡禮行記) 권2의 내용을 주목한다. 발해 건국 이전 말갈족 집단과 신라 사이에 전쟁이 일어났으며, 신라국에서는 이 말갈과의 전쟁에서 이긴 것을 기념하여 8월 15일을 명절로 삼고 있다는 내용이었다. 이로부터 김한규는 신라와 발해가 같은 '역사공동체'에 속했던가에 의문을 제기한다. 요컨대 그에 따르면, 신라인들은 발해를 말갈의 국가로 인식했고, 군사적인 적대국으로 인식했다.[175)]

김한규의 견해와 다른 대표적인 발해사 인식은 1994년 한길사가 발행한, 연표를 포함해 총26권에 달하는 『한국사』 시리즈에 잘 나타나 있다. 이 시리즈는 제3권에서 통일신라와 발해를 '남국 대신라'(南國 大

---

172) 김한규, 1999, 283~288쪽.

173) 송기호, 「발해멸망기의 대외관계—거란, 후삼국의 관계를 중심으로」, 『한국사론 17』, 서울대 국사학과, 1987, 21~26쪽; 한규철, 「남북국의 성립과 전개과정」, 강만길 외 편, 『한국사 3: 고대사회에서 중세사회로 1』, 한길사, 1994, 265쪽.

174) 한규철, 1994, 265쪽.

175) 김한규, 1999, 289~290쪽.

新羅)와 '북국 발해'(北國 渤海)로 고쳐 불렀다. 유득공의 권고를 따른 것이다.[176] 먼저 발해를 세운 지배층과 그 인구 구성에 대해 한규철은 김한규와 다른 해석을 내린다. 한규철에 따르면, 대조영의 집안은 고구려 멸망 후 영주(營州: 朝陽)에 강제로 이주해와 살던 고구려 유민이다. 영주는 많은 고구려 유민들과 거란인들이 모여 살던 곳이다. 이들 고구려 유민들이 영주를 빠져나가 새로운 나라를 건설하려 할 무렵, 대조영의 아버지 걸걸중상(乞乞仲象)은 당나라로부터 '진국공'(震國公)으로 책봉하겠다는 회유를 받는데, 이를 물리치고 아들의 왕조 건설을 도운다.[177] 하지만 그의 설명에서도 대조영의 집안이 고구려 유민이었다는 주장은 정황적인 설명일 뿐이다. 대조영이 말갈족속이고 그래서 고구려 지배층과의 직접적인 관련이 없다는 중국 측 인식을 뒤집을 만한 증거로 보기는 어려워 보인다.

그래서 발해 건국세력의 고구려계승설을 입증하기 위한 학자들의 노력은 다른 방면에서 전개된다. 먼저 고구려계 성씨들이 발해 지배층의 상당부분을 점하고 있었다는 사실을 부각시킨다. 발해가 일본에 파견한 사신들 중에 성씨가 밝혀진 사람은 32명이다. 그중 고구려 유민임을 말하는 것으로 보이는 고씨(高氏) 성 인물이 26명에 달한다. 또한, 중, 일 세 나라의 역사기록에 확인된 발해인이 317명인데, 이들 중 대(大) 씨가 90명, 고(高) 씨가 56명, 왕(王) 씨가 22명, 이(李) 씨가 18명, 장(張) 씨가 13명이다.[178] 그래서 발해 지배층에서 "대씨를 제외하고는 모두 고구려시대의 귀족"이었다는 것이 한규철의 해석이다. 또한 788년 발해의 문왕(文王)이 일본에 보낸 외교문서에서 "고구려국왕

176) 한규철, 1994, 231~281쪽.

177) 한규철, 1994, 242~243쪽.

178) 한규철, 「고려 내투·내왕 거란인: 발해 유민과 관련하여」, 『한국사연구 47』, 한국사연구회, 1984, 3~5쪽; 한규철, 1994, 245쪽.

대흠무가 말하다"(高句麗國王大欽茂言)라고 한 구절을 주목한다. 이것은 발해 지배층이 고구려계승의 의식을 갖고 있었다는 중요한 증거가 된다. 한규철은 발해 지배층이 고구려 유민이었다는 사실은 일본학계도 인정하고 있다고 말한다.[179] 달리 보면, 한규철도 대씨가 고구려 지배층에 속하지 않았다는 점은 인정하는 것이기도 하다.

발해의 고구려 계승설을 주장하는 학자들의 두 번째 주안점은 발해국의 피지배층인 말갈이 고구려유민들과 구분은 되더라도 그렇게 이질적인 족속이 아니었다는 논리를 세우는 데로 모아진다. 첫째, 말갈이란 특정한 독자적 정체성을 가진 이질적 민족집단이 아니고, "중국 동북방의 이민족들을 (중국 역사가들이) 통칭하던 낮춤말인 동시에, 신라의 변방주민을 낮추어 부르던 종족이름"이었다고 해석한다. 흑수부의 말갈을 포함한 몇몇 말갈부락을 제외한 대부분의 말갈인들은 옛 고구려 왕실의 피지배주민이며, 고구려왕조가 멸망하고 난 뒤에는 당연히 "고구려 유민"에 포함시킬 수 있는 집단이라는 것이다.[180] 한규철은 "대부분의 말갈인 거주지는 고구려의 선조였다는 예맥과 부여족이 살던 곳과 일치"한다는 점을 또한 지적한다.[181]

한규철은 당과 함께 신라도 발해를 수시로 '말갈'이라고 불렀다는 점을 인정한다. 다만 "주로 만주지역에서 문명이 뒤떨어진 미개종족"을 통칭하는 개념으로 중국과 신라에서 모두 그렇게 사용한 용어라는 것이다. 『삼국사기』가 평양이나 도시의 귀족들을 제외한 대다수의 피지배주민들에 대해 말갈이라는 호칭을 무분별하게 사용한 점을 한규철은 주목한다. 김부식이 말갈이라고 부른 집단의 거주지역은 고구려나 그에 인접한 백제와 신라의 접경지역인 경우도 있고, 심지어는 고구려와

179) 한규철, 1994, 245쪽.
180) 한규철, 1994, 245쪽.
181) 한규철, 1994, 246~247쪽.

접경하지 않은 신라나 백제의 변방지역일 때도 있었다. 그래서 훗날 정약용(丁若鏞: 1762~1836)은 "『삼국사기』에는 '참말갈'〔眞靺鞨〕과 '거짓말갈'〔僞靺鞨〕이 있다"고 주장한다.

말갈은 결국 특정한 이질적 종족이라기보다는 변방 민족집단에 대한 멸시적인 통칭이며, 역사가들이 속말말갈이나 백산말갈이라 칭하는 집단도 기실은 "송화강 지역의 시골사람"이나 "백두산지역의 시골사람"이라는 정도의 의미를 가질 뿐이라는 것이 한규철의 주장이다.[182] 한규철은 '흑수말갈'의 경우는 고구려와 발해에 비해 상당히 이질적인 사람들로서 고구려 유민에 속하지 않는다고 본다. 그러나 그 이외에 '말갈'로 언급되는 집단과 지배층인 고구려 유민의 관계는 전혀 이질적인 것이 아니라 동질적 집단의 다른 표현들일 뿐이라고 이해한다. 그래서 중국인들이 대조영을 일컬어 "속말말갈 대조영"이라 한 것도 "송화강 시골 출신 대조영"이라는 말로 바꾸어 부를 수 있다고 본다. 요컨대 발해 건국의 주체였던 대조영과 그 무리는 고구려시대 송화강 지역에 연고를 갖고 있던 주민들이었다고 한규철은 해석한다.[183]

한규철의 주장 중에 말갈이 고구려인들과 이질적이기보다는 동질적인 집단이라고 한 것은 토론의 여지가 없지 않을 것이다. 그러나 '말갈'의 뜻을 '시골사람'에 대한 멸시적 호칭에 지나지 않다는 주장은 지나친 것으로 보인다. 『삼국사기』가 고구려의 군사행동을 서술하는 부분들을 보면 고구려인과 말갈의 관계를 시사하는 경우들이 종종 있다. 말갈이 고구려와 함께 행동하지만 군사행동단위나 적어도 부대 편제에서 둘은 서로 구분지어져 있었다는 것을 알 수 있다.

앞서 백제 멸망과정을 논하면서 언급한 것처럼, 의자왕 15년 때인

182) 한규철, 1994, 246~247쪽.
183) 한규철, 1994, 247~248쪽.

655년 8월에는 "왕이 고구려, 말갈과 함께 신라를 침공해 30여 성을 깨뜨렸다"고 『삼국사기』는 기록했다.[184] 또 이 일을 당하여 그해 "신라왕 김춘추는 사신을 보내 당에 조알하고 표문을 올려서 '백제가 고구려·말갈과 함께 우리의 북쪽 경계를 쳐서 30여 성을 함몰시켰습니다'라고 하였다"고 기록했다.[185] 삼국시대와 비교적 가까운 시기인 고려시대 김부식을 포함한 지식인들이 말갈을 고구려인과는 언어와 사회문화적 전통에서 일정하게 다른 정체성을 가진 집단으로 보고 있었음을 알 수 있다. 말갈이 단순히 시골사람을 가리킨다는 얘기는 설득력이 떨어져 보인다.

신라와 발해가 공동체 의식을 갖고 있었느냐는 문제에 대해서는, 발해의 고구려계승설을 주장하는 학자들도 두 나라 관계가 교섭보다는 대립이 주조(主潮)였다는 사실은 인정한다. 그러나 그 대립의 의의를 전혀 다르게 해석한다. 삼국시대 고구려, 백제, 신라의 관계가 끊임없는 대립의 역사였지만, 그것을 '한국사'의 영역에 하나로 묶는 데 문제가 없다는 사실을 우선 주목한다. 한규철은 "삼국이 한강 유역 쟁탈이라는 현실적 이해관계를 가지고 대립한 것이 삼국사를 한국사적 의미로 받아들이게 하는 중요한 이유가 된다"고 지적하면서, 마찬가지로 신라와 발해의 관계도 교섭보다는 대립이 지배했다 하더라도 한국사라는 하나의 범주 안에서 '남북국시대'로 위치짓는 데 하등의 개념적 걸림돌이 되지 않는다고 말한다.[186]

필자의 생각으로는, 여기서 발해가 고구려의 계승자였느냐 아니냐를 결정짓는 것이 문제의 핵심은 아니다. 발해가 고구려를 계승한 측면에 대한 다양한 논리들에도 불구하고, 발해의 한국사 귀속 문제는 여전히

184) 『삼국사기 II』, 1998, 555쪽.
185) 『삼국사기 II』, 1998, 555쪽.
186) 한규철, 1994, 251쪽.

불투명하다. 더욱이 시간이 가면서 결국은 한국사의 범위에서 멀어져 가고 말았다는 사실이 중요해 보인다. 거기에는 발해와 신라 사이의 군사적 긴장이라는 사실보다 더 근본적인 이유가 있다.

첫째, 발해가 계승한 것으로 보이는 고구려는 처음부터 한반도 서북부와 함께 요동을 포괄하게 되면서 더욱 다민족국가적 성격을 띠게 된다. 고구려가 망하면서 고구려 유민들 중에서 한반도의 다른 국가들과 문화적 친화성을 가진 집단, 특히 한반도 북부에 거주하던 고구려 유민들은 이후 통일신라와 고려, 그리고 조선의 강역에 남아 이른바 한민족의 역사의 일부로 남는다. 그러나 고구려 구토인 요동을 포함한 만주에 거주했던 고구려인들과 말갈족으로 분류되는, 그래서 어떻든 일정한 문화적 이질성을 가진 것으로 인식되었던 집단들은 민족적 성격에서나 경제·정치·사회적 네크워크로서나 만주를 지배하게 되는 다른 세력들에게 흡수되어갔다.

발해의 주체세력이나 민중이 이후 통일신라 지배하의 한반도와 일정하게 역사를 공유하는 공동체로 되기 위해서는 두 가지 중 어느 하나의 조건이 필요했다. 첫째, 발해와 한반도의 국가가 의식과 행동에서 정치군사적인 공동의 전선을 펴는 연합의 역사를 보이거나, 발해와 한반도 국가가 전쟁을 통해서 하나의 정치외교적 단위로 통합되는 일이었다. 현실의 동아시아사는 그렇게 전개되지 않았다. 현실에서는 한반도의 국가와 만주의 발해 사이에 신라와 당에는 존재하지 않던 군사적 긴장이 지속되었다. 중화질서에 편입함으로써 한반도의 국가는 중국과 평화를 얻었고, 그 대신 발해를 포함한 만주의 강역과 그 안의 다른 민족들과 통합 가능성을 상실하였다.

둘째, 문화사적인 차원에서의 민족적 정체성의 형성과 해체의 동학에 관련된 것이다. 중화질서 속에서 한반도에서 자라난 소중화주의의 이념은 더 나아가 만주에 거주하는 모든 이민족을 중국인들의 그것에 비견하는 화이관념의 틀로 인식하였다. 현실의 정치군사에서도 문화의 이념에서도 한반도의 국가와 문화는 발해를 어떤 의미에서든 공동체로 주장할 근거를 상실해갔다.

고구려시대 말갈족은 고구려의 지배층과 전혀 다른 인종이 아니라 단지 피지배층 또는 지방 평민들에 대한 비하적 호칭을 일반적으로 뜻하는 명칭이었을 수도 있다. 하지만 고구려가 멸망하면서 그 기층민중의 주요부분을 구성했던 말갈족은 한국사에서 한 계단 더 멀어진 것은 부인할 수 없다. 이들은 통일신라시대에는 발해의 기층민이 되고 발해가 멸망한 이후 고려시대에는 주로 한반도 북부와 그 너머의 광활한 만주를 무대로 살아가는 여진족의 일부로 된다. 발해가 한국사의 일부라고 해도, 발해의 멸망과 함께 그 기층민족을 구성했던 말갈족은 한국사에서 멀어져가며 한반도 국가의 화이사상이 깊어가는 것과 함께 더욱 이질적인 문화와 국가를 건설하면서 중국사 또는 그 변방의 역사로 통합되어간 것이다.

백제와 고구려가 당과 신라의 연합에 의해 멸망한 이후, 발해의 건국은 당의 융성에도 불구하고 중국의 북방에 지속되던 정치군사적 역동성과 문화적 이질성에 바탕을 둔 것이었다. 당과 신라 사이의 중화질서적 평화는 발해를 공동의 경계대상으로 하는 동맹형 중화질서 관계 속에서 더욱 가능했다. 신라는 그 평온 속에서 문화적으로도 중화질서에의 복속을 강화해갔고, 반면에 발해의 만주는 장차 중국 중원과 소중화를 자처하는 한반도 국가들을 끊임없이 위협하는 정치군사적 역동성의 진원지로서 내륙 아시아권의 전통을 유지하게 된다.

12. 통일신라와 일본, 그리고 8세기의 동아시아

『삼국사기』를 비롯해 한국의 역사책에서는 통일신라와 일본의 교류에 대한 구체적인 내용을 찾기 어렵다. 반면에 『일본서기』는 덴무 천황(天武朝: 673~686)과 지토 천황(持統朝: 686~697) 시기에 신라 문무왕(文武王: 재위 661~681)에서 신문왕(神文王: 재위 681~691), 그리고 효소왕(孝昭王: 재위 692~702)에 이르기까지 신라 조정이 빈번하게 일본에 사신을 파견하고 상당한 양의 물품을 보냈다는 기록이 있다. 일본 쪽 관점에 따르면 통일신라가 일본에 공물을 보낸 격이 된다.[187)]

이러한 일본 쪽 역사기록을 그동한 한국 역사학계는 무시해버리거나 사실에 대한 왜곡이라고 평가해왔다. 이기백은 문무왕이 남긴 유조(遺詔)를 근거로, 신라가 일본에 자주 사신을 보냈을 가능성은 없다고 말한다. 더욱이 일본이 신라에 사신을 파견한 횟수가 신라 사신이 일본에 파견된 횟수의 절반밖에 되지 않는다는 것도 믿기 어렵다고 주장한다. 사신 파견의 횟수는 오히려 반대가 되어야 타당할 것이라고 했다.[188)] 그러나 이기백의 경우는 두 나라 사이의 교류에 대한 일본 역사책의 기록을 완전히 부인한 것은 아니었다. 신형식은 그 기록 자체를 부인했다. 그는 통일신라가 강력한 무열왕계 왕권을 확립하고 당군을 축출하여 민족적 응집력을 확보한 마당에 일본에 대한 대외교섭의 필요성은 없었다고 해석했다. 신라 입장에서는 문무왕 5년인 665년에서 성덕왕 2년인 703년까지 실제로 일본과 국교단절의 상태였다는 것이 그의 주장이다.[189)]

---

187) 서보경, 「7세기 후반~8세기 전반의 신라와 일본 관계—'倭典'의 別置 문제를 중심으로」, 『일본연구 32』(2007. 6), 한국외국어대학교 일본연구소, 15쪽.

188) 이기백, 「고대 한일관계사의 연구의 방향」, 『신동아』, 1973년 1월호; 이기백, 『증보판 한국고대사론』, 이기백한국사학논집 4, 일조각, 1995, 188~ 189쪽; 서보경, 2007, 15쪽에서 재인용.

189) 신형식, 「통일신라의 대일관계」, 『통일신라사연구』, 삼지원, 1990, 328쪽; 서보경, 2007, 15쪽에서 재인용.

이 문제에 대해 서보경은 다른 관점을 제시한다. 더 개방적인 인식이라고 생각된다. 덴무조와 지토조 시기 『일본서기』의 기록은 상당히 정확해졌다는 것이 일본 역사학계의 평가임을 서보경은 우선 주목한다. 일본 역사책에 담긴 신라와 일본 두 나라의 교류에 대한 기록을 모두 불신하고 사료로서의 가치를 인정하지 않는 것은 옳지 않다는 것이다. 일본 측 사료의 일본중심적 해석을 주의하되, 7세기 후반 신라 지배자들의 외교전략을 이해하는 자료로 활용하는 것이 바람직하다는 의견이다.

『일본서기』에 따르면, 신라의 대일본 교섭은 문무왕 19년인 679년경에 급증한다. 이해에 신라는 내성(內省) 안에 왜전(倭典)을 따로 설치한다. 한국 역사학계는 왜전의 별도 설치가 당과의 교섭을 담당하는 기구와 일본을 다루는 기구를 분리시킴으로써 일본과의 교섭을 한 차원 낮은 것으로 차별한 것이라고 해석한다. 그러나 서보경은 대일교섭을 위해 사용할 최상급 물품의 대량확보를 위해 물품의 생산과 조달에 관한 전반적 문제를 관장할 기구가 별도로 필요해서 왜전이 설치된 것이라고 해석한다. 중요한 것은 신라의 그 같은 선택이 어떤 환경 속에서 무엇을 위한 전략이었는지를 제대로 이해하는 것이라는 관점이다.

643년은 일본의 고교쿠 천황(皇極朝) 2년 때이다. 그해 백제는 일본에 국조(國調: 일본 조정에 보내는 물품)와 별헌물(別獻物: 별도로 바치는 물품)을 보냈다는 기록이 있다. 이때의 별헌물은 일본의 힘있는 대신과 공경(公卿)에게 주어졌다. 백제가 망한 지 10여 년 뒤인 672년 일본에서는 임신(壬申)의 난이 일어나 권력이 황실로 이동한다. 그후인 덴무 천황 이래 신라가 일본에 보낸 별헌물은 천황·황후·태자에게 주어졌다. 일본 권력구조의 변화를 반영한 것이었다. 신라가 일본에 별헌물을 제공한 것은 덴지(天智) 천황 10년 때인 671년부터 지토 천황 3년 때인 689년까지 일본기록에 나타난다.[190]

문제는 671년 이후 신라의 대일교섭이 증가하고, 689년 이후에는 그

교섭이 크게 줄어드는 이유가 무엇인가이다. 먼저 671년의 상황을 보자. 고구려 멸망 이후 신라는 당과 대립관계에 들어간다. 671년에는 그 대립관계가 표면화되어 백제 고토에서 당이 이끄는 웅진도독부와 신라 사이에 공방전이 전개된다. 이때 당과 신라는 모두 일본을 자기 편으로 끌어들이기 위해 치열한 외교전을 벌였다. 신라는 668년 평양성 함락이 목전에 달한 시점부터 이미 김동엄(金東嚴)을 일본에 파견해 일본과 화해를 시도한다. 일본은 사신과 함께 비단 50필, 은 500근 등을 신라에 보내어 최상의 예를 갖춘다. 이것은 『일본서기』의 덴지 천황 7년, 즉 668년 9~11월의 기록이다. 신라는 당과의 대결을 내다보고 있었고 일본 역시 당의 침공을 두려워했다. 두 나라 사이에 제휴가 이루어진 것이다. 일본은 그후 30여 년간 당에 사신을 파견하지 않는다.[191]

680년대와 690년대의 상황은 크게 바뀐다. 당에서는 683년 고종이 죽고 측천무후(則天武后)가 권력을 장악하며 690년엔 스스로 황제가 되어 신조(新朝)를 연다. 권력기반을 다지기 위한 대대적인 숙청과 함께 공포정치를 전개하면서 당 조정은 내정에 집중한다. 이와 함께 북방 세력들이 준동하게 된다. 돌궐은 당에서 자립하였고, 영주(요령성) 근역에서는 거란족이 반란을 일으킨다. 696년의 일이었다. 또한 고구려·말갈계 유민이 발해를 건국한다.[192]

이처럼 국제질서가 격동하던 688~689년 시기 신라의 처지는 크게 변한다. 밖으로는 당의 침략 가능성이 크게 줄었다. 안으로는 지방에 대한 정치군사적인 재편성을 마무리하여 전제왕권에 의한 관료제국가 구축을 매듭지었다. 내부 안정이 달성된 것이다. 당의 위협이 사라지면서 신라가 안보를 목적으로 일본과 적극적으로 교섭할 필요성이 사라졌

190) 서보경, 2007, 17쪽.

191) 서보경, 2007, 23~24쪽.

192) 서보경, 2007, 24쪽.

다. 690년대에 별헌물 형태의 교섭이 사라진 것은 그 결과였다. 신라의 대일외교는 700년까지는 완만한 하강곡선을 그리며 진행되어 734년까지 명맥을 잇는다. 735년이 되면 신라의 대일 태도가 완전히 바뀌고 일본과 갈등관계로 접어든다.[193]

특히 730년대에 신라와 일본의 교섭이 중단되기에 이른 배경에는 신라와 당의 관계가 새로운 차원에서 안정되기에 이른 것과 깊은 관련이 있다. 당나라는 733년 발해·말갈의 등주(登州)를 공격한다. 이때 신라에게 말갈의 남쪽 변경지역을 공격할 것을 요청한다. 신라는 이에 응하여 군대를 출병시킨다. 그러자 당 현종은 735년 평양 이남의 신라 땅을 공식적으로 인정함으로써 이전까지 신라에 대해 당이 보였던 애매한 태도를 청산했다.[194]

말하자면 신라와 당 사이에 중화질서적 관계가 정착되는 시점이 730년대라고 할 수 있는 것이다. 아울러 신라와 일본의 대외인식과 태도에도 상응하는 변화가 전개된다. 신라와 일본은 서로를 번국(蕃國) 또는 오랑캐로 규정하는 태도를 보인다. 신라는 발해와 일본을 번국시하는 태도를 보이고, 일본은 자신의 율령체제 속에서 신라와 발해를 번국으로 규정한다.[195] 주변국들의 국제질서 인식이 중국을 중심에 둔 가운데, 주변국 상호 간에는 서로를 더욱 주변시하고 야만시하는 태도, 즉 중화주의 또는 소중화주의가 정착되어가는 과정을 표현하는 것으로 볼 수 있는 것이다.

193) 서보경, 2007, 25쪽.

194) 서보경, 2007, 25쪽.

195) 酒寄雅志, 「古代東アジア諸國の國際意識」, 歷史學硏究會 別冊特輯, 『東アジア世界の再編と民衆意識』, 靑木書店, 1983, 29~31쪽; 서보경, 2007, 25쪽에서 재인용.

제5장 고려시대 아시아 대륙과 한반도

• 마의 삼각구조 속의 전쟁과 평화

1. 북방민족의 야만과 문명에 대한 소묘

고구려는 한반도의 농경문화를 부분적으로 껴안고 있으면서도 내륙 아시아 북방민족의 기풍을 안고 있었다. 또한 말갈과의 연합을 통해 제국을 건설한 나라임에 비추어 고구려의 내륙 아시아적 정체성은 더욱 간과할 수 없다. 말하자면 우리가 '한국사'에 포함하는 고대 한반도 북부세력의 문명은 초원과 고원의 반유목적 성격을 함께 갖고 있었다. 우리는 이들을 야만이라 부르지 않는다. 하지만 이들과 대체로 비슷한 성격을 갖고 있었을 다른 북방민족들의 문명에 대해서는 저급한 문화를 가진 야만적 종족 정도로 간주하는 경향이 짙다고 할 수 있다.

고려시대 이래 북중국 또는 만주를 장악하여 한반도 국가의 안보를 위협하는 세력들은 거란, 여진, 그리고 몽골로 이어진다. 이중에서도 거란은 고려시대 한반도인들의 북방민족에 대한 인식을 결정하는 세력이었다. 거란인들은 일찍이 요하 상류지역인 송막지방(松漠地方)을 중심으로 유목과 수렵을 하면서 살았다. 이들의 생활이란 계절의 변화에 맞추어 물과 풀을 따라 정처 없이 이동하는 것이었다.[1)] 말하자면 전형적인 북방 유목민족의 삶이었다.

태조 왕건을 포함하여 고려의 지배층과 지식인들은 거란을 무도한 야만인으로 취급했다. 그런 관점에서 보면, 오늘날 학술적으로 밝혀진 10세기 초 거란의 학술과 문화의 단편들은 새롭게 느껴질 만하다. 거란의 사회와 문화에 대한 한 학자의 연구가 드러내는 거란 문화의 몇 가지 풍경들은 북방민족 문명의 내면이 담고 있는 의외의 다양성을 인식하게 해준다.

풍경 하나, 거란은 10세기 초에 해당하는 건국기부터 유불도(儒佛道) 삼교를 숭상하여 이 삼교에 따른 학문이 발달했다. 이를 바탕으로 거란은 과거를 실시할 수 있는 바탕을 이미 이룩했다. 이와 관련해 경적(經籍) 간행사업도 활발했을 것으로 추정되고 있다.

풍경 둘, 거란의 건국기인 918년 5월 거란 태조는 공자묘와 불사(佛寺), 그리고 도관(道觀)을 짓도록 조칙을 내렸다. 919년에는 태조가 몸소 공자묘에 나가서 배알했다. 황후는 불사에 나가서 예불을 드렸다. 황태자는 도관에 나가서 상제상(上帝像)을 배견(拜見)했다.[2] 황실은 유가적(儒家的) 분위기가 지배했다.

풍경 셋, 거란족은 다른 북방계 민족들에 비해 문학을 좋아했다. 건국 초부터 거란 지배층 안에서부터 뛰어난 문인들이 배출되었다. 태조의 장자인 인황왕(人皇王)은 그중의 한 명으로 시화(詩畵)에 뛰어나 널리 알려졌다. 그는 만 권의 책을 쌓아놓고 독서를 즐긴 것으로 전해진다. 평왕 융선(隆先)은 박학하고 시에 능하기로 유명했다. 『낭원집』(閬苑集)을 남겼다. 이외에도 야율자충(耶律資忠) 등 저명한 시인이 많았다. 『요사』(遼史)의 「문학열전」에는 소한가노(蕭韓家奴), 이한(李澣), 왕정(王鼎), 야율소(耶律昭), 유휘(劉輝) 등의 뛰어난 문장가들을 싣고

1) 김위현, 『거란사회문화사론』, 경인문화사, 2004, 115쪽.
2) 김위현, 『거란사회문화사론』, 16~17쪽.

있다.[3)]

풍경 넷, 김위현에 따르면, 거란인 상당수가 자국의 문자와 함께 한자에 능통했다. 특히 "거란문으로 지은 문장이 아름다웠다"고 한다. 그리고 이것은 교양이나 취미였으며 과거를 위한 준비로 그렇게 한 것은 아니었다고 한다. 그들 본래의 상무정신의 약화를 두려워하여 거란인들은 과거를 볼 수 없게 되어 있었다. 거란사회에 공존하는 한족과 그 지식인들에게 과거의 문을 넓히려는 것이기도 했다. 그래서 거란인들의 문학적 수련은 교양과 취미를 위한 것이었는데도, 그 수준이 상당한 것이었다고 평가되는 것이다.[4)]

한국에서 끊임없이 생산되는 역사대하 드라마들은 전통시대 동아시아에서 한반도의 국가들이 상대해야 했던 북방민족들에 대한 대체로 획일적인 이미지와 선입견을 재생산해왔다. 짐승들의 가죽으로 직접 지어 만든 듯 보이는 의상을 걸친 거친 외모는 그들 내면의 정신세계까지도 거친 야만의 세계일 것이라는 인상을 효과적으로 각인시켜준다. 소중화를 자처하던 그 시대 한반도 국가의 지식인들만이 중국의 문학과 문명의 흡수에 바탕을 둔 교양을 독차지하고 있었던 것 같은 선입견도 그와 함께 재생산된다. 위의 몇 가지 소묘들은 우리가 획일적인 선입견의 틀에서 벗어나 그 시대 북방민족들과 한반도 국가 사이의 전쟁과 평화의 문제를 바라볼 것을 권유한다.

2. 고려시대 동북아 질서와 마의 삼각구조

고려시대 동북아 질서의 핵심적인 특징은 한반도의 국가가 끊일 새

---

3) 김위현, 『거란사회문화사론』, 17~18쪽.

4) 김위현, 『거란사회문화사론』, 18쪽.

없이 '마(魔)의 삼각구조'에 놓여 있었다는 사실이다. 중국대륙은 중원을 지배하는 중화세력과 만주를 포함한 북중국을 지배하는 세력이 분리되어 패권을 다투며 각축했다. 고려는 그 둘 사이에 끼인 삼각관계 속에서 거의 놓여나지 못했다. 몽골이 중국을 완전히 정복하여 고려가 아예 원(元)의 부마국으로 전락해버린 마지막 1세기를 빼놓고는 그러했다. 중국과 중화권적 관계를 형성한 이후 한반도에게 가장 위험한 구조는 바로 그러한 삼각관계 형성이었다. 한편으로 한반도 국가는 중화질서의 관념과 관행에 따라 중국 중원을 장악한 중화세력과는 평화적 예속관계인 조공책봉체제 속에서 평화를 유지한다. 반면에 북중국을 압박하는 북방의 이민족 세력은 한반도의 국가를 배후의 위협세력으로 인식한다. 한반도의 국가가 중화세력과 화평관계를 유지하면서 부상하는 북방세력과도 화친을 하는 것은 마치 위험한 줄타기에 비유될 수도 있을 것이다. 지극히 노련하고 융통성 있는 외교전략을 구사한다는 것은 쉬운 일이 아니었고, 마침내 한반도의 국가는 마의 삼각관계의 함정에 빠져 북방세력과 전쟁상태에 돌입하게 되는 경우가 많았다.

조선 5백 년의 역사에서 조선이 중국대륙과의 관계에서 그러한 마의 삼각관계에 빠진 것은 명청 교체기인 17세기 전반의 일로 국한되는 것이었다. 정묘호란과 병자호란의 시기가 바로 그러했다. 반면에 고려조 470여 년은 그 대부분의 기간인 350년에 걸쳐 마의 삼각관계가 동북아에 형성되어 있었다.

고려시대 만리장성 이북 또는 북중국의 지배자가 "거란에서 여진으로, 그리고 다시 몽골로 이동"하면서 "중원-북방-고려 사이의 삼각관계"는 세 차례에 걸쳐 반복된다. 이 셋 중에서 가장 심각한 피해를 입힌 것은 세 번째 삼각관계의 결과인 몽골족의 침략이었다. 그다음이 첫 번째 삼각관계에서의 거란의 연달은 침략이었다. 여진족의 침략은 상대적으로 소규모의 산발적인 것들로 그쳤다. 이럴 때일수록 외교의 중요성은 더욱 크고, 그것은 다시 더 튼튼한 국가 내적 통합을 요구하는 것이었다. 그러나 고려사는 불행하게도 북방민족들과 수많은 전쟁을 겪어야 했다. 이 역사로부터 우리는 무엇을 배우고 어떤 질문을 던질 것인가.

3. 고려 건국기 한반도와 중국대륙의 분열상

중국에서 당 제국이 몰락하여 혼란한 시대가 연출되고, 한반도에서는 신라 왕조가 말기증상을 보이며 쇠락해가면서 고려의 건국이 준비된다. 당은 중국의 어느 통일왕조 못지않게 우여곡절이 많았다. 일반적으로 당 고조의 개국에서 정관의 치, 무측천 집정기, 중종 복벽에 이르는 약 100년의 기간(618~711)을 초당(初唐)이라 한다. 이후 40여 년의 현종시대(712~756)를 성당(盛唐)이라 한다. 크게 일어났지만 또한 크게 추락한 시대로 불린다. 난국을 수습한 숙종부터 헌종의 참담한 '원화중흥'(元和中興)까지 60여 년(756~820)을 중당(中唐)이라 한다. 그 이후로부터 멸망에 이르는 약 100년의 역사(821~907)를 이르는 만당(晩唐)은 황소의 민란과 심각한 번진 할거 등으로 날이 갈수록 왕조가 허물어져가던 시기였다.[5)]

신라 왕조가 본격적인 쇠퇴기에 접어든 것은 진성여왕 3년 때인 889년 이후로 볼 수 있다. 그해에 지금의 상주인 사벌주(沙伐州)에서 원종(元宗)과 애노(哀奴)의 반란이 일어났다. 뒤이어 각지에서 반란이 연달았다. 혼란한 정치사회 환경과 신라의 통치력 상실은 곧 후삼국시대로 나아가는 기반이 되었다. 견훤(甄萱: 867~936, 재위 900~935)이 의자왕의 원한을 갚는다는 구호를 내걸며 왕을 칭한 것이 892년이

5) 저우스펀(周時奮), 김영수 옮김, 『중국사 강의』, 돌베개, 2006, 243쪽.

다. 그는 곧 900년에 지금의 전주인 완산주를 근거로 후백제를 칭했다. 신라의 왕자로 정권다툼에 밀려 지방으로 몰려나 한때 중이 되기도 했던 궁예(弓裔: ?~918)가 송악을 근거로 후고구려를 세운 것은 효공왕 5년 때인 901년이었다. 나중에 도읍을 철원으로 옮기고 국호를 태봉(泰封)으로 바꾼 궁예는 곧 자신의 장군들에 의해 축출당한다. 그들의 지도자였던 왕건이 왕위에 오르며 고려를 건국한 것이 경명왕 2년 때인 918년이었다. 신라의 마지막 왕인 경순왕(敬順王)이 고려에 항복한 것이 935년이다. 고려가 마침내 후백제를 멸망시켜 후삼국 통일을 완성한 것이 936년이었다.[6)]

한반도가 후삼국의 혼란기를 겪고 있던 907년 중국대륙에서도 5대 10국의 혼돈기가 시작되었다. 이 틈에 거란족 수령 야율아보기(耶律阿保機)가 요(遼)를 세웠다. 요는 926년 발해를 멸망시키며 중원을 향해 세력을 떨치기 시작한다. 고려가 한반도를 통일한 지 10년이 지난 946년 중국대륙에서는 요가 개봉을 함락하고 후진(後晉)을 멸망시키며 중원을 위협하는 큰 세력으로 등장하고 있었다.

4. 후삼국 통일 후 고려-중원-북방 삼각구조의 성립

고려가 안정되어갈 무렵 중국대륙에서도 통일세력이 나타날 조짐이 보였다. 960년 후주의 대장 조광윤(趙匡胤)이 정변을 일으켜 황제에 올랐다. 이어 송(宋)을 건국한다. 이후 통일전쟁을 전개하면서 마침내 978년 남방을 평정한다.

그러나 송은 다른 통일왕조들처럼 남방과 북방민족을 평정하는 거대 제국을 건설하지는 못했다. 거란과 여진이 북중국을 번갈아 지배하면

6) 이기백, 『한국사신론』, 일조각, 1999, 118~122쪽.

10~11세기의 동아시아

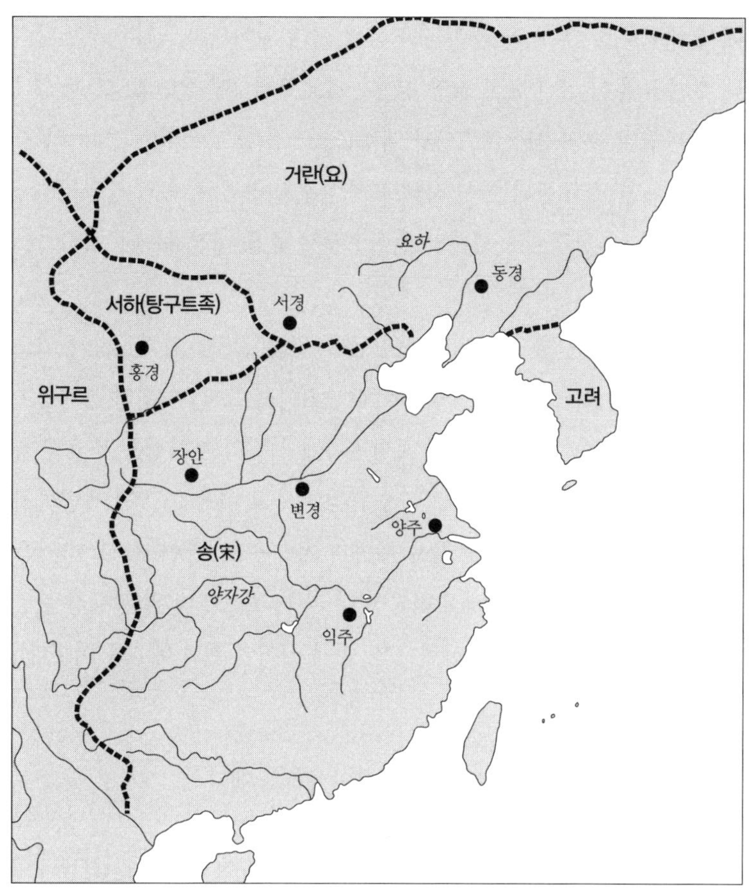

서, 송의 명줄을 부단히 위협했다. 송은 그들과 한편으로 패권을 다투고 또 한편으로 타협하면서, 그리고 자주 그들에게 굴종하면서 공존했다. 979년 송은 북한(北漢)을 평정했으나 이어 고량하(高粱河)에서 요에게 패했다. 송은 거란이 세운 요뿐 아니라, 당항족(黨項族) 수령 이원호(李元昊)가 1038년 세운 서하(西夏), 그리고 여진족(女眞族) 수령 완안아골타(完顏阿骨打)가 1115년 건국한 금(金) 등의 유목민 세력들과 부단한 전쟁과 타협의 세월을 보내야만 했다.

송이 건국되고 한 세기가 지난 1074년 장성 이북의 영토를 모두 요에게 내어주고 만다. 곧 금이 세력을 떨치며 일어난다. 금은 더욱 강대해져 마침내 1125년 요를 멸망시킨다. 그로부터 2년 후인 1127년, 금나라는 마침내 송의 휘종(徽宗)과 흠종(欽宗)을 포로로 잡아간다. '정강(靖康)의 변'으로 불리는 이 사태로 북송은 멸망했다. 송의 강왕(康王) 조구(趙構)가 남경으로 피신하여 이곳에서 송을 재건하는데, 역사가들은 이것을 남송이라 칭한다.

남송은 1234년 몽고와 연합하여 금을 멸망시키는 업적을 세우기도 했다. 그러나 송은 처음부터 중국 지배능력에서 그 전과 후의 통일왕조들과 달리 한계가 많았다. 송이 북방민족에 시달리는 상황은 몽고족 칭기즈 칸의 아들 쿠빌라이가 1271년 원을 세우고 이어 1279년 남송마저 멸망시켜 완전히 그 명맥을 끊을 때까지 지속된다. 중국대륙의 이 같은 상황은 고려가 조선에 비해서 비교적 더 자주 그리고 더 많은 세월 북방민족들의 침략을 받으며 군사적 긴장 속에 있어야 했던 배경을 이룬다.

5. 거란과 고려의 전쟁을 보는 역사인식의 문제

고려시대 한반도와 중국대륙 사이의 전쟁과 평화를 한국 역사학계는 어떻게 다루고 있을까. 거기에서 필자는 한 가지 특징을 발견한다. 전쟁의 결과에 초점을 맞추어 서술하고 평가한다는 점이다. 전쟁이 애당초 왜 일어났는지 그 원인과 과정을 평가하는 데는 큰 관심을 기울이지 않는다. 관심을 기울인다 해도 전쟁을 피할 수 있었는지에 대해서는 관심이 없으며 대체로 외세와 고려의 기본정책의 차이로 어차피 충돌은 불가피했다고 전제하는 것처럼 보인다. 그리고 그 이하는 모두 전쟁의 결과에 대한 평가이다.

이것은 고려 건국 초기에 일어난 한 외교적 사태에 대한 인식과 깊이 관련되어 있다. 태조(왕건) 25년 때인 942년 10월 거란 태종(太宗)이 30명이나 되는 대규모 사절단과 낙타 50필을 고려에 보내왔다. 왕건은 이를 받아들이지 않았다. 오히려 거란을 의리 없는 "무도한 나라"(無道之國)라 칭하고 사신들을 해도(海島)로 귀양보냈다. 낙타들은 만부교(萬夫橋)에 매어두고 굶어죽게 했다.[7] 대단히 감정적이고 극단적인 대응이었다.

이정신은 이러한 고려 태조의 거란정책에 대해 이렇게 평한다. "전시 상태에서 방문한 적국의 사신이라도 위해를 가하지 않고 돌려보내는 것이 상식인데, 화친을 맺기 위해 보내온 사신을 귀양보내고 낙타를 아사시킨 그의 행동은 매우 돌발적인 것으로서 거란에 대한 대단한 모욕이었다. 이것이 빌미가 되어 전쟁이 일어날 수도 있는 사건이었다."[8] 사실 "전쟁이 일어날 수도 있는 사건" 정도에 그치는 것이 아니었다. 발해를 멸망시킬 정도로 기세가 등등하며 후진이 군신관계를 수용할 만큼 거란은 대국으로 성장해 있었다. 이런 나라에 대한 외교자세치고는 지극히 도발적인 정책이었다.

하지만 이기백의 『한국사신론』은 고려의 태도를 '북진정책의 일환' 쯤으로 이해하게끔 서술하고 있다. 그는 고려가 태조 때부터 고구려의 옛 영토를 회복하는 데 중점을 두는 북진정책을 추진했다는 것을 강조한다. 고구려의 옛 서울인 서경을 중시하고 발해의 유민을 받아들인 것 등을 그 맥락에서 부각시킨다. 그는 이어 "고려의 북진정책은 자연 거란과의 충돌을 가져오게 하였다. 원래 거란의 공격 목표는 송이었지만 한편 고려에 대한 의구심을 버리지 못하였다"고 서술한다.[9] 결국 고려의 북진정책과 거란의 충돌은 "자연스런" 것이라고 할 수밖에 없는 것

---

7) 김위현, 『고려시대 대외관계사 연구』, 경인문화사, 2004, 84쪽.
8) 이정신, 『고려시대의 정치변동과 대외정책』, 경인문화사, 2004, 11~12쪽.
9) 이기백, 1999, 146쪽.

으로 되고 만다. 이어 이 역사 교과서는 993년 소손녕(蕭遜寧)이 이끄는 거란의 1차 침입 때 서희의 외교활동으로 난국을 타개할 수가 있었으며 나아가 거란의 승인하에 압록강까지를 영토화할 수 있는 권리를 획득한 것을 높이 산다.

아울러 다음과 같은 평가를 제시한다. "서희의 눈부신 외교적 활약의 성공은 이러한 국제정세와 고려의 위치에 대한 정당한 인식에서 나온 것이라 할 수 있다. 거란군이 퇴각한 후 고려는 압록강 이동의 땅에 새로 많은 성을 쌓게 되었는데 후일에 문제되는 강동(江東) 6주(六州)는 이러한 과정에서 이루어졌던 것이다."[10] 이 부분의 소제목은 '거란과의 항쟁'으로 되어 있다. 모두 틀린 서술이라고 할 수 없으며, 잘못된 평가라고 하기도 어렵다. 그러나 여기서 필자가 주목하는 것은 이 시기 한반도가 수차례 전쟁의 참화로 이르게 되는 과정에 대한 비평은 사실상 하지 않고, 전쟁의 결과에 역사서술의 중점을 두고 있다는 점이다.

다른 많은 역사서술들 역시 그러한 점에서 큰 차이가 없다. 고려의 대외관계나 전쟁과 평화의 측면을 주제로 삼은 역사서술에서도 많은 경우 거란이 고려를 1차 침략하게 되기까지의 과정을 아예 생략하는 경향이 있음을 알 수 있다. 거란의 침략 후 고려가 어떻게 재치 있게 또는 용감하고 슬기롭게 침략자들을 퇴치했는가에 초점을 맞춘다. 1019년 거란과의 강화(講和)와 이어지는 평화는 그러한 항쟁의 결과로서 높이 평가된다.

한국사연구회가 편하여 2008년에 간행된 또 하나의 대표적인 역사 교과서는 "성종·현종대 세 차례에 걸친 거란의 대규모 고려 침입"은 고려와 송나라의 관계를 단절시키고 거란 주도의 국제질서를 구축하려는 의도에 따른 것이라고 설명한다. 바로 이어 그 결과를 이렇게 평하고

---

10) 이기백, 1999, 147쪽.

있다. "거란의 침입에 대하여 고려 조정은 항전과 복속이라는 강온 양론으로 나뉘었으나, 서희는 적장 소손녕과 담판하여 거란의 자진 철군을 실현시켰다. 그리고 거란에 대한 사대관계와 대송 외교의 단절을 수락하는 대신 압록강 동쪽의 6개 주(의주, 용주, 철주, 통주, 곽주, 귀주)를 확보하였다. 고려가 거란에 사대적 관계를 수락한 것은 국내외적 현실을 감안한 실리외교라는 관점에서 높이 평가했다."[11]

이 책은 이 부분에 대한 서술에 앞서 고려의 대외정책 기조를 이렇게 평했다. "고려를 둘러싼 다원적 국제관계의 현실에서 고려가 선택한 대외관계의 특징은 무엇보다 명분을 중시하면서도 현실적 국제환경 속에서 실리를 함께 고려하는 외교적 노선을 추구하였다는 점이다."[12] 그러나 소손녕의 1차 침입이 전개된 자체를 어떻게 평가할 것인가, 고려 태조 왕건의 거친 외교행태를 어떻게 볼 것인가 하는 문제를 포함하여 전쟁에 이르는 과정을 주목할 필요성은 언급하지 않고 있다. 결국 충돌은 불가피하거나 거의 자연스러운 것이고, 이에 고려가 잘 대처했다는 평가가 압도한다.

역사학회가 전통시대 동아시아 전반의 전쟁과 평화를 다룬 저서가 있다. 이 책에는 고려시대 대외관계를 자세하게 정리한 논문이 실려 있다. 그런데 이 논문 역시 같은 역사서술의 틀에서 크게 벗어나지 않는다. 거란과 고려 사이에 전쟁이 시작된 후 고려의 대외관계에 대해 자세하게 다루고 있을 뿐, 애당초 두 나라 관계가 전쟁으로 귀결되는 과정에 대해서는 사실상 논급하지 않고 있다.[13]

---

11) 윤용혁, 「고려시대 대외관계」, 한국사연구회 편, 『새로운 한국사 길잡이 상』, 지식산업사, 2008, 281쪽.

12) 윤용혁, 2008, 280쪽.

13) 채웅석, 「11세기 후반~12세기 전반 동북아시아 국제정세와 고려」, 역사학회 엮음, 『전쟁과 동북아의 국제질서』, 일조각, 2006.

고려 태조의 대(對) 거란 외교를 후진과의 외교관계, 그리고 후삼국 통일 후 고려의 국내정치사정과 연관하여 당시 사정을 좀더 깊게 분석한 연구도 있다. 이정신의 연구가 그러하다. 이 경우에도 분석은 태조의 선택이 이유 있음을 입증하는 데 집중한다. 이정신은 우선 고려 태조의 거란정책을 후진-거란-고려의 삼각관계에서 파악했다. 거란이 건국 초기 고려에 사신과 낙타를 보내 고려와 화친을 도모한 것은 후진을 정벌하기 위한 목적에서였다. 반면에 고려 태조는 오히려 후진과 연합하여 거란을 치려는 구상을 하고 있었다고 본다. 후진은 후당(後唐)의 인물인 석경당(石敬瑭)이 세운 나라였다. 그가 후진을 세울 때 거란이 도와주었다. 그 대가로 후진의 고조(高祖: 석경당)는 연운(燕雲) 16주(州)를 거란에 할양하고 거란과 군신관계가 되어 섬겼다. 그러나 고조의 아들 출제(出帝)는 거란에 복속하기를 거부했다. 거란은 후진을 정벌하고자 했다.[14]

그러한 목적을 갖고 고려에 화친을 청한 거란에 대해 왕건이 도발적으로 대응한 이유에 대해 이정신은 다음 몇 가지 해석을 제시한다. 우선 태조가 명분으로 내건 이유를 상기시킨다. 태조는 거란이 발해를 멸망시켰기 때문에 적대시하지 않을 수 없다고 했다. 이 점을 들어 이정신은 "발해를 우리 민족으로 끌어들임으로써 고구려, 백제, 신라 그 이후에 발해·신라를 계승한 유일한 나라로 고려의 정통을 과시할 의도"를 왕건이 갖고 있었다고 해석한다.[15] 또한 국내정치적 동기도 중요한 것으로 거론했다. 거란과 전쟁을 하여 승리하면 옛 고구려 땅을 회복한다는 북진정책에 성과를 내는 것일 뿐 아니라 후삼국 통일에 공을 세운 장수들을 다시 전선에 내세움으로써 그들의 시선을 밖으로 돌릴 수 있

14) 이정신, 2004, 11쪽.

15) 이정신, 2004, 13쪽.

게 된다는 것이다. "이것은 조정에서의 권력다툼보다 훨씬 바람직한 일이었고 대외적으로는 인척의 나라인 발해의 원한을 갚는다는 명분을 내세워 국내의 갈등을 잠재울 묘책"이었다.[16]

이를 위해 고려 태조는 후진의 고조에게 거란을 협공할 것을 제안한다.[17] 하지만 후진의 고조는 거란을 군신의 예로 대하며 연운 16주를 할양하고 비단 30만 필을 조공으로 바치는 형편에 있었으므로 고려 태조의 청을 거절한다.[18] 이후 고려 태조의 거란정책을 이정신은 이렇게 서술한다. "후진과의 연합전선이 무위로 돌아가자 태조는 거란에 대한 반감을 노골적으로 드러내어 거란이 고려를 치게끔 유도하기 위해 낙타를 굶겼다고 생각된다. 태조가 바로 전쟁을 선포하지 않고 거란이 먼저 공격하도록 시도한 것은 오랫동안의 후삼국 통일전쟁에 지친 장수들과 군인들의 반발과 불만이 만만치 않았기 때문이라고 생각된다."[19]

만일 이 같은 해석을 통해 고려 태조 왕건의 거란정책을 합리적인 선택으로 서술하려 한 것이라면 문제가 적지 않다. 적어도 두 가지를 지적할 수 있다. 첫째, 사태 전후관계의 설명이 잘못되었다. 거란이 고려에 사신을 보내어 화친을 청하고 고려 태조가 이를 거부한 사태는 거란에 군신의 예를 지키려 한 후진의 고조가 죽은 후 그의 아들 출제가 거란에 반감을 드러냄으로써 거란과 후진의 관계가 악화된 이후에 일어난 일이다. 그렇다면 태조가 후진과의 연합전선이 여의치 않자 거란을 격동시켜 전쟁을 먼저 일으키게 유도한 것이라는 이정신의 설명은 앞뒤가 맞지 않는다. 그때는 후진이 거란에 적대하고 있는 때이므로 고려

16) 이정신, 2004, 15~17쪽.

17) 『資治通鑑』, 卷285, 「後晋記」 齊王 開運 2年(945) 11月 戊戌; 이정신, 2004, 17쪽.

18) 이정신, 2004, 19쪽.

19) 이정신, 2004, 19쪽.

가 후진과 연합전선을 펴고자 한다면 그렇게 할 가능성이 오히려 증가한 때이다. 그리고 만일 이때에 이르러 고려가 거란과 전쟁을 하고자 했다면 후진과의 연합전선 구축을 위한 외교적 노력을 하고 난 이후여야 했을 것이다.

둘째, 발해라는 대국을 멸망시킬 만큼 강국으로 부상하고 있던 세력을 상대로 단지 국내정치적인 이유로 전쟁을 도발한다는 것 자체가 비합리적인 무모한 발상이다. 더욱이 이정신 스스로 지적하고 있듯이, 당시 고려 국내정치 세력들에 대한 태조 왕건의 지배력은 한계가 있었다.[20] 그렇기 때문에 대외전쟁을 통해 왕권을 강화하려 한 것이 합리적이라고 이정신은 이해하고 있는 것이지만, 그것은 대국을 상대로 한 전쟁을 위해 국력을 결집시키기에 유리한 조건이 결코 아닌 것도 사실이다.

이정신은 실제 전쟁이 일어나더라도 고려는 후백제와의 전쟁을 통해 전투경험이 많은 군대를 보유하고 있었기 때문에 승리할 가능성이 없지 않았다고 말한다.[21] 하지만 고려가 후백제와의 전투경험이 있었다면 거란 역시 발해를 멸망시킨 지 얼마 되지 않았을 때이다. 나아가 후진을 정벌하기 위해 군사적 준비를 하고 있었다. 막연하게 고려가 전쟁에서 승리할 수도 있는 상황이라고 간주하기는 어렵다. 어떤 면에서 보더라도 고려가 거란에 전쟁을 도발하는 것이 합리적 행동이 될 수 있는 것은 아니었다. 여기에서 확인하게 되는 것은 외세와의 폭력적 갈등 전개과정에서 한반도 국가의 외교가 드러내는 무모하거나 무책임하다고 할 수 있는 행태들에 대해 대단히 관대한 시각이 우리 역사학계에 지배적이라는 사실이다.

필자는 우리의 역사서술이 대체로 역사상 한반도의 국가들과 중국대

---

20) 이정신, 2004, 16, 20쪽.

21) 이정신, 2004, 18~19쪽.

륙의 국가들 사이의 전쟁과 평화의 문제를 서술할 때, 두 가지 틀에서 크게 벗어나지 않고 있다는 것을 느낀다. 첫째, 중국대륙의 국가들과 한반도의 전쟁은 무엇이든 침략에 대한 '항쟁'이라는 차원으로 인식한다. 전쟁이 초래된 원인과 관련해 한반도 국가의 외교적 또는 정치군사적 정책에 책임을 묻거나 의문을 제기하는 일은 거의 없다시피 하다. 해당 주제에 대한 전문가들의 구체적 논문에서는 그러한 분석이 없지 않으나 특히 역사 교과서들에서 대외정책을 다루는 태도는 거의 예외없이 그 같은 경향을 강하게 띠고 있다.

둘째, 특히 북방민족들과의 전쟁에 대해서 그 전쟁의 예방을 위한 한반도 국가의 노력이 어떠했는가에 대해서는 거의 묻지 않는다. 침략에 이르는 과정은 대개 침략자인 북방국가의 무리한 요구에 대한 한반도 국가의 정당한 거부로 말미암은 것으로 간주된다. 한반도 국가가 북방으로 팽창하고자 하는 욕구는 전혀 문제시되지 않는 것은 물론이다. 북방민족의 침략을 예방하기 위한 다듬어진 외교의 필요성에 대한 문제의식도 거의 등장하지 않는다. 북방국가들에 대해서는 예방외교의 필요성을 경시했던 당시 한반도 국가들의 중화주의적 화이구분의 역사인식이 오늘날 한국인들의 역사서술체계에도 영향을 미치고 있는 것은 아닐까 하는 의문을 갖게 된다. 필자는 이 두 가지 기존 인식 틀을 비판적으로 유념하면서, 고려시대 전쟁과 평화의 문제를 살펴보고자 한다.

6. 고려의 원교근공전략과 거란과의 전쟁

거란의 고려 침략은 모두 세 차례에 걸쳐 일어났다. 1차 침략은 고려 성종(成宗: 재위 981~997) 12년 때인 993년이었다. 소항덕(蕭恒德)이 80만의 대군을 이끌고 침공해왔다. 거란의 1차 침략의 기원은 거란의 침략성뿐 아니라 거란에 대한 고려의 강한 불신과 강경외교에 뿌리를 두고 있다. 고려와 거란은 922년 거란의 이니셔티브로 서로 사절을 교환하는 교빙관계를 시작했다. 그러나 고려 태조 9년 때인 926년 거란이 발해를 멸망시킨다. 이듬해인 927년 거란은 후백제에 사신을 보낸다. 그러자 고려는 자신의 배후에 있는 세력과 제휴하여 무언가 도모하려는 것으로 의심하면서 거란을 불신하고 경계했다. 나아가 거란의 화친외교를 거친 태도로 물리쳤다. 고려는 거란이 궁극적으로는 침략적 세력이 될 것을 전제하고 처음부터 그러한 적대감을 드러낸 셈이었다.

그래서 멀리 있는 중원의 후진과 그 이후에는 송나라와 동맹하여 거란의 잠재적 위협에 공격적으로 대처하려는 것이, 926년 발해 멸망 시점부터 993년 마침내 거란이 고려를 침공하기까지 약 70년에 걸친 기간에 고려가 선택한 대전략이었다. 936~941년 무렵 태조 왕건이 후진과 군맹(軍盟)을 맺어 거란을 공략할 계획을 세운 일에서 이미 그 대전략은 구체적으로 드러났다.[22] 986년(성종 5)에는 송나라가 감찰어사(監察御使) 한국화(韓國華)를 고려에 보내 거란을 협공할 것을 요구한다. 고려는 처음에는 들어주기 어려워하며 답변을 지연시켰다. 하지만 고려는 결국 한국화의 연이은 독촉에 동의한다.[23]

이 대전략은 단순화하자면 이른바 원교근공(遠交近攻)에 해당한다. 가까이 있는 이웃나라를 궁극적인 주적으로 삼고 멀리 있는 나라와 동맹하여 이웃나라의 위협에 대처한다는 전략이다. 이 전략의 위험성은 이웃나라의 잠재적 위협의 현재화(現在化)를 오히려 촉진시킬 수 있다는 데에 있다. 원래 원교근공은 이웃나라 건너에 있는 먼 나라들이 이웃나라와 연합할 가능성을 차단하기 위해 먼 나라들과 긴밀한 외교관

---

22) 김위현, 『고려시대 대외관계사 연구』, 12쪽.
23) 김위현, 『고려시대 대외관계사 연구』, 14~15쪽.

계를 구축한 연후에 이웃나라를 공격하여 정복한다는 뜻이다.

원교근공 전략 개념을 창안한 사람은 전국시대 사람인 범수(范雎: ?~기원전 255)였다. 그는 원래 위(魏)나라 사람이었다. 그는 변론에 재주가 있었으나 가난했다. 활동자금을 마련할 수 없어 위나라에서 중급대부(大夫) 벼슬을 하고 있던 수고(須賈) 밑에서 일했다. 수고가 제나라에 사신으로 갔을 때 범수도 따라간다. 그가 변론에 뛰어난 것을 파악한 제나라 왕이 그에게 금 10근과 쇠고기와 술을 보낸다. 범수는 거절하고 함부로 받지 않았다. 하지만 수고는 범수가 국가기밀을 제나라에 흘린 덕에 선물을 받게 된 것이라 의심했다. 수고는 귀국한 후에 위나라 재상 위제에게 고하여 범수가 벌을 받게 한다. 범수는 매질을 당하여 갈비뼈가 부러지고 이가 빠진다. 범수가 죽은 척하자 대나무 발에 둘둘 말아서 변소에 내버려둔다. 사람들이 술을 마시다 취하여 번갈아 가며 범수의 몸에 오줌을 누었다.[24)]

이런 수모와 박해를 받은 범수는 성과 이름을 장록(張祿)으로 바꾸고 자신의 재주를 알아준 진나라 소왕을 섬긴다. 그가 진나라 소왕에게 천하통일의 계책을 알려주는데, 그 안에 원교근공의 논리가 있었다. 그는 말했다. "왕께서는 멀리 떨어져 있는 나라와 우호관계를 맺고 이웃나라를 치는 것이 제일 좋습니다. 그렇게 하시면 한 치의 땅을 얻어도 왕의 땅이 되고, 한 자의 땅을 얻어도 왕의 땅이 됩니다. 지금 이런 계책을 버리고 멀리 있는 나라를 친다는 것은 역시 잘못된 일이 아니겠습니까?"[25)]

범수의 말에 그대로 드러나듯이, 원교근공이란 상대적으로 강한 국가가 대외팽창, 나아가 천하통일을 위한 대외침략의 우선순위를 정의

---

24) 사마천, 김원중 옮김, 『사기열전 상』, 을유문화사, 2002(개정판), 342쪽.
25) 사마천, 2002, 353쪽.

한 전략이었다. 안정과 평화를 위한 전략이 아니라 공격과 전쟁을 통해 현상질서를 파괴하는 전략이다. 더욱이 상대적으로 약한 나라가 이웃한 강대국을 상대로 펼치기에는 너무나 무모한 불장난에 가깝다. 고려의 대거란 외교는 바로 그러한 접근방식의 함정 근처를 서성거린 셈이었다.

세 차례에 걸친 전쟁에 당면해서 고려 장수들이 발휘한 계략과 감투정신은 빛났다. 그러나 그것은 위기예방책은 아니었고 전쟁을 초래한 후에 발휘한 임기응변이었을 뿐으로, 근본적으로는 하책의 부류였다. 원교근공의 장기전략 자체에 커다란 문제가 있었다. 반드시 송과 단교하고 거란과 처음부터 조공관계를 맺어야 했다는 얘기가 아니다. 전쟁 없는 교린이라는 최상의 목표와 참혹한 전쟁을 수반한 굴욕적 복속이라는 최악의 결과를 초래할 전략 사이에 제3의 외교적 영역을 열어내는 진지한 노력이 있어야 했다는 얘기이다.

실제 사태의 전개를 보면, 고려의 원교근공논리는 실제 전쟁으로 이어졌다. 그 전쟁 때문에 마지못해 송과 단교하고 거란에 대한 신속(臣屬)을 수용하지 않으면 안 되었다. 결국 처지에 어울리지 않는 조야한 외교로 인해 온갖 불행은 다 겪으면서 현실에 끌려다니고 말았다는 평가가 가능하다. 고려가 고구려의 고토를 실지(失地)로 간주하고 이의 회복을 꾀하는 적극적인 북방정책을 갖고 있었던 점에 비추어 고려가 거란을 궁극적으로 적대하지 않을 수 없다고 판단했다 하더라도, 그럴수록 불필요한 적대관계를 촉진하지 않는 방식으로 대전략을 구상하고 실천할 수 있는 여지가 없지 않았을 것이다. 외교의 존재의의란 원래 그러한 것이 아닌가.

935년 신라의 항복을 받고 이어 936년 후백제를 멸망시켜 한반도를 통일한 고려는 자만해진 면이 없지 않았다. 거란의 팽창하는 기세에 또한 어두웠다. 942년 거란 태종이 보낸 사절들을 귀양보낸 적대적 대응은 반드시 북진정책뿐 아니라 건국 초기 고려의 자만과 정세판단 착오와도 관련이 있을지 모른다. 그러나 거란은 고려의 적대적 대응에 곧바로 침략으로 대응하지는 않았다. 거란 태종은 후진과의 긴장 때문에 고려에 대해 군사적 대응을 자제했다. 거란은 태종 때에 이어, 세종, 목종, 경종 시대에도 고려에 간여하지 않았다. 이 시기 고려는 거란과 계속 국교단절 상태를 견지한 가운데 송과의 긴밀한 관계에만 몰두했다. 986년 거란은 다시 고려에 사신을 보내 화친을 요구했다. 고려는 여전히 거절했다.

고려가 송과의 관계에 집중한 이유는 거란에 대한 경계도 한 목적이었을 것이다. 그렇다면 거란의 동태도 면밀하게 살폈어야 한다. 고려는 그렇게 하지 않았다. 자신의 거절에 대해 거란이 아무런 반응을 보이지 않자 방심했다. 고려의 방심은 북방에 이웃해 있던 여진이 거란의 거병 소식을 여러 차례 전해올 때까지 계속되었다. 그래서 993년 소항덕이 80만 대군을 이끌고 침공해 왔을 때에야 "황황히 군사를 모아 대항"했던 것이다.[26] 스스로 명백히 적대적 태도를 감추지 않았던 가까운 이웃나라에 대해 이토록 멸시하되 무관심했던 고려의 대전략은 "원교근공"이라기보다는 차라리 멀리 있는 나라를 숭배하되 가까운 이웃은 멸시하는 "원숭근멸"(遠崇近蔑)의 자세에 불과한 것이었다.

고려 성종은 처음에는 서경 이북의 땅을 떼어주자는 할지론(割地論)을 따르려 했다. 그러나 서희(徐熙)의 건의로 주전론(主戰論)으로 돌아섰다. 담판에 나선 서희에게 항복을 요구하는 소항덕의 논리는 두 가지였다. 신라 땅에서 일어난 고려가 고구려 땅에서 일어난 거란의 강역을 침식한다는 것이 그 하나였다. 고려가 서로 땅이 맞붙어 있는 이웃인 거란과 교빙(交聘)하지 않고 하필 바다 건너 송과 교빙하고 있다는

26) 김위현, 『고려시대 대외관계사 연구』, 85쪽.

것이 그 두 번째였다.

이에 서희는 첫 번째 문제에 대해서는 "그렇지 않다. 우리나라는 옛 고구려를 이어서 나라이름이 고려이며, 도읍도 평양이다. 땅의 경계를 논한다면, 상국(上國: 거란)의 동경(東京)도 원래는 우리나라 땅이다. 어찌 이를 침식이라 하는가"라고 반박했다. 두 번째 문제에 대해서 서희는, 압록강 내외는 모두 우리나라 땅인데 오늘날 여진이 이 땅을 훔쳐 점거하여 길을 가로막는 바람에 거란에 조빙(朝聘)을 할 수 없었다고 반박했다. 만약 여진을 몰아내고 구토를 돌려받아 성보(城堡)를 쌓고 도로를 개통하도록 영을 내려준다면 거란과 교빙할 것이라 했다.

거란의 소항덕은 서희의 주장을 거란 성종에게 보고한다. 성종은 "고려가 이미 화해를 청해왔으니 군사를 물릴 것"이라고 했다. 그는 여진이 거주하고 있던 압록강 이동(以東) 수백 리의 땅을 고려에 주었다. 994년 2월 소항덕은 고려에게 안북부(安北府)에서 압록강에 이르기까지 280리 지역에 축성을 서두를 것을 독촉하기까지 했다. 고려는 이 지역에 강동 6주를 구축한다. 고려는 거란의 이 같은 배려에 상응하여 그 해 2월부터 거란의 연호를 채택했다.[27)]

어떻든 침략을 당하여 민생은 피폐해졌으나, 고려는 이를 전화위복(轉禍爲福)의 계기로 만드는 임기응변을 발휘했다. 서희의 지혜와 담략으로, 싸우지 않고 승리한 부전이승(不戰而勝)이었다. 고려 성종은 거란이 변심하기 전에 일을 서두르기 위해 서희로 하여금 군사를 거느리고 강동에 진주하여 새 영토를 적극 경영하도록 명한다. 서희는 995년에 장흥, 귀화, 곽주, 귀주 네 곳에 성을 쌓았다. 이어 996년에는 지금의 평안북도 선천(宣川)인 선주(宣州)와 맹주(孟州) 등 북면에 성보를 쌓아 강동 6주의 구축을 완성한다.[28)]

---

27) 김위현, 『고려시대 대외관계사 연구』, 22~23쪽.

고려는 그 대가로 송과 국교를 단절하고 거란을 받들어야 했다. 송과 단절할 적당한 구실을 만드는 데에서도 고려는 역시 술수를 발휘했다. 994년 6월 원욱(元郁)을 송에 사절로 보내 지난해 거란과의 전쟁 경과를 보고하고 거란을 정벌할 테니 군사를 내어달라고 했다. 송은 고려의 예상대로 거절했고, 고려는 이를 구실로 송과 단교했다.[29] 이로부터 10년 후인 1004년 송은 거란의 요에 굴복하여 송이 요를 형으로 모시고 자신은 동생 노릇을 하는 '단연의 맹'(澶淵之盟)을 체결한다.

좀더 거시적인 시야로 고려와 거란의 관계를 조망한다면, 고려시대 한반도 국가의 지정학적 정체성에 대해 다음과 같은 얘기를 하는 것이 필요해 보인다. 고려는 통일신라와 달리 고구려의 계승을 내세웠다. 고구려의 지정학적 기풍을 일부나마 계승했던 측면을 분명 갖고 있었다. 훗날 압록강과 두만강을 국경선으로 확보하면서 시작한 조선과 달리 고려 초기는 특히 한반도 북부의 강토를 회복하고자 하는 열망이 강했던 것도 사실이다. 어떤 의미에서 고려시대 중국 동북부를 특징짓는 다양한 북방민족의 흥망성쇠도 그런 야심을 북돋우는 환경일 수 있었다.

이런 점들을 고려하면 고려 초기 대외정책이 때로 호전적이고 훗날에 비해 전쟁을 두려워하지 않는 경향을 보였던 이유를 어느 정도는 이해할 수 있다. 다만 세월이 흐르면서 문치(文治)가 성하고 그 지정학적 정체성 또한 과거 한반도 중남부 국가들의 성격으로 굳어간다. 점차로 고려는 북방을 장악한 정치세력들과 전쟁을 피하고 그에 적응하는 외교를 익히게 된다고 할 수 있다. 훗날 무신정권이 몽고에 항전하는 것은 일반적 패턴이 아니라 오히려 예외가 되기에 이르는 것이다. 그러나 어떤 경우든 무모하고 불필요한 전쟁과 어떻게 해도 피할 수 없는 전쟁

28) 김위현, 『고려시대 대외관계사 연구』, 25쪽.
29) 김위현, 『고려시대 대외관계사 연구』, 24쪽.

사이의 구분은 있으며 또 있어야 한다. 그 구분은 전쟁과 평화에 대한 역사서술의 영원한 테마로 남을 수밖에 없다.

7. 거란과 고려의 2, 3차 전쟁의 인식

1) 고려의 정변과 거란의 2차 침략

거란의 2차 침략은, 강력한 외세가 틈틈이 재침을 노리고 있는 상황에서 고려가 내부에서 벌인 권력투쟁이 그 빌미를 제공했다. 현종(顯宗) 원년인 1010년 11월이었다. 요의 성종이 친히 40만 대군을 이끌고 왔다. 거란 성종은 1차 침략에서 고려의 논리에 말려들어 별 생각 없이 내어주고 말았던 강동 6주의 전략적 중요성을 뒤늦게 깨닫고 이를 되찾고자 기회를 엿보던 중이었다. 마침내 고려의 정변을 문제삼아 침공했다. 고려의 정변이란 대략 이러했다. 997년 성종이 죽고 그의 18세 되는 종질(從姪)이 즉위하니 그가 목종(穆宗: 재위 997~1009)이었다. 그는 항상 몸져 누워 있어 아들을 낳지 못했다. 이 때문에 왕실 내부와 조정에서 후사를 둘러싼 치열한 권력투쟁이 전개된 것이었다.

그 권력투쟁은 고려 왕실 내부의 성 모럴의 문란성 또는 개방성과 연결되어 진행되었다. 목종 대신 섭정을 하던 그의 생모 헌애왕후(獻哀王侯), 즉 천추태후(千秋太后)는 외척 김치양(金致陽)과 통간하여 아들을 하나 낳았다. 그런데 이미 태조의 아들이자 제5대 왕 경종(景宗: 재위 975~981)의 숙부로서 훗날 안종(安宗)으로 추존되는 욱(郁)과 그의 질녀(姪女)이자 헌애왕후의 동생인 헌정왕후(獻貞王侯)가 또한 통간하여 아들을 낳았으니 그가 대양군(大良君)이었다. 당시 고려 왕실의 규범은 유가(儒家)의 기준과는 그처럼 달랐다.[30)]

---

30) 김위현, 『고려시대 대외관계사 연구』, 27쪽.

섭정으로 권력을 장악한 천추태후는 자신이 낳은 아들로 목종의 뒤를 잇게 할 욕심을 가졌다. 그래서 동생 헌정왕후의 아들인 대양군을 삼각산 신혈사(神穴寺)에 유폐시켰다. 그렇게 진행되던 궁중 권력투쟁의 여파로 서북면도순검사(西北面都巡檢使) 강조(康兆)가 군사 5천 명을 거느리고 서울로 들어와 삼각산의 대양군을 왕으로 옹립한다. 그가 현종이었다. 목종은 시해당했다. 고려는 1009년 2월 사신을 거란에 파견해 목종의 사망을 고하고 신왕의 즉위를 알렸다. 그러나 거란 성종은 강조의 '시군지죄'(弑君之罪)를 묻는다는 명목 아래 고려 정벌에 나선다. 그것이 1010년 11월이었다. 이 정벌군에는 그해 고려군 장수에게 죄없이 살해당한 자국인 95명의 복수를 원한 여진이 좋은 말 1만 필을 거란에 바치고 함께 참전했다.[31]

고려는 화전(和戰) 양면작전으로 대응했다. 일면으로 항전하며 일면으로는 화친을 호소했다. 거란 성종은 고려군이 후방에서 거란의 병참과 퇴로를 차단할 수 있음을 우려했다. 그는 고려 현종이 거란 조정에 친조(親朝)할 것이라는 약속만으로 만족하고 돌아갔다. 이번에도 거란의 침공은 실속이 없었다.[32]

2) 거란의 3차 침략

고려는 두 번에 걸친 거란의 침공에서 교훈을 얻은 바 있었다. 북방 삼각관계에서 안보경영의 지혜를 비로소 터득하기 시작한다. 만시지탄이지만 그나마 다행이었다. 군사적 대비와 함께 필요한 국면에서 화평을 위한 외교를 겸행하는 지혜를 발휘하게 되는 것이다.

거란은 2차 침략이 실패한 이후 1013년 이래 누차에 걸쳐 강동 6주

---

31) 김위현, 『고려시대 대외관계사 연구』, 28~29쪽.

32) 김위현, 『고려시대 대외관계사 연구』, 85쪽.

를 탈환하기 위한 군사행동을 벌여 고려를 괴롭혔다. 1016년 정월 거란 군대가 강동 6주의 하나인 곽주를 공격하여 고려 군인과 백성 수만 명을 참살하고 많은 군수품을 빼앗아간 것은 그 대표적인 것이었다.[33] 고려와 거란 사이에 이같이 지속된 긴장을 반영하여 고려는 송과의 교류를 재개했다. 거란을 견제하는 것이 그 한 목적이었다. 1014년(현종 5) 고려는 사신을 보내 송의 진종(眞宗)에게 송을 다시 섬기겠다는 뜻을 밝힌다. 거란과의 화친을 위해 치욕적인 전연의 맹을 맺은 이후 권위 회복을 위해 안간힘을 쓰고 있던 진종은 기쁨을 감추지 못하고 환영한다.[34]

고려는 또한 현종 원년인 1010년 이래 북방 국경에 장성을 축조하기 시작했다. 그해에 쌓은 덕주성(德州城)을 시작으로 1033년 북변관성(北邊關城) 설치 완공에 이르기까지 20여 년에 걸친 노력은 결국 서해로부터 동해에 이르는 천리장성을 이룩하게 된다.[35] 이것은 물론 거란으로부터의 방어와 여진에 대한 경계를 담은 것이었다.

거란이 다시 대군을 이끌고 결행한 3차 침공은 2차 침략 후 8년 뒤인 1018~19년에 있었다. 1018년(현종 9) 12월 소배압(蕭排押)이 이끄는 10만 대군이 압록강을 건넜다. 현종이 병을 핑계로 친조하지 않는다는 것이 이유였다. 고려는 대규모 침공을 예상하고 있던 터였으므로 적극 준비를 했다. 강감찬(姜邯贊)이 상원수(上元帥)가 되어 20만여 명의 군사를 이끌고 영주(寧州)에서 진을 치고 또한 매복작전을 폈다. 성동대천(城東大川)을 막았다가 거란군이 강을 건널 때 막았던 물꼬를 터뜨렸다.

이렇게 해서 거란군은 초전에 패했다. 소배압은 이를 만회하기 위해

33) 김위현, 『고려시대 대외관계사 연구』, 37쪽.
34) 김위현, 『고려시대 대외관계사 연구』, 40~41쪽.
35) 김위현, 『고려시대 대외관계사 연구』, 63~64쪽.

남은 군사를 이끌고 개경까지 진군했다. 고려는 개경 교외의 백성들을 모두 성안에 불러들이고 견벽청야(堅壁淸野: 성에 들어가 지키며, 적에게 먹을 것을 주지 않기 위해 들판을 비움) 작전을 폈다. 이어진 여러 전투에서 거란군은 계속 패했고, 결국 개경을 떠났다. 귀주(龜州)에 이르러 양군은 결전을 치렀는데, 거란군이 궤멸되었다. 거란군이 출정할 때는 10만 명이었으나, 돌아간 자는 수천 명에 불과했다. 이 전쟁은 거란 성종에게 치욕적인 패배였다. 이후 양국의 전쟁은 일시 멈추게 되었다. 서로 화의를 위한 교섭을 시작한 것이었다.[36]

3) 3차 침략 이후 동아시아 질서에서 거란과 고려

현종 11년 때인 1020년, 그러니까 거란의 3차 침략이 있던 이듬해 고려는 사신을 거란에 보내 표문(表文: 신하의 나라가 상국에게 올리는 문서)을 올리고 화친을 청했다. 거란의 성종도 더 이상 고려와 전쟁하는 것은 무모하다고 판단한다. "고려왕의 죄를 사면하고 고려왕의 청을 받아들이니 고려도 송과의 교빙을 끊고 거란의 연호를 사용하는 정도에서" 화친이 이루어졌다. 현종이 친히 거란에 입조하여 황제를 알현하라는 친조 요구를 더 이상 하지 않게 되었다. 강동 6주를 다시 내놓으라는 요구도 하지 않았다. 이어 1022년 거란 성종은 사신을 보내 고려 현종을 "고려국왕"에 봉하는 책봉의례를 행한다. 이로써 두 나라 관계는 정상화되었다.[37]

이 시기 거란의 요는 중국 북부의 중원을 장악하고 있었다. 하지만 송이 또한 요의 남방에 건재했다. 요와 송나라 사이에서는 서하가 세력을 떨치고 있었다. 송나라는 1044년 서하와 화친을 맺어 요를 견제하는

---

36) 김위현, 『고려시대 대외관계사 연구』, 42~45, 85쪽.
37) 김위현, 『고려시대 대외관계사 연구』, 45~46쪽.

전략을 썼다. 이에 요가 서하를 정벌하는 사태가 벌어진다. 그럼에도 서하는 여전히 강성했다. 1082년 송나라(北宋)가 영락성(永樂城) 전투에서 서하에 대패하는 일이 생긴다.[38] 이처럼 서하가 득세하여 위협이 되고 있는 상황에서 요나라가 고려를 직접 지배하려는 야망으로 군사행동을 하기는 어려웠다. 그 결과 고려는 전형적인 조공책봉관계와는 다른 자율성을 누리게 되었다.

고려는 한반도를 중심으로 자신을 중심에 둔 지역질서를 구축하기도 했다. 채웅석에 따르면, 당시 고려는 요나라에 대한 사대관계를 유지하면서도 자신을 또 하나의 천하질서의 중심으로 인식했다. "여진과 같은 북방종족들을 번(蕃)으로 삼아 통제하고 교화하는 주체로 인식하였다"는 것이다.[39] 그는 일본인 학자 오쿠무라 가네시(奧村周司)의 연구를 빌려, 1034년 정종이 즉위할 무렵 '팔관회적(八關會的) 질서'로 불리는 국제질서가 한반도의 고려를 중심으로 성립했다고 보았다.[40] 팔관회에서 송나라 상인과 동·서번, 그리고 탐라(耽羅)의 사절들이 조하(朝賀)하고 공물을 진헌(進獻)하는 절차가 있었다. 이 의식을 통해 고려는 그들로부터 사헌(私獻: 국가의 자격이 아닌 개인의 자격으로 바치는 것)이나 또는 조공의 형식으로 방물을 받고 고려의 상품과 중계무역품을 사여(賜與)했다. 말하자면 고려는 "송의 경제력이 중심이 된 동아시아 교역망 속에 포섭되어 있으면서도 그 외곽에서 또 다른 교역망의 중심을 구성"한 것이다.[41]

형식적으로는 고려가 송과 교빙을 끊는 것으로 되어 있었다. 그러나

---

38) 저우스펀, 2006, 322쪽.

39) 채웅석, 2006, 134쪽.

40) 奧村周司, 「朝鮮における八關會的秩序と國際環境」, 『朝鮮史研究會論文集 16』, 1979; 채웅석, 2006, 134쪽.

41) 채웅석, 2006, 134쪽.

거란과 관계정상화를 이룬 이후 고려의 외교적 운신의 폭은 오히려 넓어졌다. 고려와 송나라의 관계도 점차 개선되었고, 두 나라의 실질적인 교류 수준은 거란과의 관계보다 더 활발했다.[42] 송은 신종(神宗)이 즉위하여 고려와 연합해 요를 막는다는 '연려제요책'(聯麗制遼策)을 수립한다. 송나라의 신법당(新法黨)이 구법당(舊法黨)의 반대를 누르고 고려와 연합해 요를 제어하려는 목적으로 고려에 국교재개를 요청해온다. 1050년대 무렵이었다. 고려와의 무역을 중시한 송 상인들의 이해관계도 송의 대고려 접근을 촉진한 요인이었다.

그러나 이 무렵 고려는 과거 송을 믿고 거란을 가볍게 여기던 태도에서는 벗어나 있었다. 고려 내사문하성(內史門下省)은 송과 통교하면 요를 자극할 수 있고, 그로 인해 공역(公役)을 일으키는 것은 백성의 삶을 피폐케 할 수 있다고 보았다. 이미 중국과 상인들의 왕래가 활발하므로 무리하게 국교를 재개할 필요가 없다고 반대했다.[43] 문화교류와 무역의 이득만으로 외교관계를 결정하지 않는 신중한 실용적 태도를 보인 것이었다.

그러면서도 고려는 형세를 보아 송과 정식으로 국교를 회복한다. 문종(文宗) 25년 때인 1071년이었다. 고려가 송에 사신을 보내 표문과 예물을 바치고 다시 사행(使行) 왕래를 시작했다. 고려는 각종 문서에 송과 요의 연호를 함께 적었다.[44] 채웅석에 따르면, 송과 외교관계를 회복한 후에도 고려는 요를 의식하여 고려의 공식문서에 송의 연호를 쓰지는 않았다. 다만 송나라에 보낸 사절로 하여금 송나라 사찰에서 송 황제 신종을 위해 축수(祝壽)하는 등 사대의 예를 취하는 성의를 보이려 했다.[45]

---

42) 김위현, 『고려시대 대외관계사 연구』, 46쪽.
43) 채웅석, 2006, 142쪽.
44) 김위현, 『고려시대 대외관계사 연구』, 48쪽.

이후 요는 송과 고려의 관계가 더욱 가까워지는 것을 경계하면서 두 나라에 대한 견제를 강화한다. 요는 1074년 송을 압박하여 송나라 장성 이북의 영토를 모두 할양받았다.[46] 고려에 대해서 요는 압박과 회유를 병행했다. 1074년 압록강 동쪽의 땅을 두고 국경획정 문제를 들고 나와 고려를 압박하는가 하면, 1063년에 이어 1072년에도 고려에 대장경(大藏經)을 전해주었다. 강역(疆域)을 확정하는 문제는 두 나라가 갈등하여 결론을 보지 못했다.[47]

11세기 후반 고려의 대외관계 경영 태도를 채웅석은 이렇게 요약한다. "고려는 문종대부터 내적·외적 조건의 변화에 적극적·능동적으로 대응하여 외교의 다변화를 모색하였다. 그 과정에서 비록 요와 갈등을 빚기도 했지만, 군사적 충돌로 이어지지는 않았고 기본적으로는 평화관계를 지속하였다. 그러면서도 고려는 군사적 대비태세를 소홀히 하지는 않았다. 대외적 강경파와 온건파 모두 이 점을 중시하였는데, 북방에 축성을 계속하고 군사력을 기르는 등 국방력을 강화하고, 심지어는 요에 가는 사신의 겸종들을 장건한 장사(將士) 중에서 선발하여 강역과 관련된 일들을 몰래 살피게 하기도 하였다. 그런 가운데 12세기 초 금(金)이 흥기할 무렵까지 고려의 북방지역에 대한 군사적 대비태세는 잘 유지되었다."[48]

요컨대 고려는 10세기 초에 건국한 이래 11세기 말까지 100여 년간 송과 거란 사이에 끼인 삼각구조에 놓여 있었다. 고려는 이 시기의 전반(前半) 시기에는 중화주의와 함께 무모한 원교근공전략의 틀에 갇혀 새로이 강성해지는 북방의 요와의 관계를 외교적 지혜로 경영하지 못

45) 채웅석, 2006, 143쪽.
46) 저우스펀, 2006, 322쪽.
47) 채웅석, 2006, 143~144쪽.
48) 채웅석, 2006, 146~147쪽.

했다. 군사적 대비를 제대로 한 것도 아니었다. 그 결과 수차례에 걸쳐 심각한 전쟁의 참화를 겪어야 했다. 11세기에 들어서 고려는 비로소 중국 중원과 북방세력 사이에 끼인 한반도의 국가로서 조공책봉의 외교적 의례를 중화주의적 관점에서 벗어나 실용적으로 인식하고 활용하는 지혜를 터득하게 되었다고 할 수 있다.

8. 금의 흥기 이후 동북아 삼각관계와 고려의 대외 경영

1) 12세기 여진족의 흥기와 북방형 삼각관계

11세기까지는 여진은 고려의 북방에서 큰 세력이 아니었다. 거란과 고려 사이에 끼인 샌드위치 형세였다. 그러나 12세기에는 북방에서 여진이 금을 건국하고 요와 고려를 함께 압박하는 상황이 된다. 이후 송나라는 고려에게 대안적 동맹국(alternative partner)으로서의 의미를 상실한다. 한반도와 중국 사이의 전쟁과 평화를 결정하는 국제관계 구조는 더 이상 중국 중원-북방세력-한반도라는 동아시아 전체 수준의 삼각관계는 아니었다. 이제 두 개의 북방 이민족 세력인 요와 금이 각축하는 가운데에서 한반도가 그 사이에 끼게 되는 '북방형 삼각관계'가 성립한 것이다.

발해가 흥성한 기간에 여진은 발해의 지배하에 있었다. 발해가 망하자 여진족은 고려와 거란을 상국(上國)으로 섬겼다. 특히 문화적으로 선진국이었던 고려를 부모의 나라라고 불렀다. 여진은 말과 모피를 고려에 수출하고 식량, 포목, 철제농기구와 철제무기 등을 고려에서 수입해갔다.[49] 여진족이 중국 동북부를 중심으로 세력을 키워나간 것은 12세기에 들어서였다. 북만주를 근거지로 한 완안부(完顔部) 여진족

49) 이기백, 1999, 148쪽.

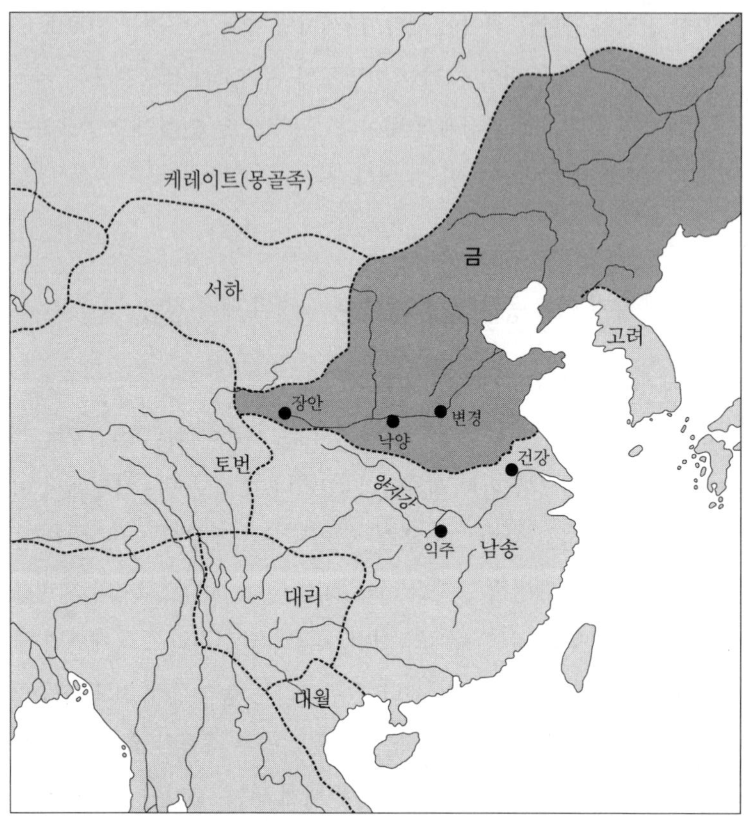

추장 오아속(烏雅束)이 여진족 전체를 통일해 나가면서 고려의 대외관계는 또다시 급변한다.[50]

완안부 여진족이 고려에 복속하고 있던 여진인들에게까지 세력을 뻗쳐오면서 여진과 고려 관계는 긴장되기 시작한다. 마침내 군사적 충돌이 빈번해졌다. 보병부대가 주력을 이루는 고려 군대는 기병(騎兵)인 여진족 군대에게 패하는 것이 보통이었다. 고려는 이에 대처하기 위해

50) 이기백, 1999, 148쪽.

상비군인 6위(六衛)와 별도로 별무반(別武班)이라는 특수 군사조직을 편성했다. 여기에는 신기군(神騎軍)이라 불리는 귀족으로 구성된 기병부대가 포함되어 있었다. 신보군(神步軍)은 양인농민〔白丁〕을 중심으로 구성된 보병부대였고, 항마군(抗魔軍)은 승병(僧兵)부대였다.[51)]

군사조직을 재정비한 고려는 1107년(예종 2) 윤관을 사령관으로 하여 여진정벌에 나선다. 예종과 윤관이 여진정벌을 추진한 것은 문벌귀족세력을 억제하려는 의도도 있었다고 이기백은 해석한다. 정벌에 성공한 지역은 함흥평야와 길주(吉州)에까지 이르렀다. 이 지역에 고려는 9성(九城: 함주, 영주, 웅주, 길주, 복주, 공험진, 통태진, 진양진, 숭녕진)을 쌓고 군사를 주둔시켰다. 하지만 끊임없이 계속되는 여진족의 침략과 고려 조정 내부의 사정으로 고려는 더 이상 버티지 못하고 1109년(예종 4) 9성을 여진족에게 넘겨주게 된다.[52)]

2) 완안 아골타의 금 건국과 '금–송–고려' 간 삼각관계

1115년 마침내 황제를 칭하며 대금(大金)을 건국한 완안부 여진의 수장 아골타는 오아속의 아우였다. 금은 그로부터 불과 10년 후인 1125년 요를 멸망시킨다. 다음해인 1126년 금나라 군대는 송나라 수도 개봉(開封)을 함락시킨다. 다시 다음해인 1127년에는 '정강의 변'을 일으켜, 송나라 휘종과 흠종을 포로로 잡아갔다. 북송(北宋)시대는 그렇게 끝났다. 송의 황실 인물인 조구가 남경 응천부(應天府)에 자리를 잡고 황제에 즉위하여 송을 재건했다. 지금의 하남성 상구(商丘)라는 곳이었다. 남송시대의 시작이었다.[53)]

아골타의 금나라가 이처럼 북중국을 경략(經略)하기에 이르는 과정

---

51) 이기백, 1999, 148쪽.

52) 이기백, 1999, 148~149쪽.

53) 저우스펀, 2006, 322쪽.

에서 금은 고려에 대해서도 압박을 가해오면서 군신의 관계를 요구한다. 당시 고려에서 정권을 장악하고 있던 이자겸(李資謙)은 대외적 평화가 중요하다고 판단하고 금의 요구를 승낙했다. 1126년 인종 4년 때의 일이다. 고려의 이 같은 선택으로 금나라는 고려에 대한 군사침략을 하지 않았다.[54)]

고려 이자겸 정권이 금나라와 화평과 조공을 선택한 것에 대해 한국 역사학계의 일반적인 평가는 그다지 고운 편이 아니다. 이기백은 고려가 좀더 금의 군신관계 요구에 대해 저항하지 않았던 것을 아쉬워하는 투로 서술하고 있다. 금의 요구를 무례한 짓이라 하여 분개하는 자가 많았지만, 이자겸이 "자기의 정권을 유지하기 위해서는 대외적으로 평화관계를 유지하는 것이 유리하다고 판단하고 금의 요구를 승낙하고 말았다"고 적고 있다.[55)]

남송의 건국 후에도 금의 세력은 더욱 확대되었다. 남송은 1142년 금나라에 신하의 예를 갖추어야 했다. 1165년 금과 맺은 2차 화약(和約)에서는 숙질관계를 맺었다. 중국대륙의 이 같은 격동 속에서 고려는 남송에 대해서와 마찬가지로 금에 대해서 복수의 책봉관계를 맺으며 국가의 생존을 유지했다.[56)]

고려가 거란에 이어 금과 조공과 화평의 관계를 맺은 후, 송나라는 종종 고려와 동맹하여 거란이나 금을 협공하기를 원했다. 하지만 거란과의 관계에서 수차례 전란과 정벌을 경험한 고려는 필요 이상의 행동으로 거란이나 금을 자극하기를 원하지 않았다. 그래서 고려는 송의 요구를 거절했다. 북송의 두 황제가 금나라의 포로가 되고 양자강 남쪽에

54) 이기백, 1999, 149쪽.

55) 이기백, 1999, 149쪽.

56) 요시노 마코토, 한철호 옮김, 『동아시아 속의 한일 2천년사』, 책과함께, 2005, 126~129쪽.

남송이 선 이후, 남송은 고려를 통해서 포로로 잡혀간 북송 두 황제를 송환받고자 하는 의사를 고려에 타진한다. 이때도 고려는 청을 거절하였다. 남중국의 남송과 북중국을 장악한 금나라의 대립관계에 개입하지 않으려는 고려의 전략적 선택이었다.[57)]

9. 몽고 제국의 흥기와 동북아 국제관계: 새로운 북방 삼각관계

1279년 남송을 멸하고 중국 전체에 북방민족에 의한 첫 번째 통일제국을 건설하는 쿠빌라이와 그의 할아버지 칭기즈 칸의 고향은 몽골리아이다. 그곳은 "눈덮인 고봉(高峰)의 산맥과 함께 강과 냇물과 호수를 가진 풍요롭고 숲이 우거진 땅이 같이 있는 대지였다." 몽골리아는 북과 서와 동이 모두 높은 산맥으로 둘러싸여 있고 남쪽은 중국과의 사이에 고비 사막이 강력한 장벽을 만들어주는 곳이다. 몽고인들의 대부분은 몽고의 중심지역 또는 초원지대에 살았다. 유목적 삶의 두 가지 기본조건인 물과 풀이 충분했다. 이들의 전통적 경제생활은 다섯 동물에 달려 있었다. 양과 염소와 야크가 음식과 옷과 주거와 연료를 제공했다. 사막을 건너는 교통수단으로는 낙타가 있었다. 그리고 말은 기동력과 전투를 위해서뿐만 아니라 몽골 제국의 신속한 우편 통신을 가능하게 했다.[58)]

몽골(Mongols)은 원래 몽(Mong)이라 불리는 씨족집단(clans)을 중심으로 조직된 세력이었다. 이들이 초원지대에 모습을 드러낸 것은 11세기 말에서 12세기 초였다. 몽골족이 다시 부족단위 집단으로 결집

---

57) 이기백, 1999, 149~150쪽.

58) Morris Rossabi, *Khubilai Khan: His Life and Times*, Berkeley: University of California Press, 1988, p.3.

하면서 부족장들(tribal chieftains)이 나타났다. 부족장들은 원래는 제사장의 역할을 주로 맡았다. 이제는 평민들을 통제하고 있던 귀족들에 의하여 군사적 능력을 기준으로 부족장이 선정되었다. 몽골 사회에서도 유목민 세계 일반과 마찬가지로 '부족장이라는 직위' 자체에 대한 충성이라는 추상적 개념은 존재하지 않았다. 귀족들이 부족장들에게 갖는 충성심은 개별적이고 개인적인 관계 이상은 아니었다. 부족의 군사훈련을 담당한 부족장은 일상적으로도 군사훈련 목적으로 조직되는 수렵활동 지도를 통해서 전시에는 총동원체제를 발동할 수 있었다.[59)]

12세기 말 한 부족의 지도자가 된 테무친(1162~1227)은 강력한 군대를 조직하고 효과적인 정보망을 구성했다. 전통적이며 또 새로운 전술들을 개발했다. 이와 함께 다른 부족들에 대해 전략적인 동맹을 잘 구사했다. 몽골 세계의 주요 부족들인 타타르족, 케레이트족, 나이만족, 메르키드족과 그외 다른 족속들을 복속시켰다. 몽골 귀족들이 마침내 '쿠릴타이'(khuriltai)라 불리는 일종의 최고대표자회의를 열어 테무친에게 칭기즈 칸(Chinggis Khan)이라는 칭호를 부여해 자신들의 지도자로 삼은 것은 1206년이었다.[60)]

몽골 초원에서 일어선 칭기즈 칸은 먼저 탕구트족이 중국 서북쪽에 세운 서하(西夏) 왕조를 복속시켜 조공을 바치게 만들었다. 그렇게 해서 중국 서북쪽의 교역로를 장악한 칭기즈 칸은 금나라가 장악하고 있던 북중국에 눈을 돌린다. 1215년 당시 금나라의 수도 연경(燕京), 즉 지금의 북경을 점령했다. 금나라 왕실은 남쪽에 있는 개봉으로 도망쳤다. 그곳에서 금은 1234년까지 약 20년을 더 버틴다. 그러는 동안 칭기즈 칸은 다시 서쪽으로 눈을 돌린다. 중앙아시아에 자신이 보낸 상인과

---

59) Rossabi, 1988, pp.3~4.
60) Rossabi, 1988, p.6.

사절을 처형한 호라즘(Khorezm)의 왕, 알라 무하마드를 징벌하기 위해 20만 대군을 스스로 이끌고 갔다. 1220년 2월 칭기즈 칸의 군대는 중앙아시아의 부카라를 점령하고 또 한 달 만에 사마르칸드를 점령해 약탈했다. 많은 주민들을 학살했지만 3만 명의 장인과 기술자들은 몽골로 납치해 데리고 간다. 칭기즈 칸이 중앙아시아와 오늘날의 아프가니스탄을 정복한 것은 1221년이었다. 그의 두 장수들이 크리미아에까지 진출했다가 되돌아온다. 칭기즈 칸은 1227년, 중국 서북쪽에서 반란을 일으킨 탕구트족을 토벌하는 전쟁 중에 사망했다. 그의 시신은 몽골리아 북동쪽으로 옮겨져 매장된다. 40명의 젊은 여성이 40마리의 말과 함께 순장(殉葬)되었다고 한다.[61]

칭기즈 칸이 사망하고 2년 후 몽골 제국 후계자들과 그들 각자의 영역이 결정된다. 칭기즈 칸을 이어 몽골 제국 전체를 지배하는 칸들의 칸(Khan of the Khans), 즉 카간의 지위를 물려받은 것은 그의 셋째 아들 오고타이(Ogotai: 1186~1241)였다. 칭기즈 칸의 둘째아들 차가타이(1185~1242)는 중앙아시아를 차지했다. 북중국의 땅을 물려받은 것은 칭기즈 칸의 막내아들이자 알코올 중독자였던 툴루이(1190~1232)였다. 나중에 원을 건국한 쿠빌라이의 아버지였다. 칭기즈 칸의 큰아들은 먼저 죽었기 때문에 그 아들이자 칭기즈 칸 자신의 손자인 바투에게는 몽골리아의 서부지역과 러시아 지역이 주어졌다. 쿠릴타이라는 귀족회의에서 후계자가 결정된 것이 아니라 이들 네 세력들 사이의 타협이 이끌어낸 결과였다.[62]

---

61) Erich Haenish, "Die letzten Feldzuge Cingis Khans und sein Tod: Nach der ostasiatischen Uberieferung," *Asia Major o.s. 9*, 1933, pp.503~551; Rossabi, 1988, pp.6~7.

62) Rossabi, 1988, p.8.

10. 몽고-고려 관계의 네 국면들

고려가 몽골 제국과 만나 관계를 맺은 것은 크게 네 국면으로 나눌 수 있다. 제1 국면은 1210년대 말에서 1220년대 말에 이르는 약 10년간의 시기이다. 몽고가 남송을 정벌하기 전 중국 동북부를 포함한 북중국 전체에 대해 세력을 확장해가는 시기였다. 1210년대 말까지 중국 동북부에 남아 있던 거란과 금의 세력을 정복해가는 과정에서 고려에 출병하는 사태가 일어난다. 1218년의 일이었다. 이때 몽고의 군사행동은 고려에 침입해 있던 거란세력을 소탕하는 것이 명분이었다. 거란족 진압 후 몽고의 요구로 고려는 몽고와 정식 외교관계를 수립한다. 이 단계에서 고려 정부는 몽고와의 전쟁을 회피했다. 몽고도 침략적인 군사행동을 자제했다. 1225년(고종 12) 저고여(著古與)라는 몽고 사신이 압록강변에서 살해되는 사태가 발생하지만 몽고가 즉각 보복적인 행동을 취하지는 않는다.

제1 국면을 몽골 제국 전체의 역사에서 보면, 칭기즈 칸의 지휘 아래 중앙아시아와 중국 서북부를 장악하고 북중국과 중국 동북부에 대해 정벌 전쟁을 전개하는 시기였다. 1227년 칭기즈 칸이 사망하고, 그후 2년간은 그의 아들들이 몽고 제국을 분할통치하는 지분을 결정하는 과도기였다.[63] 저고여의 살해사건에도 몽고가 고려에 대해 행동을 유보하고 있었던 것은 그러한 몽고 제국 내부의 상황과 무관하지 않았다.

제2 국면은 1231년에서 1259년까지 약 30년간의 시기이다. 이 시기 몽고는 남송에 대한 전면적인 정복을 앞두고 고려를 일곱 차례에 걸쳐 침략한다. 고려는 최씨 무신정권이 지배하고 있었다.[64] 무신정권은 대

---

63) Rossabi, 1988, pp.6~8.

64) 정중부(鄭仲夫)가 이의방(李義方)과 이고(李高)와 함께 무신란을 일으킨 것

몽 강경론을 견지했다. 강화도로 천도하면서 몽고에 항전했다. 덕분에 허울에 불과했던 왕조의 독립은 보존되고 무신정권은 권력을 유지했다. 하지만 한반도는 몽고 군대의 발굽 아래 유린되어 민생은 피폐해간 시기이다.

제2국면은 몽고 제국 전체 역사에서 보면 그 초기인 1234년 몽고가 금나라를 완전히 멸망시키기에 이름을 주목해야 한다. 몽고가 북중국과 함께 중국의 동북부와 그 배후지라 할 수 있는 한반도를 경략하는 데 집중적인 힘을 쏟는 시기였다. 또한 몽고가 북중국은 장악했지만 여전히 남송이 건재하여 있는 상태로서 몽고-고려-남송이라는 삼각관계 속에 한반도가 놓여 있던 시점이었다. 남송이 몽고에 멸망한 것은 1279년의 일이었다.

제3국면은 1259년 전쟁을 끝으로 고려가 몽고에 항복하고 강화(講和)를 하여 몽골 제국이 주도하는 동아시아 질서에 편입되는 시기이다. 이 국면은 1350년대 중엽까지 계속된다. 몽고가 지배한 중국적 질서에 고려가 편입되어 있던 시기가 약 1세기 동안 계속되는 것이다. 이 기간

은 1170년(의종 24)이었다. 의종을 죽이고 명종(明宗)을 옹립한 후 이의방은 이고를 죽이고 자신의 딸을 태자비로 삼아 권세를 부린다. 그러나 곧 정중부에게 제거되었다. 정중부는 청년장교 경대승(慶大升)에게 살해된다. 그러나 경대승도 돌연한 죽음을 당하매, 천민출신 장수 이의민(李義旼)이 상경하여 정권을 차지한다. 이의민은 최충헌(崔忠獻)·최충수(崔忠粹) 형제에게 살해된다. 이렇게 해서 최씨 정권이 등장한 것이 1196년이었다. 형제인 최충수마저 제거하고 독재정권을 수립한 최충헌은 자손에게 정권을 물려주는 최씨 세습정권을 수립했다. 최충헌은 그의 대에 이미 명종과 희종(熙宗) 두 왕을 폐했으며, 신종(神宗), 희종(熙宗), 강종(康宗) 및 고종(高宗) 등 네 왕을 옹립했다. 최씨 정권은 최충헌의 자손들인 최이(崔怡), 최항(崔沆), 최의(崔竩)에게 자손 대대로 이어진다. 최씨 무신정권은 1258년 3월 문신 유경(柳璥)과 무신 김준(金俊)이 최의를 살해하면서 끝난다. 이기백, 1999, 160~168, 171쪽 참조.

고려가 원과 맺은 조공책봉체제는 그 전형적인 형태에 비해서 공통점과 함께 중요한 차이를 갖게 된다.

제3 국면은 몽고 제국 전체 역사에서 보면, 1260년 쿠빌라이가 원 세조로 즉위하면서 시작된다. 이 무렵 몽고 제국이 이민족을 지배하는 방식에 질적인 변화가 오는 것으로 해석된다. 이른바 "한법(漢法)으로 한지(漢地)를 다스린다"는 방식, 즉 중국의 법으로 중국을 다스린다는 방식이 채택된다. 이민족 지역의 풍속과 제도를 어느 정도 인정하는 간접적인 통치방식으로 전환되는 것이다. 원 세조가 고려에 대해서도 그 제반 문물제도에 대하여 "불개토풍"(不改土風), 즉 "토풍을 고치지 않는다"는 원칙을 천명한다.[65] 원 세조의 집권과 함께 시작된 고려-몽고의 평화적 공존의 시대에 고려가 종속적이면서도 국가와 왕권의 형상을 보존하게 된 것은 그와 무관하지 않다는 얘기이다.

제4 국면은 1350년대 중국 남부지방에서 한족(漢族)의 반란이 본격화하고, 원조(元朝)가 붕괴의 길에 접어들면서 시작된다. 공민왕(恭愍王: 재위 1351~74) 5년 때인 1356년 5월 고려에서 반원운동(反元運動)이 전격적으로 단행된다. 그해 6월 고려는 원의 지정(至正) 연호 사용을 중지하고 원과의 조공책봉관계 청산의 신호를 보낸다. 원은 정세 변화를 인정한다. 그러자 고려는 원의 연호를 계속 사용하고 정기적으로 사신을 보내는 등 조공·책봉관계를 유지하되 원의 간섭을 배제하는 새로운 관계를 구축하는 점진적 변화의 전략을 채택한다. 고려는 원조와 조공·책봉관계는 유지하면서도 원조에 반대하는 중국 강남의 군웅들과 교류했다. 고려가 아직 칭제건원(稱帝建元: 왕을 황제라 칭하고 연호를 제정해 씀)을 하지 않았을 뿐 두 나라 관계는 형식적인 것에 불

65) 박종기, 「고려시대의 대외관계」, 강만길 외 편, 『한국사 6: 중세사회의 성립 2』, 한길사, 1994, 244~245쪽.

과했다. 그래서 이 무렵 고려는 사실상 원의 질서로부터 이탈한 것으로 간주된다.[66)]

공민왕 17년 때인 1368년 중국에서는 주원장(朱元璋)이 원나라의 대도(大都: 북경)를 함락시키자, 고려는 사대의 대상을 명으로 옮기기로 결정한다. 1369년 4월 명의 사신이 고려에 도착하여 명이 건국한 것과 주원장이 홍무제(洪武帝)로 즉위했음을 알린다. 5월에 고려는 원의 지정연호 사용을 공식적으로 중지하고 명에 사신을 파견했다. 마침내 1370년 5월 명은 공민왕을 고려 국왕에 책봉하고 대통력(大統曆)을 보낸다. 이해 7월부터 고려는 홍무 연호를 사용함으로써 고려와 명의 조공·책봉관계가 공식화된다.[67)] 1374년 공민왕이 시해당하고 명의 사신이 살해당하는 사건이 일어나면서 고려·명의 관계는 우여곡절을 겪게 되지만 고려와 원의 관계가 사실상 종결된 것에는 변함이 없었다.

11. 몽고-고려 관계의 제1 국면(1218~30)

칭기즈 칸이 1215년 당시 금나라의 수도 연경을 점령한 사실은 앞서 언급한 바와 같다. 1216년에는 중국 동북부의 여러 지역을 점령한다. 당시 요동지방은 금나라의 반란군 장수 포선만노(蒲鮮萬奴)가 차지하고 있었다. 수년 전 거란인 야율유가(耶律留哥)가 금나라에 반란을 일으킴에 이를 진압하기 위해 금나라는 포선만노를 파견했다. 포선만노는 진압은커녕 거란에게 패하여 당시의 동경(東京: 遼陽)으로 도망했다. 금이 쇠락하고 있는 틈을 타서 금에 반란을 일으킨 포선만노는 자

66) 이익주, 「14세기 후반 원·명 교체와 한반도」, 역사학회 엮음, 『전쟁과 동북아의 국제질서』, 일조각, 2006, 184~185쪽.

67) 이익주, 2006, 185~186쪽.

신의 나라를 세우고 '대진'(大眞)이라 칭한다. 1216년 몽고군 장수 무칼리(木華黎)가 요서지방을 경략하고 이어 요동으로 진출한다. 포선만노는 아들을 인질로 바치고 몽고에 일단 항복했다. 몽고군이 요동반도의 여러 성을 점령한 후 철수한다. 이듬해인 1217년 포선만노는 근거지를 동쪽으로 옮겨 두만강 유역에서 새로이 자립한다. 고려는 이때의 포선만노 세력을 '동진'(東眞)이라 불렀다. 1218년(고종 5) 합진(哈眞)이 이끈 몽고군은 포선만노의 동진을 다시 공격하여 복속시킨다. 그 여세를 몰아 군대를 이끌고 고려에 들어온다.[68]

1216년 이후 거란족 장수 야율사포(耶律斯布)가 군대를 이끌고 고려에 들어와 있어서 고려 사회는 상당한 충격과 혼란을 겪고 있었다. 1217년 고려는 경기도와 강원도의 원주와 춘천 등지에 침투한 거란족과 전투를 벌였다. 격파된 거란족은 동북면 이북의 여진지역으로 후퇴한다. 세력을 결집해 다시 서북면에 침투한 거란족은 1218년 9월 고려의 서북면 원수 조충(趙冲)에게 패하여 평양 동쪽에 위치한 강동성에 몰려 들어가 버틴다. 내부 분쟁과 전사 등으로 지휘자가 여러 차례 바뀐 거란군이 강동성에 들어갔을 때 그 우두머리는 함사(喊舍)였다. 몽고군이 고려에 들어온 것은 바로 이 무렵이었다.[69]

합진이 이끈 1만의 몽고군이 2만의 동진 군대를 대동하여 고려의 동북면에 입경(入境)할 때 내세운 주목적은 강동성의 거란군을 토벌한다는 것이었다. 금나라에서 이탈한 동진을 복속시켜 금에 대한 압박을 강화하여 장차 금에 대한 전면공세를 준비하려는 것이었다. 그 배후에 있는 고려와 금나라의 관계를 차단하려는 목적도 있었다. 몽고군은 서북면 지역의 맹주(猛州), 순주(順州), 덕주(德州) 등의 여러 성을 공략하

68) 윤용혁, 「몽고침입에 대한 항쟁」, 『한국사 20: 고려 후기의 사회와 대외관계』, 국사편찬위원회, 1994, 185쪽.

69) 윤용혁, 1994, 184쪽.

면서 거란족이 웅거해 있던 강동성에 다다른다. 몽고군의 고려 진입은 돌연한 것이어서 고려는 당황하였다. 대응을 위한 명확한 지침이 세워져 있지 않았다. 당시 고려군 원수부의 조충과 김취려(金就礪)가 임기응변으로 대응한다.[70)]

1218년 12월 몽고군이 주도해 강동성을 포위한다. 고려는 1천 석의 군량을 조달한다. 이어 몽고군의 요청으로 강동성 전투에 당시 상장군 김취려가 고려군을 이끌고 참전했다. 몽고가 주도한 공성전(攻城戰)으로 거란군은 우두머리 함사가 자결한 후 항복했다. 이때 항복한 거란의 관인, 군졸, 부녀의 수가 모두 5만 명에 달했다. 1219년 2월이었다. 3년에 걸친 거란족의 침노는 이로써 끝났다. 문제는 몽고와의 관계였다. 합진은 강동성 함락 후 고려 원수부의 조충 및 김취려와 함께 고려·몽고 사이 형제맹약을 체결한다. 이후 몽고는 매년 고려로부터 세공(歲貢)을 거두어가게 되었다. 몽고 황제는 고려 조정에 사신을 파견해 조서를 보내어 정식으로 화친을 맺기를 요청한다.[71)]

이렇게 해서 1219년 고려와 몽고 사이에 외교관계가 성립한다. 그 핵심은 몽고가 고려로부터 공물을 징구(徵求)하는 데 있었다. 몽고가 요구해온 공물의 규모는 고려가 감당하기 어려운 수준이었다. 몽고는 고려의 주변지역을 차례로 침공하여 지배권을 확대해 나가고 있었다. 양국 관계는 불안했다. 1225년(고종 12) 고려에 온 몽고 사신 저고여의 피살사건이 발생하면서 여몽관계(麗蒙關係)는 중대한 전환기에 접어든다.

저고여는 1221년(고종 8)부터 몽고 사신으로 고려에 드나든 자로서 올 때마다 과도한 공물을 거두어 돌아가곤 했다. 여느 때처럼 고려에서

---

70) 윤용혁, 1994, 185~186쪽.

71) 윤용혁, 1994, 187쪽.

공물을 수탈해 돌아가던 중 압록강 너머에서 피살된 것이었다. 사건이 발생하자 몽고는 진상 파악을 위해 사자를 현지에 파견한다. 그러나 이 사신도 기습을 받아 축출되는 사태에 직면한다. 사건의 진상은 밝혀지지 않았으나, 한국의 역사학자들은 저고여를 죽인 세력은 고려가 아니라 인근에 출몰하던 다른 세력이라고 해석한다. 당시 고려가 스스로 위기를 자초할 그 같은 행동을 취하지는 않았으리라는 것이다.[72)]

12. 몽고-고려 관계의 제2 국면(1231~59): 침략과 항전

1) 몽고의 1차 침략(1231)

저고여 피살사건에 대한 몽고의 보복은 즉각적인 것은 아니었다. 몽고의 고려 침공이 시작된 것은 그로부터 6년 후인 1231년(고종 18) 8월이다. 몽고가 금나라에 대한 정복전쟁을 본격화한 것과 시기적으로 일치했다. 당시까지는 여진의 금이 여전히 중국 중원의 지배자였다. 이제 몽고는 금나라를 정복하기 위한 '동방전략'을 본격화하면서 그 일환으로 고려를 침공한 것이었다.[73)]

몽고는 1231년 제1차 전쟁을 시작으로 1259년(고종 46)에 이르기까지 약 30년 기간에 일곱 차례에 걸쳐 고려를 침공한다. 몽고의 제1차 침략은 살리타(撒禮塔)가 이끌었다. 『고려사』(高麗史)는 그해 8월 "몽고 원수 살례탑이 함신진(咸新鎭: 의주)을 포위하고 철주(鐵州)를 도륙(屠戮)하였다"고 적었다.[74)] 몽고군의 전면적 침략에 대해 고려 정부는 9월 초 삼군의 출정을 결정한다. 개경에서 파견된 고려의 중앙군이

72) 윤용혁, 1994, 187~189쪽.

73) 윤용혁, 1994, 189쪽.

74) 『고려사』 권23, 고종 18년 8월 임오; 윤용혁, 1994, 189쪽.

몽고군과 접전한 것은 9월 하순 황주의 동선역(洞仙驛)에서였다. 기병이 주축인 몽고군의 기습으로 고려군은 허를 찔려 고전한다. 그러나 고려의 3군에 편성되어 있던 초적(草賊)이 맹활약하여 몽고군 선봉대의 기습을 일단 격퇴해낸다. 고려 농민군에 포함된 '초적'이란 몽고가 침입하자 스스로 관악산에서 내려와 관군에게 항복하여 대몽전투에 참가한 도적패들을 가리킨다.[75] 고려군은 이 기세로 북상했지만 10월 안주(安州) 싸움에서 몽고 기병에게 대패했다. 몽고군은 평주성(平州城)을 처참하게 도륙하고 이어 개경 근처까지 당도했다. 몽고군은 잔학행위와 약탈을 자행한다. 충주에까지 남하하여 약탈을 일삼았다.[76] 충주에서는 귀족관리들이 도망치는 와중에서도 지광수(池光守) 등이 노비군(奴婢軍)을 구성하여 성을 지키며 항쟁했다.[77]

위기에 처한 고려 정부는 개경 교외에 진주해 있는 몽고군에게 식량을 제공함과 동시에 안주에 주둔하고 있던 살리타에게 사신을 보내 화의체결을 시도한다. 여·몽 간에 화의가 진전되었고, 1232년 1월 몽고군은 일단 철수한다. 몽고군은 고려의 국경 군사구역을 뜻하는 북계(北界)의 여러 성들을 보다 항구적으로 지배하기 위해 북계와 개경에 72명의 다루가치(達魯花赤)를 배치한다. 몽고군은 또한 전쟁 중이던 1231년 12월 고려에 첩장을 보내 말 1~2만 필 분량의 금·은·보석과 몽고군 1백만 명 분의 의복, 자색비단 1만 필 등 엄청난 액수의 공물을 요구하였다. 이러한 상황은 당시 고려 최씨 무신정권의 정치적 위상에 심대한 타격이었다.[78]

---

75) 이기백, 1999, 170쪽.
76) 윤용혁, 1994, 190~191쪽.
77) 이기백, 1999, 170쪽.
78) 윤용혁, 1994, 192~195쪽.

2) 고려의 강화 천도(1232)

몽고의 1차 침략 직후부터 고려 조정에서는 이후의 대응책을 놓고 논란이 일었다. 당시 고려의 집정자였던 최우는 강화도로 천도하여 항전할 결심을 했다. 1232년에 천도가 실행되어 이후 39년간 강화도는 고려의 전시 수도 역할을 한다. 대몽항전의 거점이 된 강화도의 지정학적 조건은 여러 가지였다. 첫째, 강화도는 물에 약한 몽고군의 약점을 이용할 수 있는 섬이다. 둘째, 강화도는 육지에 가까우면서도 조석 간만의 차가 커서 방어에 유리하다. 셋째, 개경과 가깝다. 넷째, 조세의 운송과 관련한 조운(漕運)이 편리하다.[79)]

강화 천도는 최씨 정권이 주도했다. 많은 문신들과 함께 왕은 소극적이었다. 천도 반대론은 크게 두 가지였다. 하나는 개경을 고수하며 몽고에 항전하자는 것이었다. 특히 김세충이 주장했는데, 이에 대해 최우가 구체적인 수성책(守城策)을 묻자 김세충은 답변을 못했다고 한다.[80)] 개경을 고수한 대몽 항전은 이미 현실성을 잃은 상태였다. 또 다른 천도 반대론은 유승단(兪升旦) 등의 대몽 화의론이었다. 『고려사』는 그의 주장을 이렇게 적고 있다. "성곽과 종사(宗社)를 버리고 섬에 숨어 엎드려 구차히 세월을 보내면서 백성으로 하여금 장정은 다 살상당하고 노약(老弱)을 포로로 끌려가게 함은 국가를 위하여 좋은 계책이 아닙니다."[81)]

여론은 천도 반대가 절대적으로 우세했다고 한다.[82)] 왕은 "머뭇거리고 결정하지 못했다"고 했다. 이에 최우는 위협적 방법을 동원한다. 각 기관으로 하여금 시행을 독려하고 백성들에게는 이주 시한과 처벌내

79) 윤용혁, 1994, 196쪽.

80) 『고려사절요』 권16, 고종 19년 6월; 윤용혁, 1994, 194쪽.

81) 『고려사』 권102, 열전 15, 유승단; 윤용혁, 1994, 193쪽.

82) 윤용혁, 1994, 194쪽.

용을 정해 공시한다. 여론에서 반대가 우세했어도 "몽고는 오랑캐 중에서도 가장 흉악한 존재"라는 인식과 몽고의 과중한 공물 강요 등이 최우의 천도책이 실천에 옮겨진 배경이었다.[83] 하지만 강화 천도는 특권층을 중심으로 한 일부 계층만이 안전한 곳으로 대피하고 국토의 대부분은 전장터로 내모는 것을 의미했다. 일반 민중의 반발은 간단치 않았다. 천도가 시행되는 과정에서 노예계급에 속한 이통(李通)이 주도한 반란이 일어났다. 반란군은 경기지방의 유민과 개경의 노예들, 그리고 여러 사찰의 승려들을 규합했다. 이들은 개경 수비군으로 잔류한 '왕경유수병마사'(王京留守兵馬使)의 군대를 축출했다.[84] 한때 그 세력이 대단했음을 짐작할 수 있다.

3) 천도 이후 2차 및 3차 침략과 고려의 화의모색

강화로 천도한 고려 무신정권은 1232년 7월 초 내시 윤복창(尹復昌)을 북계에 파견하여 다루가치의 무장을 해제시키려 하는 등 몽고에 대해 도발적인 태도를 취한다. 이에 살리타의 몽고군은 1232년 8월에서 12월에 걸쳐 제2차 침략을 해왔다. 몽고군은 그해 12월 중순 오늘의 용인군 남서면에 위치했던 처인성에서 김윤후(金允侯)와 처인 부곡민들과 전투를 벌였다. 이 전투에서 적장 살리타가 사살당했다. 몽고군의 2차 침략은 실패했으며, 곧 철수했다.[85]

몽고군의 3차 침략은 1234년(고종 21)에 있었다. 그 전해인 1233년 5월 몽고는 금의 수도 변경을 함락시켰다. 이어서 동진(東眞)의 수도 남경성을 또한 함락시켰으며, 포선만노를 생포하여 동진을 멸망시킨

83) 윤용혁, 1994, 194~196쪽.

84) 윤용혁, 1994, 197쪽.

85) 윤용혁, 1994, 199쪽.

다. 이듬해인 1234년 2월 수도에서 도피했던 금의 황제 애종(哀宗)이 자살하면서 금나라가 멸망했다. 이후 몽고는 유럽 정복사업과 함께 남중국 정벌에 나선다. 1235년(고종 22) 윤7월에 당고(唐古)가 지휘하는 몽고군이 고려인 홍복원(洪福源)을 향도로 내세워 전개한 3차 침략도 그러한 움직임의 일환이었다. 몽고군은 경주 인근을 비롯해 경상도 내륙 깊숙한 곳에까지 침입했다. 그해 말 일단 압록강 이북으로 철수했던 몽고군은 이듬해인 1236년(고종 23) 6월 다시 압록강을 건너 들어온다. 경기도와 충청도에 이어 전라도 전주에까지 진출했다. 강화도의 고려 정부가 집권자 최씨의 후원 아래 장차 16년에 걸쳐 진행되는 팔만대장경 각판사업을 시작한 것은 이 무렵이었다. 몽고의 3차 침략기간은 그로부터 2년 뒤인 1238년(고종 25)에까지 이어진다. 그해 경상도 깊숙이까지 침투한 몽고군에 의해 경주 황룡사탑이 불타고 만다.[86)]

집권층이 강화로 피신한 채 끊이지 않는 전쟁으로 수난을 겪는 것은 물론 문화재만은 아니었다. 몽고의 3차 침략으로 고려 전 국토의 유린은 더욱 가중되고 민생 피폐는 극에 달했다. 이기백의 『한국사신론』은 그 사정을 이렇게 서술했다.

"강화에 천도하면서 무인정권은 농민들로 하여금 섬이나 산성으로 피난하도록 지시하였다. 이리하여 섬과 산성은 몽고군과 싸우는 기지가 되었다. 완강한 저항을 받아 이를 함락시키지 못한 몽고군은 평야의 곡식을 불태워버리는 전술을 쓰게 되었다. 그 때문에 식량이 부족하게 되고, 이로 인하여 농민들은 적지 않은 곤란을 받았다. 힘이 다하여 산성이 함락되면 몽고군의 잔인한 살육을 당해야 했다. 고종 41년(1254)에 자랄타이(車羅大)가 침입했을 때에는 그 피해가 가장 심해서, 포로

---

86) 윤용혁, 1994, 200~203쪽.

로 잡혀간 자만도 20여만 명이었고, 죽임을 당한 자는 수를 셀 수 없을 지경이었으며, 몽고군이 통과한 지방은 모두 재가 되었다고 한다. 이리하여 인구는 줄고 농촌은 황폐해갔다. ……농촌이 황폐해지면 농민들의 생활이 곤란해질 수밖에 없었다. 그러나 강도(江都: 강화)의 정부는 농민에 대한 적극적인 보호 대책을 서둘기보다는 오히려 가혹한 수취로 그 생활을 더욱 곤란케 할 뿐이었다. 이러한 귀족들의 수취는 농민들의 정부에 대한 반항심을 조장시킬 뿐 아니라 몽고에 대한 항쟁의욕을 꺾었다. 그리고 이 민심의 이반은 강도정부(江都政府)에 대하여 커다란 위협이 되지 않을 수 없었다."[87]

이때부터 이미 고려 백성들이 몽고군에 대규모로 투항하는 사태가 이어진다. 이에 고려는 1238년 12월 몽고에 사신을 파견하여 화의를 모색하고 몽고군의 철수를 요청한다. 고려가 몽고에 정식으로 상표(上表)를 올리자 몽고군은 일단 철수했다. 이후 1245년(고종 32)에 이르기까지 여·몽 양국은 사신의 교환을 통한 외교적 신경전을 전개했다. 이제 중요한 것은 화의 성립의 조건이었고, 그것을 둘러싼 긴장은 결코 쉽게 풀리지 않았다.[88]

4) 화의의 실패와 몽고의 4차 및 5차 침략(1247~54)

몽고가 고려에 화의의 조건으로 중요하게 요구한 것은 고려 정부가 강화도에서 출륙(出陸)할 것과 함께 국왕의 친조(親朝)였다. 고려는 이를 거부하고 왕자나 왕족이 거느린 사신단을 파견하는 것으로 대신했다. 그 결과 1241년(고종 28)부터는 외교적 교섭이 한계상황에 달하여 군사적 긴장이 다시 높아진다. 마침내 몽고는 1247년(고종 34) 7월 아

87) 이기백, 1999, 170쪽.
88) 윤용혁, 1994, 203~204쪽.

모간(阿母侃)이 이끄는 군대로 본격적인 제4차 고려침략을 단행한다. 몽고군은 강화 연안인 염주(鹽州)에까지 진출하여 주둔했고 충청도를 거쳐 전라도 방면으로 남하했다. 그러나 이듬해인 1248년 초 고려가 사신을 파견하고 원의 황제 정종(定宗)이 죽으면서 몽고군은 고려에서 철수한다.[89)]

몽고의 5차 침략은 1253년(고종 40) 7월에 시작되었다. 그 원인 역시 고려 국왕의 친조와 같은 요구들을 고려가 계속 거부한 것이었다. 1249년(고종 36) 최우가 사망하고 그의 아들 최항(崔沆)이 집권했다. 그는 최우의 대몽 항전노선을 그대로 계승했다. 강화도에 중성(中城)을 새로 쌓아 방어태세를 더욱 강화했다. 또한 팔만대장경 판각작업을 완성하기에 이르렀다. 항몽정책은 변함이 없어 보였다. 1251년(고종 38) 뭉케(蒙哥)가 원의 황제에 즉위했다. 그가 원의 헌종이었다. 그는 즉위와 함께 고려에 사신을 파견해 고종의 친조와 개경 환도를 요구한다. 고려는 반응하지 않았다. 예쿠(也窟)가 이끄는 몽고군대가 1253년 7월 제5차 침략을 감행한다.[90)]

예쿠의 몽고군은 서경을 거쳐 남하해 중부 내륙의 요충인 동주(東州: 철원)의 산성을 함락시켰다. 이어서 춘주(春州: 춘천)를 공격한다. 안찰사 박천기(朴天器)가 이끈 고려군이 비장한 전투를 벌이며 강력히 저항했다. 하지만 9월 하순 성은 함락되고 몽고군은 처참한 도륙을 자행한다. 몽고군은 이어 양평군을 점령하고 원주를 공격했다. 그러나 방호별감 정지린(鄭至麟)이 원주를 지켜낸다. 한편 그해 8월 송주(松柱)가 이끄는 몽고군도 동북 변경에 나타나 남하하기 시작했다. 양주(襄州: 양양)가 함락되었으며 고려인들은 설악산과 같은 험준한 산속으로 피

---

89) 윤용혁, 1994, 204~205쪽.

90) 윤용혁, 1994, 205~206쪽.

신하거나 산성을 중심으로 몽고군에 저항했다.[91)]

예쿠의 몽고군은 10월 충주에 당도해 충주산성을 포위하고 집중공격한다. 하지만 충주 방호별감을 맡고 있던 김윤후가 충주민을 이끌고 저항하며 70여 일간 성을 사수한다. 김윤후에 대해서는 "일찍이 중이 되어 백현원(白峴院)에서 살았다"는 기록이 있는 것으로 보아 그의 신분은 천민이었을 것으로 추측되고 있다. 그는 앞서 언급한 바와 같이 1232년 12월 살리타가 2차 침략을 했을 때 지금의 용인 지역에 있는 처인성에서 승려들과 주민들을 이끌고 저항하여 살리타를 전사시키는 공을 세운 인물이다. 고려 조정은 이때의 공을 기려 김윤후를 고려군 전체에 8명밖에 없는 상장군(上將軍: 정3품)에 임명하려 했다. 김윤후는 이를 사양했지만, 정부의 잇따른 강청으로 충주 방호별감이라는 하급직(정7품) 임명을 받아들였다고 한다.[92)] 5차 침략에 나선 몽고군이 더 이상 남진하는 것을 저지한 것도 김윤후의 공이 컸다.

그러던 중 몽고 지휘부 안에서 내분이 일어난다. 예쿠는 소환령을 받아 1천 명의 기병을 데리고 먼저 철수한다. 나머지 몽고군도 12월 중순 충주성 공격을 포기하고 물러났다. 결국 5차 침략군도 1254년(고종 41) 정월 고려에서 철수했다.[93)]

5) 자랄타이가 이끄는 몽고군의 6차 침략(1254~57)

1254년 정월에 물러났던 몽고군은 같은 해 7월 자랄타이를 사령관으로 하여 고려에 6차 침략을 감행한다. 이 6차 침략은 자랄타이의 본진이 철수와 재침을 반복하면서 3년에 걸쳐 이어진다. 그 첫 고려 출정에서 자랄타이의 군대는 양평, 여주, 이천, 안성 등 경기 동부지역을 종단

---

91) 윤용혁, 1994, 206~207쪽.

92) 장학근, 『고려의 북진정책사』, 국방부 군사편찬연구소, 2004, 244~249쪽.

93) 윤용혁, 1994, 207쪽.

하여 충청도에 이른다. 진천(鎭川)에서 아전 출신〔吏族〕의 임연(林衍)이 이끈 주민들에게 격퇴당했다. 이어 9월엔 충주산성에서 고려군의 완강한 저항에 막힌 몽고군은 경상도로 방향을 틀었다. 상주(尙州)산성에서 승려 홍지(洪之)의 부대에게 대패한 후에도 몽고군은 대구를 거쳐 계속 남하한다. 12월 지금의 산청(山淸)을 거쳐 진주 부근까지 내려갔다. 몽고군이 경상도 남해안지역까지 이른 것은 이때가 처음이었다. 몽고군은 1255년 2월 하순 철수했다. 하지만 상당수 병력은 압록강 주변에 머물러 있었다.

그해 8월 고려를 재침한 자랄타이의 몽고군은 천안을 거쳐 남하하여 1256년 3월 전라도의 영광 등지에 집결한다. 그리고 정읍 혹은 장성(長城)에 위치한 입암산성(笠岩山城)을 포위공격했다. 그러나 고려군에게 참패했다. 하지만 이 무렵 몽고군의 전략에는 중요한 변화가 있었다. 과거처럼 내륙에서 공성전(攻城戰)을 주로 하던 데서 벗어나 해안의 섬들을 적극적으로 공략하기 시작한 것이다. 호서 연안과 전라도 해안지역에서 빈번한 해도(海島) 침공작전을 전개했다. 고려의 북계지역으로 일단 철수했던 자랄타이는 1257년(고종 44) 5월 다시 남하하여 세 번째 고려 침공을 시작한다. 특히 7월 하순 이후 강화도에 더욱 가까운 경기도와 서해도(西海道) 연안의 도서지역을 집중 공격했다. 강도 정부를 직접적으로 위협하는 전략이었다.[94] 강화도를 해륙으로 봉쇄하여 강도 정부의 인적·물적 자원을 고갈시키고 직접적인 군사적 위협을 가해 조속한 항복을 유도하려는 것이었다.[95] 민중이 겪는 고통도 더욱 가중되었다. 1254년 한 해 동안 자랄타이의 몽고군에게 포로가 된 고려 군민(軍民)의 수는 20만 6800명에 이르렀다.[96]

---

94) 윤용혁, 1994, 209~210쪽.

95) 장학근, 2004, 212쪽.

6) 화의론의 대두와 대몽 강화 시도

고려 강도 정부 안에서 대몽 화의론이 강력하게 대두한 것은 자랄타이의 몽고군에 의한 6차 침략이 수년에 걸쳐 지속되면서 강화도에 대한 군사적 압박이 전에 없이 강화되고 있던 1257년(고종 44) 무렵부터였다. 그해 윤 4월에 최항이 사망하고 그의 아들 최의가 집권한다. 그도 종래와 마찬가지로 반몽정책을 지속했다. 그러나 자랄타이가 재침하여 강화도 인근에 대한 군사 압박을 강화하고 있던 7월에 들어서서 고려 정부 고위 관리들 사이에서는 왕자를 파견하여 몽고의 요구에 응하자는 화의론이 크게 대두했다. 고종은 처음엔 이를 거부했으나 다시 최자(崔滋)와 김보정(金寶鼎)이 강력하게 재청함에 따라 대몽 화의 방침은 확정된다.[97)]

1257년 6월 29일 시어사 김식(金軾)을 안북부에 있던 자랄타이에게 보내 강화교섭을 벌인다. 약 1개월이 걸린 이 교섭에서 "고려 태자가 입조하며, 몽골군은 교전을 중지하고 철수한다"는 합의가 이루어졌다. 그 후에 고려는 "몽골군이 철수하는 즉시 태자가 입조한다"는 '선철군 후입조'(先撤軍 後入朝)의 조건을 제시했으며 몽고군은 이를 받아들인다. 몽골군은 9월에서 10월에 걸쳐 고려의 동북계와 서북계로 후퇴하여 고려의 약속이행 여부를 지켜보고 있었다.[98)]

7) 몽고의 7차 침략과 고려의 항복

1257년 9~10월의 몽고군 철군을 이끌어낸 강화교섭에서 몽고군 철수 조건으로 고려가 약속한 것은 태자의 입조였다. 하지만 몽고군이 철수한 후 고려는 그 약속을 이행하지 않았다. 같은 해 11월 26일 4품 이상이 모

96) 장학근, 2004, 208쪽.
97) 윤용혁, 1994, 210쪽.
98) 장학근, 2004, 212쪽.

인 문무관료 회의에서 고려 정부가 결정한 것은 '태자 입조' 대신 고종의 제2 왕자인 안경공(安慶公) 왕창(王淐)을 태자 대신 파견한다는 것이었다. 실제 12월에 왕창이 좌복야를 맡고 있던 최영(崔永)과 함께 몽골로 떠났다.[99] 이 같은 고려의 약속 위반에 몽고는 다시 자랄타이를 앞세워 침략을 단행한다. 이듬해인 1258년(고종 45) 5월이었다.

2개월 전인 1258년 3월 문신 유경과 무신 김준 등이 최씨정권 최후의 권력자인 최의를 살해하는 정변이 발생했다. 이로써 정권은 일단 국왕에게로 돌아갔고 무신정권은 종말을 고한다.[100] 최씨정권이 무모하게 계속하는 대몽 항전에 대한 고려 정부 안팎의 반대 여론이 유경과 김준이 최의를 살해하고 권력을 장악할 수 있었던 배경이었을 것이다. 그런데 최씨정권의 몰락 후에도 고려는 몽고가 요구한 태자 입조를 여전히 거부하고 있었다. 최의의 죽음이 곧바로 무신정권의 완전한 종말은 아니었다. 최의 사후 정권을 장악한 무신들의 대몽 인식 역시 몽고에 대한 완전 항복과는 거리가 있었다. 무신정권의 대몽 항전노선의 유산은 곧바로 청산되지 않았던 것이다.

그러한 사정은 이기백의 서술이 적절히 요약해준다. "김준은 비록 대세에 끌려서 강화를 적극적으로 거부하지는 못하였으나, 또한 강화 정책에 불만이 없지도 않았다. 김준을 죽이고 대신 정권을 쥔 임연에 이르러서는 강화에 대한 반대가 노골화하였다. 그리하여 드디어는 친몽정책을 수행하는 원종을 폐하기에까지 이르렀던 것이다. 무인정권의 유지와 항몽정책의 수행은 뗄 수 없는 관계에 놓여 있던 사실을 짐작할 수 있다."[101]

임연이 김준을 죽이고 원종을 폐하기에 이르는 사태는 훗날의 일이

---

99) 장학근, 2004, 212~213쪽.
100) 이기백, 1999, 171쪽.
101) 이기백, 1999, 171쪽.

다. 어떻든 그런 사정으로 고려는 태자의 입조를 여전히 거부하고 이에 자랄타이가 재침을 하게 된다. 한국 역사학계는 이때의 몽고 침략을 앞서 전개된 6차 침략의 계속으로 취급하고 있다. 이기백의 역사교과서가 몽골군 침략을 6차에 걸친 것으로 기술했으며,[102] 이 분야 전문학자인 윤용혁 역시 같은 분류 패턴을 보인다.[103] 국방부 군사편찬위원회가 발간한 장학근의 연구 역시 모두 6차에 걸친 것으로 기술하고 있다. 다만 장학근의 경우 6차 침략을 1254년에서 1264년까지 10년에 걸친 것으로 봄으로써 6차 침략의 지속기간을 더 길게 파악하고 있는 점이 다를 뿐이다.[104]

한국 역사학계가 이처럼 6차 침략과 7차 침략을 한 묶음으로 취급하는 이유는 몽고군 사령관이 자랄타이라는 동일 인물이라는 이유도 있을지 모르겠다. 그러나 자랄타이의 1차 고려 침공과 2차 사이에는 중요한 역사적 계기가 끼어 있다는 점을 고려하여 이를 구분할 필요가 있다고 본다. 고려의 화의 시도로 일단 타협이 되어 6차 몽고 침략군이 철수했다. 그러나 고려는 스스로 약속한 조건을 이행하지 않았다. 이 명백한 약속 불이행을 근거로 자랄타이의 재침이 이루어진다. 이 점을 고려할 때, 자랄타이에 의한 두 번째 침공은 앞서는 6차 침략과 구별되는 7차 침략으로 간주하는 것이 합리적이라 생각한다.

6차 침략과 7차 침략을 분리하지 않고 하나의 묶음으로 취급하는 한국 역사학계의 서술방식은 필자에게는 사소한 것으로 생각되지 않는다. 기존의 역사인식은 몽골의 6차 침략이 7차 침략으로 이어지며 전쟁이 길어지게 된 과정과 그 원인, 즉 고려 측의 약속 불이행이라는 외교행태와 같은 사태 전개의 계기들을 시기 구분의 중요한 기준으로 파

102) 이기백, 1999, 169쪽.

103) 윤용혁, 1994, 207~211쪽.

104) 장학근, 2004, 204~216쪽.

악하지 않는 것을 뜻한다. 그 대신 적장(敵將)이 6차와 7차에서 다같이 자랄타이로서 동일 인물이라든가, 또는 자랄타이가 이끈 몽골군이 6차 침략을 거둔 후 한반도에서 완전히 철수하기보다는 (고려 정부의 약속 이행 여부를 지켜보기 위해) 압록강 지역에 머물러 있다가 다시 침략해 온 점 등과 같이 적군의 동향과 전투행위의 전개양상에 비중을 둔 결과일 것이다. '전쟁 지속의 원인'보다는 '전투와 침략 행위의 연속성'에 기초하여 상대의 행위들을 하나의 묶음으로 간주한 것으로 생각된다. 이러한 차이는 그 시대의 전쟁과 평화의 전개라는 문제를 어떤 계기들을 중심으로 인식할 것인가라는 역사서술의 태도와 연관된 것이라 할 수 있다.

7차 침략에 나선 자랄타이의 몽고군은 그 군사행동 패턴에서는 6차 때와 유사했다. 강화도 연안의 지금의 파주, 통진, 김포 지역을 유린·약탈했다. 이렇게 강도를 위협하면서 태자의 출륙을 요구했다. 11월엔 몽고군의 다른 부대가 과거 동진(東眞)에 소속했던 군사들을 동원하여 명주(溟州: 강릉)를 공략했다. 이로써 고려의 동북면 방어체계가 와해되었다. 12월 동계의 화주 이북 15주(州)가 고려에서 이탈하면서 이 지역에 몽고가 쌍성총관부(雙城摠管府)를 설치하기에 이른다. 용진(龍津)의 조휘(趙暉), 정주(定州)의 탁청(卓靑) 등이 고려를 배반하고 몽고에 복속하면서 전개된 사태였다.[105)]

사태가 이 지경에 이르자 고려 정부는 마침내 태자의 입조를 받아들이기에 이른다. 1258년(고종 45) 12월 고려는 장군 박희실(朴希實)을 몽고에 사신으로 파견한다. 그는 도중에 자랄타이의 군영에 들러 고려 태자의 입조를 약속했다. 이에 자랄타이는 군사행동을 자제한다. 1259년(고종 46) 3월엔 백성들이 육지로 나아가 농사를 짓도록 했다.

---

105) 윤용혁, 1994, 210쪽.

고려 태자 전(倎: 훗날의 원종, 재위 1259~74)이 몽고를 향해 출발한 것은 그해 4월 하순이었다. 이세재(李世材)가 참지정사로, 김보정이 추밀원부사로 태자를 수행했다. 6월 말에는 고종이 사망했다. 7월에는 몽고 황제 헌종(뭉케)도 남송정벌에 나섰다가 앓게 된 병으로 사망한다.[106)]

8) 30년 장기 항전의 배경과 궁극적인 항복 이유

1231년에서 1258년까지 약 30년에 걸친 고려 정부의 장기 항전은 어떻게 가능했는가. 첫째, 무엇보다도 정치적 정통성이 아닌 무력에 의해 집권하고 있는 무신집단이 항복을 할 경우 고려 안에서 자신들의 위상이 붕괴할 수밖에 없다는 것을 잘 알고 있었다. 그들은 모든 힘을 기울여 최후까지 항전할 태세로 있었다. 고려가 건국 초기에 북진정책을 내세우며 거란과 갈등을 마다하지 않았지만, 고려는 점차로 외교를 통해 북방세력과 공존하는 법을 터득해간다. 고려가 거란과의 누차에 걸친 전쟁 후에, 여진이 세운 금과는 일찍이 그들에게 조공을 하며 고개를 숙였던 것도 그런 맥락에서 이해될 수 있다. 그러나 몽고라는 북방 외세에 대항한 13세기 고려의 장기 항전은 무신집단이 힘으로 집권한 내부의 정치권력구조와 깊은 관련이 있었던 것이다.

둘째, 몽고 침략군은 그 규모가 크지 않고 다소 산발적인 형태를 띠었다. 과거 수나라와 당나라, 그리고 거란의 요가 침략할 때 보통 수십만에 이르는 군사를 동원한 것과는 큰 차이가 있었다. 1차 침략 때 살리타가 거느린 군사력은 8천 명이었다.[107)] 역시 살리타가 이끈 2차 침략 때의 몽골군 병력규모도 기병(騎兵) 1만 명이었다.[108)] 1235년 3차 침략 때의 몽고군도 "빠른 기동력을 이용하여 소규모 유격기병(遊擊騎兵)을

106) 윤용혁, 1994, 211쪽.
107) 장학근, 2004, 179쪽.
108) 장학근, 2004, 187~188쪽.

고려 국내 깊숙이 침투시켜 전국을 초토화하고 정세를 혼란시키는 입체적 교란작전"에 중점을 두는 형세였다.[109] 1247~48년 아모간이 이끈 제4차 침략 때에도, 그리고 1253~54년 제5차 침략 때 몽고군 규모 역시 연구자들이 병력규모에 대해 별다른 언급을 하지 않을 정도로 그 이전의 규모와 전략 패턴에서 크게 벗어나지 않았다.[110] 1254년 자랄타이가 이끈 제6차 침략군 규모도 5천여 기에 불과했다.[111] 1255년 그가 이끈 몽골군 주력은 1천 기 정도였다.[112] 제7차 침략 때인 1258~59년 자랄타이가 이끈 몽고군 규모 역시 수천 기 정도의 기병대였다.[113]

당시 몽고의 주력군은 남중국에 여전히 버티고 있던 남송을 정벌하는 작업과 그 준비에 투입되어 있었다. 남송 정벌 이전에 고려와 같은 배후지들에 대해서는 최소한의 군사력을 동원하여 다소 산발적인 형태로 무력위협함으로써 항복을 받아낸다는 전략을 취하고 있었던 것으로 보인다.

셋째, 무신정권하의 고려 지배층이 강화로 도망가서도 전화에 시달리는 백성의 고혈을 짜내는 수취는 강화되었다. 그런 가운데서도 노비와 승려 등 사회 기층 민중이 강력하게 몽고 침략군에 저항했다. 최소한의 군사력으로 고려 전 국토를 초토화하면서 약탈과 잔학행위를 자행하는 몽골의 행태는 고려 민중의 자발적인 자위의지(自衛意志)를 불러일으켰던 것으로 보인다. 그러한 민중의 지속적인 저항이 가능했던 것 또한 몽고 침략군의 산발적인 군사행동 패턴과 무관하지 않을 것이다.

---

109) 장학근, 2004, 192쪽.
110) 장학근, 2004, 195~204쪽.
111) 장학근, 2004, 207쪽.
112) 장학근, 2004, 210쪽.
113) 장학근, 2004, 214쪽.

그러나 약 30년이 흐른 후인 1258년 말에서 1259년 초에 걸쳐 '태자의 입조'라는 핵심적인 조건을 수락하고 실천하면서 고려는 궁극적으로 항복했다. 오랜 항전 끝에 결국 고려가 항복을 하게 된 까닭은 다음 몇 가지로 요약해 볼 수 있다.

첫째, 가장 중요한 것은 강도 정권으로부터 고려 백성들의 이반(離叛)이 가속화하고 있었다는 사실이다. 그동안 장기항전이 가능했던 가장 궁극적인 근거는 고려 백성들이 몽고에 지속적으로 항전한 데 있었다. 강화로 도주하여 호화스런 생활을 누리는 지배층에 대한 충성이라기보다는 자위를 위한 민중의 저항이었다. 그러나 이러한 저항의식도 한계에 이르기 시작했다. 백성들 중에 고려 정부에 등돌릴 뿐 아니라 아예 고려 관원들을 죽이고 몽고에 투항하는 반부(叛附: 배반해 적에게 붙음) 사태들이 광범하게 확산되고 있던 것이 그것을 웅변한다.[114] 1259년 몽고가 쌍성총관부를 설치할 수 있었던 것도 그런 상황에서 가능했다. 이제 고려 정부는 몽고에 점령당하기 전에 고려 전토에서 백성들의 배반을 당할 수 있는 지경이 되어가고 있었다. 30년간 백성으로부터 고립되어 있던 고려 정부는 그 무엇보다 중대한 위기에 직면하게 된

---

114) 전쟁이 끝나갈 무렵인 고종 45년(1258) 하반기에서 고종 46년(1259) 초에 고려 백성들이 고려 관원들을 죽이고 몽골에 투항하는 반부사건들이 여러 건 발생했다. 1258년 9월 이천(伊川)의 광복산성(廣福山城)의 피난민들이 방호별감 유방재(柳邦才)를 죽이고 몽고병에 투항했다. 그해 12월 조휘의 반부사태가 있었으며, 같은 달 달보성(達甫城)의 백성들이 방호별감 정기(鄭琪) 등을 잡아서 몽고병에 항복했다. 1259년 4월에도 북계에서 역인(驛人)들이 고려군인 경별초(京別抄) 7인을 죽이고 몽고병에 투항한 일이 발생했다. 김위현은 이처럼 사서(史書)에 기록된 것은 일부에 지나지 않고 실제는 이보다 많이 빈발했을 것으로 본다. 몽고가 이들 고려 항민(降民)들을 한곳에 모아 하나의 주현(州縣)을 세운 것이 그것을 방증한다고 지적한다. 고려가 더 이상 몽고에 저항하기 어렵다는 판단을 백성들이 이미 하고 있었음을 드러내는 것이기도 하다는 것이 김위현의 평가이다. 김위현, 『고려시대 대외관계사 연구』, 370~371쪽.

것이다.

북경대 '한국학연구센터'에서 일단의 중국학자들이 펴낸 『한중관계사』는 『고려사』의 기록을 근거로 하여 이렇게 서술하고 있다. "국왕과 백관이 섬으로 피난간 것은 자신을 보호하는 역할만 할 뿐 내지(內地)의 군민을 지휘하여 몽고에 효과적인 저항 행동을 취할 수 없게 했다. 내지 군민들의 생명과 재산을 대가로 조정을 유지하는 국면을 조성했다. 고려 조정은 자신의 안전을 위해 내지로 올라오려 하지 않았을 뿐만 아니라 몽고 장령과 사신들에게는 허리를 굽신거리며 그들의 비위를 맞추면서 대량의 공물을 바쳤다. 고려 조정에서 내륙에 파견한 관원들은 평민들에게 가렴잡세를 가중시켜 조정의 총애를 받으려 했기 때문에 백성들의 고통이 심했다. 그래서 백성들은 오히려 몽고군이 오는 것을 좋아했다(『고려사』 권24, 고종 43년 2월)."[115] 강화도에서 파견된 고려정부의 탐관오리들을 쫓아주는 역할을 하는 몽고군이 오히려 반가울 지경이었다는 고려 내지 백성들의 정서를 『고려사』의 역사기록이 담고 있을 정도이니 그 사정을 가히 짐작할 만하였다.

둘째, 특히 6차 침략 이후 몽골군이 경기와 서해도 등 서해안지역을 봉쇄하여 강화도 고려 정부를 보다 직접적으로 위협했다. 고려 국토와 강화 사이의 연결을 보다 철저하게 차단하기 시작한 것이다. 그전까지는 고려정부는 섬에 숨어서도 계속 고려 국토에서 백성들이 생산한 재화에 대한 착취적인 수취를 계속할 수 있었다. 몽고군의 전략변화는 그러한 수취체계가 더 이상 가능하지 않게 될 것임을 뜻했다. 고려정부는 더 이상 버틸 수 없는 근본적인 위기의식에 빠질 수밖에 없었다.

셋째, 1258년 3월 최의가 살해되어 최씨 무신정권이 무너졌다. 30년을 버텨오던 대몽 항전의 중심세력이었던 무인들의 결속력과 항전의지

115) 장페이페이 외, 김승일 옮김, 『한중관계사』, 범우, 2005, 338쪽.

는 크게 무력화될 수밖에 없었다. 적어도 이 세 가지 요인들이 결합하면서 고려정부는 마침내 강화도 칩거를 포기하고 항복을 결행하게 된 것으로 볼 수 있다.

13. 제2 국면 시기 몽고 제국의 정치상황과 동아시아 경략

1) 오고타이 치세(1229~41)의 몽골 제국과 북중국

칭기즈 칸은 1227년 사망하기 전 생전에 셋째아들 오고타이를 후계자로 선택했다. 1229년 봄 케룰렌 강가에서 열린 몽골 귀족들의 대집회에서 칭기즈 칸이 선택한 오고타이의 대칸 즉위를 승인하는 의식이 열렸다. 오고타이는 그의 아버지가 지닌 천재성과 지배욕 그 어느 것도 물려받지 않았다. 하지만 아들들 중에서 가장 지적이었고 나름대로 훌륭한 감각과 끈기를 갖고 있었다. 르네 그루세는 오고타이를 이렇게 평한다. "그는 서툴고 게으르고 유쾌한 주정뱅이였으며 극단적으로 관대하고 대범했다. 술을 마시고 자기 방식대로 즐기기 위하여 절대 권력을 이용했다."[116]

오고타이 역시 칭기즈 칸과 마찬가지로 수도를 카라코룸으로 정한다. 그루세에 따르면, 카라코룸의 역사적 의미는 깊었다. 옛 흉노 시절부터 중세 전성기의 동돌궐에 이르기까지 돌궐-몽골 제국들의 '수도'가 오르콘 강 상류인 이 지역에 있었다. 8세기에 위구르 카간들도 카라코룸 근처에 있는 카라발가순에 오르두 발리크를 세웠다. 오르두 발리크란 '궁정도시'라는 뜻이었다. 칭기즈 칸이 세운 나라의 수도도 처음에는 오르두 발리크라는 이름으로 알려졌다고 한다. 카라코룸이나 그

116) 르네 그루세(René Grousset), 김호동·유원수·정재훈 옮김, 『유라시아 유목 제국사』, 사계절, 1998, 371~372쪽.

인근 지점인 카라발가순은 칭기즈 칸의 치세 때인 1220년 이후에 몽골 제국의 이론적인(공식적인) 수도였다. 하지만 카라코룸을 방어벽으로 둘러싸인 새 제국의 진정한 수도로 만들어낸 것은 오고타이였다. 1235년의 일이었다.[117)]

오고타이가 이끄는 몽골 제국의 동아시아 경영은 그가 신임한 야율초재(耶律楚材)의 영향으로 중국화되어간다. 야율초재는 '중국화한 거란인'이었다. 그는 순수한 군사정부의 틀을 벗어나 중국식 행정조직을 구축한다. 1230년의 일이었다. 제국 내의 한인(漢人)과 몽골인들에게 각각 합리적인 방식의 조세제도와 예산제도를 수립했다. 한인들은 가호별로 사정(査定)된 세금을 은, 비단, 곡식으로 내게 하고 몽골인들은 그들이 가진 말, 소, 양의 10퍼센트를 세금으로 내게 한 것이었다.

이것이 갖는 의미는 컸다. 그전까지 몽고가 정복한 중국 영토는 단지 무차별적인 약탈의 대상일 뿐이었다. 그러나 1230년부터는 몽골 관리들과 함께 중국 지식인 출신 행정요원들이 10개 지구로 나뉜 중국의 정복지를 관리하게 된다. 야율초재가 오고타이에게 말했다 한다. "제국은 말 위에서 건설되었지만, 말 위에서 다스릴 수는 없다." 오고타이는 몽골의 젊은 지도자들에게 유교 교육을 시키기 위해 북경과 황하 근처의 평양에 학교를 열고, 몽골 행정사무를 위해 막대한 수의 한인들을 채용했다.[118)] 몽골 제국은 비로소 약탈체제에서 경영체제로 전환하게 된다.

오고타이는 이러한 체제정비를 바탕으로 많은 정복사업을 벌였다. 여진이 세운 금을 1234년 멸망시키고 이어서 북중국 전체를 점령한 것은 오고타이 군대의 업적이었다. 그 몇 달 전에 지금의 남만주지역인

117) 르네 그루세, 1998, 372쪽.
118) 르네 그루세, 1998, 372~373쪽.

요양(遼陽: Liao-yang)의 퉁샤국(state of Tung Hsia)을 굴복시켜 요동을 포함한 남만주를 차지한 것도 그들이었다.[119] 1237년에는 오고타이의 명령으로 칭기즈 칸 직계 네 세력의 대표자들이 연합하여 이끄는, 몽골인뿐 아니라 터키인과 페르시아인들까지 참여한 15만 명의 군대가 러시아를 정벌한다. 볼가 강을 건너서 1238년 3월 모스크바를 점령했다. 그해 12월엔 키예프까지 진출했다. 몽골인들이 고려의 왕을 굴복시켜 조공을 바치게 한 것도 같은 1238년이었다. 1241년 몽골 군대는 폴란드를 점령하여 사람들을 학살하고 그들의 귀 한쪽을 모아서 9개의 커다란 가방에 가득 담았다. 이어 헝가리를 향해 남쪽으로 진군했다. 하지만 유럽에게는 다행히도 1242년 초 몽골 군대는 회군하지 않으면 안 되었다. 오고타이가 1241년 12월 11일 사망했기 때문이다. 오고타이의 죽음이 유럽을 구한 것이 되었다.[120]

2) 오고타이 사후 몽고 제국의 권력투쟁과 동아시아

오고타이는 생전에 자신의 후계자를 셋째아들 쿠추로 생각했다. 하지만 쿠추는 1236년에 남송과의 전쟁에서 전사하고 만다. 그후 오고타이는 아직 매우 어렸던 쿠추의 아들 시레문(Siremuün)을 후계자로 선택한다. 오고타이가 죽은 후 몽골 제국의 대권은 일단 오고타이의 황후로서 정력적인 여성이었던 카툰 투르게네에게 넘겨졌다. 그녀는 섭정을 맡아 대권을 행사했다. 투르게네는 메르키드 사람이라는 설도 있고 나이만 사람이라는 설도 있다. 투르게네는 시레문 대신 자신의 아들 구육이 대칸이 되기를 바랐다. 그 준비를 하기 위해 자신이 섭정하는 기간을 1246년까지 연장했다.[121]

---

119) Rossabi, 1988, pp.9~10.

120) Rossabi, 1988, p.10.

121) 르네 그루세, 1998, 388쪽.

마침내 구육은 1246년 8월 24일 대칸의 자리에 오른다. 그는 대칸의 자리에 오를 때 조건을 내걸었다. 이제 몽골 제국의 대권은 자신의 후손들에게만 상속되어야 한다는 것이었다. 모든 몽골 왕자들은 모자를 벗고 허리띠를 풀었으며 구육을 황금 대좌에 앉히고는 그를 '카간'이라 칭하며 경의를 표했다. 참석한 모든 사람은 아홉 번 절을 하며 새 군주에게 충성을 맹세했다. 하지만 구육은 주색에 지나치게 탐닉했다. 칭기즈 칸 일족의 다른 지파들이 독립하려는 경향을 보였고 구육은 이들을 저지하려 했다. 1248년 칭기즈 칸의 장손(長孫)에 속하는 바투와 싸우게 되었다. 하지만 싸우기도 전에 구육은 1248년 3~4월 겨우 마흔세 살의 나이로 요절하고 말았다. 만일 구육이 이때 죽지 않았더라면 유럽이 위험했을 것이라고 르네 그루세는 말한다. 구육은 기독교왕국을 복속시킬 꿈을 갖고 있었던 것으로 믿어지기 때문이다.[122]

구육이 죽은 후 몽골 제국의 권력은 칭기즈 칸의 막내아들 툴루이의 가문으로 넘어간다. 그것은 곧 몽골 제국의 주력이 중국 정벌로 이동하는 것을 뜻했다. 툴루이의 아들 뭉케와 그의 아우 쿠빌라이 모두 중국제패를 주요 목표로 삼고 있었다.[123] 하지만 툴루이의 가문이 권력을 장악하기 전까지는 아직 시간이 더 필요했다. 구육이 죽자 그의 황후 오굴 카이미시가 섭정의 지위를 차지한다. 카이미시는 대권을 이어받을 자는 구육의 조카인 시레문이 아니면 구육과의 사이에서 자신이 낳은 아들 호자(Khoja)이기를 원했다. 그러나 구육이 죽은 후 그가 축출하려 했던 바투는 칭기즈 칸 가문의 장로로서 영향력을 갖고 있었다. 바투는 구육이 속해 있는 오고타이 가문을 축출하고자 했다.

바투는 죽은 툴루이의 아내이자 뭉케와 쿠빌라이의 어머니인 소르가

---

122) 르네 그루세, 1998, 390, 393~394쪽.

123) 르네 그루세, 1998, 394쪽.

크타니 베키(Sorghaghtani Beki)와 연합했다. 아마도 이 연합의 주역은 소르가크타니였던 것으로 보인다. 그녀는 바투를 설득하여 자신의 큰아들 뭉케를 대칸으로 만들도록 했다. 오고타이와 차가타이의 가문들이 초청을 거부하고 참석하지 않은 쿠릴타이(귀족회의)에서 바투는 자신의 동생 베르케를 앞세워 뭉케의 대칸 지명을 강행했다. 케룰렌의 쿠데에아랄에서 개최된 쿠릴타이에서 1251년 뭉케가 대칸으로 선언된다. 몽골 제국의 권력은 오고타이 가문에서 툴루이 가문으로 명백하게 이동한 것이었다.[124)]

이것은 하나의 쿠데타였다. 원인의 하나는 오고타이 가문의 왕자들은 모두 어린데다 평범한 인물들이었던 데 비해서 뭉케는 강하고 비범한 인물이었다는 사실이었다. 여기에다 또한 칭기즈 칸 가문의 장손이자 그 최고참자였던 바투가 오고타이 가문에 속했던 구육과 원수가 됨으로써 권력투쟁의 방향이 그렇게 흘러갔던 것이다. 쿠릴타이가 끝나갈 무렵에 시레문을 포함한 오고타이 가문의 왕자들이 몰려온다. 새 대칸에게 충성을 맹세하려는 것처럼 꾸몄지만 뭉케를 기습적으로 붙잡아 폐위시키려는 음모가 있었다고 한다. 그들의 계획은 발각되었다. 수행원들은 무장해제당했다. 뭉케는 섭정을 했던 오굴 카이미시의 옷을 벗겨 심문한 후 자루에 넣고 꿰맨 후 물에 빠뜨려 죽였다. 시레문 역시 물에 빠뜨려 죽였다. 카이미시의 아들 호자는 카라코룸 서쪽으로 추방된다. 차가타이 가문의 우두머리 격이었던 '이수 뭉케'도 사형에 처해졌다. 차가타이의 다른 손자 부리도 바투에게 넘겨져 처형된다. 몽골 제국의 권력은 완전히 툴루이 가문의 것으로 되었다.[125)]

1251년 바투의 결정적인 도움으로 대칸의 자리에 오른 뭉케는 그 대

---

124) 르네 그루세, 1998, 394~396쪽.

125) 르네 그루세, 1998, 396~397쪽.

가로 재물을 요구한 바투의 요구를 단호히 거절했다. 다만 사람이 눈이 두 개라는 점을 지적하면서 이시쿨 북쪽 알라타우 지역을 경계로 몽골 세계를 둘로 나누어 그 서쪽을 바투가 독립적으로 지배하는 것을 인정한다. 하지만 1255년 바투가 사망함에 따라 뭉케는 실질적으로 몽골 세계의 유일한 지배자가 된다.[126)]

칭기즈 칸의 네 아들 중에서 셋째아들 오고타이가 대칸으로 되었음에도 결국엔 막내아들이자 알코올 중독자인 툴루이의 자손이 대중화제국을 건설하고 그것을 기반으로 몽고 제국 전체의 최고 지도자들이 된 데에는 정치역학적으로 보자면 바투의 역할이 중요했다. 하지만 역사가들은 툴루이의 아내이자 쿠빌라이의 어머니인 소르가크타니라는 여성의 역할을 주목한다. 그녀는 예외적인 지성과 능력의 소유자로 묘사되어왔다.

그녀의 네 아들은 장차 모두 몽골 제국의 훌륭한 지도자들로 성장한다. 큰아들 뭉케는 1251년부터 1259년 사망할 때까지 칸들의 칸인 카간(Khaghan)이었다. 둘째아들 쿠빌라이도 형 뭉케를 이어 1260년에서 1294년까지 카간의 지위에 있었다. 셋째아들 훌레구(Hulegu)는 중동과 페르시아 지방을 지배하고 있던 아바스 왕조를 파괴하고 페르시아에 자신의 왕조를 세웠다. 막내아들 아릭 부케(Arigh Boke)는 몽고 본토를 지배한다.[127)]

당시 세계 어느곳에서든 소르가크타니 베키의 동시대인들은 그녀를 그 시대의 가장 탁월한 여성으로 인식했다고 한다. 페르시아의 역사가 라시드 알딘이 쓰기를 "그녀는 이 세계 모든 여성들 중에서 가장 지적이고 유능하며 가장 높은 곳에 있다"고 썼다. 바르 헤브라우스라는 한

126) 르네 그루세, 1998, 398쪽.

127) Rossabi, 1988, p.11.

히브루인 의사는 어떤 시인이 이렇게 말한 것에 동의했다. "여성들 중에서 이런 여성을 또 하나 볼 수 있다면 여성은 남성보다 훨씬 우월하다고 말하지 않으면 안 될 것이다." 칭기즈 칸이 케레이트 부족을 정복했을 때, 그 부족의 지배자 옹 칸(Ong Khan)에게 질녀(姪女)가 있었다. 칭기즈 칸은 자신의 막내아들 툴루이와 그녀를 결혼시켰다. 그녀가 소르가크타니 베키였다.[128)]

몽골 제국 안에서의 권력투쟁 결과는 무엇보다도 중국을 포함하여 한반도와 베트남을 포함한 동아시아 세계 전반의 운명에도 중요한 전환점이라 할 수 있었다. 일종의 유럽 중시노선에서 동아시아 경략에 집중하는 노선으로 몽골 제국의 세계전략 중심이 이동한 것이었기 때문이다.

3) 뭉케 시대(1251~59)의 몽고 제국

대칸이 되었을 때 뭉케의 나이는 43세였다. 그루세는 뭉케가 몽골 대칸들 가운데 칭기즈 칸 다음으로 뛰어난 인물이었다고 서술한다. "말이 없고 탐욕을 증오했으며 유일한 오락이라고는 사냥뿐"이었다고 한다. "엄격하면서도 공정한 통치자"였고, "고지식하지만 지적인 정치가이자 훌륭한 군인이었다"는 것이다. 뭉케는 그의 후계자가 되는 쿠빌라이와 함께 "자신의 종족적 특성을 포기하지 않고 통치구조를 강화하여 몽골 제국을 위대하고 질서정연한 나라로 만들었다"는 것이 그루세의 주장이다.[129)]

1250년대 초부터 몽고는 극동 한반도의 고려에 대해서도 정복전쟁을 강화한다. 몽골 제국의 권력투쟁에서 뭉케가 승리하여 통치체제를

128) Rossabi, 1988, p.12.
129) 르네 그루세, 1998, 398쪽.

정비하고 중국 정벌전쟁을 재점화한 것과 관계가 있었다. 1241년 오고타이가 죽은 후 몽고의 정복전쟁은 주춤하여 휴지기로 들어갔다. 뭉케가 대칸이 되면서 상황이 달라졌다. 1253년 오논 강의 발원지에서 열린 쿠릴타이에서 두 가지가 결정된다. 뭉케의 동생 훌레구로 하여금 바그다드의 칼리프 왕조를 복속시켜 페르시아와 메소포타미아, 그리고 시리아에 대한 정복을 완수한다는 것이 그 하나였다. 다른 하나는 바로 뭉케의 또 다른 동생인 쿠빌라이와 함께 송 제국에 대한 공세를 새롭게 전개하려는 계획이었다. 뭉케는 몽골군의 힘의 분산을 막으면서 모든 주의를 중국 문제에 기울였다. 그 구체적인 과업을 쿠빌라이가 맡았다. 마침 쿠빌라이는 개인적인 취향에서 중국문명에 깊이 빠져 있었다. 그래서 중국 경략에 뭉케보다 더한 열정을 갖고 있었다. 뭉케는 막 대칸이 되었을 때인 1251년 이미 정복된 중국 땅에 대한 통치를 쿠빌라이에게 맡기고 하남(河南)을 속령으로 주었다. 여기서 하남이란 황하의 옛 하도(河道)와 양자강 사이에 놓인 모든 지역을 포함하고 서쪽 경계가 동경 110도 지역까지 미치는 광활한 영토였다.[130)]

몽골 제국은 광활한 반면 남송은 위축되고 수세적인 위치에 있었다. 그러나 남송의 존재 자체는 몽골 제국과 그 안정에 지속적이고 엄중한 위협이었다. 북중국의 중국 민족주의 세력은 남쪽에 여전히 살아 있는 국가를 중심으로 단결해 있었다. 때문에 남송의 존재는 북중국에 대한 몽골 통치에도 심대한 위협이었다. 남송이 살아 있다는 것은, 중국 전역의 중국인들에게 몽골 통치에 적응하는 것 외에 다른 대안이 있음을 지속적으로 상기시켜주고 있었다. 뭉케는 남송 정벌을 가장 중대한 목표로 정했다. 이 사업에서 핵심적인 역할을 쿠빌라이에게 맡겼다.[131)]

130) 르네 그루세, 1998, 408~409쪽.

131) Rossabi, 1988, p.43.

쿠빌라이가 남송 정벌사업에 본격적으로 나선 것은 1252년 10월이었다. 그의 할아버지인 칭기즈 칸에게는 위대한 두 장군이 있었다. 제베(Jebe)와 수에베테이(Suübe'tei)였다. 쿠빌라이의 남송 정벌에는 수에베테이의 아들 우량카다이(Uriyanqadai)가 동행했다. 이때의 작전은 남송에 대한 정면 공격이 아니라 남송의 측면을 공략하는 것이었다. 섬서성에서 출발한 쿠빌라이의 군대는 당시는 중국의 영토가 아니었던 운남으로 향했다. 운남은 8세기 이래 중국인들이 태족(泰族)으로 부른 타이(Thai)인들이 거주하고 있었다. 이들을 지배한 것은 '대리'(大理) 또는 '남조'(南詔)로 불리는 비중국계 왕국이었다. 수도의 이름도 대리였다. 이 왕국은 첩첩산중인 지세(地勢) 덕분에 독립을 유지하고 있었다. 쿠빌라이는 이들의 수도 대리를 빼앗는다. 대리의 국왕 단흥지(段興智)는 운남의 선천으로 피신했다. 쿠빌라이는 선천도 함락시켜버렸다.[132]

쿠빌라이가 운남의 대리 왕국을 함락시킨 다음 이 나라에 대해 취한 조치는 훗날 그의 몽골 제국이 고려에게 취한 조치와 맥락이 통하는 바가 있다. 그는 대리 국왕에게 왕위를 유지하도록 허락한다. 다만 그의 곁에 귀화 중국인 유시중(劉時中)을 '몽골' 행정관으로 배치한다. 그리고 운남 전역에서 옛 왕조는 유지하면서도 그것을 여러 개의 몽골 군구(軍區)들로 분할했다.[133]

쿠빌라이의 명에 따라 우량카다이는 티베트를 공격하여 그 주변 세력들이 몽골의 종주권을 인정하도록 만들었다. 우량카다이가 하노이에 수도를 둔 안남(安南) 왕국을 공격한 것은 1257년이었다. 그해 12월 우량카다이는 운남을 떠나 통킹 평야로 내려와 하노이를 약탈한다. 이

132) 르네 그루세, 1998, 14, 409쪽.
133) 르네 그루세, 1998, 410쪽.

듬해인 1258년 3월 안남 국왕 진태종(陳太宗: 쩐타이똥)은 몽고에 항복하여 군신관계를 맺었다.[134]

14. 몽고·고려 관계의 제3 국면(1259~1355): 조공·책봉관계의 성립

1) 뭉케의 죽음과 쿠빌라이의 즉위

고려가 마침내 항복하여 몽고가 주도하는 동아시아 질서에 편입되는 시기인 1250년대 말에서 1260년대 초의 시기는 몽고가 중국 전역을 장악하기 위해 남송 정복에 전력투구하던 시기였다. 1257년까지는 뭉케는 송나라 정벌사업의 주도권을 쿠빌라이에게 맡기고 있었다. 그러나 1258년 9월 몽골에서 열린 쿠릴타이에서 뭉케는 대송전쟁의 지휘권을 자신이 직접 담당하기로 결정한다. 그해 10월 뭉케는 몽골군의 주력을 자신이 지휘하면서 섬서성을 떠나 사천을 거쳐 12월경엔 보녕(保寧)을 점령했다. 하지만 1259년 8월 11일 뭉케가 갑자기 사망한다. 합주(合州)에 대한 공성전(攻城戰)을 벌이던 중에 걸린 이질로 그 도시 부근에서 죽은 것이다.

그 무렵 쿠빌라이는 자신의 본거지인 하북에서 내려와 양자강 중류에 있는 한구(漢口)의 맞은편에 위치한 무주(武州: 오늘날의 무창)를 포위하여 공격하고 있었다. 또한 1257년 말 통킹에서 운남으로 돌아와 있던 우량카다이는 운남을 떠나 광서지역으로 가서 계림을 공격한 다음, 장사를 포위하기 위해 호남지방으로 가고 있었다. 뭉케가 죽을 무렵 송 제국은 서로부터는 뭉케의 군대, 북에서는 쿠빌라이의 군대, 그리고 남에서는 우량카다이의 군대에게 포위되어 있는 형국이었다. 뭉케가 죽자 쿠빌라이는 대칸 계승문제를 먼저 해결하기 위해 서둘러서 송

---

134) 르네 그루세, 1998, 410쪽.

나라 대신 가사도(賈似道)와 양자강을 경계로 정전협정을 맺었다. 그리고 하북으로 돌아간다.[135)]

뭉케의 죽음으로 송 정복은 약 20년이 늦추어지게 된다. 뭉케의 시신은 몽골리아 동북부로 옮겨져 그곳에서 그의 아버지 툴루이, 그리고 할아버지 칭기즈 칸의 무덤들 옆에 묻힌다. 중동에서 시리아 국경까지 영토를 확장하고 있던 뭉케의 또 다른 아우 훌레구도 더 이상의 전진을 멈추고 몽고로 돌아갔다. 대칸 계승자를 결정하는 쿠릴타이에 참가하기 위해서였다. 오고타이의 죽음과 함께 동유럽에 대한 몽골 제국의 팽창이 중단되었듯이, 뭉케의 죽음은 중동과 소아시아(Asia Minor)에서 제국의 팽창을 중단시켰다. 몽고가 중동을 경략할 기회는 이후 다시 찾아오지 않는다. 훌레구가 떠나면서 중동에 남겨둔 케드 부카(Ked Bukha)의 군대는 이슬람 세력에게 결정적인 패배를 당한다. 이것은 13세기에 몽골 군대가 당한 첫 패배로 기록된다.[136)]

몽골 제국의 대칸 승계에 관해서는 쿠릴타이를 소집해 결정한다는 것 외에는 특별히 정해진 원칙이 없었다. 계승문제가 생길 때마다 몽골 제국이 혼란을 겪는 원인이었다. 더 강한 군사력이라는 벌거벗은 힘의 우위가 승자를 결정했다. 특히 대칸 승계를 원하는 강력한 후보들이 둘 이상일 때 대립과 혼란은 불가피했다. 1251년 뭉케의 대칸 계승은 칭기즈 칸의 장손(칭기즈 칸의 큰아들의 아들)인 바투와 칭기즈 칸의 넷째(막내)아들 툴루이의 미망인인 소르가크타니의 연합으로 이루어진 것이었다. 따라서 칭기즈 칸의 둘째아들 차가타이와 셋째아들 오고타이의 집안은 소외되어 있었다. 이들은 재기의 기회를 노려왔다. 뭉케의 죽음과 함께 그 기회가 왔다.[137)]

135) 르네 그루세, 1998, 410~411쪽.
136) Rossabi, 1988, pp.46~47, 55.

하지만 이미 몽골 제국의 실권을 장악하고 있는 것은 툴루이 집안 형제들이었다. 뭉케는 죽었지만 그의 세 동생들이 몽골 제국의 주요 영역들을 장악하고 있었다. 뭉케의 큰동생 쿠빌라이는 북중국의 지배자였다. 둘째동생 아릭 부케는 몽골 본토를 장악하고 있었다. 막내동생 훌레구는 서아시아를 차지하고 있었다. 그래서 대칸 계승경쟁 역시 툴루이 집안 내부에서, 그리고 주로 쿠빌라이와 부케 사이에서 전개되었다. 따라서 소외감을 느끼고 있던 다른 집안 세력, 즉 오고타이 집안과 차가타이 집안은 부케 휘하에 모여들어 그를 지지함으로써 권력다툼에 참여하는 꼴을 택했다. 오고타이의 손자 두르치(Durchi)와 차가타이의 손자 알구(Alghu)는 부케를 지지했다. 러시아의 몽골 지배구역을 가리키는 '골든 호드'(Golden Horde)를 통치하고 있던 베르케(Berke)도 부케를 지지했다. 뭉케 정부에서 가장 영향력 있는 재상이었던 볼가이(Bolghai)도 부케를 지원했다.[138)]

부케와 쿠빌라이의 대권경쟁은 단순한 권력다툼만은 아니었다. 몽골 제국이 문명권을 정복하고 지배하게 되면서 제국 내면에 새로운 종류의 긴장이 발생했다. 그것이 대권다툼을 통해 전면에 부상했다. 부케는 여전히 농경세계보다 유목세계를 우선시했고, 전통적인 몽골 관습과 가치를 고집했다. 그는 농경문명에 대한 동경(憧憬)이 자라고 있는 몽골 제국의 내면에서 상실감과 고립감을 느끼고 있던 보수적인 세력들의 지도자로 행동했다. 훌레구는 부케와 달리 쿠빌라이에 대항하기보다는 그를 지지하는 쪽이었다. 훌레구가 쿠빌라이를 지원한 이유는 무엇일까. 쿠빌라이와 훌레구는 부케와 달리 각각 중국과 서아시아라는 고대 농경문명권을 경영한 경험에서 서로 통했기 때문이라고 로사비는

137) Rossabi, 1988, p.47.

138) Rossabi, 1988, pp.47, 50~51.

추정한다. 부케와 그를 지지하는 보수세력들에게 쿠빌라이와 훌레구는 가장 위험한 세력이었다. 두 사람은 중국과 페르시아의 문명권에서 대부분의 시간을 보내면서, 이들 문명사회 지식인들의 자문과 조력을 받아 통치하고 있었다. 쿠빌라이와 훌레구의 그 같은 변화를 목격하고 위기감을 느낀 보수적인 몽골 세력은 아릭 부케를 중심으로 뭉치고 있었다.[139)]

부케는 음모를 꾸몄다. 몽고에서 열리는 뭉케를 위한 추도식에 참석하도록 쿠빌라이에게 초청장을 보낸 것이다. 쿠빌라이는 음모를 눈치챘다. 부케의 영역인 몽골 땅에 도착하는 순간 억류되고 말 것을 예상하고 초청을 거절한다. 쿠빌라이를 함정에 빠뜨릴 방도가 없다고 판단한 부케는 전쟁을 준비한다. 1260년 봄 쿠빌라이가 개봉(開封)에 도착하자, 그를 지지하는 제국의 황족들 다수가 그에게 몽골 제국의 지도권을 장악할 것을 촉구한다. 그해 5월 5일 서둘러 소집된 쿠릴타이에서 쿠빌라이가 대칸으로 선출된다. 대칸 계승을 위한 쿠릴타이는 그 전에는 모두 몽고나 중앙아시아 지역에서 열렸지만 이번에는 북중국에서 열렸다. 이로 인해 이 쿠릴타이와 거기에서 선출된 쿠빌라이의 정통성은 끊임없이 도전을 받게 된다.[140)]

몽골 제국의 대칸이자 중국의 황제를 자처하게 된 쿠빌라이에 대한 부케의 도전은 곧 본격화했다. 중국에 동화된 듯 보인 쿠빌라이를 경계하는 보수적인 몽골 세력의 지지를 배경으로 부케는 1260년 6월 또 다른 쿠릴타이에서 대칸으로 선출된다. 몽골 세계의 왕실 전체로 보면 부케를 지지하는 세력이 더 많았다. 쿠빌라이가 의지할 수 있는 것은 페르시아의 칸인 훌레구가 유일할 정도였다. 전쟁은 시작되었고 그 전쟁

139) Rossabi, 1988, pp.47~48.

140) Rossabi, 1988, pp.51~52.

초기에 훌레구는 베르케의 도전으로 위기에 빠진다. 결국 이 전쟁에서 쿠빌라이가 의지할 수 있는 것은 중국의 인적·물적 자원뿐이었다. 쿠빌라이의 전략은 부케가 농경세계의 자원을 활용할 수 없도록 하는 것이었다. 몽골 초원의 카라코룸에 본부를 둔 부케는 그의 군대를 위해 농경세계로부터 많은 물자조달이 필요했다. 그 통로를 차단하는 것이 쿠빌라이의 주요 전략이었다.

부케에게는 베시발릭(Besh Baliq)이 수도인 위구르 영토와 중국 북서부의 옛 탕구트 영토들이 그 주요 물자 공급처였다. 쿠빌라이는 이들 지역에 부케의 세력이 더 이상 접근하지 못하도록 막았다. 북중국과 중앙아시아의 물자생산 및 공급처들을 이용할 수 없게 된 부케 세력에게 생존을 위해 남겨진 유일한 물자 공급처는 카라코룸의 북서쪽에 있는 예니세이 강 상류지역이었다. 부케의 물적 토대의 한계는 특히 1260년 가을 이후 분명해진다.[141]

부케와의 싸움에서 쿠빌라이가 승리한 궁극적인 토대는 그의 본거지로 된 북중국이 가진 풍부한 물산과 인적 자원이었다. 그는 이것을 잘 인식했다. 중국의 물적·인적 자원의 효과적 동원을 위해 중국 지식인들의 자문을 받았다. 그는 과거 중국 황제들과 다를 바 없는 방식으로 중국인들에게 협력과 지원을 호소했다.[142] 1260년 말 중국 북서부에서 전개된 전쟁에서 쿠빌라이는 부케를 크게 이긴다. 이 전쟁에서 큰 공을 세운 자는 중국인 유학자 린시셴(Lien Hsi-hsien)이었다.[143] 이후에도 부케의 도전은 수년간 더 계속된다. 1262년 차가타이 가문의 왕자 알구가 부케 편에서 쿠빌라이에게 망명한다. 이를 계기로 쿠빌라이는 카라

---

141) Rossabi, 1988, pp.55~57.
142) Rossabi, 1988, pp.55~56.
143) Rossabi, 1988, pp.57~58.

코룸을 점령했다. 1264년 부케는 마침내 쿠빌라이에게 항복한다. 쿠빌라이는 부케를 사면하고 대신 포로로 잡아둔다. 볼가이를 비롯한 부케의 지지자들은 처형했다.[144] 1265년 훌레구가 죽었지만, 부케의 동맹자인 베르케, 그리고 알구도 그 이듬해에 죽었다. 아릭 부케 역시 병이 들어 1266년 초 사망한다. 이로써 쿠빌라이를 가장 괴롭히던 도전이 사라졌다.[145]

몽골 정치사의 맥락에서 부케와 쿠빌라이의 대결은 몽골 본토에 근거지를 둔 본지파(本地派)와 중국에 본거지를 두게 된 한지파(漢地派)의 갈등으로 설명된다. 이 관점에서 쿠빌라이의 승리는 곧 한지파의 승리였다. 몽골 제국이 중국의 정복왕조로 성격이 변화한 것을 또한 의미했다. 몽골 제국이 중국의 법과 제도들을 갖고 중국을 통치한다는 이른바 '이한법 치한지'(以漢法 治漢地)의 중국 지배전략을 채택한 것도 한지파의 승리와 뗄 수 없는 관련을 가진 것으로 이해된다. 그간 한국학계에서 있었던 일반적인 해석이다. 이 관점에서는 중국이 주변 국가들과 조공·책봉관계를 채택했던 전통을 따라서 쿠빌라이의 몽골 제국이 고려에 대해서도 조공·책봉관계를 채용한 것은 자연스런 일이 된다.[146]

쿠빌라이의 중국 정복왕조인 원을 '중국의 왕조'로 보아서는 안 되고 러시아와 중동을 포함한 전체 몽골 지배지역을 망라한 지역을 가리킨다고 보는 관점도 있다. 대원(大元)이라는 국호도 그 전체를 아우르는 '대몽골국'의 한자식 표현일 뿐이라는 것이다.[147] 그런 관점에서는 중

---

144) 르네 그루세, 1998, 413~414쪽.

145) Rossabi, 1988, p.62.

146) 이익주, 2006, 172쪽.

147) 김호동, 「몽골제국사연구와 '집사'(集史)」, 『경북사학 25』, 2002, 345~346쪽; 이익주, 2006, 172~173쪽.

국을 중심에 둔 원조(元朝)보다 더 광대한 유라시아 대륙 전체에 몽골 제국의 중심이 놓여 있다는 얘기이고, 원조의 통치영역은 몽골 제국 전체의 질서에서는 하위단위의 하나로 되고 만다. 그 안에서 제국과 속국 사이의 관계도 전형적인 중국적 조공책봉체제보다는 정복자로서의 몽골적 전통이 더욱 중요한 요소로 파악되지 않으면 안 된다. 따라서 몽골과 고려의 관계도 중국이 전통적으로 채용한 조공·책봉관계로서 설명하기 곤란해진다.

이익주는 그러한 관점이 아직 설득력이 부족하다고 밝힌다. 원조와 몽골 제국의 다른 통치영역들 사이의 관계가 명확하게 해명되어야 하는데 아직 그렇지 못하다고 본다. 또 고려인들은 몽골을 철저하게 중국 왕조로서 인식하고 있었다는 점도 주목한다. 그래서 이익주는 쿠빌라이의 원나라를 중국의 왕조로서 이해하는 것이 여전히 학계의 일반적 인식이라고 말한다.[148)]

주원장(朱元璋)이 1368년 한족(漢族) 민족주의를 주창하며 명을 건국하고 몽골 제국을 멸망시킨다. 하지만 명 태조 주원장은 나중에 역대 제왕을 모신 묘에 한, 당, 송의 창업주와 함께 원을 건국한 쿠빌라이의 위패도 공식적으로 안치하여 제사지내도록 하였다.[149)] 중국 역사에서 원이 중국왕조로서 인식되었는가라는 문제와 관련해서 흥미로운 사실이 아닐 수 없다.

르네 그루세는 쿠빌라이의 중국 정복 왕조에 대해 '중국의 몽골 왕조'라는 표현을 사용했다.[150)] 또한 그가 그려낸 '쿠빌라이 일족 치하에서의 중국의 몽골 제국'이라는 지도에서 '몽골 제국'의 영역은 중국

---

148) 이익주, 2006, 173쪽.

149) 레이 황(黃仁宇), 홍광훈·홍순도 옮김, 『중국, 그 거대한 행보』, 경당, 2002, 296쪽.

150) 르네 그루세, 1998, 412쪽.

을 중심으로 하고 있다. 그 북쪽 경계선은 몽골 초원을 포함하는 바이칼 호와 오논 강 유역이다. 서쪽 경계선의 맨 윗쪽은 예니세이 강 유역에까지 이른다. 하지만, 중앙아시아의 베시발리크와 투르판은 제외되어 있고 티베트도 제외되어 있다. 카이두의 울루스(지배영역)와 차가타이의 울루스도 몽골 제국의 영역에서 제외되어 있다. 즉 그루세에게 쿠빌라이의 몽골 제국은 당시 몽골인의 지배권이 미치던 유라시아 전역을 가리키는 것이 아니라 중국을 중심으로 몽골 초원과 만주를 포함하고 사주와 하미, 탕구트 지역 등 중국의 서북부 변방을 포함하는 정도였던 것이다.[151)]

2) 고려와 쿠빌라이의 만남, 그리고 조공책봉관계의 성립

고려 정부가 몽골에 대한 항복의 뜻으로 파견한 태자 전이 40여 명의 수행원을 데리고 강화를 떠난 것은 뭉케가 사망하기 약 두 달 전인 1259년 5월 14일이었다. 태자 일행이 동경(東京: 遼陽)에 당도한 것은 6월 9일이었다. 헌종 뭉케가 사망한 것은 7월 30일이었다. 태자 일행이 뭉케를 만나기 위해 육반산에 도착한 것은 8월 또는 9월경으로 추정된다. 하지만 이미 뭉케는 죽은 뒤였고 그의 군대 주력은 그의 시신을 모시고 몽골을 향해 북상한 뒤였다. 당시의 상황을 『고려사』가 적고 있듯이 아릭 부케와 쿠빌라이 사이의 대칸 계승분쟁의 긴장이 감돌던 때였다.[152)]

우여곡절 끝에 태자 일행은 악주(鄂州)에서 연경(燕京)을 향해 북상중이던 쿠빌라이 일행과 변량(汴梁)에서 조우(遭遇)한다. 1259년 12월 말경이다. 부케와 쿠빌라이 사이에 계승분쟁의 결말이 나지 않은

---

151) 르네 그루세, 1998, 462쪽.

152) 김호동, 『몽골 제국과 고려: 쿠빌라이 정권의 탄생과 고려의 정치적 위상』, 서울대학교출판부, 2007, 83~84쪽.

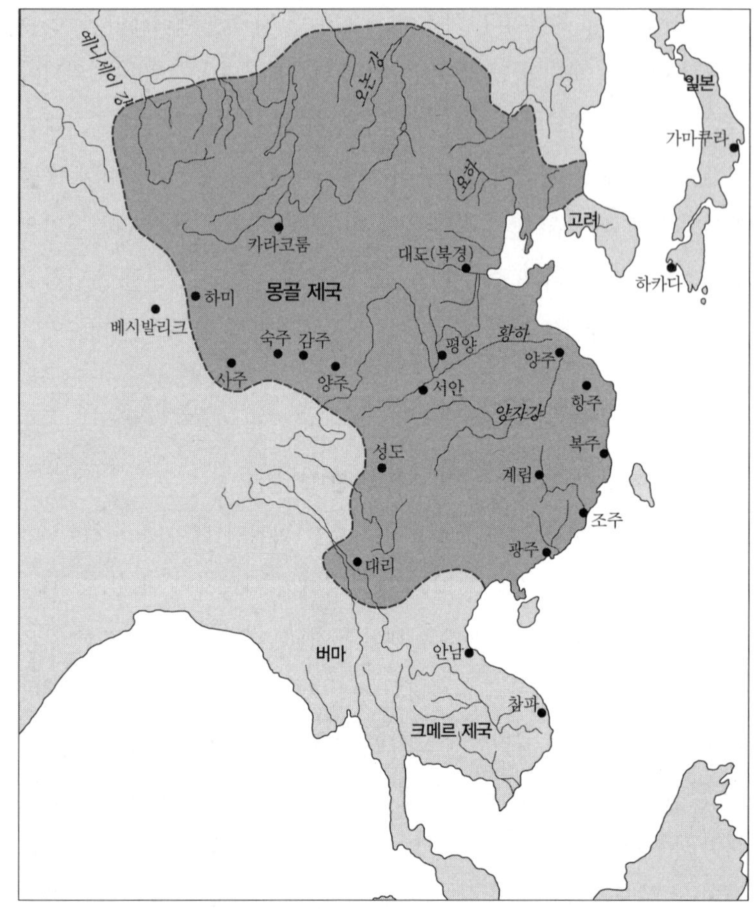

참고자료: 르네 그루세, 김호동·유원수·정재훈 옮김, 『유라시아 유목제국사』, 사계절, 1998, 462쪽.

민감한 시기에 고려 태자 일행이 쿠빌라이와 회동한 것이 고려의 적극적인 판단의 결과인지 우연한 조우인지 분명히 밝혀져 있지 않다. 이때 태자 전은 쿠빌라이에게 "폐백"(幣帛)을 바침으로써 황제에 대한 예를 갖추었다. 하지만 고려에서 가지고 온 표문(表文), 즉 외교적인 공식적 신속(臣屬)의 표시는 바치지 않은 것으로 추정된다. 계승분쟁의 귀추가 안개 속에 싸인 상황에서 고려가 신중을 기했다고 분석된다.[153] 태자 일행은 쿠빌라이와 함께 1260년 봄 개봉부(開封府)로 온 후 그곳에서 고려 고종의 부음을 듣는다. 쿠빌라이의 허락을 얻어 태자는 개경에 귀환한다. 1260년 4월 26일이었다.[154] 쿠빌라이와 고려 왕실의 만남은 그렇게 시작되었다.

고종이 죽고 태자 준이 고려에 돌아온 직후 쿠빌라이는 그의 막료들인 염희헌(廉希憲)과 조양필(趙良弼) 등의 건의를 받아들여 태자 준을 고려 국왕에 책봉했다. 그가 바로 원종(元宗)이었다. 이때 몽골은 중국식으로 건원(建元)을 한다. 연호는 중통(中統)이었다. 고려도 이 연호를 채택하도록 했다. 이어 1262년(원종 3)부터 몽골은 해마다 고려에 역(曆)을 하사했다. 전통적인 조공·책봉관계의 형식을 갖추게 된 것이다.[155]

15. 고려·몽고 간 조공·책봉관계와 그 성격

1) 몽고의 고려 지배층 직접통제와 고려 국가의 정체성

1260년대 초에 성립한 고려·몽골 간 조공·책봉관계는 그 이전과 이후 한반도의 국가가 중화제국과 맺은 조공·책봉관계와 달랐다. 그 차별성을 이익주는 두 가지로 요약한다. 첫째, 고려 국왕에 대한 책봉이 '실제로' 이루어졌다. 고려 전기의 송, 거란, 금과 고려가 맺은 관계에서의 '책봉'은 고려 왕위를 추인(追認)하는 형식적인 의례에 불과했다. 하지만 몽골은 책봉을 통해 고려 왕위를 실질적으로 결정했다. 1278년 몽

153) 김호동, 2007, 85~87쪽.
154) 김호동, 2007, 85쪽.
155) 이익주, 2006, 172쪽.

골은 고려를 감시하는 몽골 제국의 상주관리인 다루가치를 폐지한다. 그럼에도 고려에 대한 몽골의 내정간섭이 실질적이 될 수 있었던 것은 그처럼 책봉이 실질적인 것이었기 때문이다. 둘째, 몽골과 고려는 왕실 혼인을 했다. 고려 국왕은 몽고 황실의 부마(駙馬)였다. 이 때문에 한 일본 학자는 몽골 제국 안에서 고려는 부마에게 분봉된 투하령(投下領)이라고 보았다. 따라서 고려는 몽골 제국의 '일 분권세력'(一分權勢力)에 불과했다고 주장한다.[156]

고려·몽골 관계의 이 같은 두 가지 특이성 때문에 중국 학자들은 고려가 몽골 제국에 철저하게 종속되어 있었다고 본다. 독립적인 국가의 지위를 갖고 있지 않았다는 것이다. 장페이페이 등은 "충렬왕으로부터 공민왕에 이르는 고려 왕위계승문제를 살펴볼 때, 원조(元朝)와 고려의 관계가 기본적으로 안정된 후, 고려왕조는 거의 '원의 지휘에 따라 나라를 운영'했음이 너무도 명확하다"고 주장한다. 또한 "역대의 통혼관계를 이용하여 고려 왕실은 이미 몽고 원나라 귀족집단과 일체가 되어 융합되어가는 추세"였다고 본다. "충렬왕으로부터 공민왕까지 7대의 임금을 보면 즉위하기 전에 모두 다 대도(북경)에서 생활했고 원 조정의 책봉을 받았으며 후에 귀국하여 즉위했다. 여기서의 예외는 단지 충정왕뿐이었다. 그는 서자이며 또한 나이가 너무 어려서 원나라에 가지 않았다. 그러나 원 조정에서 그를 고려 왕위로 정한 후에는 반드시 원 조정을 알현해야 했다. 그때 가서야 정식으로 책봉을 받게 되어 귀국 후에 정식으로 등극하였다."[157]

장페이페이 등은 또한 이렇게 평가한다. "원조 정부에서는 고려 왕위의 계승에 관해 엄격하게 감독하고 통제했을 뿐만 아니라 몇 번이나 간

156) 森平雅彦, 「駙馬高麗國王の成立—元朝における高麗王の地位についての豫備的考察」, 『東洋史報』 79-4, 1998; 이익주, 2006, 177쪽.
157) 장페이페이 외, 2005, 368쪽.

섭했다. 원조의 간섭하에서 3명의 국왕(충선왕, 충혜왕, 충정왕)이 폐위당했다. 그중 충혜왕은 두 번이나 폐위당했다. 4명의 국왕(충렬왕, 충선왕, 충숙왕, 충혜왕)은 두 번씩 즉위하는 특이한 경력을 갖게 되었다. 또 어떤 국왕은 말이 고려 군주이지, 장기간 동안 원조의 대도에서 체류하였다. 또 어떤 임금은 원조에서 질질 끌며 제때에 책봉하지 않아 고려에 임금이 없는 현상도 초래되었다. 이런 상황은 다른 왕조에는 거의 볼 수 없었던 현상이다."[158]

한국 역사학계의 일반적 인식은 그와 다르다. 이익주는 몽골 제국 안에서 고려가 어떻든 특이하게 국가를 유지하고 있었다는 사실을 강조한다. 특히 몽골이 고려 국왕을 '외국의 주인'으로 인식하고 있었다는 점을 주목했다. 1275년(충렬왕 1) 몽골이 충렬왕을 '외국지주'(外國之主)로 규정한 사료를 근거로 제시했다.[159] 몽골에게도 고려 국왕은 부마이기 이전에 외국의 왕이었던 것이다.

어떻든 위에서 언급한 두 가지 특성으로 말미암아 고려·몽골 관계를 '조공책봉관계'로 볼 수 있는가에 대한 논란이 계속되어왔다. 조공책봉관계는 형식은 항상 같았지만 그 실질적인 내용은 어차피 시기마다 다양한 양상을 띠었다는 사실을 들어서, 이익주는 고려·몽골의 관계도 기본적으로 조공책봉관계로 볼 수 있다고 말한다. 위의 두 가지 특이점도 그런 맥락에서 조공책봉관계의 시대적인 굴곡으로 이해할 수 있다는 견해이다.[160]

분명한 것은 몽골이 고려의 국왕과 그 왕족, 그리고 그 측근세력을 자신들의 직접적인 통제 밑에 두고 그들을 통해서 고려에 대한 지배력을 강화했다는 사실이다.[161] 고려 지배층과 몽골 왕실의 밀착은 고려

---

158) 장페이페이 외, 2005, 368쪽.

159) 『고려사절요』 권19, 충렬왕 원년 5월; 이익주, 2006, 177쪽.

160) 이익주, 2006, 178쪽.

지배층의 이해관계와도 일치했다. 고려 왕실도 그러한 관계에 결코 소극적이지 않았다고 박종기는 말한다. 그 이유를 그는 고려 사회 안에서 장기간에 걸친 고려의 항몽 과정에서 지배층과 일반 민(民)의 괴리가 심화되었다는 사실에서 찾는다. "일반 민은 대몽항쟁의 초기와 달리 원과 전쟁이 장기화되면서 항쟁 대열에서 이탈하여갔으며, 끝내는 몽고군에 투항하여 이들의 앞잡이가 될 정도로 지배층과 민 사이의 대립과 갈등은 더욱 심화되고 있었다. 이와 같이 강화 이후 국왕을 비롯한 고려 지배층의 원과의 밀착은 이미 그 이전 시기 계급대립의 역사적인 경험에서 기인한 것이었다. 결국 고려의 지배층은 원 왕실과의 정치적·군사적인 밀착에 의해 자신들의 지위를 유지하면서 한편으로 그러한 계급대립을 완화시키고자 하였다."[162]

고려가 몽골에 복속되던 무렵, 몽골은 한지파와 본지파의 대립으로 끊임없는 내분과 전쟁상태에 놓여 있었다. 또한 남송 정벌이라는 목표도 달성되기 전이었다. 이러한 이유들 때문에 몽골이 고려에 대한 전면적인 지배보다는 국왕을 비롯한 고려 지배층에 대한 직접 장악을 통해 고려를 지배하는, 기본적으로는 간접지배라고 할 수 있는 관계에 만족하게 된 것이라고 박종기는 풀이한다. 결국 고려에 대한 몽골의 직접지배는 지배층에 한정된 것이라는 점을 강조한 견해이다.[163]

몽골 제국은 수십 년에 걸쳐 중국 경략을 시도하면서 최소한의 인력으로 광대한 정복지역을 효과적으로 경영하는 문제에 직면한다. 뭉케와 쿠빌라이의 시대 몽고인의 인구 수는 모두 합해서 1백만 정도에 불과했다. "용맹스러운 기마술과 거칠고 힘든 생활에 대한 적응력"을 무기로 해서 전 인민을 군사로 동원해 유라시아 전역을 휩쓸 수 있었

161) 박종기, 1994, 246쪽.
162) 박종기, 1994, 247쪽.
163) 박종기, 1994, 247~248쪽.

다.[164] 인구가 상대적으로 적은 유라시아 대륙을 정복하고 경영하는 것은 제한된 수의 몽고인들로서도 가능할 수 있었다. 그러나 광활한 영역에 수천만의 인구 밀집지대인 중국을 경영해야 하는 상황에서 몽고는 그 변방인 한반도에까지 직접지배의 부담을 감당하기는 어려웠을 것이다. 이에 몽고는 기미지의라는 중국의 전통적인 간접지배 전략인 조공·책봉관계와 함께 고려 왕실에 대한 직접통제라는 형식을 결합한 변방 경영전략을 선택한 것이었다. 몽고의 입장에서는 합리적인 타협책이었던 것이다.

보다 이론적인 차원에서 볼 때, 몽골 제국 안에서 고려의 위상은 국가와 비국가 중간의 회색지대에 있었다고 말해야 할지 모른다. 형식은 국가의 모습을 갖추고 있었으나 왕실과 지배층이 원 제국 지배층과 혈연적 일체화를 추구했다. 고려가 국제정치의 독립적 기본단위로서 과연 국가의 조건을 갖춘 것인지는 명확하지 않아 보인다. 고려에 대한 몽골의 지배전략은 분명 두 가지 이질적인 요소들이 혼재해 있었다. 첫째는 중국의 전통적인 기미책으로서의 조공·책봉관계에 의한 느슨한 제도적 형식의 간접지배 양식이다. 쿠빌라이의 원 제국이 중국의 전통적인 대외관계 경영의 제도를 채택한 결과이다. 둘째는 정복지역에 대하여 유목세력으로서의 몽골 제국이 전통적으로 택했던 직접적이고 약탈적인 지배양식이다. 유목제국의 통치구조적 전통은 제도화된 의례보다는 혈연과 인적 유대에 의한 권력통합이었다. 왕실 통혼을 통해 고려 지배층에 대한 일정하게 직접적인 통제를 구현했다. 책봉도 추인에 불과한 의례가 아니라 실질적인 권한행사였다. 또한 결코 적지 않은 규모에 지속적인 공녀(貢女) 강탈과 같은 관행도 유목세계 강자의 약탈적 전통과 깊은 관계가 있다고 할 것이다. 고려 지배층이 이러한 요구에

164) 저우스펀, 2006, 338쪽.

적극 호응했다는 것도 국가로서의 의식과 행동에서의 정체성에 회색의 의문을 드리우게 한다.

결국 고려·몽골 관계는 조공·책봉제도의 외양에서는 같았지만 그 내용에서 고려 국가의 실체를 형해화(形骸化)할 정도의 실질적인 지배적 성격을 띠었다. 이는 고려 국가의 독립성, 즉 주권의 심오한 제약을 수반했다. 왕실통혼에 의한 고려 지배층 통제는 혈연과 인적 유대를 바탕으로 고려를 몽골 제국의 한 외연(外延)으로 만들어내는 통치전략이었다. 이 또한 고려 국가와 그 지배층의 독립적 정체성에 의미심장한 혼란을 초래한 것이 사실이었다. 그러므로 고려·몽골 관계는 한편으로 중국적 전통에 바탕을 둔 조공·책봉 관계의 한 현실적 변용이라고 이해할 수 있는 한편, 몽골 제국 안에서 고려 국가의 현실적 위상은 국가와 비국가 중간의 회색지대에 놓여 있었다고 할 수 있다.

고려 국가의 회색성은 약 30년에 걸친 고려의 항몽전쟁 기간 왕실을 포함한 지배층이 고려의 국토와 민들로부터 유리된 채 민중에 대해 주로 수탈자로서 존재하였던 데에 역사적 뿌리가 있다. 그것은 항몽기간 말기로 갈수록 고려 국가로부터 일반 민중의 이반을 심화시켰다. 그러한 심중한 위기 속에서 고려와 몽골의 조공·책봉 관계가 구축되었다. 고려 국가의 정체성 문제는 그 같은 역사적 상황과 결합하면서 더욱 의미심장한 여운을 남기고 있다. 1300년(충렬왕 26) 몽골이 정동행성을 통해서 고려의 노비제도를 개혁하려고 시도했을 때 고려 정부는 강력하게 반발한다. 그 결과 몽골 주도의 고려 사회 개혁은 실패로 끝난다.[165] 이 사태는 고려의 민중과 몽골 제국 사이에서 고려 지배층이 갖고 있던 정체성의 문제를 또 다른 의미에서 새겨보게 만든다.

---

165) 박종기, 1994, 249쪽.

2) '6사'와 고려 국가 위상의 제한성

고려의 항복 후 초기 여몽 관계는 피정복 사회들에 대한 몽골의 전통적인 지배방식과 조공책봉관계를 통한 중국적인 지배방식이 함께 있었다. 이른바 '6사'(六事)가 그것이다. 6사란 몽골이 정복대상지역에 강요하는 여섯 가지 요구사항으로서 정복과 약탈의 유목적 전통을 내포한 것이었다. 1268년(원종 9)에 몽고가 고려에 요구한 6사는 입질(入質: 지배층 자제를 인질로 보냄), 조군(助軍: 몽고군 원정시 군대징발), 수량(輸糧: 식량 수납), 공호수적(供戶數籍: 호구조사 보고), 설역(設驛: 역참 설치), 치다루가치(置達魯花赤: 다루가치 주재)를 말한다. 고려는 결국 1270년 6사를 실행한다.[166)]

하지만 고려는 1278년(충렬왕 4) 국왕이 몽고에 친조(親朝)하면서 6사 문제에 대해 몽고와 재교섭을 벌인다. 충렬왕의 친조외교로 불린다. 공호수적과 치다루가치 두 조항은 시행하지 않기로 합의를 이끌어낸다. 이 두 가지는 고려가 독립적인 왕조를 유지하는 데 가장 깊은 관계가 있는 것들로 간주된다. 고려가 수용하기를 가장 거부했던 것들이었다. 이익주는 이로 인해서 고려와 몽골의 관계는 "기본적으로 조공·책봉관계의 범위를 벗어나지 않는, 적어도 당시 고려에서 그렇게 인식할 수 있는 조건이 되었다"고 평가한다.[167)]

하지만 6사는 고려·몽골 관계의 이중적 차원, 즉 중국-변방 간 전형적인 조공·책봉 관계와 함께 주권에 대한 실질적 제약과 약탈적 성격을 내포한 유목적 전통을 표현한 것임이 틀림없다. 즉 이 6사로 인해서 고려 국가의 독립성은 심각하게 훼손되었던 것이 사실이다. 다만 공호수적과 치다루가치의 폐지로 인해 그 정도가 완화되었을 뿐이다.

---

166) 이익주, 『고려·원관계의 구조와 고려후기 정치체제』, 서울대학교 박사학위논문, 1996, 50쪽; 이익주, 2006, 175쪽.

167) 이익주, 2006, 176쪽.

3) 공녀(貢女)와 고려 국가 위상의 제한성

몽골의 고려 지배에서 특히 비인간적인 수탈적 현상이 공녀 강요였다. 김위현은 이렇게 말한다. "원의 요구에 의하여 고려는 여자를 진공(進貢)했다. 이들은 원에 가서 궁인(宮人), 시첩(侍妾) 또는 상류층의 배우자가 되었다. 공녀는 얼굴이 아름답고 가벌(家閥)이 중류 이상은 되어야 하고, 또 처녀여야 한다는 조건이 붙어 있었다."[168] 1275년(충렬왕 원년) 10월 원 세조(世祖)가 공녀를 보내라는 '공녀령'을 내린다. 이에 응해 고려가 처녀 10인을 바친 것이 고려 사신이 처녀들을 데리고 몽고로 향한 이른바 '처녀진공사행'(處女進貢使行)의 시초였다. 이후 공민왕 초년까지 약 80년에 걸쳐서 처녀진공사행의 횟수는 정사(正史)에 기록된 것만 50여 회에, 명기된 인원수만 150명이었다. 고려 사신이 직접 갖다 바친 것으로 정사에 기록된 것이 그러할 뿐 실제는 몽고 사신이 와서 수시로 뽑아가기도 했으므로 그 수효는 사실 헤아리기 어렵다.[169]

몽고 사신이 와서 공녀를 징발하는 일은 고려 사신이 스스로 처녀들을 몽고로 끌고 가는 처녀진공사행 이전부터 행해졌다. 그러한 정황은 충렬왕 이전 원종 때인 1266년(원종 7)에 이미 이곡(李穀)이 여자징발을 폐지하도록 몽고 조정에 올린 「대언관청파취동녀서」(代言官請罷取童女書)라는 글에서 확인할 수 있다. 그 과정은 그 여성들과 가족들에게 비극적이고 가혹한 것이었다. "……딸을 낳아 애지중지 기르다가 하루아침에 품안에서 빼앗아 4천여 리 밖에 보내니 발이 한번 문밖에 나오면 종신토록 돌아가지 못하니 그 정리가 어떻겠습니까. ……(몽고 사신이) 일 년에 한두 차례 오는데 그 수효가 많을 때는 40~50명에 이릅

168) 김위현, 『고려시대 대외관계사 연구』, 375쪽.
169) 김위현, 『고려시대 대외관계사 연구』, 376쪽.

니다. 그 선택에 들면 부모와 종족이 서로 모여 통곡하며 울어 밤낮으로 소리가 끊어지지 않으며 더구나 떠나보낼 때는 옷을 잡아끌며 엎드려 통곡하고 혹은 우물에 빠져 죽거나 목을 매어 죽기도 합니다."[170]

고려 조정은 공녀징발에 협조하기 위해 크게 노력했다. 1275년 원 세조의 공녀령을 접하자 고려는 곧 나라 안에 금혼령(禁婚令)을 내렸다. 1287년(충렬왕 13)에는 양가의 처녀는 먼저 관에 보고한 뒤에 시집보내게 했다. 이 영을 어기면 처벌하도록 했다. 말하자면 몽고의 처녀 징발 요청에 부응하기 위해 혼인에 대한 국가허가제를 실시한 것이다. 하지만 몽고의 처녀 요구는 더욱 늘어갔다. 고려 민들의 공녀 기피는 더 심해진다. 고려 조정은 특단의 조치를 취한다. 1307년(충렬왕 33)에 당시 원의 수도 연경에 주재하고 있던 전왕(前王) 충선왕(忠宣王)을 고려 도평의사(都評議司)에 명한다. 여자 나이 13세 이상 16세 이하는 함부로 시집가지 못하게 하고 반드시 신문(申聞)을 거친 후에 시집가기를 허락하며 위반자는 벌을 주라 했다.[171] 1300년(충렬왕 26)에는 충렬왕 자신이 연경에 갈 때 공녀들을 대동하고 갔다. 일국의 왕이란 자가 자국 백성에 대한 인신 강탈행위를 주도한 풍경이었다. 충렬왕이 끌고 간 여성 중에서 한 명은 승상(丞相) 완택(完澤)에게 배정되었다고 『고려사』는 기록했다.[172]

원나라에 끌려간 고려 공녀들의 운명과 관련해 기황후(奇皇后) 이야기는 특별히 회자될 만했다. 그녀는 기자오(奇子敖)의 딸로 완줴후두(完者忽都)라는 이름으로 알려진다. 원나라에 끌려간 그녀는 처음에는 궁인(宮人)이었다. 곧 원 황제 순제(順帝)의 제2 황후가 되었다. 아

---

170) 이곡, 『가정선생문집』 권8, 「대언관청파취동녀서」; 김위현, 『고려시대 대외관계사 연구』, 376~377쪽.
171) 김위현, 『고려시대 대외관계사 연구』, 378쪽.
172) 김위현, 『고려시대 대외관계사 연구』, 381쪽.

이유시리다라(愛猷識里達臘)란 아들을 낳는다. 그는 황태자가 된다. 기황후의 일족은 원나라와 고려 모두에서 세력을 떨쳤다. 원나라 말기 30여 년간 기황후는 궁중에 고려미인들을 많이 양성했다. 원나라 조정의 집정대신들에게 이들 고려미인들을 배필로 삼게 했다. 기황후당(奇皇后黨)으로 통하는 이들 세력은 자정원(資政院)을 통한 음모와 횡포로 원조(元朝)의 멸망을 촉진했다는 평을 듣고 있다.[173]

어떻든 공녀문제는 6사 일반과 함께 몽골 제국의 영역 안에서 고려 국가의 독립성이 심각하게 제한받고 있던 상황을 가장 민감한 형태로 드러낸 현상이다. 왕실을 포함해 고려 지배층은 몽골의 요구에 사실상 적극적이고 일상적으로 부응하려 노력했다. 이 시기 고려 지배층이 그들 정체성의 정신적 차원에서도 깊은 문제를 드러내고 있었다고 할 수 있을 것이다.

원 제국하에서 고려 국가와 국왕의 위상은 고려가 그 이전 거란의 요, 여진의 금 등과 맺었던 조공·책봉 관계와는 질적으로 다른 것이었다. 윤용혁이 지적했듯이, 11~12세기 요, 금과의 관계에서 고려는 형식적으로는 사대관계를 수용했지만, 실질적으로는 대등한 수준에서 국제관계를 유지했다. 고려는 요, 금의 연호를 취하면서도 내부적으로는 중국 왕조와 대등한 독자적 체제를 그대로 유지하고 있었다.[174] 그래서 "고려의 국왕은 '해동의 천자'로 인식되었고, 군주의 위호, 관제, 국가의례 등에서도 황제국으로서의 체계를 그대로 유지한 이른바 '외왕내제'(外王內帝)의 체제였다."[175] 이에 비해 원 제국과 고려가 맺은 조공·책봉체제는 한반도 국가가 역사적으로 중화제국과 맺었던 관계에서 가장 독립성이 제한된 형태였다. 고려시대는 중국과의 조공·책봉체제 안

173) 김위현, 『고려시대 대외관계사 연구』, 383~384쪽.
174) 윤용혁, 2008, 286쪽.
175) 윤용혁, 2008, 286쪽.

에서 한반도 국가가 향유하는 내적 자율성에서 그 최대치와 최소치의 양 극단을 같이 보여주었다.

4) 고려 · 몽고 간 조공 · 책봉 관계와 고려의 화이론

중화제국이 주변국에 부과한 전형적인 조공·책봉 관계와 상당한 차이가 있음에도 고려는 몽골 제국의 영역에서 거의 유일하게 독자적인 왕위를 누리고 독립적인 국가로서 존재했다는 것이 한국 역사학계의 정설이다. 1310년(충선왕 2) 원나라 무종(武宗)이 충렬왕의 시호를 내리는 제서(制書)에서 "지금 천하에서 백성과 사직을 가지고 왕위를 누리는 것은 오직 삼한(三韓)뿐이다"라고 했다. 이것을 들어 이익주는 고려가 몽골로부터 국가로서의 독자성을 인정받고 있었음을 확인해주는 것이라고 말한다.[176)]

흔히 정동행성(征東行省)이 몽골의 고려에 대한 직접지배의 증거로 거론된다. 하지만 이익주는 고병익의 견해를 좇아서 정동행성의 위상을 "고려와 원 사이의 공식적인 연락기관"에 불과했던 것으로 파악한다. 고려의 국정을 원이 직접 관리하고 감시하기 위해 그것을 설치한 것으로 이해하는 것은 "원에 대한 고려의 종속 정도를 사실보다 강조하게 될 위험이 있다"고 말한다.[177)]

이 시기 베트남과 몽골 제국의 관계는 고려와 몽골의 관계와도 달랐다. 여러 차례에 걸친 정복 시도에도 불구하고 베트남은 몽골 제국에 정복당하지 않았다. 그래서 조공·책봉관계도 성립하지 않았다. 1257년 몽골군이 베트남을 침략하여 한 차례 전쟁을 치른다. 1258년 두 나라는 강화(講和)에 합의한다. 1261년 몽골은 안남국왕에 대한 책봉을 처음

---

176) 이익주, 2006, 181~182쪽.
177) 이익주, 2006, 182~183쪽.

행했다. 여기까지는 고려와 같았다. 전통적으로 중국을 지배한 왕조와 조공책봉 관계를 맺었던 베트남으로서도 그 정도는 큰 거부감 없이 받아들였던 것이다.[178)]

그러나 베트남은 곧 몽골 제국의 영역에서 이탈하게 된다. 몽골 제국 안에서 쿠빌라이 정권이 안정된 후인 1267년부터 몽골은 베트남에게 6사를 요구한다. 베트남은 이를 거부한다. 그 6사에는 국왕의 친조가 포함되어 있었고 베트남은 이를 받아들이지 않았다. 몽골은 고려에게는 군왕의 친조를 요구하지 않았지만, 고려가 1264년(원종 5)부터 스스로 친조를 하는 관행이 이어진 것과 대조된다. 몽골은 국왕이 아닌 베트남 왕실의 다른 인물(쩐지아이〔陳遺愛〕)을 안남국왕으로 책봉한다. 몽골과 베트남은 1283, 1284, 1287년 세 차례에 걸쳐 전쟁을 벌였다. 베트남은 끝내 굴복하지 않았다. 1294년 쿠빌라이가 사망한 후 몽골의 베트남 정복노력은 더 이상 이어지지 않았다. 다만 두 나라 사이에 사신이 왕래했다.[179)] 몽골의 영역에 편입되지 않은 국가로서 베트남의 위상을 몽골이 받아들인 것을 뜻했다. 몽골이 정복하고 지배한 동아시아 질서 안에서 고려는 국가와 비국가의 회색지대에 존재했다면, 베트남은 그 제국의 영역 바깥에 존재한 국가였다.

16. 제4 국면 시기(1356~69)의 여몽관계

1) 원 제국의 쇠망과 명의 건국

중국의 역사문화 비평가인 저우스펀은 원 제국을 이렇게 소묘(素描)한다. "몽고는 나라를 다스리자마자 바로 문화적 안목의 평이함을 드

178) 이익주, 2006, 178~179쪽.
179) 이익주, 2006, 179~180쪽.

러냈다. 그들은 전쟁터에서는 질풍노도 같았지만 정치에서는 계속적인 빛을 확대 발전시키지 못했다. ……상층사회의 모순은 원대 전반을 통해 누그러지지 않고 계속 깊게 작용했다. 쿠빌라이는 1260년대 황제를 칭했고, 1271년에 이르러서야 비로소 자신의 정치조직을 원이라고 불렀다. 원 왕조는 모두 11명의 황제를 배출했는데, '양끝은 길고 중간은 짧은' 기이한 현상이 나타났다. 원을 개국한 쿠빌라이는 34년 동안 황제 자리를 지켰고, 마지막 황제 순제는 35년간 재위했다. 그 사이에 9명의 황제가 있었는데, 그들의 재위기간은 모두 합쳐도 38년에 불과했다." 그 아홉 명의 황제들 중에서 2명은 피살되었고, 한 명은 병변(兵變)의 와중에 행방불명되었다. 또 한 명은 6세에 즉위하여 두 달 만에 죽었다. 그리고 한 명은 즉위하기 위해 수도 대도(大都: 북경)를 향해 가던 도중에 피살되는 운명을 맞았다.[180] 명확한 황위계승체계가 제도화되지 않은 몽골 제국의 병폐였다. 그래서 쿠빌라이 즉위 때와 마찬가지로 그 이후의 제위 계승 때마다 쿠데타와 음모가 빈번하여 매우 불안정했다.[181]

순제 때에 이르러 원나라는 지는 해였다. 조정은 재정파탄에 허덕이고 있었다. 중국 역대 왕조의 조세·재정정책에 정통한 역사가인 레이 황은 원대의 조세 수준은 과거의 다른 왕조들에 비해 낮은 편이었다고 말한다. 이 때문에 쿠빌라이는 역사가들에게 칭송을 받기도 했는데, 이런 조세정책은 그의 후계자들에게 커다란 재정적 곤란을 안겨준다. 그들은 정규 세입으로는 지출을 감당할 수 없었다. 그들은 지폐를 남발했다. 통화팽창과 경제혼란은 필연적인 귀결이었다.[182]

---

180) 저우스펀, 2006, 343~344쪽.

181) 레이 황, 2002, 295쪽.

182) 레이 황, 2002, 293쪽.

쿠빌라이의 후계자들은 1314년 중국 전통에 따라 과거제도를 부활시킨다. 이후 열세 차례에 걸친 회시(會試)를 실시했다. 하지만 중국식 문관조직을 온전히 구성하는 것이 목적은 아니었다. 몽골인과 색목인에 대한 특별대우는 여전했고, 과거 합격자들의 대부분을 차지한 중국인들은 하급관리에 머물러야 했다. 스스로 포부를 펼칠 수 없었던 중국 지식인들은 다른 방면에서 재능을 발휘할 수밖에 없었다. 우아한 문어적(文語的) 표현과 함께 일상의 구어(口語)와 속어가 뒤섞여 중국문학의 새로운 분야를 열어낸 희곡이 원대에 꽃을 피운 것은 놀라운 일이 아니었다.[183] 몽골 제국은 방대한 규모의 한족 지식계층으로부터 영속적인 충성을 확보하고 지탱할 수 있는 제도와 시스템을 구축할 비전을 개발하지 못했다.

말기에 이르면 사방에 흉작이 들면서 농민봉기가 본격화한다. 1351년 호남, 하남, 안휘에서 홍건군(紅巾軍)이 세력을 떨쳤다. 몽고 기병과 군대는 수십 년에 걸쳐 별다른 일은 하지 않고 특권만 누리면서 대부분 군적(軍籍)에서 빠져 있었다. 그나마 남은 군대도 이름만 있을 뿐 실존하지 않는 경우가 많았다. 주원장이 이끈 명나라 군대가 원의 수도 대도로 들이닥친 1368년 만리장성 북쪽으로 쫓겨나는 신세가 된 원 제국 마지막 황제의 운명을 저우스펀은 이렇게 서술한다. "1368년 순제는 통주(通州)에서 패한 뒤 야밤을 틈타 서둘러 사막 북쪽으로 도망쳤다. 2년 뒤 몽고 다륜(多倫) 지역에서 이질에 걸려 죽었다. 후비와 황손은 모두 포로가 되었다. 태자는 기병 10여 명을 이끌고 간신히 몸을 숨겼다."[184] 이후 태자는 '북원'(北元)이라 불리는 정권을 수립한다. 그러나 "초원의 옛 땅에서 내지른 처량한 메아리"에 불과했다. 몽골 제

183) 레이 황, 2002, 295쪽.
184) 저우스펀, 2006, 345쪽.

국은 "갑자기 일어났다 별안간 사라진 역사"로 마침표를 찍고 만다.[185]

명나라를 창업한 주원장은 중국 역대 왕조의 창업자들 중에서 출신 성분이 가장 미천한 자였다. 1344년 당시 16세였던 주원장의 고향마을에도 가뭄과 기근이 들었다. 이때 그는 부모와 맏형을 잃었다. 관을 마련할 돈이 없었던 그는 또 다른 형과 함께 손으로 그들의 시신을 묻고 서둘러 고향을 떠나고 말았다. 두 형제는 이후 다시 만나지 못했다. 가난한 집 아이가 출가하는 일이 흔할 때였다. 고아가 되고 만 어린 주원장도 황각사라는 절에 어린 사미로 잔심부름을 하며 목숨을 부지한다. 얼마 후엔 행각승(行脚僧)이 되어 회하(淮河) 유역을 떠돌며 걸식했다. 이 과정에서 농민반란집단과 비밀결사들과 관계를 맺게 되었다. 이러한 경험과 인연은 훗날 그가 중국역사에서 유일하게 농민반란을 바탕으로 왕조를 건설하는 토대가 되었다.[186]

1356년 주원장은 반란세력의 수령이 된다. 이후 12년 동안 치열한 전투와 권모술수로 세력을 키워나간다. 마침내 그와 대적할 상대가 없어졌다. 1368년 양자강 이남의 땅을 장악하기에 이르렀고, 명의 건국을 선포했다. 그가 몽골 세력을 밀어내는 데는 힘이 들지 않았다. 그해 원의 마지막 황제 순제는 아무런 저항을 하지 않은 채 궁문을 빠져나가 자기 조상들의 고향인 북방 초원지대로 달아나버렸기 때문이다.[187]

출신은 미천했으나 주원장은 결코 무식한 사람이 아니었다. 여러 분야의 책을 직접 저술하기도 했다. 농민반란을 통해 일어난 왕조답게 명은 자급자족적인 촌락들의 거대한 복합체로 조직되었다. 상업에 관심을 갖지 않았으며 그것을 포함한 경제의 다원화를 촉진할 만한 법과 제도에는 더욱 무관심했다. 그 결과 명은 내향적이고 비경쟁적인 농업국

185) 저우스펀, 2006, 345쪽.

186) 레이 황, 2002, 299, 307쪽.

187) 레이 황, 2002, 299쪽.

가로 일관하게 된다는 것이 레이 황의 평가이다.[188]

2) 고려 왕실의 반원(反元)과 친명사대로의 전환

고려에 공민왕이 즉위한 1351년은 마침 원 제국이 경제혼란과 흉년으로 농민봉기가 창궐하여 홍건적이 위세를 떨친 해였다. 명이 건국하여 흥기하면서 원의 세력을 밀어내는 원명 교체기가 시작되고 있었다. 고려의 반원운동이 본격화된 것은 공민왕 5년 때인 1356년이었다. 원 제국의 그늘에서 고려의 권문세족은 원과 긴밀하게 결탁해 있었다. 반원운동은 곧 기존 기득권 세력에 대한 개혁운동과 궤를 같이할 수밖에 없었다. 권문세족에 대한 공격은 신진사대부의 진출을 촉진하는 일과도 뗄 수 없었다. 대외적으로는 명나라와 사신을 교환하는 친명(親明) 정책과 연결되었다.[189]

공민왕은 원의 연락기관인 정동행성을 철폐한다. 기철(奇轍)을 비롯한 친원파(親元派)를 일소한다. 또한 쌍성총관부를 무력으로 철폐하고 그 관할지역을 회복한다. 원은 일방적으로 공민왕을 폐한다고 선언했지만 의미가 있는 것은 아니었다. 1369년 명에 사신을 파견한 공민왕은 다음해인 1370년 명으로부터 책봉을 받으며 공식적인 친명노선을 걸었다. 최씨 무인정권 때 세워진 독재기관인 정방(政房)은 무인정권 몰락 후에도 여전히 남아 정부의 인사권을 장악하고 왕권을 견제하며 신흥사대부의 진출을 억제하고 있었다. 공민왕은 정방을 폐지했다. 권문세족을 견제하기 위해 일부러 출신이 한미한 신돈(辛旽)을 국사(國師)로 임명하여 개혁정치를 총괄하게 했다.

신돈이 추진한 대표적인 개혁정책은 1366년(공민왕 15) 왕에게 청하

188) 레이 황, 2002, 307쪽.

189) 이기백, 1999, 183쪽.

여 전민변정도감(田民辨整都監)을 설치해 운영한 일이었다. 그는 스스로 판사(判事)를 맡아 권문세족들이 빼앗은 토지와 노비를 그 원 주인들에게 반환하거나 해방했다. 백성은 환호하여 신돈을 성인(聖人)이라 칭했지만 권문세족의 반발은 컸다. 결국 신돈은 그들의 손에 죽는다. 공민왕도 재위 23년 되던 1374년 시해당하고 만다.[190] 공민왕이 시해당했을 뿐 아니라 명의 사신이 살해당하는 사건도 일어난다. 고려와 명의 관계는 급격히 악화된다.[191]

공민왕을 이은 우왕(禑王)은 원래 신돈의 하녀와 공민왕 사이에서 태어난 인물이다. 잔존한 친원파 권문세족이었던 이인임(李仁任)의 추대로 왕위에 올랐다. 권력을 장악한 이인임은 공민왕과 달리 친명책을 버리고 친원책(親元策)으로 돌아간다. 이성계(李成桂)는 정몽주(鄭夢周)와 함께 그것을 강력하게 비판하고 있었다. 이인임은 곧 권력을 잃었다. 대신 최영(崔瑩)과 이성계가 고려 조정의 실권을 장악한다. 이때 원이 관할하는 쌍성총관부가 있던 지역을 명나라가 자신의 직속영토로 삼아 철령위(鐵嶺衛)를 설치한다고 고려에 통고한다.

최영은 명에 분개하여 요동정벌을 꾀한다. 우왕도 동조했다. 전국적인 징병이 실시되었다. 최영은 팔도도통사(八道都統使)를, 조민수는 좌군도통사를 맡았다. 이 원정을 반대하고 있던 이성계도 우군도통사를 맡았다. 우왕 14년인 1388년의 일이다. 누구나 알고 있듯이 이성계는 위화도(威化島)에서 회군(回軍)하여 최영과 우왕을 축출한다.[192] 친명파가 한반도 국가의 정권을 장악한 것이었다. 친명사대(親明事大)를 내세운 새로운 왕조가 준비되었다. 이제 한반도에서 몽골 제국의 권위는 고려와 함께 역사의 뒤안으로 사라졌다.

---

190) 이기백, 1999, 183~184쪽.

191) 이익주, 2006, 186쪽.

192) 이기백, 1999, 185쪽.

제6장 일본과 동아시아 그리고 전쟁

• 동아시아 제3의 관계축과 임진왜란

1. 동아시아 질서와 일본, 그 경계인적 성격

한반도가 중화질서에 편입되어 있던 기간은 7세기 말 통일신라 초기에서 19세기 말까지 약 1200년에 걸친다. 같은 시기에 일본은 중화질서의 안이 아니라 그 경계선 또는 바깥에 있었다. 중화질서의 경계인적 존재였다는 것은 일본에게 독립과 함께 고립을 의미했다. 아마도 그러한 고립 때문에 일본은 자신처럼 중화질서의 바깥에 있던 서양세계와의 교류와 교감에 더 일찍 그리고 더 진지하게 노출될 수 있었을 것이다.

동아시아에서 경계인적 지위가 주변성과 고립을 의미한 것은 중국이 세계경제의 메트로폴리스로 군림하는 한에서였다. 18세기 말 또는 19세기 이후 분명해지듯 중화권이 세계경제에서 몰락해가고 서양이 세계의 중심으로 부상하면서 사정은 역전된다. 동아시아 질서에서 일본의 주변성은 오히려 일본에게 동서양의 전략적인 중간자, 그리고 이어 동아시아 질서에서 선진세력으로 도약하는 지정학적 조건이 된다.

일본이 근세 이후 동양과 서양 사이의 교량 또는 지정학적 중간자의 위상을 갖게 만든 것은 우선 일본의 독자성이었다. 그러나 중국과 함께 조선을 포함하는 중화권이 경제적 번영의 시기임에도 갖고 있던 정신적 내향성과 경제적인 비상업적 정향도 동아시아가 서양으로의 통로와 교량의 역할을 일본에 일임하게 된 중요한 원인이었다.

한반도에서 이조(李朝) 500년의 역사는 중국에서는 명과 청이라는 두 강력한 통일왕조들의 흥망성쇠의 역사였다. 이 역사 속에서 한반도인들의 지적 지평은 중화주의 안에 갇혀 있었다. 다른 세계를 알 필요를 느끼지 않았고 그 질서 속에서 자족했다. 조선 지배층과 지식인들의 소중화주의는 그 정확한 반영이었다. 반면에 이 시기 일본의 정신사는 중화주의의 경계지점에서 서성이는 것이었고, 점차로 중국 중심의 동아시아와 서양 사이의 중간자로 되어갔다.

16세기 말 일본의 새로운 통일세력은 동아시아 질서를 무력으로 일본중심의 질서로 재편하려 시도한다. 많은 부분 도요토미 히데요시(豊臣秀吉)의 과대망상과 허영심에 기초했던 일본의 동아시아 제국건설의 야망은 곧 좌절했다. 이후 동아시아 질서에서 일본의 주변성은 고착되었다. 그러나 일본에게는 다행히도 17세기 이후 세계사는 서양의 식민주의가 전 지구적인 활동을 강화하는 흐름을 타고 있었다. 이와 함께 서양의 군사적·경제적 팽창은 일본의 동아시아적 고립을 위기가 아닌 기회로 만들어냈다. 일본의 지정학적 고립은 이제 일본을 서양과 동아시아 사이의 경제적 교량이자 전략적 중간자로 만들어내고 있었다. 그런 점에서 동아시아 질서에서 일본의 경계인적 위치를 이해한다는 것은 중화질서를 이해하는 것만큼이나 한반도인들의 근세 이후 역사를 이해하는 데 긴요하다.

존 페어뱅크가 동아시아에서 다른 나라들이 중국과 갖는 관계 양식을 지역에 따라 중화권(Sinic Area), 내륙 아시아권(Inner Asian Zone), 외부권(Outer Zone) 등의 셋으로 나누고, 일본은 때로는 중화권에 속하기도 했지만 기본적으로는 동남아시아와 남아시아, 유럽과 함께 외부권에 속했다고 분류한 것은 이미 지적한 바 있다. 일본이 중화권에 속했을 때에도 그 배경은 군사력에 의한 것이 아니라 중국이 가진 문화적·이데올로기적 흡인력과 함께 무역에서 오는 물질적 이익 때문이었다.[1)]

페어뱅크의 간결한 분류는 매우 통찰력 있는 것으로서 대체로 적절하게 생각된다. 그러나 지난 1천 년간 동아시아 국제질서에서 일본의 위치는 매우 복잡하며 모호한 측면들을 내포하고 있는 것이 사실이다. 동아시아에 있으면서 그 외부에 있다는 것은 어떤 의미에서 그러한가, 그리고 모호하다는 것은 어떤 점에서 그러한가를 밝힐 필요가 있다.

당시 왜라고 불린 일본은 7세기 말 백제가 멸망한 후 661년 백제부흥운동을 지원하기 위해 왜에 망명해 있던 부여풍에게 5천 명의 군사를 딸려보낸 일이 있다. 663년에는 수백 척의 전선(戰船)과 2만 7천 명의 군사를 한반도에 증파했다. 그해 8월 백촌강(금강)에서 벌어진 전투에서 170척을 거느린 당나라 수군과 육상에서 문무왕이 이끄는 신라의 연합군을 맞아 대회전을 벌인다.[2)] 윌리엄 패리스는 중국과 한국의 사료들을 근거로, 이 전투에서 일본은 4백 척의 배와 1만 명의 군사, 그리고 1천 기의 기마를 잃었다고 본다. 근대 이전에 일본이 겪은 최대의 패전으로 평가되는 사건이었다.[3)]

그 이전 왜와 중국의 관계는 적대적인 것만은 아니었다. 중국에서 당

---

1) John K. Fairbank, "A Preliminary Framework," in John K. Fairbank, ed., *The Chinese World Order: Traditional China? Foreign Relations, Cambridge*, M.A.: Harvard University Press, 1968, p.13. 이 부분에서 페어뱅크는 한국이 중화권에 속했던 이유를 문화적·이데올로기적 흡인력으로 파악했다.

2) 백촌강전투에서 왜의 역할에 대한 자세한 연구는, 노중국, 「백제 멸망후 부흥군의 부흥전쟁 연구」, 한림과학원 편, 『역사의 재조명』, 소화, 1995. 특히 233~237, 256~258쪽 참조.

3) William Wayne Farris, *Heavenly Warriors: The Evolution of Japan? Military: 500~1300*, Cambridge: Harvard University Press, 1995, p.39.

이 창건된 것은 618년이었다. 630년 당은 북방의 동돌궐을 멸망시키고 이어 고구려에 대한 압박을 본격화했다. 같은 해에 왜는 당나라와 외교관계를 수립하기를 원해 처음으로 견당사(遣唐使)를 파견했다. 그러나 이 시기에 정식 외교관계 수립은 이루어지지 않았다. 이 7세기에 왜국에서는 쇼토쿠 태자(聖德太子: 573~621) 시대가 전개되면서 중국으로부터 유학(儒學)과 정치제도를 도입해 중앙집권을 추구한다. 그가 죽은 후 소가씨(蘇我氏)라는 호족이 정치를 전단하는 시대가 있었다. 그러자 훗날 덴지 천황(天智天皇: 626~672)이 되는 나카노 오에(中大兄) 황자의 세력이 645년 쿠데타를 일으켜 소가씨를 죽이고 다이카 개신(大化改新)을 행한다. 쇼토쿠 태자가 그러했듯이, 정치의 중심을 호족으로부터 천황으로 옮기고 중앙집권을 추구한 것이었다. 이러한 추이 속에서 덴무(天武) 천황과 지토(持統) 천황(672~697) 시기인 7세기 후반에 이르면서 당에서 도입한 율령체제가 확립된다.[4)]

중국대륙에 당(唐)이라는 강력한 제국의 출현은 한반도의 국가들과 함께 일본에도 충격을 주었다. 율령체제 구축과 중앙권력 강화를 통해 저마다 국내체제를 강화하도록 자극했다. 연개소문의 쿠데타로 권력을 장악한 이후 고구려는 당에 강력한 대결자세를 취한다. 당의 압박이 강해져가던 642년의 일이다. 그 1년 전 백제에서는 의자왕이 반대파를 제거하고 왕권을 강화한 정변이 있었다. 당이 대군을 이끌고 고구려를 공격하기 시작한 것은 645년이었다. 바로 이해에 왜국에서도 왕권강화를 위한 다이카 개신이 일어났던 것이다.[5)]

그후 왜는 당나라와 관계정립을 위해 또다시 견당사를 파견하기 시

---

4) 요시노 마코토, 한철호 옮김, 『동아시아 속의 한일 2천년사』, 책과함께, 2005, 98~107쪽.

5) 요시노 마코토, 2005, 98쪽.

작한다. 그래서 653년에 두 번째, 654년에 세 번째 견당사를 파견했다. 한반도에 대한 자신의 외교노선에 협조하라는 당나라의 요구에 왜는 확답을 주지 않았다. 왜와 중국의 관계정립은 순조롭지 못했다. 659년에 파견된 왜의 네 번째 견당사가 당의 도읍 장안(長安)에 억류되었던 사실이 이를 말해준다. 당과 신라가 연합하여 백제와 고구려를 압박하고 있던 대결구도가 굳어져가고 있던 것과 관련이 있었다.[6)]

백촌강전투 후 일본은 중국과 외교교섭에 나선다. 불과 2년 후의 일이었다. 당과 신라도 백제멸망에 이은 숙제였던 고구려와의 결전을 앞두고 왜국과 관계개선을 원했다. 일본 역시 중국대륙의 대제국과 관계를 개선해 외교적 고립을 벗어나고자 했다. 위기에서 벗어난 왜는 665년과 669년 각각 다섯 번째와 여섯 번째 견당사를 파견한다. 신라와의 관계도 같은 시기에 회복되어갔다. 이 무렵인 668년 고구려는 당나라와 신라의 공격에 의해 마침내 멸망한다. 신라와 당은 이어 671년 전쟁에 돌입하고 676년 한반도에서 당은 물러가게 된다. 『삼국사기』에는 698년 3월 "일본국 사신이 내조(來朝)했으므로 왕이 숭례전에 불러 접견했다"고 쓰여 있다. '왜'가 아닌 '일본'이라는 이름이 처음 등장한 것이다. 702년의 일을 기록한 『구당서』에도 처음으로 "일본국"이라는 이름이 등장한다. "일본국이 사신을 보내 방물을 바치다"라고 쓰여 있다.[7)]

669년 왜가 중국에 여섯 번째 견당사를 파견한다. 그다음인 일곱 번째 견당사를 파견한 것은 30여 년이 지난 702년의 일이었다. 이때 중국 정부는 처음으로 일본의 사신을 자처하는 견당사를 만나게 된다. 왜가 일본으로 이름이 바뀐 이유를 당은 궁금해했음을 『구당서』는 기록하고 있다. 결국 7세기 말경 "당을 중심으로 주변에 발해, 신라, 일본이 병립

---

6) 요시노 마코토, 2005, 102쪽.

7) 요시노 마코토, 2005, 107쪽.

한 동아시아 세계의 윤곽"이 완성된 것이었다. 일본에서 중앙집권적 율령국가체제 완비를 표상하는 것은 701년에 제정된 '다이호 율령'(大寶律令)이다.[8] 이 시기에 동아시아 질서의 한 축으로 일본이 확립되었다고 한다면, 그 점도 고려한 것이 될 것이다.

동아시아의 화이질서 속에서 일본의 위치는 매우 독특했다. 이 질서에 속하면서도 동시에 그로부터 일정한 거리를 둔 존재였다. 중국대륙의 통일정권에 대해 여러 가지 다양한 방식으로 '자존'을 내세웠으며, 정치에서나 역사의식에서나 일정한 독립성과 거리를 유지했다. 고대국가 시대로부터 임진왜란을 거쳐 19세기 말로 연결되는 1천 수백 년의 긴 세월 동안 동아시아에서 일본의 위치는 고유한 독자성을 지니고 있었다. 그것은 일본의 지정학적 경계성에서 기인하지만, 그것만으로 환원할 수 없는 다른 차원들도 있다.

1) 중국에 조공은 하되 책봉은 없다: 조공과 책봉의 분리

중화질서 안에서 중국과 조공관계를 맺고 있는 나라들 사이에는 책봉체제가 확립되어 있었다. 하지만 일본과 중국 사이에는 조공관계는 있으나 책봉관계는 실질적으로 존재하지 않았다. 일본의 한 출판사가 펴낸 교과서인 『세계사 B』가 당나라 시대 동아시아 질서를 도표로 그려낸 것에 따르면, 당시 중화질서에서 중국과 책봉관계를 맺고 있는 이른바 '번국'(蕃國)은 신라, 백제, 고구려, 발해, 돌궐(Turks), 위구르, 토번, 남조 등이었다. 반면에 일본은 지금의 동남아시아 수마트라 섬 지역의 스리 비자야, 인도차이나 지역의 참파, 지금의 미얀마 부근의 진랍과 함께 조공관계만을 가진 것으로 정의되어 있다.[9]

---

8) 요시노 마코토, 2005, 109쪽.
9) 요시노 마코토, 2005, 112쪽.

조공은 공물을 바치는 행위에 더하여 일반적으로는 중국황제의 신하를 자인하는 순종의 정치적 제스처도 포함한다. 그러나 왕위에 대한 중국의 승인을 구하는 것은 조공과는 별도의 의례인 책봉관계의 몫이다. 조선이 중국의 통일제국들인 명이나 청에 대해 맺었던 조공관계는 중국과의 정치적 신속의 관계인 책봉체제를 전제로 하는 것이었다. 하지만 일본의 정치실권자가 중국에 대해 취한 조공관계의 개념에는 책봉에 내포된 깊은 종속관계가 전제되지 않았다. 이같이 조공은 하되 책봉의 관념은 희박했던 이들 중화질서의 주변자들은 일본을 포함해 한결같이 중국대륙에서 바다와 같은 지리적 요소로 상대적으로 멀리 떨어진 지정학적 조건 속에 있다는 공통점을 갖고 있었다.

일본의 차별적인 외교 전통은 기원후 500년대 고대국가 시기에서부터 나타나고 있었다. 중국대륙에서 북주(北周)를 대체하여 581년 수(隋)나라가 성립하자 당시 한반도의 백제와 고구려는 곧 수에 조공을 했다. 신라는 수나라가 대륙통일을 완성한 후 몇 년이 지난 594년에 처음으로 수나라에 조공을 한다. 이들 3국의 왕들(고구려 평원왕, 백제 위덕왕, 신라 진평왕)은 수로부터 각각 백제왕, 고려왕, 그리고 신라왕으로 책봉을 받았다.[10)]

고구려는 584년까지는 수에 조공사절을 보냈으나 585년에는 진(陳)나라로 조공대상을 바꾸었다. 수와는 국교를 끊는다. 고구려와 수나라의 관계는 긴장된다. 백제 또한 584년과 586년엔 수나라뿐 아니라 진나라에도 사절을 보냄으로써 양면외교를 펼쳤다. 589년에 수가 진을 멸함에 남북으로 나뉘어 있던 중국이 통일된다. 바로 다음해 수 문제(文帝)가 고구려왕이 '번신'(藩臣: 속국신하)의 예절을 지키지 않음을

10) 鈴木靖民,「東アジア諸民族の國家形成と大和王權」, 歷史學研究會·日本史研究會 編輯,『日本歷史 1: 原始·古代 1』, 東京: 東京大學出版會, 1984, 224~225쪽.

질책하면서 수와 고구려의 긴장은 높아간다. 왜가 수나라에 사절〔遣隋使〕을 보낸 것은 600년의 일이었다. 이후 607년, 610년, 614년에 각 한 번씩의 사절을 보냈으며 608년에는 2회의 견수사를 보냈다. 그러나 왜왕은 수나라 황제에게 책봉을 받지 않았다. 애당초 사절파견의 목적이 달랐다. 중국의 관료제도를 배워서 일본에 새로운 정치질서를 구축하고 불교 등 중국문명을 섭취하기 위한 정치적·문화적 동기에서였다고 일본 역사학은 해석한다.[11)]

일본 역사가들은 608년 왜왕이 견수사를 통해 수 황제에게 보낸 국서(國書)는 "동천황경백서황제"(東天皇敬白西皇帝: 동쪽 나라 천황이 서쪽 나라 황제에게……)라는 표현으로 시작된다는 점을 주목해왔다. 이것은 왜왕이 자신을 천황으로 지칭하여 수의 황제와 동격으로 간주하는 의식을 말해주는 것으로 해석되어왔다. 당시 왜왕이 "율령제적 전제군주"가 되었음을 뜻한 것은 아니었고 그렇게 내실을 갖춘 천황제의 등장은 그로부터 약 1세기가 지나서였다. 그러나 7세기 초에 이미 왜의 지배세력은 높은 자기의식을 갖고 있었으며, 자신과 중국왕조를 상대화하여 서로 대등하게 보았다는 것을 나타내는 것으로 일본 역사가들은 해석했다.[12)] 일본이 중국황제에게 조공은 하되 책봉관계는 꺼렸던 것은 이와 무관하지 않을 것이다.

천황을 자칭한 인물이 실권을 갖고 지배하던 일본의 고대는 1185년에 끝난다. 중세로 불리는 그후의 일본은 군웅이 할거하고 무사계급

---

11) 鈴木靖民, 1984, 225~226, 28~32쪽. 아울러 이 점에 주목하는 일본 역사가들은 비슷한 시기에 백제의 성명왕(聖明王)이 왜왕을 "가외천황"(可畏天皇)이라고 불렀으며, 수나라 역사서인 『수서』(隋書) 「왜국전」(倭國傳)에 신라와 백제가 왜를 대국으로 우러러보았다〔敬仰〕는 기록이 있는 것을 지적한다. 原秀三郎, 「日本列島の未開と文明」, 『日本歷史 1』, 1984, 26~28쪽.

12) 原秀三郎, 1984, 26~28쪽.

이 실권을 장악한 사회였다. 천황이 상징적 권위로 전락한 상태는 중세(1185~1603) 전 기간에 걸쳐 계속된다. 도요토미 히데요시에 의해 광범한 개혁이 전개되는 16세기 말, 또는 도쿠가와 이에야스(德川家康)가 일본을 통일하고 새 막부를 연 17세기 초를 기점으로 삼는 근세 일본에서도 천황의 지위는 여전히 상징에 불과했다. 결국 중세 이래 1868년 메이지 유신(明治維新)에 이르기까지 7백 년의 세월 동안 경제적인 어려움이나 정치적인 이유 때문에 천황은 황실제사조차 집행하기 어려운 힘없는 존재로 전락하게 된다.[13)]

그러나 중세와 근세에 일본에서 실제 권력을 장악한 막부의 쇼군(將軍)도 중국과의 외교관계에서 책봉체제에 완전히 편입되지 않는 전통은 우여곡절을 거치면서도 대체로 유지되었다. 일본의 최고권위는 적어도 상징적 차원에서 여전히 천황이었으며, 천황이 존재하는 일본이 그 질서에 기꺼이 편입될 수는 없다는 논리와 정서가 어느 정도 무시할 수 없는 역할을 했을 것이다.

2) 중국에 대한 조공도 책봉관계도 일본 자신의 선택

일본은 중국과 조공관계를 맺어왔고, 또 심지어 책봉관계를 맺은 일도 있다. 그러나 일본의 권력자가 중국 황제의 책봉을 받아들인 것은 시기적으로 극히 제한적이었다. 뿐만 아니라 일본은 조공을 포함한 외교관계 단절을 임의로 단행한 시기가 많았다. 책봉관계를 맺은 경우에도 그 주체는 일본의 상징적 최고권위인 천황이 아닌 막부의 우두머리였다. 일본의 상징적 최고권위가 중국에 대해 신속의 관계를 수용한 일은 없다. 일본의 정치군사 실권자가 중국과 조공관계를 맺는 경우에도

---

13) 오오누키 에미코, 이향철 옮김, 『사쿠라가 지다 젊음도 지다: 미의식과 군국주의』, 모멘토, 2004, 173쪽.

일본의 필요와 의지에 따라 적극적이기도 하였고 또 때로는 아예 단절하기도 하였다. 그런 의미에서 일본에게서 중국과의 관계는 일본 자신의 외교적 선택의 문제였다.

1392년은 한반도에 조선이 건국된 해이다. 같은 해에 일본에서는 무로마치 막부(室町幕府)가 마침내 일본판 남북조 통일에 성공한다. 무로마치 막부가 성립한 것은 1336년이다. 무로마치 막부가 일본을 통일하기 전인 1368년 명이 중국을 통일한다. 이 무렵엔 무로마치 막부가 이미 성립한 상태임에도 일본은 아직 남북조로 갈려 싸우던 중이었다. 일본 남부인 규슈 지역은 남조의 가네나가(懷良) 친왕이 장악했다. 중국에서 명이 건국된 지 2년 후인 1370년 일본에 파견된 명나라 사자(使者)에게 가네나가는 승려를 보내 "표전(表箋)을 바치고 신하를 칭했다." 중국의 역사책인 『명사』(明史)의 기록이다.[14)]

당시 일본의 실권자는 무로마치 막부였다. 그 상징적 최고권위는 스코→고코곤→고고마쓰로 이어지는 북조의 천황들이었다. 1372년 명나라 사자가 명의 역법인 대통력(大統曆)을 가네나가 친왕에게 하사하기 위해 그가 있는 규슈의 하카타에 도착한다. 하지만 그때는 이미 남쪽 지역도 북조 세력이 장악하고 있었다. 북조에 복속한 규슈의 세력자는 명의 사신을 북조의 지배자인 무로마치 막부가 있는 교토(京都)로 보낸다. 이후 무로마치 막부는 명과 외교관계 수립을 위한 교섭에 정식으로 나선다. 1374년과 1380년에 사자를 명나라에 파견했다. 그러나 중국에 대한 신속(臣屬)을 의미하는 상표문을 보내지는 않았다. 그래서 정식 국교는 이루어지지 않았다.[15)]

1391년 일본통일을 이룬 무로마치 막부의 우두머리 아시카가 요시

---

14) 요시노 마코토, 2005, 160쪽.
15) 요시노 마코토, 2005, 161쪽.

미쓰는 명나라와 외교관계 수립에 힘을 썼다. 1402년 마침내 명 황제에게서 '일본 국왕'으로 책봉을 받는다. 요시노 마코토는 이후 이 막부의 역대 쇼군은 명황제의 책봉을 받은 일본 국왕이 되었으며, 일본 국왕인 아시카가 쇼군이 명 황제에 대해 군신관계를 맺게 된 셈이라고 지적한다. 통일신라 시대에 속하는 8세기 후반 이후 일본은 한반도와 국가 간 교류가 단절된 상태였다. 그러나 요시미쓰가 명 황제와 책봉관계를 맺은 지 얼마 안 된 1404년 그는 '일본 국왕'을 자처하며 조선 국왕 앞으로 국서를 보낸다. 조선 국왕은 그에 응해 국서를 일본에 보냈다. 그래서 두 나라의 국교가 600년 만에 회복된다.[16)]

이 시기 일본 막부가 중국과 책봉관계를 수립하였지만 유의할 것이 있다. 일본은 자신들의 필요와 판단에 따라 중국과 외교관계를 단절하곤 하였다. 이것은 한반도 국가들이 중국대륙을 지배하는 정치세력에 대해 일단 맺은 책봉관계를 중국 왕조가 멸망하기 전까지 지속하였던 것과는 다른 행동 패턴이었다. 대표적인 예로 요시미쓰가 죽은 뒤 제4대 쇼군이 된 요시모치(義持)는 1411년 명과 외교를 단절했다. 이후 왜구(倭寇)의 활동이 다시 활발해진다.[17)] 요시모치의 단교는 쇼군이 명 황제의 책봉을 받아 일본 국왕을 자칭한 것이 일본 국내에서 강한 비판에 직면했기 때문인 것으로 알려진다.[18)] 그다음 쇼군 요시노리(義敎) 때 국교가 부활된다. 그러나 일본 통치집단에게서 명에 대한 책봉관계 수용은 조선이 중국에 대해 인식했던 것으로 보이는 정치적·문화적 종속의식과는 다른 차이가 있었다. 경제적·외교적 '실리와 편의'

16) 요시노 마코토, 2005, 162쪽.

17) 이마따니 아끼라(今谷明), 「내란과 무로마찌정권」, 아사오 나오히로(朝尾直弘) 외 엮음, 이계황·서각수·연민수·임성모 옮김, 『새로 쓴 일본사』, 창비, 2003, 214쪽.

18) 요시노 마코토, 2005, 163쪽.

에 따른 선택이라는 의식이 바탕에 깔려 있었다.[19)]

일본은 명에 대한 책봉의 개념을 충성과 종속의 차원에서가 아니라 임의적인 실리 위주의 차원에서 접근했다. 임진왜란 때 조선을 침략한 구실로 '정명향도'(征明嚮導: 명을 정벌하려고 하니 길을 안내하라)를 내세웠다. 중화제국에 대한 정복을 노골적인 이념으로 내세우는 데서 드러나는 침략적 도전의식은 그러한 정신적 지향을 떠나서는 이해되기 힘들 것이다.[20)]

임진왜란 후 일본은 명나라와 외교관계를 회복하는 것을 단념한다. 또한 명·청 교체기에도 중국문제 개입을 회피했다. 중국 지배를 확고히 한 청나라와도 끝내 국교를 맺지 않았다. 스스로는 중화질서의 책봉체제에 가담하지 않되, 명·청과 책봉관계에 있던 조선과 류큐(琉球)와는 국교를 유지했다. 요시노 마코토의 표현대로, 히데요시 이후 도쿠가와 막부가 선택한 외교자세는 "조공무역체제에 직접 참가하지 않은 채 동아시아 교역권에 들어가 필요한 물자를 확보하는 것"이었다.[21)]

중화질서에서 일본은 그처럼 경계인이었다. 이 경계성은 근세 전후부터 일본이 네덜란드를 매개로 한 서양과의 교통에 많은 비중을 두게 되는 역사적 환경이기도 했다. 중화질서에서의 주변화 또는 제한적 단절은 동양과 서양 사이 중간자적인 일본의 근대적 정신상황의 역사적

---

19) 쇼군 요시미쓰가 명나라에 책봉관계를 청하면서 명 황제로부터 획득한 것은 '일본국왕지인'(日本國王之印)이라고 새긴 금인과 함께 100매의 감합부(勘合符)였다. 감합부는 명나라가 해적과의 밀무역을 차단하기 위해 해적선과 무역선을 구별하는 표지로 부여하는 표찰이었다. 이때부터 일본의 대중국 감합무역이 시작되었다. 요시노 마코토, 2005, 162쪽.

20) 요시노 마코토는 "히데요시의 구상은 중국황제를 중심으로 한 중화 세계질서에 도전함과 동시에 이를 대신해 일본 천황을 중심으로 한 체제를 구축하려는 것"이었다고 보았다. 요시노 마코토, 2005, 187쪽.

21) 요시노 마코토, 2005, 211쪽.

연원이기도 했던 것이다.

3) 천황의 존재와 일본의 대외인식

일본에서 정치군사적 실권자인 막부의 쇼군보다 적어도 상징에서는 천황이 상위에 위치했다. 중화질서에서 '천자'(天子)로서의 '황제'는 중국대륙의 지배자에게만 인정되는 권위임에도 일본은 천황의 관념을 천년이 넘도록 유지했다. 실권을 상실한 이후에도 천황이 일본 정치질서의 이데올로기 지평에서 유지해온 위치와 역할은 중화질서에서 일본의 사유와 행태에 무시할 수 없는 의미가 있다. 천황이라는 칭호가 정립된 것은 7세기 말의 덴무조(天武朝) 이후의 일이다.[22] 한반도에 통일국가가 등장하고 발해가 건국된 시기와 일치한다. 그러나 그 1세기 전부터도 일본의 지배자들은 이미 천황을 자칭하기 시작했다. 단순히 호칭의 문제가 아니었다. 인근의 신라, 백제, 그리고 중국에 대한 일본의 대외인식과도 연관이 있었다고 해석된다.

일본의 현대 역사가들은 일본의 지배자가 스스로를 천황이라고 칭하게 된 데 대하여 한편으로 도교사상에 기초한 것이라는 설도 소개하는 한편, 『수서』「왜국전」에 신라와 백제가 왜를 대국으로서 경앙(敬仰)했다고 한 것과 연관시키고 있다. 일본의 입장에서는 신라와 백제는 '서번'(西蕃: 서쪽 오랑캐 또는 서쪽 속방)이었다. "서번 나라들의 기대를 자각하여 한층 높아진 왜왕의 자기의식의 표현"이며, "자신을 중국왕조에 대해서도 상대화하고 서로 대등하다는 자세를 나타낸 것"이라고 일본 역사학은 해석한다. 이런 자세가 608년 일본이 중국 수나라에 파견한 견수사의 국서에서 "동천황경백서황제"라고 한 표현에 이미 나타난 것으로 보는 것이다.[23] 일본이 율령제 국가로서 체제를 갖추고 내실을

---

22) 原秀三郎, 1984, 26~27쪽.

충분히 다진 상태가 되는 것은 700년경에 가서이다. 그러나 일본 지배층의 대외의식에서 그러한 자존과 중국 왕조를 상대화하는 의식을 그 1세기 전에 이미 갖고 있었다는 것이다.

이것을 고려할 때, 많은 세월이 흐른 후이긴 하지만 16세기 말 일본의 전국통일을 이룩한 새로운 군사실력자가 한반도를 침공하는 명분으로 중국대륙의 통일정권인 명을 정벌한다는 목표를 공공연히 내세웠던 사태를 더 잘 이해할 수 있다. 또한 그로부터 3백 년이 흐른 19세기 말 일본이 다시 중국대륙을 상대로 제국주의적 침탈을 기획하고 실행에 옮긴 사태의 정신적 연원을 더 쉽게 납득할 수 있다.

수백 킬로미터에 불과한 거리를 사이에 두고 이웃하고 있으면서도, 한반도는 중화질서에 속한 반면 일본은 실질적인 군사외교에서도 정치적인 대외인식에서도 상징적인 정치적 권위의 개념에서도 그 경계선에 있거나 아예 그 바깥에 있는 존재였다. 그처럼 질서의 경계인적 존재였지만 그 질서에 지정학적으로 가까웠던 만큼 일본은 언제라도 그 질서에 대한 군사적 위협이 될 수 있었다. 특히 일본이 정치군사적 통일성을 확보했을 때 그러했다.

말하자면 일본은 질서의 바깥에 있으나 잠재적인 지정학적 위협에서는 지척에 있는 존재였다. 하지만 한반도 지배층의 대외인식은 일본의 존재에 충분한 주의를 기울이지 않았다. 중화질서 안의 일에만 집중하였다. 중화질서와 지척에 공존하고 있는 일본이라는, 역외자(域外者)인 동시에 역내자(域內者)에 대한 외교적 경영의 논리가 부재했다. 적어도 부분적으로는 그 덕분에 조선 5백 년 역사에서 한반도는 두 번에 걸쳐서 일본의 아시아 대륙 침략의 관문이 되고 만다.

---

23) 原秀三郎, 1984, 27쪽.

4) 일본의 정치전통과 대중국 태도

중화세계에 대한 일본의 인식과 외교자세에 나타나는 독립성과 자존(自尊)의 태도는 어디에서 유래한 것인가. 한반도와 달리 대륙과 바다를 사이에 두고 격리된 데에서 비롯되는 지정학적 독립성이 물론 그 일차적 배경이다. 또 하나의 요소는 일본사회의 정치문화적 전통이다. 일본은 사무라이 계급이 지배하는 무반(武班)들의 사회였다.

일본의 중세 사회에서 무사의 사회적 성격에 대해서는 두 의견이 대립해왔다. 하나는 무사를 순전히 무예, 특히 "말 탄 채 활 쏘기"(mounted archery)를 마스터한 집단, 말하자면 전투 기술자(experts in war)로 파악한다. 다른 견해는 무사는 농촌을 지배한 지주계층이라는 해석이다. 후에 이시이 스스무는 무사란 무예에 능한 전쟁기술자이면서 지방의 지주들이었다고 보았다. 아미노 요시히코는 서부 일본의 무사는 전투기술자를 가리킨 반면, 혼슈 동부에서는 실제 지방의 지주들이었다고 구분해 파악했다.[24)]

윌리엄 패리스는 이시이와 아미노의 견해를 한 걸음 더 발전시켜 일본의 무사란 처음부터 여러 가지 요소를 함께 가진 존재였다고 종합했다. 무예에 능하면서 주로 토지 소유를 통해 경제적 기반을 가진 무가(武家)의 일원을 가리킨다는 것이다. 경제기반이 있는 무가의 출신이 아니더라도 무예에 능한 자로서 일정한 기간 지방 또는 중앙에서 공직에 있었던 사람도 무사로 분류되었다. 이로써 패리스는 전투기술, 경제적 기반, 사회조직과 정치의 측면을 함께 고려했다.[25)]

무사가 지배하는 일본의 정치전통과 그 문화는 중세로부터 근세에도 이어졌다. 메이지 유신으로 사무라이 계급은 일단 몰락하는 듯 보였다.

---

24) Farris, 1995, pp.373~374.

25) Farris, 1995, p.374.

그러나 1889년 '일본제국헌법'은 군부를 내각의 통제를 벗어나 오직 천황에게만 직접 책임을 지는 존재로 만들었다. 20세기 일본의 군국주의는 전통적인 무반사회 일본의 모습을 확인해주는 것처럼 보이기도 했다.

무반이 지배하는 사회와 문반(文班)이 지배하는 사회에서 지배층이 필요로 하는 정치이념이 서로 차이가 있는 것은 놀라운 일이 아니다. 통일신라 이후 한반도의 국가들은 전통적으로 문치(文治)의 사회였다. 인텔리겐치아인 문반이 지배하는 사회는 보편적 호소력을 가진 문화적 이데올로기가 지배장치에 필수적이다. 무반의 사회는 무를 숭상하는 상무(尙武)정신과 충(忠)을 강조한다. 체계적인 문치 이데올로기는 결코 절대적인 요건이 아니다. 통일신라 이후 한반도의 국가들은 중국 유교문화를 받아들이고 중국을 문화선진국으로 받들면서 중국과 동일한 문치 이데올로기를 통치이념으로 확립해갔다. 반면에 무사들이 상층 지배계급을 형성하고 지식인들은 그들의 지배를 실무적으로 뒷받침하는 사무원 정도에 불과했던 일본의 정치질서에서 문치 이데올로기는 그만큼 중요성이 덜했다.

중국과 한반도 사이의 정치문화적 동질성은 한반도의 지배계층이 중화질서의 국제적 위계와 문화적 동일성에 정당성을 부여하고 기꺼이 자발적으로 참여하는 유인(誘因)이 될 수 있었다. 일본 지배층은 자발적으로 중국적 정치문화와 국제적 위계를 받아들이며 귀의할 만한 문화적 필요성이 덜했다. 지정학적 거리와 무반사회다운 무력에 대한 자신감이 그것을 뒷받침하는 요인으로 기능했을 것이다.

2. 경계인 일본의 존재와 중국의 한반도 인식

경계인 일본의 존재로 인해 중화세력에게 한반도는 고유한 지정학적 의미를 하나 더 갖게 된다. 중화세력에게 요동은 북만주 및 한반도의 세력을 자신들로부터 격리시키는 완충지대였다. 만리장성은 그보다 다소 동쪽에 위치한 요하(遼河)와 함께 중화와 만주 사이의 경계선을 이룬다. 마찬가지로 해양세력인 일본과 중국 사이에 가로놓인 바다 중간의 지정학적 완충지점이 한반도이다. 임진왜란의 경우 일본의 한반도 침략의 이유는 명을 치고자 하니 조선이 길이 되어달라는 것이었다. 한반도는 육로로는 중국 요동과 일본을 연결해주는 길이었다. 해로로는 중국 산동과 일본을 연결하는 중간기지였다. 바다를 통할 경우 일본이 자국에서 곧바로 중국 중원을 공격할 수 있는 것은 아니라고 보았기 때문이다.[26] 임진왜란의 경우가 그러했다. 그로부터 300년 후에 벌어진 청일전쟁에서도 일본은 한반도 서해안에서 청군을 물리친 다음에야 한반도를 전진기지 삼아 요동과 산동으로 진격할 수 있었다.

한반도에 대한 일본의 위협이 가시화될 때마다 군사적으로 깊이 개입했던 중국은 그런 인식을 숨기지 않았다. 한명기가 지적했듯이, 임진왜란 때 명이 군사개입한 것은 조선을 구원한다는 목적보다는 조선이 일본에 넘어갈 경우 중국 자신이 위기에 처할 것을 염려한 때문이었다. 조선 다음엔 요동이 위험해지고, 종국에는 중국의 심장부인 북경이 위험에 직면하는 사태를 피하고자 했다. 1592년에 이어 1596년 명나라 신종에게 신하 여곤(呂坤)은 이렇게 상소했다. "만일 일본이 (조선을) 빼앗아 차지한 뒤, 조선사람들을 병사로 삼고 조선 땅을 보급처로 삼아 무리를 기르고 훈련하여 중국을 엿본다면, 나아간즉 조운을 끊고 통창을 거점으로 우리의 식량보급을 끊을 것이며 물러난즉 전라도 경상도를 차지하고 평양을 지키면서 요동을 넘겨다볼 것입니다. 1년도 안 되어 북경은 가만히 앉아서 곤란에 처할 것이니 이것은 국가의 커다란 근심입니다."[27]

---

26) 한명기, 『임진왜란과 한중관계』, 역사비평사, 1999, 32쪽.

여곤의 상소문은 일본이 한반도를 전진기지로 확보하게 될 경우 중국이 직면할 위기가 단순히 군사적인 것에 국한되지 않음을 보여준다. 중국 왕조의 재정적 혈관은 양자강 유역 풍부한 물산의 해로 수송이었다. 대륙 운하를 이용하기도 했지만 역시 중국 동해 해로는 경제의 동맥 같은 것이었다. 일본이 한반도를 기지로 삼아 이 해로를 교란할 경우 반드시 본토공격이 아니라 하더라도 중국은 중대한 위기상황에 빠질 수 있다는 자각이 위의 문서에 잘 나타나 있다. 1598년 11월에도 병과급사중(兵科給事中)을 맡고 있던 장보지(張輔之)가 조선을 '명의 울타리'라고 강조하며 조선 방어에 힘을 기울일 것을 역설한다. 중국의 안전을 보장하기 위해서는 조선을 보호해야 하고, 조선을 중국의 영향력 아래 두어야 한다는 인식은 시대를 넘어 중국 정치세력에게 일관된 중요성을 갖는 것이었다.[28]

19세기 후반 조선에서 일본의 영향력이 커가자 조선을 직접 장악하려 했던 이홍장이 내세운 논리도 같은 맥락이었다. 이홍장은 만주 동3성(東三省)과 북경의 일차 방어선으로서 조선의 중요성을 강조하면서 '순망상의론'(脣亡相依論)을 편다.[29] 1950년 한국전쟁 발발 직후부터 모택동은 대규모 중국군대를 한반도에 파견할 준비를 갖춘다. 7월에 이미 중공군 정예병력인 제4야전군 13병단을 동북지방에 파견했다. 약 13만 명의 대군이었다. 9월 미군이 인천상륙작전에 이어 압록강으로 진출하자 참전을 단행한다. 이때 모택동의 인식은 한반도는 "요동의 울타리"라는 개념이었다.[30]

---

27) 呂坤, 「憂危疏」, 『去僞齊集』 卷1 奏疏; 한명기, 1999, 32쪽.

28) 한명기, 1999, 33쪽.

29) 김정기, 「1876~1894년 청의 조선정책 연구」, 서울대 국사학과 박사학위 논문, 1994, 25~26쪽; 한명기, 1999, 33쪽에서 재인용.

30) 홍학지, 홍인표 옮김, 『중국이 본 한국전쟁』, 고려원, 1992, 11~12쪽; 한명기,

중국이 이처럼 중국의 관점에서 한반도를 일본과의 사이에 '순망치한'(脣亡齒寒)의 의미를 갖는 것으로 보고 또 그러한 관점이 오랜 세월 관통하고 있는 이유는 단순히 한반도의 지리적 위치 때문은 아니다. 그것은 지정학의 문제였다. 지정학적 구조는 지역 내 국가들의 지리적 위치뿐 아니라 그들의 정향과 상호관계와 상호인식의 역사에 의해 결정되는 전략문화(strategic culture)적 구조이다. 동아시아 1천 년의 역사를 통해 일본이 중화질서와 모호한 관계를 맺거나 그 질서의 바깥에 존재하였던 사실, 그것은 중국에게 한반도가 오랜 세월 갖고 있던 지정학적 중요성의 한 부분을 이루었다.

3. 중화질서의 경제중심적 이해와 일본의 위치

앞서 페어뱅크가 전통적인 동아시아 질서에서 일본을 기본적으로는 외부권으로 분류한 사실을 지적하였다. 자발적으로 중국과 조공관계를 희망하고 이러한 관계를 가진 예외적인 짧은 시기들을 제외하고는 일본이 중국과 책봉관계를 맺지 않았다는 점에서 일단 적절한 것이었다. 그러나 제2장에서 이미 지적한 바와 같이, 일본은 중화질서의 바깥에 있으면서도 동아시아 질서의 안에 있었다는 점을 페어뱅크의 분류는 적절히 개념화하지 못했다. 니시지마 사다오는 "책봉체제와 한자"를 중요한 매개로 삼아 중국을 중심으로 한 동아시아가 하나의 질서, 하나의 세계로 통합된 "동아시아 세계"라는 개념을 제시했다. 이에 따르면, 일본은 한반도의 국가들과 거의 구분되지 않는 개념적 범주에 속하게 되는 난점이 있다.

한편 하마시타 다케시가 제시한 '동아시아 조공·무역체제'(East

1999, 33쪽에서 재인용.

Asian tribute·trade system)의 개념은 정치적인 책봉관계를 떠나서 조공무역뿐 아니라 사무역(私貿易)과 밀무역까지도 포함한 포괄적인 경제관계를 중심으로 근세 동아시아 질서를 파악했다. 이 개념에 따르면 16~19세기 동아시아는 중국과 책봉관계가 없는 일본을 핵심 축의 하나로 삼은 질서를 구성하고 있었다.[31] 이 질서가 포함하는 동아시아 지역경제는 중국의 정치권력이 지배하는 영역이 아니라, 중국과 물류와 교역이 이루어지는 하나의 무역 네트워크를 말한다. 같은 맥락에서 이 질서에서 중국이 다른 나라들의 중심이 되는 흡인력은 중국이 정치 군사적인 강대국이었기 때문이 아니다. 그보다는 경제대국, 즉 '부유한 중국'이었기 때문이었다.[32]

---

31) 강진아, 「16~19세기 동아시아무역권의 세계사적 변용: 따라잡기형 발전모델의 모색」, 백영서 외, 『동아시아의 지역질서: 제국을 넘어 공동체로』, 창비, 2005, 38~39쪽. 다케시 하마시타 등의 연구흐름에 대해서는 안드레 군더 프랑크가 1998년의 저서에서 주목했다. Takeshi Hamashita, "The Tribute Trade System and Modern Asia," *The Toyo Bunko*, no.46: 7~24, Tokyo: Memoirs of the Research Department of the Toyo Bunko; Takeshi Hamashita, "The Tribute Trade System and Modern Asia," in A.J. Latham and Heita Kawakatsu, eds., *Japanese Industrialization and the Asian Economy*, London and New York: Routledge, 1994; Giovanni Arrighi, Takeshi Hamashita, and Mark Sheldon, "The Rise of East Asia in World Historical Perspective," Paper presented at the Planning Workshop, Fernand Braudel Center, State University of New York, Binghamton, December 6~7, 1996. 이 자료들은 Andre Gunder Frank, *ReORIENT: Global Economy in the Asian Age*, Berkeley: University of California Press, 1998에서 인용. p.129 참조. 프랑크는 하마시타의 시각이 대체로 동아시아에 한정된 것으로 보았다. 프랑크 자신은 거기서 한걸음 더 나아가, 중국 중심의 경제는 19세기 이전까지 세계경제 전반에 걸친 현상이었음을 강조할 필요가 있다고 주장한다. 이것을 크리스토퍼 콜럼버스와 그 후 18세기 말의 애덤 스미스 이전까지의 유럽인들이 잘 알고 있었다고 말한다. Frank, 1998, p.117 참조.

32) 강진아, 2005, 39쪽.

정치적 차원에서 동아시아 질서는 중화질서의 안과 밖으로 구분된다. 경제적인 차원에서는 그러한 구분선은 존재하지 않게 된다. 오히려 일본이 정치적인 중화질서의 안에 있던 조선보다 더 활발하고 의미있게 중국과 역동적인 경제적 교류 속에 있었다고 할 수 있게 된다. 막대한 이윤을 줄 수 있는 대중국 무역에 대한 강렬한 욕구가 분출된다. 이것이 공식적인 조공무역의 틀을 깨고 왜구의 활동이나 사무역, 밀무역 등의 형태로 전개된다. 이 모든 것을 동아시아 질서의 핵심적인 부분으로 이해하게 되면, 그 질서와 그 안에서 일본의 위상에 대한 더 풍부한 이해를 획득할 수 있다.

일본을 포함한 동아시아 국가들 사이의 경제적 네트워크화는 16세기에 역동성을 띠게 된다. 명대 재정이 은납화(銀納化)하고 명 경제가 상업화하면서 중국이 은에 대한 거대한 수요를 갖게 된 것이다. 16세기 중엽 일본은 이와미 은광산(石見銀山)을 개발하면서 동아시아에 강력한 은 공급자로 등장한다. 일본은 중국의 물산이 필요했다. 중국 상인들은 일본의 은이 필요했다. 그래서 전국시대(戰國時代)에 들어서 있던 16세기 일본 다이묘(大名)들에게 중국과의 사무역(私貿易)은 막대한 부의 원천이 되었다. 사무역에 종사하는 집단들이 무장세력화하면서 이른바 '후기왜구'가 탄생한 것도 16세기 중엽이었다. 중국이 취한 강력한 쇄국책인 해금정책(海禁政策)으로 말미암아 왜구활동의 위험성은 높아졌다. 그럴수록 왜구들에게 대중국 무역은 더 높은 이윤을 보장했다.[33)]

정치적으로는 중화질서의 외부에 있던 일본이 중국대륙에 대한 영토적 야심을 갖고 명과도 전쟁을 각오했던 것은 책봉체제의 벽과 조공무역의 한계를 뛰어넘어 경제대국 중국과 자유로운 경계관계를 확보하려

---

33) 강진아, 2005, 40~41쪽.

는 욕구와 깊은 관련이 있다. 19세기 중엽 서양세력이 중국과 자유롭게 무역할 권리를 획득하기 위해 중국과 전쟁을 불사했던 상황과 유사성을 띤다.

동아시아 질서가 한편으로 책봉이라는 정치적 지배와 종속의 관계를 중심에 놓고 이해할 부분과 경제적 네트워크로서 하나의 역동적인 세계를 구성하고 있었다는 것을 주목할 때, 동아시아 질서에서 일본의 안에 있음과 밖에 있음의 동시성이 이해된다. 이 질서에서 일본의 경계성의 실과 허를 더 풍부히 이해할 수 있다. 또한 동아시아의 전쟁과 평화에서 일본의 위치가 내포한 잠재적인 폭발적 성격의 근원들을 다양하게 포착하는 것도 가능해진다.

그러나 이 시기 동아시아 질서를 하마시타 다케시처럼 무역 관계 중심의 네트워크로 환원시킨다면 그것은 잘못된 것이다. 정치외교·군사 차원의 질서인 책봉체제를 통해 중국과 그 주변국들 사이에 조성된 국제관계는 엄연히 그 질서의 중추적인 요소였다. 종속의 측면과 함께 중국이 약소국가들과 평화공존하는 메커니즘이었다. 하마시타와 같이 공식·비공식의 무역관계를 중심으로 동아시아 질서를 재구성하여 동아시아 질서를 경제중심적 차원으로 환원시킬 경우 일본 중심의 시각으로 편향되고 만다.

일본은 임진왜란이 끝난 후 명과의 외교관계 회복을 포기했다. 명청 교체기에는 어느 한쪽과도 외교관계를 갖지 않음으로써 개입을 회피했다. 청이 중국의 지배자가 된 이후 조선과 류큐는 청과 책봉체제에 참여하고 공식적인 조공무역을 했다. 일본의 에도 막부는 19세기에 이르기까지 책봉관계는 물론 공식적인 조공무역에도 끝내 참여하지 않았다. 다만 나가사키항, 류큐, 그리고 쓰시마를 통해 동아시아 교역체제에 참가했다.[34] 16세기 말에서 19세기에 이르기까지 에도 막부 시절에 중국과 책봉체제는 물론 조공무역에도 공식적인 참여자가 아니었던 일본으로서는 일본을 포함한 동아시아 국가군을 하나의 세계로 묶고자 할 때 당연히 실질적인 경제관계 중심으로 접근할 수밖에 없다. 하마시타의 관점은 분명 동아시아 질서를 이해하는 데 주목해야 할 객관적 진실을 포착한다. 하지만 그것만으로 환원될 때 일본 중심의 동아시아 질서 재구성이라는 주관성 또한 내포하게 된다. 뿐만 아니라 조공책봉관계라는 정치적 규범이 동아시아 세계에서 전쟁과 평화를 규율하는 외교적 장치로서 지니고 있던 의미를 놓치게 된다. 그것은 치명적인 문제이다.

요컨대 전쟁과 평화의 규율체계라는 기준을 중심으로 볼 때, 동아시아 질서는 일본의 존재로 말미암아 삼중구조를 이룬다. 중국-북방 관계축을 이루는 내륙 아시아권은 중국과 조공·책봉 관계를 가지면서도 주종이 수시로 뒤바뀌는 역동적 상호작용을 하면서 중국의 정체성 자체의 형성에 직접 관여한다. 중국-동남방 관계축 속에서 중국과 조공·책봉 관계로 규율된 중화권 국가들은 정체된 위계적 질서를 유지하는 대가로 중화제국들과는 평화를 얻는다. 한편 일본은 조공·책봉 체제로 규율되는 중화질서로부터 실질적으로 독립해 있으면서도 동아시아 질서 안에서 독자적으로 전쟁과 평화의 변수로 행동하는 제3의 관계축을 구성했던 것이다.

4. 고대 말기에서 중세에 걸친 일본 정치질서 파편화와 천황

하우봉은 조선시대 전기(前期), 그러니까 임란 이전 조선의 일본 인식을 크게 둘로 요약했다. 지식인들이 화이관(華夷觀)에 입각해 일본을 이적(夷狄)으로 간주하는 '일본이적관'이 그 하나였다. 일본을 소국

34) 요시노 마코토, 2005, 210~211쪽.

으로 인식하는 '일본소국관'이 다른 하나였다. 16세기에 들어 이 두 가지 요소는 다같이 심화되었다고 보았다.[35] 그러한 사정을 하우봉은 이렇게 설명했다. "15세기 중엽에 일본에의 통신사 파견이 중단되어 조선 조정에서는 일본의 국내 정세에 대한 정보가 부족하였으며, 변경의 정세가 안정된 것도 겹쳐서 일본에 관심을 기울이지 않는 경향이 강해졌다. 중종대(1506~44) 이후의 조선 조정은 조선시대 초기와 같은 적극적인 정보수집에 기초한 능동적인 대일본 정책보다는, 명분론과 고식적인 대응책에 안주하게 되었다. 일본 인식에서도 실용성과 문화상대주의적인 인식에 기초한 유연한 이해가 결여된 가운데, 일본이적관이 고정화되었던 것이다."[36]

일본이적관은 충분히 이해가 된다. 그럼 조선이 일본을 소국으로 인식했다는 '일본소국관'은 무슨 말이며 어디에서 비롯된 것인가. 먼 과거, 그러니까 백촌강전투에서 나당연합군과 싸우는 백제를 지원하기 위해 수만의 군대와 수백 척의 전선을 파견하기도 한 동아시아의 해상 세력을 자임했던 일본, 그리고 "동천황경백서황제"를 운운하던 천황이 지배하는 중앙집권적인 율령제국가 일본은 어디로 간 것인가.

임란 직전 조선 지배층의 일본 인식을 결정한 일본 정치사 내부의 요인은 크게 둘로 나눌 수 있다. 먼저 직접적인 것은 도요토미 히데요시가 일본을 통일하여 아시아 대륙을 침략할 야망을 갖기 이전 약 1세기에 걸쳐 전개된 일본판 전국시대의 혼란상이다. 보다 멀지만 더 오래 한반도인들의 일본 인식의 역사적 바탕이 된 것은 고대국가 말기인 8세기 중엽에서 14세기 중엽에 이르는 약 6백 년에 걸친 일본 정치사의 파편화 현상이다.

35) 河宇鳳, 『朝鮮王朝時代の世界觀と日本認識』, 東京: 明石書店, 2008, 34~35쪽.
36) 河宇鳳, 2008, 35~36쪽.

먼저 먼 인식의 바탕부터 돌이켜본다. 윌리엄 패리스는 750년에서 1250년 기간 일본 정치질서의 큰 흐름은 파편화(fragmentation), 다원주의(pluralism), 지역주의(regionalism)였다고 요약한다. 1180년대 가마쿠라 막부의 성립은 중앙집권이 마침내 성공한 것이라기보다는 오히려 그러한 세 가지 원심적 추세의 절정을 표상한다고 해석했다.[37] 고대국가시절인 8세기 중엽에서 중세의 한 중간이자 무로마치 막부가 세워지는 14세기 중엽에 이르는 약 6백 년의 일본 정치사가 중앙집권적 정치권력과는 거리가 먼 것이었다는 얘기이다. 그 오랜 기간 일본 정치사의 파편화된 모습은, 고대국가 일본에서 최고 통치자였으며, 그후에도 적어도 상징 차원에서는 항상 일본의 최고권위로 남았던 천황이 그 6백 년 동안 처해 있던 운명과도 불가분한 것이었다.

임진왜란 직전부터 전쟁기간 전체에 걸쳐 조선 외교의 최고위 담당자들의 대표적인 인물은 유성룡(柳成龍: 1542~1607)이었다. 그는 전쟁이 끝난 후 후세에 교훈으로 삼기 위해 『징비록』(懲毖錄)을 지었다.[38] 이 책에서 유성룡이 "원래 일본 국왕 원씨(源氏)는 홍무(洪武) 초년(1368) 나라를 세워……" 운운하는 부분이 있다.

1368년에 막부를 세워 쇼군이 된 인물이라면 아시카가 요시미쓰(足利義滿: 1358~1408)를 가리킨다. 원래 요시미쓰는 아시카가 다카우지

---

37) Farris, 1995, p.379.

38) '징비록'이란 유성룡이 이 책의 자서(自序)에서 밝히고 있듯이, 『시경』(詩經)에 있는 "내 지나간 일을 징계(懲)하고 뒷근심이 있을까 삼가(毖)노라"라는 구절에서 따온 것이다. 유성룡, 이민수 옮김, 『징비록』, 을유문화사, 1994, 7쪽. 유성룡(1542~1607)의 자는 이현(而見), 호는 서애(西厓). 경상도 풍산(豊山) 사람으로서 퇴계(退溪)에 사사(師事)했으며, 허다한 현직을 거쳐 임란 때에는 영의정으로서 4도 도체찰사(都體察使)의 중임을 겸한 인물이다. 난중의 중요정책은 모두 그를 통하여 시행되었다. 위의 책의 옮긴이 이민수의 '해제' 참조.

(足利尊氏: 高氏, 1305~58)가 1336년 교토를 점령하고 고다이코 천황의 항복을 받아 건립한 아시카가 막부의 3대 쇼군이었다.[39] 그때만 해도 아시카가 막부가 일본의 통일을 이룬 것은 아니었다. 아시카가 막부는 1368년 요시미쓰가 3대 쇼군으로 취임하면서 전성시대를 맞는다. 요시미쓰가 북조의 천황과 남조의 천황이 양립해 있던 것을 하나로 통합하여 일본을 통일한 것이 1392년이다. 요시미쓰는 원래 아시카가 막부의 쇼군이었지만 그의 대에 와서 비로소 일본 통일을 이룩했기 때문에, 요시미쓰 이래의 아시카가 막부는 이름을 달리 하여 무로마치 막부로 부른다. 그리고 무로마치 막부의 성립은 요시미쓰가 쇼군으로 취임한 해인 1368년부터로 보게 된다.

따라서 유성룡이 "1368년 일본 국왕이 된 인물"로 가리킨 것은 그해에 아시카가 막부 3대 쇼군으로 취임한 인물이자 무로마치 막부의 건설자인 아시카가 요시미쓰를 가리키는 것임이 틀림없다. 그런데 유성룡은 그해 일본 국왕이 된 인물을 "원씨"라고 불렀다. 요시미쓰는 분명 아시카가씨(足利氏)인데 어떻게 된 일인가. 원씨라면 본래는 가마쿠라 막부(鎌倉幕府)를 세워 일본사에서 처음으로 무사계급이 주도하는 정권을 세운 미나모토 요리토모(源頼朝)를 말한다. 그런데 그가 천황조정을 장악하고 있던 다이라씨(平氏)를 완전히 몰아내고 가마쿠라 막부를 수립한 것은 1180년대 중반의 일이다.

일본사에서 다이라씨와 미나모토씨는 모두 고대국가 시절인 9세기경 명목상 천황이 관장하는 국가소유 공령(公領)을 기반으로 유력한 무사단을 구성한 가문들이다. 천황의 자손들에 속했던 셈이다. 이들은 9세기 말 천황으로부터 각각 다이라씨와 미나모토씨라는 성씨를 하사

---

39) 이노우에 기요시(井上清), 서동만 옮김, 『일본의 역사』, 이론과실천, 1989, 109~111쪽.

받았다. 11세기 전기가 되면 미나모토씨가 다이라씨를 제압한다. 다른 한편 이세(伊勢)지방을 근거로 한 다이라씨가 근기(近畿)지방과 그 서쪽 지방에서 유력하게 된다.[40] 즉 이 시기 미나모토씨는 다이라씨와 함께 교토에 있는 천황의 조정과 일정하게 연결된 귀족층 중에서 특별히 유력한 가문들이었다. 그러던 중 1150년대 말 천황을 둘러싼 권력투쟁에서 다이라씨 가문의 다이라 기요모리(平清盛)가 미나모토 가문을 제압하면서 한동안 다이라씨의 전성시대가 된다. 그리하여 1167년 기요모리는 태정대신(太政大臣)이 되고 일족도 모두 고관이 된다.

다이라씨가 교토 천황 조정의 전권을 장악한 것인데, 이때부터 고대 천황제가 실질적으로 몰락했다. 1159년 권력투쟁에서 패배한 미나모토 요시토모(源義朝)의 아들 미나모토 요리토모는 살해될 뻔했다. 다이라 기요모리의 계모의 중재로 그는 목숨만을 건진 채 이즈(伊豆)에 유배되었다. 그로부터 약 30년 세월이 흐른 1180년대 중엽, 두 가문의 운명이 뒤바뀐다. 미나모토 요리토모가 다이라씨를 멸하고 가마쿠라 막부를 세운 것이다. 일본사 최초로 천황의 조정으로부터 독립적인 무가정권을 세웠다. 고대 천황제 국가의 종말인 동시에 일본 중세의 시작이었다. 다이라 기요모리의 경우는 천황의 조정에서 독자적 정권을 세운 것이 아니라 천황제 기구를 탈취한 것이었다. 미나모토의 가마쿠라 막부는 한 차원 다르게 중세봉건국가의 성립을 뜻하는 것으로 일본 역사학은 평가한다. 다이라 기요모리의 정권은 고대천황제 국가에서 미나모토 가문, 즉 원씨가 세운 중세봉건국가로 가는 도정의 과도기적 정치질서로 통한다.[41]

그렇다면 미나모토 정권이 1368년에 들어섰다고 말한 꼴인 유성룡

---

40) 이노우에 기요시, 1989, 68~69쪽.

41) 이노우에 기요시, 1989, 74, 82~85쪽.

의 설명은 틀린 것이다. 더욱이 미나모토 가문은 1199년 몰락했다. 요리토모가 사망한 후 유력해진 호조씨(北朝氏)에게 거세된 것이다. 호조씨란 호조 도키마사(北朝時政)와 그의 아들 호조 요시토키(北朝義時)를 가리킨다. 이들은 다이라씨에 의해 미나모토 요리토모가 유배되어 있던 이즈 지방의 일개 영주 가문이었다. 유배된 죄인 신세였던 요리토모를 도와 다이라씨를 무너뜨리고 가마쿠라 막부를 창립한 일등공신이 되었었다.[42] 1199년 이래 가마쿠라 막부는 호조씨가 주도했다. 1333년 호조씨가 반대세력들의 공격으로 무너지면서 가마쿠라 막부도 완전히 소멸한다.

가마쿠라 막부에 대항해 반대세력을 결집시킨 이는 천황 고다이코(後醍醐: 1288~1339)였다. 그는 '건무(建武)의 중흥'으로 불리는 천황정치 복원을 시도했다. 무사의 소유로 되어 있는 영지들을 몰수하고 황족과 귀족의 장원지배를 되살리려 했다. 무사들은 반발했다. 중흥을 위한 궁성 축조를 위해 세금은 높아져서 민중의 불만도 막부시절보다 더 심했다. 고다이코 천황에 대한 광범한 불만과 반발을 틈타 새로운 막부 건설의 야망을 품은 자가 있었다. 앞서 가마쿠라 막부를 멸하는 데 결정적 역할을 한 아시카가 다카우지였다. 아시카가 다카우지는 1336년 교토를 점령했다. 고다이코 천황은 다카우지에게 항복했다. 천황통치 복원을 위한 건무의 중흥은 3년을 넘기지 못한 것이다.[43]

다카우지는 그해에 고묘(光明) 천황을 옹립하고 교토에서 새로운 막부를 열었다. 그래서 다카우지는 아시카가 막부의 제1대 쇼군이다. 그러나 아시카가 막부는 통일정권을 수립한 것은 아니었다. 천황자리에서 밀려난 고다이코가 교토를 탈출하여 대화(大和)의 요시노(吉野)에

42) 이노우에 기요시, 1989, 87쪽.

43) 이노우에 기요시, 1989, 109~111쪽.

칩거하며 스스로 정통 천황을 자처했다. 이후 요시노를 본거지로 남조(南朝)가 들어선다. 요시노조(吉野朝)라고도 했다. 교토에 있는 천황 정권은 북조(北朝)라 불렀으며, 교토조(京都朝)라고도 했다. 천황이 남북으로 갈려 둘이 존재하는 남북조시대가 열린 것이었다. 남조의 고다이코 천황은 불과 몇 년 후인 1339년 요시노의 산속에서 병사한다. 그러나 남북조 사이에 전쟁은 계속된다.[44)]

남조의 맥은 유지되고 있었지만, 남조 천황의 위상은 참으로 보잘 것이 없었다. 고다이코 천황을 이어 남조의 후임 천황으로 된 자가 고무라카미(後村上) 천황이었다. 1368년엔 조케이(長慶) 천황이 뒤를 이었다. 그러나 즉위한 연월과 생모나 후비에 대한 기록이 없을 정도로 그의 황위(皇位)는 유명무실했다. 1392년 조케이를 이어 천황이 된 고카메야마(後龜山)는 남조의 마지막 천황이다. 북조 아시카가 막부의 3대 쇼군인 아시카가 요시미쓰가 강요하여 고카메야마는 결국 퇴위당한다. 이때부터 비로소 교토에서 막부와 함께 있는 북조의 천황 고고마쓰(後小松)가 일본 유일의 천황이었다. 천황이 둘이던 남북조시대가 끝나고 천황이 하나로 통합된 해이므로 1392년이 요시미치의 무로마치 막부에 의한 일본 통일의 해로 기록된다. 이후 일본 천황은 고고마쓰의 자손이 역대 황위를 차지했고, 근세와 근대를 거쳐 지금의 천황에게까지 그 황통이 이어지고 있다.[45)]

요시미쓰는 그렇게 해서 실질적인 통일정권을 수립하게 된 것이었다. 그 과정에서 남조뿐 아니라 북조의 천황들도 유명무실한 존재들임이 명백해졌다. 1350년대 초 아시카가 다카우지는 한때 막부 내부의 권력투쟁에 휘말려 형세가 불리했다. 이때 다카우지는 남조의 공가(公家:

---

44) 이노우에 기요시, 1989, 112쪽.
45) 이노우에 기요시, 1989, 115쪽.

천황 주변의 귀족) 세력과 손을 잡는 상황이 되었다. 그는 이들과의 연합을 통해, 자신이 세운 북조의 천황이던 스코(崇光)를 1351년 폐위시켰다. 그다음 해인 1352년 2월에는 아예 스코 천황을 살해했다. 그후 남조 세력은 다른 아시카가 가문의 무사들과 힘을 합해 다카우지를 공격한다. 그러자 다카우지는 새로이 고코곤(後光嚴)을 북조의 천황으로 옹립한다. 2년 반의 전쟁 끝에 1355년 3월 다카우지가 최후의 승리를 거두었다. 이후 남조는 단지 요시노 산속의 공가의 무리에 지나지 않았다.[46)]

아시카가 막부 1대 쇼군 다카우지는 1358년 병사했다. 그의 아들 아시카가 요시아키라(足利義詮)가 2대 쇼군이 된 데 이어 1368년에는 아시카가 요시미쓰가 3대 쇼군이 된다. 그의 대에 아시카가씨는 전성시대를 맞으며 일본 통일을 이룬다. 요시미쓰는 1378년 교토의 무로마치에 하나노고쇼(花の御所)라는 화려한 저택 겸 정청(政廳)을 지었다. 그 거리의 이름을 따서 요시미쓰 이래의 아시카가 막부는 무로마치 막부로 불리게 된 것이다. 1392년 요시미쓰가 강요하여 남조의 명목상 천황이었던 고카메야마를 퇴위시킴으로써 천황이 하나로 통일된 것을 '남방항참'(南方降參)이라 한다. 남조가 항복하여 북조의 통일정권에 참여했다는 뜻이다.[47)]

일본 중세에 천황은 영락했으나 상징적 권위는 여전했고 요시미쓰 이전까지는 나름대로 정치권력도 남아 있었다. 하지만 요시미쓰 때에 이르러 막부는 재판권, 경찰권, 과세권 순으로 권력을 완전히 독차지했다. 그 결과 천황가의 권력은 진공상태가 된다. 이제 막부 쇼군이 자신의 무력과 정치권력 독점을 바탕으로 천황의 지위까지도 넘보는 일이

46) 이노우에 기요시, 1989, 113쪽.
47) 이노우에 기요시, 1989, 115쪽.

아주 없을 수는 없었다. 요시미쓰는 『맹자』(孟子)를 즐겨 읽었다고 한다. 맹자의 역성혁명(易姓革命) 사상에 심취했다는 것이다. 그가 황위 찬탈을 기도한 것은 놀라운 일이 아니었다. 1408년경 요시미쓰의 황위 찬탈 계획은 성취 일보 전까지 갔다. 그러나 요시미쓰 자신이 갑작스레 죽으면서 그 계획은 미수에 그치고 만다.[48)]

5. 전국시대 일본의 혼란과 조선의 일본 인식

요컨대 1392년에 일본에 통일정권을 수립한 것은 무로마치 막부를 세운 아시카가 요시미쓰, 즉 아시카가씨였다. 요시미쓰는 명나라에 승려 소아(祖阿)를 파견해 통교를 요청한다. 이때부터 무로마치 막부는 조공선(朝貢船)의 형식으로 명과 무역을 시작한다. 그런데 명나라 황제에게 자신을 가리켜 칭한 이름은 '일본 국왕 신 미나모토 미쓰요시'(日本國王 臣 源道義)였다. 여기서 미쓰요시(道義)는 요시미쓰 자신의 법명(法名)이었다.[49)]

무로마치 막부 쇼군이 대명 외교에서는 자신의 성인 아시카가(足利) 대신에 1180년대에 가마쿠라 막부를 세웠다가 10여 년 만에 호조씨에 의해 멸문당한 미나모토씨의 성을 쓴 것이다. 아시카가 요시미쓰는 1404년 조선 국왕에게도 승려 슈토(周棠)를 파견했다. 이때 역시 자신을 '일본 국왕 미나모토 미쓰요시'라고 칭했다. 유성룡이 1368년 무로마치 막부를 세운 아시카가 요시미쓰를 가리켜 "일본 국왕 원씨"라고 언급한 것은 그 때문으로 풀이된다. 어떻든 그렇게 해서 15세기 초 일본 무로마치 막부는 왜구를 무역상인으로 바꾸는 문제를 두고 조선과

---

48) 이마따니 아끼라, 2003, 211~213쪽.
49) 강재언, 하우봉 옮김, 『선비의 나라 한국유학 2천년』, 한길사, 2003, 224쪽.

협력했으며, 이후 일본 막부의 쇼군은 조선 국왕과 대등한 예로 교린관계를 시작했다.[50]

앞서 지적한 대로 1411년 무로마치 막부 4대 쇼군 요시모치(義持)가 명과 단교한 후 왜구가 증가했다. 조선도 왜구 문제로 다시 골치를 앓게 된다. 조선 태종은 쓰시마(對馬)를 '왜구의 소굴'로 지목한다. 1419년 조선 수군을 쓰시마에 파견했다. 무로마치 시대 일본 최대의 대외분쟁인 '오에이(應永)의 외구(外寇)'로 불리는 사태였다. 조선군은 곧 철수하고 두 나라 사이에 협상이 진행되었고 국교도 재개되었다.[51]

하우봉은 앞서 조선시대 초기에는 조정이 나서서 "적극적인 정보수집에 기초한 능동적인 대일본 정책"을 폈다고 하였다. 조선 건국과 같은 시기에 일본에서 아시카가 요시미쓰의 무로마치 막부가 나름대로 통일정권을 세우고, 명나라와 함께 조선에 대해 적극적인 관계를 모색한 것, 그리고 쇼군이 조선으로부터 '일본 국왕'으로 인정받아 대등한 외교관계를 가졌던 상황과 무관하지 않을 것이다.

조선과 무로마치 막부의 교린관계는 이제 명목만 남은 무로마치 막부 최후의 쇼군인 아시카가 요시아키가 1573년 오다 노부나가에 의해 마침내 추방당할 때까지 계속된다. 하지만 실제로는 1467년 '오닌의 난' 이후부터 일본이 전국시대의 나락으로 떨어지면서 조선의 통신사는 일본을 방문하지 않게 되었다. 일본 사절만 일방적으로 내방하는 비정상적인 관계가 계속된 것이다.[52] 이 시기 왜구 문제가 다시 심각해졌을 것은 짐작하기 어렵지 않다. 한편 일본 역사학은 오닌의 난을 전후하는 시기에는 조선인이 왜복(倭服)을 입고 도적질을 하는 가왜(詐倭賊)도 증가했다고 서술한다.[53] 껍데기만 쓰고 있던 쇼군 요시아키가

50) 강재언, 2003, 225쪽.

51) 이마따니 아끼라, 2003, 214쪽.

52) 강재언, 2003, 321쪽.

노부나가에 의해 추방당해 무로마치 막부의 이름조차 완전히 소멸한 1573년에서 임란 몇 년 전까지 십수 년은 조선과 일본 사이에 어떤 사절도 왕래하지 않았다.

일본이 중화질서에 충격을 주며 전쟁을 벌일 수 있었던 힘의 첫 번째 조건은 국가적 통일이었다. 조선이 건국될 무렵인 14세기 말은 일본에서도 무로마치 막부가 남북조를 통일하여 전국 통일정권을 수립한 시기이다. 그로부터 70여 년 후인 1467년 '응인(應仁)·문명(文明)의 난'(오닌의 난)으로 불리는 대전란이 일본을 휩쓸었다. 쇼군 가(將軍家)와 막부에서 중직을 맡았던 유력 집안들이 둘로 나뉘고 끝내는 모두 쓰러지기 일보 직전에 놓인다. 오닌의 난은 남북조시대의 대결구조가 재부상한 것으로 풀이되기도 한다.[54)]

쇼군의 권위는 땅에 떨어졌다. 수많은 다이묘들과 무사집단들 사이에 서로 영토를 차지하려는 전란이 전국으로 확대되었다. 이로부터 전국시대〔戰國亂世〕가 100년 이상 계속되었다. 다이묘는 쇼군을 무시했으며, 천황도 존재가 희미해졌다. 다이묘인 주군에게 가신이 반란을 일으키는 일도 드물지 않았다. 이러한 질서와 권위의 변동을 당시 사람들은 '하극상'(下剋上)이라고 불렀다.[55)]

일본에서 1세기에 걸쳐 혼란과 전란의 시대가 이어진 사실은 일본의 잠재적인 지정학적 위협에 대해 조선이 일찍부터 방심한 채 있었던 중요한 요인의 하나였을 것이다. 히데요시가 강력한 통일정권과 제도개혁을 통해 근세의 기반을 닦기 전 일본의 이미지는 강력한 통일체와는 거리가 멀어 보였으리라는 점은 이해하기 어렵지 않다. 그것이 영원히

---

53) 이마따니 아끼리, 2003, 214쪽.

54) 무라따 슈오죠오(村田修三), 「잇끼와 셍고꾸다이묘오」, 아사오 나오히로 외 엮음, 『새로 쓴 일본사』, 2003, 224쪽.

55) 이노우에 기요시, 1989, 120~122쪽.

지속될 것이란 보장은 없었지만, 특히 15세기 중엽 이후 1백 년간 지속된 혼란은 파편화한 일본이 영원히 지속될 것 같은 관념을 조선 위정자들에게 심어주었을 것이다. 그러나 혼란 속에 상쟁(相爭)하던 힘이 하나로 모아지면 주변 국가들에게 전례 없는 위협이 될 수 있었다. 하지만 오랜 과거에만 의지하여 일본을 인식하는 상황에서 그 위협을 감지하기는 어려웠을 것이다. 더욱이 전국시대 말 통일의 정세가 움트는 국면에서 일본의 전쟁 양상과 함께 그 경제와 사회의 변화상에 아무런 관심도 갖지 않은 이웃 나라 지식인들에게 그러한 예지를 기대하는 것은 무리라고 할 것이다.

앞서 살펴본 바와 같이 8세기 중엽에서 14세기 중엽에 이르는 오랜 기간의 파편화된 일본 정치사적 전통과 함께, 임란 직전까지 1세기에 걸쳐 지속된 일본의 전국시대의 혼란상은 한반도인들이 일본을 인식하는 태도에 깊은 영향을 미쳤을 것이다. 이것이 중화질서 바깥의 세력들에 대한 전통적인 화이론적 경시(輕視)와 결합하면서 조선 지식인들의 일본에 대한 무지를 심화시켜갔으리라는 것을 능히 짐작할 수 있다. 이러한 사정은 조선에서 일본을 '왜구의 소굴' 정도로 인식하는 소국관을 고착시켰다고 할 수 있다. 이와 달리 중국에는 명이라는 강력하고 경제와 문화가 발전하는 통일된 중화제국이 존재했다. 이러한 동아시아적 상황은 조선에서 중화주의적 화이관에 바탕을 둔 일본이적관이 심화될 수 있는 객관적 조건을 구성하고 있었다.

그러나 세계의 현실과 역사는 근본적으로 역동적이다. 고정된 관념과 행태는 역동적인 변화의 충격 앞에 산산히 부서지곤 하는 것이 역사의 변함없는 교훈이다. 영구히 혼란 속을 헤맬 것처럼 보였던 16세기 일본의 정치적 동학과 조선의 안이한 일본 인식은 곧 그 같은 충격을 예비하고 있었다.

6. 일본의 전국 통일과 도요토미 히데요시

전국시대의 혼란 속에서도 봉건영주들은 경제와 문화의 발전을 경쟁적으로 추구했다. 그것이 바탕이 되어 일본은 마침내 새로운 정치적 통일의 단계에 들어간다. 16세기 중엽이었다. 도요토미 히데요시가 전국통일의 대업을 이룩하게 되는 것은 그의 주군이었던 오다 노부나가(織田信長)가 닦아놓은 기반 덕분이었다. 오다의 군대는 다른 군웅들을 차례로 쓰러뜨린 후, 천황이 거주하는 교토에 입성한다. 1568년이다. 오다는 1573년 명목상의 쇼군 가를 유지하고 있던 무로마치 막부의 아시카가씨가 일으킨 군사를 쉽사리 격파했다. 장군직을 아예 폐지해버린다. 무로마치 막부는 그렇게 문을 닫았다.

1575년 오다는 도쿠가와 이에야스와 연합한다. 오다와 도쿠가와의 연합군은 주요 다이묘였던 다케다 신겐(武田信玄)의 군대와 전쟁을 벌여 대승을 거둔다. 오다는 1582년에는 역시 연합군인 도쿠가와 이에야스를 선봉으로 한 전투를 벌여 다케다 가문을 마저 멸했다.[56]

대전란시대의 시작을 알렸던 오닌의 난이 벌어진 1467년에서 오다가 일본통일의 기반을 마련한 1575년에 이르기까지 100여 년에 걸친 전국시대의 초기에는 활로 무장한 군대가 주력을 이루었다. 전국시대가 끝날 무렵에는 대포로 성채를 공격하는 식으로 전쟁 양상이 발전해 있었다.[57] 특히 역사가 이노우에 기요시는 다케다 가문의 패망을 결정한 전투인 1575년 나가시노(長篠) 전투에서 중요한 역사적 변화를 발견한다. 다케다군의 주력은 기마부대였다.[58] 오다 군대의 주력은 조총

---

56) 이노우에 기요시, 1989, 146~147쪽.

57) Stephen Turnbull, *War in Japan 1467~1615*, Oxford, UK: Osprey Publishing, 2002, p.14.

부대였다. 당시 오다는 다케다 쪽의 기마부대를 막기 위해 기마들을 막아내는 방책(防柵)을 설치했다. 그 뒤에 3500명의 조총부대를 배치했다. 밀어닥친 다케다군의 기마부대는 방책에 저지당한다. 조총부대가 일제사격을 퍼붓는다. 다케다군은 그렇게 전멸당했다. 나가시노 전투는 정예 기병무사의 대군도 조총부대를 주력으로 하는 보병집단의 상대가 될 수 없음을 증명했다. 이후 전쟁에 임하는 일본의 전술과 병제를 일변시킨 계기였다.[59)]

칼 프라이데이에 따르면, 일본의 전쟁사에서 기마부대는 1467~77년 '오닌의 난' 이후 이미 위력을 잃기 시작한다. 봉건영주가 무력을 바탕으로 할거하는 시대에 이르러서는 영주들은 이제 각자 차지한 영토를 지키고 또 확장하는 데 주안점을 두었다. 중앙의 권위가 사라진 정치권력구조에서는 각 지역에 할거하는 군웅들이 중앙의 명에 따라 전국을 누비며 전쟁할 일은 없었다. 기마부대의 기동력은 그만큼 중요성이 줄었다. 영토를 지키는 데는 보병 중심의 군사력이 더 중요했다.[60)] 중세 일본에서 핵심 군사력은 "말 탄 채 활 쏘는 무사"(samurai with horse and bow: mounted archery)였지만, 시대는 이미 변하고 있었다. 이러한 기마부대를 여전히 주력으로 삼고 있던 다케다 신겐의 군대는 더욱이 조총으로 무장한 오다의 보병부대에게 괴멸당한 것이었다.

화승총(火繩銃: arquebus)은 유럽에서 1503년 이탈리아의 세리뇰라(Cerignola) 전투에서 처음으로 위력을 발휘했다. 일본에 전래된 것

---

58) 다케다 신겐 군대의 주력은 1570년대에도 여전히 기마 무사들(mounted samurai)이었다. Turnbull, 2002, p.45.

59) 이노우에 기요시, 1989, 147쪽. 서양 학자들 역시 나가시노 전투에서 오다 군대의 조총부대의 효율적 운영이 던진 전쟁사적 충격을 주목한다. Turnbull, 2002, p.20.

60) Karl F. Friday, *Samurai, Warfare and the State in Early Medieval Japan*, New York: Routledge, 2004, p.168.

은 그로부터 40년 뒤인 1543년이었다. 규슈 남쪽 섬 다네가시마에 난파한 포르투갈 무역선이 화승총을 싣고 있었다. 규슈의 시마즈 다이묘가 이를 본떠 만든 화승총을 1549년 전쟁에서 처음 사용한다. 이 새로운 무기를 본격적으로 활용한 것은 이코이키로 불리던 일단의 광신교도 집단과 함께 오다 노부나가였다.[61)]

오다가 조총부대를 건설한 것은 대량의 조총과 탄약을 조달할 경제력이 있었기 때문이다. 그의 영국(領國)은 그만한 생산력을 갖고 있었다는 뜻이다. 또한 계급분화가 진척되어 많은 영민(領民)을 농촌에서 분리시켜 대규모 보병부대를 상비군으로 유지할 수 있는 경제사회적 조건이 성숙해 있었다.[62)]

도쿠가와를 선봉에 내세워 다케다 가문을 멸한 1582년 6월, 오다는 어느 야심한 밤에 가신(家臣) 아케치 미쓰히데(明智光秀)로부터 불의의 습격을 받는다. 불타오르는 교토의 절 혼노지(本能寺)에서 오다는 자살하고 만다. "혼노지의 변"으로 불린다. 오다의 또 다른 가신 도요토미 히데요시가 아케치를 무찌르고 오다 가(家)의 실권을 장악한다. 이어 어린 주군을 물리치고 스스로 주군의 자리를 차지했다. 이렇듯 일본에서도 전국시대에 주군과 가신, 군신 사이의 의리란 허울에 지나지 않았다.

히데요시는 1584년 오다 시절 연합세력이었던 이에야스와 전쟁을 벌인다. 그러나 히데요시와의 대결은 장기적으로 이롭지 않다고 판단한 이에야스는 히데요시의 강화(降話) 제의를 받아들였다. 그리고 히데요시의 부하장수〔客將〕가 된다. 이에야스의 힘까지 통합한 히데요시는 1590년 규슈 지방 호조씨의 본거지 오다와라(小田原)를 4개월 동안

61) Turnbull, 2002, p.18.
62) 이노우에 기요시, 1989, 147쪽.

포위공략하여 마침내 그들을 멸한다. 일본 통일의 완성이었다.[63]

도요토미 히데요시의 본명은 하시바 히데요시(羽柴秀吉)였다. 오와리(尾張) 지방의 한미한 백성의 아들로 태어났다. 히데요시의 일본 통합의 논리는 병농분리(兵農分離)와 석고제(石高制)였다. 권력장악과 동시에 검지(檢地)라 불린 토지조사의 범위를 전국으로 확대했다. 공조(貢租)를 납부하는 농민[百姓]과 그것을 수취하는 무사의 신분을 분리했다. 도검몰수령을 내려 농민의 무장을 해제했다. 칼을 차고 다닐 수 있는 대검(帶劍)의 권리는 그때부터 사회적 신분의 표지가 된다.

대신 무사가 직접 촌락을 지배하는 것은 더 이상 허용되지 않았다. 이제 징세와 행정의 기초단위가 된 촌(村)의 주인은 경작지를 소유하여 생산하고 세금을 납부하는 농민, 즉 본백성(本百姓)이었다. 이것이 석고제의 핵심이었다. 이로써 중세에서는 볼 수 없었던 보편적 기준에 따라 전국적인 사회적 재편성이 이루어졌다. 또한 금은을 주조해 화폐제도의 통일을 꾀했다. 동아시아의 중국화폐 의존체제에서 자립하려는 의도를 가졌던 것으로 일본 역사학은 해석한다.[64] 이 때문에 히데요시의 개혁과 함께 일본이 중세에서 근세로 이행한 것으로 평가된다.[65]

히데요시는 전국통일을 달성하면서 일본 천황의 권위를 다시 세우려 했다. 이는 주목할 필요가 있다. 군웅이 할거하는 하극상의 전국시대에 천황의 조정에서는 "눈구경 잔치할 술조차 없었"을 정도로 천황의 권위는 땅에 떨어져 있었다. 그러나 천하통일을 눈앞에 둔 다이묘들은 이제 천황을 더 높이 대우하기 시작했다. 오다 노부나가는 먼저 1568년 교토에 입성하면서 천황이 거처하는 황궁을 크게 수리하고 천황의 생활비

63) 이노우에 기요시, 1989, 149~150쪽.
64) 아사오 나오히로, 「천하통합」, 아사오 나오히로 외 엮음, 『새로 쓴 일본사』, 2003, 257~259쪽.
65) Farris, 1995, p.379.

로 1년에 쌀 156석을 보장했다. 이에 감동한 천황은 노부나가에게 우대신(右大臣)의 칭호를 내린다. 마침내 천하를 통일한 히데요시는 천황의 용지로 7천 석을 제공했다. 통일권력을 정립하고 유지함에서 "국토를 창조한 신의 자손이라는 천황의 권위"를 자신의 권위의 기초로 활용한 것이었다.[66] 자신의 무력을 신화적 신성성이라는 정치적 후광과 결합시키고자 했던 것이다.

일본을 통일하여 체계적이고 안정적으로 지배하는 데엔 무력만으로는 불충분했다. 유서 깊은 상징적 최고권위였던 천황의 존재와 그 정신적 권위를 구체적으로 부활시키는 것이 필요했다. 교토의 천황과 귀족들도 히데요시에게 높은 관작을 수여하는 데 열심이었다. 히데요시를 군사적 부관으로서뿐 아니라 그들과 같은 관작을 가진 인물로 만듦으로써 그를 자신들의 일원으로 만들고자 했다. 이들 귀족도 실질적인 권력자로부터 물질적인 혜택과 함께 진짜 권력에 가까이 있는 즐거움을 향유하려 했다.[67]

히데요시의 일본에게 천하통일은 곧 평화를 의미하지 않았다. 아시아 대륙 침략의 발판에 불과했다. 히데요시의 야망은 오직 그의 죽음만이 중단시킬 수 있었다. 오다와 도요토미의 업적을 바탕으로 일본을 통일하고, 그 통일이 진정 일본 천하의 평화로 이어진 것은 도쿠가와 이에야스에 의해서였다.

이에야스는 유년기에 인접하고 있던 강대한 전국시대 다이묘인 이마가와씨(今川氏)의 인질로 고난에 찬 세월을 보냈다.[68] 1953년에 완성된 야마오카 소하치(山岡莊八)의 역사소설 『도쿠가와 이에야스』가

---

66) 이노우에 기요시, 1989, 152쪽.

67) Mary Elizabeth Berry, *Hideyoshi*, Cambridge, M.A.: Harvard University Press, 1982, p.180.

68) 아사오 나오히로, 2003, 263쪽.

32권에 이르는 한국어판으로 완역된 것은 2001년의 일이다.[69] 일본인들 일반이 자신들의 근세 역사에서 전쟁과 평화의 문제를 이해하는 방식을 담고 있다고 생각되는 소설이다. 오다 노부나가의 영국에 이웃한 작은 영지에서 출발한 도쿠가와 이에야스는 이 소설에서 자신이 전개한 끊임없는 전쟁들을 "전쟁의 시대를 끝내기 위한 전쟁들"로 정의한다. 일본을 분점하고 있는 수많은 다이묘들은 평화적 공존을 선택하지 않았다. 그 대신 일상적으로 전쟁을 경영한다. 이 상태에서 천하통일은 곧 평화를 의미한다. 그러나 그 평화가 필요로 하는 천하통일은 끝없는 전쟁을 또한 의미했다. 전쟁과 평화가 서로에게 역설이 되는 것이었다.

일본으로서는 전쟁의 폐허기였으며 동시에 한국전쟁의 여파 속에서 새로운 부흥을 꿈꾸던 1950년대 초에 이 소설을 마친 야마오카 소하치는 그의 소설 서문에서 이렇게 말한다. "나는 생각했다. 인류는 여전히 싸우지 않고는 달리 어쩔 수 없는 조건들만이 온통 뒤덮인 전국(戰國)의 세계 속에서 목이 터져라 그림의 떡인 평화를 갈구하고 있는 것에 지나지 않는다고. ……나는 도쿠가와 이에야스라는 한 인간을 파고드는 것보다도, 그와 그를 둘러싼 주위의 흐름 속에서 도대체 무엇이 '오닌의 난' 이래의 전란에 종지부를 찍게 한 것인지를 대중과 함께 생각하고, 함께 찾아보고 싶었다. 물론 그것은 이에야스 한 사람의 힘으로 된 것은 아니다. 불세출의 천재 노부나가와 노부나가의 업적을 계승한 히데요시가 있었다. 더구나 그 배후에 요즘 사람들도 충분히 동감할 수 있는 전쟁에 지친 민심이 있었다는 것은 말할 필요도 없을 것이다. 그러나 그 배경을 이룬 민심의 흐름은 노부나가, 히데요시의 시대에도 같았음에도 불구하고, 그것이 이에야스의 손에 의해 완성되었다는 것도 역시 사실이다."

---

69) 야카오카 소하치, 이길진 옮김, 『도쿠가와 이에야스』, 솔, 2000~2001.

말하자면, 작가에게 노부나가-히데요시-이에야스의 업적으로 연결되는 일본의 천하통일과 궁극적인 안정은 전쟁에 지친 민심의 평화에 대한 열망의 표현이었다. 그러나 적어도 히데요시의 단계에서, 일본의 통일은 "전쟁들을 끝내기 위한 수많은 전쟁들"로 점철된 것이었을 뿐 아니라, 일본의 통일로 축적되고 남아도는 힘을 대외적인 침략으로 연결시킴으로써 전쟁을 더욱 확대재생산했다. 이에야스가 마침내 일본의 통일을 200여 년간의 안정과 평화의 시대로 이끌고 가게 되는 것은 오직 히데요시의 죽음, 그리고 그에 이르기까지 일본 자신과 조선을 포함한 아시아 대륙의 민중에게 엄청난 고난을 안기고 난 이후였다는 점을 잊어서는 안 된다.

장이머우(張藝謀)가 감독하고 이연걸과 장만옥이 주인공으로 나선 「영웅」(英雄)은 잘 알려진 중국 영화이다. 진(秦)과 조(趙)를 포함한 7개국(戰國七雄)이 합종과 연횡을 반복하며 전쟁이 끊일 사이 없던 기원전 3세기 전국시대가 배경이다. 진나라가 가장 강력하여 조나라를 멸망시키고 나머지 나라들을 위협하면서 천하통일을 향해 달림에 따라, 진시황은 다른 나라 자객들의 암살 표적이 된다. 진시황을 위해 다른 자객들을 일망타진한 것으로 위장한 이연걸이 그 대가로 진시황과 10보 안에서 마주볼 기회를 얻는다. 진시황을 필살(必殺)할 절호의 기회였다. 그를 죽이기 위해 나섰던 다른 영웅적 자객들의 희생으로 그 자리에 설 수 있었던 이연걸이 궁극적으로 선택한 것은 진시황을 살리는 것이었다. 그 선택을 정당화한 논리이자 이 영화의 테마라고 할 수 있는 것은 천하통일을 위한 강대국의 전쟁은 곧 천하의 평화를 뜻한다는 것이었다. 진시황이 벌인 전쟁으로 짓밟힌 자신의 조국들을 위한 복수심도, 여러 나라와 다양한 사회들의 공존에 바탕을 둔 천하질서, 즉 다양성 속의 평화라는 개념도 천하통일이 곧 평화라는 이데올로기 앞에서 무릎을 꿇는다.

기원전 3세기 중국 대륙을 무대로 한 중국의 영화도, 16세기 일본을 무대로 한 일본의 역사소설도, 천하의 정치적 통합을 목표로 하는 전쟁들은 평화를 위한 것이라는 논리로 궁극적으로는 미화되고 있다. 대중적 역사의식 속에 자리잡은 전쟁과 평화에 대한 이미지의 그 같은 역설적 얽힘은 역사학과 철학, 그리고 정치학에서도 영원한 숙제로 남아 있다는 것을 부인할 수 없다.

7. 히데요시 침략전쟁의 동기: 제국 건설의 야망?

일본을 통일한 새로운 지배세력은 대외적인 제국주의적 침략을 기획했다. 류큐, 대만, 필리핀 등 남방원정을 거론하고 동시에 조선과 명나라에 대한 대륙침략을 구상했다. 남방원정은 공상만으로 끝난 반면, 우선 추진한 명 왕조 정복계획은 전국통일 직후부터 구체화된다.

히데요시가 전쟁을 일으킨 동기에 대한 그간의 해석은 크게 세 가지로 압축된다. 첫째는 그가 중국과의 무역을 자신의 의도대로 장악하고자 했다는 것이다. 둘째는 일본통일 후 엄존하는 대규모 군대들의 힘을 발산시킬 출구가 필요했다는 것으로 일반적인 통설이기도 하다. 셋째로 순전히 히데요시라는 최고권력자의 과대망상증(magalomania)의 발로라고 보는 관점도 널리 퍼져 있다.[70)]

이 전쟁에 대해 이노우에 기요시의 『일본의 역사』는 다음과 같이 간략하게 요약한다. "히데요시는 우선 명으로의 통로인 조선의 복속을 요구했지만 거부되었기 때문에 1592년(文祿 1) 4월에 가토 기요마사(加藤淸正)와 고니시 유키나가(小西行長)를 선봉으로 하여 조선원정

---

70) Peter Lorge, War, *Politics, and Society in Early Modern China, 900~1795*, London: Routledge, 2005, p.131.

을 개시했다. 처음에는 연전연승하여 선봉이 부산에 상륙한 뒤에 한 달도 안 되어 수도 한성을 점령하고 뒤이어 평양도 공략했으며 기요마사의 군대는 더욱 북진했다. 이윽고 조선의 해군장군 이순신(李舜臣: 1545~98)에게 히데요시의 해군이 전멸당하고 또한 조선의 민중이 도처에서 봉기했기 때문에, 일본군은 식량의 현지약탈도 불가능해지고 병사자가 속출해 장병의 사기가 눈에 띄게 저하하여, 다음해인 1593년 4월에 강화교섭이 시작되고 이윽고 사실상의 정전이 이루어졌다. 그러나 1596년(慶長 1) 명의 강화사절이 히데요시에게 가져온 명 황제의 칙서는 히데요시를 속국의 왕으로 간주하고 있었기 때문에 히데요시는 격노하여 다음해 1월에 다시 조선원정군을 보냈다. 이번에는 원정군의 사기도 처음부터 오르지 않았고 전세도 기대한 만큼 진전되지 않았다. 그러던 중 1598년(慶長 3) 8월에 히데요시는 병이 들어 나이 어린 첫째아들 히데요리(秀頼: 당시 여섯 살)의 앞날만을 생각하면서 죽었다. 원정군은 그것을 호기로 하여 본국으로 후퇴하였다."[71]

일본의 조선침략 동기에 대해 한국의 대표적인 역사 교과서들은 어떻게 말하고 있는가. 이기백의 『한국사신론』은 국내통일에 성공한 히데요시가 "많은 무장들의 힘을 해외로 방출시킴으로써 국내적인 통일과 안전을 더욱 공고히 하려고 하였다. 게다가 넓어진 해외견문이 한 자극이 되어서 도요토미의 가슴속에는 대륙에 대한 침략적 야욕이 싹트게 되었던 것"이라고 적고 있다.[72] 말하자면 히데요시라는 한 지도자의 성향과 결정, 특히 그의 권력과 영토에 대한 야욕을 주목한다. 일본의 역사가 이노우에 기요시의 분석 역시 크게 다르지는 않다. 그 역시 "히데요시의 영토욕은 끝이 없었다"는 말로 전쟁 원인의 대강을 설명하고

71) 이노우에 기요시, 1989, 156쪽.

72) 이기백, 『한국사신론』, 일조각, 1999, 232~233쪽.

있다.[73)]

메이지 시대의 많은 일본 지식인들은 히데요시의 조선침략이 불가피했거나 칭송할 만한 일이었다고 보면서 그 영웅적인 측면을 집중적으로 평가했다. 도쿠가와 시대 말기 사상가로서 존왕양이(尊王攘夷)에 바탕을 둔 메이지 유신의 지도자들을 배출한 교육자이기도 했던 요시다 쇼인(吉田松陰: 1830~59)이 대표적인 예였다. 제2차 세계대전 이후에 이르러서야 일본 역사가들의 임진왜란 평가는 도쿠가와 시대의 냉정한 비평적 기조로 돌아간다.[74)] 도덕적 평가를 넘어서 히데요시의 전쟁의도에 대한 다양한 평가가 제기되었다. 도쿠가와 시대인 19세기 초의 학자인 라이 산요는 일본 국내에서 더 이상 필요 없어진 방대한 군사력을 사용하고 또한 다이묘들의 충성을 얻는 데 필요한 더 많은 땅을 구하려는 군사작전이 조선침략이었다고 해석했다. 다른 학자들은 조선과 중국이 일본과 정규적인 직교역을 거부함에 따라 이들에게 무역을 강요하기 위한 것으로, 경제적 동기를 중시했다. 히데요시가 일본의 항구들을 통제하는 데 깊은 관심을 갖고 있었던 것, 그가 슈인센(朱印船: red-seal ship) 무역제도를 처음 시작했다는 사실, 그리고 그가 조일전쟁의 최종적인 강화조건에서 무역 문제를 강조한 것 등이 그런 해석의 근거였다.[75)]

메리 베리는 히데요시의 조선침략 동기에 대한 세계학계의 논의가 크게 군사적인 해석과 경제적인 해석으로 나뉨을 지적한다. 베리 자신은 히데요시의 제국건설 야망과 함께 인간으로서의 히데요시의 개인적

---

73) 이노우에 기요시, 1989, 156쪽.

74) Berry, 1982, p.211.

75) Berry, 1982, pp.211~212. 슈인센 제도는 일반적으로는 1600~35년 기간에 일본이 시행한 것이다. 슈인센은 일본정부가 발행한 붉은 도장이 찍힌 허가장을 갖고 무역에 종사한 일본의 무장 상선(商船)을 가리킨다.

특성도 주목한다. 그녀에 따르면, 역사에 기록된 것으로서 히데요시가 중국대륙에 대한 침략 의도를 밝힌 것은 1586년부터였다. 그는 모리 데루모토와의 대화에서 "나는 중국까지 정벌할 것"이라고 말한 것으로 기록되어 있다. 같은 해 오사카 성에서 루이 프루아(Louis Frois)와 가진 대화에서, 히데요시는 다른 무엇보다도 "그 자신의 이름과 그의 권력의 명성을 영원한 것으로 만들기 위해서" 일본 전체를 정복한 후 그의 동생 미노도노(히데가와)에게 일본을 맡기고 그 자신은 조선과 중국을 정복하러 나설 것이라고 밝힌다. 그는 그 일을 하다가 죽더라도 좋다고 말한다. 왜냐하면 그러한 일을 시도한 최초의 일본 왕으로 전해질 것이기 때문이라고 하였다.[76)]

베리에 따르면, 히데요시는 무역에 강한 관심을 드러내면서, 임진왜란 2년 전인 1590년부터 중국을 포함한 주변국가들에 대한 정복을 통해 '제국'을 건설하려는 야망을 표출하기 시작했다. 그해 2월 규슈 지방의 시마즈 가(島津家)의 인물을 류큐 왕국의 조정에 보내 자신의 지배권을 다른 나라들에게 확장할 뜻을 담은 서한을 전달한다. 이 문서는 류큐 왕국에 대한 일본 지배권을 분명히 하는 뜻으로 보낸 것이었다. 히데요시는 실제 군대와 보급품을 류큐 왕국으로부터 일부 조달하여 조선침략에 활용했다.[77)] 류큐는 히데요시의 서신 이후 곧 시마즈씨의 공격을 받았다. 이후 류큐는 명과 일본에 양속(兩屬)하는 운명이 되었다.[78)]

히데요시는 1591년 7월에는 동인도 제도 총독(Viceroy of the

---

76) James Murdoch, *A History of Japan*, 3 vols., London: Kegan Paul, Trench, Trubner, 1925~1926, II, p.305. Berry, 1982, pp.207~208에서 재인용.

77) Berry, 1982, p.212.

78) 아사오 나오히로, 2003, 261쪽.

Indies)에게 편지를 보내어 중국을 정복하겠다는 뜻을 밝힌다.[79] 같은 해 9월에는 필리핀 마닐라에 보낸 편지에서 류큐를 비롯한 많은 외국들이 자신에게 항복했음을 밝히고 중국 정복계획을 알린다. 필리핀도 자신의 공격을 당하기 전에 지체없이 항복의 깃발을 들고 달려오라고 협박한다. 임란 중이었던 1593년 11월에도 히데요시는 대만에 조공을 요구하는 협박편지를 보냈다.[80]

메리 베리는 히데요시의 협박편지들이 실제 히데요시의 진정한 야망을 나타낸다는 보장은 없다고 밝힌다. 또한 당시 일본은 그러한 히데요시의 야망을 실현할 준비가 되어 있지 못했다. 따라서 그 협박편지들과 그 안에 밝힌 제국건설의 언설은 액면 그대로 받아들이기 어렵다고 본다. 특히 필리핀에 협박편지를 보낸 히데요시의 실제 목적은 경제관계를 발전시키고, 유럽 국가들이 일본에 천주교를 침투시키는 것을 경계하며, 스페인에게 일본 정치에 개입하지 말 것을 경고하기 위한 것이었다고 해석한다. 당시는 유럽의 식민주의 역사의 제1막이 오르던 시기였다. 히데요시의 당시 야망은 그것을 경계하는 동시에 그것을 선망하고 모방하고자 하는 욕구를 표출하고 있는 것으로도 볼 수 있었다.[81]

당시 히데요시의 일본이 서양 식민주의에 대해서 가장 주목하고 경계한 것은 스페인이었다. 스페인이 필리핀에서 지배적 위치를 차지하게 된 것은 1571년이었다.[82] 일본은 이후 필리핀에 구축된 스페인 세력을 마

---

79) 동인도 제도(East Indies)는 서쪽으로는 수마트라에서 보르네오와 자바 섬 그리고 동으로는 보르네오 섬 동남쪽의 술라웨시(Sulawesi) 섬과 그 오른쪽의 몰루카 제도(Moluccas: 香料諸島), 그리고 그 오른쪽의 뉴기니 섬에 이르는 지역을 가리킨다. 16세기에 이 지역은 포르투갈에 의해 장악되어 있었다. 17세기 초부터는 네덜란드가 이 지역의 패권을 갖게 된다.

80) Berry, 1982, p.212.

81) Berry, 1982, p.213.

82) 스페인이 필리핀을 장악한 시점을 메리 베리는 1571년으로 보고 있다. 그

카오에 기반을 확립한 포르투갈보다 더 위협적인 세력으로 인식했다. 마카오는 중국인들에 의해 포위되어 있지만 필리핀의 스페인 세력은 훨씬 더 독자적으로 팽창할 가능성이 있는 서양세력이라고 보았다. 1590년대 중반 필리핀에 주재한 스페인 관리들과 가톨릭 선교사들(Franciscans)은 일본에 대해 오만한 발언들을 하곤 했다. 일본에게는 정치적일 뿐 아니라 이데올로기적인(종교적인) 위협으로 인식되었다.[83)]

필리핀을 장악한 스페인은 중국과의 무역이라는 상업 분야에서도 일본의 강력한 경쟁자였다. 중국과 일본의 무역이 정상적이지 않은 상황에서 포르투갈인들을 통한 무역은 일본에게 중국의 비단을 제공해주는 동시에 일본이 생산한 은을 중국으로 수출하는 통로였다. 스페인 역시 그들이 중앙아메리카에서 확보한 은을 중국에 수출하고 그 돈으로 중국의 비단을 사가는 무역 패턴을 보이고 있었다. 정확하게 일본의 경쟁자였던 것이다. 그래서 스페인과 그들이 장악한 필리핀은 일본에 중요한 경제전략적 위협으로 떠오르고 있었다.[84)]

그런 의미에서 히데요시가 서양 식민주의의 부상을 경계하고 이와 경쟁하는 의식을 갖게 된 것은 이해할 수 있다. 또한 일본 역시 동아시아에서 식민주의적 제국건설의 야망을 품을 수 있었다는 것도 일면 납득할 수 있는 상황이었다. 그러나 히데요시의 아시아 대륙 침략 야망이 일본 자신의 힘에 대한 객관적 판단에 기초한 것이었느냐는 별개의 문제였다. 결과적으로는 돈키호테적인 무용(武勇)에 그치고 말았다.

러나 부잔과 리틀은 1564년으로 파악한다. Barry Buzan and Richard Little, *International Systems in World History: Remaking the Study of International Relations*, Oxford: Oxford University Press, 2000, p.257.

83) L.M. Cullen, *A History of Japan, 1582~1941: Internal and External Worlds*, Cambridge: Cambridge University Press, 2003, p.33.

84) Cullen, 2003, pp.33~34.

이 맥락에서 아사오 나오히로는 히데요시의 대외침략 야망에 관한 흥미로운 해석을 제시한다. 그는 이렇게 분석했다. "천하(天下)의 원래 뜻을 살펴보면 하늘 아래 사방으로 무한히 확대되는 성질을 갖는다. 무가(武家)에 의한 통합이 동아시아의 중세적 질서 전체에 대한 반역을 객관적으로 지향한 결과, 천하평정은 열도의 범위를 넘어 대천하(大天下)와 그 중추라 할 수 있는 중국대륙을 목표로 삼을 수밖에 없었다. 1585년 관백(關白) 정권 수립 직후 이미 히데요시는 '중국〔唐國〕까지'의 평정을 공언했지만, 계속되는 통합과정에서는 반복해서 '중국·유럽까지'의 통합을 목표로 내세웠다. 유사 이래 섬나라인 일본에서 국경에 대한 인식이 극히 애매했던 사실도 침략의 한 원인으로 들 수 있을 것이다."[85)]

메리 베리도 "자신의 이름과 명성을 영구불변한 것으로 만들려는" 히데요시 개인의 과대망상적 야망에서 그의 조선침략의 궁극적인 원인을 찾았다.[86)] 그녀는 히데요시가 개인적으로 광기와 냉정함의 중간에 있었다고 본다.[87)] 아울러 히데요시에 대한 많은 소설적이며 역사적인 설명들이 채용하듯이, 예외적인 허영심이 그의 성격의 중요한 특징이자 그의 최대 약점의 하나였다는 사실을 주목한다.[88)]

한편 히데요시의 일본 통일과 한반도 침략은 한 사회의 정치적 힘의 결집이 주변 사회들과의 힘의 균형에 질적인 변화를 가져옴으로써 국제관계에 심대한 영향을 주게 된다는 일반적인 원리를 예증해준다. 유럽 역사에서 가까운 예를 들자면 1871년 1월 프랑스 파리를 점령하면서 완성된 독일 통일이 장차 유럽의 세력균형에 가져온 변화였다. 그후

85) 아사오 나오히로, 2003, 260쪽.

86) Berry, 1982, p.213.

87) Berry, 1982, p.227.

88) Berry, 1982, p.216.

독일은 비스마르크 외교하에서 주변국들과 전쟁보다는 국내정치 안정과 산업화에 전력을 기울인다. 통일과정에서 주변국들(오스트리아, 프랑스)과 이미 전쟁을 치렀기 때문이기도 했고, 또한 유럽 질서 안정 속에서 통일독일의 내실을 기하는 데 목표를 둔 비스마르크의 정치외교적 선택의 결과이기도 했다. 그러나 통일 20년 후인 1890년 비스마르크가 실각하면서 독일은 팽창주의 외교를 전개한다. 팽창주의의 물적·정치적 기반은 독일 통일과 그후 가속화된 산업화로 축적된 국력이었다. 독일의 급속한 성장은 유럽 질서 안의 불균등성장을 가속시켰다. 그 결과 유럽 질서의 세력균형이 깨졌다. 국가 통일이 후일 호전파들이 전쟁을 일으키는 물리적 기반으로 작용한 역사적 사례인 것이다.

16세기 말 일본의 히데요시는 독일 통일 후의 비스마르크와 달랐다. 그는 비스마르크처럼 국내정치적 안정과 내실 있는 발전을 목표로 삼지 않았다. 통일로 인해 결집된 힘을 곧바로 대외 팽창주의로 돌렸다. 당시 도요토미 히데요시와 그 지지세력들은 일본 경제의 부흥 방안을 대외무역과 영토팽창에서 찾았기 때문이기도 했다. 한반도를 포함한 대륙에 대한 영토확장으로 자원을 쟁탈하고 중국을 압박하여 유리한 조건에서 중국대륙과 무역을 확대하려는 것이 당시 도요토미 히데요시 정권의 부국책이었다.

도쿠가와 이에야스는 처음부터 조선침략의 타당성을 회의하고 그 문제에 중립적인 태도를 취했다. 그는 전쟁 중에도 히데요시가 직접 조선반도에 달려가는 것을 제지했다. 이어 명과의 강화조건을 누그러뜨리도록 종용하기도 했다. 히데요시가 사망하자 즉각적인 철수를 주도했다. 그는 당시 일본이 제국건설의 야망을 추구하는 것이 역부족인 현실을 직시하고 있었다.[89] 그러나 히데요시는 1591년 다이묘들에게 조선

---

89) Berry, 1982, p.213.

출병을 위한 동원령을 내린다. 명으로 들어갈 길을 빌려달라는 요구에 조선이 응하지 않았다는 것이 명분이었다. 이제 관건은 임박한 위기를 앞두고 조선의 인식과 대비가 어떠했느냐 하는 것이었다.

8. 임진왜란 직전 조선의 일본 인식

유성룡은 히데요시의 일본 통일 이전 조선과 일본 사이의 사신 왕래와 그것이 마침내 흐지부지된 사연을 『징비록』의 맨 첫 부분에 적어놓았다. "일본에서 원씨가 1368년경에 나라를 세운 이래 2백 년 동안 우리나라는 항상 일본에 사신을 보내어 경조(慶弔)하는 예를 잊지 않았다"고 했다. 그 증거로 유성룡은 신숙주(申叔舟)가 임금의 친서를 가지고 일본을 왕래한 사실을 들었다. 신숙주가 뒷날 죽을 때 당시 임금 성종이 "경은 무슨 남길 말이 없소?"하고 물었는데, 숙주는 "아무쪼록 앞으로 일본과 실화(失和)하지 마시옵소서"라고 답했다고 하였다. 유성룡은 성종이 그 말에 감동했다고 했는데, 그다음이 문제였다. 화친하는 예를 닦고자 성종은 부제학(副提學) 이형원 등을 사신으로 보냈다. 이들은 대마도에 이르러 풍토병이 들고 말았다. 일본까지 가지 못하고 다만 그 경과만을 조정에 보고하는 것으로 끝났다. 성종은 글과 폐백만을 대마도 도주(島主)에게 전하고 오도록 했다. 이런 뒤로 다시는 사신을 보내지 못했다고 유성룡은 말한다. 간혹 일본에서 사신이 왔을 때에도 "다만 예대로 대접해 돌려보낼 뿐이었다"는 것이다.[90] 실제 조선은 15세기 중엽 이후 일본에 더 이상 통신사를 파견하지 않았다.[91]

---

90) 유성룡, 1994, 11~12쪽.

91) 河宇鳳, 小幡倫裕 譯, 『朝鮮王朝時代の世界観と日本認識』, 東京: 明石書店, 2008, 35쪽.

일본은 히데요시가 통일하기 전까지 100여 년에 걸친 전란의 시대를 겪고 있었다. 정상적인 통일국가로서 활발한 사신왕래를 할 조건은 아니었다. 문제는 사신이 일본으로 가다가 대마도에서 풍토병이 들어 돌아온 이후 더 이상 보내려 하지 않을 정도로, 그래서 조선의 위정자들이 한동안 일본이 전란의 시대인지 통일국가의 시대인지 제대로 파악하지 못할 정도로, 가장 가까운 이웃 세계의 정황에 무관심했고 그래서 또한 무지했다는 사실이다.

조선은 일본이 겪고 있던 격동의 향방과 그 의미를 이해하지 못하고 있었다. 따라서 대비태세라고 할 만한 것이 없었다. 이기백의 『한국사신론』은 이렇게 말한다. "남쪽으로부터 왜의 간헐적인 침략을 받게 되자 조정에서는 군국기무(軍國機務)를 장악하는 비변사(備邊司)라는 회의기관을 설치하여 이에 대비코자 하였다. 그러나 태평에 젖은 양반관리들은 안일 속에서 고식적인 대책에 만족할 뿐이었다. 이러한 때에 일본에서는 새로운 형세가 전개되었다."[92] 그러나 당시 조선의 무대책과 안일을 그저 "태평에 젖은 양반관리들의 고식적인 대책"이라는 말로 설명해내는 것은 충분하지 않다. 세계인식과 현실외교에서도, 사상철학에서도 중화주의의 사고 틀에 갇혀 있었기 때문에 그 경계선에 존재했던 일본의 존재와 향방을 주목할 수 있는 계기가 존재하지 않았다.

유성룡의 『징비록』은 당시 조선 위정자들의 일본정세 인식을 드러내는 지표라고 할 수 있기에, 여기에 우선 인용해본다. "원래 일본 국왕 원씨는 홍무(洪武) 초년(1368)에 나라를 세워 우리나라와 이웃하여 사이좋게 지낸 지 2백 년이나 되었다. ……그러던 것이 이번에는 평수길(도요토미 히데요시 - 옮긴이)이 원씨를 대신해서 왕이 되었다. 그래서 맨 먼저 우리에게 사신 귤강광(다치바나 야스히로 - 옮긴이)을 보낸 것이

92) 이기백, 1999, 232쪽.

다. 수길이란 자는 일설에 의하면 원래 중국사람이라고도 한다. 그는 왜국에 흘러들어가 나무장수로 생업을 삼고 살았는데, 어느 날 국왕이 길가에서 그의 얼굴을 보고 범상한 사람이 아니라고 생각했다. 즉시 그를 불러다가 군사(軍師)로 삼았다. 과연 수길은 용맹이 있고, 잘 싸웠다. 여러 번 출전해서 공을 세워 자연 대관(大官)에까지 올라갔다. 그리하여 권력을 잡았다. 그는 마침내 원씨의 자리를 빼앗아 국왕이 되었다고 한다. 또 그러한 사실에 대해서는 이론(異論)도 있으니, 원씨가 죽은 것은 딴 사람의 손에 죽었으며, 수길은 원씨를 죽인 자를 죽이고 나라를 차지했다고도 한다. 그것은 어찌되었든 간에 이때 수길은 일본국의 모든 섬을 모조리 평정하고, 나라 안의 66주(州)를 통틀어 하나로 만들었다. 그리고 나중에는 외국까지 침략할 야심을 갖기에 이르렀다. 그는 우리 조정에 트집을 잡았다. '우리는 자주 사신을 보내는데, 그대들은 한 번도 사람을 보내지 않고 있소. 이것은 필경 우리나라를 업신여기는 게 아닌가.' 그는 이렇게 말하면서 귤강광을 시켜 우리에게 통신(通信)하기를 요구해온 것이다. 그러나 그의 편지내용은 몹시 거만했다. 그 글 속에는 '이제 천하는 모두 짐(朕)의 수중으로 들어오고 있다'는 말까지 있었다. 그때는 원씨가 망한 지 10여 년이나 지난 뒤였다."

이 인용문을 보면, 당시 조선의 외교책임자들조차 일본의 정치상황을 예의주시하여 숙지하는 노력이 부족했음이 여실히 드러난다. 유성룡이 무로마치 막부를 미나모토씨(源氏)라 칭하는 것도 이해가 되고, 일본의 정세에 대해 깊이 있는 지식을 갖기 어려웠다는 점도 이해할 수 있겠다. 그러나 무로마치 막부의 사절이 끊긴 시점이 일본에 새로운 정치세력에 의한 통일이 완성되어가는 시점이었던 것을 생각할 때, 그처럼 나름대로 교린에 노력했던 이웃나라에서 어떤 정세가 전개되고 있는지에 대해서, 무로마치 막부가 어떻게 해서 멸망에 이르게 되었고 그 다음의 정세는 어떻게 전개될지에 대해서 지식도 관심도 없었다는 것은 그것 자체로 중요한 문제가 아닐 수 없다.

오다 노부나가를 일본 국왕과 동일시하거나, 오다 노부나가를 '원씨'(미나모토씨)와 혼동하는 것 등은 사실 당시 일본 정세변동에 대해 조선 최고층 외교 담당자가 무지했던 실태의 지엽적인 예라 치부할 수 있다. 무엇보다 히데요시가 몇 차례 사신들을 보내고 난 다음에서야 조선 외교 담당자들이 일본 정세에 대해 단편적인이고 불명확한 정보들을 전해듣고 있던 투가 역연하다. 정보의 부족과 오류 그 자체보다 그러한 태도와 상황이, 일본 통일정권의 수장으로부터 여러 차례 노골적인 자극이 전달된 후에도 지속된 것처럼 보인다는 사실이 참으로 문제였다.

조선 위정자들이 일본 국내사정에 어두웠던 원인을 유성룡은 이렇게 변명하고 있다. "그 동안 여러 섬에 사는 왜인들은 해마다 우리나라에 왕래를 했다. 하지만 워낙 금령(禁令)이 엄한 탓으로 그들의 내정(內情)은 누설되지 않았다. 그래서 우리 조정에서는 이런 일을 까맣게 알지 못했던 것이다."[93] 그야말로 "까맣게 몰랐다"는 것에 대한 해명이 되기보다는 그 자백인 것이다. 특히 이 책이 왜란을 이미 다 겪고 난 후에 저술되었지만 일본의 정치적·군사적 상황에 대해 기본적인 지식의 오류나 부재를 담고 있었다는 사실도 문제라고 해야 할 것이다.

히데요시가 처음에 보낸 다치바나 야스히로(橘康廣)가 일본으로 돌아가 그에게 보고하는 과정에서 조선을 두둔하는 부분이 있다 하여 히데요시는 다치바나를 죽이고 대신 히라요시(平義智)를 사신으로 보냈으며, 조선도 일본에 사신을 보낼 것을 청했다고 유성룡은 적고 있다. 히라요시는 히데요시로부터 대마도 도무(島務)를 주관하는 일을 맡고 있는 자였다. 유성룡에 의하면 히데요시 이전에는 대마도의 태수가 소

93) 유성룡, 1994, 13쪽.

모리나가(宗盛長)였는데, 그는 대대로 섬을 지키며 "우리나라를 섬겨 오던 터"라고 했다. 그렇다면 히데요시가 조선을 섬기는 대마도 태수를 내쫓고 다른 인물에게 대마도를 맡기도록 전혀 신경쓰지 않았다는 말이 된다.

어떻든 히라요시는 히데요시의 사신으로서 "우리의 허실도 엿볼 겸" 히라 시게노부(平調信)와 중 겐소(玄蘇) 등을 데리고 왔다는 점을 유성룡은 언급한다. 이에 응해 통신사를 일본에 파견할 것인가에 대한 논의가 조정에서 일었고, 유성룡은 당시 대제학으로서 일본에 보낼 국서를 쓰는 일을 맡게 되었다. 유성룡은 선조에게 "이 일을 빨리 결정하시고 아무쪼록 양국 간에 틈이 생기지 않도록 하시옵소서"라고 간한다. 지사(知事)를 맡은 변협(邊協) 등도 "사신을 보내어 회답하게 하시옵소서. 그리고 이 계제에 그들의 동정도 살피고 오는 것이 실계(失計)될 것은 없을까 하나이다"라는 의견을 낸다. 이에 따라 비로소 조선 조정은 첨지(僉知) 황윤길과 사성(司成) 김성일을 각각 상사(上使)와 부사(副使)로, 그리고 전적(典籍) 허성을 서장관(書狀官)으로 삼아, 경인년이었던 1590년 3월 히라요시가 돌아가는 길에 일본을 향해 함께 떠나게 한다.[94)]

조선통신사들이 귀국한 것은 다음해인 1591년 봄이었다. 이때 히라 시게노부와 겐소도 따라왔다. 잘 알려진 것처럼 유성룡에 따르면 황윤길은 "반드시 머지않아 병화(兵禍)가 있을 것"이라고 고했다. 그러나 김성일은 "신은 그런 기미는 보지 못했습니다. 윤길은 공연히 인심을 동요시키고 있습니다"라고 했다. 이에 "조정에서는 윤길의 말을 옳게 여기는 쪽과 성일의 말을 옳게 여기는 쪽으로 의견이 두 갈래로 갈렸다"고 유성룡은 말하고 있다.[95)] 유성룡이 이어서 밝히고 있듯이 조선

94) 유성룡, 1994, 17쪽.

의 사신들이 가지고 온 히데요시의 국서, 즉 왜서(倭書)에 "군사를 거느리고 명나라로 쳐들어가겠다"라는 대목이 있었다. 그럼에도 불구하고, 병화가 있을지 없을지에 대해서 조정의 논란이 여전히 분분했다고 했다.

일본은 조선을 침략하기 17년 전인 1575년 오다 노부나가가 도쿠가와 이에야스의 군대와 연합하여 일본 통일에 최대 걸림돌이었던 다케다 신겐의 군대와 대결한다. 이 전쟁은 일본의 전쟁사에서 하나의 역사적 전환점을 이룬 것으로 평가되는 것은 앞서 지적한 바와 같다. 여전히 기마병 중심이었던 다케다군을 격파한 오다 군대의 주력은 조총부대였던 것이다. 중국과는 그토록 긴밀하게 오가면서 모든 문헌을 수집하고 상황파악에 애쓴 것의 10분의 1이라도 이웃나라 일본의 정세에 관심을 가졌다면 1575년 일본에서 벌어진 결전의 양상과 그 결정요인, 그리고 그로 인해 달라질 일본의 정치군사적 지형에 대해 기초적인 것은 파악할 수 있었을 것이다. 그러나 조선은 그렇게 하지 않았다. 허약한 무로마치 막부 이후 100여 년에 이르는 전란과 혼란의 일본만을 생각하고 새로운 사태진전에 관심을 기울이지 않았다. 히데요시가 일본 통일 후 사절을 보내 조선에 경고할 목적으로 선물한 조총을 조선 조정은 그냥 무기고에 처박아놓은 채 잊고 있었다는 유성룡의 때늦은 고백과 증언은 그 여실한 표지이다.[96] 이에 대한 조선위정자들의 변명은 "이때 국가는 오랫동안 승평(昇平)한 세월이 흐를 때이다"라는 유성룡의 말이 압축해준다.

95) 유성룡, 1994, 22쪽.
96) 유성룡, 1994, 79쪽.

9. 임란 직전 조선의 국방태세

조선은 우여곡절 끝에 히데요시가 보내온 왜서의 내용을 명나라에 전달하고 왜국을 비로소 경계하기 시작한다.[97] 그러나 유성룡은 당시 조선 군부 최상층부의 상황 인식 수준에 대해 이렇게 증언한다. "군정(軍政)의 근본이라든지, 장수를 뽑아쓰는 요령, 또는 군사를 조련하는 방법 같은 것은 한 가지도 연구하지 않았던 까닭에 전쟁은 자연 패할 수밖에 없었다."[98]

당시 조선 군부 최고위 무장(武將)은 신립(申砬)과 이일(李鎰)이었다. 히라요시가 일본 사신으로 조선에 왔을 때 조총을 선물로 가져왔다. 조선에 조총이 처음 들어온 것이라 했다. 신립과 이일은 조총의 군사적 의의에 대해 무지했고 탐구할 생각도 없었다. 그들은 조총을 군기사(軍器司)에 그냥 두게 했다. 어느 날 유성룡이 일본의 군사력에 대해 궁금해하자, 신립은 "그까짓 것쯤 걱정할 게 없소이다"라고 답한다. 유성룡이 의심쩍어 하며 "전에는 왜병이 다만 짧은 병기만 가지고 있었지만, 지금 와서는 조총이 있는데 어떻게 만만히 볼 수가 있단 말이오"라고 되묻는다. 그러자 신립은 "왜병들이 조총은 가졌지만 그게 쏠 적마다 맞는답디까"라고 답했다고 유성룡은 적었다.[99]

실제 왜군이 쳐들어와 서울로 치닫는 과정에서 조선이 겪은 결정적인 군사적 실패는 탄금대(彈琴臺) 전투였다. 신라 진흥왕 때 악성(樂聖)으로 우륵(于勒)이 가야금을 연주하던 곳이라 하여 아름다운 이름이 붙여진 이곳에서 신립과 이일이 가토 기요마사와 고니시 유키나가의 일본군을 상대로 싸운다. 이때 범한 전술적 실수는 유성룡이 나중에

---

97) 유성룡, 1994, 22~24쪽.

98) 유성룡, 1994, 25쪽.

99) 유성룡, 1994, 29쪽.

그의 책에서 기록하듯이 어리석음의 극치였다. 신립과 이일은 급하게 긁어모은 "오합(烏合)의 무리와 훈련되지 않은 군사들을 거느리고, 더욱이 (토천과 조령 같은) 험한 요새지는 버려둔 채 평지에서 버티고 있었으니 패하지 않을 수 있었겠는가!"라고 유성룡은 한탄했다. 유성룡의 말대로 "우리가 쏘는 활이란 백 보밖에 못 가는데 조총은 수백 보를 나가는" 조건에서 조령같이 방어군이 매복하기 쉬운 요새를 버리고 잡초가 우거져 사람과 말이 달리기 어려운 평지인 탄금대를 결전장으로 선택한 이들 조선 최고 무장들의 판단력은 언뜻 납득하기 어려운 선택이었다.[100] 그러나 이런 전술적인 실수는 차라리 논외로 치는 것이 나을 것이다.

황윤길과 김성일 등 조선통신사와 함께 왔던 히라 시게노부와 겐소가 일본으로 돌아간 후인 1591년, 히라요시는 다시 부산포에 와서 조선의 변장(邊將)에게 이렇게 위협한다. "지금 일본이 명나라와 통신하려 하고 있소. 당신 나라에서 이 말을 전해준다면 아무 일도 없으려니와, 그렇지 못하면 두 나라 사이에 화기(和氣)를 잃게 될 것이오. 이 어찌 큰일이 아니겠소. 우리가 일부러 와서 알리는 것이니 알아서 하시오." 변장으로부터 이 사실을 보고받고도 "조정에서는 우리 통신사만 꾸짖고 또한 그들의 오만무례한 것만 탓했다. 별로 대수롭지 않게 여기고 답하지도 않고 있었다"고 유성룡은 적었다.[101]

임진란 직전 조선 중앙정부의 안이함은 부산을 지키는 일선 군사책임자들에게도 그대로 반영되었다. 히라요시가 돌아간 후 왜인은 다시 오지 않았다. 언젠가부터는 부산포에 머물러 있던 왜인 수십 명도 하나씩 자취를 감추더니 마침내는 하나도 남지 않았다. 이것을 조선은 매

---

100) 유성룡, 1994, 49~52, 197~199쪽.
101) 유성룡, 1994, 32쪽.

우 이상하게 보았다고 유성룡은 말한다. 그러나 조선의 중앙정부도 변장들도 일본의 동정을 살피기 위한 기본적인 노력을 하지 않았다. 임진년인 1592년 4월 12일 유성룡의 표현으로 "왜선(倭船)이 대마도로부터 바다를 덮어오니, 바라보아도 끝이 보이지 않을 만큼 어마어마했다"는 상황이 발생한 그 시각에, 부산 방위를 맡고 있던 첨사 정발은 절영도(絶影島)로 사냥을 나가 있었다. 정발이 소식을 듣고 허겁지겁 성으로 돌아왔을 때는 이미 "왜병은 벌써 상륙해서 사면으로 몰려들었고 삽시간에 성은 함락되었다." 이를 본 좌수사(左水使) 박홍(朴泓)은 "적의 세력이 너무나 큰 것을 보고 감히 나가 싸우지도 못한 채 성을 버리고 달아났다."[102] 그 결과는 참담했다. 유성룡이 『징비록』의 자서(自序)에서 말하듯이 "십여 일 동안에 세 도읍(서울·개성·평양 – 옮긴이)이 함락되었고, 온 나라가 무너졌다. 이로 인하여 임금은 마침내 파천(播遷)까지 했다."

10. 전쟁의 시작과 종결, 그리고 이순신과 조선의 국가

피터 로지가 말하듯이, 1592년 일본의 조선 침략은 16세기 동아시아 국제질서에서 벌어진 가장 중요한 사건이었다. 전쟁 양상과 관련해서도 조총과 같은 화승총과 화포가 중국, 일본, 조선의 전쟁에서 갖게 된 중요성을 확인해준 사건이기도 했다.[103] 일본에서는 이미 총기류가 전쟁에서 중심적 역할을 하고 있었지만 당시 조선에서 총기류는 수군의 전선(戰船)에만 설치되어 있었다.[104]

임진왜란을 일본에서는 '분로쿠노 에키'(文祿の役)라고 부른다. 고니

102) 유성룡, 1994, 32~33쪽.
103) Lorge, 2005, p.131.
104) Lorge, 2005, p.132.

시 유키나가가 이끄는 제1군 1만 8천 명이 1592년 4월 12일(양력 5월 23일) 부산에 상륙한다. 이어 가토 기요마사가 이끈 제2군 1만 5천의 병력이 상륙한다.[105] 육지에서 일본군은 별 저항을 받지 않고 파죽지세로 서울을 향해 치달았다. 조선 수군은 육군에 비해서는 비교적 상태가 나아서 수천 명의 일본군을 죽였지만 여러 전투에서 일본 수군에 패배했다. 육상에서 결정적인 패배는 4월 28일 충주(忠州)에서 1만 9천 명의 일본군을 상대로 신립이 이끄는 1만 6천 명 조선군이 벌인 전투에서였다. 열린 평원 탄금대를 전쟁터로 정한 신립의 군대는 전멸한다. 충주가 일본군에 떨어지자 조선 왕 선조(宣祖: 재위 1567~1608)는 서울을 버리고 도주했다. 4월 30일이었다. 5월 2일(양력 6월 11일) 일본군이 서울을 점령한다.[106]

1592년 5월 3일자 『선조실록』은 서울이 함락되던 풍경을 이렇게 적었다. "적이 경성을 함락시키니 도검찰사(都檢察使) 이양원, 도원수 김명원, 부원수 신각(申恪)이 모두 달아났다. 이에 앞서 적들이 충주에 도착하여 정예병을 아군처럼 꾸며 경성(京城)으로 잠입시켰다. 왕의 파천이 이미 결정되었음을 염탐한 뒤에 드디어 두 갈래로 나눠 진격하였으니, 일군(一軍)은 양지(陽智)·용인(龍仁)을 거쳐 한강으로 들어오고 나머지 일군은 여주(驪州)·이천(利川)을 거쳐 용진(龍津)으로 들어왔다. 적의 기병(騎兵) 두어 명이 한강 남쪽 언덕에 도착하여 장난 삼아 헤엄쳐 건너는 시늉을 하자, 우리 장수들은 얼굴빛을 잃고 부하들을 시켜 말에 안장을 얹도록 명하니 군사들이 다 붕괴하였다. 이양원 등은 성을 버리고 달아났고, 김명원·신각 등은 뿔뿔이 흩어져 도망하였으므로 경성이 텅 비게 되었다. 적이 흥인문(興仁門) 밖에 이르러서, 문이

105) 피터 로지는 고니시 유키나가와 가토 기요마사가 이끈 일본군은 총 16만 8천 명에 달했다고 본다. Lorge, 2005, p.132.

106) Lorge, 2005, pp.132~133.

활짝 열려 있고 시설이 모두 철거된 것을 보고 의심 쩍어 선뜻 들어오지 못하다가, 먼저 십수 명의 군사를 뽑아 입성시킨 뒤 수십 번을 탐지하고 종루(鍾樓)에까지 이르러 군병 한 사람도 없음을 확인한 뒤에 입성하였는데, 발들이 죄다 부르터서 걸음을 겨우 옮기는 형편이었다고 한다."[107]

『선조실록』에 따르면, 조선 궁궐을 점령한 일본군 장수를 괴롭힌 것은 살아 있는 조선 병사들이 아니라 귀신들이 보인 위엄이었다. "이때 궁궐은 모두 불탔으므로 왜적 대장 평수가(平秀家: 다이라 히데이에 – 옮긴이)는 무리를 이끌고 종묘(宗廟)로 들어갔는데, 밤마다 신병(神兵)이 나타나 공격하는 바람에 적들은 경동(驚動)하여 서로 칼로 치다가 시력을 잃은 자가 많았고, 죽은 자도 많았다. 그래서 수가(秀家)는 할 수 없이 남별궁(南別宮)으로 옮겼다. 이것은 한 고조(漢高祖)의 영혼이 왕망(王莽)에게 위엄을 보인 것과 다를 바가 없다."[108]

부산 상륙 이후 불과 20일 만에 일본군이 서울에 입성한 것이었다. 유키나가의 제1군은 6월 13일 평양까지 점령했다. 기요마사의 제2군이 함경도를 쳐올라간 이유는 선조의 두 왕자 임해군(臨海君)과 순화군(順和君)이 함경도에서 근왕병(勤王兵)을 모집하라는 임무를 받고 그쪽으로 파견되었기 때문이다. 두 왕자의 근왕병 모집은 뜻대로 되지 않았다. 이들이 오히려 기요마사의 포로가 되고 만다. 무엇보다 두 왕자의 모병에 응하는 자가 없었기 때문이었다.[109] 조선의 국왕과 문신들은 민중을 버리고 떠나 의주까지 피난을 하면서 오로지 명의 원군만을 기다렸다.

---

107) 『선조실록』, 25년(1592 임진·명 만력 20년) 5월 3일(임술).
108) 『선조실록』, 25년(1592 임진·명 만력 20년) 5월 3일(임술).
109) 이기백, 1999, 319쪽.

명나라가 조선의 구원요청을 받아들여 군대를 파견한 것은 1592년 음력 6월이었다. 조선의 구원요청은 일본의 침략과 함께 거의 즉각적인 것이었다. 하지만 조선이 일본의 앞잡이가 되었다는 의심으로 명군의 출병은 늦어졌다. 의심이 풀리면서 6월에 보낸 군대는 3천 명에 불과했다. 국경에서 관망하는 자세였다. 음력 7월 17일 마침내 평양에서 일본군을 맞아 싸운 명군은 대패했다. 명나라가 일본에 대한 인식을 다시 하게 된 계기였다.[110] 놀란 명나라 황제 신종(神宗: 萬曆帝, 재위 1572~1620)은 곧 본격적인 군사 개입을 준비했다. 명은 7만 2천 정의 각종 총기류와 그만큼에 필요한 화약, 2만 7천 개의 활, 수백만 개의 화살과 수만의 군대가 필요할 것이라고 판단했다. 다른 한편으로 외교협상을 시도했지만 별 진전이 없었다. 명의 본격적인 군사 개입은 그렇게 해서 늦어지고 있었다.

이 절박한 시기에 그나마 일본군의 진격을 실질적으로 방해하며 희망을 주고 있었던 것은 이순신의 활약이었다. 세계 학계에 이순신의 의미가 어떻게 소개되고 있는지를 보기 위해 피터 로지의 설명을 여기에 옮겨본다. "1592년 6월 16일(이하 양력) 제독 이순신은 옥포 근처에서 일본 배 26척을 파괴했다. 다음날 수십 척을 더 침몰시켰다. 이 제독은 7월 8일 다시 공격하여 13척을 침몰시켰다. 탁월한 지도력 밑에서 한국인들이 바다에서 일본을 패배시킬 수 있다는 것은 분명하였다. 당포해전에서 이순신은 거북선을 처음 사용했다. 거북선은 금속판과 대못으로 지붕을 덮은데다 화포로 무장했으며 노를 저어 나아갔다. 일본 함대는 파괴되었다. 그다음 날 21척의 일본 배가 침몰했다. 이순신의 공세는 계속되어, 며칠 후 20여 척을 더 침몰시켰다. 이순신이 지휘하는 한국 해군은 육군과는 지극히 대조적으로 화포와 화승총으로 잘 무장되

110) 한명기, 1999, 35쪽.

어 있었으며 일본 해군에 비해서도 훨씬 더 노련했다. 한국과 중국의 배들은 작전능력과 디자인에서 일본 배보다 훨씬 나았다."[111]

"이순신의 승리들은 일본 원정군 전체를 위험에 빠뜨렸다. 부산에 집중되어 있던 일본 해군 사령관들은 한국 해군을 찾아내 파괴하려고 혈안이 되었다. 그러나 8월 14일 이순신은 다시 한산도해전에서 일본 함대를 전멸시켰다. 82척의 일본 배들 중에서 14척만 달아났다. 곧 이어 이순신은 안골포에서 42척의 일본 함대를 완전히 괴멸시켰다. 그해 이순신의 마지막 행동은 9월 29일 부산항에서 1백 척 이상의 일본 배를 파괴한 일이었다. 이후 이순신은 남아 있는 일본 함대를 파괴하려고 하기보다는 기다리고 있었다. 만일 일본군이 한국 안에 갇히면 한국인들에게 더욱더 잔인해질 것을 이순신은 두려워했다."[112]

명의 신종은 훗날 실정(失政)으로 명의 쇠망에 기여하게 되지만, 임진왜란 시기의 신종은 피터 로지로부터 탁월한 군사적 지도력을 발휘한 인물로 평가받는다. 황제에 즉위했을 때, 그의 나이는 아홉 살에 불과했다. 신종의 즉위와 함께 장거정(張居正: 1525~82)이 개혁정치를 실시했다. 장거정의 개혁정치는 명나라 재정을 튼튼히 하여 이후 신종이 임진왜란에 대처하는 것을 포함한 3대 군사 업적을 이룩하는 밑바탕이 되었다. 로지는 신종이 활발하게 군사적 지도력을 발휘한 1580~1600년 기간이 영락제(永樂帝: 재위 1402~24) 시대 이래 명나라가 가장 강력했던 시절이라고 평가한다.[113] 영락제는 명 태조 홍무제(洪武帝: 주원장)의 넷째아들로 자신의 어린 조카인 제2대 황제 건문제(建文帝)를 죽이고 제3대 황제로 제위에 오른 인물이었다. 동북으로는 흑룡강과 백두산 지역에서부터 서로는 아프리카 동해안에 이르기

---

111) Lorge, 2005, p.133.
112) Lorge, 2005, p.133.
113) Lorge, 2005, p.128.

까지 영향력을 떨친 위대한 정복황제였다. 여기에 비유될 정도면 신종 시대 명나라 역시 상당한 부와 강성을 누리고 있었다고 할 수 있다.

하지만 조선이 다급하게 명의 원군을 요청하고 있을 때, 명은 지금의 내몽고 지역에 있는 영하(寧夏)에서 일어난 반란으로 골머리를 앓고 있었다. 신종이 즉위할 무렵 몽골 세력이 준동하자 장거정은 1573년 몽골 지도자인 알탄 칸과 화의를 맺는다. 명이 몽골족에게 국경시장을 개방하는 대가로 몽골은 명의 주권을 인정하기로 했다. 명이 구축한 장성의 효과도 있어서 그후 20년간 국경은 별 문제가 없었다. 명은 몽골인 장수들을 기용해 몽골족을 막는 데 이용하고 있었다. 몽골 군대가 자신의 아버지를 죽인 데 한을 품고 명나라 군대에 들어간 몽골인 발배(哱拜: Pubei)는 명나라의 능력 있는 장수가 되었다. 지금의 내몽고 서쪽 지방인 오르도스 평원 남방에 있는 영하를 몽골족의 침략으로부터 매번 잘 지켜냈다. 1591년 그의 상관인 당진(Dang Xin)은 발배의 성공을 두려워하여 보급품과 급여와 월동복들을 제공하지 않았다. 발배의 아들이 남의 부인들을 취했다는 이유로 매질을 하기도 했다. 반란의 뒤에는 이런 종류의 인간의 어리석음과 비리와 음습한 증오를 키운 재료들이 있게 마련이다. 발배는 마침내 1592년 군대를 이끌고 관가를 공격해 당진을 처형한 후 황제를 칭했다.[114)]

신종은 이여송(李如松: ?~1598)을 5~6만의 군대와 함께 영하에 파견했다. 그의 군대가 영하에 도착할 무렵 명 조정은 일본의 조선침략 문제로 부심하고 있었다. 이여송은 1592년 10월 28일 영하를 점령한다. 1593년 1월 10일 반란지도자들을 북경에서 처형하고 영하지방 평정을 공식 선포한다.

이여송이 어왜총병(禦倭總兵)의 임무를 띠고 영하에서 숨쉴 틈도 없

---

114) Lorge, 2005, pp.129~130.

이 4만 군대를 이끌고 마침내 조선에 당도한 것은 1592년 12월(음력)이었다. 1593년 1월 이여송의 군대는 평양에서 대포를 동원한 치열한 시가전을 벌여 하루 만에 일본군을 몰아냈다. 그러한 화력을 경험해본 적이 없던 일본군은 이 전투에서 1만 2천 명 이상의 군사를 잃었다. 로지는 평양전투가 이 전쟁에서 일본 침략을 사실상 영구적으로 좌절시킨 분수령이었다고 본다. 이후 일본군은 명군과 정면 대결은 피했고 치고 빠지는 전술로 일관한다.[115] 곧 개성이 탈환되었고 일본군은 서울로 밀려났다. 그러나 이여송도 뒤이은 벽제관전투에서 일본군 매복에 걸려 죽을 뻔했다.

이후 명나라는 일본과 협상을 통해 전쟁을 수습하기로 결정한다. 평양에서 일본군을 몰아내는 데 성공했을 때부터 명 조정 일각에서 철군론이 제기되고 있었다. 압록강 이남 조선 영토 안에서 일본군을 저지하는 것이 목표였기 때문이었다. 1593년 2월 이여송이 일본군을 추격하다 벽제에서 대패한 것은 그런 와중에서였다. 명은 그후 협상에 본격 나서게 되었다. 명나라는 심유경(沈惟敬)을 일본군 진영에 보내 강화협상을 벌였다. 명나라 군대 역시 일본군 못지않게 피폐해져 있었다.[116] 실제 강화협상이 시작되었고, 그 결과 1593년 7월 일본군이 서울에서 철수한다.[117] 그러자 명나라는 조선이 거의 회복된 것으로 간주한다. 명은 조선 군대를 훈련할 소수의 병력만 남기고 철수해버렸다. 명군은 일본군과의 교전을 포기하면서 조선에도 교전포기를 강요한다. 조선은 독자적인 작전권을 상실했다.[118]

---

115) Lorge, 2005, p.134.

116) 한명기, 1999, 44쪽.

117) 로지는 이여송의 군대가 일본군의 주요 보급창고를 야습하여 결정타를 가함으로써 1593년 5월 18일(양력) 서울도 탈환할 수 있었던 것이라고 서술하고 있다. 중국 측 역사사료에 근거한 서술로 보인다.

그러나 명과 일본 사이의 강화협상은 평행선을 달렸다. 1596년에 이르기까지 협상에 진전이 없었다. 명과 일본이 각기 제시한 강화조건은 서로 너무 동떨어져 있었다. 일본의 요구는 첫째, 명의 황녀(皇女)를 히데요시의 후궁으로 줄 것. 둘째, 조선의 4도를 일본에 떼어줄 것. 셋째, 명과 일본의 무역을 재개할 것. 넷째, 일본군이 철수한 데 대해 조선이 감사의 사절을 보낼 것 등이었다. 반면, 명이 제시한 강화조건이란 우선 히데요시를 '일본 국왕'으로 책봉하여 일본을 중국 중심의 질서에 편입한다는 명분을 담고 있었다. 거기에다 책봉을 위한 전제조건으로 명이 내세운 항목들 역시 일본이 애당초 전쟁을 벌인 목적과 정면 배치되는 내용을 포함하고 있었다. 일본군 완전 철수와 조선에 대한 재침불가 약조를 할 것과 함께, "책봉을 빌미로 명에 대해 무역을 요구하는 것을 금지한다"는 조건을 내세운 것이었다.[119)]

문제를 더욱 어렵게 한 것은 두 나라 협상 담당자들의 행태였다. 그들은 저마다 조정에 거짓보고 하곤 했다. 명과 일본은 다같이 상대방 입장에 대해 대단한 오해를 하게 되었다. 히데요시는 자신이 명 황제가 인정하는 위대한 승리를 거두었다고 믿게 되었다. 하지만 명 조정은 히데요시를 실패한 범죄자로 인식하고 있었다. 그 사이에 일본 장수들은 평화협상을 사보타주하면서 군사행동을 벌였다. 1593년 7월 27일 진주에서 6만의 조선인이 학살당했다. 이처럼 모순과 왜곡으로 가득 찬 평화협상은 아무런 진전 없이 3년을 더 끌었다. 괴상하기 짝이 없는 평화협상은 1596년 명나라 사절단이 일본을 방문해 히데요시에게 관직을 책봉하는 의식을 거행하면서 희극적인 방식으로 파국을 맞는다. 히데요시는 자신이 명나라 황제가 되는 순간이라고 착각하고 있었는데, 정

118) 한명기, 1999, 49쪽.
119) 한명기, 1999, 48쪽.

작 그가 받은 권리증은 '일본 왕'이었다. 격노한 히데요시가 조선 재침을 명령하여 벌어진 것이 정유재란(丁酉再亂)이었다.[120]

정유재란은 일본에서 '게이초노 에키'(慶長の役)로 불린다. 재침한 일본의 목적은 조선 남부의 4도, 즉 경상도, 전라도, 충청도, 경기도를 점령하는 것이었다. 애당초 히데요시가 임진년에 목표로 삼았던 중국 지배의 꿈과는 거리가 멀어져 있었다.[121] 14만 7천의 대군이 1597년 1월 하순 150여 척의 전선으로 조선에 상륙했다. 그해 1월 23일자 『선조수정실록』은 이렇게 적었다. "경상좌도 방어사 권응수(權應銖)가 치계하기를 '이달 13일에 왜선 150여 척이 다대포(多大浦)에 와 정박하였다'고 했는데, 바로 가등청정(加藤淸正: 가토 기요마사 - 옮긴이)이 바다를 건너왔다는 보고였다."[122]

일본은 남해안에 있던 일본 군대와 방어진지를 강화했다. 명나라는 이에 대응하여 군대와 보급물자를 동원했고, 일본군은 광란의 파괴활동을 벌였다. 그해 8월 15일 나흘에 걸친 참혹한 전투 끝에 일본군은 남원과 그곳 명나라 진지를 점령했다. 9월 8일에는 충청도 직산까지 진출했다. 조선 수군도 괴멸되고 있었다.

이 무렵 이순신은 투옥되어 있었다. 그가 투옥된 것은 정유재란이 발생한 직후였다. 재침해오는 일본군에 대처하는 과정에서 이순신의 전략적 판단과 대응이 조정과 선조(宣祖: 1552년 출생, 재위 1567~1608)의 의심과 분노를 산 것이었다. 『선조실록』 1597년 2월 4일자는 이순신을 벌하자는 사헌부의 건의를 기록하고 있다. "통제사(統制使) 이순신은 막대한 국가의 은혜를 받아 차례를 뛰어 벼슬을 올려주었으므로 관직이 이미 최고에 이르렀는데, 힘을 다해 공을 세워 보답할 생

---

120) Lorge, 2005, p.135.

121) 강재언, 2003, 319쪽.

122) 『선조수정실록』, 30년(1597 정유·명 만력 25년) 1월 23일(갑인).

각은 하지 않고 바다 가운데서 군사를 거느리고 있은 지가 이미 5년이 경과하였습니다. 군사는 지치고 일은 늦어지는데 방비하는 모든 책임을 조치한 적도 없이 한갓 남의 공로를 빼앗으려고 기망(欺罔)하여 장계를 올렸으며, 갑자기 적선이 바다에 가득히 쳐들어왔는데도 오히려 한 지역을 지키거나 적의 선봉대 한 명을 쳤다는 말은 듣지 못하였습니다. 뒤늦게 전선(戰船)을 동원하여 직로(直路)로 나오다가 거리낌 없는 적의 활동에 압도되어 도모할 계책을 하지 못했으니, 적을 토벌하지 않고 놓아두었으며 은혜를 저버리고 나라를 배반한 죄가 큽니다. 잡아오라고 명하여 율에 따라 죄를 정하소서." 이날은 선조가 "천천히 결정하겠다"고 답했다.[123)]

그러나 이틀 후 선조는 "이순신을 잡아올 때에 선전관(宣傳官)에게 표신(標信)과 밀부(密符)를 주어 보내 잡아오도록 하고, 원균(元均: 1540~97)과 교대한 뒤에 잡아올 것으로 말해 보내라. 또 이순신이 만약 군사를 거느리고 적과 대치하여 있다면 잡아오기에 온당하지 못할 것이니, 전투가 끝난 틈을 타서 잡아올 것도 말해 보내라"고 명한다.[124)]

이상에서 인용한 『선조실록』은 이순신이 선조의 명을 어기고 출병하지 않은 것을 "나라를 배반한" 행위로 매도했다. 그러나 이순신을 새로운 시련으로 몰고 간 이 사태에는 일본의 계략과 조선의 조정과 국왕에 관련된 내밀한 사정들이 개입해 있었다. 그러한 사정은 훗날 약 60년 후에 수정된 『선조수정실록』 1597년 2월 1일자가 기록해두었다. 수정실록에 따르면, 선조가 이순신을 통제사에서 파직하여 서울로 압송하라는 명령을 내린 것은 원래의 『선조실록』에 기록된 것보다 닷새가 빠른 2월 1일이었다. 그 자초지종은 다음과 같았다.

---

123) 『선조실록』, 30년(1597 정유·명 만력 25년) 2월 4일(을축).
124) 『선조실록』, 30년(1597 정유·명 만력 25년) 2월 6일(정묘).

"통제사 이순신을 하옥시키라 명하고, 원균으로 대신하였다. 이보다 앞서 평행장(平行長)과 경상 우병사 김응서(金應瑞)가 서로 통하여, 요시라(要時羅: 가나메 도키쓰라 - 옮긴이)가 그 사이를 왕래하였는데, 그가 말한 바가 마치 가등청정과 사이가 좋지 않은 듯해서 우리나라는 그걸 믿었다. 이때에 왜적이 재침을 모의하면서 우리나라의 수군을 꺼려 했고, 그중에서도 더욱더 순신을 꺼렸다. 이에 요시라를 보내서 말하기를 '강화하는 일이 이루어지지 않은 것은 실로 가등청정이 주장하고 있어서이다. 만약 그를 제거하면 나의 한이 풀리게 되고 귀국의 근심도 제거될 것이다. 모월 모일에 가등청정이 어느 섬에서 잘 것이니, 귀국에서 만약 수군을 시켜 몰래 잠복해 있다가 엄습하면 결박할 수가 있을 것이다'라고 하였다. 응서가 이를 보고하니, 상(선조 - 옮긴이)이 황신(黃愼)을 보내 순신에게 비밀히 유시하였다. 그러나 순신은 '바닷길이 험난하고 왜적이 필시 복병을 설치하고 기다릴 것이다. 전함(戰艦)을 많이 출동하면 적이 알게 될 것이고, 적게 출동하면 도리어 습격을 받을 것이다'라고 하고는 마침내 거행하지 않았다. 그런데 그날 가등청정이 과연 다대포 앞바다에 왔다가 그대로 서생포(西生浦)로 향했는데, 이는 실로 행장과 함께 작은 군사로 우리를 유인하고자 한 것이었다. 그런데 조정에서는 오히려 조정의 명령을 따르지 않은 것을 들어 순신을 하옥시켜 고신(栲訊)하게 하고, 마침내 전남 병사(全南兵使) 원균을 통제사로 삼았다."[125)]

요컨대 수정실록에 따르면, 일본은 재침하면서 이중간첩 요시라를 이용하여 이순신을 함정에 빠뜨리기 위해 역정보(逆情報, disinformation)를 흘린 것이었다. 따라서 이순신의 신중한 대처는 왕명에 대한 거역이라기보다는 현명하고 정당한 행위가 되는 것이었다. 또한 요시라의 말

---

125) 『선조수정실록』, 30년(1597 정유·명 만력 25년) 2월 1일(임술).

을 믿고 이순신으로 하여금 그 시각에 출동하여 가토를 잡으라고 한 국왕 선조의 행동은 잘못된 것이 된다. 이중간첩 요시라가 거짓정보를 흘린 것이 사실이라면 이순신이 출동하지 않은 것을 파악한 후 가토가 고니시와 함께 실제로 다대포에 나타난 것은 이순신을 조선 정치 안에서 곤경에 빠뜨리기 위한 일본의 계략이었을 것이다. 하지만 수정실록은 그것이 이순신을 곤경에 빠뜨리기 위한 것이었다는 언급까지는 하지 않았다. 국왕이 일본 장수들의 계략에 놀아나게 된 경위를 그런 수준으로까지 직설적으로 표현하기는 수정실록을 집필한 사관들로서도 어려웠기 때문이었을지 모른다.

『선조수정실록』이 편찬된 것은 전쟁이 끝나고 이순신도 죽은 지 약 60년이 지난 후인 1657년 효종 8년에 이르러서였다.[126] 이순신은 파직되고 투옥되어 고신을 당했지만, 우의정(右議政) 정탁(鄭琢)의 도움으로 음력 4월 1일 사면을 받아 다행히 죽음은 면하게 된다. 도원수 권율(權慄) 밑에서 백의종군하라는 명령을 받는다. 그런 가운데 그해 6월 수군통제사 원균이 이끄는 조선 수군은 6월 가덕도해전에서 패한다. 7월에는 칠천량해전에서 참패했다. 원균 자신도 전사했다. 원래 그 이전의 『선조실록』은 이순신을 파직하여 형을 가하고 원균을 통제사로 삼았다가 조선 수군의 괴멸을 초래한 데 대한 선조의 책임을 지적하지 않았다. 이순신을 모함하고 원균을 등용할 것을 주청했던 서인의 핵심 인물들인 윤두수(尹斗壽)와 윤근수(尹根壽) 등이 칠천량 패전 후 아무런 말을 못하고 있을 때에 선조만이 앞장서서 원균을 옹호했다. 선조가 이순신을 사형시키려고 했던 자신의 책임을 인정하지 않았기 때문이라고 정두희는 평한다.[127]

---

126) 정두희, 「이순신에 대한 기억의 역사와 역사화」, 정두희·이경순 엮음, 『임진왜란: 동아시아 삼국전쟁』, 휴머니스트, 2007, 197~198쪽.

127) 정두희, 2007, 191쪽.

칠천량에서 일본 해군이 승전했음에도 서울로 향하던 일본 육군의 진격은 직산전투에서 저지되었다. 10월 17일 명나라 군대가 일본군 선봉대를 매복으로 물리쳤기 때문이다. 일본군 사망자 수는 5~6백 명 정도로 대단한 것은 아니었고, 명군도 더 이상 추격은 하지 못했다. 하지만 이후 일본군은 다시는 서울을 위협하지 못하게 된다. 일본군은 경상도 울산에서 전라도 순천에 이르는 남해 연안에 왜성(倭城)을 쌓고 약 1년간 칩거한다. 이 무렵 다시 이순신이 수군사령관 자리에 복권되면서 사태는 일본군에게 더욱 불리하게 되었다.[128)]

전사한 원균을 대신하여 1597년 8월 초에 수군통제사에 복귀한 이순신이 거느린 조선 수군은 같은 해 11월 2일, 진도 근처의 첫 해전에서 100척이 넘는 왜선을 파괴했다.[129)] 정유재란 초기 원균의 패배로 괴멸당한 수군을 이어받아 수습한 13척의 전선으로 왜선 133척을 파괴한 명량대첩(鳴梁大捷)을 가리킨다. 이렇게 해서 이순신은 정유재란의 전세 역전에 결정적인 기여를 하면서 나라를 구했다. 그럼에도 국왕 선조는 그 공을 인정하기를 거부했다.

임란 중의 이순신을 화자(話者)로 하여 그의 영혼의 궤적을 형상화한 김훈의 소설 『칼의 노래』에서는 이순신을 전율하게 한 것은 일본 군대가 아니라 조선 조정의 권력투쟁이었고, 특히 선조의 싸늘한 시선이었다. 그리고 선조에게도 가장 무서운 적은 일본군대가 아니라 망해가는 나라를 구한 전쟁의 영웅이 되어 민중의 지지를 한몸에 받고 있는 이순신이었다. 이순신은 도성과 백성을 버리고 도망친 자신의 추락한 모습을 더욱 초라하게 만드는 존재였다. 김훈은 명량해전 후 전과를 보고하는 장계를 올린 후의 상황을 이순신의 눈을 통해 이렇게 묘사한다.

128) Lorge, 2005, p.135.
129) Lorge, 2005, p.135.

"명량의 장계를 보낸 지 두 달 만에 논공행상이 내려왔다. 선전관은 오지 않고, 조정의 명을 받들어 도원수부가 시행했다. 거제 현령 안위가 정삼품 통정대부의 품계를 받았고 전투에 참가했던 여러 읍진 수령과 군관들이 승진했다. 나에게는 상금으로 은전(銀錢) 스무 냥을 보내왔다. 스무 냥의 무게와 질감은 섬뜩했다. 그 스무 냥 속에서 남쪽 바다를 들여다보는 임금의 눈은 가늘게 번뜩이고 있었다."[130)]

선조는 스무 냥의 은전을 보낸 지 이틀 뒤에 선전관 이원길을 보낸다. 이원길은 명량해전 직전에 탈영 도주한 경상 우수사 배설을 잡는다는 명분으로 통제사의 진영을 방문한다. 그는 다른 곳은 다 뒤졌으나 잡지 못했다면서 이순신의 진영을 기웃거린다. 이에 김훈의 이순신은 생각한다. "나는 겨우 알았다. 임금은 수군통제사를 의심하고 있는 것이다. 명량 싸움의 결과가 임금은 두려운 것이다. 수영(水營) 안에 혹시라도 배설을 감추어놓고 역모의 군사라도 기르고 있는 것이나 아닌지, 그것이 임금의 조바심이었다."[131)]

김훈의 소설은 이원길이 돌아간 지 보름 뒤에 임금이 이순신에게 면사첩(免死帖)을 보낸 일을 묘사한다. "도원수부의 행정관이 면사첩을 들고 왔다. '면사' 두 글자뿐이었다. 다른 아무 문구도 없었다. 조정을 능멸하고 임금을 기만했으며 임금의 기동출격 명령에 따르지 않은 죄에 대하여 죽음을 면해주겠다는 것이었다. 면사첩을 받던 날은 하루 종일 비가 내렸다. ……너를 죽여 마땅하지만 죽이지는 않겠다고 임금은 멀리서 그렇게 말하고 있었다. ……내가 임금의 칼에 죽으면 적(敵)은 임금에게도 갈 것이었고 내가 적의 칼에 죽어도 적은 임금에게도 갈 것이었다. 적의 칼과 임금의 칼 사이에서 바다는 아득히 넓었고 나는 몸

130) 김훈, 『칼의 노래 1: 이순신, 그 한없는 단순성과 순결한 칼에 대하여』, 생각의나무, 2003(재개정판), 126쪽.

131) 김훈, 2003, 128쪽.

둘 곳 없었다."[132]

선조가 이순신을 권율, 그리고 원균과 함께 '선무공신'(宣武功臣)에 올려놓는 데 동의함으로써 그의 공을 처음 공식 인정한 것은 전쟁이 끝난 지 6년 후인 1604년이었다. 정두희는 이를 두고 "공이 큰 이순신을 깎아 내리고, 패전의 책임이 큰 원균을 전쟁영웅으로 내세우려는 어처구니없는 처사 때문에 이처럼 오랜 시일이 걸린 것"이라고 평했다.[133]

1598년 가을 일본군이 최종적으로 철군을 하게 된 이유에 대해서는 학계에 다소 이견이 있는 것으로 보인다. 한국의 역사 교과서들은 그해 8월(음력) 히데요시의 죽음이 일본군 철수와 함께 전쟁이 끝난 결정적 원인이라고 서술하고 있다. 이기백의 『한국사신론』은, 이순신에게 명량대첩으로 격파된 뒤 경상도와 전라도의 해안지대에 봉쇄되어 있던 왜군은 "도요토미가 죽자 그를 핑계로 모투 철퇴해버리고 말았다"고 적고 있다. 그러나 피터 로지는 명 신종의 명령에 따라 그해 큰 군선들과 대형 화포로 무장한 명나라 해군이 증원군과 보급품을 싣고 조선에 당도하자, 도요토미 히데요시는 장수들과 논의 끝에 철수하기로 이미 결론을 내리고 있었다고 말한다. 따라서 히데요시의 죽음은 실제 철군의 중요한 원인이 아니라고 지적한다.[134] 중국 측 역사해석을 많이 참고한 것이 아닌가 생각된다. 그러나 조선 수군의 선전과 함께 명 신종의 단호한 대군 재파병으로 암담해진 도요토미 정권이 이미 철수를 준비하고 있었던 것이라는 해석도 설득력이 있다. 그 절망감으로 도요토미의 절명(絶命) 자체가 앞당겨진 것일지 모른다.

일본의 철군과정에서도 이순신이 이끈 조선 수군의 역할은 결정적이었다. 1598년 12월 14일(양력) 노량진 앞바다에서 벌어진 노량해전(露

---

132) 김훈, 2003, 129쪽.

133) 정두희, 2007, 195쪽.

134) Lorge, 2005, p.135.

이순신과 남해안

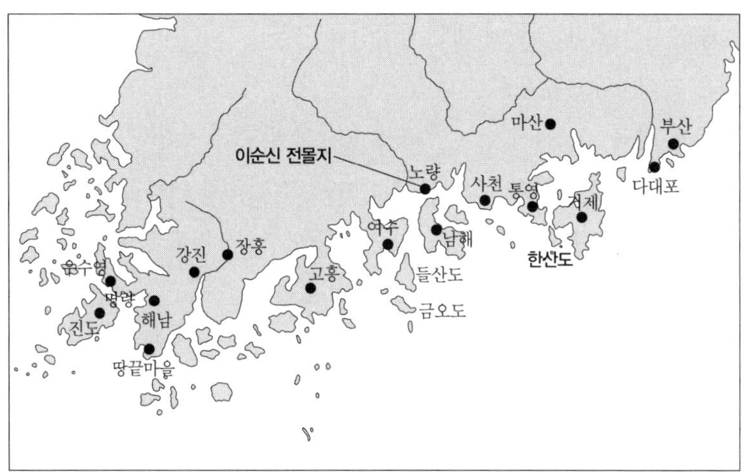

梁海戰)에서 왜선 200척을 침몰시킨다.[135] 이순신은 이때 전사한다. 김훈의 이순신은 해전에 임할 때 대장선 갑판에 무릎을 꿇는다. 그리고 "나는 빌었다. 무엇을 향해 빌었는지, 나는 빌고 있었다. 바다는 문득 고요했다. 이제 죽기를 원하나이다. 하오나 이 원수를 갚게 하소서." 마침내 관음포에서 그의 소원대로 왼쪽 가슴에 총알을 맞고 쓰러져 의식이 희미해지는 가운데에서도 김훈의 이순신은 생각한다. "나는 내 자연사에 안도했다."[136]

앞서 언급했듯이, 정두희는 선조가 자신의 책임을 인정하지 않으려고 이순신의 공을 애써 무시하거나 깎아내리려 했던 것을 문제 삼았다. 동시에 그는 조선 역사에서 임진왜란에 관해 기억해야 할 역사의 거의 모든 것이 이순신의 영웅화로 대체되다시피 한 우리 자신의 기억의 역사도 비판한다. 이순신 '성웅화'의 대표적인 예는 1960년 이은상이 한

---

135) Lorge, 2005, p.135.

136) 김훈, 『칼의 노래 2: 이순신, 그 한없는 단순성과 순결한 칼에 대하여』, 생각의나무, 2003(재개정판), 191, 196쪽.

글로 번역하고 자세한 주석을 달아 상하 두 권으로 펴낸『국역주해 이충무공전서』였다. 임란에 대한 한국인들의 역사의식에 이 책이 미친 영향은 지대하다고 정두희는 평가한다. 이 책의 서문에서 이은상은 "우리 민족의 최고 지도정신"이 충무공을 통해서 발휘된 것이라 전제하면서 이렇게 말하고 있었다. "그 지도정신이란 그 민족과 역사를 이끌고 나가는 광명하고 영광스러운 도표이기 때문에 나는 일찍 충무공의 이름 앞에 '민족의 태양이요 역사의 면류관이라'는 말로 최고의 예찬사를 바쳐온 것이다. 과연 충무공은 민족으로서의 대이상 구현체인 동시에 인간으로서의 대인격 완성자이므로 우리는 공에게 '성웅'(聖雄)이란 칭호를 바치고도 오히려 무엇인지 부족함을 느끼는 것이다."[137]

정두희는 조선시대 이래 "임진왜란의 실상에 대한 연구는 터무니없이 적고 이순신에 대한 각종 글만 봇물을 이루는 현실"을 지적한다. 그리고 지배층의 무능 등으로 초래된 임진왜란이, "실상은 조선왕조를 거의 멸망할 지경에 이르게 한 전쟁"이었음에도, 이순신에 집중된 임란 기억을 통해서 그것이 "승리한 전쟁으로 상상"될 수 있었기 때문이라고 평한다.[138]

11. 임란은 어떤 전쟁이었는가: '사람사냥 전쟁'

전쟁은 어느 시대에나 누구보다도 일반 민중에게 고통스런 경험이다. 앞서 언급했듯이, 명과 일본이 명분과 실질조건에서 입장을 좁히지 못한 채 허위로 가득 찬 강화협상을 벌이고 있던 1593년 7월 27일 진

137) 이은상,『국역주해 이충무공전서 상』, 사단법인 충무공 기념사업회, 1960, 서문 3쪽; 정두희, 2007, 223~224쪽에서 재인용.

138) 정두희, 2007, 229~230쪽. 그는 이것을 한국 민족주의와 불가분한 것으로 해석하면서 한일관계에서 민족주의적 접근의 위험성을 상기시키고 있다.

주에서 6만 명이 학살당한 참극은 한 대표적인 사례에 불과하다. 교착이 계속된 수년에 걸쳐서 일본군은 동남 해안지역 조선 민중에 대한 살상과 약탈행위를 계속했다.

군왕이 중국 국경지역으로 몸을 피하고 명의 도움을 받아 겨우 명줄을 이어가던 상황에서 명나라 명군의 존재는 훗날 재조지은(再造之恩)으로 기억되지만, 그 역시 결국은 조선 민중이 부담해야 할 커다란 짐이었다. 그중 하나가 지공(支供)으로, 명군에 대해 조선이 부담해야 했던 군량 공급 등 보급책임이었다. 이러한 공식적인 부담만이 아니었다. 명나라 군대 역시 남하하여 일본군과 대치하는 가운데 막심한 민폐를 끼쳤다. "명군은 참빗, 왜군은 얼레빗"이라는 속언이 유행할 정도로 명군의 민폐는 일본군 못지않았다고 한다. 명군이 주둔하는 지역에서 30~40리 안의 마을은 모두 비어버릴 정도라고 했다. 국왕 선조를 포함한 조선 지배층은 방관자적 태도를 취했고, 이것이 명군의 민폐를 더욱 조장한 것으로 평가된다.[139)]

임란은 또한 '사람사냥 전쟁'이었다. 전쟁기간에 일본이 포로로 잡아간 조선인들 중에는 특정한 목적을 위한 경우도 많았다. 조선에 침략군을 파견한 각 다이묘들은 자신들의 영국(領國: 영지) 경영의 필요에 따라 조선에서 각계 각층의 사람들을 잡아다 부려먹었다. 단순 노동력으로 잡아가기도 하고, 도공 등 특정기술자집단을 잡아가기도 했다. 강항과 홍호연(洪浩然) 등 유학자들도 잡아다 자신들의 학문발전에 활용하였다.[140)]

잡혀간 기술자들은 그래도 다행한 축에 속했다. 그들에겐 일본에서의 삶이 조선에서의 그것과 크게 다를 바가 없었을지도 모른다. 이들

139) 한명기, 1999, 131~133쪽.

140) 일본 역사교육자협의회 편, 송완범·신현승·윤한용 옮김, 『동아시아역사와 일본』, 동아시아, 2005, 130~131쪽.

과 달리 일본에서 대우를 받을 수 있는 특별한 기술이나 지식이 없이 일본에 끌려간 수많은 평범한 조선인들의 이야기는 그다지 주목을 받지 못했고 그들의 운명에 대해 알려진 것은 많지 않다. 다만 분명한 것 하나는 그들 중 수많은 사람은 일본에 가서 '노예'가 되었고, 또 다른 곳에 노예로 팔려가기도 하는 신산한 운명을 살았다는 사실이다. 이들의 운명에 좀더 구체적인 관심과 문제의식을 가진 일본인 학자가 있다.

일본 국립국회도서관이 소장하고 있는 자료 중에 「사고 시키우에몬 각서」(佐護式右衛門覺書)가 있다. 이것은 전쟁이 끝나고 반세기 넘은 1655년에 당시 72세였던 쓰시마 섬의 번사(藩士) 사고 시키우에몬이 동래부사에게 보낸 문서이다. 이 글에서 사고는 일본의 조선침략이 어떤 성격의 전쟁이었는지, 그것이 조선 민중에게 무엇을 의미하는 전쟁이었는지를 그의 아버지와 가족들에게서 전해 들은 이야기를 근거로 증언했다. 얼마나 많은 조선 남녀노소들이 일본에 끌려갔고 그들이 어떤 운명에 처했는지를 적나라하게 드러내었다. "임진년(1592) 다이코(히데요시)의 뜻에 따라 귀국(조선)에 군대를 보내, 나라 안의 사람들을 남김없이 공격했다. 그리고 여기저기 숨어 있던 수많은 남녀와 아이들을 본방(일본)으로 연행해 왔다. (그 결과) 지금까지 하인이 없던 사람들까지 별안간 주인이 되어 기쁜 나머지, '또 (다이코가) 조선을 침략해주면 더 많은 하인을 부릴 수 있을 텐데'라고 모두들 말했다."141)

근세 일본 대외관계사 연구자인 요네타니 히토시는 임진왜란의 양상을 일본의 전쟁 전통과 연관하여 다음과 같이 서술하고 있다. "진중(陣

---

141) 「佐護式右衛門覺書」, 『分類紀事大綱』 부록 4, 일본 국립국회도서관 소장; 요네타니 히토시(米谷均), 「사로잡힌 조선인들」, 정두희·이경순 엮음, 『임진왜란: 동아시아 삼국전쟁』, 휴머니스트, 2007, 87쪽.

中)에서 앞다투어 조선인 '포획'에 열중했을 뿐만 아니라, 더욱이 하인을 얻기 위해 전쟁이 재개되기를 열망하는 일본인 무장(武將)들의 모습은, 이 전쟁이 일명 '사람 사냥 전쟁'으로 불리던 이유를 적나라하게 말해준다. 전국시대 이후 일본사회에서는 '적지에 있는' 인간 약탈이 극히 일반적으로 이루어졌으며, 조선 침략 당시 피로인(被擄人: 포로로 잡힌 사람)의 대량 연행도 그러한 일본 국내의 전쟁 관습이 외국에까지 적용된 결과로 발생한 현상이었다. 얼떨결에 '별안간 주인이 된' 자들에 의해 일본으로 연행된 피로인의 수는 대략 수만 명으로 추정되는데, 아직도 그 정확한 수는 알 수 없다."[142]

이렇게 잡혀가 일본인들의 노예로 된 조선의 남녀노소들 중에서 전쟁이 끝난 후 고국으로 돌아간 비율은 결코 높지 않았다. 요네타니는 전쟁 종결 직후부터 그후 반세기에 걸쳐 남아 있는 기록에 근거해 6천여 명이 자력 또는 남의 도움을 받아 조선에 귀환한 것으로 추정한다. 그렇지 못한 수만 명의 운명은 어떻게 된 것일까.

요네타니에 따르면, 일본으로 연행된 조선 피로인은 북으로는 도호쿠(東北) 지방에까지 끌려갔다. 뿐만 아니라 일본에서 해로로 수천 킬로미터 떨어진 오키나와에 이르기까지 광범하게 흩어졌다. 심지어 중국과 동남아시아, 그리고 인도와 유럽에까지 팔려간 사람들도 있었다. 일본에 남은 피로인들은 규슈, 시코쿠(四國), 추코쿠(中國) 등 서일본 지역과 오사카, 교토, 나고야, 슨푸(駿府), 에도(江戶) 등의 도시와 항구로 흩어져 갔다.[143]

이들 대다수 조선인 남녀들의 운명은 이제 알 길이 없다. 그들의 가족들이 뿔뿔이 흩어진 채 머나먼 이국땅에서 고난을 겪으면서도 어쩌면

142) 요네타니 히토시, 2007, 87~88쪽.
143) 요네타니 히토시, 2007, 89쪽.

새로운 삶을 개척한 경우도 없지 않을 것이다. 하지만 평생을 또는 대대로 노예가 되어 죽도록 일하는 운명에 처해진 경우가 많았을 것이다.

12. 임란과 그 이후 조선에 대한 명의 주권 침해

멸망의 위기에 처한 조선에 원군을 파견한 중국의 조선 주권 침해는 중화질서의 통상적인 수준을 넘어서는 것일 수밖에 없었다. 조선 국왕과 대신들이 명나라 장수들 앞에서 무참히 권위가 실추되는 것은 말할 필요조차 없었다. 더 심각한 것은 명이 조선에 대해 '직할통치론'까지 거론하기에 이른 것이었다.[144] 명에 의한 직할통치는 실행에 옮겨지지는 않았다. 그러나 명군 지휘부의 조선 내정 간섭은 갈수록 심해졌다.

정유재란 이후 명은 조선 파견 명군 최고책임자로 경리어사(經理御使)를 두고 그 직급을 시랑에서 상서급(장관급)으로 격상시킨다. 경리어사에 임명된 양호(楊鎬)는 서울에 경리아문을 설치했다. 그는 국왕 선조와 대등한 예로 접견하면서 조선의 병권을 통괄했다. 왕세자인 광해군은 양호에게 '아버지의 친구'로서의 의전을 제공해야 했다.[145] 양호가 경리어사로 조선 병권을 더욱 장악한 이후 조선 지휘관들의 병권에 대한 침해는 더욱 심각해진다. 삼도수군통제사였던 이순신은 명의 수군제독 진린(陳璘)의 견제와 횡포 때문에 일본군에 대한 공격이 불가능함을 누차에 걸쳐 상소한 바 있다.[146]

명의 조선 내정 간섭은 전후에는 다른 형태로 지속된다. 그 대표적인 것이 광해군의 조선 국왕 즉위, 즉 책봉에 대한 거부였다. 광해군이 왕

144) 한명기, 1999, 61~67쪽.

145) 『선조실록』, 30년 10월 경진; 한명기, 1999, 65쪽.

146) 『선조실록』, 31년 9월 경인, 임진; 한명기, 1999, 66쪽.

위에 오른 것은 1608년인데, 명은 그를 조선 국왕에 책봉하기를 거부했다. 명은 그때뿐 아니라 선조 말년부터 광해군에 대한 조선의 책봉주청을 번번이 거절해오던 터였다. 거절이유는 광해군이 적자가 아닌 첩빈의 소생이라는 것과 그가 둘째아들이라는 것이었다. 조선 조정은 선조의 적자이자 첫째아들인 임해군은 일본군에 포로로 잡혔다 귀환한 뒤 그 충격으로 병을 얻어 왕위 계승이 어렵다고 누차 해명한다. 명은 오랫동안 광해군의 즉위를 인정하지 않았다.[147)]

요컨대, 일본은 통일을 통해 힘을 결집한 후 대외팽창의 길을 걸었다. 여기에 조선사회의 정체성과 중화질서에의 중독으로 인한 정신적 마비상태는 일본의 침략전쟁을 촉진한 조선 내적 유인(誘因)이었다. 조선의 안일과 무방비가 부른 패망의 위기는 마침내 중국의 군사개입을 요구했다. 중국에 대한 조선의 종속성 악화는 그 중요한 대가였다. 책봉체제에 내재된 주권 침해가 형식적인 것에서 직접적인 것으로 변한 것이다. 그것은 매우 실질적이 될 위험을 안고 있었다. 그것은 조선 국왕에 대한 의전에서 직할통치령, 나아가 국왕 책봉 문제에 대한 거부권 행사 의지에 이르기까지 다양한 형태로 나타났다.

13. 임진왜란 이후 한일관계와 한일의 역사인식

전쟁이 끝난 후 일본에서는 도쿠가와 이에야스 진영과 히데요시의 아들 도요토미 히데요리(豊臣秀頼)를 중심으로 뭉친 다이묘들 사이에 한판의 패권전쟁이 벌어진다. 히데요시가 죽은 후 이에야스는 히데요시가 창출한 병농분리와 석고제의 기본골격을 유지하면서, 다른 한편으로는 외교와 군사권을 장악하며 최고 권력을 구축했다. 이에야스는

---

147) 한명기, 1999, 187~188쪽.

적진에 속했던 다이묘들에게서 620만 석의 토지를 몰수하여 자신의 수하들에게 재분배한다.[148)]

히데요시가 베푼 은혜를 중시한 사이고쿠(西國)계 다이묘들은 이에야스의 권력 장악에 저항했다. 이시다 미쓰나리(石田三成), 마에다 도시이에(前田利家), 모리 데루모토(毛利輝元) 등이었다. 1600년 이시다 미쓰나리가 군사를 일으킨다. 일본 전국의 다이묘들은 이에야스 편인 동군(東軍)과 히데요리와 미쓰나리 편에 선 서군(西軍)으로 나뉘어 10만여 명의 군사가 미노(美濃)의 세키가하라(關ヶ原)에서 자웅을 겨룬다.[149)]

세키가하라의 승자인 이에야스가 도요토미 가문의 권력기반을 완전히 제거한 것은 그 전투가 있은 지 14년이 지난 1614~15년 오사카 성 전쟁에서였다. 세키가하라의 승리에도 불구하고 이에야스는 히데요리와 그의 모친 요도기미(淀君)를 오사카 성의 주인으로 남겨두었다. 그러나 히데요리와 요도기미는 이에야스의 천하에서 그 밑의 다이묘로 만족하는 것을 스스로 용납하지 않았다. 여전히 도요토미 가문에 충심을 갖고 자신에게 음양으로 저항하는 다이묘들을 예의주시하면서 이에야스는 주도면밀하게 오사카 성의 전쟁을 기획한다. 마침내 벌어진 전쟁으로 불바다가 된 오사카 성 안에서 히데요리와 요도기미는 자살로 최후를 장식한다. 그 이듬해 이에야스도 세상을 떠난다.[150)]

이에야스는 1600년의 세키가하라 전쟁에서 승리한 다음, 1603년 에도 막부를 세웠다. 에도 막부는 곧 조선과 국교회복을 모색했다. 조선은 일본에 대해 당연히 경계하면서도 왕조지배의 안정성을 꾀하기 위해 일본과의 관계회복에 적극 응했다. 그래서 일찍부터 일본과 국교회복 교섭에 들어갔다. 회답겸쇄환사(回答兼刷還使: 쇄환이란 포로로 끌려

148) 아사오 나오히로, 2003, 264쪽.

149) 아사오 나오히로, 2003, 264쪽.

150) 강재언, 이규수 옮김, 『조선통신사의 일본견문록』, 한길사, 2005, 111쪽.

간 사람들의 귀국을 의미)를 파견하고 조선통신사도 실현된다.[151] 그러나 전쟁의 상처를 치유하고 그 힘이 확인된 일본과 불필요한 마찰을 방지한다는 차원의 소극적인 대응이었을 뿐, 중화질서의 세계 바깥 또는 그 경계에 있는 존재로서의 일본 자체에 대한 관심과 이해의 노력으로 연결되지는 않았다. 전쟁 이후 히데요시 가문을 대신하여 통일정권을 수립한 일본의 에도 막부와 통신사를 교환했다. 그러나 조선에 치명적인 영향을 미친 나라의 현재와 미래에 대한 진정한 관심이나 탐구의 노력이라고 보기는 힘들었다. 일본 지식인들이 『동아시아 역사와 일본』이라는 책에서 평한 대로 조선통신사의 파견은 조선의 왕조지배의 안정성을 확보하는 데 필요한 최소한의 행동에 불과했다.[152]

임진왜란은 어떤 의미에서 동아시아 질서에서 일본의 위치와 그 의미를 확인해주는 것이기도 했다. 일본은 그들의 대외인식과 정신세계에서 중화질서의 바깥에 있었으며, 그것은 일본이 그 질서에 대한 공격을 감행한 정신적 연원의 하나였다. 한반도에 대한 일본의 영토적 야심은 고대 일본천황이 조선을 지배했다는 신화화된 『일본서기』의 기술에서처럼 오랜 시기에 걸쳐 일본의 역사의식에 이념화되어 있었다. 이러한 논리가 임진년 일본의 조선침략으로 구체화된 것이라면, 이 성공할 뻔한 침략의 기억은 동아시아 질서에서 중국과 일본 간의 역학관계가 다시 일본에 유리해지기 시작하는 19세기 후반 정한론(征韓論)으로 되살아난다. 메이지 유신을 전후한 시기에 일본의 정한론의 중심인물이었던 요시다 쇼인(吉田松陰)은 천황이 막부에게 실권을 상실하기 이전 친정(親政)을 하던 고대에 한반도국가들은 일본 천황에게 조공했다고 믿고 있었다.[153] 그에겐 '도요토미 히데요시가 달성하지 못한 것을 이

151) 일본 역사교육자협의회 편, 2005, 129쪽.
152) 일본 역사교육자협의회 편, 2005, 129쪽.
153) 요시노 마코토, 2005, 239쪽.

뤄내는 것'은 천황을 중심으로 한 일본의 국체를 바로세우는 것과 직결되는 일이었다.[154)]

임란 이후 에도 시대 일본인 중에서 소수의 인물들, 예를 들어 아메노모리 호슈(雨森芳洲)와 가이바라 에키켄(貝原益軒) 등은 조선침략을 비판했다. 그러나 임란 이후 일본인들에게 일반화된 것은 조선 경시(輕視)의 관념이었다.[155)] 조선통신사 행렬에 대한 도쿠가와 시대 일본인들의 관심을 한국문화의 우월성과 이에 대한 일본인들의 선망을 입증하는 것으로 보는 한국에서의 시각과는 다른 측면이 있었던 것이다.

1910년 일본이 한반도를 식민지로 만든 이후 일본학계의 임진왜란사 연구경향은 이케우치 히로시(池內宏)의 저서 『문록경장의 역』이 대표적으로 드러낸다.[156)] 이 책의 목차는 '경성진격,' '평양점령,' '황해도경략' 등으로, 일본의 조선침략을 당당하게 서술하고 이를 학술적으로 뒷받침한다는 취지가 앞서 있었다. 일종의 '정복전쟁사'의 관점이 일제시대 일본 관변학자들의 임진왜란사 연구를 지배했다. 당시 일본 학자는 한산대첩을 비롯한 여러 해전에서 일본이 패전한 것들에 대해서도 납득하기 어려운 변명을 늘어놓기도 했는데, 같은 맥락이었다고 할 것이다.[157)]

해방 후 한국 역사학계의 임진왜란사 연구는 일제 식민지시대 연구경향에 대한 반동으로 의병연구와 함께 이순신이 승리한 이야기들인 해전과 수군활동에 대한 것이 주를 이루었다. 북한에서의 연구도 의병

---

154) 요시노 마코토, 2005, 240쪽.

155) 일본 역사교육자협의회 편, 2005, 130쪽.

156) 池內宏, 『文祿慶長の役』, 1914; 조원래, 「임진왜란사 연구의 추이와 과제」, 강만길 편, 『조선후기사 연구의 현황과 과제』, 창작과비평사, 2000, 125~130, 147~148쪽.

157) 조원래, 2000, 148쪽.

운동을 강조하는 점에서 비슷했다. 북한의 경우는 한 걸음 더 나아가 이 전쟁을 조선이 승리한 전쟁으로 서술하는 경향을 보였다.[158]

현대 일본학계에서 이루어진 임진왜란사 연구경향은 식민지시대 일본학자들의 연구경향과 다르다. 특히 1990년대 이후 임진왜란사 분야에서 일본학계는 새로운 시각에 기초한 수준 높은 연구물들을 계속 내놓고 있다고 조원래는 지적한다. 그는 "임진왜란을 기본적으로 '도요토미 히데요시의 조선침략'으로 규정하고, 일방적인 침략을 당한 조선 측 입장에 서서 이를 연구하려는 역사인식이 일본의 학계에 자리잡기 시작했다"고 평가한다.[159]

14. 조선 피로인의 쇄환과 그들의 운명

일본과 외교관계를 정상화한 이후 조선이 일본에 파견한 사절들의 주요 임무는 전쟁 중에 일본으로 끌려간 조선인 피로인들을 본국으로 송환해오는 일이었다. 1607, 1617, 1624, 1636, 1643년에 파견된 조선 사절들은 '조선통신사'(朝鮮通信使)로 불렸다. 그중에서도 처음부터 세 차례까지인 1607, 1617, 1624년의 통신사들은 피로인 쇄환을 일차적인 목적으로 내세운 '쇄환사'(刷還使)의 직함을 썼다. 이들은 피로인들을 모집하기 위한 사전준비를 충분히 하여 일본 국내에 흩어져 있는 피로인을 모집하기 위해 적극적으로 일했다고 요네타니는 평가한다.[160] 요네타니의 조사에 따르면, 1599년부터 1643년에 걸쳐 조선 피로인들의 귀환 사례는 63건이었다. 1599년에서 1610년 사이에 주로 집

158) 조원래, 2000, 129~130, 148쪽.

159) 조원래, 2000, 148쪽.

160) 요네타니 히토시, 2007, 96쪽.

중되어 있었다. 그가 현재까지 확인한 총 귀환자 수는 6323명이다.[161)]

일부나마 조선인들이 본국으로 돌아갈 수 있었던 것에 대해서 요네타니는 일본의 전쟁 관습의 하나였던 '히토가에시'(人返し)를 지적한다. 근세 일본사회에서는 전장에서 사람을 약취한 자는 전쟁이 끝난 후 포로의 옛 주인이 반환을 요구할 경우 그들을 원래 살던 곳으로 보내지 않으면 안 되는 관행이 있었다고 한다. 전쟁이 끝나 조선에서 사절이와 쇄환을 요구함에 따라 일본의 막부와 다이묘들은 비록 적극적은 아니었지만 그에 응했다. 일본의 전쟁 관습과 관련이 있을 것이라고 요네타니는 해석한다.[162)] 그래서 다이묘들이 자발적으로 피로인들을 모집하여 조선 사절단에게 데려온 일들도 있었다. 하지만 시간이 흐름에 따라 다이묘들이 피로인 모집활동에 소극적인 태도를 보이며 송환에 응하지 않는 경우가 속출한다.[163)]

조선정부의 피로인 쇄환 노력이 큰 효과를 보지 못한 또 한 가지 이유는 포로로 끌려가긴 했지만 그들 중 상당수가 일본에서 새로운 삶을 시작할 수 있었다는 사실이다. 1624년 조선통신사의 부사(副使)로 일본에 갔다온 강홍중(姜弘重)은 『동사록』(東槎錄)을 남겼다. 이 책에서 강홍중은 조선 사신들의 노력에도 불구하고 조선인 피로인들이 그들을 따라나서지 않는 경우가 많았던 이유를 이렇게 분석해놓았다. "붙잡혀 온 사람들은 맨손으로 온 후, 수년 동안 재산이 늘고 생활이 편해져 돌아갈 마음이 없어졌다."[164)]

어떻게 된 일인가. 강재언은 흥미로운 분석을 제시한다. 당시 일본은 이미 화폐경제가 깊숙이 뿌리내려 있었다. 일반적으로 노역에 참여

---

161) 요네타니 히토시, 2007, 89쪽.
162) 요네타니 히토시, 2007, 88쪽.
163) 요네타니 히토시, 2007, 103, 108쪽.
164) 강재언, 2005, 187쪽.

한 사람들에게는 정당한 노임이 지불되고 있었다. 강홍중의 글은 이렇게 이어진다. "나라 안의 크고 작은 노역에서는 백성을 동원시키지 않고 모두 고용한다. 그 노임 또한 충분하여 사람들은 흔쾌히 일을 하러 나선다. 다만 축성공사만은 병졸과 농민을 불문하고 모두 징용하고 있다."

사농공상의 신분질서가 엄격하여 상업을 천시하고 억압한 조선 사회에 비해 무가사회였던 일본은 상업이 자유로웠고 그만큼 화폐경제가 일찍 발전했다. 이 상황에서 포로로 잡혀온 조선인들도 기술자는 기술자대로 노동력만 있는 자는 그들대로 노력에 따라 현금 수입을 얻을 수 있었다. 이들이 현금을 모아 자립의 기반을 닦을 가능성이 엄격한 신분제 사회였던 조선에 비해 훨씬 컸을 것이라고 강재언은 분석하고 있는 것이다.[165)]

그렇다면 끝내 귀국할 수 없었던 조선인들의 삶이 모두 고난과 참혹으로 채워졌을 것이라고 추정하는 것은 반드시 옳지는 않다고 해야 한다. 오히려 더 큰 문제는 사신들을 따라 고국으로 돌아갈 수 있었던 조선인들의 운명이었다. 그들은 많은 경우 일본에 남겨진 사람들보다 어이없게도 더 큰 불행에 직면하곤 했다. 그것은 당혹스러운 진실이었다. 조선 사절들은 조선 조정의 예조(禮曹)가 발행한 통유문(通諭文)을 갖고 피로인들의 귀환을 촉구했다. 1617년 조선 사절이 가지고 간 통유문에는 그 이전인 1607년 조선 사절을 따라 조선으로 돌아간 피로인들이 낙토에 살고 있다는 내용도 있었다. "정미년(丁未年: 1607)에는 사신이 피로인을 데리고 돌아와, 한결같이 (그들의) 죄를 사해주고 부역을 가진 자는 역을 면제해주고, 공사(公私)의 천민이면 천민(신분)에서 해방시켜 주고, 원조를 완벽하게 해주어 고향으로 돌아가도록 했다. 쇄환된 자는 모두 친족들과 만나 다시 낙토(樂土)의 백성이 되었다."[166)]

---

165) 강재언, 2005, 187쪽.

요네타니는 일본에서 피로인들을 모집할 때 제시된 부역면제나 천민 신분해방과 같은 조선 정부의 약속들이 실제 지켜졌는가를 연구했다. 1600, 1602, 1603, 1604년에 자력으로 일본을 탈출하여 귀환한 피로인들 39명에 대해서는 부역과 잡역 면제조치를 취했다는 기록이 있다. 하지만 그외의 귀환 피로인들에 대해서 조선이 그 같은 조치를 취했다는 증거를 요네타니는 찾을 수 없었다. 피로인들의 귀환 경위는 크게 세 가지 범주로 나뉜다. 첫째는 이들처럼 자력으로 귀환한 경우, 둘째는 쓰시마 번주(藩主) 소씨(宗氏) 등 일본 정부 관계자들이 자발적으로 송환해준 경우, 셋째는 조선 사절이 일본에 가서 모집하여 송환해온 경우 등이다. 둘째와 셋째의 경우에는 조선이 통유문에서 제시한 약속을 지켰다는 증거가 없는 것은 물론이고, 조선 사절들이 동행하여 데리고 온 피로인들에 대한 처우는 그 약속들과 정반대되는 것이었다.

한 예로 1605년 조선 사절로 일본에 간 유정(惟政: 松雲大師)과 동행하여 부산에 도착한 피로인들을 조선이 어떻게 취급했는지는 조경남의 증언이 담고 있다. 그에 따르면 유정은 쇄환한 피로인들을 이경준이라는 관원에게 맡기고는 형편대로 나누어 보내라고 당부한다. 그러자 이경준은 부산항의 선박들을 거느린 조선 수군들에게 사후처리를 위임한다. 그런데 각 배의 선장들은 "피로인 남자들과 여자들을 맡자 우리들 앞에서 포박했다. 그 모습은 약탈보다도 심했다. 신원을 물어도 대답하지 못하는 피로인이 있었는데, 어려서 잡혀가 자신의 출신지가 조선이라는 것만 알 뿐 자기의 계보나 부모의 이름을 모르는 자도 많았다. 선장들은 그들을 모두 노예로 삼았다. 피로인이 미인이면 그 남편을 묶은 채 바다에 던져 넣고 그 여자를 자기 것으로 삼았다. 이러한 소행은 결코 한두 예로 그치지 않았다."[167]

---

166) 요네타니 히토시, 2007, 97~98쪽.

요네타니는 피로인들의 이송을 책임진 수군 병사들이 그들을 보호하기는커녕 앞다투어 포박하고 신원을 확실하게 대답하지 못하는 피로인을 자신의 노비나 첩으로 삼는 광경을 많이 볼 수 있었다는 사실을 주목한다. 쓰시마 번주 소씨의 협조로 유정이 송환해온 피로인의 수가 1391명에 달했던 점을 고려할 때, 수많은 피로인 남자와 여자들이 오히려 일본에서보다도 못한 처지에 빠지게 되었을 것을 능히 짐작할 수 있다. 상황이 후에도 개선되지 않았음은 1624년 강홍중이 부사로 참여한 조선 사절이 일본에서 146명의 피로인을 데리고 귀국했지만, 부산에서 모두 방치되고 말았다는 데에서 확인된다.[168)]

이런 사정은 일본에 남아 있는 조선인들에게 응당 알려졌을 것이다. 강홍중 등이 일본을 방문했을 때였다. 일본 현지에서 이문장(李文長)이라는 한 조선인이 "조선의 법은 일본의 법보다 못하고, 생활하기 어려우며, 먹고 살기가 쉽지 않다. 본국으로 돌아가도 조금도 좋은 일이 없다"는 말을 퍼뜨리며 조선 사절들의 피로인 모집활동을 방해하는 일이 벌어진다. 요네타니는 결론적으로 이렇게 말한다. "조선 사절은 피로인의 쇄환에 이상할 정도로 열의를 보이고, 귀국을 주저하는 피로인이 있으면 극도로 비난하였다. 한편 조선 조정은 귀환한 피로인을 전혀 배려하지 않는 태도를 보였다."[169)]

요네타니는 아울러 조선이 피로인 쇄환에 집착했던 것은 어디까지나 국가의 체면에 관계되는 일이었기 때문이지 포로로 잡혀간 자국의 백성들을 진실로 불쌍하게 여긴 탓은 아니라고 이해한다. 그리고 자신의 글 말미를 이렇게 맺고 있다. "대다수 피로인은 귀국 후의 소식을 거의 알 수 없다. 그들이 영광의 귀환을 성취하여 '낙토의 백성'이 되었는지

167) 조경남, 『난중잡록』 권4; 요네타니 히토시, 2007, 106쪽.
168) 요네타니 히토시, 2007, 107쪽.
169) 요네타니 히토시, 2007, 107, 109쪽.

아닌지는 역사의 두터운 주름 속에 파묻혀 지금도 알 길이 없다."[170]

1617년 조선은 『동국신속삼강행실도』(東國新續三綱行實圖)라는 것을 간행한다. 이에 즈음하여 사관(史官)이 이 간행물에 대한 평가를 내렸는데, 그 안에는 "(임진왜란 때) 포로로 잡혀가 절의(節義)를 상실했는데도 그 부형과 자제들이 그 추행(醜行)을 숨기고자 하여 거짓으로 보고하고 허위로 작성"하기도 했다는 비평이 담겨 있다.[171] 국가와 사회가 무능하여 약한 백성들을 지키지 못하고 그들이 낯선 이국에 노예로 끌려간 데 대한 일말의 미안함이나 회한은 찾아볼 수 없다. 희생자인 조선 여성의 살아돌아옴을 오히려 '절의의 상실'과 '추행'으로 규정하고 있다. 민덕기가 지적하고 있듯이 이 사관의 언술에서 우리는 피로인에 대한 조선의 국가와 사회, 특히 사족(士族)들의 차가운 시선에 직면한다. 여성들을 비롯한 피로인들에게, 돌아간 고국은 결코 '낙토'가 아니었으리라는 싸늘한 진실을 증언하고도 남음이 있다.

15. 임진왜란과 민중, 그리고 재조지은 이념의 정치학

히데요시의 군대는 중국을 지배하겠다는 원대한 포부를 안고 정명향도를 운운하며 조선을 침략했다. 그들이 조선에서 공세적으로 활동할 수 있었던 기간은 부산상륙 후 평양점령에 이르는 2개월에 불과했다. 그 이후 일본군은 명의 원군이 본격적으로 개입하기 전부터 더 이상 진군을 하지 못하고 발이 묶여 있었다. 거기에는 평양전투에서 일본군을

170) 요네타니 히토시, 2007, 112쪽.

171) 『광해군일기』, 5년 12월 을미조; 민덕기, 「임진왜란기 피랍 조선인에 대한 조선의 대응과 일본 잔류자의 정체성 인식」, 역사학회 주최, 2007 역사학대회 한국사연구회 발표문, 서강대학교, 2007년 6월 1~2일, 역사학회 자료집 (www.historyfoundation.or.kr).

패퇴시키고 정유재란에서는 직산에서 또한 일본군의 북상을 저지한 명나라 원군의 역할 이외에도 중요한 요인이 두 가지 있었다. 첫째는 남해상에서 이순신이 이끄는 수군의 활약이었다. 일본 육군 일부가 서해안 해로를 따라 서울이나 평양으로 북진하여 앞서간 육군과 합세하고 또한 신속한 해상보급로를 확보하려던 계획이 무너졌다. 둘째는 후방 각지에서 조선 민중이 광범위하게 전개한 반일 의병활동이었다. 이것은 전방의 일본군에 대한 보급로를 육상에서도 차단해낸 중요한 힘이었다.[172)]

육지 사방에서 일어난 의병은 무엇을 말하는가. 정부의 모병에는 소극적이던 백성들이 스스로 향토 방위를 위해서 적극 나섰다. 의병들은 대개 같은 지방에 사는 양반, 농민, 노비들이 함께 모여서 그 지방에서 명망이 높은 사람을 의병장 삼아 부대를 편성한 것이었다. 충청도 옥천의 조헌, 경상도 의령의 곽재우, 전라도 광주의 고경명, 경기도 수원의 김천일, 그리고 함경도의 정문부 등이 대표적이었다.[173)] 이들을 비롯한 수많은 지사들과 함께 싸운 의병들의 활약이 조선을 완전히 장악하고 나아가 만주로 진출하려던 일본군의 발목을 잡았다.

보급로가 육상과 해상에서 모두 막힌 일본군은 육지 깊숙한 곳에서 계속 머무를 수 없었다. 특히 서울에서 패퇴한 이후로는 아예 한반도 동남쪽 끝으로 물러나 왜성들을 쌓았다. 그리고 명과 강화교섭을 시작한 것이었다. 오랜 강화교섭은 결국 결렬되었고, 1597년 1월 도요토미 히데요시가 다시 14만 7천의 대군을 조선에 보내어 정유재란이 발발했다. 그만큼 민중의 고통은 더 연장되었다.

일본의 조선침략으로 인한 고통의 최대 담당자는 민중이었다. 이들

---

172) 강재언, 2003, 318~319쪽.
173) 이기백, 1999, 235쪽.

은 동시에 일본을 궁극적으로 격퇴하는 데 근본적인 역할을 수행한 세력이었다. 이름 없는 의병들 외에도, 이순신을 지도자로 하여 조선의 영해를 지켜낸 수만의 수군도 조선 민중 그들이었다. 그러나 조선 왕조가 임란 이후 가장 중요하게 내세운 시련극복의 공로자는 명나라였다. 명이 조선을 구원해 다시 일으켜 세웠다는 뜻을 가진 '재조지은'(再造之恩)의 관념은 이후 조선 왕조가 가장 강조하는 이데올로기의 하나였다. 조선과 그 왕조를 지켜낸 궁극적인 힘은 조선의 민중과 조선의 장수와 병사들에 앞서 황제의 나라 명이라는 것이 그 이념의 요체였다. 명의 역할이 중요하지 않은 것은 아니었다. 문제는 거의 전적으로 거기에 환원시킴으로써, 조선 왕조는 전쟁 초기 자신이 버렸던, 그러나 자신을 살려준 민중에 대한 도덕적 부채의식과 의무감을 털어버리려 했다는 사실이다.

재조지은의 관념은 명에 대한 모화의식(慕華意識)으로 발전했다. 왜란 이후 조선 지식인들의 존명의식(尊明意識)의 토대였으며, 명나라 멸망 이후에까지 대명의리론(對明義理論)이 형성되는 바탕이었다.[174] 이러한 정신상황은 훗날을 경계할 목적으로 썼다고 밝힌 『징비록』의 저자 유성룡에게는 예외였을까. 그는 그 책의 서문에서 이렇게 결론처럼 말하고 있었다. "백성의 조국을 생각하는 마음은 그치지 않았고, 또 임금의 사대(事大)하는 마음이 명나라 황제를 감동시켰다. 이래서 중국은 몇 번이나 구원의 군사를 내보냈던 것이니, 만일 그렇지 않았으면 필경 나라가 위태로웠을 것이다."[175] 유성룡의 저서는 훗날에 대한 경

---

174) 왜란 이후 조선 지식인들이 가졌던 존명의식, 그리고 명 멸망 후 조선에서의 대명의리론에 대한 연구는, 유봉학, 『연암일파 북학사상 연구』, 일지사, 1995, 56~58쪽; 정옥자, 『조선후기 조선중화사상 연구』, 일지사, 1998, 100~103쪽; 한명기, 1999, 68~69쪽에서 재인용.

175) 유성룡, 1994, 7쪽.

계보다는 임란으로 심화된 조선 지배층의 재조지은 이념의 원형을 담고 있다고 보아도 과언은 아닐 듯싶다.

재조지은 이념은 왜란 기간에 이미 조선 지배층 사이에 풍미했다. 임란 기간과 그 이후 명에 의한 조선의 주권 침해를 스스로 심화시킨 요인의 하나였다고 평가되기도 한다. 조선 지배층이 나서서 명의 재조지은을 강조함에 따라 정유재란 이후에는 명나라 군대 지휘관들도 재조지은이라는 용어를 사용하기 시작한다.[176]

하지만 이 개념을 주도적으로 사용한 것은 어디까지나 조선 지배층 자신이었다. 한명기는 국왕을 포함한 조선 지배층이 민중의 이반에 대해 가졌던 두려움에서 그 이유를 찾는다. 선조는 조선민중에 의한 '성중지변'(城中之變)을 우려했다. 그는 명군의 주둔, 그리고 명군 가까이에 거처하는 것이 왕권을 보호하는 길이라고 판단했다. 일본군의 재침만을 우려한 것이 아니라 내부 변란을 못지않게 우려했던 것이다. 선조는 특히 전라도의 민심이 사납다고 지적하고 이를 특히 걱정했다 한다. 전라도 남서해안에서 활동한 이순신의 활약과 그에 대한 민중의 지지와 깊은 관련이 있다고 보아야 할 것이다. 명군 지휘부 역시 이에 화답하듯 명군이 조선의 치안을 담당하는 것까지 고려할 정도였다. 결국 "선조에게 명군은, 일본군의 침략으로부터 강토(疆土)를 지켜주어 자신의 지배권을 회복시켜 주었을 뿐 아니라, 민심이 이반된 상황에서 내변(內變)이 염려됨에 이로부터 왕권을 지켜 줄 후원자"였다.[177]

조선 정부는 전쟁이 끝날 무렵부터 '재조지은 현창' 사업을 전개한다. 이 사업에서 조선의 지배층이 누구보다도 은혜를 많이 베풀어준 것으로 기렸던 대상은 만력황제 신종과 정유재란시 경리어사였던 양

176) 한명기, 1999, 85쪽.
177) 한명기, 1999, 77쪽.

호였다.[178)]

중화주의에의 중독은 애당초 임진왜란과 같은 종류의 위기에 대한 무대책을 낳은 주요 원인의 하나였다. 임진왜란은 다시 조선의 중화주의 중독을 더욱 심화시켰다. 정확하게 3백 년의 세월이 흐른 19세기 말 조선은 일본이 제기하는 더 결정적인 위기 앞에 여전히 무대책인 채로 남아 있게 된다.

중화주의는 한반도의 지배세력에게는 단순히 하나의 외교전략이나 생존전략의 문제가 아니었다. 하나의 세계관이고 우주론이었다. 그만큼 형이상화된 신념체계로 되었다. 한반도 지배층의 정신구조는 '중화세력'과 평화를 유지하는 데 매우 유익하고 자연스런 기초가 되어주었다. 그러나 중화질서의 변방에 있는 다른 사회들과의 관계에서는 여러 차례에 걸쳐 치명적인 위기와 전쟁의 참화를 불러오는 어처구니없는 수준의 사유 부재의 정신적 토대로서 작용한다.

당장 가장 강한 것처럼 보이는 우리의 주변 세력은 상상 가능한 미래에까지 그 강함이 지속될 것처럼 생각되게 마련이다. 그래서 지금 최강의 세력의 힘과 문화에 대한 정신적인 종속은 실용적인 것처럼 보인다. 그것은 아예 세계관이 되고 우주론으로 화한다. 그 결과 이 질서의 경계선이나 바깥에 있는 세력과 그 문명이 가진 잠재력과 역동성에 대해서는 가벼이 보고 그들과의 관계를 경영하는 문제를 깊이 사유하지 않는다. 19세기 중엽 이전까지 약 1천 년에 걸쳐 한반도의 지식인들이 길들여져온 정신적 구조의 한 측면이다. 20세기 중엽 이래 한국의 정신적 지평은 팍스 아메리카나의 구조 속에서 또 한번 당장의 질서에 붙박이로 되는 정신구조를 답습하고 있지는 않은지 자문하게 된다.

---

178) 한명기, 1999, 82~88쪽.

16. 이이와 조헌의 예외적인 일본 인식과 그것을 거부한 조선

선조와 유성룡 등 조선의 위정자와 지배층 사회가 일본과 그 동향에 대해 무관심과 무방비로 일관하고 있을 때, 일본과 그 움직임을 예의 주시한 두 명의 예외적인 지식인들이 있었다. 율곡(栗谷) 이이(李珥: 1536~84)와 그의 제자 중봉(重峯) 조헌(趙憲: 1544~92)이었다. 율곡은 만년에 병조판서로 있으면서 북변(北邊)의 잦은 환난을 처리해야 하는 입장에 있었다. 장차 조선이 엄중한 위난(危難)에 처할 수 있고, 그에 대해 조선이 무방비와 무대책의 상황에 있다는 것을 그는 절치부심했다. 선조에게 간하는 글에서 그는 이렇게 당시 조선의 암울한 상황을 평가하고 경고했다. "백성은 항심(恒心)을 잃어버리고, 군대는 허부(虛簿: 거짓 군적)만을 갖고 있으며, 안으로는 저축(儲蓄)이 비어 있고, 밖으로는 전쟁이 이어져 있습니다. 사론(士論)은 흩어지고 기강은 무너졌으니, 종전대로 따라가기만 한다면 손잡고 망하기를 기다리는 것이요, 변혁하려 한다면 많은 사람들이 괴이하게 여깁니다. 만약 호걸지사(豪傑之士)와 성현지재(聖賢之才)가 나와 세상에 쓰여서 인심을 진정시키고 세도(世道)를 만회치 않는다면, 비록 전하의 예지(叡智)라 하더라도 국토가 무너지는 형세를 구할 수 없을 것입니다."[179)]

그는 또한 "비적의 난리가 방비가 없는 가운데" 일어날 것을 두려워했다. 그 경우 싸움의 승패와 조선의 안위는 "호흡할 사이에 결판이 날 것"이라고 경고했다. 그는 또한 조선 조정에 중론이 분분할 뿐 무사안일로 일관하는 상황을 비판했다. 율곡은 "만약 조정의 의논이 정해지기를 기다린다면 변성(邊城: 국경의 성)은 이미 깨져버리고 말 것"이라고

---

179) 『율곡전서』 권7; 이동준, 『16세기 한국 성리학파의 철학사상과 역사의식』, 심산, 2007, 314쪽.

탄했다.[180)] 국왕의 결단과 행동을 촉구하고 있었던 것이다. 율곡은 '시무육조소'(時務六條疏)라는 상소에서 대책을 진언했다. 첫째, 현명한 이와 능력자를 임명할 것. 둘째, 군민(軍民)을 양성할 것. 셋째, 재용(財用)을 족하게 할 것. 넷째, 국경을 공고히 할 것. 다섯째, 전마(戰馬)를 갖출 것. 여섯째, 교화를 밝힐 것 등이었다. 요컨대 인사쇄신과 국가재정 확충을 바탕으로 국방을 튼튼히 할 필요성을 역설한 것이었다. 그의 '양병십만설'(養兵十萬說)은 이런 맥락에서 나왔다.[181)] 하지만 조선은 율곡의 개혁책을 그의 표현대로 "괴이하게" 여기고 무시했다. 율곡은 임진왜란을 8년 앞두고 세상을 떠났다.

율곡의 경고가 현실로 다가오는 것은 그렇게 오래지 않았다. 왜란 발생 5년 전인 정해년(丁亥年: 1587) 9월에 히데요시는 먼저 왜사(倭使) 다치바나 야스히로를 조선에 보냈다. 이듬해인 무자년(戊子年: 1588) 12월 다시 승려 겐소와 히라요시를 보내서 조선의 통신사 파견을 강력히 요청한다. 조선은 그 조건으로 해마다 조선에 침노하는 왜구의 문제를 제기했다. 이에 히데요시는 겐소로 하여금 왜구 1천 명을 잡아서 조선에 바치게 한다. 조선 조정은 이를 받아들이고 황윤길과 김성일을 그에 답하는 회사(回使)로 일본에 보내도록 결정한다.[182)]

말하자면 조선 조정은 도요토미 히데요시의 일본이 품은 의도를 제대로 파악하고 이에 대비하는 작업은 하지 않았다. 일본의 회유책에 일응 만족하여 일본에 사신을 보낼 때 신중히 앞뒤를 살피지도 않았다. 당시 일본의 동향을 주목하고 있던 명나라의 의심을 살 수도 있음을 진지하게 경계하지 않았다. 율곡이 떠난 자리에 홀로 서 있던 제자 조헌

---

180) 『율곡전서』 권7; 이동준, 2007, 315쪽.

181) 이동준, 2007, 315쪽.

182) 조헌, 『항의신편』(抗義新編), 「청절왜사제삼봉사」(請絶倭使第三封事); 안방준(安邦俊)의 부기(附記); 이동준, 2007, 319쪽.

은 그것을 간파했다. 그는 일본이 조선을 회유하면서 사신을 누차에 걸쳐 파견하고 있는 것은 세 가지 의도가 있는 것이라고 이해했다. 첫째, 군사전문가를 포함한 무리들을 사신으로 계속 왕래시킴으로써 조선 실정과 지리를 탐지하여 침입 통로를 개척한다. 둘째, 조선의 통신사를 일본에 불러들임으로써 히데요시의 새로운 정권에 대한 국제적 승인을 확보하는 효과를 거두고, 마치 조선이 일본에 굴복하여 조공을 하는 것처럼 동아시아 다른 나라들에게 선전하여 그들을 위압한다. 셋째, 조선이 통신사를 일본에 보낸 것을 기화로 조선이 일본과 공모하고 있는 듯한 모양새를 유도함으로써 조선과 명을 이간시키고 조선을 궁지에 몰아넣는다.[183)]

황윤길 등이 일본을 다녀온 정황을 들어 알고 조헌은 이렇게 물었다. "황윤길의 배가 처음 대마도에 정박한 날에 저들은 반드시 먼저 남양(南洋)에 말을 전파하여 조선통신사의 방문은 제도(諸島)를 복종시키기 위함이라고 말할 것입니다. 절동(浙東)과 절서(浙西)의 장리(將吏)가 홀로 듣지 못하여 천자에게 알리지 않겠습니까? 중국이 의심하는 것은 실로 오래되었습니다."[184)]

조헌이 국왕에게 상소하여 제시한 대안은 내치(內治)를 공고히 함과 아울러 국력을 결집하여 조만간 일어날 전쟁에 대비하는 것이었다. 일차적으로는 사전에 전쟁을 방지해야 할 것이며, 난이 발생하는 경우에는 싸워서 이길 태세를 갖추어야 한다고 했다. 국내적으로는 육·해 양면의 대비를 하는 한편, 대외적으로는 일본에 대하여 단호한 조치를 취하면서 중국을 비롯한 남양제국과 연합군을 형성해 일본을 견제할 것을 주장했다. 천하 모든 나라에 일본의 위험을 경고하고 만국이 함께

---

183) 이동준, 2007, 318~321쪽.

184) 조헌, 『항의신편』, 「청절왜사제삼봉사」; 이동준, 2007, 321쪽. "절동과 절서의 장리"란 중국의 장수(將帥)와 관리들을 말한다.

분노하여 그 망동을 봉쇄하자고 했다. 또한 일본 내부에 저항세력을 구축하는 것도 히데요시의 침략의도를 분쇄하는 데 필요하다는 지적도 했다.[185)]

그러나 조헌의 일본인식에 대해 어떤 것보다 주목할 것이 있다. 임박한 일본의 침략에 대한 그의 준비론은 단순한 군비확장론과는 근본적으로 달랐다. 더욱이 그의 내치 개혁론은 그 시대 사회 모순의 핵심이었던 사회신분제의 문제와 국방 문제 사이의 불가결한 연관성을 통찰하고 있었다. 당시 양반과 아울러 공사노(公私奴)의 농호(農戶)는 증가하는데, 양인(良人)의 수는 줄어들고 있었다. 양인이 줄어듦에 따라 당시 정규군의 수는 20만이 되지 않았다. 그 가운데서도 쓸 만한 사람은 1천 명도 되지 않는다는 것이 조헌의 평가였다. 지나친 군역(軍役)이 제한된 양인들에게 집중됨에 따라 이를 감당하지 못한 양인들이 노비 신분으로 떨어지는 일이 허다했던 것이다. 그 결과 조선 사회에는 중국과도 비할 바 없이 노비계층이 비대하게 커져 있었다.[186)]

이 상황을 비판하며 조헌은 국왕에 상소한 글에서 이렇게 말했다. "우리나라의 천얼 같은 무리 중에도 혹 사노 백 명을 둔 자가 있으며, 훈귀가(勳貴家)는 비록 사노 천 명을 두고 있는 자가 있으면서도 국세(國勢)의 외롭고 약함을 좌시하고 국가를 위하여 충성하는 계책은 생각하지 않습니다. 위로부터 먼저 사노를 한정하는 제도를 만들어 내수(內需) 노비는 각 천 명으로 그치되 건장한 자를 뽑아 군정(軍丁)에 보충하고 공경(公卿) 이하도 차례로 노비의 한계를 정해야 합니다."[187)]

---

185) 이동준, 2007, 337쪽.

186) 김인규, 「중봉 조헌 개혁사상의 실학적 특성」, 이동준 외, 『근세한국철학의 재조명』, 심산, 2007, 278~280쪽.

187) 조헌, 『중봉집』 권4, 「의상십육조소, 졸오지선」(擬上十六條疏, 卒伍之選); 김인규, 2007, 280쪽.

병력의 부족과 국방력의 약화는 근본적으로 노비 문제라는 사회적 모순에 깊은 뿌리를 두고 있었다. 서얼(庶孼) 출신의 백성과 공사(公私)의 노비들을 양민으로 만들어줌으로써 비대한 노비의 수를 감축하여 군정의 수를 최대한 확보할 것을 조헌은 주장했다. 천민들의 신분상승을 통해 한편으로는 사민평등(士民平等)이라는 신분제의 개혁을 도모하고, 다른 한편으로는 국방에 종사할 수 있는 양인의 수를 늘림으로써 군역(軍役) 부조리의 혁신과 국방력 강화를 동시에 해야 한다는 사상이었다.[188]

구체적으로 내수 노비부터 시작하여 노비의 수를 대폭 감축하여 남녀 각 1천 명만 남기고 나머지는 해방시켜 이를 군역담당자인 양인으로 돌릴 것을 조헌은 주장했다. 특히 사노(私奴) 중에서 건강한 자는 보병으로 편입시키고, 밭은 있는데 몸이 허약한 자는 병사를 거느리는 곳에 편입시키며, 밭이 없으나 신체가 건강한 자는 황무지를 개간시켜 세업전(世業田)으로 삼을 것을 주장했다. 또 이들이 전답을 분배받기 전에는 관아에서 의복과 양식을 나누어주고 활과 화살을 공급해주어야 한다고 했다. 이렇게 하면 10년 안에 인구가 증가할 것이며, 또 10년간 군인들을 훈련시킨다면 20년 후에는 100만 명의 정병(精兵)을 얻을 수 있을 것이라고 조헌은 주장했다.[189] 율곡의 10만 양병설을 사회개혁과 보다 구체적으로 연결시켜 제시한 정병양성론이었다.

이외에도 조헌이 말하는 국방개혁론은 사회적 신분제도 개혁을 떠나서는 성립할 수 없는 것들이었다. 그는 과부의 재가(再嫁)를 금지하는 법과 같은 조선 사회의 엄격한 신분제가 군정감소의 한 요인이 된다고 보았다. 호구의 증가를 위해서는 신분제에 구속되지 말고 재가를 허용

188) 김인규, 2007, 278~279쪽.

189) 조헌, 『중봉집』 권4, 「의상십육조소, 졸오지선」; 김인규, 2007, 281쪽.

해야 한다고 주장했다. 또 과중한 공물 납부 때문에 군인들이 경제적으로 피폐해져 도망가는 일이 많다고 했다. 관리들에 대한 녹봉제도를 개혁하여 그들이 백성들을 토색질하지 않도록 하면 군정이 확보되어 국방이 튼튼해질 것이라고 했다.[190] 거꾸로 말하면 조헌의 일본 대비론은 지배층은 부유하되 나라는 가난하고 국방력은 붕괴되어 있는 상황이 조선의 사회적 모순들과 어떻게 연관된 것인가에 대한 명쾌한 통찰을 담고 있었다.

조선 정부와 국왕은 조헌의 상소에 귀를 기울였는가. 아니었다. 그는 비장한 각오로 도끼를 들고 대궐 앞에 나아가 삼 일간 거적을 깔고 울면서 천민의 양인화(良人化)를 포함한 내용들을 상소했다. 하지만 그의 건의는 받아들여지지 않았다.[191] 조선의 국가와 사회는 그것이 안고 있던 깊은 질병을 날카롭게 지적하고 그 개혁을 촉구한 조헌식의 위기극복 방법론을 받아들일 준비가 되어 있지 않았다.

농업관료제 군주국가 사회로서 조선의 국가관료기구는 피상적으로는 강력했지만 그 핵심에서는 지극히 허약했다. 사회지배층인 토지귀족은 강했고 이들에 대해 조선 국가의 중앙권력은 무력했다. 국가 자원의 대부분을 장악하고 있는 이 세력에 대해서 조선 국가의 조세부과 능력은 강화되기는커녕 갈수록 약화되어간다. 이러한 사회유형은 사회적 안정에는 유리하지만 사회개혁은 그만큼 어려울 수밖에 없다. 외세의 압력과 침탈에 대응할 수 있는 국방력은 약하고 사회발전 잠재력 또한 취약할 수밖에 없다. 이 상태는 19세기 조선의 멸망에 이르기까지 계속된다. 이 점이 브루스 커밍스가 환기하듯이 제임스 팔레의 조선 사회에 대한 통찰의 핵심이기도 했다.[192]

---

190) 김인규, 2007, 281쪽.

191) 이동준, 2007, 347~348쪽.

조선 사회 신분질서의 추이를 보면 조선왕조 건국과 함께 국가가 소유한 노비의 숫자는 급격하게 증가하면서 경직된 신분질서가 성립되었다. 그러나 임진왜란을 고비로 조선 후기에 접어들면서 신분질서는 내재적 해체과정에 들어선다는 것이 한국 사학계의 통설이다. 1970년에 간행된 한우근(韓㳓劤)의 『한국통사』(韓國通史)는 이렇게 말한다.

"1592년에서 1598년에 걸친 임진왜란의 또 다른 결과는 사회체제의 붕괴였다. 많은 노비문서가 유실되었고, 국가는 원매자(願賣者)에게 양반의 직위와 직함을 판매하여 사회구조를 더욱 붕괴시켰다. ……이러한 관행은 조선 왕조가 전쟁으로부터 회복된 뒤에도 그치지 않았다. 따라서 상업주의의 성장과 더불어 상위 신분을 구입하는 것이 가능해졌다. 동시에 전쟁 후에 발생한 당쟁은 소수를 제외한 모든 양반을 관직에서 배제시켰으며, 그들 대부분은 익숙해 있던 규모로 자신을 유지하는 것이 불가능해졌다. ……게다가 그들 중의 다수는 토지를 상실했다. ……다른 한편 서울 양반의 상당수가 상업에 뛰어들었다. ……혈통 보다는 재산이 사회적 지위의 기준이 되기 시작했다. ……임진왜란이 조선 사회에 끼친 영향 중 결정적이고도 지속적인 점은 바로 노비 소유에 관한 것이었다. 임진왜란으로 많은 노비들이 노비신분으로부터 벗어나게 되었다. ……많은 노비들은 장인(匠人)이나 농부가 되었다. ……양반과 양인 사이의 구분과 마찬가지로, 노비와 양인 사이의 구별도 희미해져 갔다."[193]

즉 조선 사회 신분질서는 후반부에 들어 전쟁을 주요 계기로 하여 동

---

192) James B. Palais, *Politics and Policy in Traditional Korea*, Cambridge: Harvard University Press, 1975; Bruce Cumings, *Korea's Place in the Sun: A Modern History*, New York: W.W. Norton, 1997, pp.55, 73.

193) 한우근, 『한국통사』, 을유문화사, 1970; 에드워드 와그너, 이훈상·손숙경 옮김, 『조선왕조 사회의 성취와 귀속』, 일조각, 2007, 32쪽에서 재인용.

요하면서 안으로부터 붕괴해가기 시작했다는 해석이다. 노비의 존재도 양반의 존재와 마찬가지로 희미해져가고 있었다는 것이다. 신분질서의 내재적 해체론이었다.

이에 대한 대표적인 반론은 에드워드 와그너의 연구였다. 그에 따르면, 조선 왕조 건국 이후 첫 100년 동안은 사회계급구조가 상당히 유동적이며 개방적이었다. 그런데 오히려 시간이 흐르면서 여러 요인들이 작용하여 신분구조가 더 확고해져갔다는 것이다. 이러한 "엄격한 계층화"를 향한 추세는 16세기 내내 꾸준히 지속되었고, 17세기에도 마찬가지였다고 와그너는 파악한다. 임진왜란과 병자호란은 이러한 추세를 일시적으로 방해하긴 했지만 결정적으로 중단시키지는 못했다고 보았다. 그래서 와그너는 "(조선 사회 신분질서에서) 근본적인 변화는 좀처럼 나타나지 않았으며, 아주 의미가 깊은 영역에서 변화가 일어난 것은 조선 왕조의 가장 말기 아니 심지어는 그 이후였다"고 주장한다.[194)]

와그너의 관찰과 결론은 조선 사회가 내면적으로 변화해가는 수준과 속도의 한계를 지적한 것이다. 한국학계의 일반론에서 벗어나 있으므로 조심스런 얘기지만, 일정하게 실증적인 근거를 바탕으로 조선 사회의 정신세계와 정치적 지평, 그리고 사회경제적 현실 속에서 과거의 관성이 뿌리 깊게 지속된 측면은 없는지를 다시금 돌아보게 하는 연구이다. 19세기 말 주변 세계가 변화의 격동에 휘말리고 있을 때에도 조선 사회는 여전히 과거 속에 머물렀다. 도대체 변화가 없는 수탈적인 사회구조와 국가로 인하여 조선은 숱한 민란과 마침내 동학혁명운동에 직면하게 된다. 그 궁극적인 역사적 원인에 대한 소박한 궁금증에 와그너의 인식이 하나의 실마리를 제공한다고 볼 수는 없는지 두고두고 더 깊은 연구가 필요해 보인다.

---

194) 와그너, 2007, 33쪽.

제7장 명청 교체의 동아시아와 한반도의 전쟁

• 17세기 동아시아 삼각구조와 중화주의의 질곡

1. 1620년대 중엽 한반도 상공의 오로라

『광해군일기』는 1617년 10월 28일 "밤에 동방에 불빛과 같은 기운이 있다"(夜, 東方有氣如火光)고 적었다.[1] "불빛 같은 기운"에 대한 기록은 인조 정권 초기에 집중적으로 나타난다. 필자가 『인조실록』만을 검색해보니, 1625년부터 다음해인 1626년까지 2년 동안 모두 40차례에 걸쳐 그 기록이 있었다.

『승정원일기』와 『인조실록』을 함께 고려하면 1624~26년 기간에 연평균 20여 차례씩 "불빛 기운"이 관측되었다는 기록이 등장한다고 한다.[2] 매우 이례적인 일이었다. 그 시기는 인조반정(仁祖反正)으로 불리는 궁정 쿠데타가 일어나 광해군이 쫓겨나고 인조 정권이 들어선 1623년과, 후금이 조선을 침략한 정묘호란이 벌어진 1627년 사이에 놓여 있다.

---

1) 『광해군일기』, 1617년 10월 28일(계미).

2) 오철우, 「영국 연구팀 '17세기 초 조선 하늘 불빛기운은 오로라'」, 『한겨레』, 2008년 6월 12일자.

더럼 대학 물리학 교수인 리처드 스티븐슨을 비롯한 영국 과학자들은 조선 사료에 나타난 이 불빛 기운의 정체에 의문을 품었다. 현대 과학을 이용해 분석한 결과, 그것은 '오로라'일 가능성이 높다고 그들은 결론을 지었다. 그래서 「불빛 기운은 한국의 오로라였다」는 제목의 논문이 2008년 여름, 영국 왕립천문학회가 내는 학술지 『천문과 지구물리』(*A&G*)에 실렸다.

한국·중국·일본의 사료에서 밤하늘의 기이한 천문현상은 흔히 어떤 일의 '조짐'으로 이해되어 상세히 기록되어왔다. 하지만 조선 사료에서 그 '불빛 기운'은 별다른 묘사 없이 간략히 기록되어 있어서 정체가 밝혀지지 않았다. 영국 연구팀은 기록에 나타난 밤 시간대와 관측 방향, 그리고 1626년 초가 태양흑점 극대기(極大期)였던 점을 분석했다. 이들은 조선 천문학의 높은 관측 능력을 고려할 때 이것이 지상의 불빛이나 해가 뜨고 질 때의 붉은빛을 잘못 본 게 아니라 오로라일 가능성이 높다고 밝혔다.[3)]

오로라는 태양 표면 폭발로 날아온 '전기를 띤 입자'가 지구 자기장과 상호작용해 일어나는 대규모 방전 현상이다. 주로 고위도(高緯度)에서만 관측된다. 그래서 오로라는 흔히 극지방에서나 볼 수 있는 것으로 알려져 있다. 따라서 당시 조선의 관측자들에게도 참 괴이한 일이었을 것이다. 1620년대에 조선의 하늘을 수놓은 극히 예외적인 천문현상은 당시 조선에 닥칠 신산(辛酸)한 운명에 대한 예고였을까.

2. 여진의 팽창과 후금·청의 건국, 그리고 조선침략

1580년대는 일본에서 오다 노부나가, 그리고 뒤를 이어 도요토미 히

3) 오철우, 2008.

데요시가 통일권력을 성취해나가는 기간이었다. 바로 이때 만주에서는 여진족의 지도자 누르하치(Aisingioro Nurhachi: 愛新覺羅 奴爾哈赤)가 요동지역을 정복해가고 있었다. 누르하치가 세력 팽창과정에서 구사한 전략이 원교근공(遠交近攻)이었다. 비교적 멀리 있는 부족과는 선물과 결혼을 통해서 화친하고 가까운 곳의 부족은 무력으로 정복했다.[4] 말하자면 원교근공이라는 것이 팽창을 추구하는 침략자의 전략이라 함은 장차 청을 건설하고 한반도를 침략한 후 마침내 중국을 정복하게 되는 세력의 원조인 누르하치에게서도 확인되는 것이다.

1588년 동가강(佟佳江) 방면에 있는 동건주부(東建州府)가 누르하치에게 복속해왔다. 이제 누르하치의 세력은 조선과 마주한 압록강 방면에까지 미치게 되었다. 임진왜란이 진행되고 있을 때, 누르하치는 정복전쟁에 더욱 박차를 가해 조선의 육진(六鎭)에까지 세력을 확장했다. 명 조정은 무력으로 세력을 팽창해가는 누르하치를 징벌하기는커녕 그에게 관직을 하사했다. 1589년엔 누르하치에게 건주좌위도독첨사(建州左衛都督僉事)의 직을 하사한다. 1595년에는 여진 수령에게 주는 최고의 영예였던 용호장군(龍虎將軍)을 하사했다.[5] 누르하치는 팽창주의를 추구하면서도 오랫동안 명 왕조에 대해 조공을 계속하며 공손한 태도를 취했다. 외관상 종속적인 관계를 받아들임으로써 명나라가 방심하도록 했다.[6] 내리막길에 들어선 명 조정은 강성해지는 여진 세력을 회유하려 했다.

1592년 왜군의 조선침략에 대응해 명나라 군대가 조선에 출병하자 누르하치도 출병하겠다고 나선다. 그러나 명 조정은 이를 거절한다.[7]

---

4) 임계순, 『청사(淸史): 만주족이 통치한 중국』, 신서원, 2001, 재판, 24쪽.

5) 임계순, 2001, 25쪽.

6) 임계순, 2001, 24~26쪽.

7) 임계순, 2001, 25쪽.

그 사정을 장페이페이 등이 설명하고 있다.[8] 누르하치는 조선에 통지하기를, "명조에 상주하여 군사를 통솔하고 도강하여 왜군을 격살하고 명 황조에 충성으로 보답하려 한다"고 했다. 누르하치와 건주여진의 세력 팽창을 주시하며 경계해오던 조선은, "만일 정말 그렇게 된다면 우리나라는 멸망하게 된다"고 인식했다. 그래서 급히 명나라 요동도사에게 진정서를 올린다. "여진은 오래전부터 소국에 대해 원한이 많은데다 흉악하고 우매하여 기회를 노려온 지가 오래됩니다"라고 했다. 또 "흉악한 무리들을 알아보고 그들의 간계함을 없애서 외부의 오랑캐가 기회를 보며 이득을 보는 일을 막아야 합니다"라고 역설했다. 이러한 경위로 누르하치의 요구는 성사되지 않았다.[9]

명조의 규정에 따르면 조선과 여진은 서로 왕래해서는 안 되었다. 그러나 누르하치는 그후에도 조선에 각서를 보내 우호관계를 맺을 것과 조선에서 그에게 관직을 줄 것을 요청했다. 이는 조선 관리의 시각에서는 누르하치가 "상국(上國: 명나라)과 우리나라(조선)와 우호관계를 맺어 호인(胡人)의 위엄을 보여 다른 여진족 부족들을 강복(降服)시키려 한 조치"였다.[10] 조선은 명나라의 문책이 두려워 감히 이를 허락하지 못했다.[11] 조선은 누르하치의 건주여진과 강(압록강) 하나를 사이에 두고 있으면서도, 명의 눈치를 보느라 건주여진과 외교적 교류를 배제했던 것이다. 임진왜란 때인 1595년 여진인 한 무리가 조선 영토에 들어가 인삼을 캐다 조선 군인들에게 붙잡혀 죽임을 당했다. 누르하치는 보복하기 위해 조선에 출병하려 했다. 일본군이 아직 조선 땅에서 퇴

8) 장페이페이(蔣非非) 외, 김승일 옮김, 『한중관계사』, 북경대학 한국학연구센터 한국학 총서, 범우, 2005, 443쪽.

9) 『선조실록』, 25년 9월 신미, 갑술; 장페이페이 외, 2005, 443쪽.

10) 신충일, 『건주기정도기』(建州紀程圖記); 장페이페이 외, 2005, 443쪽.

11) 장페이페이 외, 2005, 443쪽.

각하지 않았던 상황이다. 조선은 스스로 양보하기로 결정한다. 주부(主簿)로 있던 신충일(申忠一)은 왕명을 받고 명나라 관원과 함께 건주에 갔다. 문제를 해명하고 긴장관계를 풀었다.[12)]

조선은 여진과 그 새로운 지도자 누르하치를 야만으로 인식했다. 하지만 미 예일 대학 역사학과의 중국 청사(淸史) 연구자인 조너선 스펜스의 관점은 다르다. 그는 장차 중국을 정복하여 그 어느 중국 왕조보다 강력한 중화제국을 건설하게 되는 국가의 창업자로서의 누르하치를 주목한다. 이른바 중국적 덕치(德治)를 표방하여 중국인들의 마음을 사로잡으려는 노력을 통해 제국의 정치적 기반을 구축해갔다.

그가 요동을 정복한 후 이 지역에서 중국인들을 회유한 메시지는 "모든 사람은 다같이 칸의 신민(臣民)이다. 모두 평등하게 살며 일하고 경작할 권리를 누린다"는 것이었다. 특히 요동의 민간인들에 대한 군대의 약탈행위를 막기 위해 엄정한 군기(軍紀)를 확립했다. 또한 명 왕조가 그 지역에서 소홀히 했던 이상적 통치자의 구휼자적(救恤者的) 기능을 자처했다. 스펜스는 누르하치의 전략과 행동이 마치 20세기 중엽 공산당이 중국을 장악해가는 과정에서 인민에게 폐를 끼치는 자를 엄하게 처벌하는 군기를 바탕으로 인민의 지지를 획득해간 것과 흡사한 데가 있었다고 평한다.[13)]

누르하치가 더욱 세력을 넓혀나가 금(金)이라는 국호와 천명(天命)이라는 연호를 사용하며 명조로부터 독립을 선언하고 나선 것은 1616년이었다.[14)] 북으로는 흑룡강 중하류와 우수리 강 유역까지, 동으

12) 신충일은 귀국한 후 『건주기정도기』를 편찬했다. 이것은 누르하치 시기 건주 여진의 내부상황을 이해하는 데 귀중한 사료가 되었다. 장페이페이 외, 2005, 443~444쪽.

13) Jonathan D. Spence, *The Search for Modern China*, New York: W.W. Norton, 1990, p.28.

로는 조선의 육진, 남으로는 관전(寬甸), 서로는 요동 변장(遼東邊牆)에 이를 정도로 여진족 거주지역 대부분을 세력하에 둠에 따라 정치적·경제적으로 국가수립이 가능해졌다. 그때까지도 여전히 명조에 대해 공손한 태도를 유지했다. 하지만 누르하치는 1618년 마침내 태도를 돌변했다. 명조가 범한 일곱 가지 죄상을 열거하면서 무순성(撫順城)을 공격하고 약탈했다. 이에 놀란 명 조정은 1619년 3월 조선에 원군을 청하여 함께 십수만의 대군을 파병한다. 그러나 명군은 무순 부근의 살이호(薩爾滸: 사르후) 전투에서 모두 섬멸된다. 누르하치는 머지않아 심양과 요양을 점령하여 명군을 요동 서쪽으로 밀어냈다. 광대한 요동 땅이 누르하치의 손 안에 놓였다. 1621년 혁도아랍(赫圖阿拉: 허투알라)을 떠나 도읍을 요양으로 옮겼다. 1625년에는 심양으로 수도를 옮기고 성경(盛京)이라 칭한다.[15)]

누르하치도 항상 승리만을 구가하지는 못했다. 산해관(山海關)은 만리장성이 황해의 발해만(渤海灣)과 만나는 지점에 있다. 요동과 북중국의 경계선, 즉 만주벌판과 중원 사이 경계선의 기점인 것이다. 그래서 산해관은 만주로부터 명나라 수도인 북경으로 들어가는 관문이었다. 누르하치는 이 관문에서 번번이 패배했다. 1622년 산해관전투에서 명장(明將) 웅정필(熊廷弼)에게 격퇴당했다. 1626년 2월 다시 총공격을 감행했으나 원숭환(袁崇煥)의 결사적인 항전으로 큰 손실을 입고 후퇴한다. 더구나 누르하치는 당시 명군이 활용한 서양식 대포인 홍의포(紅衣砲)에 맞아 큰 부상을 입었다. 누르하치는 그해 9월 30일 67세의 나이로 사망한다. 그를 이어 후금의 제2대 칸(汗)이 된 것은 그의 열다섯 아들 중 여덟째였던 홍타이지(皇太極)였다. 그는 요동지배를 확고히

---

14) 과거에 여진이 건립한 금을 계승한다는 취지로 누르하치가 금이라는 국호를 채택한 것이다. 그래서 누르하치의 금을 후금(後金)이라 한다.

15) 임계순, 2001, 26~27쪽.

하기 위해 많은 한인(漢人) 관료들을 영입했다. 그때까지는 구분되어 있지 않던 군정(軍政)과 민정(民政)을 분리해 국가조직을 정비했다. 분산되어 있던 정치권력을 자신에게 집중시켜 전제군주 관료국가체제를 확립했다. 중원 지배의 기초를 닦은 것이다.[16)]

홍타이지가 이끈 후금이 조선을 침략한 것은 누르하치가 죽은 다음 해인 1627년이었다. 홍타이지는 산해관을 넘어 명조를 공격하기 전에 조선과 몽고의 문제를 먼저 해결하려 했다. 특히 임진왜란 이후 명나라와 밀착되어 있던 조선을 위험하게 생각했다. 1619년 조선이 소극적이긴 했지만 어떻든 군대를 파견해 명나라를 도와 자신들과 적대했던 사실은 그 위험성을 확인해주는 것이었을 터이다. 후금이 명조를 공격할 경우 조선이 배후로부터 공격할 가능성을 염려했다.[17)]

홍타이지는 조선으로 출정하는 장수에게 동정(東征)의 두 가지 목적을 밝힌다. 압록강 하구 가까이 조선령 섬인 가도(椵島)에서 조선의 지원을 받아 군영을 개설한 명나라 장수 모문룡(毛文龍)을 토벌하는 것, 그리고 조선을 항복시키는 것이었다. 후금의 군대는 3만여의 팔기병(八旗兵)을 이끌고 압록강을 건너 의주를 공략했다. 일부 병력은 모문룡의 근거지 철산(鐵山)을 공격하고 그를 가도에 고립시켰다. 후금 장수 아민이 평양을 함락시키매, 강화도로 피했던 조선의 국왕이 사신을 보낸다. 이어 강화도에서 맺어진 정묘강화조약(丁卯講和條約)은 조선으로 하여금 명조와 국교를 단절하고 후금과 동맹을 체결하도록 했다. 조선 국왕의 동생 원창군(原昌君)은 후금에 인질로 보내고, 매년 공물과 재물을 바치도록 되었다. 또 아민은 군사들에게 3일 동안 조선에서 재물·사람·가축을 약탈하도록 허락했다.[18)]

---

16) 임계순, 2001, 49쪽.

17) 전해종, 「여진족의 침구(侵寇)」, 국사편찬위원회 편, 『한국사 12』, 1981, 330~331쪽; 임계순, 2001, 58쪽에서 재인용.

조선을 정벌한 후금은 이어서 몽고 공략에 집중한다. 1631년 몽고 정벌을 완수했다. 그렇지만 홍타이지가 사망하게 되는 1643년까지도 북경진입의 관문인 산해관은 여전히 철옹성이었다. 그런 가운데서도 이제 조선과 몽고 문제를 해소한 후금은 명조에 대해 각지에서 연승을 거두며 세력을 확장해나갔다. 명조는 더욱 쇠퇴해갔다. 명나라 군대가 많은 곳에서 후금에 투항해왔다. 1633년에는 명장(明將) 모문룡의 부장인 공유덕 등이 투항하여 후금의 도원수가 된다. 1634년에는 또한 상가희(尙可喜)가 투항해 역시 총병관으로 중용되었다. 그해 후금은 산서를 침공하여 몽고의 마지막 잔여세력을 정벌했다. 다음해인 1635년 홍타이지는 성경(盛京: 심양)에서 자신들의 종족 칭호를 여진에서 만주(滿洲)로 바꾸었다. 다음해인 1636년 5월 15일 홍타이지는 마침내 자신을 칸이 아닌 황제로 칭하고 국호도 금에서 대청(大淸)으로 바꾸어 선포했다.[19]

바로 그해 12월 홍타이지는 조선을 다시 침략한다. 구실은 1627년 맺은 정묘강화조약을 조선이 제대로 이행하지 않는다는 것이었다. 10만 대군을 홍타이지가 친히 이끌고 왔다. 평양이 함락되자 조선 왕 인조는 남한산성으로 몽진했다가 결국 이듬해인 1637년 정월 항복하고 맹약을 맺었다. 군신관계와 무역관계가 그 골자였다. 조선은 명조와 국교를 완전히 단절하고 세자를 비롯한 인질들을 청나라 수도 성경에 거주토록 했다. 청이 명을 공격할 때 조선은 군사적 지원을 하기로 했고 아울러 매년 많은 양의 다양한 물품을 조공으로 바치기로 했다. 청은 조선정벌을 통해 식량보급을 확보했고, 마침내 명조에 대한 본격적인 공략을 전개한다.[20]

---

18) 『淸史稿』 卷2, 本紀 2, 「太宗本紀」 1, 21~22쪽; 임계순, 2001, 58~59쪽에서 재인용.

19) 임계순, 2001, 59~60쪽.

3. 후금·청과 조선의 관계, 그리고 중화주의

위의 역사적 서술을 일별하면 1627년과 1636년 만주족의 조선침략은 필연적인 역사적 추세처럼 보일 수 있다. 그러나 후금이 조선을 실제 침략하게 된 원인에 대한 해석은 크게 둘로 나뉜다. 일반적인 관점은 후금의 침략을 조선으로서는 피할 수 없었던 필연으로 해석한다. 후금 지도부의 전략적 인식과 결정 및 행위가 조선의 행동 여하와 별 관련없이 진행된 것으로 서술된다. 홍타이지가 조선을 무력으로 항복시키는 것은 미리 정해진 것이었고 조선이 어떻게 행동하고 결정하느냐는 의미있는 변수가 되지 않는다는 가정이 깔려 있다.

하지만 다른 해석도 가능하다. 조선의 지나친 대명 사대 자세가 후금의 경계심을 심화시켜 이것이 중요한 역할을 했다는 관점이다. 광해군을 몰아낸 인조반정 세력의 대명 사대노선을 후금은 잘 인식하고 있었다. 이것이 후금으로 하여금 자신의 배후에 대한 우려를 증폭시켰다. 그로 인해 후금은 과시적인 대규모 군사행동을 했다. 조선 조정이 곧 항복했지만 후금 군대가 파괴적인 보복적 행동을 감행한 것도 그와 무관하지 않다고 보는 것이다.

이것은 복잡한 논쟁을 불가피하게 수반하는 뿌리 깊은 문제이다. 그러나 전통시대 동아시아에서 전쟁과 평화의 원인과 외교의 지혜를 논하려면 피할 수 없는 논의이다. 이 논의는 크게 볼 때 하나의 주제로 압축된다. 조선이 외교적 선택으로 만주족의 파괴적인 침략을 예방할 가능성이 있었느냐 하는 것이다. 실제 역사의 전개는 청의 두 차례에 걸친 침략전쟁으로 귀결되었기 때문에 조선이 어떤 외교적 선택을 했더라도 전쟁의 참화를 피하기 어려웠을 것이라는 논리를 설득력 있게 반

---

20) 임계순, 2001, 60쪽.

박하기는 쉽지 않다. 조선의 외교행위들 중에서 후금·청의 경계와 적대감을 불필요하게 증폭시킨 증거들을 제시한다 하더라도 마찬가지일 것이다. 그런 행위를 하지 않았더라도 후금·청은 조선에 대한 불신과 배후위협의 제거를 위해 조선침략을 감행했을 것이라는 논리를 펴는 것은 언제나 가능하기 때문이다.

그럼에도 우리는 전쟁을 피할 수 있는 가능성은 없었느냐에 대한 논의를 하지 않으면 안 된다. 역사를 공부한다는 것은 이미 진행된 사태 전개의 필연성을 논구하는 데에만 있지 않다. 이미 진행되어버렸지만 그 사태에 관련된 인간의 사상과 행동, 지도자들의 가치관과 선택이 결과에 미친 영향을 탐색하는 것, 결국 인간의 행동과 역사 사이의 가능한 연관성을 반성하는 것 역시 역사연구가 갖는 또 하나의 중요하고 영원한 테마임을 부인할 수는 없다.

우선 유념할 것은 이 논쟁에서 청의 부당한 요구를 수용하지 못한 조선이 전쟁에 책임이 있느냐 아니면 부당한 요구를 한 청나라에 책임이 있느냐를 따지는 것은 큰 의미가 없다는 점이다. 도덕적으로 말한다면 답은 단순명쾌하다. 도발된 침략이 아닌 한, 침략자에 책임이 있는 것이다. 문제는 침략을 당하고 우리가 패배하여 참화를 겪은 다음 결국 굴욕적인 조건에서 항복해야 하는 것이 뻔히 내다보이는 상황에서 중화제국에 대한 사대의 명분을 앞세워 거부할 것인가, 아니면 전쟁의 비극과 굴욕을 최소화하기 위해 타협을 수용할 것인가의 선택이다.

조선의 위정자들은 명나라에 대한 군신관계에 있는 나라로서 황제를 둘을 모실 수 없다는 사대의 논리에 집착했다. 얼마 전까지도 야만인으로 취급해오던 종족에게 한번 싸워보지도 않고 군신의 예를 갖추어 복종할 수는 없다는 주장도 일면 이해하기 어렵지 않다. 그러나 냉철한 이성으로 국가의 생존과 민생을 경영해야 할 위정자로서 지혜로운 선택의 기준은 더 치열한 토론이 필요하다.

잘 알려진 것처럼, "전란 이후 19세기까지 조선을 이끈 지도적 이념"은 "김상헌의 척화론·반청론"이었다. 명이 사라진 이후에도 명에 대한 의리를 강조했다. 조선이 청이 지배하는 중국보다 문명국임을 자처하는 소중화주의는 조선 후기 집권층의 사상적 기반이었다. 이는 '북벌론'(北伐論)의 논리적 토대이기도 했다.[21)]

김상헌류의 반청론이 조선 지식인의 사유를 지배했다는 사실은 박지원이 『열하일기』에서 비판하는 당시 조선의 지배적인 사조에서도 능히 짐작할 수 있다.

"우리나라의 상류 인사들 사이에서 춘추대의를 위하여 중국을 떠받들고 오랑캐를 배척한다고 떠드는 자들은 백 년을 하루같이 내려오면서 가히 장관을 이루었다고 할 수 있을 것이다. 그렇지마는 중국을 떠받드는 것도 제 탓이요, 오랑캐도 제 탓일 것이다. 오늘의 형편을 본다면 중국의 성곽과 궁실과 인민이 다 그대로 남아 있고 도덕과 산업, 경제가 전이나 다름없고 최씨, 노씨, 왕씨, 사씨의 씨족이 없어지지 않았고,[22)] 주돈이(周敦頤), 정호(程顥)와 정이(程頤), 장재(張載), 주희(朱熹)의 학문이 그대로 남아 있고 하, 은, 주 삼대 이래로 현명한 제왕과 한, 당, 송, 명의 발달된 법률과 밝은 제도가 조금도 변함이 없다.

오랑캐로 부르는 오늘의 청조는 무엇이든지 중국의 이익이 될 만하고 그것으로써 오래 누릴 수 있는 일인 줄 알기만 할 때는 억지로 빼앗아 와서라도 이를 지켜냈고, 만약 본래부터 있던 좋은 제도가 백성에게 이롭고 국가에 유용할 때는 비록 그 법이 오랑캐로부터 나왔다손치더라도 주저 없이 이것을 그대로 이용하고 있다. 더구나 삼대 이래 현명

21) 오수창, 「청(淸)과의 외교실상과 병자호란」, 『한국사 시민강좌 36』, 일조각, 2005, 120쪽.

22) 원주가 다음과 같이 붙어 있다. 최(崔), 노(盧), 왕(王), 사(謝) 네 가지 성은 육조와 당나라 때 이름난 가문이다.

한 제왕들의 법도와 역대 국가들이 가졌던 고유한 원칙들이야 말할 것도 없다.

옛날 성인이 『춘추』를 지을 때는 그 본의가 중화를 떠받들고 오랑캐를 배척함에 있을지언정, 나는 아직 오랑캐가 중국을 손아귀에 넣었다고 분개하여 중국의 제도로써 숭상할 만한 알맹이까지 아울러 배척하라는 『춘추』는 보지 못했다. 지금 사람들이 참으로 오랑캐를 배척하려거든 중국의 발달된 법제를 알뜰하게 배울 것이요, 자기 나라의 무딘 습속을 바꿔 밭 갈고 누에 치고 질그릇 굽고 쇠 녹이는 야장이 일을 비롯하여 공업을 고루 보급하고 장사의 혜택을 넓게 하는 데 이르기까지 모두가 배우지 않을 것이 없을 것이다."[23]

박지원의 주장인즉, 청조가 출신은 오랑캐지만 현실에서 중국을 지배하고 있을 뿐 아니라 중화문화를 어느 왕조 못지않게 자기 것으로 만들었다는 것이다. 제도와 산업의 발전도 조선이 본받아야 할 모범이 되고도 남음이 있다는 주장이었다. 그런데도, 조선의 식자들은 청조를 오랑캐라 하고 과거의 명조를 사모하는 소중화주의에 여전히 갇혀 있어서 오늘의 중국에서 실질을 배우지 아니하고 오직 허튼 공론만을 즐기고 있다고 비평한 것이다.

청이 중국을 완전히 통일하고 강희제, 건륭제, 옹정제를 거치며 융성해진 시대에도 조선의 이른바 '상류 인사들'이 명조에 대한 사모와 청을 백안시하는 태도가 지배적이었다. 그렇다면 청이 막 건국하기 전후 야만인 때를 벗지 못한 것처럼 보이던 시절, 조선 사대부들이 만주정권을 얼마나 야만시했을지는 짐작하기 어렵지 않다. 따라서 오늘날 시점의 건실한 현실주의로 당시의 외교를 비평한다고 해도 중화주의와 명분론이 지배했던 당시의 조건 속에서 조선 위정자들의 운신의 폭은 훨

---

23) 박지원, 리상호 옮김, 『열하일기 상』, 보리, 2004, 227~228쪽.

씬 좁을 수밖에 없었다는 점도 이해해야 한다. 그러나 오늘의 시점을 벗어나 당시의 조건을 이해한 역사적 평가를 해야 한다는 명제를 어느 정도 수용한다고 하더라도, 만주족의 임박한 침략이 조선의 민중에게 치르게 할 가혹한 대가에 대한 인식 또한 절실했을 법하다는 점도 고려해야 한다. 그럼에도 명분론을 선택한 것이 과연 바람직한 것이고 당시의 조건 속에서 진정으로 피하기 힘든 것이었는가를 생각해보아야 하는 것이다.

4. 1627년과 1636년의 시차와 그 의미

필자는 건전한 현실주의의 관점에서 당시 대명 사대의 명분을 앞세운 조선 정부의 선택을 평가할 것이다. 그에 앞서 한 가지 유념할 것이 있다. 정묘호란이 발생한 1627년의 시점과 병자호란이 난 1636년의 시점은 일단 분리해서 판단할 필요가 있다는 점이다. 1636년은 앞서 설명한 바와 같이 후금이 몽고마저 정벌을 완료한 후 광활한 영토에 명실상부한 제국을 건설하여 청을 건국하고 칭제(稱帝)한 시점이었다. 조선은 이미 그 9년 전에 청의 요구를 거절하다가 전쟁의 참화를 겪으며 청의 실체를 체험한 상태였다. 반면에 1627년의 후금은 명조에 대한 공격을 시도하다 산해관에서 1622년과 1626년 두 차례에 걸쳐 태조 누르하치가 패배한 때였다. 특히 1626년의 싸움에서는 누르하치가 부상을 입고 끝내 병사하고 말았다. 따라서 1627년의 시점과 1636년의 시점에서 조선 외교책임자들이 만주족(후금·청)과 중화세력(명) 사이에서 국제정세를 인식하고 대응전략을 짜는 데에는 일정한 차이가 날 수밖에 없다.

만주족의 융성과 명의 상대적 쇠퇴에도 불구하고 명나라가 만리장성 이남의 중원에 엄연히 버티고 있는 경우 후금의 압박에 조선이 굴복할 것인가는 단순히 명분이냐 실리냐의 문제만은 아니었다. 명나라는 1619년 살이호 전투에서 패하긴 했으나 산해관에서 두 차례에 걸쳐 후금의 군대를 막아내고 그것을 철옹성처럼 지키고 있었다. 후금의 서쪽으로는 여전히 몽고족의 나라들이 명조와 연결을 맺으며 버티고 있었다. 따라서 섣불리 후금에 외교적 복속을 선택하는 것은 명분에서뿐만 아니라 현실적으로도 반드시 올바른 판단이 아닐 수 있었다. 그러기에 1627년의 경우 조선이 후금의 군대와 한번 맞서보지도 않고 굴복을 받아들인다는 것은 상대적으로 훨씬 더 어려웠을 것이라 이해할 수 있다.

이것은 분명 1627년 조선의 선택과 1636년 조선의 행동에 대해서는 평가의 잣대를 달리 둘 필요가 있음을 말한다. 크게 두 가지 의미에서이다. 첫째, 두 경우 모두 조선이 후금·청의 군사적 침략을 막기 위한 예방차원의 외교적 노력을 충분히 기울이지 않은 것에 비판적 논의는 응당 필요하다. 다만 1627년의 경우는 1636년의 경우에 비해서 조선이 후금에 대해 명과의 관계를 실질적으로 고려하면서 외교를 전개해야 하는 부담이 있었다는 것을 어느 정도 인정해줄 수밖에 없다. 그럼에도 불구하고, 1623년 광해군을 몰아내고 등장한 인조정권이 대명사대에 정권의 존재이유를 두고 노골적인 친명정책을 벌임으로써 후금과의 무력 갈등을 촉진했다는 점에 대해서는 분명히 짚어두어야 한다.

둘째, 병자호란이 일어난 1636년 조선의 외교적 자세와 행동에 대해서는 보다 철저한 비판적 논의가 필요하다. 이때의 조선은 청의 본격적인 세력확장으로 명과 격리되고 더욱 고립된 상황에 놓여 있었다. 더욱이 1627년 이미 한 차례 같은 세력으로부터 전쟁의 참화를 겪은 후였다. 적어도 경험적 학습으로부터 교훈을 삼아 경계하는 바가 있어야 했고, 더 현실적인 대안에 대한 치열한 모색이 있을 법한 시점이었다. 그럼에도 조선이 과거와 다른 이렇다 할 대비책도 없이 청과 극단적인 갈등으로 치달은 것은 철저한 학습과정 부재를 드러낸 것이라 할 수 있다. 현실의 지정학적 조건과 힘의 관계에 대한 실용주의적 고려가 더 절실해진 시점에서, 대명사대의 이데올로기가 조선의 대외정책에서 오히려 더 큰 비중을 차지함으로써 파괴적인 전쟁과 최악의 굴종을 모두 떠안는 결과를 촉진한 것은 아닌지 치열한 논의가 필요한 것이다.

5. 광해군의 외교노선과 전쟁 회피의 가능성 문제

1623년(인조 1) 3월 13일 『인조실록』의 첫 기사의 제목은 "의병을 일으켜 즉위하다"이다. 내용은 이러했다. "상(上: 인조 - 옮긴이)이 의병을 일으켜 왕대비를 받들어 복위시킨 다음 대비의 명으로 경운궁(慶運宮)에서 즉위했다. 광해군을 폐위시켜 강화로 내쫓고 이이첨(李爾瞻) 등을 처형한 다음 전국에 대사령을 내렸다."[24] 반정은 하루 전날인 3월 12일에 벌어졌다.

1608년에 죽은 선조는 14명의 아들이 있었다. 1606년 선조의 정궁(正宮) 인목왕후(仁穆王后: 1584~1632)에게서 막내아들 영창대군(永昌大君)이 태어난다. 정궁의 자식으로는 유일한 아들이었다. 그가 태어났을 때는 광해군이 이미 왕세자인 상태였다. 하지만 선조는 영의정 유영경(柳永慶)과 비밀리에 왕세자를 광해군에서 영창대군으로 바꾸는 것을 논의한다. 하지만 선조 자신이 갑자기 세상을 떠남에 따라 광해군이 즉위한다. 광해군은 영창대군을 폐서인(廢庶人)하여 강화도에 유폐시킨다. 1614년 영창대군은 불과 만 8세의 나이로 강화부사 정항(鄭沆)의 손에 죽임을 당했다. 영창대군의 친어머니 인목왕후도 궁중에 유폐되었고 그녀의 아버지 김제남(金悌男)은 역모죄로 죽임을 당한다. 인목왕후는 1623년 인조반정이 나자 인조(仁祖: 1595년 출생, 재위

---

24) 『인조실록』, 1년(1623 계해·명 천계 3년), 3월 13일(계묘).

1623~49)의 즉위를 승인하고 스스로는 인목대비로 된다. 인조의 친어머니는 인헌왕후(仁獻王后: 1578~1626)이지만 인목대비는 인조의 자전(慈殿: 왕의 공식적인 어머니 - 옮긴이)으로서 인조반정 직후 커다란 권위를 갖고 있었다.

인목대비는 성공한 반정세력 앞에서 광해군에 대한 증오를 즉각적으로 표출한다. 그녀가 "역괴(逆魁)의 부자(父子)"로 지칭한 광해군과 그 아들 이질을 두고 그녀와 반정세력 사이에 다음과 같은 문답이 오고 간다.

"자전(인목대비)이 상(인조)에게 이르기를, '역괴의 죄를 아시오? 내 덕이 박하여 모자의 도리를 다하지 못함으로써 윤리와 기강이 무너지고 국가가 거의 망하게 되었는데 사군(인조)의 효를 힘입어 위로는 종사를 안정시키고 아래로는 원한을 씻게 되었으니 그 감격스러움이 이 어찌 끝이 있겠소' 하였다.

또 여러 신하들에게 이르기를, '역괴의 부자를 지금 어디에 두었는가?' 하니, '모두 궐하에 있습니다' 하였다. 자전이 이르기를, '한 하늘 아래 같이 살 수 없는 원수이다. 참아온 지 이미 오랜 터라 내가 친히 그들의 목을 잘라 망령(亡靈)에게 제사하고 싶다. 10여 년 동안 유폐되어 살면서 지금까지 죽지 않은 것은 오직 오늘날을 기다린 것이다. 쾌히 원수를 갚고 싶다' 하니, 여러 신하가 아뢰기를, '예로부터 폐출된 임금은 신자(臣者: 신하 - 옮긴이)가 감히 형륙(刑戮)으로 의논하지 못하였습니다. 무도한 임금으로는 걸(桀)·주(紂)만한 이가 없었으되 탕(湯)·무(武)는 이를 추방하였을 뿐입니다. 지금 내리신 하교는 신들이 차마 들을 수 없는 말입니다' 하고, 덕형은 아뢰기를, '자성(慈聖)께서 폐군에 대하여는 천륜이 이미 정해졌습니다. 아들이 비록 효도하지 않더라도 어머니로서는 사랑하지 않을 수 없는 것입니다. 이 하교는 차마 들을 수 없을 뿐 아니라 또한 감히 받들 수 없습니다' 하였다.

자전이 이르기를, '내가 사군과 함께 정전으로 나아가면 나의 원한을 씻으리니, 지금 사군이 즉위하여 나의 마음을 본받아 나를 위해 복수하면 효라 이를 만하다' 하자, 상이 아뢰기를, '백관들이 있으니 신이 어찌 감히 마음대로 할 수 있겠습니까' 하니, 자전이 이르기를, '사군은 이미 장성하였소. 어찌 백관들의 지휘를 받으려 하오.'"[25)]

반정세력과 인조가 차마 광해군의 목을 벨 수 없어 만류하는데도 인목대비는 당장이라도 광해군과 그 아들의 목을 자신이 직접 베어 원수를 갚겠다고 나서고 있는 모습이다. 광해군은 다행히 그 자리에서 죽지 않았다. 그로부터 18년이 흐른 1641년 7월 1일 제주에서 천수를 다한 후 죽는다. 인조의 인간적인 배려가 있었다고 하겠다. 그해 7월 10일 『인조실록』은 이렇게 적어두었다. "광해군이 이달 1일 제주에서 위리안치(圍籬安置)된 가운데 죽었는데 나이 67세였다. 부음을 듣고 상(인조)이 사흘 동안 철조(輟朝)하였다."[26)]

인목대비는 인조반정 다음날인 3월 13일 광해군을 폐하고 그의 36가지 죄를 논하는 교지를 내린다. 그 안에는 광해군의 외교정책에 대한 강한 비판과 함께 명에 대한 사대를 다짐하는 내용이 들어 있었다. "……우리나라가 중국을 섬겨온 지 2백여 년이 지났으니 의리에서는 군신의 사이지만 은혜에서는 부자의 사이와 같았고, 임진년에 나라를 다시 일으켜준 은혜는 영원토록 잊을 수 없었던 것이다. 이리하여 선왕께서 40년간 보위에 계시면서 지성으로 중국을 섬기시며 평생에 한 번도 서쪽으로 등을 돌리고 앉으신 적이 없었다. 그런데 광해는 은덕을 저버리고 천자의 명을 두려워하지 않았으며 배반하는 마음을 품고 오랑캐와 화친하였다. 이리하여 기미년에 중국이 오랑캐를 정벌할 때 장

25) 『광해군일기』, 15년(1623 계해·명 천계 3년) 3월 13일(계묘).
26) 『인조실록』, 19년(1641 신미·명 숭정 14년), 7월 10일(갑신).

수에게 사태를 관망하여 향배(向背)를 결정하라고 은밀히 지시하여 끝내 우리 군사 모두를 오랑캐에게 투항하게 하여 추악한 명성이 온 천하에 전파되게 하였다. 그리고 우리나라에 온 중국 사신을 구속 수금하는데 있어 감옥의 죄수들보다 더하였고, 황제가 칙서를 여러 번 내렸으나 군사를 보낼 생각을 하지 아니하여 예의의 나라인 우리 삼한(三韓)으로 하여금 이적 금수의 나라가 되는 것을 모면하지 못하게 하였으니, 가슴 아픈 일을 어떻게 다 말할 수 있겠는가. 천리(天理)를 멸절시키고 인륜을 막아 중국 조정에 죄를 짓고 아래로 백성들에게 원한을 사고 있는데 이러한 죄악을 저지른 자가 어떻게 나라의 임금으로서 백성의 부모가 될 수 있으며, 조종의 보위에 있으면서 종묘·사직의 신령을 받들 수 있겠는가. 이에 그를 폐위시키노라."[27]

폐위되기 전까지 광해군이 벌인 외교에 대한 역사학자 이기백의 평가는 인목대비와 매우 다르다. "여진의 후금이 만주에서 일어나는 새로운 국제정세에 처하여 현명한 외교정책을 써서 국제적인 전란에 빠져들어가는 것을 피하였다."[28] 반면에 쿠데타로 집권해 인조를 옹립한 서인세력은 "광해군의 대외적인 관망태도를 버리고 향명배금(向明排金)의 정책을 뚜렷이 하였다"고 이기백은 서술했다. 이기백은 이러한 인조의 정책변화가 "후금의 신경을 날카롭게 하였다"고 보았다.[29]

인조정권과 달리 광해군의 외교노선이 후금의 경계심을 풀고 조선을 비교적 중립적 세력으로 인식하게 했다는 점은 일정한 근거가 있다. 1619년 살이호 전투에 원군을 파견할 때 도원수 강홍립(姜弘立)에게 밀지를 내려 "상황을 보면서 처신할 것이지 적에게 이동하는 것을 보여주어 먼저 공격하도록 해서는 안 된다"고 했다. 강홍립이 전투에 적극

27) 『광해군일기』, 15년(1623 계해·명 천계 3년) 3월 14일(갑진).
28) 이기백, 『한국사신론』, 일조각, 1999, 236쪽.
29) 이기백, 1999, 237쪽.

적으로 개입하지 않고 결국 전군(全軍)이 포로로 되는 쪽을 택했는데, 이는 그 때문이었다. 반면에 좌영장군 김응하(金應河)는 분연히 일어나 불복하고 결사적으로 대항해 싸우다 전사했다.[30] 어떻든 항복한 강홍립을 누르하치는 십분 우대해주면서 광해군에게 각서를 보냈다. 이 각서에서 그는 "조선이 명나라를 지원해 출병했지만 이것은 본의가 아니었다는 것을 알고 있다. 압박에 못 이겨 부득이 출병한 것임을 알고 있다. 또한 명조는 조선을 도와 일본군을 물리쳤으니 그 은혜를 갚기 위한 것이라는 것도 알고 있다"고 밝혔다.[31]

광해군의 외교노선이 인조반정세력과 차이가 있었다는 사실을 장페이페이 등은 인정하고 있다. 이들 중국학자들은 그 이유를 광해군이 세자책봉 및 왕위계승 과정에서 오랫동안 명조가 반대하거나 부정적이어서 명에 개인적인 원한이 있었기 때문이라고 설명한다. 말하자면 광해군 외교의 실용주의적 성격 때문이라는 지적을 피하고 그것을 광해군 개인의 사적인 감정 탓으로 폄하한 것이다. 조선이 선조의 둘째아들 광해군을 세자로 세우려 했을 때 명조는 굳이 "장자를 세워야 한다"고 요구하면서 그의 세자 즉위를 비준해주지 않았다. 그리고 선조가 사망하고 왕위를 계승하는 과정에서도 한참 후에야 승인하기에 이른다.[32] 이와 같은 배경하에서 광해군은 명에 불만을 품고 있었다는 것이다.

그 같은 감정의 차원도 완전히 무시할 수는 없을지 모른다. 그러나 다음의 점들을 고려해야 한다. 광해군은 임진왜란을 겪으며 전쟁의 참화가 나라와 민중에게 어떠한 고통을 강요하는가를 절실하게 체험한

30) 『광해군일기』, 11년 4월 무술; 이긍익, 『연려실기술』 권23, 『동리소설』에서 인용; 장페이페이 외, 2005, 445쪽에서 재인용.

31) 『清太祖實錄』, 卷6, 天命 4年 3月 甲辰; 장페이페이 외, 445~446쪽.

32) 『明史』, 卷320, 『外國一·四朝鮮傳』; 『明神宗實錄』, 卷51, 萬曆 36年 10月 庚辰; 장페이페이 외, 2005, 446쪽.

위정자였다. 명이 조선을 도왔다고는 하나 명이 자신의 국익을 위해 보였던 독선적인 행위들과 횡포를 절실하게 체험한 사람이 또한 광해군이었다. 그가 중화사상의 한계를 직접 체험하고 국제관계를 중화주의적 명분이나 이념 못지않게 전쟁과 평화의 관점에서 실용주의적으로 접근할 수 있는 시야를 획득한 측면이 분명히 있었을 것이다. 이런 점들이 광해군의 외교노선에 미친 영향을 간과하거나 의도적으로 무시함으로써 광해군의 외교적 노력의 의미를 폄하하고 깎아내리는 것은 옳지 않다고 할 것이다.

인조반정세력은 반정을 정당화하고 집권의 명분을 확보하기 위하여 광해군과 대북(大北)세력의 국내정책과 함께 그 외교노선을 비판하지 않을 수 없었다. 명나라로부터 새로운 왕으로 인준받기 위해서도 명에 대해 가일층 충성을 하게 되었다. 그 구체적 성의표시로 광해군 정권에서 후금에 대한 외교를 담당했던 평안병사(平安兵使) 박엽(朴燁)과 의주부윤(義州府尹) 정준(鄭遵)을 참형에 처했다. 명나라를 배신하고 청과 통하는 배명친청(背明親淸)을 주도했다는 것이 죄목이었다.[33] 인조와 서인세력은 사림의 지지를 끌어내고 명나라의 책봉을 받아내기 위해 "광해군대의 외교노선과 다른 적극적인 친명반청노선을 채택하게 된 것"이었다.[34]

인조반정세력의 외교노선이 광해군 시대와 질적으로 다른 것은 없었다는 시각도 있다. 오수창은 "후금과의 유연한 외교정책은 광해군의 큰 치적"이며, 그 외교정책이 "후금을 치는 데 필요한 원병을 파견하라

---

33) 정홍준, 「청의 침입과 명청관계의 변화」, 강만길 외 편, 『한국사 8: 중세사회의 발전 2』, 한길사, 1994, 216쪽. 정홍준의 글은 윤준(尹遵)이라고 하였다. 그러나 『인조실록』은 정준(鄭遵)으로 명기하고 있다. 『인조실록』, 1년(1623 계해·명 천계[天啓] 3년) 3월 21일(신해).

34) 정홍준, 1995, 216쪽.

는 등의 명의 압력을 적절히 회피하는 데 성공하였다"는 데에는 동의한다. 그러나 장차 더욱 팽창해가는 후금이 조선에 가중할 압박은 광해군의 정책 정도로 해결할 수 있는 문제는 아니었다고 지적한다.[35] 그는 그 이유를 두 가지 정도로 보았다. 첫째, 광해군의 정책은 어디까지나 후금을 제어하고자 했을 뿐 그들을 조선과 대등한 존재로 여기지 않았다. 광해군의 대외인식 역시 기본적으로 화이관의 테두리 안에 있었기에 후금에 대한 인식과 대응의 융통성은 한계가 있을 수밖에 없었을 것이라는 추정이다. 둘째, 광해군 시기 집권신료들도 인조반정 이후의 정치가들 못지않게 명분론자들이었다는 것이다.[36]

같은 명분론자들이요 같은 중화주의자들이라 하더라도 정권의 존립과 이익 자체를 대명 사대주의와 동일시하여 노골적으로 청을 배척하고 명을 숭상하는 쪽으로 심하게 편향된 노선을 취하는 것과 실용주의적 중화주의자 사이에 차이는 분명히 있다고 보아야 한다. 그런데 광해군과 그의 신료들도 명분론자들이고 화이론자들이었기에 장차 후금이 강성해져 청을 세우고 조선에게 군신관계를 강요하는 지경에 이르면 대결이냐 항복이냐의 갈림길에서 제3의 길을 찾기는 불가능했을 것이라는 게 오수창의 추론이다. 그에 따르면, "인조대의 조선 정부가 설령 광해군대의 외교정책을 그대로 되풀이하고 싶어했다 하더라도, 결국 대결이냐 항복이냐의 갈림길에서 조선이 따로 택할 길은 찾기 힘들었던 것이 당시의 상황"이며, "광해군이 추진했던 대로 명과 청 사이에서 줄타기를 하는 외교는 그런 상황에서 더 이상 지속될 수 없었다"는 것이다.[37]

그럼에도 실용주의 또는 현실주의적 외교노선을 선택한다면 전쟁과

35) 오수창, 2005, 110쪽.
36) 오수창, 2005, 110쪽.
37) 오수창, 2005, 110쪽.

파괴를 통해 강요되는 굴종적 항복과, 여전히 굴종적이겠지만 전쟁을 회피한 친청의 대외관계 수립 사이의 차이는 있을 수 있다. 한 국가와 민중의 안녕을 책임지는 위정자에겐 그 차이는 결코 사소한 것으로 치부될 일이 아니다. 광해군 정권의 실용주의 외교를 단순히 "줄타기 외교"로 규정하고 그것의 한계를 못 박는 것도 반드시 적절하다고 생각되지는 않는다. 조선이 일편단심 명의 충직한 배후세력이 아니라 자신의 국익에 맞게 균형을 취할 줄 아는 실용주의세력이라는 점을 청에게 인식시키는 일관된 태도를 보이기 위해 줄타기외교를 해야 한다면, 그렇게 해야만 하는 것이 아니었을까. 그러한 조선에 대해서는 누르하치나 홍타이지가 징벌적인 약탈적 전쟁의 필요성을 훨씬 덜 느끼게 되었을 것이다. 이기백이 지적하고 있듯이 인조반정세력이 광해군세력과는 분명히 다른 숭명배청의 세력을 자임하고 있다는 사실을 후금은 직시했다. 청은 조선에게 자신의 무력을 굳이 과시하여 확실한 속방으로 만들어놓아야 한다고 결론짓는다. 이를 거부하는 조선에게 약탈적 전쟁의 결과를 눈으로 보여주겠다는 의도를 굳히게 되었다고 할 수 있는 것이다.

1627년 당시 후금은 북서로는 몽고를 경계하고 남서로는 명조와 대치해 있었다. 조선출병은 자칫 자신의 내부방비가 허술해져 명이 후금을 습격할 가능성이 없지 않았다. 조선침략 후 서둘러 강화를 하고 떠난 것은 조선을 위협하여 뒷근심만을 없애고 조속히 철수할 필요가 있었기 때문이라는 분석은 그래서 설득력이 있다.[38] 바꾸어 말하면, 이러한 상황에서 후금이 굳이 조선출병을 한 것은 그만큼 조선이 자신에게 최대의 적인 명조의 배후세력으로서 분명한 적대세력이라는 인식이 있었기 때문이다.

38) 정홍준, 1995, 217쪽.

광해군 정권은 명과 후금 사이에서 나름대로 균형외교를 모색했지만 다른 한편으로 후금의 침공 가능성을 염두에 둔 군비도 게을리하지 않았다. 성지(城池)와 병기를 수리하고 군사훈련을 실시하는 등 국방에 유의했다.[39] 인조반정 이후 조선의 태세는 그와 달랐다. 인조반정세력의 외교는 후금의 경계심과 무력침공 야욕을 자극하는 명분론에는 분명 강한 바가 있었다. 그러나 그것을 실력으로 뒷받침하고 후금의 침공 가능성에 대비하는 노력은 게을리했다. 후금군 3만의 대병이 1627년 정월 13일 압록강을 건너 평양을 거쳐 중화에 이르렀다. 조선 정권이 후금의 침입사실을 알게 된 것은 전쟁이 발발하고 나흘이 지난 후였다.[40] 후금에 대해 실력으로 굴종을 피하고 명분을 지키겠다는 인조정권의 결의가 진실했다고 보기 어려운 증거이다.

6. 인조 정권과 모문룡, 그리고 정묘호란과 명나라

『인조실록』의 기록에 의하면, 1627년 침략할 때 후금은 조선이 범한 네 가지 죄를 나열했다. "남조(명조)를 도와 우리나라를 침공하고," "모문룡을 감싸주며," "우리의 난민을 받아들이고 우리의 땅을 습격했고," "선조 칸이 사망했는데도 한 사람도 애도를 표하지 않았다"는 것이었다.[41] 여기서 모문룡의 문제가 중요한 이슈로 등장해 있다. 정묘호란에서 모문룡 문제의 중요성은 우리 학자들도 주목하고 있다. 한명기는 정묘호란과 관련하여 우선 조선이 후금에 대해 뚜렷하게 적대적인 자세를 보인 것은 아니었음에도 후금의 침략을 받은 이유를 둘로 요약했다. 당시 조선 영토인 압록강 하구의 가도에 있던 명나라 장수 모문룡 세력

39) 이기백, 1999, 237쪽.
40) 정홍준, 1995, 217쪽.
41) 『인조실록』, 5년 4월 정유; 장페이페이 외, 449쪽.

을 돕는 등 조선이 친명적인 자세를 취하고 있었던 것이 그 하나이고, 후금이 조선의 경제적 지원을 얻어내기 위해 침략을 선택했다는 것이 그 둘이라고 하였다.[42)]

그렇다면 모문룡 세력에 대해 광해군의 정책과 인조정권의 정책에 차이가 있었는가도 중요하다고 해야 한다. 1623년 광해군을 몰아내고 등장한 인조반정 정권은 정권탈취의 명분에서 대명사대와 반청의 입장을 취하고 있었다. 이것은 모문룡 문제에 대한 조선의 태도에도 깊은 영향을 미칠 수밖에 없었음을 뜻했다. 조선으로부터 경제적 이익을 취하려는 목적 자체가 곧 전쟁을 의미했다고는 볼 수 없다. 후금이 경제적 목적을 달성하는 방법이 곧 침략전쟁이라는 형태를 띠게 된 데에는 인조정권의 성격, 그리고 모문룡 세력에 대한 조선의 자세가 중요한 영향을 미쳤을 것이라고 추정할 수 있다.

『인조실록』은 인조가 즉위한 지 나흘 후인 1623년 3월 17일 모문룡에게 문안하는 사절을 파견하면서 나눈 문답을 적어놓았다. 인조는 "모도독(都督)의 문안사(問安使) 남이공(南以恭)"에게, "경이 이번에 먼 길을 가게 되었다. 문답할 때 말을 잘하여 모장(毛將)에게 마음을 같이 하여 협력하겠다는 뜻을 자세히 개유해야 한다"고 당부한다. 이에 남이공은 이렇게 대답한다. "전에는 매사를 거절하였기 때문에 그가 노기를 품었지만, 지금은 둔전(屯田)·염전(鹽田) 등의 일을 이미 다 허락하였으며, 또 동심 협력한다는 뜻을 알린다면 어찌 기뻐하지 않겠습니까?"[43)]

광해군은 모문룡을 홀대했는데, 인조는 모문룡에 대한 정책을 정반대로 전환했음을 짐작하게 한다. 남이공이 인조에게 "다만 만약 모장이

---

42) 한명기, 「정묘·병자호란과 동아시아질서」, 『전쟁과 동북아의 국제질서』, 일조각, 2006, 230~233, 255쪽.

43) 『인조실록』, 1년(1623 계해·명 천계 3년), 3월 17일(정미).

의거(인조반정)의 절차와 폐군(광해군)의 처치를 물으면 어떻게 대답해야 하겠습니까?"라고 묻자, 인조는 "폐군의 처치는 자전(인목대비)께서 중국 조정에 주문하여 처치하라는 하교가 있었으니, 이대로 답하는 것이 좋겠다"고 지시한다. 대명사대에 충실치 않았던 광해군의 처리 문제를 명나라와 상의하여 처리하고 있는 것이다. 모문룡은 새로 들어선 인조정권의 호의에 대한 보답으로 4월 16일 망의와 옥대(玉帶)를 인조에게 선물로 보낸다. 이조참판 이귀는 중국의 고관들이 조선에 보낸 선물 중에서 가중 귀중한 선물이라고 평가한다.[44] 인조정권과 모문룡의 관계는 그처럼 밀월관계로 시작했다.

한명기도 지적하고 있듯이, "반정이라는 비정상적인 수단을 통해 집권했던 인조정권"은 명나라로부터 승인을 받고 인조의 책봉을 얻어내기 위해 친명의 태도를 분명히 할 필요에 직면해 있었다.[45] 이러한 필요로 인해 청천강 이서(以西)지역의 조선 영토 안에서 조선 백성들에 대한 살육과 약탈을 자행하던 모문룡과 그 관련 한인세력들에 대해 인조정권은 굴종적 태도를 취했다. 홍타이지의 후금이 조선 영토 안에서 그처럼 웅거하고 있는 모문룡의 명나라 군대를 목의 가시 같은 위협적인 배후세력으로 파악하는 것은 당연한 일이었다. 더욱이 명나라에 대한 사대의 연장선에서 모문룡 세력에 근거지를 제공하고 각종의 물적 지원을 아끼지 않는 것처럼 보이는 조선 또한 결코 간과할 수 없는 문제였을 것이다. 후금이 강력한 군사적 조치를 취할 수밖에 없다는 판단에 이르는 것은 이해하기 어렵지 않다.

정묘호란을 조선이 피하기 어려웠다는 것을 인정한다고 하는 것이 곧 "어떤 경우에도 조선이 그것을 피할 수 없었다"는 말이 되는 것은 아

44) 『인조실록』, 1년(1623 계해·명 천계 3년), 4월 16일(을해).

45) 한명기, 2006, 231쪽.

니다. 인조정권의 등장방식과 그것을 정당화하는 이데올로기는 일정한 외교노선을 수반한다. 그 외교노선은 현실에서 후금과 적대관계에 있는 명나라와 모문룡에 대한 구체적인 정책적 선택을 낳는다. 조선의 선택은 다시 명나라 및 모문룡과 협력관계에 있는 조선을 어떻게 인식하고 어떤 전략을 취할 것인가에 대한 후금의 선택에 지대한 영향을 미쳤다고 해야 한다.

1627년 정묘호란이 벌어졌을 때 명나라는 조선을 돕지 못했다. 돕기는커녕 명나라 장수 모문룡 세력은 그 호란을 틈타 조선인들에 대한 약탈과 살상행위를 더욱 강화했다. 명나라는 1621년에 이미 요동 전체를 후금에게 빼앗긴 상태였다. 명나라는 육로를 통해서는 조선에 대한 군사적 원조를 할 처지가 아니었다. 수군을 이용하는 방법이 있기는 했다. 정묘호란이 발생하자 명의 병부상서(兵部尙書) 풍가회(馮嘉會) 등은 각화도(覺華島), 천진, 등래(登萊) 등지의 수군을 동원하고 모문룡과 합세하여 후금을 공격할 것을 건의했다. 황제도 대책을 세우라는 지시를 내린다. 하지만 요동순무(遼東巡撫) 원숭환 등이 반대하여 조선에 대한 군사원조는 실제 이루어지지 않았다. 조선이 호란(胡亂)을 당하면 임진란 때와 달리 명나라가 조선을 돕지 못할 것이라고 유몽인(柳夢寅)이 일찍이 예언한 대로였다.[46]

이 상황에서 명나라가 조선을 도울 수 있는 유일한 방법은 당시 압록강 하구에 진치고 있는 모문룡의 동강진을 활용하여 후금의 배후를 위협하는 일이었다. 하지만 모문룡은 후금의 공격대상인 상태에서 섬에 머물러 관망하기만 할 뿐 후금과 접전하지 않았다. "접전은 고사하고 청천강 이서지역에 출몰했던 모문룡 휘하의 명군은 호란이 빚어지는 동안 조선인들에 대한 대대적인 살육을 자행했다."[47]

---

46) 한명기, 2006, 233~234쪽.

모문룡의 행패는 정묘호란 후에도 그치지 않았다. 그는 조선이 후금과 강화했다는 것을 빌미로 하여 조선에 대한 경제적 징색(徵索)을 일삼았다. 명나라는 모문룡을 “조선이 후금으로 기울어지는 것을 견제하기 위한 거점”으로 활용했다.[48] 정묘호란 후 조선은 한편으로는 명나라에서 보낸 책봉조사(冊封詔使)들로부터 은을 징색당하고, 모문룡에게 군량을 공급해야 했으며, 다른 한편으로는 후금에 대한 세폐(歲幣)도 제공해야 했다. 이 같은 중층적인 경제적 부담은 병자호란이 일어나 조선이 청나라에 항복할 때까지 계속되었다.[49] 그러나 장페이페이 등에 따르면, 명의 독사(督師) 원숭환이 1629년 모문룡을 유인해 살해했다.[50]

7. 병자호란과 집권층의 외교노선

1636년 후금의 홍타이지는 청을 세우고 칭제건원(稱帝建元)을 하여 황제 즉위식을 거행한다. 청말의 역사가 위원(魏源)은 이때 오직 조선만이 거부했기 때문에 홍타이지가 조선에 대한 친정(親征)을 결정했다는 분석을 남겼다.[51] 병자호란 직전에도 조선은 청을 여전히 오랑캐로 여겼다. 만주족과 몽골족과 요동의 한족이 모두 홍타이지를 황제로 추대하는 즉위식에 조선도 춘신사(春信使)로 나덕헌(羅德憲)과 이확(李廓)을 파견했다. 하지만 이들은 홍타이지에게 배례(拜禮)하는 것을 거부한다. 청의 군사들에게 무수히 구타를 당하면서도 끝까지 버텼

47) 『승정원일기』 21책, 인조 6년, 5월 18일; 한명기, 2006, 234쪽.
48) 한명기, 2006, 235쪽.
49) 한명기, 2006, 237쪽.
50) 장페이페이 외, 2005, 450쪽.
51) 魏源, 『聖武記』 卷1, 「開國龍興記」; 한명기, 2006, 242~243쪽.

다.[52] 말하자면 조선은 일종의 축하사절 같은 것을 보내긴 했지만, 그를 황제로 인정하는 것은 거부했던 것이다. "조선의 태도는 칭제건원을 통해 이민족 세계를 아우르고, 명에 대해 독립적 세계의식을 과시하며, 나아가 본격적으로 맞서려고 시도하는 청의 의도에 근본적으로 '재를 뿌리는' 것일 수밖에 없었다"고 한명기는 말한다.[53]

문제는 그러한 조선의 선택을 우리가 어떻게 이해하고 평가할 것인가이다. 오수창은 조선이 청과 전쟁을 선택하는 것이 피할 수 없었다는 관점에서 이렇게 말한다. "만일 청이 발흥함에 따라 조선이 청의 위력 앞에 그대로 엎드렸더라면 전쟁은 피할 수 있었을 것이다. 그러나 그 경우 남는 것은 조선이 명과 청의 세력을 저울질하다 한번 싸워보지도 못하고 강한 나라에 붙었다는 사실일 뿐이고, 그것은 사대주의 비판론자들에게 더 심각한 비판거리로 매도되었을 것이다."[54]

이런 관점에 대해서 몇 가지 비판적인 언급이 필요하다. 첫째, 1627년의 시점에서는 조선이 후금과 한번 싸워보기도 전에 굴복하는 것이 불가피한 선택이었다고 주장하기는 어렵다. 그러나 같은 얘기를 1636년의 시점에서 조선의 선택에 대해 되풀이 적용하는 것은 잘못이다. 1636년의 조선 위정자들에게도 "싸워보지도 않고 무턱대고 엎드릴 수는 없었다"는 말로써 그들의 주장과 행동을 도덕적으로나 현실의 외교노선으로서나 해명해낼 수는 없다. 그런 태도는 거친 명분론으로 불릴 수는 있을지언정 외교전략이라고는 말하기 힘들다. 1636년의 시점에서는 조선은 이미 후금의 침략을 받아 참화를 당한 경험을 갖고 있었다. 1627년의 침략이 그것이다. 그런데 불과 9년 후에 마치 그 기억을 깡그리 잃어버린 것처럼 행동했다. 그리고 또한 그때와 전혀 다를 바

52) 한명기, 2006, 242쪽.

53) 한명기, 2006, 242쪽.

54) 오수창, 1995, 112쪽.

없이 이렇다 할 방비책 없이 숭명배청의 사대주의 명분론을 내세우며 결국 즉각적인 굴종을 수반할 전쟁의 참화를 선택했다. 아름다운 명분을 내세우며 저마다 지성을 과시했지만 당시 조선 집권세력은 집단적 차원, 즉 그들의 집단사고(group think)와 행동에서는 일종의 치매환자군처럼 행동했다는 의문을 피할 수 없다. 더한 확실성으로 다가오고 있는 엄중한 현실 앞에서 "전쟁의 참화와 파괴를 수반할 굴종"과 "전쟁을 회피한 요구 수용" 사이의 차이에 눈감은 것을 이번에도 역시 "한번 싸워보지도 않고 엎드릴 수는 없었다"는 말로 옹호할 수 있다고는 생각하기 어렵다.

둘째, 명을 사대하다가 청이 강해지니 청에게 복종하는 것은 사대주의 비판의 좋은 대상이 될 수밖에 없으리라는 지적도 적절하다고 볼 수 없다. 사대주의의 의미에 대한 오해를 담고 있다. 건실한 의미에서 사대주의에 대한 비판은 두 가지 의미를 갖는다. 어느 한 큰 나라에 대해서 의존하고 그 나라와의 동맹의 힘만을 믿고 다른 나라들과의 관계를 경원시하거나 주체적인 전략과 이익의 관점에서 경영해나가는 노력을 포기할 때, 우리는 그것을 사대주의라고 말한다. 또한 사대주의는 어느 한 나라에 대한 정신적 예속의 현상을 비판할 때 쓰는 말이다. 오랫동안 사대하던 어떤 나라보다 다른 나라가 더 강한 국가가 되어 조선에게 복종의 예를 강요하는 상황에서 조선 지배층이 국민의 안녕과 평화를 위한 외교정책을 선택한다면 그것만으로 우리는 그들의 선택을 사대주의라고 비판할 수 없게 된다. 오히려 이제까지 섬기고 숭앙하던 대국에 대한 명분과 의리의 논리가 지나쳐 다른 나라의 위협으로부터 국민의 안녕을 지켜내지 못할 때 우리는 그것을 사대주의로 인한 비극으로 평가할 것이다. 청의 요구를 수용하지 않으면 곧 전 백성의 안녕과 평화에 대한 유린을 동반하는 전쟁과 굴종을 선택하는 것을 의미할 때, 그 선택을 어떻게 사대주의라고 비판할 것인가. 사대주의가 아닌 실용주의 또는 건실한 현실주의적 대안을 선택한 것으로 보아야 할 것이다.

1636년 청의 요구를 조선이 거부한 명분이 정당한 것이었으므로 이를 매도할 수 없다는 주장도 제기된다. 명분은 조선이 옳았으며, 전쟁 도발의 책임과 도덕적 비난을 짊어져야 할 대상은 어디까지나 청국이라는 점은 이미 말했다. 그러나 전쟁과 외교는 도덕의 문제가 아니다. 특히 힘이 약한 국가의 위정자로서 위기 속에서 국민의 안녕을 지켜야 할 책임이 있는 이들에게 외교의 지침서는 차라리 마키아벨리이지 사서삼경이 아니라는 것은 누구에게도 분명하다. 우리가 1636년의 시점에서 인조반정 세력의 외교노선에 대해 묻는 책임이란 도덕적 책임이 아니다. 전략적 판단과 국민에 대한 고도한 정치적 책임의 문제이다.

1636년 청의 조선침략은 1627년에 1차 침략을 통해 조선에 강요했던 형제국의 관계에서 더 나아가 청 황제를 황제라 부르고 군신관계를 맺을 것을 요구한 데에서 비롯되었다. "청의 임금을 황제로 부른다는 것은, 명에 사대의 예를 바치던 것을 중지하고 조선이 청의 신하국이 된다는 뜻이었다. 비록 매우 거친 배척의 논의가 일어나기도 했지만, 조선 정부의 전체적인 입장은 단순하고 일관되었다. 그것은 '청의 신하 노릇은 할 수 없다. 그러나 후금과의 형제관계는 계속 유지한다'는 것이었다."[55]

이 상황에서 당시 조선이 처한 실존적인 문제는 그러한 조선의 입장이 논리적 타당성과 도덕적 정당성이 있느냐 없느냐가 아니었다. 1627년의 시점에 비해서도 태종 홍타이지의 강력한 리더십 밑에서 전제적 관료국가체제를 다지며 더욱 강성해진 청의 임금이 스스로를 칸

55) 오수창, 2005, 114쪽.

에서 황제로 부르고 조선에 대해 이제 동생이 아니라 신하로 삼겠다고 하는 것이 가소로우냐 아니냐의 문제가 아닌 것이었다.

여기서 조선이 당면한 선택을 학자들에 따라서는 "전쟁을 각오할 것인가, 아니면 그대로 청나라의 신하국으로 복속할 것인가"의 문제, 또는 같은 얘기지만 "그들과 정면으로 대결할 것인가 아니면 그대로 군신관계를 맺을 것인가"의 문제로 요약한다.[56] 이것은 전쟁을 선택하는 것은 마치 군신관계를 맺는 것 이외의 선택인 것처럼, 즉 매우 다른 실체를 가진 선택인 것처럼 묘사한 것이다. 그럼으로써 당시 조선이 처한 선택의 실질을 잘못 표상하고 있다. 전쟁은 그것을 각오한다는 것만으로 합리적인 하나의 선택이 되는 것은 아니다. 싸워볼 만한 나름의 실력과 의미가 있을 때 하나의 선택이 되고 즉각적인 군신관계 이외의 다른 실체적인 선택을 구성하게 된다. 그때 조선이 청과 치욕적인 군신관계를 맺는 것은 이미 정해진 일이나 다름없었다. 군신관계 강요를 피할 수 있는 다른 선택은 실질적으로 존재하지 않았다. 다만 "전쟁을 하고 난 패자로서의 군신관계 수용"이거나 "전쟁을 회피한 외교적 선택으로서의 군신관계 수용"이라는 둘 사이의 선택일 뿐이었다.

전쟁이 터지기 한달 전인 1636년 11월 12일 조선 국왕 인조는 "국가를 방어할 준비를 하고자 하면 형세가 이와 같고, 기미책을 쓸 방책을 세우고자 하면 병사의 무리가 모두 불가하다고 한다. 적은 오고야 말 것인데 어떻게 해야 하는가"라고 토로한다.[57] 1627년처럼 짓밟힐 것을 뻔히 알면서도 전쟁을 선택했다면 그것은 '그대로 군신관계를 맺는 선택'과 다른 실체를 가진 어떤 선택을 하는 것이 아니었다. 바로 그 군신관계와 함께 전쟁이라는 참화를 동시에 선택하는 것을 말했다. 최악의

---

56) 오수창, 2005, 114, 117쪽.
57) 오수창, 2005, 115쪽.

조합이란 이것을 말할 터였다. 이를 모르면서 선택했다면 무지한 행동이었고 알면서도 선택했다면 우매를 넘어 나라와 인민에 대한 고도한 정치적 책임을 저버린 무책임이었다.

1636년 청 태종이 조선에 사절단을 파견했을 때, 조선 조정은 척화론(斥和論)이 강성하여 사절 접견 자체를 거부했다. 이들이 노하여 한성을 떠날 때, "(조선의) 백성들은 가는 길목마다 막아 나섰고, 어린애들은 돌덩이를 (청나라) 사절단에 던지며 그들을 모욕했다"고 『인조실록』은 적고 있다.[58] 그렇다고 조선의 국왕과 정부가 그 결과를 감당할 대책을 강구한 흔적은 보이지 않는다. 인조정권이 전쟁에 임하여 유일하게 준비한 것이란 강화도로 피신할 채비를 하는 것이었다. 1636년 12월 14일 청병이 이미 개성을 통과했다는 개성유수의 급보를 접하자 조선 조정은 종묘와 왕자비빈들을 먼저 강화도로 보낸다. 인조도 뒤이어 세자와 백관을 거느리고 강화로 향했다. 다만 길이 차단되자 방향을 돌려 남한산성으로 피신한 것이었다.[59]

고려시대에 무신정권이 원의 침입에 대응하는 전략이 지속항전을 명분으로 백성을 버리고 강화도로 피신한 것이었다. 조선 조정 역시 신속(臣屬) 거부를 명분으로 백성을 버리고 강화도로 도주하고자 했다. 나라의 강토와 백성을 침략군의 발굽 아래 방치하면서 그렇게 한 것이었다. 그들이 남한산성으로 피해 있는 40일 동안 그 참화의 고통은 백성의 몫이었다.

당시 조선 조정에서 주화파(主和派)와 척화파(斥和派) 사이에 논쟁이 있었다. 이 논쟁이 인조정권의 외교정책에 미친 영향을 어떻게 평가할 것인가도 그렇게 단순하지 않다. 오수창에 따르면, "주화·척화론은

58) 『인조실록』, 14년 2월 병신, 신축; 장페이페이 외, 2005, 452쪽.
59) 정홍준, 1995, 219쪽.

사상적 문제인 동시에 극단적인 정치적 대립을 수반한 최고 수준의 정치적 문제였다." 그런데 오 교수는 인조반정을 주도하여 국정을 장악한 공신세력은 주화론 쪽에 섰던 반면, 공신들의 권력행사를 비판하던 일반 사림세력은 거의 예외없이 척화론을 주장했다고 분류한다. 주화론의 대표자는 최명길(崔鳴吉: 1586~1647)이었다. 전란 전에 그는 청을 황제국으로 호칭하는 것을 제외하고는 청의 요구를 모두 들어주어 극단적 대결을 피하고자 한다. 반면에 척화론자 중에 가장 영향력 있는 인물이었던 김상헌(金尙憲: 1570~1652) 등은 "예의와 삼강은 인간사회의 기본질서인데 명을 배반하고 오랑캐를 섬기면 이미 세상은 망한 것이 되므로 나라의 흥망을 돌아보지 않고 청에 맞서야 한다"는 논리를 내세운다.[60] 김상헌은 "대다수 사족들의 공론을 이끌어내어 끝내는 정국의 흐름을 장악하였으며, 후대에 그 입장을 온전히 계승시켜 결국 200년 이상 국가이념의 지표가 될 수 있었다"고 오수창은 평가한다.[61] 그렇다면 이들의 척화론이 인조반정 정권의 대외정책에 의미 있는 영향력을 행사했다는 평가가 가능해진다.

그렇지만 오 교수는 주화론·척화론 논쟁이 당시 인조 정권의 실제 외교정책에 실질적인 영향을 미친 것은 없다고 평가한다. 당시 인조의 외교정책을 주도한 것은 최명길이 주축이 된 주화론자들이었다는 것이 그 이유이다. 이 말은 언뜻 맞는 것처럼 보인다. 그러나 실질적으로는 잘못된 평가라고 생각된다. 광해군이 인목왕후를 폐모시킨 것을 반정의 명분으로 삼아 그를 몰아낸 인조반정은 사림세력 전체가 그 배후세력이었다고 평가되고 있음은 주지하는 바이다. 그렇다면 최명길을 포함한 일부 공신세력이 실제 조선외교를 도맡았다고 하더라도, 그들의

60) 오수창, 2005, 118쪽.
61) 오수창, 2005, 120쪽.

주화론은 인조 정권의 범정치적 기반인 사림세력에서 대세를 이룬 척화론에 영향을 받은 것일 수밖에 없다.

인조의 실제 외교정책이 주화파들에 의해 주도되었다고 하는 주장 자체도 정확한 지적은 아니다. 1636년 후금은 국호를 '청'으로, 민족의 이름을 만주족으로, 그리고 칸 대신 황제란 칭호를 쓰기로 결정한 후 조선에도 통보한다. 조선에서도 이 사실을 추천해줄 것을 부탁한다. 조선 조정은 이를 거부했다. 이 치명적인 결정에는 사헌부 장령(掌令) 홍익한(洪翼漢)을 선두로 한 척화파들이 개진한 절절한 대명사대의 논리가 결정적인 역할을 했다. 홍익한은 말했다. "우리는 천하에 대명천자만 있는 것으로 알고 있었는데…… 우리나라는 예의지국으로 조상들로부터 작은 중화(小中華)란 미명을 이어왔습니다. 우리는 사대심(事大心)으로 이 하나를 어김없이 지켜왔습니다. 이제 오랑캐에 복종하면서 겨우 생존하고 사직을 이어간다면 어떻게 조상들을 대하겠습니까! 천하의 사람들을 어떻게 대하겠습니까! 후세에 어떻게 대하겠습니까!" 홍익한은 아울러 말하기를, "그 사절을 살육하고 그 서함을 몰수하여 그의 수급과 함께 황조에 진정서를 올려 그가 형제의 약속을 어긴 것을 질책하고 천자의 이름을 빌려 예의의 존귀함을 밝혀 이웃 국가에 대한 도의를 지키도록 해야 합니다"라고 도덕론을 펴며 강경한 대응을 제시했다.[62)]

홍문관 관원들 역시 "당당한 예의지국으로서 그 어찌 개·양이나 몰 줄 아는 오랑캐들에게 치욕을 입으며 조상에 죄를 짓겠습니까! ……마땅히 엄정한 자세를 보여주어 오랑캐들로 하여금 우리나라에서 지키는 예의를 알도록 해야 할 것"이라고 주장했다. "그렇게 해야만 국가가 망하더라도 천하에 할 말이 있을 것이고, 후세에도 할 말이 있을 것입니

62) 『인조실록』, 14년 2월 병신, 신축; 장페이페이 외, 2005, 452쪽.

다"라고 했다. 이러한 척화론이 조정의 분위기를 지배했기 때문에 인조는 홍타이지가 파견한 후금 사절단을 접견하지도 않고 그가 보낸 편지도 받지 않았던 것이다.[63)]

조선의 대외정책은 분명 척화론의 영향을 받고 있었던 것이다. 김상헌 등의 척화론자들이 "나라의 흥망을 돌아보지 않고 청에 맞서야 한다"는 주장을 폈음은 앞서 지적한 바와 같고, 홍문관 관원들 역시 "국가가 망하더라도"를 운운했다. 국제정치와 외교를 공부하는 사람들에게 이런 말들은 무책임한 망언들에 해당한다. 정홍준이 지적하듯이 "명분론자들은 별다른 대비책을 강구하지 않고 대명사대를 위하여 의리 때문에 전쟁을 감수한다는 태도였다." 조선 조정이 취한 행동은 그 같은 척화파 논리가 강성한 조건의 영향을 받았다. "나아가 (청이 요구한) 존호 문제를 명에 보고하려 하였고, 명은 조선에게 청의 상황을 정탐하여 보고하도록 요구하였다."[64)]

오수창이 지적하듯이 주화론자인 최명길의 주장도 정묘호란 강화의 조건처럼 서로 형제의 나라로 칭하면서 화친을 끊지 않아야 한다는 데 그쳤다. 신하국이 되라는 청의 요구와는 거리가 멀었고, 자진해서 명을 등지고 청을 군주국으로 섬기자는 주장은 결코 아니었다.[65)] 말하자면 이들 역시 청 황제를 황제라고 부름으로써 청에의 신속(臣屬)을 받아들이는 것은 불가하다는 입장을 취한 점에서 강경한 척화론자들의 주장과 별 차이가 없었다. 요컨대 주화론·척화론의 논쟁상황은 주화론의 범위를 제약했고 조선 외교는 그것을 실질적으로 반영하고 있었다. 그 결과 인조 정권의 대외정책은 대명사대를 기본으로 한 것일 수밖에 없었다. 일단의 중국학자들이 당시 조선 조정의 역학에서 "척화파가 우세

63) 『인조실록』, 14년 2월 병신, 신축; 장페이페이 외, 2005, 452쪽.
64) 정홍준, 1995, 222쪽.
65) 오수창, 2005, 115쪽.

했다"고 말하는 것은 결코 무리가 아니다.[66)]

청국이 조선 조정 안팎에서 척화론이 우세한 것을 몰랐다면 거짓일 것이었다. 따라서 청국이 명조에 대한 본격적 공략을 앞둔 시점에서 조선에 대한 무력시위의 필요성을 더욱 절감하게 되었을 것은 상상하기 어렵지 않다. 청 태종이 조선 조정의 항복조건으로 요구한 가장 중요한 항목이 주전론(主戰論)의 주동자들을 잡아 보내라는 것이었음은 그것을 증거한다.[67)]

광해군은 자신의 정권 성립 과정에서 명에게 신세진 것도 없었지만 조선 사림세력에게도 특별히 은혜를 입었다고 생각할 일도 없었다. 그는 임진왜란의 경험을 통해서 체득한 국제관계 인식의 바탕 위에서 맹목적 사대를 경계하면서 나름대로 주체적인 판단에 따라 외교정책을 폈다. 반면에 국왕 인조와 그 정권은 소수 공신세력에만 신세를 진 것이 아니라 사림세력 전반에 빚을 지고 있었다. 주화파 공신세력들 역시 일반 사림세력들의 비판을 받기는 하였으나 그 범사림세력이야말로 자신들의 광해군 축출을 이념적으로 정당화하는 정치적 기반이기도 하였다. 이러한 정치적 동학이 광해군 정권의 외교와 그를 대체한 인조정권의 외교노선에 분명한 차이를 가져왔다. 그 차이는 조선의 운명, 특히 민중의 삶에 치명적인 것이었다. 백성이란 어차피 시대의 수레바퀴 맨 밑바닥에 깔려 상처 입는 존재일 수밖에 없다고 치부해버리지 않고 조선 사대부들이 언제나 입에 달고 다녔던 공맹(孔孟)의 덕치와 군자의 도리의 기본인 '애민'(愛民)의 관념이 완전한 기만이 아니라면 그러하다.

이기백의 지적대로 "청군의 침입은 왜군의 침입에 비하여 기간도 짧

66) 장페이페이 외, 2005, 453쪽.
67) 정홍준, 1995, 219쪽.

았고, 또 국토의 적은 일부만이 전쟁터로 변하였기 때문에 피해가 적은 편"이었다. 그러나 "청군이 거쳐간 서북지방은 약탈과 살육에 의하여 황폐해져갔다."[68] 척화론의 실체였던 사림세력은 크게 손해본 일이 없었다. 그들의 수장 격이었던 김상헌은 조선 국왕이 남한산성에서 출성(出城)하여 청 태종에게 무릎을 꿇을 때 수행하지 않았다. 위기에 처한 국왕과 정부를 버리고 끝내 경상도 안동으로 피신했다. 그래서 김상헌을 두고 인조는 "임금을 속인 것이 심하다. ……세상을 속이고 명예를 훔치기가 쉽다"고 탄했다고 한다.[69]

『인조실록』의 기록에는 1637년 1월 23일자에 "예조판서 김상헌이 관을 벗고 대궐 문 밖에서 짚을 깔고 엎드려 적진에 나아가 죽게 해줄 것을 청하였다"고 적었다.[70] 이어 1월 28일자 기록은 "예조판서 김상헌이 출사하지 않으므로 장유(張維)에게 대신하게 하였다"고 적었다.[71] 김상헌은 임금의 가마를 따라 청 황제 앞에 나아가 무릎 꿇고 항복하는 삼전도 굴욕의 현장에 몸을 내밀지 않았던 것이다.

인조의 항복 후 앞서 언급한 홍익한과 윤집, 오달제 등 3인은 심양에 압송된다. 이들은 심문을 받을 때 "조금도 절개를 굽힘이 없었다"고 했다.[72] 김상헌 역시 척화파로 지목되어 청에 끌려갔다. 그곳에서 그의 행적은 전란 전의 조선 조정에서 그가 편 강직한 주장들과는 걸맞지 않게 "구차하기 짝이 없었다"는 평가를 받는다.[73]

---

68) 이기백, 1999, 238쪽.

69) 오수창, 2005, 120쪽.

70) 『인조실록』, 15년(1637 정축·명 숭정 10년) 1월 23일(계해).

71) 『인조실록』, 15년(1637 정축·명 숭정 10년) 1월 28일(무진).

72) 張玉興, 「朝鮮三學士沈陽就義始末: 皇太極称帝史鉤沉」, 『상홍달 교수 서거 십주년 기념 논문집』; 장페이페이 외, 2005, 454쪽.

73) 오수창, 「최명길과 김상헌」, 『역사의 길목에 선 31인의 선택』, 푸른역사, 1999; 오수창, 2005, 120쪽.

역사는 임금을 따라 항복하러 나아가지 않고 차라리 죽는 것이 낫다면서 일견 자결을 시도하는 제스처를 해보인 정온(鄭蘊)과 김상헌 등 주전파들의 편에서 기술되었다. 1637년 1월 28일자 『인조실록』은 이조참판 정온이 읊은 절구(絶句) 몇 편과 함께 김상헌의 일을 기록하고 있다. 다음 시들은 정온의 것들이다.

"사방에서 들려오는 대포 소리 천둥과 같은데
외로운 성 깨뜨리니 군사들 기세 흉흉하네
늙은 신하만은 담소하며 듣고서
모사에다 견주어 조용하다고 하네"

"외부에는 충성을 다하는 군사가 끊겼고
조정에는 나라를 파는 간흉이 많도다
늙은 신하 무엇을 일삼으랴
허리에는 서릿발 같은 칼을 찼도다"

"군주의 치욕 극에 달했는데
신하의 죽음 어찌 더디나
이익을 버리고 의리를 취하려면
지금이 바로 그때로다
대가(大駕)를 따라가 항복하는 것
나는 실로 부끄럽게 여긴다
한 자루의 칼이 인을 이루나니
죽음 보기를 고향에 돌아가듯"

이렇게 아름다운 구절들을 읊고 난 정온은 차고 있던 칼을 빼어 스스로 배를 찔렀는데, 중상만 입고 죽지는 않았다. 『인조실록』이 그렇게 적었다. 이어 예조판서 김상헌도 여러 날 동안 음식을 끊고 있다가 이때에 이르러 스스로 목을 매었는데, 자손들이 구조하여 죽지 않았으며, 이를 듣고 놀라며 탄식하지 않는 자가 없었다고 『인조실록』이 또한 적었다. 이 기록의 끝에 사관(史官)은 다음과 같이 덧붙였다. "사신(史臣)은 논한다. 강상(綱常)과 절의(節義)가 이 두 사람 덕분에 일으켜 세워졌다. 그런데 이를 꺼린 자들은 임금을 버리고 나라를 배반했다고 지목하였으니, 어찌 하늘이 내려다보지 않겠는가."[74]

인조정권에서 주화파든 척화파든 청을 황제국으로 할 수 없다는 논리를 편 것은 아름다운 기개를 나타낸다. 그 논리도 명분도 고상하다. 그러나 이것은 기본적으로 조선의 대신들이 "국가가 망하더라도"를 운운하면서, 대명사대의 명분을 나라와 백성의 안녕보다 우위에 놓았던 당시 지배층의 세계관과 가치관을 아름답다고 인정할 때 그러한 것이다. 역사학도로서 또는 국제정치학도로서 우리의 논의는 그것을 아름답다고 볼 수만은 없다.

그러한 가치관이 당시 시대정신이었다고 반박할 수도 있다. 그러나 달리 보면 반드시 그렇다고만 말할 수도 없다. 대명사대를 위해서 지배층은 강화도로 피신하되 백성의 안녕은 부차적이라고 생각하는 것이 당시 그들의 유교적 텍스트들인 사서삼경의 가르침들과 일치하는 것이라고 단언할 수 없기 때문이다. 더욱이 인조반정 이전의 광해군의 대외정책은 분명 반정 이후의 대명사대 중심의 외교로부터 일정하게 거리가 있는 것이었다. 광해군 정부의 대외정책은 그 나름대로 또 하나의 역사의식과 시대정신을 대표하는 것이었다. 적어도 상대적으로는 나라와 백성의 안녕과 관련해 임진왜란에서 겪은 참화의 경험이 대명사대

74) 『인조실록』, 15년(1637 정축·명 숭정 10년) 1월 28일(무진).

라는 중화주의적 가치관보다 더 소중할 수 있다는 의식이 한 부분을 구성하는 그런 시대정신이었던 것이다.

광해군의 외교를 폐기하며 등장한 새 정권의 외교는 분명 그와 다른 시대정신, 즉 중화주의라는 당시 사림세력의 가치관을 반영하는 정신에 기반을 둔 것이었다. 중화주의에 중독된 정신상태의 핵심적인 표현은 단순히 상이한 민족들을 화와 이로 구분한다는 데 그치지 않는다. 오랑캐에 대한 멸시와 무관심으로 나타난다. 인조정권은 후금과 뒤이은 청나라를 오랑캐나라로 간주할 뿐 그들이 흥기하여 마침내 명조를 압박할 수 있는 위치에 서게 된 것에 대해 진정으로 관심을 갖거나 탐구하지 않았다. 불행한 것은 이러한 중화주의적 가치관 또는 시대정신이 호란 이후에도 실천적 자기성찰을 거치지 않고 오히려 심화되었다는 점이다. 그것은 장기적인 역사적 시각에서 볼 때 결코 긍정적인 것이 아니었다.

8. 1637년 1월 남한산성의 논쟁

1637년 1월 2일 남한산성의 조선 조정은 청나라 진영에 보낼 외교문서를 두고 논란을 벌이고 있었다. 그 논란은 크게 보면 두 가지의 선택을 앞에 둔 것이었다. 항복문서를 쓸 것이냐 여전히 버틸 것이냐 하는 것이었다. 최명길과 홍서봉, 장유 등이 항복문서를 쓰는 데 동의하고 있었다. 김상헌은 여전히 반대하고 있었다.

그러나 항복문서를 쓰자는 쪽에서도 두 편으로 나뉘어 있었다. 항복을 받아들여 인조가 청 황제 앞에 나아가겠다는 문서를 작성하되, 청 황제를 황제로 칭하지 않고 '한'(汗: 칸)으로 칭해야 한다는 일종의 제한적 항복론을 펴는 입장이 있었다. 최명길의 입장이 그러했다. 항복하면서도 명분을 내세우려는 어정쩡한 입장이었다고 할 수 있다. 홍서봉과 장유는 좀더 부드러운 문자를 채택하자는 입장을 개진한다. 어차피 항복문서를 쓰면서 청나라 황제의 화를 돋울 이유가 있느냐는 현실론이었다.

그날 "대신과 비국(備局-비변사)의 신하들을 인견하고 오랑캐에게 보낼 문서에 대해 의논하다"라는 제목하에 『인조실록』이 기록해둔 조정의 논란은 다름과 같았다.[75] 먼저 최명길이 "마땅히 '한(汗)이 멀리서 우리나라에 왔기에 국왕이 사람을 보내어 문안한다'는 내용으로 말하는 것이 좋겠습니다. 이렇듯 회계(會稽)의 치욕을 당하여 어찌 굴복하는 말을 피하겠습니까"라고 했다. 항복하는 문서를 만들되, 청 황제를 '황제'로 칭하지 않고 '한'으로 부르자는 제안을 하고 있는 것이다. 주화파의 대표자로 지목되어온 최명길의 태도가 그러했다. 최명길이 거론한 "회계의 치욕"이란 춘추시대 월(越)나라 왕 구천(句踐)이 오(吳)나라 왕 부차(夫差)에게 회계산(會稽山)에서 패배하여 치욕을 당한 일을 가리킨다. 사마천의 『사기』의 「월왕구천세가」(越王句踐世家)에 기록된 내용이었다.

이에 홍서봉(洪瑞鳳)은 "지난날 근거 없는 논의 때문에 일을 그르친 실수를 모두 말해야 합니다. 형제의 의를 맺은 지 이제 10년인데, 한 번 사과한다고 하여 무슨 상관이 있겠습니까"라고 했다. 좀더 현실적인 문서를 작성하자는 입장이었다.

그러나 "예조판서 김상헌이 안 된다고 고집하였다"고 했다. 그러자 최명길이 "참으로 저 말과 같으면 이는 화친하지 않으려는 것입니다"라고 말한다. 이 시점에서도 화친 자체를 반대하는 것은 이해할 수 없다는 주장인 것이었다. 김상헌은 이에 굴하지 않고, 다시 주장한다. "한 번 한이 왔다는 말을 듣고 먼저 겁을 내어 차마 말하지 못할 일을 미리 강

75) 『인조실록』, 15년(1637 정축·명 숭정 10년) 1월 2일(임인).

구하니, 신은 실로 마음 아프게 여깁니다." 여전히 명분론에 바탕을 둔 척화론을 견지하고 있는 모습이었다.

최명길이 말한다. "범려(范蠡)와 대부(大夫) 종(種)이 그 임금을 위하여 원수인 적에게 화친하기를 빌었으니, 국가가 보존된 뒤에야 바야흐로 와신상담(臥薪嘗膽)도 할 수 있는 것입니다." 이에 김상헌은 "적중(賊中)의 허실(虛實)을 환하게 알지도 못하면서 스스로 대부 종과 범려에게 비교한단 말입니까"라고 하면서 최명길의 발언을 냉소한다.

이때 장유가 "교전 중에도 사신이 왕래하는 법이니, 편지내용은 완곡하게 하는 것이 중요합니다"라고 아뢴다. 어차피 항복문서인데 홍타이지의 신경을 거슬리는 문자를 쓰지는 말자는 제안이었다. 최명길보다 홍서봉에 가까운 입장이다.

인조는 "강국도 약한 나라에 대해 거만하게 대해서는 안 되는 법인데, 더구나 강국을 대하는 약한 나라의 입장이겠는가"라고 말함으로써 홍서봉과 장유의 주장에 동조하는 태도를 보인다. 그러자 최명길이 아뢰기를 "명분(名分)에 대한 사항이야말로 매우 중요하니, 2품 이상이 모여 의논하여 정하게 하소서"라고 말한다. 앞서 주장을 되풀이한 것으로 보인다. 항복하되, 홍타이지를 황제로 불러줄 것인지 아니면 '한'으로 부를 것인지는 중요한 명분 문제이니 좀더 논의하자는 신중론을 제청한 것이다. 인조는 "이 한 건이 가장 중대하니 잘 생각하고 분간해서 처리하도록 하라"고 말한다.

그날 조정은 홍서봉, 김신국, 이경직 등을 "오랑캐 진영"에 파견했으며, 홍서봉 등이 "한(汗)의 글을 받아 되돌아왔다"고 실록은 적고 있다. 실록이 옮겨놓은 홍타이지의 최후통첩은 다음과 같았다.

"대청국(大淸國)의 관온(寬溫) 인성황제(仁聖皇帝)는 조선의 관리와 백성들에게 고유(誥諭)한다. 짐(朕)이 이번에 정벌하러 온 것은 원래 죽이기를 좋아하고 얻기를 탐해서가 아니다. 본래는 늘 서로 화친하려고 했는데, 그대 나라의 군신(君臣)이 먼저 불화의 단서를 야기시켰기 때문이다. 짐은 그대 나라와 그동안 털끝만큼도 원한관계를 맺은 적이 없었다. 그대 나라가 기미년에 명나라와 서로 협력해서 군사를 일으켜 우리나라를 해쳤다. 짐은 그래도 이웃 나라와 지내는 도리를 온전히 하려고 경솔하게 전쟁을 일으키려 하지 않았다. 그러다가 요동(遼東)을 얻고 난 뒤로 그대 나라가 다시 명나라를 도와 우리의 도망병들을 불러들여 명나라에 바치는가 하면 다시 저 사람들을 그대의 지역에 수용하여 양식을 주며 우리를 치려고 협력하여 모의하였다. 그래서 짐이 한 번 크게 노여워하였으니, 정묘년에 의로운 군사를 일으킨 것은 바로 이 때문이었다. 이때 그대 나라는 병력이 강하거나 장수가 용맹스러워 우리 군사를 물리칠 수 있는 형편이 못 되었다. 그러나 짐은 생민이 도탄에 빠진 것을 보고 끝내 교린(交隣)의 도를 생각하여 애석하게 여긴 나머지 우호를 돈독히 하고 돌아갔을 뿐이다.

그런데 그 뒤 10년 동안 그대 나라 군신은 우리를 배반하고 도망한 이들을 받아들여 명나라에 바치고, 명나라 장수가 투항해오면 군사를 일으켜 길을 막고 끊었으며, 우리의 구원병이 저들에게 갈 때에도 그대 나라의 군사가 대적하였으니, 이는 군사를 동원하게 된 단서가 또 그대 나라에서 일어난 것이다. 그리고 명나라가 우리를 침략하기 위해 배〔船〕를 요구했을 때는 그대 나라가 즉시 넘겨주면서도 짐이 배를 요구하며 명나라를 정벌하려 할 때는 번번이 인색하게 굴면서 기꺼이 내어주지 않았으니, 이는 특별히 명나라를 도와 우리를 해치려고 도모한 것이다.

그리고 우리 사신이 왕을 만나지 못하게 하여 국서(國書)를 마침내 못 보게 하였다. 그런데 짐의 사신이 우연히 그대 국왕이 평안도 관찰사에게 준 밀서를 얻었는데, 거기에 '정묘년 변란 때에는 임시로 속박됨을 허락하였다. 그러나 이제는 정의에 입각해 결단을 내렸으니 관문

(關門)을 닫고 방비책을 가다듬을 것이며 여러 고을에 효유하여 충의로운 인사들이 각기 책략을 다하게 하라'고 하였으며, 기타 내용은 모두 세기가 어렵다.

짐이 이 때문에 특별히 의병을 일으켰는데, 그대들이 도탄에 빠지는 것은 실로 내가 원하는 바가 아니었다. 단지 그대 나라의 군신이 스스로 너희 무리에게 재앙을 만나게 했을 뿐이다. 그러나 그대들은 집에서 편히 생업을 즐길 것이요, 망령되게 스스로 도망하다가 우리 군사에게 해를 당하는 일이 일체 없도록 하라. 항거하는 자는 반드시 죽이고 순종하는 자는 반드시 받아들일 것이며 도망하는 자는 반드시 사로잡고 성 안이나 초야에서 마음을 기울여 귀순하는 자는 조금도 침해하지 않고 반드시 정중하게 대우할 것이다. 이를 그대 무리에게 유시하여 모두 알도록 하는 바이다."[76]

인조는 즉시 대신 이하를 인견하고, "앞으로의 계책을 어떻게 세워야 하겠는가?"라고 묻는다. 홍서봉이 대답한다. "저들이 이미 조유(詔諭)란 글자를 사용한 이상 회답을 하지 말아야 하겠지만 한(漢)나라 때에도 묵특의 편지에 회답하였으니, 오늘날에도 회답하는 일을 그만둘 수 없을 듯합니다." 홍타이지가 황제나 쓰는 조유라는 문자를 썼으니, 청을 오랑캐로 간주하는 입장에서는 그에 회답을 하지 않는 것이 명분상 옳지만, 중화제국도 과거에 오랑캐의 편지에 답을 한 바 있으니, 조선도 청에 답은 해줄 필요가 있다는 얘기였다.

김류가 "회답하지 않을 수 없으니 신하들에게 널리 물어 처리하소서"라고 하자, 인조는 "각자 마음속의 생각을 진달하라"고 한다. 그러나 "모두 머뭇거리기만 하였다"고 실록은 적었다. 한참 침묵이 흐른 뒤에, 최명길이 아뢰었다. "신의 뜻은 영의정·좌의정과 다름이 없습니다." 그

76) 『인조실록』, 15년(1637 정축·명 숭정 10년) 1월 2일(임인).

려자 김상헌이 여전히 항복을 반대하며 이렇게 주장한다. "지금 사죄한 다 하더라도 어떻게 그 노여움을 풀겠습니까. 끝내는 반드시 따르기 어려운 요청을 해올 것입니다. 적서(賊書)를 삼군(三軍)에 반포해 보여주어 사기를 격려시키는 것이 마땅하겠습니다."

최명길이 말한다. "한(汗)이 일단 나온 이상 대적하기가 더욱 어려운데, 대적할 경우 반드시 망하고 말 것입니다." 인조는 "성첩(城堞)을 굳게 지키면서 속히 회답해야 할 것이다"라고 말한다. 이에 김상헌은 여전히 "답서의 방식을 경솔하게 의논할 수 없다"고 주장하면서 "끝까지 극력 간하였다"고 했다. 한편 "최명길은 답서에 조선 국왕이라고 칭하기를 청하고 홍서봉은 저쪽을 제형(帝兄)이라고 부르기를 청하였다."

마침내 인조가 결단을 내린다. "지금이야말로 존망(存亡)이 달려 있는 위급한 때이다. 위로 종묘사직이 있고 아래로 백성이 있으니 고담(高談)이나 하다가 기회를 잃지 않도록 하라. 예판은 여전히 고집만 부리지 말라." 명분론에 기초한 완고한 척화론을 여전히 고집하고 있는 김상헌에 대한 직설적인 비판이었다. 김상헌도 지지 않았다. 그가 말했다. "이렇게 위급한 때를 당하여 신이 또한 무슨 마음으로 한갓 고담이나 하면서 존망을 돌아보지 않겠습니까. 신은 저 적의 뜻이 거짓으로 꾸미는 겉치레의 문자에 있지 않고 마침내는 반드시 따르기 어려운 말을 해올까 두렵습니다."

이 논쟁에 대한 이 날자 『인조실록』의 기록은 이렇게 끝맺고 있다. "이성구(李聖求)가 장유, 최명길, 이식(李植)으로 하여금 답서를 작성하게 할 것을 청하였다. 당시 비국 당상이 왕복하는 글을 소매에다 넣고 출납하였으므로 승지와 사관도 볼 수 없었다." 조선이 청에 보낸 답서가 어떤 형식으로 작성되었는지를 사관도 볼 수 없었다는 얘기이다. 당시의 명분에는 어긋나는 것이었으므로 숨겼다는 얘기이다. 청 황제를 황제로 부르는 일이 그 상황에서도 결코 역사에 드러내고 싶지 않은 치욕이었던 것이다.

그러나 바로 다음날인 1월 3일 조선은 홍타이지에게 보낼 항복문서를 작성한다. "홍서봉, 김신국, 이경직 등을 파견하여 국서를 받들고 오랑캐 진영에 가게 하였다"로 시작하는 『인조실록』의 기록은 그 항복문서의 내용을 옮겨놓았다. 훗날 실록을 기록한 사관들은 결국 치욕의 내용들을 끝까지 감추지는 않았던 셈이다. 어떤 의미에서는 훗날 사관들 자신이 척화파의 정신적 전통을 잇는 터였다면, 치욕의 책임을 그 항서를 작성한 최명길 등 주화파에게 전가하면 되는 것이었다. 사관의 책임을 다하는 것과 주화파에 대한 공격이 모순이 되지 않는 경우였다 할 것이다. 어떻든 그 국서의 내용은 다음과 같았다.

"조선 국왕 성(姓) 모(某)는 삼가 대청(大淸) 관온 인성황제에게 글을 올립니다. 소방이 대국에 죄를 얻어 스스로 병화를 불러 외로운 성에 몸을 의탁한 채 위태로움이 조석에 닥쳤습니다. 전사(專使)에게 글을 받들게 하여 간절한 심정을 진달하려고 생각했지만 군사가 대치한 상황에서 길이 막혀 자연 통할 방법이 없었습니다. 그런데 어제 듣건대 황제께서 궁벽하고 누추한 곳까지 오셨다기에 반신반의하며 기쁨과 두려움이 교차하였습니다. 이제 대국이 옛날의 맹약을 잊지 않고 분명하게 가르침과 책망을 내려주어 스스로 죄를 알게 하였으니, 지금이야말로 소방의 심사(心事)를 펼 수 있는 때입니다.

소방이 정묘년에 화친을 맺은 이래 10여 년간 돈독하게 우의를 다지고 공손히 예절을 지킨 것은 대국이 아는 일일 뿐만 아니라 실로 황천(皇天)이 살피는 바인데, 지난해의 일은 소방이 참으로 그 죄를 변명할 수 없는 점이 있습니다. 그러나 이 또한 소방의 신민이 식견이 얕고 좁아 명분과 의리를 변통성 없이 지키려고 한 데 연유한 것으로 마침내는 사신이 화를 내고 앞질러 떠나게 하고 만 것이었습니다. 그리고 소방의 군신이 지나치게 염려한 나머지 변신(邊臣)을 신칙하였는데, 사신(詞

臣)이 글을 지으면서 내용이 사리에 어긋나고 자극하는 것이 많아 모르는 사이에 대국의 노여움을 촉발시키게 하였습니다. 그러나 그것이 신하들에게서 나온 일이라고 하여 나는 모르는 일이라고 감히 말할 수 있겠습니까.

명나라는 바로 우리나라와 부자(父子) 관계에 있는 나라입니다. 그러나 전후에 걸쳐 대국의 병마(兵馬)가 관(關)에 들어갔을 적에 소방은 일찍이 화살 하나도 서로 겨누지 않으면서 형제국으로서의 맹약과 우호를 소중히 여기지 않은 적이 없습니다. 그런데 어찌면 이토록까지 말이 있게 되었단 말입니까. 그러나 이것 역시 소방의 성실성이 미덥지 못해 대국의 의심을 받게 된 데서 나온 것이니, 오히려 누구를 탓하겠습니까.

지난날의 일에 대한 죄는 소방이 이미 알고 있습니다. 그러나 죄가 있으면 정벌했다가 죄를 깨달으면 용서하는 것이야말로 천심(天心)을 체득하여 만물을 포용하는 대국이 취하는 행동이라 할 것입니다. 만일 정묘년에 하늘을 두고 맹서한 언약을 생각하고 소방 생령의 목숨을 가여이 여겨 소방으로 하여금 계책을 바꾸어 스스로 새롭게 하도록 용납한다면, 소방이 마음을 씻고 종사(從事)하는 것이 오늘부터 시작될 것입니다. 그러나 만약 대국이 기꺼이 용서해주지 않고서 기필코 그 병력을 끝까지 쓰려고 한다면, 소방은 사리가 막히고 형세가 극에 달하여 죽음을 무릅쓰고 싸우기를 스스로 기약할 뿐입니다. 감히 심정을 진달하며 공손히 가르침을 기다립니다."[77]

청 황제를 '황제'로 부른 이 국서의 끝에 사관은 다음과 같이 덧붙였다. "최명길이 지은 것이다. 청나라의 연호를 쓰자는 의논이 있었으나, 삼사가 간하여 중지시켰다. 당시 문서가 최명길의 손에서 많이 나왔는

77) 『인조실록』, 15년(1637 정축·명 숭정 10년) 1월 3일(계묘).

데, 못할 말 없이 우리를 낮추고 아첨하였으므로, 보고는 통분하여 눈물을 흘리지 않는 자가 없었다"고 적어두었다. 불가항력으로 항복하는 마당에 조선 대표로 치욕의 항서를 작성한 인물에게 그에 따르는 모든 수치감을 떠넘기는 평이다. 훗날의 사관들에게로 연면히 이어진 척화파들의 당파적인 정서가 강하게 묻어난다.

하지만 조선의 항서는 청나라에게는 충분하지 않았다. 청 황제를 "폐하"(陛下)로 부르지 않고 있었던 것이다. 그래서 청나라의 반응은 신통치 않았다. 조선 국왕이 직접 나가 무릎을 꿇을 것을 요구한 것으로 보인다. 조선 조정 안에서도 논란이 다시 커진다. 이지항(李之恒), 김홍욱(金弘郁), 유계(兪棨)가 인조에게 아뢴다. "지금 만약 회답을 하면 필시 신하로 일컫기를 요구할 것이고, 신하로 일컬은 뒤에는 또 서로 회합하기를 요구할 것이며, 서로 회합한 뒤에는 필시 청성(靑城)에서의 행동이 있을 것입니다." 이지항이 말한 '청성(靑城)에서의 행동'이라 함은 1127년 송나라가 여진의 금에게 겪은 '정강(靖康)의 변'을 말한다. 금나라 태종이 송나라 서울 변경(汴京)을 함락시키고 청성에 있던 휘종(徽宗)과 흠종(欽宗) 부자를 비롯하여 많은 황족(皇族)·정신(廷臣)을 사로잡아간 사건을 가리킨다.[78]

이지항은 또한 주화파들을 비판하면서, 그들은 결국 인조가 직접 청 황제 앞에 나아갈 것을 요구하고 나설 것이라 지적한다. 그러므로 청 황제를 '폐하'로 불러주는 것부터 거부하면서 더 버티자는 얘기였다. "지난번 묘당(조정)이 감히 저군(儲君: 세자)을 내보내야 한다고 발언하였는데, 내일은 틀림없이 전하께 성을 나가도록 권할 것입니다." 그러자 인조는 "어찌 그럴 리가 있겠는가. 망령되이 논하지 말라"고 했다. 세 사람이 또 반복하여 진달하니, 상이 노한 소리로 이르기를, "다시

---

78) 『인조실록』, 15년(1637 정축·명 숭정 10년) 1월 3일(계묘).

말하지 말라. 사태를 살피면서 처리하겠다"고 했다. 이때도 인조는 청 황제 앞에 나아가 무릎을 꿇는 일은 상상도 하기 전이었던 것으로 보인다.

그 사이에 남한산성을 지키던 군사들이 얼어 죽어간다. 1월 14일자 실록은 "당시 날씨가 매우 추워 성 위에 있던 군졸 가운데 얼어 죽은 자가 있었다"고 했다.[79] 김상헌 등은 여전히 반대했고, 척화론은 결코 시들지 않았다. 청은 무조건 항복을 요구하고 있었다. 1월 16일자 실록은 "오랑캐가 '초항'(招降)이라는 두 글자를 기폭에 크게 써서 성중에 보였다"고 적고 있다.[80] 청은 다시 찾아온 조선 사신에게 "새로운 말이 없으면 다시 올 필요가 없다"고 말한다. 조정은 "새로운 말"이란 무엇을 말하는지 청나라 쪽에서 일하는 정명수(鄭命守)를 통해서 알아본바, "무조건 항복하라는 것"이었다. 청 황제를 '폐하'로 호칭하는 것뿐 아니라 이제 조선 국왕이 직접 나와 항복의 예를 갖추는 것 등이 포함되어 있는 요구였다고 해석할 수 있었다. 뿐만 아니라 국왕의 신분까지도 염려해야만 하는 상황이 되어 있었다.

최명길은 이에 "인군(人君)과 필부는 같지 않으니 진실로 어떻게든 보존될 수만 있다면 최후의 방법이라도 쓰지 않을 수가 없습니다. 새로운 말을 운운한 것은 우리가 먼저 꺼내도록 한 것이니, 신의 생각으로는 적당한 시기에 우리가 먼저 그 말을 꺼내어 화친하는 일을 완결짓는 것이 온당하리라고 여겨집니다"라고 말한다. 조선 국왕의 생명과 지위에 대한 보장을 받아내야 한다는, 차마 입에 담을 수 없는 조선의 항복 조건에 대한 최명길과 인조 사이의 대화였다고 보인다. 참으로 민감한 내용이었으므로 최명길은 "이런 이야기를 사책(史冊)에 쓰게 하면 안

---

79) 『인조실록』, 15년(1637 정축·명 숭정 10년) 1월 14일(갑인).
80) 『인조실록』, 15년(1637 정축·명 숭정 10년) 1월 16일(병진).

되겠습니다"라고 건의한다.[81)] 하지만 이 역시 사관들이 숨기지 않고 정직하게 기록해두었다.

조선이 청 황제에게 '폐하'로 호칭하는 새로운 항복문서 작성을 두고 여전히 논란을 벌이며 결론을 내지 못하고 있던 1월 17일, 홍타이지는 마침내 무조건 항복이 무엇을 말하는지를 명확히 한 최후통첩을 보낸다. 이날의 실록은 "오랑캐가 보낸 사람이 서문(西門) 밖에 와서 사신을 불렀다. 이에 홍서봉·최명길·윤휘 등을 보내 오랑캐 진영에 가도록 하였다. 홍서봉 등이 무릎을 꿇고 한(汗)의 글을 받아 돌아왔다"고 했다. 그 문서는 "대청국(大淸國)의 관온 인성황제는 조선 국왕에게 조유(詔諭)한다"고 했다. 실록은 그 대략을 다음과 같이 적어두었다.

"짐이 까닭 없이 군사를 일으켜 그대 나라를 멸망시키려 하고 그대 백성을 해롭게 하려는 것이 아니고, 바로 이치의 곡직(曲直)을 따지려는 것뿐이다. 그리고 천지의 도는 선한 자에게 복을 주고 악한 자에게 화를 내리는 법이다. 짐은 천지의 도를 체득하여, 마음을 기울여 귀순하는 자는 관대하게 길러주고, 소문만 듣고도 항복하기를 원하는 자는 안전하게 해주되, 명을 거역하는 자는 천명을 받들어 토벌하고, 악의 무리를 지어 예봉에 맞서는 자는 주벌(誅罰)하고, 완악한 백성으로 순종하지 않는 자는 사로잡고, 구태여 고집을 부려 굴복하지 않는 자는 경계를 시키고, 교활하게 속이는 자는 할 말이 없도록 만들 것이다. 지금 그대가 짐과 대적하므로 내가 그 때문에 군사를 일으켜 여기에 이르렀으나, 만약 그대 나라가 모두 우리의 판도에 들어온다면, 짐이 어떻게 살리고 기르며 안전하게 하고 사랑하기를 적자(赤子)처럼 하지 않겠는가. 지금 그대가 살고 싶다면 빨리 성에서 나와 귀순하고, 싸우고 싶다면 또한 속히 일전을 벌이도록 하라. 양국의 군사가 서로 싸우다 보면

---

81) 『인조실록』, 15년(1637 정축·명 숭정 10년) 1월 16일(병진).

하늘이 자연 처분을 내릴 것이다."[82] 인조에게 본인이 직접 성을 나와 항복의 예를 올리라는 통첩이었다.

1월 18일자 『인조실록』은 "사신들이 국서를 가지고 오랑캐 진영에 가니, 용골대(龍骨大)와 마부대(馬夫大)가 나갔다는 것을 핑계대고 받지 않았으므로, 도로 가지고 와서 마침내 폐하라는 두 글자를 더하였다."[83] 마침내 '폐하'라는 문자를 청에 대한 국서에 넣기에 이른 것이었다.

하지만 문제는 이제부터였다. 이 국면에서 조선 조정의 절체절명의 과제는 대명 사대의 명분을 둘러싼 주화와 척화의 대립은 더 이상 아니었다. 조선 국왕의 생명과 지위의 보전을 어떻게 확보할 것이냐 하는 실존적인 문제로 되었다. 김상헌은 최명길이 작성한 문서를 찢으면서 이렇게 인조에게 아뢴다. "진 무제(晋武帝)나 송 태조(宋太祖)도 제국(諸國)을 후하게 대우하였으나 마침내는 사로잡거나 멸망시켰는데, 정강의 일에 이르러서는 차마 말하지 못하겠습니다. 당시의 제신(諸臣)들도 나가서 금(金)나라의 왕을 보면 생명을 보전하고 종사를 편안하게 한다는 것으로 말을 하였지만, 급기야 사막에 잡혀가게 되자 변경(汴京)에서 죽지 못한 것을 후회하였습니다. 이러한 지경에 이르게 되면 전하께서 아무리 후회한들 무슨 소용이 있겠습니까."[84] 인조도 정강의 변을 당하지 않을까 하는 두려움이 이제 항복조차도 하기 어렵게 만들었던 것이다. 김상헌의 말뜻은 "간절하고 측은하였으며 말하면서 눈물이 줄을 이었으므로 입시한 제신들로서 울며 눈물을 흘리지 않는 이가 없었다"고 실록은 적었다. "세자가 상(인조)의 곁에 있으면서 목놓아 우는 소리가 문 밖에까지 들렸다"고도 했다.

그러나 최명길이 지은 항서의 내용은 앞서 인조와 상의한 대로 인조

---

82) 『인조실록』, 15년(1637 정축·명 숭정 10년) 1월 17일(정사).

83) 『인조실록』, 15년(1637 정축·명 숭정 10년) 1월 18일(무오).

84) 『인조실록』, 15년(1637 정축·명 숭정 10년) 1월 18일(무오).

의 생명과 지위를 보전하기 위해 청 황제에게 목숨을 간청하는 내용이었다. 김상헌의 입장이 그 상황에서 항복하면 정강의 변을 당할 수 있으므로 어떻게든 그저 버텨보자는 것이었다면, 최명길은 인조의 목숨을 살리기 위해서라도 항서를 곱게 쓰지 않으면 안 된다는 입장이라고 할 수 있었다. 최명길이 작성한 항서는 "조선 국왕은 삼가 대청국 관온 인성황제에게 글을 올립니다"로 시작했다. "황제폐하에게"로 썼지만 "제신(諸臣)이 간쟁하여 지웠다"고 했다. 아직도 명분론이 조선 외교의 폭을 제한하고 있었던 셈이다. 항서는 이렇게 인조의 목숨을 구걸하는 내용으로 되어 있었다.

"삼가 명지(明旨)를 받들건대 거듭 유시해주셨으니, 간절히 책망하신 것은 바로 지극하게 가르쳐 주신 것으로서 추상과 같이 엄한 말 속에 만물을 소생시키는 봄의 기운이 같이 들어 있었습니다. 삼가 생각건대 대국이 위덕(威德)을 멀리 가해주시니 여러 번국(藩國)이 사례해야 마땅하고, 천명과 인심이 돌아갔으니 크나큰 명을 새롭게 가다듬을 때입니다. 소방은 10년 동안 형제의 나라로 있으면서 오히려 거꾸로 운세(運勢)가 일어나는 초기에 죄를 얻었으니, 마음에 돌이켜 생각해볼 때 후회해도 소용없는 결과가 되고 말았습니다. 지금 원하는 것은 단지 마음을 고치고 생각을 바꾸어 구습(舊習)을 말끔히 씻고 온 나라가 명을 받들어 여러 번국과 대등하게 되는 것뿐입니다. 진실로 위태로운 심정을 굽어 살피시어 스스로 새로워지도록 허락한다면, 문서와 예절은 당연히 행해야 할 의식(儀式)이 저절로 있으니, 강구하여 시행하는 것이 오늘에 있다고 하겠습니다."[85] 조선 국왕의 지위를 보전할 기회를 허락한다면, 문서에 '폐하'를 쓰는 것과 항복의 예절은 두루 갖추겠다고 제안한 내용이었다. 그날 "눈이 크게 왔다"고 실록은 적었다.

---

85) 『인조실록』, 15년(1637 정축·명 숭정 10년) 1월 18일(무오).

1월 20일 홍타이지가 조선에 보낸 답서는 인조의 목숨을 살려주고 지위를 보장하겠다는 내용을 담았다. "그대가 하늘의 명을 어기고 맹세를 배반하였기에 짐이 매우 노엽게 여겨 군사를 거느리고 정벌하러 왔으니 뜻이 용서하는 데 있지 않았다. 그러나 지금 그대가 외로운 성을 고달프게 지키며 짐이 직접 준절하게 책망한 조서(詔書)를 보고 바야흐로 죄를 뉘우칠 줄 알아 여러 번 글을 올려 면하기를 원했으므로, 짐이 넓은 도량을 베풀어 스스로 새로워지기를 허락하는 바이다 그대에게 성을 나와 짐과 대면하기를 명하는 것은, 첫째로는 그대가 진심으로 기뻐하며 복종하는지를 보려 함이며, 둘째로는 그대에게 은혜를 베풀어 전국(全國)을 회복시켜 줌으로써 천하에 인자함과 신의를 보이려 함이다. 꾀로 그대를 유인하려는 짓은 하지 않는다. 짐은 바야흐로 하늘의 도움을 받아 사방을 평정하고 있으니, 그대의 지난날의 잘못을 용서해 줌으로써 남조(南朝: 명나라 – 옮긴이)에 본보기를 보이려고 하는 것이다."[86]

살려주고 지위도 보장할 터이니 성문을 직접 열고 나와 항복하라는 내용이었다. 다만 조건이 있었다. 척화파 인물 한두 명을 잡아보내라고 했다. 효시하여 경계토록 하겠다고 했다. 최명길이 전한 용골대와 마부대의 말은 이러했다. "처음에는 정말로 조금도 호의를 가지지 않았는데, 그대 나라가 한결같이 사죄하였기 때문에 황제께서 지난날의 노여움을 모두 푼 것이다. 지금 만일 성에서 나오려거든 먼저 앞장서서 화친을 배척한 1, 2명을 잡아 보내라. 이와 같이 한다면 내일 포위를 풀고 떠나겠다. 그렇지 않으면 성에서 나온 뒤에 또 한 번 다투는 단서가 될 것이다." 이 말을 듣고 인조는 말한다. "화친을 배척한 신하를 어찌 차마 묶어서 보내겠는가?" 이에 최명길은 "조약(條約)을 강정(講定)하면

---

86) 『인조실록』, 15년(1637 정축·명 숭정 10년) 1월 20일(경신).

서 그들의 답변을 살펴보아야 하겠습니다"고 했다.[87] 그 문제에 대한 협상을 벌이자는 얘기였다.

조선이 보낸 답서는 이튿날(1월 21일) 되돌아왔다. 용골대가 국서를 되돌려주면서 "그대 나라가 답한 것은 황제의 글 내용과 틀리기 때문에 받지 않는다"고 했다.[88] 척화파 인물을 잡아보내라는 요구에 대해 조선이 답을 회피했기 때문이었을 것이다. 1월 22일 세자가 자신이 청 진영에 나아가겠다는 결심을 밝힌다. "태산(泰山)이 이미 새알〔鳥卵〕 위에 드리워졌는데, 국가의 운명을 누가 경돌〔磬石〕처럼 군건하게 하겠는가. 일이 너무도 급박해졌다. 나에게는 일단 동생이 있고 또 아들도 하나 있으니, 역시 종사(宗社)를 받들 수 있다. 내가 적에게 죽는다 하더라도 무슨 유감이 있겠는가. 내가 성에서 나가겠다는 뜻을 말하라."[89] 그러자 다음날 예조판서 김상헌이 관을 벗고 대궐 문 밖에서 짚을 깔고 엎드려 적진에 나아가 죽게 해줄 것을 청한다. 이날 세자가 다시 인마(人馬)를 정돈하여 자신이 오랑캐 진영에 나가게 하도록 하라고 급히 영을 내린다. 조정 대신들은 "신자(臣子)로서 차마 듣지 못할 일이기에 감히 영을 받들지 못하겠습니다"라고 만류한다.[90]

같은 날 이조참판 정온(鄭蘊)이 자신을 보내달라고 나섰다. 그가 말했다. "신이 구구하게 차자를 진달한 뜻은 실로 최명길 이 신(臣)이라고 일컫는 말을 미리 방지하기 위함이었는데, 하룻밤 사이에 갑자기 그 계책이 행해지고 말았습니다. 신이 미처 알지 못한 채 죽음으로 간쟁하지 못했으니 신의 죄가 크기만 한데, 군주가 이토록 치욕을 당했으니, 신은 죽어야 마땅합니다. 그런데도 오히려 머뭇거리고 은인자중하며 자

87) 『인조실록』, 15년(1637 정축·명 숭정 10년) 1월 20일(경신).
88) 『인조실록』, 15년(1637 정축·명 숭정 10년) 1월 21일(신유).
89) 『인조실록』, 15년(1637 정축·명 숭정 10년) 1월 22일(임술).
90) 『인조실록』, 15년(1637 정축·명 숭정 10년) 1월 23일(계해).

결(自決)하지 못하는 것은, 그래도 다행히 전하께서 성에서 나가지 않겠다는 뜻을 확고히 가지고 계시기 때문이니, 어떻게 신이 앞질러 죽을 수 있겠습니까. 다만 듣건대 저 오랑캐가 화친을 배척한 신하를 매우 급히 찾는다고 합니다. 신이 그들의 사신을 베고 국서를 태우도록 앞장서서 청한 사람은 아니지만, 처음부터 끝까지 싸우기를 주장한 일은 신이 실제로 하였습니다. 신이 죽어서 조금이라도 존망(存亡)의 계책에 도움이 된다면 신이 어찌 감히 자신을 아끼고 군부를 위하여 죽지 않겠습니까. 삼가 원하건대 전하께서는 속히 묘당(조정)으로 하여금 오랑캐의 요구를 신으로 응답하게 하소서."[91)]

인조는 "답하지 않았다." 당시 함께 있는 신하들을 제물로 갖다 바치는 것은 모양새가 좋아 보일 수 없는 일이다. 척화파 신하들 또한 왕세자가 나서고 있는 마당에 자신들이 몸을 사릴 수는 없을 것이었다. 또한 적이 자신들을 뻔히 알고 있는 마당에 이제 숨을 곳도 없는 막다른 고비에 처해 있었다. 조정이 최종적으로 선택한 것은 홍익한과 윤집, 오달제 등 지위가 한 계단 낮은 세 명의 인물들을 제물로 바치는 것이었다. 김상헌은 이미 지적했듯이 인조가 삼전도에 나가기 이틀 전인 1월 28일부터 자취를 감추었다. "예조판서 김상헌이 출사하지 않으므로 장유에게 대신하게 하였다"고 실록이 적고 있음은 앞서 언급한 대로이다.[92)]

1월 23일 최명길이 국서를 적어 청 진영에 보냈다. 척화파 인물을 잡아 보내는 문제에 관한 것이었다. 우선 평양 서윤으로 나가 있던 홍익한을 첫 번째 제물로 청국에 아뢴다. "화친을 배척한 제신에 대해서는 지난번 글에서 또한 이미 대략 진달하였습니다. 대저 이 무리들이 감히

91) 『인조실록』, 15년(1637 정축·명 숭정10년) 1월 22일(임술).
92) 『인조실록』, 15년(1637 정축·명 숭정 10년) 1월 28일(무진).

그릇되고 망령된 말을 하여 두 나라의 대계(大計)를 무너뜨렸으니, 이는 폐하가 미워할 대상일 뿐만 아니라 실로 소방의 군신이 공통으로 분하게 여기는 바입니다. 따라서 그들을 주벌(誅罰)하는 데 대해서 어찌 조금이라도 돌아보고 아깝게 여길 것이 있겠습니까. 다만 지난해 봄 초에 앞장서서 주장한 대간 홍익한은 대군이 우리 국경에 이르렀을 때 그를 배척하여 평양 서윤(平壤庶尹)으로 임명함으로써 그로 하여금 군대의 예봉을 스스로 감당하게 하였습니다. 만약 군사들 앞에 사로잡히지 않았다면 틀림없이 본토(本土)의 반사(班師)하는 길목에 있을 것이니 그를 체포하기가 어렵지 않을 것입니다. 그리고 기타 배척을 당하여 지방에 있는 자 또한 길이 뚫린 뒤에는 그 거처를 심문하여 처리할 수 있을 것입니다.

그러나 지금 신을 따라 성 안에 있는 자는 혹 부화뇌동한 사람이 있다 하더라도 그 죄는 저들에 비하여 조금 가볍습니다. 하지만 이에 대해서도 폐하가 소방의 사정과 상황을 살피지 못하신 나머지 신이 그들을 감싸준다고 의심하실 경우 지성으로 귀순하는 신의 마음을 장차 자백(自白)할 수 없을까 두려웠습니다. 그래서 이미 조정으로 하여금 세밀히 조사하고 심문하도록 하였으니, 마땅히 조사가 끝나는 대로 진소(陣所)에 내보내어 폐하의 처분을 기다리겠습니다."

9. 항복의 수락과 청의 요구사항

평양에 나가 있는 홍익한을 잡아 보낼 것을 약속하고 또한 당장 윤집과 오달제를 먼저 잡아 올릴 것을 청에 보고하면서, 비로소 청이 조선 국왕의 지위를 보장하는 항복 조건이 최종 타결된다. 1637년 1월 28일이었다. 용골대가 홍타이지의 칙서를 가져온다. 항복을 받아들이면서 청이 조선에게 요구하는 내용이었다.[93]

칙서는 조선이 척화파 세 명을 잡아 올릴 것을 약속하는 대신 조선 국왕의 생명과 지위의 보장에 관한 확답을 청 황제에게 재차 요청한 점에 대해 언급하면서 시작했다. "관온 인성황제는 조선 국왕에게 조유(詔諭)한다. 보내온 주문(奏文)을 보건대, 20일의 조칙 내용을 갖추어 진술하고 종사(宗社)와 생령(生靈)에 대한 계책을 근심하면서 조칙의 내용을 분명히 내려 안심하고 귀순할 수 있는 길을 열어달라고 청하였는데, 짐이 식언(食言)할까 의심하는 것인가"라고 묻고는, 조선 측을 안심시키는 말을 했다. "짐은 본래 나의 정성을 남에게까지 적용하니, 지난번의 말을 틀림없이 실천할 뿐만 아니라 후일 유신(維新)하게 하는 데에도 함께 참여할 것이다. 그래서 지금 지난날의 죄를 모두 용서하고 규례(規例)를 상세하게 정하여 군신이 대대로 지킬 신의(信義)로 삼는 바이다."

조유는 이어서 항복을 수락하면서 조선에 요구하는 사항들을 밝힌다. 먼저 명에 대한 사대를 끊고 조선이 청에 보내야 할 인질에 관해 언급했다. "그대가 만약 잘못을 뉘우치고 스스로 새롭게 하여 은덕을 잊지 않고 자신을 맡기고 귀순하여 자손의 장구한 계책을 삼으려 한다면, 앞으로 명나라가 준 고명(誥命)과 책인(冊印)을 헌납하고, 그들과의 수호(修好)를 끊고, 그들의 연호를 버리고, 일체의 공문서에 우리의 정삭(正朔)을 받들도록 하라. 그리고 그대는 장자(長子) 및 재일자(再一子)를 인질로 삼고, 제 대신(諸大臣)은 아들이 있으면 아들을, 아들이 없으면 동생을 인질로 삼으라. 만일 그대에게 뜻하지 않은 일이 발생하면 짐이 인질로 삼은 아들을 세워 왕위를 계승하게 할 것이다."

칙서는 청의 명나라 정벌에 대한 조선의 인적·물적 지원을 또한 요구했다. "짐이 만약 명나라를 정벌하기 위해 조칙을 내리고 사신을 보

---

93) 『인조실록』, 15년(1637 정축·명 숭정 10년) 1월 28일(무진).

내어 그대 나라의 보병(步兵)·기병(騎兵)·수군을 조발하거든, 수만 명을 기한 내에 모이도록 하여 착오가 없도록 하라. 짐이 이번에 군사를 돌려 가도(椵島)를 공격해서 취하려 하니, 그대는 배 50척을 내고 수병(水兵)·창포(槍砲)·궁전(弓箭)을 모두 스스로 준비하는 것이 마땅하다. 그리고 대군이 돌아갈 때에도 호군(犒軍)하는 예를 응당 거행해야 할 것이다."

조선이 청에 조공사절을 파견해야 할 의무도 언급했다. "성절(聖節)·정조(正朝)·동지(冬至) 중궁 천추(中宮千秋)·태자 천추(太子千秋) 및 경조(慶弔) 등의 일이 있으면 모두 모름지기 예를 올리고 대신 및 내관(內官)에게 명하여 표문(表文)을 받들고 오게 하라. 바치는 표문과 전문(箋文)의 정식(程式), 짐이 조칙을 내리거나 간혹 일이 있어 사신을 보내 유시를 전달할 경우 그대와 사신이 상견례하는 것, 그대의 배신(陪臣)이 알현하는 것 및 영접하고 전송하며 사신을 대접하는 예 등을 명나라의 구례(舊例)와 다름이 없도록 하라."

청군이 사로잡은 조선의 남녀들을 데리고 가는데, 그들이 도망하면 잡아서 돌려보낼 것이며, 다만 돈을 주고 돌아오는 것, 즉 속환(贖還)은 허용한다는 내용도 칙서에 언급되어 있었다. "군중(軍中)의 포로들이 압록강(鴨綠江)을 건너고 나서 만약 도망하여 되돌아오면 체포하여 본주(本主)에게 보내도록 하고, 만약 속(贖)을 바치고 돌아오려고 할 경우 본주의 편의대로 들어주도록 하라. 우리 군사로 죽음을 각오하고 싸우다 사로잡힌 사람은 그대가 뒤에 차마 결박하여 보낼 수 없다고 말하지 말라. 내외의 제신(諸臣)과 혼인을 맺어 화호(和好)를 굳게 하도록 하라."

조유는 끝으로, 이를테면 '조선이 지은 죄에 대한 배상금' 조로 많은 재물을 요구했다. 이렇게 말했다. "그대는 이미 죽은 목숨이었는데 짐이 다시 살아나게 하였으며, 거의 망해가는 그대의 종사(宗社)를 온전하게 하고, 이미 잃었던 그대의 처자를 완전하게 해주었다. 그대는 마땅히 국가를 다시 일으켜 준 은혜를 생각하라. 뒷날 자자손손토록 신의를 어기지 말도록 한다면 그대 나라가 영원히 안정될 것이다. 짐은 그대 나라가 되풀이해서 교활하게 속였기 때문에 이렇게 교시하는 바이다. 숭덕(崇德) 2년 정월 28일, 세폐(歲幣)는 황금 1백 냥(兩), 백은(白銀) 1천 냥, 수우각궁면(水牛角弓面) 2백 부(副), 표피(豹皮) 1백 장(張), 다(茶) 1천 포(包), 수달피(水獺皮) 4백 장, 청서피(青黍皮) 3백 장, 호초(胡椒) 10두(斗), 호요도(好腰刀) 26파(把), 소목(蘇木) 2백 근(斤), 호대지(好大紙) 1천 권(卷), 순도(順刀) 10파, 호소지(好小紙) 1천5백 권, 오조룡석(五爪龍席) 4령(領), 각종 화석(花席) 40령, 백저포(白苧布) 2백 필(匹), 각색 면주(綿紬) 2천 필, 각색 세마포(細麻布) 4백 필, 각색 세포(細布) 1만 필, 포(布) 1천4백 필, 쌀 1만 포(包)를 정식(定式)으로 삼는다."

그날 칙서를 전달한 용골대와 그것을 수령한 홍서봉(洪瑞鳳)은 조선 국왕이 삼전도에 나아가 치를 항례의 의전에 대한 얘기를 주고 받았다.

용골대가 먼저 홍서봉에게 물었다. "그대 나라가 명나라의 칙서를 받을 때의 의례는 어떠하였소?" 홍서봉이 답한다. "칙서를 받든 자는 남쪽을 향하여 서고 배신(陪臣)은 꿇어앉아 받았소이다."

용골대가 말한다. "요즈음 매우 추운데 수고스럽지 않소?" 홍서봉이 답한다. "황상(청 황제)께서 온전히 살려주신 덕택으로 노고를 면하게 되었소이다."

용골대가 말한다. "삼전포(三田浦)에 이미 항복을 받는 단(壇)을 쌓았는데, 황제가 서울에서 나오셨으니, 내일은 이 의식을 거행해야 할 것이오. 몸을 결박하고 관(棺)을 끌고 나오는 등의 허다한 절목(節目)은 지금 모두 없애겠소."

홍서봉이 말한다. "국왕께서 용포(龍袍)를 착용하고 계시는데, 당연히 이 복장으로 나가야 하겠지요?"

용골대가 답한다. "용포는 착용할 수 없소."

홍서봉이 묻는다. "남문으로 나와야 하겠지요?"

용골대가 답한다. "죄를 지은 사람은 정문을 통해 나올 수 없소."

1월 29일 조선 조정은 윤집과 오달제를 결박하여 청 진영으로 끌고 간다. 이와 함께 국서를 전달한다. 그 국서의 내용 일부가 이러했다. "……지금 이 성 안에 있는 자(윤집과 오달제를 가리킴 - 옮긴이)는 혹 부화뇌동한 죄는 있다 하더라도 앞서 배척을 당한 자(홍익한을 가리킴 - 옮긴이)에 비교하면 경중이 현격히 다릅니다. 그러나 신이 만약 처음부터 끝까지 어렵게만 여긴다면 폐하께서 본국의 사정을 살피지 못하고 신이 숨겨주는 것으로 의심하시어 신의 진실한 마음을 장차 밝힐 수 없을까 두려웠습니다. 그래서 두 사람을 조사해내어 군전(軍前)에 보내면서 처분을 기다립니다."

최명길이 두 사람을 이끌고 청나라 진영에 나아가니, 홍타이지가 "그들의 결박을 풀도록 명하였다"고 실록은 적었다. 이어 홍타이지는 "최명길 등을 불러 자리를 내리고 크게 대접할 기구를 올리게 하면서 초구(招裘) 1습(襲)을 각각 지급하게 하였다"고 했다. 최명길 등은 그것을 입고 네 번 절했다.[94)]

10. 그날의 삼전도

1월 30일 인조가 삼전도에 나아가 청 황제에게 '삼배구고두례'(三拜九叩頭禮)로 불리는 항복의식을 치른다. 『인조실록』은 그날의 모습을 소묘해두었다.[95)]

---

94) 『인조실록』, 15년(1637 정축·명 숭정 10년) 1월 29일(기사).

먼저 용골대와 마부대가 성 밖에 와서 인조의 출성(出城)을 재촉한다. 인조는 "남염의(藍染衣) 차림으로 백마를 타고 의장(儀仗)은 모두 제거한 채 시종 50여 명을 거느리고" 서문을 통해 성을 나갔다. 왕세자가 따랐다. 백관으로 따라가다 뒤처진 자들은 서문 안에 서서 가슴을 치고 뛰면서 통곡했다. 인조는 "산에서 내려가 가시를 펴고 앉았다." 얼마 뒤에 갑옷을 입은 청나라 군사 수백 기가 달려왔다. 인조가 도승지에게 묻는다. "이들은 뭐하는 자들인가?" 도승지 이경직은 "영접하는 자들인 듯합니다"라고 답한다.

한참 뒤에 용골대 등이 인조 일행에게 다가온다. 인조가 "자리에서 일어나 그를 맞아 두 번 읍(揖)하는 예를 행하고" 동서로 나누어 앉는다. "용골대 등이 위로하니," 인조가 "오늘의 일은 오로지 황제의 말과 두 대인이 힘써준 것만을 믿을 뿐입니다"라고 말한다. 용골대는 "지금 이후로는 두 나라가 한 집안이 되는데, 무슨 걱정이 있겠습니까. 시간이 이미 늦었으니 속히 갔으면 합니다"라고 말한다.

용골대가 말을 달려 앞에서 인도한다. 인조는 삼공 및 판서와 승지 각 5인, 한림(翰林)과 주서(注書) 각 1인을 거느리고 있었다. 세자는 시강원(侍講院)과 익위사(翊衛司)의 제관(諸官)을 거느리고 삼전도(三田渡)에 나아갔다. 홍타이지가 "황옥(黃屋)을 펼치고 앉아 있고, 갑옷과 투구 차림에 활과 칼을 휴대한 자가 방진(方陣)을 치고 좌우에 옹립하여" 있는 모습이 멀리 보인다. "악기를 진열하여 연주했는데, 대략 중국의 제도를 모방한 것이었다"고 했다.

인조는 걸어서 진(陣) 앞에 이르고, 용골대 등이 그를 진문(陣門) 동쪽에 머물게 한다. 용골대가 들어가 보고하고 나와 홍타이지의 말을 전한다. "지난날의 일을 말하려 하면 길다. 이제 용단을 내려 왔으니 매우

95) 『인조실록』, 15년(1637 정축·명 숭정 10년) 1월 30일(경오).

다행스럽고 기쁘다"라는 내용이었다. 인조가 "천은이 망극합니다"라고 답한다. 용골대 등이 인도하여 들어가 단 아래에 북쪽을 향해 자리를 마련하고 인조에게 자리로 나가기를 청한다. 청나라 사람을 시켜, 청나라 사람이 여창(臚唱)하는 가운데 인조는 "세 번 절하고 아홉 번 머리를 조아리는 예를 행하였다."

그 자리에는 강화에 미리 피신했던 대군(大君) 등이 잡혀와 있었다. 홍타이지는 용골대를 시켜 조선의 시신(侍臣)들에게 고한다. "이제는 두 나라가 한 집안이 되었다. 활 쏘는 솜씨를 보고 싶으니 각기 재주를 다하도록 하라." 이에 종관(從官)들이 "이곳에 온 자들은 모두 문관이기 때문에 잘 쏘지 못합니다"라고 말한다. 용골대가 억지로 쏘게 한다. 조선 신하 한 명이 억지로 쏘는데 다섯 번 모두 맞지 않았다. 청나라 쪽 신하들과 왕자들은 왁자하게 떠들며 활쏘기하며 노는 모습도 실록은 적어두었다. 곧 술잔을 돌리는 행주(行酒)가 진행되었으며, 그 사이에 청 황제 홍타이지는 시종들이 끌고 온 두 마리의 개들에게 고기를 친히 썰어서 던져준다.

얼마 후 인조가 청 황제에게 인사를 하고 나온다. 삼전도의 의식은 그렇게 끝이 났다. 인조가 왕세자 등을 청 진영에 남겨두고 한강을 건넌다. 인조 일행이 한강을 건넌 후 청 황제는 군사를 시켜 강을 건너가 인조의 행차를 호위하게 한다. 그날의 끝머리에 대한 실록의 소묘는 다음과 같았다.

"왕세자와 빈궁 및 두 대군과 부인은 모두 머물러 두도록 하였는데, 이는 대체로 장차 북쪽으로 데리고 가려는 목적에서였다. 상(인조)이 물러나 막차(幕次)에 들어가 빈궁을 보고, 최명길을 머물도록 해서 우선 배종(陪從)하고 호위하게 하였다. 상이 소파진(所波津)을 경유하여 배를 타고 건넜다. 당시 진졸(津卒)은 거의 모두 죽고 빈 배 두 척만이 있었는데, 백관들이 다투어 건너려고 어의(御衣)를 잡아당기기까지 하면서 배에 오르기도 하였다. 상이 건넌 뒤에, 한(汗: 청 황제)이 뒤따라 말을 타고 달려와 얕은 여울로 군사들을 건너게 하고, 상전(桑田)에 나아가 진을 치게 하였다. 그리고 용골대로 하여금 군병을 이끌고 행차를 호위하게 하였는데, 길의 좌우를 끼고 상을 인도해갔다."

이때 "사로잡힌 자녀들이 바라보고 울부짖으며," "우리 임금이시여, 우리 임금이시여. 우리를 버리고 가십니까" 했다고 실록은 기록했다. "길을 끼고 울며 부르짖는 자가 만 명을 헤아렸다"고 했다. 인조는 "인정(人定) 때가 되어서야 비로소 서울에 도달하여 창경궁(昌慶宮) 양화당(養和堂)으로 나아갔다"고 적었다.

그로부터 닷새 후인 2월 5일, 왕세자가 청나라로 끌려가기 전에 청군 진영에서 잠시 풀려나와 인조에게 하직을 고한다. 그 풍경을 실록은 이렇게 적었다. "왕세자가 오랑캐 진영에서 와서 하직을 고하고 떠나니, 신하들이 길가에서 통곡하며 전송하였는데, 혹 재갈을 잡고 당기며 울부짖자, 세자가 말을 멈추고 한참 동안 그대로 있었다. 이에 정명수(鄭命壽)가 채찍을 휘두르며 모욕적인 말로 재촉하였으므로, 이를 보고 경악하지 않는 이가 없었다."[96]

11. 전쟁과 민중의 고통, 그리고 기억의 역사

전쟁의 결과는 조선 왕실에 치욕을 강요했다. 1637년 1월 청 태종이 조선 국왕의 생명과 지위를 보장하는 조건으로 인조는 '삼배구고두'라는 항복의 의례를 치렀다.[97] 조선 국왕의 체면과 권위는 땅에 떨어졌다. 재조지은의 관념에 입각한 대명사대와 중화주의가 체질화된 조선

96) 『인조실록』, 15년(1637 정축·명 숭정 10년) 2월 5일(을해).
97) 한명기, 2006, 244쪽.

의 신료들과 인조 자신의 마음고생이 얼마나 심했을지 능히 짐작할 수 있다.

하지만 민중의 고통은 그러한 상징적이고 이데올로기적인 것이 아니었다. 왕이 삼전도에서 돌아온 도성의 상황은 '생지옥'이었다. 인육을 먹고 미쳐 있는 백성들이 있었고, 수많은 남녀노소가 청나라에 끌려갔다. 이렇게 끌려간 조선의 백성들은 청나라에서 풀려나기 위해 돈을 주어야만 했는데 이를 '속환'이라 했다. 돈이 없는 사람들은 돌아오지도 못했다. 특히 여성들의 처지는 더욱 비극적이었다. 청나라에 끌려갔다 돌아온 여성들이 환향녀(還鄕女)로 낙인 찍혀 더 큰 불행을 겪어야 했던 것은 우리가 잘 아는 일이다. 이들은 정조를 잃었다 하여 돌아온 고향의 집안과 사회에서 핍박을 받았다. 많은 여성들은 자결을 강요당하기도 했다. 국가와 사회가 어리석고 무능하여 초래된 전쟁의 참화의 피해자들을 그 국가와 사회는 감싸주기는커녕 죽음의 벼랑으로 내몰곤 했던 것이다.

오늘날의 서울 송파구 석촌동에는 삼전도비(三田渡碑)가 세워져 있다. 병자호란이 끝나고 2년이 지난 1639년(인조 17)에 청나라의 강요로 세워진 청나라의 전승비라고 할 수 있다. 청나라의 조선출병 이유와 조선의 항복 등을 기록했다. 조선의 대명사대주의자들이 치욕으로 여기는 대상이며, 그만큼 수난을 많이 겪었다. 치욕의 역사도 역사라는 인식이 조선 사회 한켠에 그나마 남아 있었던 탓으로 아직까지 목숨을 이어온 그런 비석이다.

한국방송공사가 2007년 11월 3일 「한국사전」(韓國史傳)의 하나로 방영한 '삼조의 충신, 그 잊혀진 이름'은 병자호란 당시 주화파였던 백헌 이경석의 사연을 소개했다. 백헌은 1639년 당시 이조판서로서 삼전도비의 글을 지었다. 그는 인조로부터 한 세기에 한 명이나 나올 수 있는 특별한 충신에게 임금이 수여하는 표창인 궤장(几杖)을 받았다. 그

치욕의 현장에 자신과 함께했던 일, 조선의 누군가가 나서서 그 치욕의 비를 써야 하는 일을 맡아준 일, 그리고 그 전과 후에 이경석이 보여준 충성에 대해 국왕이 내린 감사의 표시였을 것이다.

하지만 곧 화양동주(華陽洞主)로 불리며 조선의 정치사와 지성사를 지배하기에 이르는 우암(尤庵) 송시열(宋時烈: 1607~89)과 그가 이끈 노론파는 이경석을 "삼전도비로 개인적인 영화를 추구한 소인배"로 낙인찍었다. 그는 역사에서 잊혀졌다. 조선의 역사관에서 명분론이 주류로 된 것과 깊은 연관이 있다 할 것이다. 남한산성의 충절사에는 척화파들의 이름만이 남아 추앙을 받고 있다. 이른바 삼학사(三學士)와 김상헌 등만 아름다운 이름으로 역사에 빛나고 있다.

12. 병자호란 이후 조선 북벌론의 사상과 정치

명나라가 이자성의 난으로 1644년 멸망하고 그해 여름 청군이 북경에 입성하여 중국을 통일한다. 이와 함께 청은 소현세자와 최명길, 그리고 나중에 잡혀간 김상헌 등을 조선으로 돌려보낸다. 1643년 죽은 홍타이지의 뒤를 이은 순치제도 전쟁을 통해 조선에 부과했던 조공의 부담을 경감시켰다. 이처럼 인질들을 송환시키고 세비를 감소시키는 등 청나라 정부는 조선과의 관계를 개선하기 위해 여러 조치를 취했다.[98] 한명기도 1644년 입관(入關: 산해관을 넘어 북경을 점령함) 이후 자신감이 커진 청나라가 조선에 대한 압박을 완화했다고 지적한다.[99]

청나라와 조선의 무역관계도 변화했다. 병자호란 이전 불평등무역이었던 청과 조선의 무역관계는 전쟁 후에는 정상적인 무역으로 전환된

98) 장페이페이 외, 2005, 476쪽.
99) 한명기, 2006, 257쪽.

다.[100] 정묘호란 직후인 1628년 청(당시 후금)의 요구로 중강개시(中江開市)와 함께 회령개시가 열렸다. 이때부터 병자호란 전까지는 조선과 청 사이의 무역은 청이 조선에 강압적으로 개시를 요구해 경제적 이득을 취하는 형태였다. 승전국이 패전국에 부과한 일종의 배상적 성격을 띤 불평등무역이었다. 조선 측이 이런 무역을 회피하면서 중강개시와 회령개시는 폐지와 재개를 반복했다. 그러다 병자호란 후인 1638년(인조 16)에 다시 열리게 된다. 1646년에는 경원에도 개시가 이루어진다. 이들 중강, 회령, 경원에서 열리는 무역시장을 '북변삼시'(北邊三市)라 했다. 호란 후 북변삼시에서의 교역은 만주지방 청인의 생활필수품을 교역하기 위한 것으로 바뀌어간다. 교역의 체제와 교역품도 정례화되어 불평등한 요소들이 해소되어갔다. 조선은 대개 생필품을 수출했다. 청으로부터 수입하는 것은 사치성 소비재들이 주를 이루었다. 그래서 귀족층의 사치를 조장하는 가운데 국내 수공업을 침체시킨 결과를 낳았다고 분석되기도 한다.[101]

청나라에 실용주의 외교를 펼친 광해군을 몰아내고 숭명반청을 앞세우며 등장한 인조반정세력의 행동을 '찬탈'(簒奪)이라고 기술한 것은 아이러니컬하게도 청나라가 아니라 명나라 역사서였다. 명대의 사서(史書)인 『양조종신록』(兩朝從信錄)이 그러했다. 더 아이러니컬한 것은 병자호란으로 청에 복속한 이후에도 오랑캐 나라로 간주했던 청에게 조선은 그 사서의 '찬탈' 기술을 고쳐달라고 요청하게 된 사실이다. 한명기는 이러한 조선의 태도를 청이 중국을 통일한 후 자신감이 커져 조선에 대한 압박을 완화해감에 따라 청에 대한 조선의 태도가 변화했기 때문이라고 해석한다.[102]

100) 이철성, 「조선후기 무역사 연구동향과 전망」, 강만길 편, 『조선후기사 연구의 현황과 과제』, 창작과비평사, 2000, 270~271쪽.

101) 이철성, 2000, 271쪽.

조선이 청에 항복한 이후 청나라에 대해 그처럼 겉으로는 굴종적 자세를 취했지만, 장페이페이 등이 지적하고 있듯이 조선 안에서 정부 안팎의 지배층과 지식인 사회에서는 숭명반청의 소중화주의 이데올로기가 지배했다. 두 차례에 걸친 침략전쟁 자체가 남긴 상처는 조선의 지배층이나 민중에게나 쉽게 아물 수 없는 것이었고 민족적 적개심이 깊어지는 것은 필연적이었다. 조선도 명나라가 아예 망함에 청나라에 대한 외교의 수위를 조절했지만, 반청존명파(反淸尊明派)는 전쟁으로 형성된 청조 침략자에 대한 민족적 적개심리를 이용하여 명분주의 외교를 추진했다. 그 결과 실질적인 조중 관계의 개선은 더디었다.[103)]

장페이페이 등 중국학자들은 전쟁 이후 조선을 지배한 숭명반청의 기류를 다음과 같이 포착했다. "이조는 청나라를 개나 고양이나 기르는 오랑캐라고 보았다. 그래서 청 황제를 '호황'(胡皇)이라고 불렀고, 청나라 사절을 '노사'(虜使)라고 불렀다. 중국 정부에 보내는 공문에 청 황제 연호를 쓰는 것 말고는 내부 공문서, 국왕 능묘, 태묘, 문묘의 제례 축문은 모두 명나라 마지막 황제의 이름 숭정(崇禎)의 연호를 썼다. 『인조실록』은 청나라에 항복한 후에도 여전히 숭정 연호를 썼다. 명이 멸망한 후에는 간지와 국왕 재위의 연호를 썼지 (청나라 황제인) 순치 연호는 쓰지 않았다. 이후의 실록은 청 황제 연호를 별도로 붙였고, 국왕의 재위 연도만 표기했다. 개인적 저술은 청나라 말기까지 모두 숭정 연호를 썼다."[104)]

이후 조선 지배층에 굳어져가는 숭명사대(崇明事大)의 풍토는 1657년 조선의 찬선(贊善) 송준길(宋浚吉)이 당시 조선 국왕 효종에게 올린 상주문 하나가 그 수준을 보여준다. "우리가 300년간 조공하면

102) 한명기, 2006, 257쪽.
103) 장페이페이 외, 2005, 477~478쪽.
104) 장페이페이 외, 2005, 478쪽.

서 대명(大明)에 귀속되었는데 그 정감과 의리는 이루 말할 수 없습니다. 그럼에도 신종 황제의 은혜는 개벽 이래 어느 역사서에서도 볼 수 없습니다. 선조대왕은 의란 바로 군신이 지켜야 할 일이며, 은덕은 부자와 같다고 하셨는데, 이는 정말로 진실한 말이옵니다."[105)]

효종(孝宗: 1619년 출생, 재위 1649~59)은 병자호란 이후 심양에 인질로 잡혀가 있던 봉림대군(鳳林大君)을 말한다. 그는 인조의 둘째아들이다. 인조의 큰아들인 소현세자는 봉림대군과 함께 청나라에 볼모로 잡혀가 있었다. 봉림대군은 청에 있는 동안 반청(反淸) 감정을 키웠다. 하지만 소현세자는 청나라에 있는 동안 "천주교를 비롯한 서양의 새로운 문물에 접했고 또 청나라와의 관계도 현실적이고 실리적인 측면에서 받아들일 수 있는 식견"을 길렀다. 1645년 3월 귀국한 소현세자는 두 달 만에 "의문의 죽임"을 당한다.[106)] 당시 집권세력은 소현세자를 친청파(親淸派)로 간주했다. 세자가 심양에 있으면서 청의 비호 아래 아버지 인조의 정치적 입지를 위협해온 것으로 생각했다. 소현세자 귀국 후 김자점 일파는 이 점에 대해 인조를 자극한다. 소현세자와 그의 부인 강빈이 역모를 꾀했다고 고한다. 소현세자가 죽은 후 곧 부인 강빈도 죽고 만다. 정홍준은 강빈이 옥에 갇혀 사망했다고 적었다.[107)]

2008년 방영된 한국방송공사(KBS)의 「한국사전」은 소현세자의 부인 강빈이 사약을 받은 것으로 밝혔으며, 그 전에 죽은 소현세자의 사인은 정황상 독살이었을 것으로 추정했다.[108)] 그후 소현세자의 여러 아들도 박해를 받아 죽는다. 그리고 봉림대군이 왕이 되었다. 그는 즉위

105) 『효종실록』, 8년 10월 계해; 장페이페이 외, 2005, 478~479쪽.

106) 강만길, 『고쳐 쓴 한국근대사』, 창작과비평사, 1994, 63쪽.

107) 소현세자에 대한 조선 집권층의 인식에 대해서는 최소자, 「청정(淸廷)에서의 소현세자」, 『전해종박사회갑기념논총』, 1979; 정홍준, 1995, 224쪽.

108) 한국방송공사(KBS), 「한국사전」, 2008년 10월 26일.

한 후 김상헌과 송시열 등 반청 척화파 쪽의 인물들을 중용한다.[109)]

효종은 대명천하(大明天下)를 다시 찾는 일을 자신의 사명으로 정하고 북벌을 주창했다. 송시열이 효종에게 "만일 일이 생각하는 대로 되지 않으면 멸망의 화를 당할 수도 있는데 그렇게 되면 어떻게 하겠습니까"라고 묻자, 효종은 이렇게 대답한다. "대의가 분명하니 멸망한들 무엇이 두렵겠소. 천하 만세에 빛을 뿌릴 것이오."[110)] 그가 비록 "하늘이 뜻이 있다면 멸망이란 있을 수 없을 것"이라고 덧붙이긴 했지만, 병자호란 직전에 김상헌이나 홍문관 관원들이 나라가 망하는 것이 그렇게 중요한가라는 식의 망언을 함부로 했던 것과 별반 다를 것이 없는 논법이었다.

효종은 북벌을 위한다는 명분으로 실제로 군비증강에 열을 올렸다. 남한산성의 방비를 강화하기 위해 수어청(守禦廳)의 군사력을 정비했다. 이완(李浣: 1602~74)을 대장으로 삼아 어영청(御營廳)도 크게 확대했다. 서울에 있는 어영청군은 종래 약 7천 명이 3개월 단위로 교대근무하는 비상비군 체제였다. 이것을 2만 1천 명으로 증강하고 그것을 21패로 나누어 항상 1천 명은 서울에 상주토록 했다. 종래에는 훈련도감군만이 서울에 상주했다. 이제 북벌준비를 명분으로 서울 상주 군사력에 어영청군 1천 명을 추가한 것이었다. 또한 국왕의 친병(親兵)인 금군(禁軍)을 모두 기병화(騎兵化)했다. 그 규모도 6백 명에서 1천 명으로 늘었다. 훈련도감과 어영청의 기병부대도 강화했다. 어영청에는 대포부대를 편성했다. 효종은 이에 덧붙여 서울을 수비하는 상비군 성격의 훈련도감군을 1만 명까지 그리고 어영청군은 2만 명으로 증강할 계획도 세웠다. 재정난으로 실행하지는 못했다.[111)]

109) 강만길, 1994, 64쪽.

110) 『현종실록』, 즉위년 9월 계해; 장페이페이 외, 2005, 479쪽.

111) 강만길, 1994, 64쪽.

두 차례의 전란으로 피폐해진 민생을 추스르는 데 온힘을 다해도 모자라는 형편에, 그리고 전쟁을 이미 다 겪고 청에 신속하고 난 연후에야, 조선이 북벌을 내세워 군비증강을 한다며 소란법석을 피운 셈이다. 이런 행태는 인조 때 조선 정부가 당시 대만에 웅거하고 있던 정성공(鄭成功) 세력, 명이 망한 후 남중국으로 옮겨 명 부활을 꿈꾸던 명의 잔당, 청에 항복했다가 나중에 돌아서 청에 항거한 오삼계 세력, 그리고 몽고 준가르 세력에게 사신을 보내 청나라를 협공하자고 제안한 행동과 연장선에 있었다. 당시 조선의 제안에 대만의 정성공은 연합하겠다는 의사를 전해온다. 정성공은 일본에게도 같이 힘을 합해 청나라를 토벌하자는 제의를 한다. 조선 정부는 일본과 대만 정성공의 연합에 참가하겠다고 나섰다. 일본군대가 지나갈 수 있도록 "길을 내주어 지원병을 송출토록 해줄 것"이라고 밝힌 것이다.[112] 숙종은 영의정 허적(許積)의 제안을 받아들여 일본과 정성공의 배들이 조선의 부두를 자유로이 사용할 수 있게 해주었다.[113] 청나라를 협공하기 위한 대만세력과 일본의 노력에 조선 영토와 영해를 중간기지로 활용하는 것에 동의한 것이다.

효종 때 청에서는 조선, 남중국의 명의 잔당, 그리고 일본 사이에 군사동맹의 위험을 간파하고 사절을 보내 내막을 알아보게 했다. 조사한 결과 일본과 조선의 관계가 좋다는 것을 파악했다고 한다. 이에 순치제는 조선 국왕에게 조서를 보내 질책하고 일부 대신들을 면직시키는 사단이 발생했다. '6사힐책'(六使詰責) 사건이 그것이었다.[114] 학교에서 어린아이들이 불장난을 벌이다 교사에게 들켜 꾸지람을 당하는 꼴이었다.

이 북벌론의 흐름을 어떻게 이해해야 할 것인가. 그 내면의 정치학을

---

112) 『인조실록』, 24년 12월 갑오; 장페이페이 외, 2005, 479~480쪽.

113) 『숙종실록』, 2년 정월 정미; 장페이페이 외, 2005, 480쪽.

114) 장페이페이 외, 2005, 480쪽.

들여다보자. 강만길은 북벌정책이 왕의 친위군과 왕성 경비 군사력의 강화에 집중되고 그에 그쳤던 사실을 주목했다. 임진왜란과 병자호란의 위기에서 조선 왕조는 가까스로 탈출했고 양반 지배층의 권위는 크게 손상되었다. 이런 상황에서 왕실을 정점으로 하는 지배층은 민심의 이반을 막기에 급급했다. 조선의 집권층은 왕성 경비 군사력을 강화하고 북벌론을 내세워 백성들을 긴장시키는 한편, 그 관심을 밖으로 돌려 전쟁 패배의 책임과 전쟁 후의 정치적·경제적 위기를 호도하려 했다고 그는 분석했다.[115)]

집권층이 주도한 북벌론의 정치는 당시 조선의 범지배층인 사림세력이 고수한 숭명배청의 중화주의 이념에 의해 정당화되었다. 이후 200여 년의 조선의 정신구조와 역사전개에 무시할 수 없는 영향을 주었다. 그 유산의 본질은 무엇인가. 강만길은 "북벌론적 인식은 현실적으로 중국을 지배하고 있는 청나라 문화의 선진성을 인정하지 않으려 했고, 이후 계속 중국문화의 수입을 거의 봉쇄하다시피 했다"는 사실에서 그 핵심을 찾았다. "병자호란 이후 조선 왕조 지배층은 역사 이래의 유일한 선진문화 수입로를 북벌론적 정책으로 막아놓은 채 당쟁에 빠져들어 정치적 쇄국주의, 문화적 폐쇄주의를 유지했다. 북벌론적 대청인식(對淸認識)이 약 150년간 지속되다가 18세기 후반기에 와서 일부 진보적 사상가들에 의해 북벌론을 청산하고 청나라 문화와 그곳에 전래된 서양문화를 적극 도입할 것을 주장하는 북학론(北學論)이 나왔다. 정조(正祖: 1752년 출생, 재위 1776~1800)의 시대는 박지원의 『열하일기』를 낳는 등, 새로운 세계관이 용틀임하던 시기였다. 조선이 획일적인 중화주의의 질곡에서 벗어날 수 있는 정치적 환경이 마련되었다. 그러나 정조의 시대에도 존명배청의 명분주의적 중화주의에 집착한 노론세력이 조선

115) 강만길, 1994, 65쪽.

사대부의 주류를 이루기는 마찬가지였다. 새로운 세계관이 자리를 잡기에는 북학파도 정조도 힘이 부족했다. 1800년 6월 정조가 사망하여 무대에서 사라진다. 그리고 곧 세도정권이 성립했다. 북학파는 숙청되고 서학에 대한 탄압은 본격화했으며, 쇄국주의와 폐쇄주의는 지속되었다."[116]

청나라는 이민족인 중화세력을 포용함으로써 스스로 중화세력이 되어갔다. 물론 한족의 문화에 만주족이 동화되어갔다고 말할 수 있다. 하지만 청은 한족과 함께 몽고와 티베트 등 화이를 불문한 다민족 공존의 사유와 제도를 창출함으로써 중국의 통일정권이 되었고, 제국을 경영할 수 있었다. 바로 그 시기에 조선은 화이(華夷)의 거의 절대적인 구분을 명분으로 하는 경직된 정치이념에 갇혀 있었다. 지배층의 철학은 추상의 세계에서 맴도는 가운데, 문화와 산업은 제자리걸음이었다. 오직 중화질서의 중심인 청 제국이 200년간 안정되어 있었다는 사실만으로 덩달아 안정을 누렸을 뿐이다. 그 안정의 바탕이었던 청이 쇠퇴하여 국제질서가 급변하는 날, 조선의 국가와 사회는 전례없는 위기에 봉착하게 될 것을 예정하고 있었다.

13. 한국사에서 북벌론의 실체: 영토적 환상과 중화주의의 결합

고려시대 일연의 『삼국유사』, 김부식의 『삼국사기』를 포함한 한반도인들에 의한 역사기술에서는 고구려가 한반도 역사의 중요한 부분으로 자리매김되어 있다. 고려는 고구려를 계승한다는 것을 자신의 국호에까지 새겨넣을 정도였다. 그러한 역사인식이 조선으로 왕조가 바뀌었다고 해서 갑자기 사라졌다고는 할 수 없었다.

---

116) 강만길, 1994, 65~66쪽.

그런데 고구려란 어떤 나라인가. 요동벌을 장악하고 요하(遼河)를 건너 요서지방까지 진출했던 나라이다. 「광개토대왕비문」에 요서 10성 건설이라는 내용이 있다. 그만큼 오랜 세월에 걸쳐 고구려의 영토는 광활한 만주벌판을 포함하고 있었다. 그렇다면 그 영토에 살고 있던 민족들의 정체는 무엇인가. 물론 한반도에서 건너간 민중들과 함께 그 지역에 살고 있던 여러 민족들이 섞여 있었을 것이다. 어떻든 분명한 것은 고구려가 그곳을 오랫동안 지배하고 있었으며, 따라서 그 땅에 살고 있었던 여러 민족사회들이 고구려의 기층민중을 구성하고 있었다는 사실이다. 그들은 고구려인들이거나 그들과 동화할 수 있었던 사람들이었다.

당나라에 의하여 고구려가 망한 이후 이들 민족들은 당나라에 편입되어 중화세력에 의한 지배대상으로서의 오랑캐, 즉 '이'(夷)로 불리고 그렇게 취급받았을 것이다. 그들이 오랑캐였다면 한반도인들도 중화세력의 관점에서는 동이(東夷)의 일부에 지나지 않았다. 만주벌판과 그 속에서 사는 제 민족에 대한 한반도인들의 역사의식에는 그 영토에 대해서는 무언가 회복하고 싶은 구토라는 소속감을 갖고 있었다. 하지만 그 여러 민족에 대해서는 중화세력이 가진 화이 구분의 관념으로 차별하고 타자화했다. 스스로 그렇게 타자화해온 1천여 년의 역사에서 고구려사를 말한다는 것은 무슨 의미를 갖는 것일까. 그 속에 사는 사람들과 동질성과 동등성, 어떤 부분에서든 문화적 동일성을 공유할 수 있는 인간사회로서 인식하고 그렇게 취급하지 아니하면서 고구려의 '회복'을 운위했던 사유 속에는 영토적인 회한만 있을 뿐 그 땅의 인간에 대해서는 기억도 관심도 애정도 없었던 것은 아닐까. 이 점은 『발해고』의 서문에서 유득공이 지적한 바와 같은, 발해 이후 발해에 대한 한반도인들의 역사인식이 던지는 딜레마의 본질이었다.

고구려 멸망 후 만주인들은 여러 가지 이름의 이민족이자 야만족으로 불리면서 한반도 지배세력의 역사의식에서 타자화되었다. 중화세계 지배자들의 가치관인 중화주의를 지배 이데올로기로 하면서 만주족을 중화(中華)와 대척되는 위치에 놓고 현실에서뿐 아니라 정신세계 속에서 그들을 이(夷)로 취급했다. 중화세력에게는 신속이 아름다운 일이어도 만주세력에 신속하는 것은 수십만 자기 백성의 삶이 파괴와 살상의 제물이 되는 한이 있더라도 나라의 흥망을 돌아볼 필요 없이 거부해야 할 대상이 되어버린 것이다.

통일신라, 고려, 조선의 지배층은 각각 저마다의 이유에서 고구려사를 타자화했다. 통일신라는 중화세력인 당나라와의 동맹을 통해 고구려를 멸했으므로 고구려가 한(韓)민족의 역사의 일부라는 사상 자체가 희미해졌다고 할 수 있다. 고려는 고구려의 복권이라는 이념을 내세웠다. 하지만 고려시대 자체가 특히 만주를 포함한 중국대륙이 숱한 격동과 혼란 속에 있던 시기였던 만큼, 고려의 고구려 구토회복이란 이념은 중화세력과의 투쟁이 아니라 고려와 접경하고 있는 만주의 여러 민족들과의 투쟁을 의미했다. 그래서 고구려의 회복이란 만주벌판, 요동벌에 대한 영토적 야망이나 환상을 의미했을 뿐 그 땅에 사는 제 민족들에 대한 애정을 담은 것은 아니었다. 조선은 고려에 비해 고구려 구토의 '회복'이라는 개념을 실제 갖고 있었던 것은 아니었다. 고려가 그 이름에 걸맞게 만주를 두고 중화세력(당시 신흥세력 명)과 대결할 수 있다는 관념을 갖고 또 때로 그러한 슬로건이나 행동(최영의 요동출정 계획 등)을 보인 일이 있었지만, 조선의 태조는 그것을 거부하고 왕조를 개시한 인물이었다. 그런 만큼 그런 야심은 터무니없는 것으로 생각했다. 그래서 조선 왕조는 만주벌판에 대한 영토적 야심에 관해 고려와 입장이 달랐다. 그러나 만주지역에서 삶을 영위하는 여러 민족들을 타자화하는 것은 그대로 계승했다.

통일신라, 고려, 그리고 조선을 통틀어 그들이 한결같이 만주벌판의 제 민족들을 타자화하는 이념을 체질화한 것은 세 가지 이유가 있었다. 첫째, 중화를 장악한 중국 통일세력에 의하여 중화질서에 편입되고 또 그 문화에 동화된 한반도의 지배층에게 중화주의 이념은 자신들의 가치관 자체가 되었다. 좁게는 왕조 집권세력, 그리고 넓게는 지배계층 전체에게 중국이 제공하는 정권 승인은 민중과의 관계에서 중요한 정치적 정통성의 기반이었다. 둘째, 중국대륙이 혼란에 접어들 때마다 만주벌판에서는 통일제국에 억눌려 있던 민족들이 독립하곤 했다. 그때마다 중화세력에 대한 사대질서 속에 있는 한반도의 국가와 자주 실존적 경쟁관계에 서게 되었다. 그것은 중화주의적 세계질서 인식을 중복적으로 확인해주는 결과를 가져왔다. 셋째, 고구려의 멸망 후 그리고 특히 발해의 퇴장 이후 한반도의 국가와 민족과 경계를 달리한 만주벌판의 제 민족은 언어와 문화 그리고 경제생활에서 이질성이 확대되어갈 수밖에 없었다. 또는 애당초 확장시대의 고구려의 구성민족들과 한반도인들 사이에 존재했던 일정한 이질성이 좁혀질 이유는 없는 채 더 확대되는 조건 속에서 역사는 진행되었던 것이다.

한반도인의 역사인식에서 고구려는 자주 추억으로 떠올려진다. 그 추억은 영토에 대한 추억일 뿐 한 시기 동안 역사와 문화를 공유했던 민족들에 대한, 즉 인간에 대한 추억은 문제로 되지 않는다. 2000년대에 들어 중국인들의 이른바 '동북공정'(東北工程) 프로젝트가 촉발한 문제의식으로 한국의 고구려사 연구는 어느 때보다 관심을 끌고 있다. 지상파 방송들도 자주 고구려에 관한 얘기를 꺼낸다. 고구려와 발해를 소재로 삼은 대하 역사 드라마들이 끊이지 않고 있다. 그것들 모두 고구려의 영토적 경계선과 그들의 성곽과 전쟁터에 대한 기억을 더듬는 것들일 뿐 고구려가 함께했던 그 땅의 인간과 민족과 사회에 대한 관심은 거의 제로였다는 점에서는 예외가 없다는 느낌이다.

결국 고구려사가 한국사에서 떨어져나간 이후 만주에 대한 한반도인들의 역사의식을 지배한 것은 두 가지 요소였다. 만주에 대한 영토적 환상이 그 하나였으며, 만주에 사는 제 민족들에 대한 중화주의적 타자화가 그 다른 하나였다. 그 둘이 결합한 것이 고려시대 이래 조선에 이르기까지 한국사에 등장하는 '북벌론'의 실체였다고 생각된다. 오늘날 만주에 대한 한국인들의 영토적 추억 역시 그 두 가지의 요소들의 결합이라는 틀에서 결코 자유롭지 않아 보인다.

14. 명의 멸망과 청의 중국 통일: 명청 교체와 동아시아

중국 통일을 한 해 앞두고 있던 1643년 청 태종 홍타이지는 갑자기 죽었다. 후계자는 그의 아홉 번째 아들로 정해져 있었다. 그가 순치제(順治帝: 재위 1644~61)이다. 홍타이지는 죽으면서 자신의 동생 도르곤(Dorgon)을 그때 나이 다섯 살에 불과했던 아들을 위한 섭정으로 삼았다.

명의 목을 조여온 곳은 청이었지만, 명의 명줄을 직접 끊어낸 것은 명 내부의 반란세력인 이자성이었다. 이자성은 수십만의 군대로 북중국을 휩쓸며 저항하는 도시들을 초토화했다. 항복하는 도시민들은 자신의 군대에 통합하면서 마침내 명 수도 북경을 향해 진격해갔다. 1644년 4월 이자성은 이렇다 할 전투 한번 없이 북경에 들어갔다. 도시의 성문들은 모두 열려 있었다. 명나라의 마지막 황제 숭정제(崇禎帝: 1611년 출생, 재위 1628~44)는 반란군이 도성에 들어왔다는 소식을 듣고 벨을 울려 대신들을 소집했다. 한 명도 나타나지 않았다. 자금성 높은 돌담 바로 바깥에 있는 황실 정원에는 황제가 평소에 궁녀들과 함께 올라 북경을 조망하던 언덕이 있었다. 황제는 그 언덕으로 갔다. 그러나 이번에는 그 언덕을 오르지 않았다. 그럴 힘도 의욕도 없었을까. 언덕 바로 밑의 한 나무에 자신의 목을 매었다.[117]

1368년 이후 270여 년에 걸친 명 제국의 영화(榮華)는 그렇게 끝났다. 숭정제는 의종(毅宗)이라고도 하고 사종(思宗)으로도 불렸는데, 그 이름에 이미 비애가 깃들어 있다. 몽골 제국 원의 마지막 황제 순제는 조상들의 고향으로 도망쳤지만, 숭정제는 몸을 의탁할 고향도 없었다. 숭정제는 자살하기 전 총애하는 왕비와 딸을 자신의 손으로 죽였다고 전해진다.[118)]

명나라는 망했으나 청의 중원 진출을 막고 있던 산해관에서는 여전히 명의 장수 오삼계(吳三桂)가 버티고 있었다. 이자성은 북서지역의 군사력을 장악한 후 오삼계와 손을 잡으러 나선다. 그때 오삼계는 이자성이 자신의 부친과 자신의 애첩 진원원(陳圓圓)을 납치해 그의 첩으로 만들었다는 소식을 접한다.[119)] 저우스펀에 따르면, 오삼계의 첩을 빼앗은 것은 이자성이 아니라 그 휘하의 장수였다.[120)] 어떻든 오삼계는 이자성에 항복할 뜻이 없었다. 청은 그 무렵 14만의 대군으로 산해관을 향해 진군하고 있었다. 이자성도 산해관으로 진격해오고 있었다. 오삼계는 청의 섭정 도르곤에게 사절을 보내 항복의사를 밝혔다. 명조를 멸망시켰으며 자신에게 개인적인 원한을 불러일으킨 이자성을 타도하기 위해 오삼계는 청의 도르곤으로부터 높은 관직을 보장받고 청조에 투항한 것이다.[121)]

이자성의 군대는 1644년 6월 4일 북경을 포기하고 중국의 서북지역인 섬서(陝西)로 도주했다. 오삼계가 거느린 4만의 정병을 합하여

---

117) Spence, 1990, p.25.

118) 저우스펀 지음, 서은숙 옮김, 『팔대산인』, 창해, 2005, 15쪽.

119) 오삼계가 애첩 문제로 항복했다는 것은 물론 항간의 얘기(popular tales)에 따른 것이다. 오삼계가 청나라에 항복했다는 소식을 들은 이자성은 오의 부친을 참수하고 그 목을 북경 성벽에 내걸었다고 한다. Spence, 1990, p.33.

120) 저우스펀, 2005, 15쪽.

121) 임계순, 2001, 65쪽.

18만 대군을 거느린 청군이 북경성에 진입한 것은 그 이틀 후였다. 이제 여섯 살의 어린 황제 순치는 그해 10월 숙부이자 섭정인 도르곤과 함께 북경에 입성한다. 10월 30일 순치제는 태조와 태종을 이어 대청(大淸)의 황제에 올랐음을 정식으로 선포한다.[122)]

명의 멸망은 일견 급작스런 것처럼 보일 수도 있다. 그로부터 불과 반세기 전인 16세기 말에 명 왕조는 영광의 절정에 있는 것처럼 보였기 때문이다. 문화와 예술의 업적은 괄목할 만한 것이었고, 도시와 상업이 발전하면서 새로운 수준의 번영을 구가하고 있었다. 특히 인쇄, 도자기와 비단의 제조 기술과 생산은 당시 유럽의 수준을 훨씬 능가했다. 그러나 이 시기 서양에서는 '근대 유럽'이 기지개를 켜고 있었다. 중국에서 근대는 탄생의 조짐을 보이지 않았다. 이 시기 서양은 전 지구적인 탐험을 통해 세계 전반에 대한 광범한 지식을 획득해가고 있었다. 그러나 명조의 통치계급은 해외 원정과 그로 인해 가능했을 지식들로부터 뒤로 물러나면서 오히려 자기파괴적인 행위들에 빠져들어갔다. 이것이 명의 멸망으로 귀결되었다.[123)]

물론 1590년대에 일본의 조선침략을 분쇄하기 위해 명 왕조가 국력을 심하게 소비한 것도 한 원인이었다. 그러나 반드시 그것 자체가 직접적인 원인이었다고 하기는 어렵다. 그 위기를 명조가 어떻게 경영하고 수습해나갔느냐에 달린 문제였다. 일본이 조선을 침략한 16세기 말의 시점에서 명나라는 조선 출병을 뒷받침할 만한 재정적 토대가 남아 있었다. 장거정(張居正)이 실행한 재정개혁 덕분이었다. 명의 만력제(萬曆帝: 神宗, 재위 1572~1620) 주익균(朱翊鈞)이 1572년 아홉 살의 나이로 황제에 등극했을 때 장거정은 황태후의 부탁으로 어린 황제

122) 임계순, 2001, 65~66쪽.

123) Spence, 1990, p.3.

의 후견인이 되었다. 그는 당시 주익균의 스승 역할을 겸한 수석 대학사(大學士)를 맡고 있었다. 그는 이호예병형공(吏戶禮兵刑工)의 6부를 통괄하면서 국정을 장악했다. 10년 동안 혼자서 국사를 통괄하다 1582년 57세의 나이로 사망한다. 장거정은 집권기간 상당한 개혁을 단행했다. 재정개혁은 그 핵심이었다. 세금징수와 예산집행에 기율을 가다듬고 근검절약을 강력하게 실천했다. 덕분에 명나라는 그 10년 동안에 1250만 냥의 은을 국고에 비축할 수 있었다. 1592년과 1597년 두 차례에 걸쳐 명이 조선에 출병했으나 이를 버텨낼 수 있었던 것은 장거정의 조치로 비축해둔 국가의 부 때문이었다.[124)]

국가능력은 궁극적으로 국가를 경영하는 집권층의 기강과 힘의 결집능력이다. 명나라의 미래는 장거정이 죽으면서 전개된 정쟁(政爭) 때문에 암흑기로 접어든다. 그가 죽은 후 그의 정적들이 반격을 개시했다. 장거정 밑에서 중임을 맡았던 이들과 그를 옹호하던 인물들은 배척당했다. 그가 주관하던 많은 사업들은 중단된다. 이제 성인이 된 만력제는 이들 반대파의 주장을 받아들여 장거정이 생전에 누렸던 모든 명예와 관직을 박탈한다. 황제가 파벌정쟁의 도구로 전락한 것이었다. 나중에는 관료들과 황제 사이에도 소통이 되지 않았다. 또한 관료들 내부 파벌 간의 싸움에 대해 황제는 "지존으로서의 절대적 조정권"을 행사하지 않고, 결정하는 것을 회피했다. 집권층의 관료 경영능력은 추락하고 있었다. 만력제의 아들 주상락(朱常洛)이 제위를 이은 지 한 달 만에 죽는다. 그래서 만력제의 손자인 주유교(朱由校)가 제16대 황제가 된다. 그가 천계제(天啓帝) 희종(熹宗: 재위 1621~27)이었다. 그의 재위기간에 위충현(魏忠賢)이라는 '환관 독재자'가 나타난다. 그는 비밀경

124) Ray Huang, *China: A Macrohistory*, M.E. Sharpe, Inc., 1997; 레이 황, 홍광훈·홍순도 옮김 , 『중국, 그 거대한 행보』, 경당, 2002, 344~346쪽.

찰을 가동하여 독재정치를 폈다. 관료조직의 결집력은 더욱더 와해되었다.[125)]

왕조의 멸망은 집권층의 내부분열에서 기본조건을 만들어낸다. 이것은 국가 경영능력을 약화시키고 관료조직을 파편화시킨다. 그 결과 외부의 군사적 도전에 취약해진다. 이런 상황에서 사회경제적인 위기는 예외 없이 덤벼드는 불청객이다. 이것들이 서로 맞물리면서 국가는 통제불능의 혼란에 빠진다. 악화일로를 걷는 사회경제적인 위기는 특히 왕조에 대한 민중의 이반을 초래하여 각종 반란이 끊일 새가 없게 된다. 경영능력을 결여한 왕조는 사태를 악화시키는 자충수에 매달리고 위기는 치명적으로 된다.

명 왕조의 멸망 코스 역시 예외가 아니었다. 명조가 직면한 경제적·사회적 위기는 요동으로부터의 군사적 도전과 함께 왔다. 만력제 시대 중국과 외국 사이의 무역은 중국에 유리했으므로 많은 은이 해외로부터 명나라에 유입되었다. 그 혜택을 입은 것은 특히 명대에 공업과 상업으로 융성해진 동남지방이었다. 서북지방은 그렇지 못했다. 서북지방의 여러 성(省)들은 중앙정부가 변방의 군대에 보내는 특별지원금으로 현상을 유지했다. 만주에서 후금이 일어나 이와 싸우기 위해 명나라의 동북지방으로 출병이 잦아졌다. 왕조는 서북지방에 대한 재정 지원을 대폭 줄여야 했다. 그 결과 서북지방 경제는 큰 타격을 받는다. 서북지방에 유적(流賊)이 횡행하고 결국 이들로부터 왕조를 멸망시킨 반란세력이 성장했다.[126)] 이자성도 그런 무리의 하나였다.

군사적 도전은 그 자체로 국가재정을 긴장시킬 뿐 아니라 국민에 대한 세금을 가혹하게 만든다. 기강이 해이해진 관료조직에 의한 횡포로

---

125) 레이 황, 2002, 348쪽.

126) 레이 황, 2002, 348쪽.

인해 민중이 겪는 고통은 배가되게 마련이다. 명 역시 말기에 만주족의 요동 반란을 진압한다는 명목으로 세금을 더 거두었을 뿐 아니라 네다섯 차례의 추가 세금을 징수했다. 전성시대인 1436~49년 명 왕조가 전국에서 거둔 세금 총액은 은으로 따져 243만 냥 정도였다. 그러나 왕조 말기에는 무려 1695만 냥으로 약 일곱 배로 뛰어 있었다. 명 왕조 재정이 풍부해진 것을 의미하는 게 아니었다. 왕조가 스스로 비축한 금고가 비어 재정이 붕괴했음과 동시에 백성이 세금을 감당할 수 없는 지경에 이르렀음을 웅변하는 증거였다.[127)]

문제는 반드시 군비 때문에 세금이 늘어났고 이를 백성이 감당할 수 없었다는 것만이 아니었다. 그것은 국가 안팎에서 정치군사적 도전을 부추기고, 그로 인해 국가재정은 더욱 빈약해지는 악순환을 심화시킨다. 총체적인 국가경영체제 붕괴는 그 귀결이었다. 1644년까지 명 조정이 군사들에게 지급하지 못한 체불 급료가 백은(白銀)으로 수백만 냥에 달했다. 수많은 군사들이 달을 넘기고 해를 넘기도록 급료를 받지 못했다. 당시의 추가세금들이 납세자들 능력의 한계를 벗어났다는 것을 말할 뿐 아니라, 재정관리구조가 너무도 취약하여 군사적인 부담의 압박을 견딜 수 없었다는 것, 즉 국가경영체제의 총체적인 파탄을 의미했다.[128)]

명 말기의 경제사회적 위기는 당시 지구가 한 차례의 소(小)빙하기를 겪고 있어서 더 악화된 것이라고 해석되기도 한다. 특히 중국 북부의 강수량이 크게 줄었다. 섬서성에는 흉년이 특히 심하여 굶주린 백성들은 느릅나무 껍질을 벗겨먹고 관음토(觀音土)로 허기진 배를 채웠으며 심지어 어린아이들을 잡아먹었다. 굶주린 농민이 넘쳐나고 군인과

127) 저우스펀, 김영수 옮김, 『중국사 강의』, 돌베개, 2006, 403쪽.

128) 레이 황, 2002, 356쪽.

역졸이 탈주하여 무리를 지어 들고 일어나 반란군을 형성했다. 1629년 한 반란세력의 우두머리였던 고영상(高迎祥)은 틈왕을 자처하며 섬서, 산서, 하남, 호북 등지를 혼란에 빠뜨렸다. 1635년에는 형양에서 세를 결집한다. 이듬해인 1636년에는 고영상이 죽고 뒤를 이어 이자성이 틈왕이 되어 감숙성으로 이동하게 된다.[129] 이때는 물론 후금이 더욱 세력을 넓혀 청을 건국하고 조선을 침략한 시기였다. 그로부터 8년 후 이자성이 북경에 입성하였고, 명나라는 망하고 말았던 것이다. 청군이 산해관을 넘어 입관(入關)도 하기 전의 일이었다.

주씨(朱氏) 왕조였던 명나라 몰락기에 왕실 구성원으로 태어난 예술가에 주답(朱耷: 1626~1705)이 있다. 명 태조 주원장의 제17대손인 영헌왕(寧獻王) 주권(朱權)이라는 사람의 후손이다. 그는 왕조가 몰락하자 신분을 숨려나 도사로 바꾸어 외진 곳에 숨어 살아야 했다. 그는 중국 강남지역 남창에서 명나라 황족 가문에 대한 청 세력의 도살을 피해 도주해 나오던 중 아내와 아들을 잃어버리는 불행을 겪은 것으로 알려져 있다. 그로 인한 평생의 고통 속에서 주답은 장차 팔대산인(八大山人)으로 불리는 고명한 화가로 거듭나게 된다.[130]

주답의 화필에는 고독한 정신세계가 담겨 있다고 위치우위(余秋雨)는 말한다. 위치우위에 따르면, 유럽의 라파엘로, 로댕, 반 고흐와 같이 그림 속에 예술가 자신의 영혼의 역정을 담아내는 경우는 중국의 화가들에게는 그다지 흔한 일이 아니다. 중국 예술가들 중에 그 같은 드문 경우로 위치우위는 서위와 함께 주답을 꼽는다. 서위(徐渭: 1521~93)는 자신의 묘비명을 직접 적었고 아홉 차례나 자살을 기도했으나 죽지 못한 사람이다. 그는 실수로 처자를 죽여 6년 넘게 감옥살이도 했다. 세

129) 저우스펀, 2006, 403쪽.
130) 저우스펀, 『팔대산인』, 2005.

상을 혐오하고 가정과 자신을 혐오했으며, 그 자신 광인과 같은 모습이었다고 한다.[131] 저우스펀이 쓴 주답의 전기를 보면 그 역시 미치광이 행각승 시절을 거친 것으로 묘사된다.

어떤 이유에서든 서위와 같은 강렬한 비극적 의식을 계승한 이가 주답이라고 위치우위는 말한다. 주답의 예술세계에 대한 그의 평은 가슴을 치는 여운이 있다. "그에게 세상은 온통 침울하게 가라앉아 있었다. 오로지 화폭 속에서 마른 가지나 떨어진 나뭇잎 그리고 괴이한 돌들로 이어져, 길고 긴 세월 동안 패망으로 황폐해진 산천을 그려낼 뿐이었다. 그곳은 또한 외로운 새와 괴이한 물고기들이 잠시 숨어드는 곳이기도 했다. 그가 그려낸 새나 물고기는 이른바 뛰어난 아름다움의 미학적 범주와 전혀 상관없다. 오히려 추함이 과장되게 표현되며, 그러한 추함을 통해 인간의 마음을 꿰뚫고, 추함으로써 아름다움을 오만하게 지켜보고 있다. 그것들은 비록 남루하고 오그라든 상태이지만 결코 애써 남의 주목을 끌거나 어떤 소리도 내지 않는다. 온 세상을 백안시하고, 냉랭한 눈길을 자신의 존재 목적으로 삼는다……."[132]

---

131) 위치우위, 유소영·심규호 옮김, 『중국문화답사기』, 미래M&B, 2000, 155, 161~162쪽.

132) 위치우위, 2000, 162~163쪽.

第8장 청의 융성과 200년간의 평화

• 중국과 세계, 그리고 일본과 조선

1. 17세기의 만주족: 그 시작과 중국 통일

만주족이 세운 청나라가 북경에 입성해 중국 통일을 이룬 1644년, 당시 만주족의 인구는 100만 명 정도에 지나지 않았다.[1] 1600년경 중국의 총인구는 1억 2천만 명이었다.[2] 그런데 만주족이 어떻게 중국의 지배자가 되었는가. 더구나 만주족이 중국을 정복한 방식은 과거에 이민족이 중국을 지배하게 되던 때의 역사적 패턴과 달랐다. 과거의 정복자들은 통일되어 있는 중국 왕조를 단번에 쳐들어가 통일권력을 만들어낸 것이 아니었다. 중국 내부가 이미 여러 나라로 쪼개져 분열되어 있는 틈을 타서 중국 안에 파고들어와 중국 안의 다른 국가들과 경쟁하는 체제에 먼저 들어갔다. 그런 다음에야 장성 이남의 북중국에서 발판을 마련하고 이를 기반으로 잡다한 정권들과 민족들을 통합한 다음 남진(南進)을 하여 중국을 통일했던 것이다. 그러나 만주족의 경우는 달랐

---

1) Ray Huang, *China: A Macrohistory*, M.E. Sharpe, Inc., 1997; 레이 황, 홍광훈·홍순도 옮김 , 『중국, 그 거대한 행보』, 경당, 2002, 353쪽.

2) Jonathan D. Spence, *The Search for Modern China*, New York: W.W. Norton, 1990, p.7.

다. 이들은 중국 본토의 바깥에서 쳐들어와 단번에 중국을 통일해버린 것이다.[3)]

청사(淸史)를 서술하는 역사가들이 만주족이 중국을 통일할 수 있었던 요인으로 가장 먼저 드는 것은 무엇인가? 아마도 이상적 정치에 관한 중국적 개념인 덕치(德治)를 태조 누르하치 때부터 주도면밀하고 일관되게 내세웠다는 사실일 것이다. 그것은 한족 백성들에 대한 메시지였던 동시에 명의 엘리트들을 향한 것이기도 했다. 누르하치 때부터 많은 한인 학자들을 중용했다. 이들을 통해서 명의 관료들이 자신들에게 항복하도록 회유했다. 그리고 약속을 지켰다. 특히 북경 입성 전 청에 항복한 한인 고위인사들을 중용했다. 산해관에서 청의 섭정 도르곤에게 항복했던 오삼계도 포함했다. 북경 입성 이후 반청의 기운이 강하던 중국 남부와 남서부지역을 장악하는 데 오삼계를 포함한 3인의 한인 장군들은 크게 활약한다. 오와 함께 상가희(尙可喜)와 경계무(耿繼茂)가 그들이다.

상가희와 경계무는 오삼계보다 이른 1633년에 후금에 투항했다. 이들은 1650년에 명을 지지하는 세력들로부터 광동(廣東)을 탈환하고 방어군을 대량학살했다. 청에 대한 세 한인 장군들의 충성은 크게 보상받았다. 그들은 자신들이 정복하여 청에 바친 영토에서 저마다 거의 독자적인 통제권을 부여받았다. 이들 세 명이 다스린 지방들은 봉건시대 영지(領地)와 거의 같았기 때문에 '삼번'(三藩: Three Feudatories)이라 불렸다. 오삼계의 영지는 운남성과 기주성 전체, 그리고 호남성과 사천성의 일부를 포함했다. 상가희는 광동성 전체와 광서성 일부를 다스렸다. 경계무는 해안도시인 복주(福州)에서 복건성(福建省)까지를 영지로 차지했다.[4)]

3) 레이 황, 2002, 353쪽.

이들은 나중에 자신들의 영국(領國)에 대한 지배권을 자손들에게 세습시키려 했다. 이에 놀란 청 조정과 갈등이 벌어졌다. 1670년대에 이들 본인 아니면 그 자손들이 반란세력으로 돌변했다. 반란은 몇 년을 가지 못했다. 오삼계는 1673년 반란을 일으키고 1678년 주 왕조를 선포한다. 하지만 바로 그해에 죽고 말았다. 그의 손자가 1681년까지 저항하다 몰락한다. 경계무는 1671년 죽고 그의 아들 경정충(耿精忠)이 복건성을 다스린다. 경정충은 1674년 반란을 일으켜 인근 절강성까지 진출한다. 그러나 그 역시 1676년에 항복한다. 상가희는 1671년 병이 들어 광동성에 대한 군사권을 아들 상지신(尙之信)에게 넘긴다. 상지신은 1676년 반란을 일으켰다. 그러나 아버지 상가희는 청에 대한 충성에 변함이 없었다. 아들은 아버지를 옥에 가두었다. 오삼계는 사치하고, 경계무의 아들은 무능했으며, 상가희의 아들은 성정이 포학했다고 전한다. 이를 삼번의 난(1673~81)이라 부른다.[5]

이들은 명을 배반하고 반청세력을 소탕하는 데는 유능하고 쓸모 있었다. 그러나 그들 자신이 반청의 기치를 들고 지지를 모으기에는 그들의 배반전력이 큰 마이너스 요인이었다. 아울러 강희제가 어린 나이에도 불구하고 조정을 일치단결시켜 장기적인 대응책을 세우는 데 능했다고 평가된다.[6]

청은 명조의 한인 관료층에 대한 포용정책을 광범하게 적용했다. 명조에서 총독을 맡고 있던 홍승주(洪承疇)는 1642년에 포로가 되었다. 태종 홍타이지가 그를 회유했다. 홍은 명의 마지막 황제 숭정제가 죽기 전까지는 협조하지 않았다. 숭정제의 자살 소식을 들은 후 그는 이자성 반란세력에 대한 복수, 그리고 한족과 그 문화의 보존을 명분으

4) Spence, 1990, pp.49~50.
5) Spence, 1990, pp.50~52.
6) Spence, 1990, p.52.

로 청조에 협력하기 시작했다. 그는 저항하는 관료들은 엄격하게 처벌하되 항복한 관료들은 오히려 진급을 시켜줄 것을 순치제의 섭정 도르곤에게 건의한다. 도르곤은 이를 받아들여 명의 문무관료와 대다수 지방관료에게 복직을 권유하고 그들의 직위를 인정해주었다. 큰 혼란이 그로써 예방되었다. 한족 엘리트는 비교적 순순히 청조에 협력하게 된 것이다.[7)]

한족이 고위관직에 진출하는 기회에는 원칙적으로 제한이 없었다. 다만 최고 직위에는 한족과 만주족이 권한을 나누어 가진다는 조건이 있었다. 모든 부(部)에는 장관인 상서(尙書) 두 명과 차관인 시랑(侍郞) 두 명을 두되, 만주족과 한족이 각각 절반씩 차지하도록 했다. 황제의 비서들인 대학사(大學士)에게도 그 원칙을 적용했다.[8)]

청이 중국 통일을 완성하고 장기간 안정과 융성을 누릴 수 있었던 것은 청의 북경 입성 이후 4명의 황제들이 연이어 모두 '개화된 전제군주'로 통할 만큼 탁월한 리더십을 보인 데에서 크게 기인했다. 순치제(順治帝: 재위 1644~61), 강희제(康熙帝: 재위 1662~1722), 옹정제(雍正帝: 재위 1723~35), 그리고 건륭제(乾隆帝: 재위 1736~95)가 그들이다. 순치제는 예수회 선교사 아담 샬의 영향을 많이 받았으며 불교에도 깊은 흥미를 지니고 있었다. 세상구제와 인자(仁慈)의 가치를 앞세웠다.[9)] 청조가 그 통치기반을 공고히 다진 시기인 1662년부터 1722년까지 61년간, 그러니까 가장 오래 중국을 통치했던 강희제는 인자하면서도 결단력 있는 인물이었다. 중국의 전통적인 내성외왕(內聖外王)의 이상에 부합하는 인물로 평가되어왔다. 남방을 순행(巡行)하던 강희제가 어느 시골 포구에 정박한 뒤 한밤중이 되도록 독서에 열중하던 일을

7) 임계순, 『청사(淸史): 만주족이 통치한 중국』, 신서원, 2001, 재판, 100~101쪽.
8) 레이 황, 2002, 369쪽.
9) 저우스펀, 김영수 옮김, 『중국사 강의』, 돌베개, 2006, 419~ 421쪽.

그의 신하들은 잊지 못했다.[10)]

옹정제는 엄격하고 까다로우면서 잔꾀가 많았다. 자신과 황실 내부의 분규 때문에 신하들을 철저히 감시했다. 그 과정에서 비밀경찰을 과도하게 이용한 공포정치 때문에 그에겐 놀랄 만한 일화들이 많았다고 한다.[11)] 모든 왕조는 몇 대의 황제를 거치면서 공신은 귀족화되고 지방세력은 강대해지며 관료와 사회의 기강은 흐트러지게 마련이다. 마침내 왕권이 흔들리면서 왕조는 쇠락의 기미를 보이게 된다. 음흉하고 악랄하기까지 했다는 옹정제는 바로 그 무렵 이를 예방하는 데 적임자였다는 평을 받는다. 그는 재위 13년 동안 엄청난 보고서들을 검토하고 매일 평균 4천 자에 가까운 글을 썼다고 한다.[12)]

옹정제의 업적 가운데에는 '천민해방'이 있다. 중국 사회사에서 가장 의미 있는 사건 중의 하나였다. 1723년에서 1731년에 걸쳐 옹정제는 중국 사회에서 전통적으로 '사회적 법외인(法外人)'(social outcasts)으로 천대받고 차별받은 집단들을 해방하는 칙령들을 잇달아 선포했다. 결혼식이나 상가에서 노래하고 악기를 연주하는 산서지방의 '노래하는 사람들,' 절강지역 천민들, 안휘지역의 세습적 하인들, 강소(江蘇) 지역의 세습적 걸인들, 동남 해안지역 뱃사공, 굴채취와 진주조개 어부로 살아가는 사람들, 절강과 복건성 경계지방에서 삼과 대마와 쪽물 재료를 모아 살아가는 사람들, 가내(家內) 노비들이 그 대상이었다. 이 칙령들은 오랜 전통에 종지부를 찍으려 했다. 그 전통의 힘 때문에 단기적으로는 효과가 별로 없었다. 하지만 장기적으로는 그 칙령들이 의도했던 효과들이 나타나기 시작한다. 점차로 많은 천민집단들이 중국 사회에서 보다 안정된 위치를 찾아가게 된다.[13)]

10) 레이 황, 2002, 364~365쪽.
11) 레이 황, 2002, 365쪽.
12) 저우스펀, 2006, 420쪽,

옹정제의 뒤를 이은 건륭제는 강희제와 마찬가지로 시인이자 학자였다. 그의 재위기간도 60년이라는 오랜 세월이었다. 마지막 해인 1795년 아들에게 제위를 물려주고 태상황(太上皇)이 되었다. 실질적으로는 그후로도 막후에서 국사에 관여하다가 1799년에 죽었다.[14] 사망하기 전에 아들에게 제위를 미리 물려준 것은 할아버지 강희제보다 더 오래 재위하게 되는 것을 스스로 경계했기 때문이라 전한다.

건국 후 150년에 걸친 시기를 이들 네 황제가 통치했다. 이 기간이 중국 전통시대의 마지막 황금기로 평가된다. 분명 네 황제들의 리더십에 기인하는 바를 무시할 수 없다. 그들 자신이 유교적 교양을 어느 한인 학자 못지않게 자기화하는 데 성공한 인물들이었다는 점은 반드시 우연한 일로만 볼 수는 없다. 이민족 지배자의 핸디캡을 극복하기 위해 제왕부터 솔선하여 자기기율의 전통을 확립한 덕분일 것이다.

1644년에서 1911년까지 언어와 문화가 다른 비한족(非漢族) 정권인 청나라가 비교적 쉽게 중원에 권력을 확립하고 그 어떤 한족 왕조 못지않게 긴 세월 동안 권력을 유지했다. 존 페어뱅크는 만주인들은 중국에서 권력을 장악했을 때 이미 유교적인 통치기술을 마스터했으며, 그 기술을 자신들의 정치제도들과 조화시키는 데 성공하고 있었다는 점에 주목했다. 내륙 아시아 안에서도 만주인들이 중국통일 이전에 경영했던 요동을 포함한 만주지역의 지역적 특성도 관련이 있다고 보았다.

남만주는 다른 변경들과 달리 부족주의(tribalism)와 함께 관료주의가 공존할 수 있는 곳이었다. 집중농경이 가능한 지역은 좁은 땅에 인구가 밀집해 있기 때문에 관료체제에 바탕을 둔 국가권력이 성립된다. 반면에 넓은 땅에 사람은 적고 유동적인 사회에서는 부족주의 형태의

13) Spence, 1990, pp.88~89.

14) 레이 황, 2002, 365~366쪽.

정치조직이 지배한다. 부족장이 전사들의 개인적 충성심을 확보하는 시스템이다. 그래서 중국은 관료제가 발달했고 북방민족 사회에서 정치권력은 인격적인 주종관계에 바탕을 두었다. 남만주는 유목사회와 농경사회가 만나는 중간지점이었다. 정치적으로도 두 시스템이 만나서 섞이는 곳이었다.[15)]

만주족의 기원은 만주 동북부지역이지만, 이들이 팽창하여 중국정복의 기초를 닦은 것은 남만주지역이다. 한, 수, 당을 거쳐 명에 이르기까지 역대 중국 통일왕조들은 요동을 포함한 남만주지역에 대한 패권을 중원의 안정에 사활적인 것으로 인식했다. 명조는 특히 남만주의 효과적인 관료적 통치에 힘을 기울였다. 무크덴(Mukden: 심양) 이남지역, 그러니까 요하를 사이에 둔 요동과 요서지방은 16세기에 중국식의 농업지역으로 편입되었다. 이때에도 만주 북서지방은 여전히 유목지역으로 남았다. 만주족의 고향인 만주 동북지방은 숲이 울창하여 사냥과 어로(漁撈)에 적합했고 아주 부분적으로만 농업이 가능했다. 농업지역이 된다는 것은 유목지역에 비해 민족의 정착적 성격이 강해지고 그만큼 관료적 통치가 가능해짐을 뜻한다. 따라서 남만주는 중국 통일정부가 관료적 지배체제를 부과하기 적합한 곳으로 되어 있었다. 다만 명은 이 지역이 여전히 변경적 성격(frontier nature)을 갖고 있음을 고려하여 민간행정체제와 군사행정체제를 결합했다. 이 지역에 한해서 그 전략지점마다 세습적으로 등록되는 군부대들을 확립했던 것이다.[16)]

만주족이 큰 세력으로 도약하기 위해 뚫어야 할 첫 번째 관문은 부족정치(tribal politics)를 넘어서는 일이었다. 그들은 땅과 연계된 민간행정단위를 군사조직과 결합함으로써 그 문제를 해결했다. 모든 만주

---

15) John King Fairbank, *The United States and China*, Cambridge, M.A.: Harvard University Press, 1976(Fourth Edition), pp.91~92.
16) Fairbank, 1976, p.92.

인 남성은 자신에게 할당된 땅을 관할하는 행정구역과 연계하여 저마다 팔기군이라는 군사조직의 어느 하나에 소속되었다. 군부대 단위와 연계된 땅이란 일반적인 행정구역과는 다른 개념이었다. 군대는 유동적인 존재이기 때문에 그와 연결된 땅은 여러 지방에 흩어져 있어야 했다. 어떻든 땅과 연결된 생활의 행정단위와 군사적 조직단위를 연결시켰다는 점에 만주족 사회조직의 특징이 있었다. 일종의 관료적 군사조직이었다. 명조가 일찍이 남만주의 효과적 통치를 위해 행정조직과 군사조직을 결합해 운영하면서 수립한 관료체제를 만주족이 전략적으로 계승하여 활용한 것이었다.[17)]

하나의 군 조직단위는 평시에는 같은 지역의 땅을 경작하는 농업생산 단위인 동시에, 전시에는 하나의 군부대로 즉각 동원될 수 있었다. 말하자면 병농일치(兵農一致)의 군사행정체제였다. 만주인들의 수적 열세를 만회하기 위한 사회조직 방법이기도 했다. 만주족이 청을 건국하고 중원을 정복하여 통치하는 대제국을 건설하는 데 결정적인 역할을 한 지배장치로 꼽힌다.

청이 중국을 정복해 들어감에 따라, 군대의 장기주둔 지역도 자연히 북경을 비롯한 중원으로 옮겨갔다. 군부대들에게 할당되는 땅도 지역을 바꾸었다. 청조가 북경으로 천도하면서 북경으로 옮겨간 만주군, 몽고군, 한인(漢人) 팔기군 인구는 20만 명에 달했다. 황실을 비롯한 만주 특권가문들뿐 아니라 팔기군 군인 및 그 가솔들에게 땅을 제공해야 했다. 북경 주변과 직예성 안에서 세 차례에 걸쳐 대규모로 토지를 몰수했다. 팔기병이 말을 타고 달리면서 줄을 친 뒤 그 경계선 안의 토지를 몰수했으므로 이를 권지(圈地)라고 했다.[18)]

---

17) Fairbank, 1976, pp.92~93.

18) 임계순, 2001, 106~107쪽.

우선 1644년 12월에 제1차 권지령에 의하여 북경 근교 주(州)와 현(縣)의 주인 없는 황전(荒田)과 명 황실, 부마, 공, 후, 백, 태감 등 명나라 특권층 토지를 몰수했다. 몰수된 토지는 청조의 여러 왕과 공신, 그리고 팔기군 병사들에게 이른바 기지(旗地)로 분배했다. 1645년 9월 제2차 권지령으로 하간부(河間府)와 준화(遵化)의 주인 없는 황무지를 팔기병들에게 분배했다. 1647년 정월에는 제3차 권지령에 의해 직예성 내의 모든 부, 주, 현에서 대규모 토지가 몰수된다. 이후에도 중국 지배를 위해 팔기군이 이동함에 따라 권지의 범위는 산동성, 산서성, 그리고 강남 북부 일대에까지 확대된다.[19)]

만주족과 그들이 건국한 청나라가 중국을 지배한 것은 흔히 몽고족이 건국한 원나라의 중국지배와 비교된다. 중국을 정복하는 과정과 중국을 지배한 기간 모두 두 제국은 큰 차이가 있었다. 몽고족이 중국 중원을 차지하기 위해 중화세력과 싸운 기간은 거의 두 세대에 걸쳐 있었다. 반면에 실제 중국을 통일 후 통치한 기간(1279~1368)은 90년이 채 못 되었다. 만주족의 청이 중국을 지배한 기간(1644~1911)의 3분의 1에 불과했다. 중국문화와 통치기술을 체득하여 자기 것으로 만드는 데 만주족이 더 유리한 지정학적 위치에 있었다는 점이 결정적 요인으로 꼽힌다.[20)]

청조 황제들 자신부터 한어와 그 교양을 익히는 데 들인 노력은 그것을 잘 표상한다. 청조 초기 황제 곁에는 한인들과 소통하기 위해 많은 통역요원들이 배치되어 있었다. 그러나 순치제의 치세가 끝나기 전에 이미 통역들은 필요없는 존재가 되었다. 황제가 중국어에 능숙해졌기 때문이었다. 그다음 황제들은 말할 것도 없었다. 옹정제는 남을 욕할 때

---

19) 朱伯康·施正康, 『中國經濟通事 下』, 北京: 中國社會科學出版社, 1995, 370~371쪽; 임계순, 2001, 107쪽에서 재인용.

20) Fairbank, 1976, p.85.

만 만주어를 사용했다.[21)]

청의 지배자들이 이처럼 중원문화를 자기화하고 한인을 포용하는 정책을 추구했다면, 원의 지배자들은 중국인들을 불신했다. 대부분 주요 관직을 맡을 적당한 몽고인이 없을 때는, '색목인'(色目人)으로 불린 이슬람교도나 유럽인을 그 자리에 임명했다. 베네치아인 마르코 폴로(1254~1324)가 중국에 들어와 궁정관리로서 17년간 머물러 있었던 것은 몽고인들의 그 같은 지배전략과 무관하지 않았다.[22)]

하지만 중국화(sinicization)의 문제는 무조건 완벽할수록 더 좋다는 것과는 거리가 있었다. 그것은 4세기 초 흉노에서 17세기 중엽 만주족에 이르기까지, 중국을 정복한 유목민 정권들이 필연적으로 부딪친 딜레마였다. 어느 선까지 자신의 정치적·사회적·문화적 전통을 지켜나갈 것인가, 중국의 언어·의상·행동양식을 어느 선까지 채용할 것인가. 자신들과 중국인들 간의 교혼(交婚)을 허락할 것인가 금지할 것인가. 유목민족이 정치권력을 독점할 것인가 아니면 한족 엘리트들과 권력을 공유할 것인가. 그렇게 한다면 어느 정도로 할 것인가 하는 문제였다.[23)]

중국을 지배하고자 하는 유목민 정권들에게 중국화를 전적으로 거부하는 것도 완전히 중국화하는 것도 선택 가능하지 않았다. 둘 사이에 어떤 균형과 조화를 취할 것인가가 문제였다. 페어뱅크는 만주족이 특히 다른 이민족들에 비해 중국을 장기간 안정적으로 통치하는 데 성공할 수 있었던 비결을 언뜻 정반대되는 것처럼 보이는 또 다른 특성에

---

21) 레이 황, 2002, 365쪽.

22) 콜린 A. 로넌, 김동광·권복규 옮김, 『세계과학문명사』, 한길사, 1997, 247~248쪽.

23) David A. Graff, *Medieval Chinese Warfare, 300~900*, London: Routledge, 2002, p.97.

서 찾았다. 청은 중국적인 방식을 자기 것으로 만들어 지배했지만, 자신들이 가진 이방인으로서의 기원과 배경, 즉 자신들의 정체성을 잃지 않았다. 바로 그 점이 오히려 만주인 통치집단 내부에서 정치적 활력(political vigor)을 유지하는 데 도움이 되었다고 보았다.[24)]

이러한 인식은 조너선 스펜스에 의해서도 계승되고 있다. 그도 청의 중국지배는 두 요소 사이에 균형을 취함으로써 지탱될 수 있었다고 말한다. 한편으로는 한족과 함께 몽고족 등 이민족을 자신의 통치계급 안으로 흡수하여 이 집단을 적극적으로 활용했다. 또 만주인 통치집단 자신들이 중국문화에 동화했다. 그러나 다른 한편으로는 만주족의 독자성과 고유한 정체성을 지키기 위해 노력했다. 자신들의 상무적(尙武的) 전통과 군사적 우월성의 상징들인 사냥과 말 위에서 활 쏘기 등 무예를 연마하기를 중단하지 않았다. 또 만주의 언어를 계속 사용함으로써 문화적 고유성을 지켜 나가려 하였다.[25)]

청 황실과 조정제도들을 연구한 에벌린 로스키도 만주족의 정체성에 대한 청 지배자들의 의지를 주요한 요소로 꼽았다. 그녀에 따르면, 청 황제들은 자신의 조상인 여진족이 금을 세워 북중국을 호령했으나 쉽게 무너지고 말았던 12세기의 전철을 반면교사의 교훈으로 삼았다. 한족 문화에 동화될 경우의 위험성을 경계한 것이다. 독자적인 문화적 정체성을 창조하고 유지하기 위해 집요하게 노력했다. 청이 의도적으로 주변 몽고족들과 동맹을 추구한 것은 그런 노력의 일환이었다. 몽고족과의 동맹은 방대한 한족 사회 지배를 위한 세력연합이기도 했지만, 한족 문화에 대한 유목민적 정체성을 지키는 데도 적지 않은 의의를 갖는 것이었다. 그래서 만주족과 몽고족의 동맹은 적어도 18세기 중엽까지

24) Fairbank, 1976, p.91.
25) Spence, 1990, p.41.

는 청의 안정에 중요했다고 로스키는 평가한다.[26)]

청의 유목민족 간 동맹전략과 만주족 정체성 견지는 장기적으로 보면, 한족 내부에 반만반청(反滿反淸)의 민족주의 감정을 유지시키는 원인으로 작용한 측면도 있다. 그러나 페어뱅크가 지적했듯이 통치 엘리트 내부에 정치적 긴장과 활력을 유지시킴으로써 왕조의 수명을 유지하는 데 중요한 역할을 한 것으로도 평가되는 것이다.

2. 청나라 융성의 경제적 기반: 17~18세기 세계체제

북경 입성 후 18세기 말까지 150년간에 걸친 청조의 안정과 융성에는 지배층의 치세 능력 못지않게 그 시대 세계 속에서 중국의 경제적 위상이 중요한 바탕이었다. 강희제는 재위 말년에 인두세(人頭稅)를 현행 수준으로 영구히 동결한다고 선언했다. 중국사에서 정(丁)은 신체 건강한 성인 남자를 가리키는 동시에 국가의 과세(課稅) 단위였다. 이 정의 숫자를 1711년 이전 수준으로 고정하여 그후에 늘어나는 장정들에 대해서는 인두세를 부과하지 않겠다는 것이었다. 그만큼 국고가 충실하여 제국 재정에 대한 절대적인 자신감을 갖고 있었다.[27)]

청 초기 150년은 국제무역의 황금기였고 그 수혜자는 중국이었다. 차(茶)가 영국에 많이 팔렸다. 생사와 비단은 일본에서 많은 사랑을 받았다. 중국 도자기와 칠기, 양탄자, 가구, 머리장식 등이 유럽에서 대유행했다. 표백하지 않은 면직품도 처음으로 유럽과 아메리카에서 유행했다. 산업혁명으로 서양이 추월하기 전까지 중국 문물은 서양에서 오래 우위를 차지했다. 유럽에서는 계몽운동과 함께 사상과 문화가 만

---

26) Everlyn S. Rawski, *The Last Emperors: A Social History of Qing Imperial Institutions*, Berkeley: University of California Press, 1998, p.295.
27) 레이 황, 2002, 368쪽.

발하면서 살롱 문화가 확산된다. 그 살롱들을 가득 채운 것은 동방의 문물과 예술장식이었다. 볼테르와 라이프니츠 같은 사상가들이 중국을 언급할 때 경외와 동경심으로 충만해 있었던 것은 놀라운 일이 아니었다.[28)]

중국 수공업은 괄목할 발전을 이루었다. 서양에 불리한 막대한 무역 역조로 엄청난 양의 은이 일본과 스페인령 필리핀을 통해 중국으로 흘러들었다. 중앙정부와 각 성은 동전을 활발히 주조함으로써 화폐의 국내유통이 촉진되었다. 폭발적인 인구증가도 진행되었고 경작지 역시 확대되었다. 특히 강남의 발전이 두드러졌다. 전국의 7퍼센트에 불과한 강남 땅의 세금 납부액은 전체의 17퍼센트에 이르렀다. 식량생산, 비단, 면직물 생산에서 강남은 중국경제를 이끌었다.[29)]

이 시대 세계경제질서에서 중국의 위상에 대해 학자들의 인식은 전통적으로는 유럽 중심적이었다. 산업혁명이 전개되기 오래전부터 유럽인들의 생활수준이 중국을 비롯한 아시아인들보다 높았으며, 산업화는 그 전에 축적된 유럽과 아시아의 차이들이 절정에서 만개(滿開)한 것에 다름 아니라는 주장이 유럽 중심주의 시각의 핵심이다. 에릭 존스가 쓴 『유럽의 기적』은 그 시각을 대변한다. 존스에게 "유럽인"은 때로는 유럽 대륙 전체의 인간들을 가리키기도 하지만 때로는 서유럽, 특히 북서부 유럽에 사는 사람들만을 얘기하기도 한다. 존스에 따르면, "유럽인"은 산업화 이전부터 이미 특별히 부유했다. 다른 지역 인간들에 비해 훨씬 많은 자본을 주로 가축 형태로 보유하고 있었다. 그들은 건강수준도 더 높았다.[30)]

---

28) 저우스펀, 2006, 421쪽.

29) 저우스펀, 2006, 422~423쪽.

30) Eric L. Jones, *The European Miracle: Environments, Economies, and Geopolitics in the History of Europe and Asia*, Cambridge: Cambridge

1989년에 재닛 아부-루고드가 제시한 "13세기 세계체제"(thirteenth-century world system)의 개념은 유럽 중심주의적 시각을 교정하는 데 중요한 계기를 제공했다. 그녀는 우선 13세기 세계경제를 지리적으로 여덟 개 지역으로 구분했다. 유럽, 지중해, 홍해, 페르시아 만, 아라비아 해, 벵골 만, 남중국해, 그리고 내륙 아시아(Inner Asia) 등이었다.

아부-루고드에 따르면, 13세기 세계체제는 12세기 말에 태동하여 14세기 초에 전성기를 구가했다. 북서 유럽과 중국 사이의 거대한 지역을 포괄한 초기 세계체제였다. 오늘날의 관점에서 볼 때, 이 세계체제의 가장 중요한 특징은 서양과 기독교문화는 그 안에서 결코 지배적인 존재가 아니라는 사실이었다. 그리고 이 체제 안에 존재한 사회조직들은 서양에서 지배적이던 것과는 매우 상이했다. 매우 다양한 문화체제들이 공존하고 협력한 질서였다. 당시의 문화와 종교는 다양성과 함께 개방성이 특징이었다. "기독교, 불교, 유교, 이슬람교, 조로아스터교, 그리고 종종 '이교도'라고 추방되었던 수없이 많은 다른 모든 종교들은 상업, 생산, 교환, 모험감수 등을 허용했을 뿐 아니라 사실상 한층 촉진시켰다." 이 가운데에서 기독교는 상대적으로 미미한 역할에 불과했다.[31]

안드레 군더 프랑크는 아부-루고드가 말한 13세기 세계체제의 근본적인 성격은 그후에도 수세기간 지속된 것으로 이해했다. 대서양권이 여기에 덧붙여지는 것은 16세기에 들어서였다. 대서양권이 지중해권과

University Press, 1981; Kenneth Pomeranz, *The Great Divergence: China, Europe, and the Making of the Modern World Economy*, Princeton and Oxford: Princeton University Press, 2000, pp.31~32에서 재인용.

31) Janet L. Abu-Lughod, *Before European Hegemony: The World System A.D. 1250~1350*, Oxford University Press, 1989; 재닛 아부-루고드, 박홍식·이은정 옮김, 『유럽 패권 이전: 13세기 세계체제』, 까치, 2006, 383~385쪽.

발틱해권을 압도하며 유럽 무역의 중심권으로 부상한 것은 다시 한참 뒤인 18세기였다. 18세기에 이르러서도 대서양권은 세계경제에서도 무역에서도 아직 중심이 되지 못했다. 인도양권과 중국해 지역에 여전히 미치지 못하고 있었다.[32)]

전통적인 역사해석은 유럽 자본주의가 부상하고 있던 시기에 유럽은 이미 세계경제의 중심을 차지하고 있었다고 본다. 그러나 프랑크는 바로 그 시대에 대해 "아시아의 주도"(primacy of Asia)라는 명제를 적용한다. 아시아의 주도적인 경제팽창은 세계 어느 곳에 못지 않은 기술적·제도적 변화로 뒷받침되면서 적어도 18세기 중엽까지 계속되었다는 것이다.[33)] 세계경제사 해석에서 유럽 중심주의에 정면 도전한 것이었다. 아부-루고드는 13세기 세계체제에서 뚜렷한 주도적 세력이 없던 것에 주목함으로써 유럽 중심주의를 간접적으로 공격했다고 할 수 있다. 프랑크의 '아시아 주도' 명제는 유럽 중심주의에 대한 직접적인 부정이었다.

근세 세계질서에서 아시아의 주도적 위상을 주목한 점에서는 아부-고르드와 프랑크 이전에 1970년대 말 K.N. 초두리의 연구가 선구적이다. 초두리는 "1500~1750년 기간에 인도대륙과 중국은 가장 선진적이고 다양화된 경제를 보유하고 있었다"고 주장했다.[34)] 그에 따르면, 아시아문명들은 특히 세 분야에서 커다란 기술적 우위를 점하고 있었다. 첫째는 면직물과 비단을 포함한 방직업이었다. 둘째는 보석가공을 포

---

32) Andre Gunder Frank, *ReORIENT: Global Economy in the Asian Age*, Berkeley: University of California Press, 1998, pp.128~129.

33) Frank, 1998, p.130.

34) K.N. Chaudhuri, *The Trading World of Asia and the East Asia Company 1660~1760*, Cambridge: Cambridge University Press, 1978, p.205; Frank, 1998, p.175.

함하는 금속제품이었다. 셋째는 도자기와 유리공업이었다. 아울러 높은 산업기술과 조직을 필요로 하는 수많은 보조적인 제조산업이 있었다. 이들 산업은 수많은 중간단계 공정과 기술적 및 사회적인 분업을 수반했다. 또한 초두리에 따르면, 아시아에서는 이러한 산업제품들을 부유층뿐 아니라 일반인들도 상용하고 있었다.[35]

당시 세계무역의 중심은 아시아의 무역항들이었다. 프랑크에 따르면, 합법적 무역이든 밀무역이든, 그리고 어디에서 오가는 화물이든, 유통을 담당한 선박들의 압도적인 다수는 아시아의 원자재와 아시아인들의 자본으로 건조된 것들이었다. 따라서 조선업 역시 아시아 전역에서 지속적으로 성장하고 있던 "보이지 않는" 산업이었다. 물론 19세기에 유럽인들이 증기선을 발명하기 전까지 그랬다.[36]

1500~1800년의 세계에서 유럽이 생산해서 수출할 수 있었던 가장 중요하고 거의 유일한 상품은 화폐(money)였다. 유럽인들에게 이것이 가능했던 이유를 프랑크는 둘로 요약했다. 첫째, 생산력이나 무역에서 유럽이 중심은 아니었지만, 아메리카 대륙에서 중동, 인도양, 그리고 동아시아에 이르기까지 전 세계의 시장들을 오가며 중개무역에 종사한 것은 유럽인들이었다. 유럽인들이 특별히 항해능력이 뛰어났기 때문은 아니었다. 다만 가장 활발한 세계무역의 중심지들 간의 중개무역에 참여하는 활동이 그들의 경제활동에서 중요한 비중을 차지하고 있었다. 둘째, 중국과 일본 사이를 포함한 세계 중개무역에 유럽인들이 참여하는 중요한 수단이 아메리카 대륙의 유럽 식민지에서 대규모로 확보한 금과 은이었다. 유럽인들은 그것으로 중국 상품들을 구입할 수 있었으

35) K.N., Chaudhuri, *Asia before Europe: Econmy and Civilization of the Indian Ocean from the Rise of Islam to 1750*, Cambridge: Cambridge University Press, 1990, pp.302~323; Frank, 1998, pp.175~176.

36) Frank, 1998, p.176.

며, 또한 중개무역에 효과적으로 침투할 수 있는 수단을 갖게 된 것이었다.[37]

유럽인들은 그렇게 화폐 수출을 무기로 아시아 경제와 무역에 참여했지만, 이들이 아시아 경제 전반에서 차지한 비중은 크지 않았다. 아시아 무대에서 중개무역 활동은 포르투갈인이나 네덜란드인들에게는 매우 중요한 것이었지만, 아시아 국가들에게는 그렇지 않았다. 우리는 보통 청나라 시대에 일본 무역의 중심은 나가사키항을 통한 유럽인들과의 교역이었다고 생각한다. 그러나 1680~1720년 기간 나가사키로 향하는 중국 선박들의 화물운송은 3배로 늘어 유럽인들을 앞질렀다. 일본이 1684년 정식으로 이 항구를 개방한지 4년 만에 매년 100척, 그러니까 매주 두 척의 중국 선박이 이 항구에 입항했다. 1757년까지도 연평균 40척 이상의 중국 선박이 나가사키항을 드나들었다. 1700년의 경우 남중국에 중국 선박들이 운송한 상품은 2만 톤이 넘었다. 유럽인들이 운송한 물량은 500톤에 불과했다. 유럽인들 쪽의 수치는 1737년 6천 톤으로 증가한다. 그것이 2만 톤 수준이 되는 것은 1770년대 이후였다.[38]

이 시기 세계경제에서 유럽은 비유럽과의 관계에서 결코 주요 산업중심이 아니었기 때문에 상품을 수출하지 못했다. 무역역조는 불가피했다. 그 결과 유럽으로부터 아시아로 금과 은이 끊임없이 유출되었다. 세계경제에서 유럽이 아시아에 대한 무역역조를 버텨낼 수 있었던 유일한 바탕은 아메리카 대륙의 식민지 팽창이었다. 18세기 말, 그리고 궁극적으로는 19세기에 가서야 이러한 상황이 역전되기에 이르고 그때에야 화폐는 동양에서 서양으로 흐르게 된다.[39]

---

37) Frank, 1998, p.177.

38) Robert B. Marks, *Tigers, Rice, Silk and Salt: Environment and Economy in Late Imperial South China*, New York: Cambridge University Press, 1997; Frank, 1998, pp.180~181.

요컨대 적어도 18세기 말까지 청조가 지배하는 중국은 세계체제에서 중심부에 속했다. 그중에서도 강남(江南: 양자강 이남인 중국 동남부 지역)은 메트로폴리스였다. 소주(蘇州), 항주(杭州), 양주(揚州), 영파(寧波)는 대규모 상업도시로 성장했다. 남경성에는 600~700개에 이르는 술집이 즐비했다. 찻집은 1천여 곳에 달했다. 당시 소주는 상해보다 더 번창했다. 그래서 상해는 오히려 '작은 소주'라고 불렸다. 청조 초기 강남은 숭명반청(崇明反淸)의 기운과 반란이 휩쓸었던 곳이다. 그러나 17~18세기 중국이 청조 밑에서 융성함에 따라 원래부터 문인적(文人的) 기풍이 왕성했던 강남은 청조가 실시하는 과거시험에서도 전국 최다 합격자를 배출한다. 그만큼 청조를 자신들의 제국으로 생각하게 된 것이었다. 세계의 메트로폴리스로서 불만을 가질 이유가 없었다. 저우스펀은 이 시대의 문헌 기록에서 "한인(漢人)의 민족주의 낌새를 더 이상 찾아볼 수 없었다"고 말한다.[40)]

앞서 산업화 이전부터 유럽인들이 아시아인들보다 더 잘살고 더 건강했다는 에릭 존스의 주장을 언급했다. 케네스 포메란즈는 그 주장에 관해서도 여러 가지로 반박했다. 여기서는 잘살고 건강한 것의 대표적인 지표인 평균수명에 관한 그의 지적만을 인용해본다. 유럽에서 가장 번영한 나라에 속하는 영국의 평균수명은 1650년에 32세였다. 그것이 40세를 넘은 것은 1750년 이후였다.[41)] 프랑스인들의 평균수명은 그보다 훨씬 더 낮았다. 1770~90년에 남녀 모두 27.5세에서 30세 사이였다. 독일인들의 평균수명은 더 훗날인 1816~60년에 가서야 1770년대

39) Frank, 1998, pp.177~178.

40) 저우스펀, 2006, 423쪽.

41) Lawrence Stone, *The Family, Sex, and Marriage in England, 1500~1800*, New York: Harper and Row, 1979; Pomeranz, 2000, p.36에서 재인용.

말의 프랑스인 수준이 된다.

포메란즈가 인용하는 자료들에 따르면, 동양인들의 수명은 유럽인들의 경우에 비해 최소한 뒤떨어지지 않았다. 18세기 말에서 19세기 초에 일본의 두 개 촌락에서 남자들의 평균수명은 각각 34.9세와 41.1세였다. 여자들은 44.9세와 55.0세로 더욱 높았다.[42] 중국인들의 수명은 일본인보다는 못하지만 유럽인에 비해서는 뒤지지 않았다. 18세기 중엽 비교적 번영하는 지역에서 39.6세였다. 19세기 초에는 34.9세로 떨어진다. 그래도 같은 시기 영국인들의 수명과 비슷했다. 최근의 연구들도 같은 시기 중국인들이 유럽인들 못지않은 수명을 누렸다는 것을 확인해준다.[43]

1783년에 씌어진 『열하일기』는 당시 조선 지식인이 중국 문물을 접할 때 느낀 경이로운 충격의 감정을 잘 드러냈다. 박지원은 의주를 거쳐 중국 땅에 들어서자마자 받게 된 느낌을 이렇게 토로했다. "책(柵: 압록강 부근 중국과 조선 사이 완충지대에 국경표시로 세운 울타리) 밖에서 책 안(중국 쪽 마을)을 들여다보니 여염집들이 다들 높직하고 대개는 오량(겹들보가 다섯이나 되는 집) 집들이다. 이엉으로 집을 이었으나, 용마루가 높이 솟고 문호들이 번듯하며 거리는 곧고 판판하여 양측은 먹줄을 친 듯하다. 담장은 모두 벽돌로 쌓았고 거리에는 사람 타는 수레, 짐 실은 수레가 왔다갔다 한다. 벌여둔 기명들은 모두 그림 놓은 꽃사기들로서 일반 풍물이 하나도 시골티가 없어 보인다. 전일 내 친구 홍덕보(홍대용: 1731~83)에게 중국 문물의 규모와 수법들을 들은 적도 있었지마는 오늘로 보아 책문은 중국의 맨 동쪽 끝 벽지인데도

---

42) Susan Hanley and Kozo Yamamura, *Economic and Demographic Change in Preindustrial Japan, 1600~1868*, Princeton: Princeton University Press, 1977; Pomeranz, 2000, p.37에서 재인용.

43) Pomeranz, 2000, p.38.

오히려 이만하거든, 앞으로 구경할 것을 생각하니 문득 기가 꺾여 그만 여기서 발길을 돌리고 싶은 생각이 치밀면서 전신에 불을 끼얹은 것같이 후끈한 느낌을 받았다."[44]

머지않아 중국 땅 좀더 깊이 들어간 박지원은 심지어 중국인들이 똥거름을 이용하는 데에서도 선진문물의 정수를 발견하고 있었다. "이렇게 모은 똥을 거름간에다 쌓아두는데 혹은 네모반듯하게, 혹은 팔모가 나게, 혹은 누각 모양으로 만들고 보니 한번 쌓아 올린 똥거름의 맵시를 보아 천하의 문물 제도는 벌써 여기 버젓이 서고 있음을 볼 수 있었다."[45]

세계경제의 메트로폴리스였던 중국이 막 쇠락의 길에 접어들 때였지만, 그 중심지였던 강남은 차치하고도 그 변방의 하나인 만주의 초입에서부터 청조의 선진 문물은 박지원의 기를 완전히 꺾어버렸던 것이다. 이 기록은 당시 청조하 중국 문물의 선진성을 증거하는 것이지만, 바로 이웃해 있는 세계적 메트로폴리스의 경제활동으로부터 조선이 얼마나 고립되어 있었는가를 또한 웅변해주는 것이었다. 이 같은 중국의 융성기에 조선의 안팎에서는 무슨 일이 일어나고 있었던가. 그리고 일본은 어떠했는가.

3. 동아시아 3국의 외교관계와 경제교류, 그리고 200년의 평화

임진왜란 이후 250년이 넘는 시간을 일본은 중국과 공식적인 외교관계를 갖지 않은 채 살아간다. 도요토미 히데요시의 후계자인 히데요리를 보호하며 도요토미 체제를 유지하고자 했던 다이묘들과 도쿠가와

44) 박지원, 리상호 옮김, 『열하일기 상』, 보리, 2004, 49쪽.
45) 박지원, 2004, 229쪽.

일본의 역사 지명

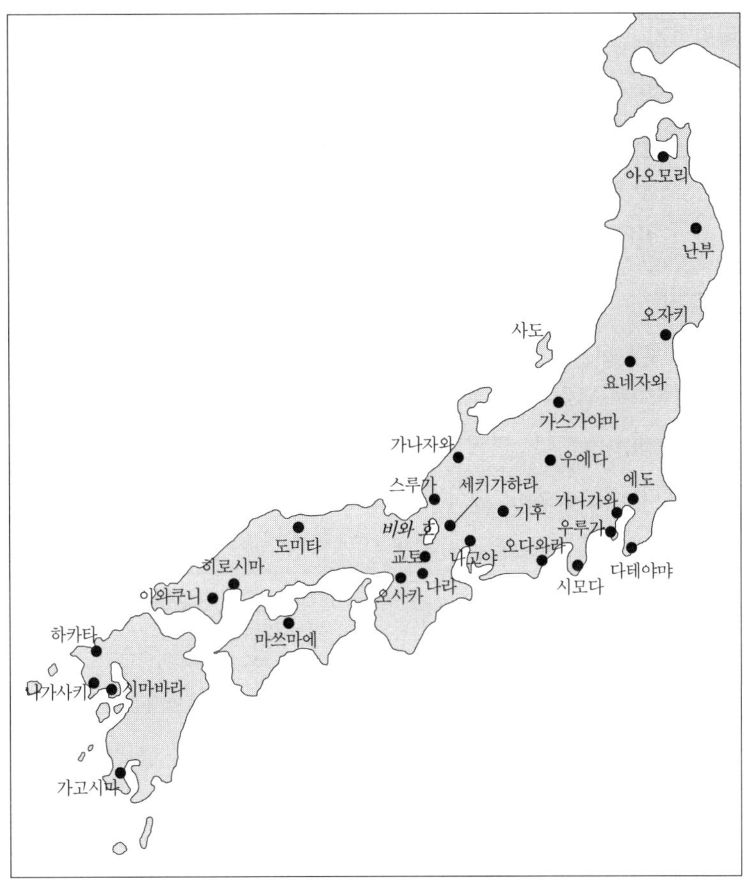

이에야스의 군대는 1600년 세키가하라(關ヶ原)에서 결전을 치른다. 승리한 이에야스는 1603년 천황으로부터 정이대장군(征夷大將軍)을 하사받고 에도 막부(江戶幕府)를 개창한다.

세키가하라 전쟁 이후 히데요리는 권력과 권위를 크게 상실했다. 그러나 이에야스는 과거 히데요시가 건설한 화려한 오사카 성을 히데요리가 여전히 차지하고 있도록 허용하고 있었다. 따라서 이후에도 히데요리와 오사카 성은 에도 막부에 대한 저항세력의 상징적 중심으로 남

아 있었다. 이에야스는 노령이 되면서 자신의 사후에 닥칠 후환을 두려워하기 시작했다. 1615년 초와 여름에 걸쳐 이에야스는 "억지구실"을 만들어 최후의 전쟁을 벌인다.[46] 잔존해 있던 히데요리 지지세력들과 에도 막부에 불만을 가진 소외된 무사세력들이 오사카에 집결하도록 유도한 후 이에야스가 벌인 이 결전은 '오사카의 진'(大阪の陣)으로 불리고 있다. 에도 막부는 명실상부하게 도요토미씨를 완전히 멸문시켰다.

도쿠가와 이에야스의 에도 막부는 처음에는 명나라와 국교를 회복하여 직접 무역관계를 맺기를 원했다. 1610년 일본에 들렀다 돌아가는 중국의 남경선(南京船) 편에 중국 복건성(福建省) 총독에게 서장(書狀)을 보냈다. 수교를 하고 중국 정부가 발행하는 무역허가장인 감합부(勘合符)를 일본 선박들에게 교부해줄 것을 요청한 것이다. 1613년에는 류큐 국왕을 통해 명나라와 국교와 통상회복을 시도했다. 명나라 정부는 일본에 대한 불신감 때문에 받아들이지 않았다. 명은 더욱이 중국인의 해외 도항을 금지시켰으며, 일본과 밀무역을 행하는 자는 극형에 처한다는 태도를 보였다. 에도 막부가 명과의 국교회복을 단념한 이유였다.[47]

강재언에 따르면, 도쿠가와 이에야스는 그보다 먼저 조선을 통해 명나라와 수교를 도모하려 했다. 일본이 조선과 교린관계를 회복한 1607년 일본을 방문한 조선 사신들에게 이에야스의 측근인 후세 모도도요(布施元豊)와 쓰시마의 가로(家老) 야나가와 가게나오가 명나라에 대한 일본의 입공(入貢)을 중개해달라는 요청을 했던 것이다. 조선 사신은 이렇게

---

46) 아사오 나오히로, 「천하통합」, 아사오 나오히로 외 엮음, 이계황·서각수·연민수·임성모 옮김, 『새로 쓴 일본사』, 창비, 2003, 266쪽.

47) 미즈모또 쿠니히꼬(水本邦彦), 아사오 나오히로 외 엮음, 2003, 279쪽.

답했다. "명나라에 대한 일본의 진공(進貢)이 조선에 무슨 상관이 있기에 우리에게 말하는가? 꼭 입공하고 싶다면 과거의 관행이 있을 터인데, 일본 스스로 주청해야 할 것이다. 우리가 알 바 아니다."[48]

그러자 모도도요는 "조선과 중국은 한몸과 같은 나라이다. 그래서 조선을 통해 진공의 뜻을 전하고 싶다"고 말한다. 이에 조선 사신은 조선이 중개하려 해도 불가능할 것이라는 점을 이렇게 설명해준다. "이 일은 극히 어렵다. 지난번 중국은 화친을 청하는 일본을 널리 포용하여 받아들였다. 중국은 조사(詔使)를 보내어 멀리 바다를 건너와 히데요시를 왕으로 책봉하고 옷을 내리고자 했다. 이는 실로 예전에는 볼 수 없는 성대한 일이었다. 그런데 그대 나라는 조명(詔命)을 받아들이지 않았을 뿐 아니라 책봉사(冊封使)를 욕보이고 구박하여 내쫓기까지 하였다. 이에 성천자(聖天子: 명나라 황제)는 몹시 노하여, 그때 화친을 주장한 군부대신 석성과 심유경 등을 처형했다. 그래서 지금도 화친에 관해 말하는 자는 바로 중벌에 처해진다. 우리나라가 어찌 감히 이 말을 명 황제에게 꺼내어 스스로 죄를 자초할 수 있겠는가."[49]

조선 사신이 언급한 석성과 심유경의 일은 사실이었다. 1597년 3월 명 황제는 심유경을 통해 일본과 화친 협상을 모색했던 석성을 잡아들여 옥사시켰다. 이어 1599년 9월에는 심유경도 처형했다. 일본에 대한 주화론자들을 일소해버렸던 것이다.[50] 이런 분위기에서 명 조정에서 어느 누구도 일본과의 국교 회복을 거론할 자가 없었을 것이며, 하물며 속방인 조선이 그 일을 중개한다는 것의 무모함은 말할 나위 없었을 것이다.

에도 막부는 초기에는 일본 상인들의 해외무역을 통제된 방식으로

---

48) 강재언, 이규수 옮김, 『조선통신사의 일본견문록』, 한길사, 2005, 91쪽.
49) 강재언, 2005, 92쪽.
50) 강재언, 2005, 95~96쪽.

허용했다. 1601년 제도화된 슈인센(朱印船)이 그것이었다. 이에야스가 발행한 도항허가장을 매개로 일본 상선이 동남아시아 여러 나라들과 교역하는 것을 관리하는 제도였다.[51] 슈인센 제도를 창안한 것은 도요토미 히데요시였다는 것은 제6장에서 이미 언급한 바 있다.[52] 어떻든 이 제도에 따라 동남아시아에 건너간 슈인센은 1604년에서 1635년까지 31년간 356척에 달했다. 이 일본 선박들은 동남아시아 각지에서 포르투갈, 스페인, 네덜란드, 중국의 선박들과 경쟁했다. 그러나 일본 선박의 해외무역에 대한 제한적 허용체제였던 슈인센 제도는 1635년 폐지되고, 에도 막부는 쇄국체제를 완성한다. 슈인센이 무기를 수출하고 일본 사회에 기독교를 전파하는 역할을 하고 있다는 것이 이유였다. 슈인센 무역은 물론이고 일본인의 해외왕래 자체를 금지시킨다. 막부 말기 페리의 원정이 있기까지 일본의 외교정책을 특징짓는 쇄국정책이 정립된 것이다.[53]

1637년에 일어난 시마바라(島原)의 난은 일본의 쇄국정책을 더욱 장기화시키는 데 결정적 영향을 미친 사건이었다. 그해 10월 규슈의 시마바라와 아마쿠사(天草)에서 기독교 농민신자를 중심으로 대규모 농민봉기, 일본사에서 '하쿠쇼 잇키'(百姓一揆)로 불리는 사태가 벌어졌다. 시마바라 번과 가라쓰 번(唐津藩)의 가혹한 정치와 기독교 탄압에 3만 7천여 농민군이 봉기하여 시마바라 성을 점거하고 저항했다. 다음해 2월 12만 명의 막부 군대가 네덜란드 선박의 엄호사격을 받으며 난을 겨우 진압했다. 이후 기독교 탄압은 더욱 강화되었다. 이를 위해 일종의 호적인 종문확인장〔宗門改帳〕 제도가 만들어지고 1664년에는 전

51) 미즈모또 쿠니히코, 2003, 275, 277쪽.

52) Mary Elizabeth Berry, *Hideyoshi*, Cambridge, M.A.: Harvard University Press, 1982, pp.211~212.

53) 미즈모또 쿠니히코, 2003, 275, 277~278쪽.

국적으로 실시된다.[54]

시마바라의 난을 겪은 후인 1639년 일본은 포르투갈 상선의 도해(渡海)를 금지시킨다. 이로써 그전까지 일본의 대외무역에서 중심적 역할을 맡았던 포르투갈 선박의 일본 내항은 끊기게 되었다. 그 대신 1641년 당시 히라도에 있던 네덜란드 상관(商館)을 나가사키항의 데지마(出島)로 옮기고, 이후 나가사키항을 창구로 하여 네덜란드와 중국의 선박들에 대한 제한적인 무역체제를 수립한다. 명 정부가 중국인의 대일본 무역 금지방침을 정했을 때, 에도 막부도 중국인 선박의 일본 내항을 통제하는 방침을 수립했다. 그러나 연간 수십 척의 중국 상선들이 일본에 내항하도록 허용한다. 에도 막부가 중국 선박 기항지를 나가사키항에 한정시켜 허용하는 체제를 수립한 것은 네덜란드에 대해서 같은 조치를 취하기 몇 년 전인 1635년이었다.[55]

요컨대 일본은 임진왜란 후 명나라와의 국교회복을 단념했으며, 명청 교체기에도 그 기조를 유지해 대륙의 일에 간여하지 않았다. 청이 중국을 통일하고 새로운 지배자가 된 이후에도 일본은 끝내 중국과 국교를 맺지 않았다. 청과 책봉체제는 물론이고 공식적인 조공무역에도 참여하지 않았다. 다만 조공이 아닌 사무역의 형태로 나가사키항을 중국 선박들에게 개방함으로써 중국을 포함한 동아시아 무역체제에 참여했다. “조공무역 체제에 직접 참가하지 않은 채 동아시아 교역권에 들어가 필요한 물자를 확보하려고 한 것”이 에도 막부 외교정책의 특징이었다.[56] 일본은 청과 네덜란드는 ‘통상’의 나라, 그리고 조선과 류큐는 국교가 있었기 때문에 외교관계상 한층 더 공식적인 위상을 뜻하는 ‘통

54) 미즈모또 쿠니히코, 2003, 276~277쪽.

55) 미즈모또 쿠니히코, 2003, 278~279쪽.

56) 요시노 마코토, 한철호 옮김, 『동아시아 속의 한일 2천년사』, 책과함께, 2005, 211쪽.

신'의 나라, 즉 통신사가 오가는 나라로 자리매김했다.[57] 다른 말로 하면 일본의 대외 경제교류에서 조선은 이렇다 할 비중이 없었다는 말도 된다.

에도 막부는 나가사키를 창구로 하여 중국과 유럽과의 상업적 관계를 유지하되, 이를 막부의 직할 통제하에 두었다. 반면에 류큐와 조선에 대해서는 대리인을 통하여 무역과 외교관계를 유지했다. 류큐의 경우, 에도 막부는 규슈의 사쓰마 번의 시마즈씨로 하여금 3천 병력을 동원해 류큐 왕국을 정복하게 했다. 1609년이었다. 시마즈씨가 류큐 왕국을 지배하게 함으로써 일본에 복속시킨 것이다. 막부는 시마즈씨에게 일본과 류큐 사이의 무역을 독점하도록 했으며, 동시에 류큐가 중국과의 책봉관계를 유지하도록 허용했다. 류큐는 중국과 일본에 이중적인 속국의 관계에 있었던 셈이다.[58]

조선과 일본의 중간 대리인 역할은 대마도의 번주 소씨(宗氏)가 담당했다. 조선과 일본 간의 무역을 관리하는 규정은 조선과 대마도의 소씨 사이에 1609년에 맺어진 기유조약(己酉條約)이었다. 무역선을 가리키는 세견선 20척, 또 수직인(受職人) 다섯 명의 배 등이 왕래함으로써 조일 간의 무역이 재개되었다. 대마도의 소씨는 도쿠가와 막부를 대신하여 통신사의 파견을 요청한다든지 하는 국가 간의 교섭과 조일무역의 실무를 담당하는 지위를 갖게 되었다. 이 체제는 에도 막부 말기까지 유지된다.[59]

병자호란 이후 조선 왕조는 북벌론을 내세우기도 했으며, 지식인들 사이에 숭명반청의 대명사대주의가 풍미했다. 하지만 공식적으로 조선이 청조에 대해 갖춘 예는 바로 속국의 그것 이상도 이하도 아니었다.

---

57) 요시노 마코토, 2005, 209~210쪽.
58) 일본 역사교육자협의회, 『동아시아 역사와 일본』, 동아시아, 2005, 152~153쪽.
59) 일본 역사교육자협의회, 2005, 153쪽.

장페이페이 등 중국 학자들은 "청조가 연경에 수도를 정한 이후 200여 년간 중조(中朝) 관계의 발전은 순탄했으며, 그 성과는 명나라 시기의 중조 관계를 초월했다"고 평가한다. 조선의 인조가 그 전란들에도 불구하고 이상적인 중조 관계의 준칙으로 삼은 것은 이와 같았다. "종속국에서는 성실하게 폐하를 모시고 있고, 폐하 또한 예에 따라 소국을 상대해주어 군신간에 각자 도를 지킨다."[60] 1726년 조선 영조가 청나라 황제 옹정제에게 올린 상주문은 "소국이 대대손손 종속되어 오면서 조심스레 섬기었으며, 상국도 내부의 신하를 대하듯 잘 대해주었습니다. 그중에서도 성조 황제부터 점점 우대해주는 바가 컸고, 부탁하는 일이 있으면 반드시 그 청원을 들어주었고, 소원을 다 풀어주셨습니다. 신왕(臣王)은 황은(皇恩)을 잊을 수 없어 각골난망하옵니다"라고 했다. 이런 말은 조선의 임금들이 청나라 황제에게 올리는 상주문에 반복적으로 사용되었다.[61] 장페이페이 등은 청과 조선의 200여 년의 외교관계와 평화를 이렇게 요약한다. "순치제 때부터 청나라 정부는 스스로 조선에 대한 정책을 바꿔 각박하게 간섭하던 데서부터 너그럽게 대하여 체통을 지키는 것을 의무로 간주했다. 200여 년의 평화롭고 화목한 우호관계는 이렇게 확립되었다."

중국과 조선 사이의 무역관계는 중국과 일본, 그리고 일본과 조선 사이의 무역관계와 물론 달랐다. 조선과 청의 무역관계는 세 가지 양상을 띠었다. 첫째는 양국 변경에서의 시장교역이었다. 중강, 회령, 경원의 세 곳에 무역시장이 섰다. 둘째는 사절단 무역과 책문시장이었다. 셋째는 조선 서해안 부근에서 양국 어민들이 행한 밀무역이었다. 이중에서 가장 중요한 것은 세 곳의 공식적인 공동시장에서의 교역이었다. 그

60) 장페이페이 외, 2005, 510쪽.

61) 『청사고』, 권526, 14588쪽; 장페이페이 외, 2005, 510쪽.

러나 그나마도 사실상 매우 제한적이었다. 예컨대 중강시의 경우 봄과 가을에 각각 하루씩만 개장했다. 공동시장에 참가하는 사람들도 양국 정부에서 규정하고 있었다. 이 제한을 넘고자 출현한 것이 이들 공동시장에서의 사영시장(私營市場)이었다. 이를 '중강후시'(中江後市)라고 했다.

후시, 즉 사영시장에 대해 청은 개방적이었던 반면, 조선은 폐쇄적이었다. 1700년(강희 39) 청 조정의 예부는 조선에 공문을 보낸다. 사영시장에 참여하는 중국 상인들에 대해 3퍼센트의 영업세를 징수한다는 통보였다. 청조가 조선과의 사무역을 공인하고 있었음을 뜻하는 것이었다. 그러나 조선은 후시를 반대했다. 조선인들이 이 시장에 나서는 것도 금지했다. 이듬해 중국 상인들은 백은 3만 냥에 달하는 비단과 겨울모자와 솜 등을 중강에 운반해왔다. 그러나 그들은 그냥 돌아가야 했다. 조선 상인이 아무도 없었기 때문이다. 1735년(옹정 13)에는 중강에 파견된 청나라 세무관이 청 조정 예부에 상주했다. 조선 국왕에게 각서를 보내 조선 상인들이 중강후시에 참여할 수 있도록 허용할 것을 청원한 것이었다. 그래도 조선은 중강후시를 정식 승인하지 않았다. 다만 적극 금지하지는 않았던 것으로 보인다. 두 나라 상인들은 중강후시를 모두 이익으로 여겼다. 그래서 사영시장의 발전은 매우 빠르게 진행된다. 한때는 정부가 주도하는 관시장보다 그 규모가 컸다고 한다. 나중에는 책문후시(柵門後市)가 더 흥성함에 따라 중강후시는 쇠락했다.[62]

요컨대 조선은 청조와 외교적으로는 예를 다하고 일련의 무역관계를 가지면서도, 중국 문물을 받아들이고 자신도 개방하는 데에는 매우 소극적이었다. 경제사회적인 이유도 있었겠지만, 명조가 멸망한 후에도 이조 왕실이 임진란 시기 명나라 황제인 신종(神宗)에 대한 추모제

62) 장페이페이 외, 2005, 513쪽.

사를 줄곧 지낸 데에서 표현되는 대명사대의 이데올로기와도 무관하지 않았다. 인조는 궁중에서 그를 위해 언제나 향불을 피워놓는 것을 잊지 않았다. 숙종은 명나라 마지막 황제인 숭정제에 대한 제를 지내게 했다. 그는 한성부에 명해 대보단(大報壇)을 세우고 신종에 대해서도 제를 올렸다. 『예기』(禮記)를 보면 '대보'란 성스럽게 축원하며 하늘에 제를 올린다는 뜻이다. 숙종이 세운 대보단의 '대보'는 그런 의미도 있다고 할 수 있지만 명나라의 은덕에 보답한다는 의지도 담고 있었다.

1794년에는 신종뿐 아니라 명나라 태조, 의종의 대보단도 함께 세우고 오랑캐에 저항하겠다는 뜻을 표시했다. 이들 세 명의 명나라 황제들이 즉위한 날과 사망한 날에 망배례(望拜禮)를 지냈다. 이조 말기까지 이런 제사는 해마다 계속해서 진행되었다.[63] 말하자면 조선 지배층은 한편으로 현실을 받아들이고 청조에 대한 공식적인 조공의 예는 다하였다. 그러나 경제와 문화 양면에서 문물의 도입과 교류에는 매우 소극적이고 부정적이었다. 정신적으로는 여전히 대명 사대주의에 집착하고 있었다.

조선과 일본의 외교·경제 관계는 어떠했는가. 앞서 일본이 조선과 대마도 번주 소씨를 매개로 기유조약을 맺어 조일무역이 임진란 이후 처음으로 재개되었음을 밝혔다. 도쿠가와 이에야스는 에도 막부를 개창한 이후 최우선의 외교과제로 조선 및 명과의 국교회복을 꼽았다. 조선도 만주에서 누르하치의 세력이 팽창하고 있어 이에 집중하기 위해서는 일본과의 화평이 중요하다고 생각했다. 그 화평 교섭을 대마도의 소씨가 맡은 것이었다. 조선이 전후 처음으로 일본에 사절을 파견한 것은 1605년이었다. 승려 유정(惟政)이 적국 일본의 정황을 탐색한다는 뜻을 가진 탐적사(探賊使)로 대마도에 파견되었다. 대마도주는 유정을

63) 장페이페이 외, 2005, 482쪽.

교토로 안내했고, 여기서 그는 이에야스와 그의 아들 히데타다(秀忠)를 만난다.

그러나 어느 쪽이 먼저 국서를 보내야 하느냐와 침략 중에 왕릉을 도굴한 범인 인도 등의 조건을 두고 화평교섭은 순조롭지 않았다. 이후 교섭은 대마도와 조선 간에 이루어졌다. 1606년 '일본 국왕'을 칭한 이에야스의 국서를 지닌 사절단이 조선에 파견되었다. 나중에 일본은 조선이 요구하는 대로 쇼군의 지위를 일본 국왕으로 하여 국서의 격식을 갖추게 된다. 그런데 이것은 화평교섭을 성사시키기 위한 대마도주(쓰시마 번주)의 개찬(改竄)이었음이 발각된다. 에도 막부는 이를 알아차리고 1635년 대마도주에 대한 재판을 하게 된다. 그러나 어떻든 당시 조선은 그것을 진짜로 받아들였다.[64] 일본은 대마도에서 다른 혐의로 우연히 잡힌 죄수들 두 명을 왕릉 도굴범으로 속여서 조선에 보냈다. 조선 정부는 1607년 모두 500명에 달하는 사절단을 파견한다. 일본이 먼저 보내온 국서에 답하는 사절이라는 뜻과 함께 조선인 피로인들의 쇄환을 목적으로 삼았다는 의미에서 회답겸쇄환사(回答兼刷還使)가 그 이름이었다.[65]

이를 포함하여 조선이 에도 막부시대 일본에 보낸 통신사는 12차례였다. 1607년에 이어, 1617년(광해군), 1624년(인조), 1636년(인조), 1643년(인조), 1655년(효종), 1682년(숙종), 1711년(숙종), 1719년(숙종), 1748년(영조), 1764년(영조), 그리고 마지막은 1811년 순조 때였다.[66] 조선이 통신사를 보내는 것은 원칙적으로 일본에서 쇼군이 교

64) '국서' 조작과 이에 대한 일본의 태도에 대해서는, 閔德基, 『前近代東アジアのなかの韓日關係』, 東京: 早稻田大學出版部, 1994; 요시노 마코토, 2005, 202~208쪽 참조.

65) 요시노 마코토, 2005, 199~200쪽.

66) 仲尾宏, 『朝鮮通信使と徳川幕府』, 明石書店, 1997; 요시노 마코토, 2005, 214쪽.

체될 때 이를 축하한다는 의미였다. 보통 300~500명에 이르는 대규모 사절단이었다.[67] 1차에서 12차에 이르는 통신사 파견의 간격은 17년이었다. 대체로 거의 잊을 만할 때 한 번 가는 정도였다. 영조 때인 1764년에 이루어진 11차 통신사와 마지막인 1811년 사이엔 무려 47년이라는, 거의 반세기의 간격이 놓여 있었다. 또한 1811년 후 조선은 메이지 유신 정권이 서기까지 반세기 넘게 공식적인 사절을 보낸 일이 없었다.

기유조약에 따라 부산에 왜관(倭館)이 설치되고 쓰시마를 매개로 한 무역이 재개된다. 처음에는 왜관이 두모포(豆毛浦)에 있었다. 1678년에 왜관은 초량으로 옮겨진다. 초량왜관은 먼저의 것보다 면적이 10배나 큰 11만 평에 달했다.[68] 도쿠가와 막부의 일본과 조선 사이에 무역이 꾸준히 성장했음을 보여준다. 1867년 도쿠가와 막부 최후의 쇼군인 도쿠가와 요시노부(德川慶喜)가 메이지 천황에게 통치권을 반납한다는 뜻의 대정봉환(大政奉還)을 하면서 에도 막부시대도 공식적인 종말을 고한다. 조선의 통신사는 1811년 대마도 역지빙례(易地聘禮)를 마지막으로 중단되지만, 조선의 동래부와 일본의 쓰시마 번 사이에는 사절왕래와 왜관무역이 계속되었다. 조선과 일본의 교류가 완전히 단절된 것은 아니었던 셈이다.[69]

어떻든 12차 통신사 파견을 마지막으로 조선과 일본 사이에 외교 사절이 두절되었다. 그리고 1764년 11회 통신사 파견 이후 마지막인 12회 파견 사이에 약 반세기에 가까운 공백이 있었던 것인데, 이에 대한 직접적인 책임은 일본 쪽에 있었던 것으로 보인다. 1787년 에도 막

67) 요시노 마코토, 2005, 213~214쪽.
68) 강재언, 하우봉 옮김, 『선비의 나라 한국유학 2천년』, 한길사, 2003, 321쪽.
69) 강재언, 2003, 321~322쪽.

부의 11대 쇼군 도쿠가와 이에나리가 취임하자 과거의 예에 따라 쓰시마 번은 조선에 통신사 파견을 요청할 것인지를 막부에 문의한다. 막부의 최고 정무책임자였던 마쓰다이라 사다노부는 조선통신사 요청을 무기한 연기하기로 결정한다. 막부 재정의 어려움, 대기근, 그리고 폭동 등 일본 국내의 혼란스런 모습을 조선에 보이고 싶지 않아서였을 것이라고 해석되기도 한다.[70)]

이후 일본이 통신사 요청을 하게 되는 것은 이에나리의 쇼군 취임 24년 후인 1811년이었다. 이때 조선통신사에 대한 일본의 접대는 에도가 아닌 쓰시마에서 행해졌다. 18세기 초반에 일본이 조선통신사를 한 차례 맞이하는 비용은 100만 냥에 달했다. 당시 막부의 연간 예산이 78만 냥이었던 것에 비추어 일본으로서는 심혈을 기울이는 국가적 외교사업이었다. 그러나 1811년에 파견된 통신사의 규모는 336명으로 줄었다. 일본이 부담한 접대비용도 예전의 3분의 1에 해당하는 32만 냥이었다. 또한 통신사 접대를 담당한 에도 막부 관리는 국서교환을 마친 후 서둘러 에도로 돌아갔다. 이전과 같은 문화교류는 거의 찾아볼 수 없었다.[71)]

이유가 어떻든 조선 정부 차원에서 일본에 대한 관심과 이해의 노력이었던 통신사 파견이 중단되었다는 사실은 중요한 일이었다. 그 공백을 다른 방식에서의 관심과 노력으로 대체하거나 보완하지 않았다는 것 또한 문제였다. 도쿠가와 막부체제가 정치적으로 불안정해지기 시작하였고, 조선왕조 역시 세도정치의 발호와 민란의 전개 속에서 대외관계에 주목하며 평화를 관리할 수 있는 능력이 현저히 저하되고 있을 때였다. 아울러 18세기 말 박지원과 그의 제자 박제가를 비롯한 실학파들이 밖으로부터 새로운 문물을 배우려던 기풍이 세도정치에 의해 봉

70) 한일공통역사교재 제작팀, 『조선통신사: 도요토미 히데요시의 조선 침략과 우호의 조선통신사』, 한길사, 2005, 155쪽.

71) 한일공동역사교재 제작팀, 2005, 156~157쪽.

쇄되기 시작하던 시점에 일본에 대한 통신사 역시 중단되었다는 것은 반드시 우연의 일치라고만 할 수 없었다.

조선은 개국 초기로부터 한동안 일본에 사절을 보내며 통신을 했다. 일본이 전국시대라는 혼란기에 접어들면서 조선은 일본에 대한 관심을 접었다. 그리고 임진왜란이 발생했다. 이어 병자호란도 겪었다. 그후 약 1세기 동안 일본도 안정되었고 조선도 안정을 누렸다. 조선은 일본에 통신사를 파견함으로써 일본에 대해 관심을 갖고 교린의 필요성에 나름대로 주목했다. 그러나 스스로 내정이 불안하고 또한 일본 역시 정세가 불안정해짐에 따라 조선은 다시 일본에 대한 관심이나 교린의 노력을 포기했다. 그 결과는 본질적인 의미에서 같은 것이었다. 과거에는 도요토미 히데요시의 통일정권이 등장하고 영토적 야욕이라는 새로운 지향을 가진 일본이었다. 이번에는 에도 막부라는 여전히 봉건적이고 다원적이었던 정치질서와는 전혀 다른 통합된 국가와 판이한 대외적 지향을 가진 정치권력이 메이지 유신을 통해 일본에 등장하게 되는 것이었다.

4. 청의 융성기 조선의 소중화주의와 아Q식 정신승리법

루쉰(魯迅: 1881~1936)의 대표소설로 꼽히는 것에 「아Q정전(正傳)」이 있다. 중국에 미장이라 불리는 시골 마을이 있었다. 이 마을에 사는 뿌리 없는 날품팔이 룸펜 노총각의 이름이 '아Q'이다. 그는 자신이 처한 현실과는 정반대로 자신의 존재를 머릿속에서 지어내 그것을 현실이라 억지로 생각한다. 현실에서 벌어진 일에 '발상의 전환'을 하면 자신은 그 상황의 패배자가 아니라 승리자가 된다. 그리고 정신적 만족감을 누린다. 루쉰은 여기에 '정신승리법'이란 이름을 지어 붙였다.[72]

아Q는 동네 한량들에게 머리채를 잡혀 돌담벼락에 머리를 짓찧지만,

자신을 혼내준 상대방을 '아들놈'이라 생각하고는, 아들놈에게 한 대 얻어맞은 셈치기로 마음먹는다. 그렇게 생각하자마자 그는 얻어맞는 자기보다는 때린 '아들놈'이 불쌍해지고 스스로 승리감을 맛본다. "난 아들놈에게 얻어맞은 셈이야. 요즘 세상은 정말 말이 아니야." 그래서 형식에선 졌지만 내용에서는 승리했다고 내심 주장한다.

동네 건달들은 아Q가 이런 정신승리법을 익히고 있음을 알게 되자, 자신들이 이겼으되 아Q가 정신승리하는 것도 막고자 전술을 바꾼다. 다음에 아Q의 머리채를 붙잡아서는 이렇게 강요한다. "아Q, 이건 아들이 제 아비를 치는 게 아니라 사람이 짐승을 치는 거야. 자, 어서 네 입으로 '사람이 짐승을 친다'고 말해봐."

아Q는 이 상황에서 얼른 빠져나가기 위해서 한량들이 요구한 수준보다 자신을 더욱 낮춘다. "벌레를 친다고 하면 어떠냐? 난 벌레다. 그래도 안 놓겠냐?" 그렇게 해서 아Q로부터 완전항복을 받아냈지만 한량들은 아Q의 머리채를 쥔 채 담벼락에 끌고 가서 그의 머리를 대여섯 번 찧는다. 그제야 한량들은 아Q란 놈이 단단히 곤욕을 치러 다시는 아비가 아들에게 얻어맞았을 뿐이라는 따위의 정신승리를 구가하지 못할 것이라 여기고 이제야말로 저희들이 이겼다고 으스대면서 흡족한 마음으로 가버린다. 이후 아Q의 정신승리법의 전개를 루쉰은 이렇게 묘사한다.

"그러나 10초도 안 돼서 아Q도 제가 이겼다고 으스대면서 흡족한 마음으로 가버린다. 그는 자기야말로 스스로를 업신여기고 낮추는 데에 있어선 첫째가는 사람이라고 생각한다. '스스로를 업신여기고 낮춘다'는 말만 빼놓으면 자기가 '첫째가는 사람'인 것이다. 장원급제한 사람도 '첫째가는 사람' 아닌가? 그런데 네까짓 놈들이 다 뭐냐? 아Q는 이

72) 노신문학회 편역, 『노신선집 1』, 여강출판사, 2003, 108쪽.

러한 묘한 방법으로 적수들을 이기고는 기분이 좋아서 술집으로 달려간다."

아Q의 이런 정신승리법 기술은 마침내 아Q를 머지않은 날에 형장의 이슬로 사라지게 만든다. 신해혁명이 지방을 휩쓰는 시점을 배경으로 한 것이지만, 이때 미장에는 아직 혁명의 기류가 미치기 전이었다. 근처 성이 있는 도시에 혁명군이 나타났다는 소식이 들리자, 아Q는 자신이 이미 혁명군이 되었다고 생각한다. 혁명군의 노래 비슷한 분위기를 풍기는 경극 「용호투」(龍虎鬪)의 가사를 흥얼거리며 거리를 돌아다닌다. 그가 중얼거린 가사에는 "에루화, 이내 눈에 드는 것은 모두 다 내 것이고…… 후회한들 늦었도다. ……어허 이놈, 쇠 채찍으로 네놈을 후려치리라" 등의 노랫말이 들어 있었다.

항상 그를 경멸하던 동네 사람들이 그를 두려워하며 굽실거린다. 그 사이에 혁명군의 복장을 한 화적패가 동네 유지인 조 영감 집을 털어간 일이 발생했다. 조 영감 집 마님 침대 밑에는 성이 있는 인근 도시에서 실력자로 통하는 거인(擧人) 영감이 혁명세력에 빼기지 않으려고 조 영감에게 맡긴 재물도 함께 숨겨져 있었다. 그것도 함께 털리고 말았다. 그런데 그 도시를 장악한 혁명세력은 토착 실력자인 거인 영감과 결탁하여 권력을 나누어 갖게 된다. 거인 영감의 명령으로 이른바 '혁명군대'는 그의 재물을 되찾기 위해 미장 마을에 들이닥친다. 혁명군을 가장하여 조 영감 집 재물을 털어간 도적패를 붙잡으러 나선 것이다. 아Q는 혁명군을 흉내내어 도적질을 한 적당의 하나로 몰려 결국 총살을 당하고 만다. 그가 총살당하는 꼴을 본 도시 사람들은 "총살은 목을 자르는 것보다 구경거리가 되지 못한다"는 이유로 불만을 터뜨린다. 미장 마을 사람들은 아Q가 정말 나쁘지 않다면 총살을 당했을 리가 없었다며 아무도 그를 동정하는 사람이 없었다.

'오랑캐'가 이미 강성해져 있는 것을 뻔히 보고서도 이렇다 할 실력

양성의 노력도 기울이지 않았고, 이렇다 할 외교적 대책도 없이, 버티기만 하다가 삼전도에서 몇 갑절의 굴욕을 겪은 조선 왕조는 이후 중국을 통일하여 번영을 누리는 청 제국에 대해 겉으로는 깍듯이 머리를 숙이었다. 하지만 조선은 청국에 대해 아Q식의 독특한 정신승리법을 개발했다. 그것이 소중화주의라는 것이었다. 정통 중화 명나라는 갔으니, 청나라는 가짜 중화요, 이제 남아 있는 진짜 중화는 조선이다라는 것이었다. 이후 조선은 스스로를 작은 진짜 중화로 알고 청나라를 가짜 중화로 내심 업신여기려 애썼다. 중국 전체를 호령하며 이후 150년에 걸친 부국강성을 누리는 청 제국을 '북벌'하겠다는 돈키호테적인 망언을 임금이고 신하들이고 삼가지 않았다.

사실 조선 위정자들의 그 같은 정신승리법은 반드시 진정한 의미에서의 청나라에 대한 대책은 아니었을 수도 있다. 조선 백성들 앞에서 왕조와 사대부 집단의 위신을 세우는 방편에 불과한 것일 수도 있었다. 국내 정치질서에서 지배를 위한 이념적 장치라는 성격도 갖고 있었던 것이다. 문제는 이런 아Q식 정신승리법이 조선의 학문과 외교, 그리고 내정에서까지도 진정한 발전과 개혁을 위해서는 하등의 도움이 되지 않았으며, 장차 나라가 망하는 데 기여했을 뿐이라고 하지 않을 수 없다는 것이었다.

조선 왕조의 지배층은 임진왜란과 병자호란 이후 중국의 통일과 일본의 도쿠가와 막부의 안정으로 동아시아에 찾아온 평화의 시대에 무엇을 배우고 무엇에 힘썼는가. 이 시기 조선의 정치와 사상을 지배한 것이 무엇이었던가 라는 질문에 대한 답에서 성리학의 풍미와 사림파 내부의 당쟁과 사화를 빼놓을 수는 없다. 그 둘은 불가분한 관계를 가지면서 조선 후기 정치사상의 경직성과 정치 퇴행을 가중시켰다. 세 차례에 이르는 전란으로부터 무엇을 배우고 무엇을 추구해야 할지 사실상 아무것도 교훈을 얻은 것이 없는 것처럼 조선의 사상도 정치도 흘러갔다.

유학적 공리공론과 정치파쟁이 떨 수 없이 엮여 돌아가면서 조선의 정치와 사상의 흐름을 왜곡하기 시작한 기원은 젊은 사림파들이 중앙 정치에 진출하기 시작한 성종(成宗: 재위 1469~94) 시대 이후의 일로 평가된다. 조선 왕조 수성기(守城期)로 불리는 그 이전 시대의 정치 담당자들이었던 훈구파(勳舊派)에게는 학문이란 경세유용(經世有用)과 불가분한 것이었다. 따라서 공리공론에 빠지기 쉬운 경학(經學)에만 머물지 않고 실학(實學)을 겸수(兼修)하는 기풍이 강했다. 이들이 문화사업에 큰 업적을 남긴 것은 그와 무관하지 않았다. 이들은 때로 유학을 넘어 불교에 대한 포용적 태도를 보이기도 했다. 훈구파의 유학은 다분히 개방적이었음을 뜻했다. 세조대에 유불겸수(儒佛兼修)가 진행된 것은 그 표현이었다.

반면에 사림파(士林派)는 경학과 실학을 구분할 뿐 아니라 실학을 잡학으로 칭했다. 또 그러한 실학에 종사하는 사람을 잡류라 이르며 자신들을 칭하는 사류(士類)와 엄격히 구분하여 경멸했다.[73] 경학에 편중하고 실학을 경시한 조선 후기 지식인들의 사상과 정치는 파벌끼리 공리공론을 펴고 자기주장을 하는 데에 이용된 개인문집들을 양산했다. 조선 전기(前期)의 학문과 정치가 이룩한 기념비적인 성과들과 크게 대비되는 것이었다. 훈구파의 유자(儒者)들은 경세에 중점을 두고 거기에 필요한 실용의 학문을 포괄적으로 발전시켰다.

이를 위한 집단적 노력의 결과가 훈민정음(訓民正音)의 제정, 조선 왕조의 기본법전인 『경국대전』(經國大典) 편찬, 1485년(성종 16)에 간행된 한국 최초의 통사 『동국통감』(東國通鑑), 지리서 『동국여지승람』(東國與地勝覽), 신라시대 이래의 시문을 집대성한 성종 9년 때(1478)

73) 강재언, 2003, 308쪽.

의 『동문선』(東文選) 등이었다. 반면에 사림파들은 마찬가지로 주자학자들이었음에도 훈구파들과 대조적으로 주자학 안에도 포함되어 있는 경세학과 고증학적 측면들을 떼어내고 성리학에만 몰두했다. 이들에게 주자학은 오로지 성리학과 동의어가 되고 말았다.[74)]

사대부들이 '잡학'을 기피하면서 실용적 학문들은 중인계층만이 세습적으로 하는 학문으로 굳어져갔다. 그 시점이 서인파가 광해군을 몰아내고 옹립한 인조(재위 1623~49) 때의 일이었다는 사실[75)]은 우리가 두고 두고 곱씹어볼 일이다. 인조대의 조선 지도자와 지식인들이라면 세 차례의 전란을 통해 실학의 중요성을 새삼 깨닫고 그간의 경학 편중을 반성하고 개변하는 노력을 해도 모자랄 것이었다. 그러나 오히려 경학 편중과 실학 경시의 풍조로 나아갔다. 안타까운 일이었다. 이러한 학문의 추상화는 현실정치에서 북벌을 논하는 허구, 그리고 이미 사라진 명조에 대한 심화된 사대주의라는 시대적 도착과 일면 상호조응하여 어울리는 측면도 있었다. 그것들은 서로 상승작용을 일으키면서 조선의 정치와 사상을 나라와 민중의 현실적인 삶과 대외관계를 개척해나가는 노력으로부터 점점 더 멀리 떨어지게 하였다.

경학 중시의 기풍 아래서 공리공론을 둘러싼 싸움을 매개로 정치적 파벌이 고착되었다. 공리공론은 일련의 피비린내나는 권력투쟁인 사화(士禍)와 엮이면서 집단적 삶과 죽음의 문제로 치달았다. 불행한 역사적 경험에 대한 집단적인 성찰의 학문은 존재하지 않았다. 경세유용과는 무관한 공리공론 속에서, 시대착오적이고 자기폐쇄적이었던 대외인식으로서 대명사대주의가 견지되었다.

조선 지배층의 국교(國敎)이다시피 했던 정치사상으로서의 성리학

74) 강재언, 2003, 310쪽.

75) 강재언, 2003, 308쪽.

(性理學)은 16세기 퇴계 이황(退溪 李滉: 1501~70)과 율곡 이이(栗谷 李珥: 1536~84)를 양대 산맥으로 했다. 이들을 정점으로 사상논쟁과 당쟁(黨爭)이 서로 연결되었다. 이황의 계열은 영남(嶺南)학파인 반면, 이이의 계열은 충청도와 서울·경기를 기반으로 하는 기호(畿湖)학파를 형성했다. 영남학파가 동인(東人)일 때 기호학파는 서인(西人)이었으며, 영남학파가 남인(南人)일 때, 기호학파는 노론(老論)과 소론(少論)의 당파를 형성했다. 1680년대에 서인들은 남인에 대한 처벌을 둘러싸고 스승인 송시열과 제자인 윤증 사이에 갈등이 일어나 노론과 소론으로 갈린 것인데, 과격한 처벌을 주장한 송시열이 노론의 영수였고 윤증이 소론을 이끌었다.

17~19세기 조선의 정치사상은 충청도에 자리잡은 송시열과 서울 근교에 자리잡은 김상헌(金尙憲: 1570~1652)을 우두머리로 한 기호학파 계열의 전통이 지배했다. 송시열과 김상헌 모두 1636년 병자호란을 당하여 강화도로 도망가다 청나라 군대에 길이 막히매 남한산성으로 발길을 돌려 그곳에 칩거한 인조를 호종한 인물들이었다. 이들은 명나라에 대한 사대와 "오랑캐 청나라"에 대한 배척, 즉 존명배청의 논리를 절대화했다. 조선 후기 지식인들은 주류, 비주류를 막론하고, 청나라를 오랑캐로 배척하고 이미 멸망한 명나라를 중화의 정통이라며 존숭(尊崇)하는 '숭명배청'(崇明排淸)의 의리를 신봉하기는 마찬가지였다. 그래서 "대명의리론은 17세기 이후 조선 사회를 대변하는 시대적 코드"였다. 하지만 북벌론과 존명배청을 주자학 절대주의와 함께 배타적으로 내세우는 데 특히 앞장선 것이 송시열을 영수로 하여 정립된 노론의 전통이었다.[76]

---

76) 박병련·권오영, 「퇴계·율곡 이후 성리학의 흐름」, 동양정치사상학회 엮음, 『한국정치사상사: 단군에서 해방까지』, 백산서당, 2005, 368~370, 374~375쪽.

송시열 자신도 권력투쟁의 제물이 된 것을 피할 수는 없었다. 숙종 15년인 1689년 장희빈(張禧嬪) 소생의 아들을 왕세자로 책봉하면서 민비(閔妃)를 폐비하려는 움직임이 일어났다. 이때, 송시열은 민씨를 폐비하는 데 반대하고 왕세자 책봉에도 반대하는 상소를 올렸다. 그 바람에 제주도에 유배를 갔다. 그리고 남인이 집권했다. 이를 기사환국(己巳換局)이라 했다.

그해 6월 송시열은 전라도 정읍에서 사약(死藥)을 받았다. 그 자리에서 그는 수제자 권상하에게 유언했다. "학문은 마땅히 주자를 주로 하고, 사업은 효종(孝宗)이 추진하고자 했던 뜻〔北伐〕을 주로 하라"는 것이었다. 아울러 화양동(華陽洞: 청주 근처)에 만동묘(萬東廟)를 세워 명나라 황제를 제사지내도록 당부했다.[77]

송시열이 반대했던 장희빈이 방자해짐에 따라 숙종은 그녀를 폐하고 민비를 복위시켰다. 그와 함께 남인정권은 붕괴했다. 이때의 타격으로 남인은 조선 정치 무대에서 다시는 주류가 되지 못했다. 송시열의 파벌인 노론과 소론의 세상이 되었다. 이를 갑술옥사(甲戌獄事)이자 갑술환국(甲戌換局)이라 했다. 송시열도 당연 신원(伸冤)되고 복권되었다. 1694년이었다. 이로써 송시열의 유언이 조선의 학문과 정치의 지도원리로 더욱 고착되는 것이 가능해졌다.

노론이 재집권하면서 조선의 대명사대와 청나라 배척은 더욱 본격화했다. 1705년 명나라의 은혜에 보답한다는 뜻의 대보단이 창덕궁 금원(禁苑)에 세워져 명나라 황제에 대한 제사가 시작되었다. 영조 때는 『명배신고』(明陪臣考)를 편찬했다. 정조 때에도 그의 명으로 『존주휘편』(尊周彙編)을 편찬했다.[78] 모두 대명의리론을 다지는 사업들이

77) 박병련·권오영, 2005, 376쪽.

78) 다만 정조는 다른 임금들과는 달리, 정치적인 이유에서 대명의리론을 지지하긴 했지만, 청의 문물을 받아들이는 것에 대해서는 진취적이었다. 그 둘은 모

었다.[79] 화양동에는 전쟁 시기 명나라 황제 신종(神宗: 萬曆帝, 재위 1573~1620)과 그 마지막 황제 의종(毅宗: 崇禎帝, 재위 1628~44)을 제사지내는 만동묘가 세워졌다. 숙종은 그 관리를 위해 땅과 노비를 주었다. 영조 때에도 묘를 중수하고 더 많은 땅을 내주었다.

중국을 통일한 제국이라도 조선은 정통 중화와 오랑캐를 구분했다. 만주족 오랑캐가 건설한 청나라의 중화제국은 가짜라 하여 배척하는 대명 의리론이 조선 주자학의 절대적인 기준으로 되면서, 조선의 학문은 장차 19세기 말기 조선이 처하게 될 새로운 국제현실에서도 세계를 사시(斜視)로 보게 만들었다. 조선 지배층은 한편으로는 새로운 중화제국의 질서에 복종하여 행동하면서도 다른 한편에서는 존재하는 현실 그대로의 국제질서의 실체를 인정하지 않고 외면했던 만큼, 행동과 사유 모두에서 정신분열증적 이중인격을 형성했다. 조선 지식인들의 기묘한 이중인격적 상황은 19세기에 마침내 중화질서의 와해와 새로운 세계질서의 태동에 직면하여 현실에 굳건히 바탕을 두고 행동과 사유에서 창조적으로 대응해나가는 지적 에너지를 갖기 어렵게 만들었다.

조선 지식인에게 청국을 현실의 중화제국으로 받아들이는 '대청국관'(大淸國觀)이 일반화된 것은 아이러니하게도, 아편전쟁을 겪으며 중국적 세계질서가 몰락하면서 중국이 서양의 반식민지로 되어가고 있던 19세기 중엽이었다. 200여 년에 걸친 조선의 안정의 토대였던 중화질서가 흔들리고, 조선 역시 외세와 서양문물의 파도라는 위협에 직면하자 조선 지배층과 전통적 지식인들은 조선의 전통적 질서와 세계관을 유지함에 중국밖에 의지할 데가 없음을 새삼 깨닫게 된 까닭이었다.

오히려 19세기에 이르러서야 조선의 전통적 지식인들이 청조하 중

순이 아니라고 보았다. 청나라 황제 강희제를 성군(聖君)으로 보았다. 청나라의 인물과 문물을 인정한 것이다. 박병련·권오영, 2005, 378쪽.

79) 박병련·권오영, 2005, 376쪽.

국을 대국으로 인식하고 받드는 의식은 개항 이후 개화와 서학에 반대하는 위정척사 사상의 전개를 보여주는 대표적인 문서의 하나인 영남만인소(嶺南萬人疏)에서도 잘 드러난다. 1880년대 초 김홍집이 일본에 들러 황준헌(黃遵憲)의 『조선책략』을 들고 들어온다. 청국은 물론이고 미국과 일본과도 연대하여 러시아를 경계해야 한다는 전략을 조선에 권고한 책이었다. 영남만인소를 지은 지식인들은 청국에 의지하는 것은 당연한 일이지만 미국과 일본과 친해야 한다는 것은 개화와 서학 수용을 전제하는 것으로 여겼기 때문에 반발했다. 다만 청나라와 연대해야 한다는 부분에 대해 언급하면서 영남만인소는 이렇게 쓰고 있었다.

"대저 중국이란 우리가 신하로서 섬기는 바이오며, 해마다 옥과 비단을 보내는 수레가 요동과 계주(薊州)를 이었나이다. 삼가 신의와 절도를 지키고 속방의 직분에 충실한 지가 벌써 200년이나 되었나이다. 그러하오므로 '황'(皇) 또는 '짐'의 두 존칭을 하루아침에 쉽사리 받아들이고 그 사신을 총애하는 한편, 그 글을 간직해두었던 것이옵나이다."[80)]

대청국관은 또한 19세기 조선 정치가 세도정치에 지배되면서, 그 질서에 안주한 세력들이 선택한 안이한 대외관과 무관하지 않았다. 하정식은 그 관계를 이렇게 요약했다. "19세기 중엽이 되면 조선 정부가 청조 중국을 중화질서의 주재자로서 확실하게 인식하고 있음을 알 수 있다. 여기에는 대청의식(對淸意識)의 변화가 바탕에 깔려 있고, 그 위에 세도정권의 안일한 정치적 선택이 더해져서 나타난 변화였다. …… 격변하는 국제질서 가운데 침략에 노출되어가면서, 이러한 도전에 능동적으로 대처하려는 의지도, 대처할 만한 힘도 양성하지 못한 채 계속

80) 조일문 역주, 「영남만인소」, 황준헌 원저, 조일문 역주, 『조선책략』, (주)한국방송사업단, 1982, 135쪽.

정권을 유지하려는 세도정권으로서는, 정권의 울타리가 필요했다. 유사시에는 외침을 피하거나 막아줄 수 있는 방파제의 마련이 절실했다. 그리하여 번속(藩屬) 질서에 충실히 안주하는 길은 손쉽고도 확실한 선택이었다. 이런 상황에서 청조 대국관(大國觀)이 19세기 중엽 조선 지배층에게 점차 굳어져간 것으로 보인다."[81] 그 연장선에서 조선 지배층은 아편전쟁이라는 외환에 이어 태평천국으로 대표되는 내우에 시달리는 중국을 보면서도 "청조의 안정을 애써 믿거나 그 안정을 희구할 수밖에 없었다."[82]

세계를 정직하게 바라보는 세계관을 정립하지 못한 지배층에게 국내정치에서도 민중과의 관계에서 존경받을 만한 행동의 준칙을 정립할 능력을 기대하는 것은 연목구어(緣木求魚)이기 쉽다. 조선 후기사회 지배층인 사족(士族)을 일컫는 '양반'이 어떤 존재였는지를 박지원은 「양반전」이란 소설을 통해 날카롭게 정의했다. 강원도 정선 고을의 한 가난한 양반이 관청의 곡식을 꾸어먹느라 큰 빚을 지고 곤경에 처한다. 한 동네 부자가 그 빚을 대신 갚아주고 양반자리를 사겠다고 나선다. 고을 군수는 이를 어여삐 여겨서 그에게 양반 자격증을 문서로 만들어 주며 이렇게 일러준다.

"하늘이 이 백성을 낼 때, 네 종류의 백성을 만들었다. 이 네 가지 백성 중에 가장 귀한 것이 선비니, 이것을 양반이라 하는데 이보다 더 좋은 것은 없다. 농사도 짓지 않고 장사도 하지 않는다. 글만 조금 하면 크게는 문과에 나가게 되고 작아도 진사는 된다. 문과의 홍패(紅牌: 과거에 급제한 사람에게 그의 성적, 등급과 성명을 기록해서 주는 붉은 종이)라는 것은 크기가 두 자도 못 되지만, 여기에는 백 가지 물건이 갖추

81) 하정식, 『태평천국과 조선왕조』, 지식산업사, 2008, 165~166쪽.
82) 하정식, 2008, 166쪽.

어져 있어 이것을 돈자루라 부른다. 진사는 나이 서른에 초사(初仕)를 해도 오히려 이름이 나고 권세 있는 남인(南人)을 잘 섬기면 귓머리는 일산(日傘: 감사나 수령들이 부임할 때 받치던 양산) 바람에 희어지고, 배는 종놈들의 '예!' 하는 소리에 불러진다. 방의 놀이개로 기생을 다스리고, 뜰에 서 있는 나무에는 학을 친다. 궁한 선비가 시골에 살아도 오히려 자기 마음대로 할 수가 있으니, 이웃집 소를 가져다가 자기 밭 먼저 갈고, 마을 사람을 불러다가 내 밭 먼저 김매게 해도 어느 누구도 욕하지 못한다. 잡아다가 잿물을 코에 들이붓고 상투를 잡아매어 벌을 준다고 해도 감히 원망하지 못한다."

이 말을 들은 부자는 혀를 빼고 말하기를, "그만두시오. 그만두시오. 맹랑하도다. 장차 나를 도둑놈으로 만들 작정이시오?" 하고는 머리를 흔들면서 가버렸다는 얘기이다.[83)]

5. 18세기 이후 동아시아 학문세계의 진화와 조선 학문의 고립

조선 사대부계층이 존명배청에 집착한 것은 화이론(華夷論)과 대명의리의 명분뿐 아니라 청나라에서 전개되고 있던 새로운 문물을 배척하거나 그것에 무관심한 것과 관계가 없을 수 없다. 조선 지배층의 지배 이데올로기인 주자학적 이념이 청나라에서는 새로운 학문적 조류에 밀리고 있었다. 청나라에서는 관념론적 공리공론을 벗어나 고증학(考證學)의 기풍이 일고 있었던 것이다.

하지만 조선의 학문은 중국을 비롯한 나라 밖에서 불고 있던 새로운 학문 조류에 대해 무관심하고 무지했다. 조선은 명청시대 중국에 700회에 걸친 연행사(燕行使)를 파견했기 때문에 조선 지식인들이 중

83) 박지원, 구인환 엮음, 『허생전』(許生傳), 신원문화사, 2003, 49~54쪽.

국 학문과 접할 기회가 적지 않았다. 그러나 후대로 갈수록 중국의 새로운 학문적 조류를 배우고 수용하는 데 소극적이거나 게을렀다. 오늘날 한국학계는 조선 후대까지 조선 선비들이 명나라와 청나라의 지식인들과 대등한 입장에서 학문을 논하고 일본학계는 한 단계 아래였다고 인식한다. 일본 교토 대학 교수 후마 스스무(夫馬進)가 저술한 한 연구서는 이러한 통설을 뒤집는다. 그는 조선연행사를 통해 이루어진 조선과 중국의 학문적 교류, 그리고 조선통신사를 통해 조선과 일본 사이에 이루어진 학술교류의 양상을 살핌으로써 그 시대 한중일의 지식인 세계를 조명했다. 특히 연행사 일원으로 북경을 방문한 신재식(申在植: 1770~?)의 경우를 통해 수세기에 걸친 조선의 학술적 고립의 단면을 날카롭게 진단해낸다.[84)]

1826년(淸 道光 6, 조선 순조 26) 조선이 북경에 파견한 동지겸사은사(冬至兼謝恩使)의 정사(正使)는 홍희준(洪羲俊)이었고 그 부사(副使)로 간 사람이 신재식이었다. 이 연행에서 신재식은 북경에서 왕희손(汪喜孫)과 이장욱(李璋煜) 등 청조 지식인들과 교유하며 필담을 나눈다. 신재식은 그 대화들을 「필담」(筆譚)이라는 제목의 글 속에 기록하여 남겼다. 그가 만난 지식인들은 모두 당시 중국에 유행하던 '한학'(漢學)파들이었다. 한학은 한대(漢代)의 학술을 중시하는 학문이라 해서 그렇게 불렸는데, 일본학자들이 통상 '고증학'이라 하고, 중국인들 자신은 '고거학'(考據學)이라 부른 학풍이었다. 신재식은 전형적인 송학(宋學)의 문도(門徒)였다. 송학은 송대에 태어난 학술로서, 정주학(程朱學) 또는 주자학(朱子學)으로 불렸다.[85)]

신재식은 이 필담에서 "조선의 학자는 모두 주자를 학문의 올바른 방

---

84) 후마 스스무, 정태섭 외 옮김, 『연행사와 통신사』, 신서원, 2008.
85) 후마 스스무, 2008, 101, 104쪽.

향을 정하는 지남철로 삼고 있기 때문에, 공자 이후에는 오직 주자 한 사람만이 있을 뿐이다"라는 조선 왕조와 조선 지식인들의 일반적인 주장을 완고하게 고집한다. 하지만 그는 청조 초기의 고증학자인 고염무(顧炎武)의 저작조차 모르고 있었다. 염약거(閻若璩), 이공(李塨)과 능정감(凌廷堪), 대진(戴震) 등 당대의 저명한 한학파 학자들도 알지 못했다. 또한 한학과 송학의 겸용을 주장한 탕빈(湯斌), 그리고 한학에 대항하여 여전히 주자학을 옹호하고 있던 학자들과 그들의 최근 논리에 대해서도 무지했다.[86] 그가 송학을 옹호하기 위해 거명한 학자들은 주자를 제외하고는 16세기 전반의 김인후(金麟厚) 등, 청조 지식인은 거의 모를 조선의 학자뿐이었다. 그와 필담 상대였던 이장욱 등이 거명한 근래의 중국학자를 그는 한 명도 알거나 거론하지 못했다. 그만큼 수세기에 걸쳐 중국과 조선 사이 학문과 문화의 깊은 단절이 있었다고 후마 스스무는 이해한다.[87]

후마 스스무는 조선 이외의 동아시아, 즉 중국과 일본에서 주자학이 쇠퇴하고 그에 대한 비판적 학문이 흥기하는 학문적 상황을 조선 지식인들이 파악하게 된 것은 18세기 중엽 일본에 간 조선통신사를 통해서였음을 논증한다. 학문의 발전이 중국에서 조선으로, 그리고 조선에서 일본으로 흐른다고 믿고 있던 조선 지식인들에게 일본의 학문이 주자학을 비판하며 전개되고 있는 상황은 충격이었다고 한다. 1748년의 조선통신사행 당시 일본의 고학(古學)은 반(反)주자학의 입장에 서 있었다. 이토 진사이(伊藤仁齊: 1627~1705)와 오규 소라이(荻生徂徠: 1666~1728)의 학문이 그러했다. 더 나아가 "고서를 읽는 데에는 모름지기 그 당시의 언어에 통달해야 한다"는 경전해석의 새로운 방법론이

86) 후마 스스무, 2008, 133~142쪽.
87) 후마 스스무, 2008, 141쪽.

일본학계를 지배하고 있었다. 이것은 청나라의 한학이 당시 도달해 있던 방법론적 인식과 기본적으로 같았다. 조선통신사의 지식인들은 이 상황을 접하고 일본의 유학은 "고황증"(膏肓症), 즉 불치의 병에 걸렸다고 개탄할 뿐이었다.[88]

일본 고학파는 이토 진사이와 그의 아들 이토 도가이(伊藤東涯: 1670~1736), 야마가 소코(山鹿素行: 1622~85), 그리고 오규 소라이 등의 학문과 그들의 제자 및 동조자들로 구성되어 있었다.[89] 이들은 주자학과 그것을 비판한 양명학(陽明學) 모두를 극복하고자 했다. 송대에 정립된 주자학은 명대에도 관학(官學)으로 인정받은 유교의 주류학풍이었다. 양명학은 중국 명대의 사상가 왕수인(王守仁: 1472~1528)이 수립한 것으로, 주자학과 쌍벽을 이루게 된다. 한편 양명학은 주자학의 우주론에 별로 관심을 보이지 않았으며 주요 관심사는 윤리의 문제였다. 주자학의 우주론은 이기이원론(理氣二元論)의 입장에 서 있었으며, 실천적 윤리에서는 인간의 심(心)을 객관적으로 존재하는 사물을 가리키는 이(理)와 구분하는 관점을 취하고 있었다. 왕수인의 양명학은 실천윤리에서 '심즉리'(心卽理)의 입장을 취했다. 철저한 유심론(唯心論)이었다. "천하에 어찌 심 바깥에 일〔事〕이 있고 심 바깥에 이(理)가 있겠는가"라는 왕수인의 말은 그 유심론적 성격을 압축하고 있었다.

유심론을 근거로 왕수인은 지행합일(知行合一)을 주창했다. 실천에 의해 뒷받침되는 '지'만이 참된 지이고, 거기서 비로소 지행이 합일된다고 주장했다. 그는 모든 인간에게는 참으로 알고 행하는 능력이 있다고 믿었다. 이를 '양지양능'(良知良能)이라 했다. 이렇게 해서 인간의 심은

---

88) 후마 스스무, 2008, 211쪽.

89) 미나모토 료엔(源了圓), 박규태 옮김, 『도쿠가와 시대의 철학사상』, 예문서원, 2000, 67쪽.

천리(天理)의 지위를 획득한다. 그 결과 양명학에서 인간은 그 자체가 천지의 심이 되고, 천지만물은 원래 나와 일체라고 말하게 된다. 그래서 인(仁)을 바탕으로 한 만물일체와 인간의 연대가 양명학의 중요한 사상적 요체였다.[90]

일본 고학파들은 주자학의 사변적·형이상학적 성격을 부정하고 실증적으로 성현의 서책을 보고자 했다. 양명학은 실천윤리를 강조했지만, 그것은 자기 내면만을 응시한 채 성현의 서책을 무시하는 경향이 있었다. 일본 고학자들은 그 점을 싫어했다. 양명학자는 인간의 심 안에 천지만물이 포함되어 있다 하여 심의 본체라는 양지(良知)를 추구했다. 일본 고학자들은 그와 달리 인간이 낳은 객관적인 문화전통으로서의 중국의 고전적 유교문화 속에 보편적 인간성의 이념이 전개되어 있다고 보면서 그 해명을 통해 인간성을 배양하고자 했다. 그런 의미에서 일본 고학은 휴머니즘의 학문으로 평가된다.[91]

일본 고학은 고유한 비판적 성격을 갖고 있었다. 일종의 비판철학이라고 할 내용을 뒷받침할 수 있는 나름의 방법론을 개발했다. 중국의 고전사상을 이해하는 데서 주희 등 기존 중국 유력 사상가들이 구축해 놓은 정설들을 비판적으로 사유하는 방법론이었다. 주희가 공자의 저술로 간주하여 사서(四書)에 포함시킨 『대학』(大學)에 대한 이토 진사이의 비판적 읽기가 그 대표적인 예였다.[92] 허권수에 따르면, 『대학』은 "본래 『예기』(禮記) 속에 들어 있던 한 편의 글이었는데, 주자가 자신을 수행하고 남을 다스리는 데 좋은 책이라 하여, 따로 독립시켜 상세히 주석을 붙여 『논어』, 『맹자』, 『중용』과 함께 사서의 하나가 되었고, 그후 동양의 사상계에 엄청난 영향을 미친 선비의 필독서"였다.[93]

---

90) 미나모토 료엔, 2000, 53~59쪽.
91) 미나모토 료엔, 2000, 68~69쪽.
92) 미나모토 료엔, 2000, 73쪽.

진사이는 주자학적 실천 철학의 근거였던 『대학』을 되풀이해 읽은 후 그것이 공자의 저술이라는 주희의 입장에 의문을 품었다. 그가 이해한 『논어』의 공자는 애제자 안회(顔回)가 죽었을 때 통곡하는 인간이었다. 반면에 『대학』은 인간의 희로애락의 정념(情念)을 부정하고 있었다. 인간의 정념적 활동을 부정한 『대학』이 공자에 의해 저술되었을 리가 없다고 진사이는 회의했다. 그는 곧 면밀한 문헌비판을 통해서 그것이 공자의 책이 아님을 밝혀냈다. 진사이는 『중용』에 대해서도 문헌비판을 행하여 그 안에 이본(異本)의 내용이 끼어들어 있음을 밝혀냈다. 주자학의 학문적 토대를 흔들어놓는 효과를 가질 수밖에 없는 진사이의 학문은 중국학계에도 충격을 주게 된다.[94]

진사이의 학문적 접근방법은 고전을 정독함으로써 그 고전을 성립시킨 인간의 감각과 철학에 관한 깊은 이해를 얻는 데 있었다. 그래서 진사이의 문헌학적 연구방식을 '고의학'(古義學)이라고도 했다. 그의 고의학은 엄밀한 의미의 과학적인 문헌학이라고 할 수는 없었다. 인간에 관한 직관에 입각했던 일종의 철학적 문헌학이었다. 하지만 진사이의 학문적 입장에서 보면 과학적 문헌학 역시 인간에 관한 감수성을 결여할 때 그 과학성도 믿을 만한 것이 못 되는 것이었다.[95]

오규 소라이의 고학적 전통은 진사이적 방법론과 달리 과학적·실증적 연구에 기초한 것으로 '고문사학'(考文辭學)으로 통한다. 소라이는 진사이와 마찬가지로 주자학적 성리학을 비판한 점에서 동일했다. 그러나 진사이가 공자의 가르침의 의미를 철학적으로 해명하려는 학문이었다면, 소라이의 학문은 고대 선왕(先王)의 가르침을 문헌학적 방법

93) 허권수, 『절망의 시대 선비는 무엇을 하는가: 실천의 사상가 남명 조식과의 만남』, 한길사, 2001, 67~68쪽.

94) 미나모토 료엔, 2000, 73쪽.

95) 미나모토 료엔, 2000, 73쪽.

을 통해 규명하려 했다. 진사이학이 유교를 휴머니즘의 학문으로 간주한 것이었다면, 소라이학은 유교를 치국안민(治國安民)의 정치학으로 보았다. 소라이는 도쿠가와 사회의 기본 성격이 정치적이었음을 통찰하고 도덕과 분리된 정치세계를 발견해 이를 학문의 기초로 확립한 사상가였다. 주자학의 정치도덕이 위정자의 주관적·심정적 의지를 중시한 것이라면, 소라이의 정치사상은 그 정치적 행위가 어떤 결과를 초래하는가를 물었다.[96)]

소라이는 현실세계의 다양성에 주목했다. 주자학이 '도'(道)를 '이'(理)라는 한마디로 추상화시켜 정의내리는 것을 비판했다. 그는 '이'에는 일정한 기준이 없다고 보았다. 그럼으로써 주자학적 '이'를 부정하고 현실의 다양성 자체를 중시했다. 그간 이단시되었던 제자백가와 불교와 노장(老莊)의 설도 성인의 도에 포함된다고 소라이는 주장했다. 유교사상사에 혁명적인 발상을 이끌어들인 것으로 평가되는 소라이의 이 같은 학문적 입장은 그의 고문사학적 방법과 결합함으로써 일본에서 언어의 실증적 연구에 기초한 고전 연구가 발전하는 계기도 되었다. 모든 사상을 상대시(相對視)한 도미나가 나카모토(富永仲基)와 같은 사상사가(思想史家)가 천재적 사상가로 인정받을 수 있는 학문적 풍토도 소라이의 학문을 계기로 하여 가능한 것이었다고 평가된다.[97)]

후마 스스무가 조선연행사와 조선통신사들의 기록을 통해 파악한 바로는, 1748년 일본에 간 조선통신사의 지식인들은 일본에서 이 같은 학문의 발전이 전개되고 있었던 것은 물론이고, 중국에서 일고 있던 고증학의 학풍에 대해서도 모르고 있었다. 북경으로 간 조선연행사와 일본

---

96) 미나모토 료엔, 2000, 73, 79, 85쪽.
97) 미나모토 료엔, 2000, 86~87쪽.

으로 간 조선통신사 중에서 동아시아의 새로운 학술동향을 파악하기에 이른 것은 일본에 간 조선통신사를 통해서였다. 훗날 북경에 간 조선연행사의 지식인들도 청조의 반주자학 학풍을 알게 되고 이를 일컬어 "인류도덕의 우려"라며 탄식한다.[98] 조선 지식인들은 그러한 새로운 학풍의 일어남을 개탄해 마지않았을 뿐 알려고 하지는 않았다. 신재식이 1826년 북경에서 만난 청조 지식인들과의 대화에서 근래 중국의 학문에 대한 정보가 미천했던 것은 그러한 태도의 연장이었다고 할 수밖에 없다.

김정희(金正喜) 등 조선의 일부 지식인들이 중국의 새로운 학풍인 한학에 깊은 관심을 갖고 그것을 조선에 도입하려 시도한 것은 1820년대 후반 이후의 일이었다. 김정희는 1826년 전후 조선연행사의 일원으로 청나라를 방문함으로써 그때 비로소 중국의 한학을 접했다. 이후 김정희는 청조의 한학을 조선에 수입하는 데 크게 노력한다. 후마 스스무의 표현을 빌리면, 김정희는 "청조의 새로운 문화운동에 스스로 투신하여 그것의 도입에 동참함으로써 새로운 중국·조선 문화질서를 형성하려 하였다."[99] 하지만 중국과 일본에서는 이미 1세기 이상을 앞서서 전개되고 있던 학문적 경향에 대한 아주 뒤늦은 관심이었다.

18세기 중엽 이후 동아시아에서 조선과 일본, 중국 사이의 학술의 흐름의 전환에 대해 후마 스스무는 이렇게 결론짓는다. "조선통신사에 대해서 통설처럼 말해지는 것 가운데 하나는 통신사가 조선의 선진학문 혹은 선진문화를 일본에 전했다는 점이다. 그것이 통신사의 역할 가운데 하나로 열거되기조차 한다.[100] 확실히 17세기는 그랬는지 모른

98) 후마 스스무, 2008, 213~214쪽.

99) 후마 스스무, 2008, 101쪽.

100) 후마 스스무는 그 예로 한국 국사교과서의 내용을 들고 있다. 『新版 韓國の

다. 그러나 일본에서 고학이 일세를 풍미하기에 이르고, 이를 이어받은 18세기 중엽 이후가 되면, 이 통설은 성립되지 않는다. 일본 유학계(儒學界)에서는 조선의 학술문화를 선진적인 것으로는 벌써 여기지 않았을 뿐 아니라, 심지어는 일본에서 생긴 고학을 거꾸로 통신사를 통하여 조선으로 전하려는 자까지 나타났다."[101]

한편 통신사 일행에 포함되어 일본에 온 조선의 지식인은 현지에서 고학이 유행하면서 주자학을 더 이상 높이 받들지 않는 모습을 목격하고는 일본 유학계는 불치의 병에 걸리고 말았다는 위기의식을 갖고 있었다.[102] 조선의 학문은 기본적으로 그대로 머물렀으며, 중국과 일본 등 동아시아 세계를 휩쓸고 있는 새로운 학문적 조류에 둔감했다. 이 시기 조선의 학문과 문화의 실정은 박제가의 『북학의』(北學議)에 붙인 연암(燕巖) 박지원의 「서문」에 잘 표현되어 있다.

"우리 조선 선비들은 세계 한 모퉁이의 구석진 땅에서 편협한 기풍을 지니고 살고 있다. 발로는 모든 것을 가진 중국 대지를 한번 밟아보지도 못했고, 눈으로는 중국 사람 한번 보지도 못했다. 태어나서 늙고 병들어 죽을 때까지 조선 강토를 벗어나지 못한 것이다. 긴 다리의 학과 검은 깃의 까마귀가 제각기 자기 천분(天分)을 지키며 사는 격이며, 우물 안 개구리와 작은 나뭇가지 위 뱁새가 제가 사는 곳이 제일인 양 으스대며 사는 꼴이다. ……잘못을 깨달아 제대로 학문을 하고자 한다면 중국을 제쳐두고 어디로 갈 것인가? 그러나 저들은 이렇게 말한다. '오늘날 중국을 통치하는 자는 오랑캐이다. 그들에게 학문을 배운다는 것

歴史 第二版 - 國定韓國高等學校歷史教科書』, 世界の教科書シリーズ 1, 東京: 明石書店, 2000, 274쪽; 국사편찬위원회·국정도서편찬위원회, 『고등학교 국사』, 2002년 초판, 2004년 발행, 131쪽.

101) 후마 스스무, 2008, 215~216쪽.

102) 후마 스스무, 2008, 216쪽.

이 나는 부끄럽다.' 그렇게 말하며 중국의 떳떳한 옛날 제도까지 싸잡아서 천시하여 오랑캐의 것이라고 치부해버린다.

저들이 변발을 하고 옷깃을 외로 여미는 오랑캐라고 하자. 그러나 그들이 점거하고 있는 땅이 하은주(夏殷周) 삼대(三代) 이래로 한, 당, 송, 명이 지배했던 그 넓은 중국이 아니던가? 그 대지 위에서 살고 있는 백성들은 하은주 삼대 이래 한, 당, 송, 명의 후손들이 아니란 말인가? 법이 훌륭하고 제도가 좋다고 할 것 같으면 오랑캐라도 찾아가 스승으로 섬기며 배워야 하거늘, 더구나 저들은 규모가 광대하고 사고가 정미(精微)하며 제작이 굉장하고 문장이 빼어나서, 여전히 하은주 삼대 이래의 한, 당, 송, 명의 고유한 문화를 간직하고 있지 않은가? 우리를 저들과 비교해보면 한치도 나은 점이 없건만 한 줌의 상투를 틀고 천하에 자신을 뽐내면서 '지금의 중국은 옛날의 중국이 아니다'라고 말한다. ……그렇다면 장차 누구를 모범으로 삼아서 개선할 것인가?"[103)]

103) 박제가, 안대회 옮김, 『북학의』, 돌베개, 2003, 박지원의 「서문 2」(1781년 씀), 13~14쪽.

찾아보기

ㄱ
가디너 250, 265
가마쿠라 막부 443, 445, 446
가이바라 에키켄 500
가토 겐이치 67
가토 기요마사 460, 474, 477
간덴 칸 31
간문제 294
갑골문자 50
갑술환국 642
강감찬 348
강동 6주 334, 346, 347, 349
강만길 589
강방 58
강석준 248
강재언 211~215, 502, 503, 624
강저 역사공동체 114
강제적 동화 139
강조 347
강종훈 298
강홍립 536, 537
강홍중 502, 503, 505
강화 천도 368
강화도조약 198, 200, 202
강희제 530, 606, 608
거란문자 100
거북선 479
건륭제 530, 606, 608
건문제 480
걸걸중상 315
걸왕 57
겔너, 어니스트 143
견당사 423
견수사 426, 431
견훤 329
경순왕 330
경정충 605
경제수탈 184
경종 346
계백 302
고간 308, 309
고교쿠 천황 322

고국양왕 270
고국원왕 268, 269, 292, 293
고노자 267
고니시 유키나가 460, 474
고다이코 천황 444, 447
고리산전투 295
고묘 천황 446
고무라카미 천황 447
고염무 648
고영상 600
고인돌 230
고조 179
고조선문화 253
고종 189
고증학 646~648
골드만, 멀 45, 256
공녀 405, 408, 410
공녀령 408, 409
공민왕 362, 363, 402, 416, 417
공손씨 264, 266
공손탁 266
공식 제국 163
공식적 위계 171
공식적 위계질서 164, 165
공유덕 526
공자 36, 38, 93, 648, 651
공자묘 326
공제 280
관구검 267
관방학 243
관중 209, 259, 260
광개토왕 270, 271, 293
광무제 96
광해군 194, 195, 496, 497, 527, 532, 534~543, 551, 554, 557, 558, 640
구만이 60, 61
구법당 351
구석기시대 46
구육 385, 386
국가주의 138, 154
국가지상 136
국민국가 67
국민국가론 142
국방개혁론 515
국자감 213
국풍문화 100
국학 213
군국제 95
군국주의 434
군사적 패권 184
권력정치적 경쟁 204, 236
권보드래 146
권율 487, 490
귀족연합 212
귀족전사계급 72
그라프, 데이비드 234, 276, 305, 309
그로스비, 스티븐 147, 150~152
그루세, 르네 24, 25, 63, 65, 86, 383, 386, 398, 399
그리피스, 윌리엄 엘리엇 199
그린펠드, 리아 143
근구수왕 297
근대주의 151
근대화 129

근초고왕 292, 294, 297~299
금속문화 62
기독교문화지대 170
기루왕 298
기마 유목민 73
기마문화 61
기미 182
기미정책 75
기미지의 183~185, 223, 405
기사환국 642
기유조약 628, 633
기자 237, 239~242, 245, 247~249, 251, 253, 255, 261, 262
기자동래설 248, 249, 253
기자조선 238, 239, 241~243, 245, 246, 251, 254
기자피봉설 249, 253, 262
긴메이 천황 296
길핀, 로버트 162
김교각 216
김동엄 323
김류 562
김무림 233
김보정 375, 379
김부식 211, 265, 316, 318, 590
김상기 298~300
김상헌 529, 555~560, 567, 569, 570, 572, 573, 583, 587, 641
김성일 472, 475, 512
김세익 298
김세충 368
김수경 231~233
김수충 216
김순남 136, 137
김신국 560, 564
김위현 327
김유신 302
김윤후 369, 373
김응하 537
김자점 586
김재만 182
김정희 653
김제남 533
김철준 299
김춘추 288, 301~303, 318
김취려 365
김치양 346
김한규 78, 79, 85, 103, 108~110, 112, 115~117, 121~124, 127, 132, 133, 135, 168, 192, 193, 229, 230, 246, 249, 252~255, 257, 258, 261, 263~265, 313~315
김홍집 644
김훈 488, 489, 491

ㄴ

나당동맹 287
나당연합군 288, 306
나제동맹 287, 295
나카노 오에 422
남건 289, 291
남방항참 448
남북조시대 98, 266
남산 289, 291

남생 289
남이공 542
남인 641
남하정책 212
내륙 아시아권 88, 91, 103, 105, 108~111, 113, 114, 132, 158, 187, 204, 205, 208, 223, 227, 233, 272, 320, 420
내륙 아시아적 정체성 237
노관 263
노량해전 490
노론 589, 641
노마드 28, 31, 43, 44, 46, 53, 72~75
노모리 호슈 500
노비 143
노비제도 406
노태돈 175
녹보 258
농경문화 30, 80
농경사회 73
누르하치 521~525, 531, 537, 604, 631
니시지마 사다오 59, 80, 86, 87, 92, 93, 95, 96, 98, 99, 100~104, 106~108, 110, 113, 160, 168, 170, 186, 191, 203, 272, 437

ㄷ

다루가치 367, 369, 402
다문화사회 141
다문화주의 142, 155
다이라 기요모리 445
다치바나 야스히로 471, 512
다카다 사나에 154
다케다 신겐 453
다핵시대 98
다핵적 분열기 188, 206
단군 244~248, 250
단군릉 249
단군신화 243, 245, 248
단문 34
단백 34, 304
단연의 맹 345
당고 370
대륙문화 212
대명사대 557, 631, 642
대명사대주의 640
대명의리론 508
대보단 631
대장경 352
대조영 313, 315, 317
대흠무 315
덕치주의 97
데니, 오웬 200, 201, 203
덴무 천황 321, 422
덴지 천황 212, 322
도검몰수령 456
도관 326
도구주의 151
도미나가 나카모토 652
도시국가 127
도요토미 히데요리 497
도요토미 히데요시 102, 420, 427, 453, 455, 456, 490, 499, 501, 507,

512, 514, 520, 622, 626, 635
도침 305
도쿠가와 막부 196, 634
도쿠가와 요시노부 633
도쿠가와 이에야스 427, 453, 457, 458, 467, 473, 497, 622, 624, 631
도평의사 409
동남방 관계축 109
동류애 144
동맹형 중화질서 187, 188
동복 66
동북공정 238, 593
동아시아 세계론 96, 104, 110
동아시아적 세계질서 170
동이족 54
동인 641
동지겸사은사 647
동진 98
동학 145
동화주의 155, 156
두만 66
둔전 542
디 코스모 60, 61, 70~72, 120, 121, 179

ㄹ
라이샤워, 에드윈 50
라티모어, 오웬 26, 28~33, 45, 56, 60, 61, 70~73, 86~88, 90, 92, 93, 103, 104, 110~113, 235, 256
레닌 162
로스키, 에벌린 613
로저스 265
로지, 피터 476, 482, 490
뢰어, 막스 48
루쉰 635
리쉐친 49
리펑 40, 79

ㅁ
마르크스주의 162
마에다 도시이에 498
마오툰 74
마의 삼각구조 328
마제석기 시대 47
만동묘 642, 643
만력제 596, 597
만리장성 28, 40, 46, 68, 70, 76~78, 90, 121, 125, 126, 179, 210, 328, 414, 435, 531
만이 55
말 탄 노마드 71, 74, 75
망배례 631
매카시, 조셉 28
매카시즘 28
맥쿤 250
맨콜, 마크 160, 170
맹강녀 81, 82
맹자 37, 38, 259
메이지 유신 427
메이지 천황 633
명량해전 488, 489
명분론 539, 560, 563, 583
명분주의 외교 585

모돈 66
모리 데루모토 463, 498
모문룡 525, 542~545
모용귀 271
모용농 270
모용수 270
모용씨 266~270, 297, 298
모용외 267, 268
모용인 268
모용준 269
모용황 268, 269
모용희 271
모화의식 508
목종 347
목축유목 문화 60
몽염 66, 82
무덤양식 230
무령왕 61, 63, 212, 295
무로 규소 196
무로마치 막부 209, 210, 428, 444, 447~451, 453, 470
무반사회 434
무사도 214
무신정권 345, 360, 361, 367, 369, 376, 380, 382, 550
무열왕 321
무왕 34, 57, 237, 241, 245, 246, 253, 262, 263
무제 33, 69, 182, 185, 206
무측천 329
문명충돌론 218
문무왕 321, 322, 421
문왕 315
문제 32, 179, 273
문주왕 294
문화상대주의 442
문화적 폐쇄주의 589
문화적 헤게모니 181, 184, 186, 190
뭉케 372, 379, 386, 388~390, 392, 393, 395, 399, 404
미나모토 미쓰요시 449
미나모토 요리토모 446, 445
미어셰이머, 존 171
미천왕 267~269
민덕기 506
민비 642
민족 113, 128, 129, 135~137, 139~141, 146, 147, 151~154
민족 상징성 150
민족국가 67
민족담론 139, 153, 155
민족음악 136
민족의식 154
민족주의 137, 143, 151, 152, 154, 614, 620
민족주의 역사학 249
민족지상 136, 137
민주주의 163
민주평화론 163
민주화 141

ㅂ

바나나 공화국 165
바필드, 토머스 60, 86, 88, 90, 92, 93,

103, 114, 119
박제가 634, 654
박종기 404
박지원 121, 529, 530, 589, 621, 634~654
박천기 372
박혁거세 54
박홍 476
반만반청 614
반스, 지나 178, 250
반원운동 362, 416
반청론 529
반청존명파 585
방사성 탄소 연대측정법 51
방선주 298
배명친청 538
백가의 난 295
백의 숭상 252
백제부흥군 306
백제부흥운동 421
백촌강전투 297, 423
버나드, 노엘 49
번국 165, 324
법흥왕 212
베리, 메리 462~464, 466
베스트팔렌 체제 172
벽제관전투 482
변강 110~112, 114
변방정책 75
변법개혁 39
별무반 355
병농분리 456, 497
병농일치 610
병자호란 208, 328, 531, 532, 545, 582~584, 586, 589, 628, 635, 638
보장왕 281
보호령 165
복생 238
복식문화 232
복신 305
봉건체제 262
봉신국 200, 201
부견 211
부시, 조지 217
부족 127
부족정치 609
부족주의 608
북경원인 46
북방형 삼각관계 353
북벌론 529, 588, 589, 594, 641
북변삼시 584
북진정책 333, 343
북학파 590
불교 93, 214~216, 269
불균등성장 162, 163
불평등조약 173
비공식 제국 163
비공식적 위계 171
비공식적 위계질서 164, 165
비공식적 자율성의 질서 166
비국제적 질서 174
비대칭적인 권력관계 173
비대칭적인 안보 레짐 158
비변사 469

비숍 48
비스마르크 467

ㅅ
사대자소 183
사대주의 539, 546, 547, 640
사르마트 문명 66
사림 555, 558, 589
사림파 639
사마광 309
사마씨 42
사마의 266
사마천 33, 59, 62, 68~70, 74, 238, 260, 559
사민평등 515
사비시대 294
사영시장 630
사와다 이사오 61
산업문명 196
산업혁명 614
산해관전투 524
살리타 366, 367, 369, 373, 379
살생유택 214
살이호 전투 524, 536
삼국시대 98
삼국통일 205, 208, 213~215
삼배구고두 581
삼배구고두례 578
삼번의 난 605
삼전도 579
삼전도비 582, 583
삼학사 583
상상된 공동체 143, 154
상앙 39
새 토테미즘 54
색목인 414, 612
샤머니즘 64
서단산문화권 255
서보경 322
서북 실크로드 회랑 25
서북 회랑지대 100
서역 역사공동체 114
서위 600, 601
서인 641
서주시대 40
서진영 221
서하문자 100
서학 590
서희 334, 343, 344
석경당 336
석고제 456, 497
선제 95
선조 194, 195, 484, 485, 487~490, 493, 497, 509, 511, 586
선진시대 117
설인귀 290
성당문화 213
성당시대 213
성덕왕 216, 321
성리학 191, 640, 651
성왕 262
성읍국가 250
성종 343, 639
성충 303, 304

성당 57
세력균형 162, 163, 170
세속오계 214
세종 246
셰발스키 74
소론 641
소배압 348
소손녕 334, 335
소수림왕 211, 213, 214, 269
소정방 288, 302
소제국주의 187
소중화 327
소중화주의 191, 319, 324, 585, 638
소항덕 339, 344
속국 165
속방 165
손권 42
손자 61
송시열 583, 587, 641, 642
송준길 585
송호정 255~257
쇄국정책 626
쇄국주의 590
쇄환사 501
수정주의 세력 92
수체크, 스바트 149
숙종 588
순도 211, 213
순망상의론 436
순장 64
순제 595
순조 632
순치제 588, 606, 611, 629
숭명반청 584, 585, 620
숭명배청 540, 641
숭명사대 585
숭정제 594, 595, 605, 631
슈펠트, 로버트 197
스미스, 앤서니 151
스티븐슨, 리처드 520
스펜스, 조너선 523, 613
시노르, 데니스 74
시라토리 구라키치 63
시레문 385
시마바라의 난 626, 627
시무육조소 512
식민주의 156, 464, 465
식민지근대화론 137, 145, 149
신기군 355
신돈 416, 417
신립 477
신만이 60, 61
신문왕 321
신법당 351
신보군 355
신보수주의 224
신석기시대 47~49
신재식 647, 653
신채호 297
신충일 523
신현실주의 162
신형식 294, 299
신후 261
실리외교 335

실용주의 178, 226, 227, 537~540, 584
실크로드 21, 26~28, 80
실크로드 회랑 77
실학 639, 640
실학파 247, 634
심유경 482
심층농경 29
10만 양병설 515
13세기 세계체제 616, 617
쌍성총관부 378, 381, 416, 417
쑤퉁 34, 81, 304
씨족 127, 137, 146, 149
씨족주의 147

ㅇ

아골타 355
아도 213
아미노 요시히코 433
아부-루고드 616, 617
아사오 나오히로 466
아서, 체스터 201
아시카가 다카우지 443, 446
아시카가 막부 444, 448
아시카가 요시미쓰 102, 209, 428, 443, 448, 449
아시카가 요시아키 450
아시카가 요시아키라 448
아이켄베리, 존 183, 184
아케치 미쓰히데 455
아편전쟁 643
안보 레짐 170, 171, 173
안보조약 173
안보질서 171, 173
안사고 182
안자 260
안정복 247
안종 346
알렉산더 대왕 25
앤더슨, J.G. 47
앤더슨, 베네딕트 143
야금술 66
야마오카 소하치 457
야마토 정권 98
야만 145, 523
야율사포 364
야율소 326
야율아보기 330
야율유가 363
야율자충 326
야율초재 384
약소국가 165, 168
약소민족 165
양견 43
양명학 649, 650
양반 143
양병십만설 512
양제 274, 276~279, 286
양지양능 649
에도 막부 440, 623~628, 631, 632, 634, 635
에쓰니시티 150, 152
역사공동체 108, 111~114, 129, 130, 132~134, 314

역사공동체론 108
역성혁명 449
역지빙례 633
연개소문 281, 289, 422
연려제요책 351
연운 16주 336
연행사 646
염전 542
영남만인소 644
영락제 480
영류왕 281
영속주의 151
영양왕 275, 277, 281
영조 633, 643
영창대군 533
영토성 151
예교주의 96
오경박사 212
오고타이 44, 359, 384, 385, 387, 388, 390, 393, 394
오규 소라이 648, 649, 651, 652
오닌의 난 210, 450, 451, 453
오다 노부나가 210, 450, 456, 458, 471, 473, 520
오달제 555, 573, 578
5대10국 30, 100, 101
오랑캐 324
오르도스 123, 124, 132, 481
오수창 539, 550, 551
오스트랄로피테쿠스 47
오아속 354, 355
오에이의 외구 450
오쿠무라 가네시 350
5호16국 98
5호16국 시대 43, 266
온예티츠 문명 48
옹정제 530, 606~608, 611
완안아골타 331
왕건 326, 330
왕망 96, 478
왕수인 649
왕정 326
왜관 633
왜국대란 97
외부권 105, 106
외왕내제의 체제 410
요동 역사공동체 109, 114, 116, 127, 131~133, 135
요동국가론 109, 114
요서경략 297
요시노 마코토 429, 430
요시다 쇼인 462, 499
요임금 244
용산 흑도문화 51
우륵 474
우왕 417
우중문 277
우파 국가주의 138
운명공동체 143
웅정필 524
웅진시대 294, 295
원광 214
원교근공 340~342, 352, 521
원균 485~490

원숭근멸 343
원숭환 524, 544, 545
원시주의 151
원욱 345
원인 314
원종과 애노의 반란 329
원창군 525
원초적 야만 149, 153
원효 215
월드론, 아서 72, 74, 75
위계적 안보 레짐 158, 227
위계적 질서 204
위계적 평화 레짐 158, 203, 204, 209
위만 263
위챵 178
위치우위 600, 601
유가사상 69
유교 93, 96, 211, 212, 214, 216, 269
유교 문화권 92
유득공 311, 312, 315, 591
유목문화 29
유목민 31
유목사회 30, 73, 91
유목제국 89, 177
유몽인 544
유방 32, 41
유비 42
유성룡 443~445, 449, 468, 471, 473, 474, 476, 508, 511
유승단 368
유시중 391
유심론 649
유에 왕국 52
유연 42
유영경 533
유왕 261
유인궤 305, 306, 309
유인원 305
유정 504, 631
유학 211
유휘 326
6두품 215
6사힐책사건 588
육상권력 90
육진 521, 524
윤관 355
윤복창 369
윤용혁 377
윤집 555, 573, 578
윤휘 568
율곡 → 이이
율령체제 94, 100, 212
융선 326
을지문덕 278
의병 533
의병운동 500
의자왕 301~304, 317
이강래 298
이경석 582, 504
이경직 560, 564
이곡 191, 408
이귀 543
이근행 308
이기문 231, 232

이기백 250, 251, 261, 263, 321, 333, 356, 370, 376, 377, 461, 469, 490, 536, 554
이기이원론 649
이노우에 기요시 460, 461
이명규 299
이문장 505
이범석 136, 137, 144
이븐할둔 33
이세재 379
이순신 461, 479, 480, 484~490, 496, 507, 508
이숭녕 232, 233
이승만 136
이승휴 242
이시다 미쓰나리 498
이시이 스스무 433
이식 563
이여송 481
이연 43, 280
이영훈 143, 145, 152, 153
이원적 정체성 237
이원호 331
이은상 492
이이 512, 515, 641
이이첨 533
이익 247
이익선 77
이익주 403, 411
이인임 417
이자성 594, 595
이자성의 난 583
이정신 333, 336, 338
이제현 191
이케우치 히로시 500
이토 진사이 648~652
이통 369
이현 311
이홍장 197, 198, 436
이황 641
인두세 614
인목대비 534, 536, 543
인조 533~536, 538, 541, 542, 544, 549, 550, 552, 554, 555, 560, 562, 563, 566, 567, 569~571, 573, 579, 580, 582, 586, 588, 631, 640, 641
인조반정 519, 527, 533~535, 537~539, 541, 543, 551, 557, 584
인종 127
인천상륙작전 436
인헌왕후 534
인황왕 326
일본소국관 442
일본이적관 441, 442
일본제국헌법 434
일연 590
일원적 패권질서 179
임전무퇴 214
임진왜란 186, 424, 430, 435, 440, 443, 476, 480, 491, 494, 499~501, 506, 517, 521, 522, 525, 557, 589, 622, 627, 635, 638

ㅈ
자금성 594
자랄타이 370, 374~378, 380
자바 원인 47
자발적 동의 189
자본주의 152, 196
자유당 136
자유주의 163
작은 중국 126, 127, 135, 272
장거정 597
장건 185
장수왕 271, 294
장유 555, 558, 563
장재 529
장페이페이 199, 240~243, 252, 258, 259, 402, 522, 537, 629
장학근 377
재조지은 194, 493, 508, 509, 581
저강도전쟁 286
저고여 360, 365
저우스펀 412, 595, 601
적산항로 296
전국시대 37, 39, 40, 59, 62, 68, 71, 72, 78, 80, 94, 126, 210, 260
전국칠웅 38, 60
전략적 절제 183, 310
전민변정도감 417
전제군주 관료국가체제 525
정강의 변 189, 332, 566, 569
정교금령 196
정동행성 411, 416
정두희 491, 492
정명수 567, 581
정명향도 430
정묘강화조약 525, 526
정묘호란 208, 328, 519, 531, 543~545, 553, 584
정문부 507
정방 416
정성공 588
정약용 247, 317
정온 556
정용화 160, 169
정유재란 484, 488, 496, 507, 509
정의적인 공동체 137
정이 529
정조 589, 590
정종 350
정주학 214
정지린 372
정체성의 관념 150
정체성의 정치 150
정토교 215
정한론 499
정호 529
정홍준 553, 586
제갈량 42
제국 127, 164
제국주의 154, 196
제도화된 외교적 규범 181
제후시대 34
조공관계 98, 166, 180, 188, 203, 207, 425, 427, 437
조공권 161

조공무역 439, 440, 627
조공무역체제 161
조공무역체제론 161, 168
조공책봉관계 99, 175, 176, 186, 198, 203, 207, 235, 236, 350, 397, 401, 403, 405~407, 410~412
조공책봉체제 106, 170, 172, 177, 185, 188, 328, 362, 398
조공체제 159, 160, 179, 184, 225
조광윤 330
조구 189, 355
조미통상조약 202
조병한 190
조비 42
조선민족청년단 136
조선연행사 647, 652, 653
조선통신사 472, 499~502, 634, 647~649, 652, 653
조조 42, 266
조직적인 위선 175
조충 364, 365
조헌 512~514, 516
족민 154
족청 144
존명배청 641
존명사대 191
존명의식 508
존스, 에릭 615
존왕양이 462
종족집단 127
좌구명 37
좌파 국가주의 138
주권국가 167
주권선 77
주답 600, 601
주돈이 529
주왕 258
주원장 363, 415, 600
주자 650
주자학 640, 643, 646~652
주전론 343, 554
주화론 551, 553, 625
주화파 550, 552
주희 529
준왕 263
줄타기외교 540
중강개시 584
중강후시 630
중국 중심적 동아시아 세계질서 90
중국-동남방 관계축 92, 106, 107, 113, 203
중국-동방 관계축 103, 106, 160
중국-변방 관계축 88
중국-북방 관계축 92, 108
중국위협론 159, 219~221, 223, 224, 227
중국적 세계질서 90, 105, 107, 157, 160, 169, 179, 185, 235
중원문화 255
중종 복벽 329
중화권 93, 105~107, 113, 158, 160, 186, 187, 189, 205, 207, 233, 311, 419
중화주의 186, 190, 191, 196, 226,

227, 247, 352, 353, 420, 452, 510, 530, 538, 539, 558, 581, 589, 592
중화질서 157, 159, 166~168, 170, 174, 176, 181, 182, 184, 185, 187, 192, 196~198, 203, 209, 223, 225~227, 320, 419, 424, 425, 430, 451, 510, 593, 643
지광수 367
지수신 306
지토 천황 321, 322, 422
지행합일 649
직립원인 46, 47
진개 258
진국칠웅 39
진성여왕 329
진시황 39~41, 46, 66, 68, 70, 126, 179, 459
진흥왕 295
징바오 철도 25

ㅊ

차가타이 359, 394, 396, 399
창씨개명 139
채웅석 352
책문시장 629
책문후시 630
책봉관계 159, 206, 240, 425, 437, 438, 628
책봉체제 87, 97, 98, 101, 106, 168, 170, 627
처녀진공사행 408
척왜양이 145
척화론 529, 551~555, 560, 563, 567
척화파 550
천리장성 348
천민해방 607
천안문사태 217, 218
천추태후 346, 347
철기문명 65
철령위 417
청동기문화 254, 256, 257
청동기시대 48, 66, 256
청일전쟁 435
청한 종속체제 196
초두리, K.N. 617
초량왜관 633
초민족주의 137, 153
초원 유목공동체 111
초원경제 30
초적 367
최명길 551, 553, 558, 560, 562~565, 567~571, 573, 578, 583
최부 82
최영 376, 592
최우 368, 369, 372
최의 376, 382
최자 375
최치원 215, 216
최항 372
추세이 스즈키 91
춘추시대 52, 60, 64, 93, 208, 259, 262
춘추오패 34
춘추전국시대 34, 39, 58, 80, 94, 178, 261

충렬왕 402, 403, 407, 411
충선왕 403
충정왕 403
충혜왕 403
측천무후 323
친명사대 417
친명책 417
친원책 417
칭기즈 칸 44, 63, 90, 125, 124, 357~360, 383~386, 388, 389, 391, 393
칭제건원 362, 545, 546

ㅋ

카자노프, A.M. 73
커루서스, 더글러스 27
커밍스, 브루스 198, 199, 516
코헤인, 로버트 171
쿠릴타이 387, 393, 395
쿠빌라이 44, 208, 357, 362, 390~392, 394, 396~401, 404, 412~414
크레이스너, 스티븐 174, 175

ㅌ

타제석기시대 46
탁발규 42, 266
탈그렌 48
탈냉전 217, 224
태조 337, 340, 592
태종 213
태평천국 645
태학 211, 214
테무친 358
토인비, 아널드 51
토지귀족 516
툴루이 44, 386, 388, 389, 394
티베트 역사공동체 114

ㅍ

파시즘 137, 138, 156
파편화 116
팍스 아메리카나 510
팔관회 350
팔관회적 질서 350
팔기군 610
팔레, 제임스 516
팔만대장경 각판사업 370, 372
팔켄하우젠, 로타르 128
패권질서 173, 181
패권체제 167
패리스, 윌리엄 421, 433, 443
팽창주의 218~222
페어뱅크, 존 30, 45, 50, 70, 87, 90~93, 104~107, 110~112, 121, 127, 158, 160, 167, 169, 170, 174, 177, 207, 235, 256, 420, 421, 437, 608, 612
평양전투 482, 506
평왕 262
평화교린관계 173
평화적 조공체제 207
평화주의 178
폐쇄주의 590
폐하 566, 569, 570, 574, 578
포메란즈, 케네스 620, 621

포선만노 363, 364, 369
폴리비오스 65
풍가회 544
프라이데이, 칼 454
프랑크, 안드레 군더 616~618
피봉국 168

ㅎ
하가점상층문화권 254
하마시타 다케시 161, 168, 437, 441
하우봉 441, 450
하정식 644
한국전쟁 458
한국화 340
한규철 314~316
한명기 435, 509, 541, 543, 584
한미자유무역협정 219
한반도 북부세력 209
한반도 중남부세력 209
한백겸 242, 247
한사군 264, 266
한산대첩 500
한성시대 294
한우근 517
한자 104, 256, 437
한자문화 93, 94
한족 민족주의 398
할지론 343
함사 364
항마군 355
항몽 372
해동증자 303
해상권력 91
헌정왕후 346
헌팅턴, 새뮤얼 218
헨더슨, G. 250
현실주의 226, 227, 531, 539, 548
현종 213, 324
혈연공동체 129
혈연주의 147
형가 39
형식적 위계 166
호조 도키마사 446
호조 요시토키 446
호한사선우 95
호한체제 266, 271
혼합농경 29
홉스봄, 에릭 143
홍건군 414
홍대용 621
홍무제 480
홍문관 552, 553, 587
홍복원 370
홍서봉 558~560, 563, 564, 568, 577, 578
홍익한 552, 555, 573, 574
홍타이지 125, 524, 526, 527, 545, 548, 553, 560, 562, 564, 571, 574, 578~580, 583, 594, 605
홍희유 248
화랑도 214
화승총 454, 476
화엄종 215
화이관 320, 441

화이론 539, 646
화이론적 천하관 191
환공 259, 260
환웅 244, 245
환인 244
환향녀 582
황소의 난 215
황윤길 472, 475, 512, 513
황제제도 97
황준헌 644
황하문명 21, 25, 77
회답겸쇄환사 498
회령개시 584
효공왕 330
효소왕 321
효종 585~587, 642
후마 스스무 647, 648, 652, 653
후삼국 통일 330, 336
훈구파 639, 640
훈민정음 639
훌레구 388, 390, 393~397
휘종 189, 332, 355, 566
흠종 189, 332, 355, 566
히라 시게노부 472, 475